	主として動詞や形容詞を修飾する語		
副詞	語を修飾する	動詞を修飾する	Look at the picture **carefully**. （その絵を注意して見てください）
		形容詞を修飾する	The baby is **fast** asleep. （赤ちゃんはぐっすり眠っている）
		副詞を修飾する	He plays tennis **very** well. （彼はとても上手にテニスをする）
	句を修飾する		She sat **right** behind him. （彼女は彼の真後ろに座った）
	節を修飾する		Tom bought the book **only** because he liked its cover. （トムはその表紙が気に入ったというだけでその本を買った）
	文全体を修飾する		**Luckily** she passed the examination. （幸い彼女は試験に合格した）
助動詞	動詞とともに使われ「可能・推量・意志・義務」などを補足的に説明する語		
	can	「～できる」 （能力・可能）	He **can** run fast. （彼は速く走ることができる）
		「～してもよい」 （許可・依頼）	You **can** use my computer. （僕のコンピューターを使ってもいいよ）
		（否定の推量） *否定形で	She **cannot** be in Tokyo. （彼女が東京にいるはずがない）
	must	「～しなければならない」（義務）	They **must** clean their room. （彼らは部屋を掃除しなければならない）
		（強い禁止） *否定形で	You **mustn't** use your smartphone here. （ここでスマートフォンを使ってはならない）
		「～に違いない」 （確信のある推量）	They **must** be tourists. （彼らは観光客に違いない）
	may	「～かもしれない」 （推量）	He **may** come to our party. （彼は私たちのパーティーに来るかもしれない）
		「～してもよい」 （許可）	**May** I leave （今日は早退
	*上記は主な助動詞と用法の例		

JN247408

	語と語, 句と句, 節と節を接続する働きをする語(句)		
接続詞	等位接続詞 (同等の要素を接続)	語と語を接続	Are you for **or** against the plan? (あなたはその計画に賛成ですか, 反対ですか)
		句と句を接続	To go **or** not to go is up to you. (行くか行かないかはあなた次第です)
		節と節を接続	He is over seventy, **but** he still can run 20 kilometers. (彼は70を超えているが, まだ20キロメートルを走ることができる)
	従位接続詞	主節と従節を接続	They took a rest **because** they were tired. (彼らは疲れたので一休みした)
		名詞節を導く	It is strange **that** he didn't notice the mistake. (彼がその間違いに気づかなかったとは変だ)
		副詞節を導く	We enjoyed playing baseball **when** we were children. (私たちは子どもの頃, 野球をして楽しんだ)
前置詞	名詞とともに「前置詞＋名詞」(＝句)の形で用いて補語, 形容詞, 副詞の働きをする語		
	補語の働き		Your notebook is **on** the desk. (←「場所」を表す) (あなたのノートは机の上にある)
	形容詞の働き (形容詞句)		Who is that boy **in** a red shirt? (←「着衣」を表す) (赤いシャツを着ているあの少年は誰?)
	副詞の働き (副詞句)		She always gets up **at** 6 o'clock. (←「時」を表す) (彼女はいつも6時に起きる)

Bright Stage
ブライトステージ

英文法・語法問題

瓜生 豊 編著

K 桐原書店

はじめに

INTRODUCTION

近年の大学入試は，文法・語法知識を問う問題とともに，その知識を英語4技能（リーディング，リスニング，ライティング，スピーキング）のそれぞれについて運用する力を問う問題が大きな比重を占めるようになっています。

大学入学共通テストをはじめ，より実用的な英語に対応するリーディング力，リスニング力を要する入試問題が増えています。国公立大を中心として，ライティング力を重視する動きもありますし，スピーキング試験を含む検定試験のスコアを入試に利用する動きも見られます。

他方，択一式の文法・語法問題も多くの私大入試で出題され，全体的な入試の競争激化により合格のために高い正答率が必要とされています。

このような状況の中，受験生の皆さんが英文法・語法の知識を定着させるとともに，その知識を英語4技能の運用力に結びつけて，大学入試を突破するための「英文法・語法本」として本書を書きました。

本書では大学入試に合格する力を次のステップで身につけることができます。
❶ 英文法・語法の知識を理解し，習得する。
❷ ❶の知識を使って英文読解の実践演習を行う。
❸ ❶の知識を使って英作文の実践演習を行う。
❹ ❶の知識が組み込まれた英文のリスニングを行う。
❺ ❹の英文の音読練習を行う。

❶は各章の本編の問題（4択問題）で行います。繰り返し問題を解けば，正確な文法・語法知識がしっかりと身につきます。❷，❸は各章末尾の応用問題にTry!コーナーの英文読解問題，英作文問題で行います。❹，❺は，巻末付録の対訳式完成文リストと本書付属の学習アプリ（完全無料）で提供している問題英文の音声を活用して行います。

また，効率的に学習ができるよう本書には次のような特長があります。

本書の特長

1 ❯ 入試突破のために必要な情報を精選
　　私大，国公立大，大学入学共通テストなど，最新入試に必要な情報を精選しました。

2 ❯ 入試頻出項目を194のKEY POINTで網羅
　　入試頻出項目を194のKEY POINTでまとめました。

3 ▶ 重要情報を118の TARGET で整理
　重要情報が118の TARGET にまとめられており，巻末には一覧でまとめられていますので，必須の知識を漏らすことなく押さえることができます。

4 ▶ 英文法・語法の知識を英語の運用力につなげる新学習システムを採用
　本書では，本編の4択問題で入試に必須の英文法・語法の知識を身に付けた上で，「応用問題に Try!」コーナーの英作文問題（Writing）や英文読解問題（Reading）に取り組み，巻末付録の対訳式完成文リストの音声確認（Listening）や音読練習（Speaking）を行うことができます。この流れでの学習が，英文法・語法の知識を英語の運用力につなげることを可能にします。

5 ▶ チェック用フィルムシート
　赤色のチェック用フィルムシートがついていますので，通常の演習や暗記項目の確認，日本語から対応する英語の表現を考えて書く（言う）練習などに活用することができます。

6 ▶ 音声ダウンロード機能
　「文法」「語法」「イディオム」「会話」の問題英文の音声データを，専用サイトにて無料で提供します。英文のディクテーション，シャドーイングなどをとおして，リスニング力を身につけることができます。また，音声の一部（対話問題）にイギリス英語（男性）が含まれています。大学入学共通テスト，検定試験対策としても活用することができます。　www.kirihara.co.jp/download/

7 ▶ 完全無料の学習アプリ「きりはらの森」「LISTENING PRACTICE」を提供

　「暗記カード」「即戦クイズ」などの形で本書の内容を学習できるアプリ「きりはらの森」，速度調整ができるリスニングアプリ「LISTENING PRACTICE」を専用サイトにて完全無料で提供します。

　繰り返しになりますが，本書は，大学入学共通テスト，国公立大入試，私大入試，英語の各種検定試験のすべてに対応する英文法・語法の知識と英語4技能における運用力を養成するものです。

　受験生の皆さんが本書を最大限に活用し，合格の栄冠をつかんでくだされば，これにまさる喜びはありません。

　最後になりましたが，これまでにご意見をお寄せいただいた全国の先生方，そして，日ごろの質問をとおして本書をより効率的に学習できるものにするヒントを与えてくれた生徒諸君にこの場を借りて御礼申し上げます。

2020年春　　　　　　　　　　　　　　　　　　　　　　　　　　編著者記す

iv

本書の構成

　本書は PART 1「文法」，PART 2「語法」，PART 3「イディオム」，PART 4「会話表現」から構成されています。また，各見開きの左ページに問題，右ページに解説があります。解答は右ページの下，問題英文の和訳は左ページの下にあります。

問題について

1 ▶ 解答のしかた

　　設問指示文はつけていません。以下の要領で解答してください。

- **❶ 4択空所補充**　　空所に入れるのに適当な語句を選びます。
- **❷ 連立完成**　　　　上の英文とほぼ同意になるように下の英文の空所に入れるのに適当な語句を選びます（入れます）。
- **❸ 同意語**　　　　　下線が引かれている語句に最も近い意味の単語を選びます。
- **❹ 語句整序**（応用問題にTry!）　英文の（　）内に複数の語句がある場合には，語句を並びかえて，正しい英文を作ります。
- **❺ 適語補充**（応用問題にTry!）　日本文が与えられ，英文に空所がある場合は，日本文の意味になるように空所に適語を入れます。
- **❻ 正誤指摘**（応用問題にTry!）　英文に下線①〜④が引かれているものに関しては，誤った箇所を指摘し，正しい形に直します。
- **❼ 英文読解**（応用問題にTry!）　与えられた英文の日本語訳を作ります。
- **❽ 英作文**　（応用問題にTry!）　与えられた日本文の英語訳を作ります。

　　※**❼**，**❽** については一部の問題のヒントをヒント欄に掲載しています。

2 ▶ 問題文・選択肢

　　PART 1〜3の問題文や選択肢についてはネイティブ・スピーカーと協議の上，入試問題を一部変更したものもあります。PART 4の会話問題は，すべてオリジナル問題となっています。また，客観択一式の問題は，3択問題や5択以上の問題などもほぼすべて4択問題に統一しました。

v

解答・解説について

1 > 解答・日本語訳・ヒント

解答は右ページの下，日本語訳は左ページの下にあります。また，「応用問題にTry!」の英文読解と英作文については，左ページの下にヒントがついている問題もあります。

2 > 解説中で使用する記号

▶ 問題を解くために前提となる最重要の知識についての解説です。

○ 正答を導くための知識や手順，正答選択肢についての解説です。

✗ 誤答選択肢についての解説です。

Plus あわせて学習すべき情報についての解説です。

3 > 4技能アイコン

L🎧（リスニング） R📖（リーディング） W✏️（ライティング） S💬（スピーキング）

アイコンで表示された問題は，それぞれの技能で頻出の表現となっています。各技能で頻出の表現を意識的に覚え，活用することができます。

4 > 解説中の[ ]と( )

解説中の[ ]は言い換え可能であることを，また( )は省略可能であることを表しています。例えばso[as]は「soはasに言い換え可能」という意味，(in) doingは「inは省略可能」という意味です。

5 > TARGET 00 欄

知識を整理して覚えた方がよいと思われる内容をまとめています。

巻末付録について

1 > TARGET 一覧

TARGET 欄をまとめて確認できるよう再掲載したページです。

2 > 対訳式完成文リスト

本書収録の問題の完成英文と日本語訳のリストです。英文の暗唱等に利用してください。

3 > さくいん

「英語さくいん」と「日本語さくいん」を掲載しています。

CONTENTS もくじ

PART 1 | 文法

第1章 | 時制

| TARGET 1 | 現在時制が表すもの | 2 |

001 基本時制の用法(現在,過去,未来) 3

002 進行形の用法(現在,過去,未来) 3

| TARGET 2 | 原則として過去時制で用いる副詞表現 | 3 |

| TARGET 3 | 原則として進行形にしない動詞 | 4 |

003 完了形の用法(現在,過去,未来) 7

004 完了進行形の用法(現在,過去,未来) 9

| TARGET 4 | when節とif節の見分け | 10 |

005 時・条件の副詞節と名詞節 11

| TARGET 5 | 「…して〜(時間)になる」の表現 | 12 |

006 「Sが…してから〜になる」 13

007 未来を表すbe going to do 13

応用問題にTry! 14

第2章 | 態

008 受動態の基本 17

009 群動詞の受動態 17

010 完了形/「助動詞+be done」/進行形 17

| TARGET 6 | by以外の前置詞と結びつく慣用表現 | 18 |

011 by以外の前置詞を用いる慣用表現 19

| TARGET 7 | be knownの後の前置詞句 | 20 |

012 「S+V+O+do」の形をとる動詞の受動態 21

応用問題にTry! 22

第3章 | 助動詞

| TARGET 8 | 「確信度」の順位 | 24 |

013 may / can / must 25

| TARGET 9 | may / can / must | 25 |

014 must / have to / should 27

| TARGET 10 | should doとought to do | 28 |

015 助動詞のneed/助動詞のdare 29

016 would / used to do / had better do 29

| TARGET 11 | 「助動詞+have done」の意味 | 32 |

017 「助動詞+have done」など 33

| TARGET 12 | 後に「that+S (+should)+原形」の形が続く動詞・形容詞 | 34 |

018 助動詞を含む慣用表現/could doとwas able to do 35

| TARGET 13 | 助動詞を含む慣用表現 | 35 |

応用問題にTry! 38

第4章 | 不定詞

019 名詞用法の不定詞 41

020 形容詞用法の不定詞 41

| TARGET 14 | 疑問詞+to不定詞の意味 | 42 |

021 疑問詞+to不定詞 43

| TARGET 15 | 副詞用法の不定詞の意味と用法 | 44 |

022 副詞用法の不定詞 45

023 不定詞の否定/完了不定詞 47

| TARGET 16 | 独立不定詞 | 48 |

024 不定詞を用いた慣用表現/代不定詞 49

025 独立不定詞 49

| TARGET 17 | 「be+to不定詞」の用法 | 50 |

026 be+to不定詞 51

応用問題にTry! 52

第5章 | 動名詞

027 動名詞の基本 55

028 動名詞の否定/意味上の主語 55

029 受動態の動名詞/完了の動名詞 57

| TARGET 18 | to doではなくto doingとなる表現 | 58 |

030 toの後に動名詞(名詞)が続く表現 59

| TARGET 19 | (in) doingが後に続く表現 | 60 |

031 省略可能なinの後に動名詞が続く表現 61

TARGET 20 動名詞を用いた慣用表現 62

032 動名詞を用いた慣用表現 63

033 A need[want] doingの用法 63

034 A is worth doingの用法 65

応用問題にTry! 66

第6章 | 分詞

035 名詞修飾の分詞 69

036 主格補語として用いられる分詞 69

037 目的格補語として用いられる分詞 71

038 分詞構文 73

TARGET 21 慣用的な分詞構文 74

039 慣用的な分詞構文 75

040 付帯状況表現with A doing / done 77

応用問題にTry! 78

第7章 | 比較

041 原級比較の基本 81

042 倍数表現 81

TARGET 22 原級を用いたその他の慣用表現 82

043 原級を用いた慣用表現 83

044 比較表現の基本 85

TARGET 23 比較級, 最上級の強調表現 86

045 比較級の強調表現 87

046 比較級を用いた定型表現 87

TARGET 24 no＋比較級＋than Aから生まれたno more than Aなど 88

047 否定語を含む比較級の定型表現 89

048 B rather than A 91

049 比較級を用いた慣用表現 91

TARGET 25 比較級を用いたその他の慣用表現 91

TARGET 26 ラテン比較級 92

TARGET 27 senior, juniorの名詞用法 92

050 ラテン比較級 93

051 最上級表現 95

052 最上級の強調表現 95

TARGET 28 最上級と同じ意味を表す原級・比較級表現 96

053 比較級・原級を用いた最上級の同等表現 97

応用問題にTry! 98

第8章 | 関係詞

TARGET 29 関係代名詞 100

054 主格関係代名詞 101

055 目的格関係代名詞 101

056 所有格関係代名詞 103

057 前置詞＋関係代名詞 105

058 関係副詞 105

TARGET 30 That is why ... とThat is because ... 106

059 関係詞の非制限用法 109

060 関係代名詞what 111

061 連鎖関係代名詞節 113

TARGET 31 関係代名詞asを用いた慣用表現 114

062 関係代名詞as 115

063 複合関係詞 115

応用問題にTry! 118

第9章 | 仮定法

TARGET 32 仮定法過去の基本形 120

064 仮定法の基本と仮定法過去 121

065 仮定法過去完了 121

TARGET 33 仮定法過去完了の基本形 121

066 仮定法過去完了と仮定法過去の併用形 123

067 if S were to do ... / if S should do ... 123

TARGET 34 if S should do ...，とif S were to do ...， 124

068 S wish＋S'＋仮定法 125

viii

| | TARGET 35 | S wish＋仮定法 | 125 |

069 S would rather (that) S'＋仮定
法／If only＋仮定法 127

070 It is (high) time＋S＋仮定法過去／
as if＋仮定法 129

071 仮定法を用いた慣用表現 129

　TARGET 36　if節の代用 130

072 if節の代用 131

073 接続詞ifの省略／if節のない仮定法 131

応用問題にTry! 134

第 10 章 ｜ 疑問文と語順

　TARGET 37　「How＋形容詞・副詞」で問う
　　　内容 136

074 疑問詞の基本 137

075 間接疑問 137

　TARGET 38　その他の知っておきたい疑問
　　　文 138

076 知っておきたい疑問文 139

077 修辞疑問 141

　TARGET 39　さまざまな付加疑問 142

078 付加疑問 143

079 強制倒置 143

　TARGET 40　強制的に倒置が生じる場合 143

080 「too＋形容詞＋a[an]＋名詞」の語順
147

応用問題にTry! 148

第 11 章 ｜ 否定・省略・強調

　TARGET 41　代名詞(形容詞)を用いる部分
　　　否定，全体否定の表現 150

　TARGET 42　部分否定の重要表現 150

081 部分否定と全体否定 151

　TARGET 43　強意の否定表現 152

082 強意の否定表現 153

083 否定語を用いない否定表現 153

　TARGET 44　強い否定「決して…ない」を表
　　　す副詞句 153

　TARGET 45　far from Aとfree from Aの
　　　区別 154

　TARGET 46　remain to be doneなど 155

084 二重否定 157

085 「S＋be動詞」の省略 157

086 省略表現 157

　TARGET 47　注意すべき強調構文 160

087 強調構文 161

応用問題にTry! 162

第 12 章 ｜ 代名詞

088 oneの用法 165

089 thatの用法 167

090 thoseの用法 167

091 suchの用法 167

　TARGET 48　「形式目的語it＋that節」の形
　　　をとる慣用表現 168

092 形式主語のit 169

093 形式目的語のit 169

　TARGET 49　「人称代名詞」 170

094 所有代名詞の用法 171

095 neither / either / none 171

096 each / both / any 175

097 everyの用法 175

　TARGET 50　相関的に用いる不定代名詞 176

098 不定代名詞の用法(相関的表現など)
177

　TARGET 51　most, almost allを含む表現
180

099 most / almost 181

　TARGET 52　soとnot — that節の代用表
　　　現 182

100 so / not — that節の代用 183

101 nothingの用法など 183

　TARGET 53　something / nothingを用い
　　　た定型表現 183

　TARGET 54　再帰代名詞 184

102	something / anything	185
103	再帰代名詞	185
	TARGET 55 「前置詞＋再帰代名詞」の慣用表現	186
	応用問題にTry!	190

第13章 ｜ 主語と動詞の一致

	TARGET 56 相関的表現が主語の場合	194
104	相関的表現が主語の場合	195
105	分数＋of Aが主語の場合	195
	TARGET 57 Aに動詞を一致させるもの	195
106	one of the＋複数名詞が主語の場合	197
107	the number of Aなどが主語の場合	197
108	さまざまな表現における主語と動詞の一致	197
	応用問題にTry!	200

第14章 ｜ 接続詞

109	等位接続詞	203
	TARGET 58 等位接続詞を用いた相関表現	204
110	等位接続詞を用いた相関表現	205
	TARGET 59 名詞節を形成する接続詞thatと関係代名詞what	206
111	名詞節を導く接続詞	207
	TARGET 60 同格のthat節をとる名詞	207
112	時の副詞節を導く接続詞(1)	209
113	時の副詞節を導く接続詞(2)	209
	TARGET 61 接続詞the momentなど	210
114	as soon asとその同意表現	211
	TARGET 62 ... hardly ... when 〜など	212

115	every time / suppose / once / unless	213
	TARGET 63 timeを用いた接続詞	213
	TARGET 64 動詞から派生した条件節を導く表現	214
116	「譲歩」を表す接続詞	215
	TARGET 65 接続詞asの用法	216
117	接続詞を使って「結果」「程度」を表す表現	219
118	接続詞を使って「目的」を表す表現	219
119	in case / now that	221
120	接続詞as far asとas long as	221
121	while / whereas / as	223
	応用問題にTry!	224

第15章 ｜ 前置詞

	TARGET 66 時を表すin / on / at	226
122	時を表す前置詞	227
	TARGET 67 場所を表すin / on / at	228
123	場所などを表す前置詞	229
	TARGET 68 具体的な交通・通信手段を表す表現	232
124	道具や手段を表す前置詞	233
125	of＋抽象名詞／with＋抽象名詞	235
126	by / for	235
	TARGET 69 動詞＋A＋前置詞＋the＋身体の一部	236
127	for / like / on / despite / in / except	237
128	付帯状況のwith	239
	応用問題にTry!	240

PART 2 ｜ 語法

第16章 ｜ 動詞の語法

	TARGET 70 目的語に動名詞をとり, 不定詞はとらない動詞	244

129	目的語に動名詞をとり, 不定詞はとらない動詞	245

TARGET 71 目的語に不定詞をとり，動名詞はとらない動詞　246

130 目的語に不定詞をとり，動名詞はとらない動詞　247

131 目的語に動名詞も不定詞もとり，意味が異なる動詞　249

TARGET 72 目的語が不定詞と動名詞で意味が異なる動詞　251

TARGET 73 get[have] A done　252

132 get(＋to do, ＋done)とhave(＋do, ＋done)　253

133 「make A do」，「let A do」，「help A do」，「help do」　255

TARGET 74 「V＋A＋do」の形をとる動詞　256

134 「S＋V＋O＋to do」　257

TARGET 75 動詞helpがとる形　257

TARGET 76 入試でねらわれる「V＋A＋to do」のパターンをとる動詞　258

TARGET 77 「V＋A＋to do」の形をとらない注意すべき動詞　260

135 「S＋V＋that S' (should)＋原形」　261

TARGET 78 「S＋V＋C[形容詞]」の形をとる動詞　262

TARGET 79 「go＋形容詞」の代表例　262

136 「S＋V＋C」　263

137 他動詞か自動詞か　265

TARGET 80 自動詞と間違えやすい他動詞　266

TARGET 81 他動詞と間違えやすい自動詞　267

TARGET 82 二重目的語をとるdo　268

138 二重目的語をとる動詞―「V＋A＋B」　269

TARGET 83 二重目的語をとる注意すべき動詞　270

139 意外な意味を表す自動詞　273

TARGET 84 意外な意味を表す自動詞do / pay / sell / read / last / work　273

TARGET 85 自動詞と他動詞で紛らわしい動詞　274

140 紛らわしい自動詞と他動詞　275

TARGET 86 tell / say / speak / talkの用法　276

141 「言う」「話す」などを表す動詞　277

TARGET 87 talk A into doingの同意・反意表現　278

142 remindの用法　279

TARGET 88 「S＋V＋A＋of＋B」の形をとる動詞(1)―of＝「関連」のof　279

TARGET 89 「S＋V＋A＋of＋B」の形をとる動詞(2)―of＝「分離・はく奪」のof　280

143 「S＋V＋A＋of＋B」(1)　281

144 「S＋V＋A＋of＋B」(2)　281

TARGET 90 「S＋V＋A＋from doing」の形をとる動詞　282

145 「S＋V＋A＋from doing」　283

TARGET 91 「S＋V＋A＋with＋B」の形をとる動詞　284

146 「S＋V＋A＋with B」　285

TARGET 92 「S＋V＋A＋for＋B」の形をとる動詞　286

147 「非難する」などを表す動詞　287

148 「感謝する」を表す動詞　287

TARGET 93 「BのことでAを非難する／Aを告発する／Aに責任を負わせる」を表す動詞　287

TARGET 94 「S＋V＋A＋to＋B」の形をとる動詞　288

149 「S＋V＋A＋to B」　289

TARGET 95 「貸す」「借りる」を表す動詞　290

150 「似合う」「合う」を表す動詞　291

151	「貸す」「借りる」を表す動詞	291	
152	他動詞を用いる定式化された表現	293	
	応用問題にTry!	294	

第17章 | 形容詞の語法

153	数や量を表す形容詞	301	
	TARGET 96 many / much / few / little の用法と意味	301	
	TARGET 97 感情表現の他動詞の現在分詞から派生した分詞形容詞	304	
154	分詞形容詞	305	
	TARGET 98 感情表現の他動詞の過去分詞から派生した分詞形容詞	306	
	TARGET 99 似たつづりで意味が異なる形容詞	310	
155	似たつづりで意味が異なる形容詞(1)	311	
156	似たつづりで意味が異なる形容詞(2)	313	
	TARGET 100 叙述用法(補語となる用法)でしか用いない形容詞	314	
157	「可能」「不可能」を表す形容詞	315	
	TARGET 101 「可能」「不可能」を表す形容詞	315	
	TARGET 102 high[low]やlarge[small]を用いる名詞	316	
158	その他の注意すべき形容詞	317	
	応用問題にTry!	318	

第18章 | 副詞の語法

159	yet / already / still	323	
	TARGET 103 yet / already / stillの用法	323	
160	ago / before / since	325	
	TARGET 104 hardly[scarcely] / rarely[seldom] / almostの用法	326	
161	準否定の副詞	327	
	TARGET 105 「動詞＋(名詞と間違えやす		

	い)副詞」の重要表現	328	
162	注意すべき副詞(1)	329	
	TARGET 106 'ly' の有無によって意味の異なる副詞	329	
	TARGET 107 副詞muchの強調用法	330	
163	注意すべき副詞(2)	331	
	TARGET 108 at first / first(ly) / for the first timeの用法	332	
164	otherwise	333	
	TARGET 109 副詞otherwiseの3つの用法	333	
	TARGET 110 文と文の意味をつなぐ副詞(句)	334	
165	文と文の意味をつなぐ副詞	335	
	応用問題にTry!	336	

第19章 | 名詞の語法

	TARGET 111 注意すべき不可算名詞	338	
166	不可算名詞	339	
167	常に複数形を用いる表現	341	
	TARGET 112 慣用的に複数形を用いる表現	343	
168	複数形で特別な意味を持つ名詞	343	
	TARGET 113 複数形で特別な意味を持つ名詞	344	
	TARGET 114 意味が紛らわしい名詞	345	
169	意味が紛らわしい名詞	345	
170	思いがけない意味を持つ名詞(1)	347	
171	思いがけない意味を持つ名詞(2)	349	
	TARGET 115 「お金」に関する名詞	350	
172	「お金」を表すさまざまな名詞	351	
	TARGET 116 「客」を表すさまざまな名詞	352	
173	「客」を表すさまざまな名詞	353	
174	「仕事」を表すさまざまな名詞	353	
	TARGET 117 「仕事」を表すさまざまな名詞	353	

| TARGET 118 | 対になっている衣類・器具を表す名詞 | 354 |

| 175 その他の注意すべき名詞 | 355 |
| 応用問題にTry! | 356 |

PART 3 | イディオム

| 第20章 | 動詞中心のイディオム |
| 176 動詞中心のイディオム | 363 |

| 第21章 | 形容詞中心のイディオム |
| 177 形容詞中心のイディオム | 397 |

| 第22章 | 副詞中心のイディオム |
| 178 副詞中心のイディオム | 403 |

| 第23章 | 名詞中心のイディオム |
| 179 名詞中心のイディオム | 407 |

| 第24章 | 群前置詞 |
| 180 群前置詞 | 419 |

PART 4 | 会 話 表 現

第25章	会話表現（場面別）
181 日常会話	431
182 買い物	433
183 レストラン	435
184 スピーチ・ディベート	437
185 交通・道案内・旅行	437
186 健康・医療	439
187 電話	441
188 ビジネス	443

| 189 情報（メール・手紙・インターネット・SNS） | 445 |

第26章	会話表現（機能別）
190 あいさつ	447
191 提案・申し出	447
192 感謝・謝罪	449
193 許可・依頼	451
194 賛成・反対	451

『TARGET』一覧	452
対訳式完成文リスト	500
英語さくいん	545
日本語さくいん	561

PART 1

文法

第1章 時制

> 時制は書き手の思考を表す。1題1題論理的に理解していけば，読解力・作文力の向上に繋がるはず。

KEY POINT ▷ 001

1
□□□
I usually ( ) straight home after work these days.
① have gone ② went ③ had gone ④ go 〈玉川大〉

2
□□□
He ( ) about the noise to the police yesterday.
① complaint ② complained ③ complains ④ complaining
〈東洋大〉

3
□□□
Do you really think the number ( ) to about 500 by the end of this year?
① grows ② has grown ③ grew ④ will grow 〈法政大〉

KEY POINT ▷ 002

4
□□□
She usually listens to the radio, but at the present moment she ( ) television.
① watches ② is watching
③ has watched ④ had been watching 〈同志社大〉

5
□□□
We are ( ) a new office in the central section of Singapore in two months.
① started ② opening ③ open ④ on start 〈関西学院大〉

> **TARGET 1 現在時制が表すもの**
> 1. 不変の真理　The earth **goes** around the sun.（地球は太陽のまわりを回る）
> 2. 現在の習慣　Jack **plays** tennis after class every day.（ジャックは毎日放課後にテニスをする）
> → 1
> 3. 現在の状態　I **live** in this town.（私はこの町に住んでいます）

---

1 このごろ，私は仕事の後はたいていまっすぐ家に帰る。
2 彼は昨日，その騒音について警察に苦情を伝えた。
3 あなたは，その数が今年の終わりまでにおよそ 500 まで増えると本当に思いますか。
4 彼女はいつもならラジオを聞くけれど，今はテレビを見ている。
5 2カ月後に，シンガポールの中心部に新しいオフィスをオープンする予定です。

第1章 時制 1〜5

KEY POINT ▷ 001　　　　　　　　基本時制の用法（現在，過去，未来）

1. 現在時制 ― 現在の習慣

▶ 現在時制は，一時的な「現在」だけを表すのではなく「現在」を中心に「過去」「未来」にも当てはまる状態・動作を表す。「現在」の一瞬だけでなく時間的な幅があることに注意。

○ 現在の習慣的動作は，現在時制で表す。本問の場合は習慣を表す副詞 usually に着目し，④ go を選ぶ。

Plus 現在時制は，時間的な幅があることから，「現在」だけでなく「過去」「未来」にも当てはまる「不変の真理」も現在時制で表すことも押さえておこう。

2. 過去時制

▶ 過去のある時点での動作・状態・事実などは過去時制で表す。

○ 本問の場合は，過去を表す副詞 yesterday に着目し，過去時制の② complained を選ぶ。

Plus complain about A to B = complain to B about A「AについてBに不満を言う」は重要表現。

3. 未来時制

▶ 未来のことは，will do の形を用いて表すのが基本。

○ 本問は，未来を表す副詞句 by the end of this year「今年の終わりまでに」に着目し④ will grow を選ぶ。

KEY POINT ▷ 002　　　　　　　　進行形の用法（現在，過去，未来）

4. 現在進行形

▶ 動作がある時点で進行していることを表す場合，進行形（be doing）を用いる。

○ at the present moment「今」（= now）に着目する。現在の一時的な動作を表すのは，現在進行形なので，② is watching を選ぶ。

5. 現在進行形 ― 未来の予定

▶ 現在進行形で未来の予定を表すことがある。

○ 進行形は are doing の形で表すので現在分詞の② opening を選ぶ。

Plus 本問の be opening a new office は「新しいオフィスをオープンしている」ではなくて，「新しいオフィスをオープンする予定である」の意味。I'm seeing my brother tomorrow.「明日，弟と会う予定です」も同じ例。なお，この see A は meet A「Aに会う」の意味。

TARGET 2　原則として過去時制で用いる副詞表現
- yesterday「昨日」→ 2 ● ... ago「…前」● last ...「この間の…／昨…」
- then「その時に」● just now「今しがた／たった今」● When ...?「いつ…したか」
- when I was six years old「私が6歳のとき」などの過去を明示する副詞節など

---

1 ④　2 ②　3 ④　4 ②　5 ②

4 1 文法

6
□□□
I didn't hear him say anything because I (　　　) to music.
① had listened　② have listened　③ listened　④ was listening

〈学習院大〉

7
□□□
When Ken comes home from school this afternoon, his mother (　　　) cooking roast chicken.
① will be　② would be　③ has been　④ had been

〈獨協大〉

8
□□□
Actually, he is rather conservative. That is why he (　　　) to that political party.
① was belonging　② was belonged
③ is belonging　④ belongs

〈明治大〉

TARGET 3　原則として進行形にしない動詞

●知覚状態を表す動詞

see「…が見える」　hear「…が聞こえる」　feel「…を感じる」
smell「…のにおいがする」　taste「…の味がする」

●心理状態を表す動詞

like「…が好きである」　love「…を愛する」　hate「…を嫌う」
know「…を知っている」　understand「…を理解する」　believe「…を信じる」
want「…が欲しい」

●その他の状態を表す動詞

belong「所属する」(→ 8)　resemble「…に似ている」　depend「頼る」
need「…を必要とする」　include「…を含む」　contain「…を含む」
consist「成り立つ，ある」　exist「存在する」　have「…を持っている，所有している」
possess「…を所有する」

* have は「…を持っている」の意味では進行形にしないが，「…を食べる」の意味では進行形にできる。
* smell が「…のにおいをかぐ」の意味の場合，taste が「…の味見をする」の意味の場合は進行形にできる。
* listen, look, watch は進行形にできる。

---

6 私は音楽を聞いていたので，彼が言うことは何も聞こえなかった。
7 ケンが今日の午後に学校から帰ってくるとき，彼の母親はローストチキンを調理しているだろう。
8 実は，彼はかなり保守的だ。だから彼はその政党に入っている。

6. 過去進行形 ― 過去のある時点での動作の進行

▶ 過去のある時点での動作の進行は，過去進行形（**was[were] doing**）で表す。

○ 本問は，I didn't hear him say anything「私は彼が言うことは何も聞こえなかった」という過去の一時点での動作の進行を表すので④ was listening が正解。③ listened にしないこと。

[Plus] My mobile phone rang while I **was having** lunch.「私が昼食を食べている間に携帯電話が鳴った」も同じ例。was having を had にしないこと。なお，この **have A** は **eat A**「A を食べる」の意味。

7. 未来進行形 ― 未来のある時点での動作の進行

▶ **未来の一時点での動作の進行は，未来進行形（will be doing）で表す。**

○ 本問は when Ken comes home from school this afternoon「Ken が今日の午後に学校から帰ってくるとき」という未来の一時点での動作の進行を表すので，答えは① will be で，will be cooking roast chicken となる。

[Plus] when 節内が現在時制になっていることについては，問題18, **TARGET 4** 参照。

8. 原則として進行形にしない動詞 ― belong to A

▶ **belong to A** は「A に所属する／A に属している」。belong は，**状態を表す動詞（状態動詞）なので，進行形にしない。一般に，状態・知覚・感情・認識を表す動詞は進行形にしない。**

[Plus] **That is why S + V ...**「そういうわけで…」は重要。→ 203, **TARGET 30**

6 ④　7 ①　8 ④

6　1 文法

KEY POINT ▷ 003

9
□□□
A : "Are Mary and Tom still living in Tokyo?"
B : "No. They (　　　) to Beijing."
① are just moved　② had just moved
③ have just moved　④ will just move　　　　　　〈青山学院大〉

10
□□□
A : What's Danny's brother like?
B : I don't know. I (　　　) him before.
① don't meet　② didn't meet
③ won't meet　④ have never met　　　　　　〈玉川大〉

11
□□□
We had arranged to meet at seven, but Taro was so late that,
when he finally arrived, my friends and I (　　　) dessert.
① already have had　② already to have
③ be having already　④ had already had　　　　　　〈慶應義塾大〉

12
□□□
As soon as I shut the door, I realized I (　　　) the key inside.
① was left　② had left　③ would leave　④ have left
　　　　　　〈東京経済大〉

---

9 A :「メアリーとトムはまだ東京に住んでいるのですか」
　 B :「いいえ。彼らは北京に引っ越したばかりです」
10 A : ダニーのお兄さんはどんな人ですか。
　　B : わかりません。今まで一度も彼に会ったことがないので。
11 私たちは 7 時に会うように取り決めていたが，タロウはかなり遅れたので，彼がやっと到着したと
　 きには，私の友人と私はすでにデザートを食べ終わっていた。
12 ドアを閉めるとすぐに中に鍵を置き忘れてきたことに気がついた。

KEY POINT ▷ 003　　　　　　　　　　完了形の用法（現在，過去，未来）

9. 現在完了 ― 完了・結果

▶ 現在を基点として，それまでの「完了・結果」「経験」「（状態の）継続」を表す場合には，現在完了（**have[has] done**）を用いる。

○ 現在完了は，「過去の事実」が「現在の状況」とつながっていることが前提。本問の場合，No. と答えているところから，「メアリーとトムは今，東京にいない」という現在の状況がある。「北京へ引っ越した」という過去の事実が，「今，東京にいない」という現在の状況とつながっているので，「完了・結果」を表す現在完了③ have just moved が入る。

[Plus] There is milk all over the kitchen floor because my wife **has broken** the bottle. 「妻がビンを割ってしまったので，台所の床一面が牛乳だらけになっている」も同じ例。「ビンを割った」のは過去の事実だが，「牛乳だらけになっている」という現在の状況とつながっているので，現在完了で表す。

[Plus] **move to A**「A に引っ越す」は重要。

10. 現在完了 ― 経験

▶ 現在完了には，現在までの「経験」を表す用法がある。

○ 「過去から現在まで彼に会った経験は一度もない」という内容をつかんで，否定語 never を含む現在完了④ have never met を選ぶ。

✗ ② didn't meet は不可。「以前，彼に会わなかった」は過去の事実だが，「（だから）彼がどんな人かわからない」という現在の状況につながっていないことに注意。

[Plus] **What is S like?**「S はどのような人［もの］なのか」は重要表現。**What is your new school like?** なら「新しい学校はどんな感じですか」の意味。→ 254

11. 過去完了 ― 完了・結果

▶ 過去のある時点を基点として，それまでの「完了・結果」「経験」「（状態の）継続」を表す場合には，過去完了（**had done**）を用いる。基本的に，過去完了が表す意味は，問題 9, 10 で扱った現在完了（have done）と同じで，基点となる時点が現在から過去のある時点に移行したもの。

○ 本問は，when 節で示された過去の時点を基点にして，それまでに my friends and I が have dessert「デザートを食べる」という動作を完了していたことを表している。したがって，過去完了（had done）の④ had already had が入る。

12. 大過去の用法 ― had done

▶ 2 つの過去の事柄があって，一方が他方より「前」にあったことを表す場合を大過去というが，形は問題 11 で扱った過去完了と同じ **had done** を用いる。

○ 本問は，「私が気づいた」時点よりも，「鍵を中に置き忘れてきた」時点の方が「前」であることを示している。したがって，**大過去（had done）**の② had left が正解。

---

9 ③　**10** ④　**11** ④　**12** ②

8 1 文法

13
□□□
The government report on science and technology released last month describes how technological progress (　　　) people's lives by 2035.
① changes　　　　② is changing
③ will be changed　④ will have changed　　　〈立教大〉

14
□□□
If I go to Hawaii again, I (　　　) there ten times.
① would have visited　② have visited
③ had visited　　　　④ will have visited　　　〈駒澤大〉

KEY POINT ▷ 004

15
□□□
People (　　　) peace for ten years since the end of the regime.
① are enjoying　　　② enjoy
③ will have enjoyed　④ have been enjoying　　〈駒澤大〉

16
□□□
Mr. Brown (　　　) for nearly thirty minutes when his client arrived.
① will have waited　② has been waiting
③ has waited　　　　④ had been waiting　　　〈東海大〉

---

13 先月発表された科学技術に関する政府の報告書は，2035年までに技術の進歩が人々の生活をどのように変えているのかについて述べている。
14 もう一度ハワイに行けば，私は10回そこを訪れたことになる。
15 その体制の終わり以来，人々は10年の間，平和を享受してきた。
16 顧客が到着したとき，ブラウン氏は30分近く待っていた。

第1章 時制 13〜16

13. 未来完了 ― 完了・結果

▶ 未来のある時点を基点として，それまでの「完了・結果」「経験」「（状態の）継続」を表す場合には，未来完了（**will have done**）を用いる。基本的に，未来完了が表す意味は，現在完了（have done → 9, 10）と同じで，基点が現在から未来のある時点に移行したものと考えればよい。

○ 本問は，**by 2035**「2035年までに」という未来の一時点までに，「変わる」という動作が完了することを表すので，**未来完了（will have done）**の④ will have changed が入る。

14. 未来完了 ― 経験

○「もう一度ハワイに行く」という未来の一時点で「10回訪れたことになる」という経験を表すので，**未来完了（will have done）**の形である④ will have visited を選ぶ。

Plus if 節内が現在時制になっていることについては，問題18, TARGET 4 参照。

KEY POINT ▷ 004　　　完了進行形の用法（現在，過去，未来）

15. 現在完了進行形 ― 現在における動作の継続

▶ 動作動詞（進行形にできる動詞）で，現在を基点として，それまでの動作の継続を表す場合には，現在完了進行形（**have[has] been doing**）を用いる。

○ for ten years「10年間」という期間を表す表現と，since the end of the regime「その体制の終わり以来」という表現があることから，その時を基点に enjoy peace「平和を享受する」という動作動詞で現在までの継続を表す必要があるので，現在完了進行形（have[has] been doing）の④ have been enjoying が正解になる。

Plus We **have known** each other since we entered this college.「この大学に入って以来，私たちは知り合いです」は，現在までの「お互い知っている」という状態の継続を表す。know は進行形にしない動詞（→ 8, TARGET 3）なので，have been knowing とならないことに注意。**状態動詞**（原則として進行形にしない動詞）が現在までの状態の継続を表す場合には，現在完了進行形（have[has] been doing）ではなく，現在完了形（have[has] done）を用いることも，ここで押さえておこう。

16. 過去完了進行形 ― 過去における動作の継続

▶ 動作動詞（進行形にできる動詞）で，過去のある時点を基点として，それまでの動作の継続を表す場合には，過去完了進行形（**had been doing**）を用いる。基本的に，過去完了進行形が表す意味は，問題15 で扱った現在完了進行形（have been doing）と同じで，基点となる時点が現在から過去のある時点に移行したものと考える。

○ when 節で示された過去の時点「顧客が到着した（とき）」を基点にして，それまでに「30分近く待っていた」という動作の継続を表すので，**過去完了進行形（had been doing）**の④ had been waiting を選ぶ。

---

13 ④　14 ④　15 ④　16 ④

10　1 文法

17 By the end of this year, I (　　　) for this bank for eight years.
□□□
① had been working　② had worked
③ will have been working　④ will work 〈近畿大〉

KEY POINT ▷ 005

18 Oh, my train's arriving. I'll call you later when (　　　) more
□□□ time.
① I had　② I have　③ I'll have　④ I'm having 〈慶應義塾大〉

19 I can't tell if it (　　　) tomorrow.
□□□
① is raining　② has been raining
③ rains　④ will rain 〈駒澤大〉

TARGET 4　when 節と if 節の見分け ── 副詞節か名詞節かの区別

● when 節のケース
(1) 副詞節「…するとき」── when は時を表す副詞節を導く接続詞 → 18
　　when 節内が未来のことでも，現在形を用いる。
　　I'll call you when she **comes** home.（彼女が帰宅したら，あなたに電話します）
(2) 名詞節「いつ…するか」── when は名詞節を導く疑問副詞
　　when 節内が未来のことであれば，will を用いる。
　　<u>I</u> <u>don't know</u> when she **will come** home.（彼女がいつ帰宅するかわかりません）
　　S　　V　　　　　O
● if 節のケース
(1) 副詞節「もし…すれば」── if は条件を表す副詞節を導く接続詞
　　if 節内が未来のことでも，現在形を用いる。
　　I'll stay home if it **rains** tomorrow.（明日雨が降れば私は家にいます）
(2) 名詞節「…するかどうか」── if は名詞節を導く接続詞（= whether）→ 19, 376
　　if 節内が未来のことであれば，will を用いる。通例，動詞や be sure の目的語で用いら
　　れる。
　　<u>I</u> <u>don't know</u> if it **will rain** tomorrow.（明日雨が降るかどうかわかりません）
　　S　　V　　　　O

---

17 今年の末には，私はこの銀行で 8 年間働いてきたことになる。
18 ああ，私の電車がもうすぐ来ます。後でもっと時間があるときに電話することにします。
19 明日雨が降るかどうかわかりません。

17. 未来完了進行形 ― 未来における動作の継続

▶ 動作動詞（進行形にできる動詞）で，未来のある時点を基点として，それまでの動作の継続を表す場合，未来完了進行形（**will have been doing**）を用いる。基本的に，未来完了進行形が表す意味は，問題 15 で扱った現在完了進行形（have been doing）と同じで，基点となる時点が現在から未来のある時点に移行したもの。

○ 副詞句 by the end of this year で示された未来の一時点「今年の終わりまでに」を基点にして，それまでに「8年間この銀行で働いてきた（ことになる）」という動作の継続を表すので，未来完了進行形（will have been doing）の③ will have been working を選ぶ。

KEY POINT ▷ 005　　　　　　　　　　時・条件の副詞節と名詞節

18. 時・条件の副詞節 ― 節内は現在時制

▶ 時・条件を表す副詞節内では，原則として，未来のことでも **will** は用いず，現在時制を用いる。

○「電話することにします」は未来のことだが，時を表す when 節内は未来のことでも現在時制を用いるので，未来時制（will do）の③ I'll have ではなく，現在時制の② I have を選ぶ。

Plus I don't know if it **will rain** tomorrow.「明日雨が降るかどうかわかりません」という例文の if 節は他動詞 know の目的語となる名詞節「…かどうか（ということ）」なので，if 節内が未来のことであれば will を用いる（→ 19, TARGET 4）。
after S + V ...「…した後に」，**before S + V ...**「…する前に」，**until S + V ...**「…するまで」，**as soon as S + V ...**「…するとすぐに」，**by the time S + V ...**「…するときまでには」は必ず副詞節になるので，節内では未来のことであっても原則的に現在形を用いることも押さえておこう。

19. 名詞節の if 節 ― 未来のことは未来時制

▶ if 節が名詞節の場合，if 節内では未来のことは未来時制（**will do**）で表す。

○ 本問は，他動詞用法の tell が，名詞節の if[whether] 節を目的語にとる形 **tell if [whether] S + V ...**「…かどうかわかる」だと気づくかがポイント。本問の if 節「明日雨が降るかどうか（ということ）」は未来のことなので④ will rain が正解となる。

Plus なお，**I can't tell if[whether] S + V ...**「私は…かどうかわからない」は I **don't know** if[whether] S + V ... と同意。tell の場合には can[can't] とともに用いることも覚えておこう。→ TARGET 4

12　1 文法

KEY POINT ▷ 006

20
□□□

It (　　　) ten years since the two companies merged.
① has been　② has passed　③ is passed　④ passed 〈青山学院大〉

KEY POINT ▷ 007

21
□□□

Look at those black clouds up there. It's (　　　) rain.
① will　② going to　③ coming to　④ to be 〈関西外大〉

TARGET 5 「…して〜（時間）になる」の表現

以下の英文は，伝わる内容はほぼ同意と考えてよい。

(1) It **has been**[is] three years *since* he died. → **20**

(2) Three years **have passed** *since* he died.

(3) He **died** three years *ago*.

(4) He **has been dead** *for* three years.

*(1)〜(3) は，ほかの「…して〜になる」の表現に一般化することが可能だが，(4) は die の形容詞 dead の場合のみ成り立つ表現。

---

20 その 2 社が合併してから 10 年が経った。
21 あの黒い雲を見て。雨が降りそうだ。

KEY POINT ▷ 006 「S が…してから～になる」

20. 慣用表現 ―「S が…してから～になる」

▶ **It has been[is]** + 時間 + **since S** + 過去形 ... 「S が…してから～になる」は慣用表現として正確に覚えておこう。

✗ ② has passed にしないこと。動詞 pass を使うなら、Ten years **have passed** since the two companies merged. となる。 → TARGET 5

KEY POINT ▷ 007 未来を表す be going to do

21. 未来を表す be going to do

▶ **be going to do** は未来のことを示す表現で、「…するつもりだ（主語の意志）」と「…しそうだ（主観的判断）」の 2 つの意味を表す。

○ 本問は後者の用法。第 1 文の内容から「上空に黒い雲があるので、雨が降りそうだ」の内容をつかみ、be going to do の形である ② going to を選ぶ。

✗ ③ coming to は不可。be coming to do で「…しそうだ」の意味を表すことはない。

Plus What **are** you **going to do** this weekend? 「今度の週末、何をするつもりですか」は「…するつもりだ（主語の意志）」の用法。
なお、**be going to do** は発話時点よりも前から続く「意志」を表す。例えば、**I'm going to be a doctor**. と発言すれば、「（前から）医者になろうと思っている」の意味になる。

Plus きわめて近い未来を表す **be about to do**「まさに…するところだ」も一緒に押さえておこう。
Something terrible **is about to happen**.（何か恐ろしいことが、まさに起ころうとしている）

20 ① **21** ②

第1章 時制 応用問題にTry!
KEY POINT ▷ 001-007

22 私の娘がペットとして飼っているウサギは，病気のせいで死にかけている。
The rabbit my daughter has as a pet (　　　) (　　　) because of illness. 〈関西学院大〉

23 来年で，ジョージは10年間，私の上司でいることになります。
Next year, George (　　　) (　　　) (　　　) my boss for ten years. 〈法政大〉

24 When we ①got to the restaurant, Midori ②complained that she ③was waiting for us for 30 minutes. However, it turns out she had arrived too early ④by mistake. 〈南山大〉

25 大学を卒業し，この会社で働き始めてから20年になる。 〈同志社大〉

26 I consider myself a good citizen and I think it's important to know what's going on across the nation. The problem of the people in another area today may be the same ones we'll be facing here in New York next year. 〈滋賀大〉

- 25 「大学を卒業する」：graduate from college[university]，「…で働く」：work for/at ...
- 26 consider A B「AをBと考える」，what's going on (= what's happening)「何が起こっているのか」，across the nation「国中，国のいたるところで」，the same ones we'll be facing = the same problems (which) we'll be facing「私たちが直面しているのと同じ問題」

24 私たちがレストランに着いたとき，ミドリは30分私たちを待っていたと文句を言った。しかし，彼女が誤って早く来すぎていたことがわかった。

第1章　時制 22〜26　15

KEY POINT ▷ 001-007

22. 現在進行形 → 4

○ **die**「死ぬ／枯れる」の進行形は動作がまだ完結していないことを表すので，「**死にかけている**」の表現は，進行形の **be dying** で表現する。主語が the rabbit なので，現在進行形は is dying となるはず。

23. 未来完了 ─ 状態の継続 → 13

○ 問題 13 で扱った未来完了（**will have done**）を作れるかが，本問のポイント。「来年」という未来の一時点まで「上司でいる」状態が継続するという内容なので，George is my boss「ジョージは私の上司です」を想定して，George will have been my boss とまとめればよい。

24. 過去完了進行形 ─ 過去における動作の継続 → 16

○ was waiting が間違い。Midori は「不満を言った」時点で，「30 分待っていた」と考えられるので，**過去進行形ではなく過去完了進行形**になる。過去進行形は過去の一時点での動作を表すため，for thirty minutes と一緒に用いることができない。したがって，was waiting を had been waiting に修正する。

25. 慣用表現 ─「S が…してから〜になる」→ 20

○ 問題文の「働き始めてから 20 年になる」は，**It has been[is]＋時間＋since S＋過去形**の形を使って表すことができる。「大学を卒業し，」は「大学を卒業した後」と考えて，after doing の形で表現すればよい。

26. 未来進行形 ─ 未来のある時点での動作の進行 → 7

○ 第 2 文の we'll be facing が未来進行形。第 1 文の and の後は，I think it's important to know ...「…を知ることは重要だと思う」の形式主語構造。know の目的語が what's going on across the nation「国中で何が起きているのか」という名詞節となっている。第 2 文は，The problem of ... may be the same ones 〜「…の問題は〜と同じ問題になるかもしれない」の S＋V＋C の構造であることを見抜く。補語である the same ones[=problems] は後に続く関係代名詞節の先行詞。目的格の関係代名詞 which[that] が省略されている。the same ones <(which) we'll be facing ... year> と考える。we'll be facing は未来進行形。

---

22 is dying　**23** will have been　**24** ③ was waiting → had been waiting

25 It has been[is] 20 years since I started working for[at] this company after graduating[I graduated] from college[university].

26 私は自分のことを善良な市民であると考え，国中で何が起こっているかを知ることは大事だと考えている。別の地域に暮らす人々の今日の問題は，ここニューヨークで来年私たちが直面している問題と同じなのかもしれない。

第2章 態

> 助動詞＋ be done, 完了 [進行] 形の受動態, 群動詞の受動態, be done+by 以外の前置詞は重要。完璧にしよう。

KEY POINT ▷ 008

27
□□□

A : I tried to call Takeshi yesterday, but my call couldn't go through.

B : He turned his phone off as he didn't want to (　　　).

① disturb　② be disturbed　③ disturbing　④ have disturbed

〈専修大〉

28
□□□

A lot of food is thrown away because (　　　) in time.

① it does not consume　② it has not consumed

③ it is not consumed　④ it is not consuming

〈立命館大〉

KEY POINT ▷ 009

29
□□□

The other day he (　　　) in French by a foreigner.

① was spoken to　② spoke to　③ was spoken　④ spoken up

〈駒澤大〉

KEY POINT ▷ 010

30
□□□

Almost a million copies of the book (　　　) so far.

① has been sold　② has sold

③ have been sold　④ are being sold

〈法政大〉

27　A : 昨日，タケシに電話しようとしたんだけど，つながらなかったよ。
　　B : 彼は邪魔されたくなかったから，電話の電源を切ったんだ。
28　期限内に消費されないため，多くの食べ物が捨てられている。
29　先日，彼は外国人からフランス語で話しかけられた。
30　その本は，これまでほぼ 100 万部が売れている。

KEY POINT ▷ 008　　　　　　　　　　　　　　　　　　　　　　　受動態の基本

27. 受動態の基本と by A の省略
▶ **受動態は他動詞で作り，be done で表す。**
○ 主語の he と他動詞の disturb「…の邪魔をする」の関係が，「彼は邪魔される（のを望まなかった）」という内容から受動関係が成立していることを見抜く。したがって **be done** の形② be disturbed を選ぶ。

[Plus] 受動態では，動作主（動作する側）を示す必要がある場合は by A で表すが，動作主が明らかな場合や不明の場合は省略する。本問の場合は by you あるいは by anyone が省略されている。

28. 否定の受動態
▶ **否定の受動態は，be not done で表す。**
○ 主語の it（= a lot of food）と他動詞 consume「…を消費する」の関係が，「それは消費されない」という内容であることから否定の受動関係が成立していることを見抜く。したがって **be not done** の形③ it is not consumed を選ぶ。

KEY POINT ▷ 009　　　　　　　　　　　　　　　　　　　　　　　群動詞の受動態

29. 群動詞（2 語以上から成る動詞）の受動態
▶ **2 語以上から成る動詞を群動詞というが，群動詞を受動態にする場合，その群動詞を 1 つのまとまった他動詞として考える。**
○ A spoke to B.「A は B に話しかけた」の受動態は，
　S　V　　O
　B **was spoken to by A**.「B は A に話しかけられた」となる。したがって，① was spoken to が正解。was spoken の後の to を忘れないこと。

KEY POINT ▷ 010　　　　　　　　　　　　　　完了形／「助動詞＋ be done」／進行形

30. 完了形の受動態
▶ **現在完了の受動態は，have been done で表す。**
○ 主語の almost a million copies of the book「その本のほぼ 100 万部」と他動詞 sell「…を売る」の関係が受動関係であることと，**so far**「これまで」（= up to the present）があることから，過去のある時点から現在までの「継続」の内容であることを見抜き，③ have been sold を選ぶ。

✕ ① has been sold は不可。almost a million copies は複数扱いの主語なので，has ではなく have になるはず。④ are being sold は進行形の受動態なので不可。→ 32

[Plus] 過去完了の受動態は had been done で表すことも，ここで押さえる。

18　1 文法

31 □□□ The problem should (　　　) immediately.
① be solved　② be solving　③ solve　④ to solve
〈立命館大〉

32 □□□ Improvements are still (　　　) in survey methods and practices.
① at making　② being made　③ have made　④ to made
〈東海大〉

KEY POINT ▷ 011

33 □□□ More and more tourists from abroad are visiting Japan. Many of them are (　　　) Japanese manga.
① interested in　② interesting of
③ interesting to　④ interested to
〈玉川大〉

34 □□□ I was (　　　) in a sudden shower on my way to the station.
① caught　② fixed　③ rained　④ set
〈関西学院大〉

TARGET 6　by 以外の前置詞と結びつく慣用表現

● be interested in A「A に興味がある」 **→ 33**
Paul **is interested in** astronomy.（ポールは天文学に興味がある）

● be covered with A「A に覆われている」
The top of the desk **was covered with** dust.
（その机の上は，ほこりで覆われていた）

● be caught in A「A（雨や交通渋滞など）にあう」 **→ 34**
We **were caught in** a traffic jam during rush hour on Friday.
（私たちは金曜日のラッシュアワーで交通渋滞にあった）

● be satisfied with A「A に満足している」
They **were satisfied with** their new house.（彼らは新しい家に満足していた）

31　その問題はすぐに解決されるべきだ。
32　調査の方法と実施については，いまだに改善がされているところだ。
33　海外からますます多くの観光客が日本を訪れている。彼らの多くは日本の漫画に興味を持っている。
34　私は駅へ向かう途中で，にわか雨に降られた。

31. 助動詞がある場合の受動態

▶ 助動詞がある場合の受動態は，「**助動詞 + be done**」で表す。

○ 主語の the problem と他動詞 solve「…を解決する」の関係が受動関係であることを見抜き，「**助動詞 + be done**」の形である ① be solved が正解となる。

32. 進行形の受動態 — 進行形の受動態は be being done で表す

○ S <u>make</u> <u>improvements</u> 「改善する」の進行形の受動態は，
　　V　　O

improvements **are being made**「改善されている」となるはず。したがって，② being made を選ぶ。

KEY POINT ▷ 011　　　　　　　by 以外の前置詞を用いる慣用表現

33. by 以外の前置詞を用いる慣用表現 (1)

▶ **be done** の表現には **by** 以外の前置詞と結びつくものがある。

○ 「彼らの多くは日本の漫画に興味がある」の内容から，主語の many of them と他動詞 interest「(人)に興味を持たせる」の関係が受動関係にあることを見抜く。「興味がある → 興味を持たされている」は be interested で表せるが，「A に興味がある」は be interested by A ではなく，**be interested in A** で表す。→ TARGET 6

Plus 本問の **be interested in A**「A に興味がある」は by 以外の前置詞と結びつく表現の代表例。慣用表現として押さえよう。

34. by 以外の前置詞を用いる慣用表現 (2)

○ 考え方は問題 33 と同じ。**be caught in A**「A (雨や交通渋滞など) にあう」で押さえる。→ TARGET 6

20　1 文法

35 □□□ Mt. Fuji is (　　　) as "Fuji-san" in Japanese.
① called　② known　③ named　④ referred 〈立教大〉

KEY POINT ▷ 012

36 □□□ He was seen (　　　) out of the room.
① go　② gone　③ having gone　④ to go 〈東京理科大〉

TARGET 7　be known の後の前置詞句

● be known to A「A（人）に知られている」
This song **is known to** all Japanese.
（その歌はすべての日本人に知られている）

● be known for A「A で知られている」
British people **are known for** their love of nature.
（イギリス人は自然を愛することで知られている）

● be known as A「A として知られている」→ 35
He **is known as** a jazz pianist.
（彼はジャズピアニストとして知られている）

● be known by A「A で見分けられる」
A tree **is known by** its fruit.
（果実を見れば木の良し悪しがわかる＝人は行為によって判断される）

35　Mt. Fuji は，日本語では「フジサン」として知られている。
36　彼は部屋から出るのを（人に）見られた。

35. by 以外の前置詞を用いる慣用表現 (3)

▶ 他動詞 know を用いた受動態 be known には，**be known to A**「A（人）に知られている」，**be known for A**「A で知られている」，**be known as A**「A として知られている」，**be known by A**「A で見分けられる」の表現がある。→ TARGET 7

○ 本問は，be known as A「A として知られている」を知っているかがポイント。

✕ ① called，③ named，④ referred を使う場合は，それぞれ次の通り。

・Mt. Fuji is called "Fuji-san" in Japanese.
・Mt. Fuji is named "Fuji-san" in Japanese.
・Mt. Fuji is referred to as "Fuji-san" in Japanese.

call A B「A を B と呼ぶ」，**name A B**「A を B と名づける」，**refer to A as B**「A を B と呼ぶ」の受動態は，**A is called B**「A は B と呼ばれる」，**A is named B**「A は B と名づけられる」，**A is referred to as B**「A は B と呼ばれる」となる。

KEY POINT ▷ 012 　　「S ＋ V ＋ O ＋ do」の形をとる動詞の受動態

36.「S ＋ V ＋ O ＋ do」の形をとる動詞の受動態

▶ **see A do**「A が…するのが見える」の受動態は，**be seen to do**「…するのを見られる」になることに注意。

○ 本問は，S saw him go out of the room.
　　　　　　 V　　O　　　C
という文の受動態を考える。C（補語）の原形不定詞は受動態では to do になることから，④ to go を選ぶ。

Plus **make A do**「A に…させる」の受動態も **be made to do**「…させられる」になる。一緒に覚えておこう。He **was made to go** there alone.（彼はひとりでそこに行かされた）

35 ②　36 ④

第 2 章 態 応用問題に Try!
KEY POINT ▷ 008-012

37 □□□ A majority of committee members ①were ②in favor of the proposal at the beginning, but now so many people are ③opposed to it that it is ④sure to turn down. 〈学習院〉

38 □□□ Many more (are / being / done / studies / the cause / to find) and treatments for this disease. 〈岩手医科大〉

39 □□□ 西サハラの自然の資源は，領土の将来が決まるまでは利用すべきではない。
Western Sahara's (be / natural / not / should / until / utilized / wealth) the territory's future is decided. 〈立命館大〉

40 □□□ 私は駅に行く途中，外国人に話しかけられた。

41 □□□ During the breeding season, each pair of birds claims and defends a nesting ground or territory. Those are established by fighting and displaying, but once established, territorial boundaries are respected by neighbors. 〈熊本大〉

40 on the[one's] way to A 「A に向かう途中で」
41 the breeding season「繁殖期」, claim「…を主張する」, a nesting ground or territory「巣作りの場所や縄張り」, those = a nesting ground or territory, displaying「誇示［すること］」, once established = once (they are) established「いったん定められると」, boundary「境界」

37 委員会のメンバーの大半は，当初その提案に賛成だったが，今ではとても多くの人たちがそれに反対しているので，却下されることは確実だ。
38 この病気の原因と治療法を見つけるために，さらに多くの研究が行われているところだ。

KEY POINT ▷ 008-012

37. 群動詞（2語以上から成る動詞）の受動態 → 29

⭕ it is sure to turn down が間違い。主語の it (= the proposal) と群動詞 turn down「…を却下する」の関係は受動関係だから, it is sure to be turned down「その提案は必ず却下される」になるはず。したがって, ④ sure to turn を sure to be turned に修正する（→ 29）。sure は it is sure that 節や物事を主語にすることはできないが, be sure to do という形にすることはできる。

Plus **a majority of A**「Aの大多数」, **be in favor of A**「Aに賛成である」, **be sure to do**「必ず…する」は重要。

38. 進行形の受動態 → 32

⭕ 進行形の受動態は, **be being done**「…されている」なので, まず Many more studies are being done「さらに多くの研究が行われている」とする。次に, 残りの選択肢から, to find A and B「AとBを見つけるために」を想定し, to find the cause (and treatments for this disease)「この病気の原因と治療法を見つけるために」とまとめればよい。→ 32

39. 助動詞がある場合の受動態 → 31

⭕ まず, Western Sahara's natural wealth「西サハラの自然の資源」と主語をまとめる。次に, should not be utilized「利用されるべきではない（…を利用すべきではない）」として, 最後に接続詞 until（→ 382）を置き, until the territory's future is decided「領土の将来が決められるまで」と完成する。

40. 群動詞（2語以上から成る動詞）の受動態 → 29

⭕ 問題文の「私は（…に）話しかけられた」は, 群動詞 speak to A「Aに話しかける」の受動態を想定して I was spoken to (by ...) と表現すればよい。

41. 受動態の基本 → 27

⭕ 問題文の are established, are respected by はいずれも受動態の形。once established も, once (they are) established の主語と be 動詞が省略された形（→ 283）。また, established by fighting and displaying の by は動作主ではなく手段・方法を表す。

---

37 ④ sure to turn → sure to be turned

38 studies are being done to find the cause

39 natural wealth should not be utilized until

40 I was spoken to by a foreigner on the[my] way to the station.

41 繁殖期の間, トリのつがいはそれぞれ巣作りの場所や縄張りを主張してそれを守る。それらは闘ったり, 力を誇示したりすることによって定まるが, いったん定められると, 縄張りの境界は周囲のトリたちに尊重される。

第 3 章 助動詞

> ひとつの助動詞に複数の用法があるので，英文中の用法の確定は読解上重要。丁寧に理解していこう。

KEY POINT ▷ 013

42
□□□
You ( ) not believe this, but I plan to become a professional jazz musician.
① can ② may ③ must ④ should
〈京都産業大〉

43
□□□
He ( ) be in because I can hear his radio.
① shall ② must have ③ has ④ must
〈上智大〉

44
□□□
You ( ) be serious. You must be joking.
① aren't ② can't ③ weren't ④ didn't
〈西南学院大〉

45
□□□
話してもいいですか。
( ) I speak to you?
① Will ② May ③ Shall ④ Must
〈山梨学院大〉

TARGET 8 「確信度」の順位

● 「話者の確信度」は must が一番高く，could が一番低い。（左から右へ「確信度」が下がる）

must / will / would / ought to / should / can / may / might / could

* can は「理論上の可能性」。may は「単なる推量」で 50%の「確信度」。

---

42 信じられないかもしれませんが，私はプロのジャズ・ミュージシャンになるつもりです。
43 彼のラジオの音が聞こえるので，彼は中にいるに違いない。
44 まさか本気じゃないでしょうね。ご冗談でしょう。

KEY POINT ▷ 013　　　　　　　　　　　　　　　　may / can / must

42.「推量」の may

○ 文意から，② **may**「…かもしれない」を選ぶ。

Plus 「推量」を表す **may**「…かもしれない」は「単なる推量」で「話者の確信度」は 50%。She **may** be late. は「彼女は遅刻するかもしれない」の意味だが，「(逆に言えば) 遅刻しないかもしれない (状況次第だ)」の意味も含むことに注意。
may ..., but ~「…かもしれないが，~」はよく用いられる表現。but 以下に書き手の主張が表されている。

43.「確信」の must

○ 文意から，④ **must**「…に違いない」を選ぶ。

Plus 「確信」を表す **must**「…に違いない」は「話者の確信度」が一番高い (→ **TARGET 8**)。反意表現 **cannot[can't]**「…のはずがない」と一緒に覚えておこう。

44.「可能性」の can — cannot の意味

○ 文意から，② **can't**「…のはずがない」を選ぶ。→ 43

Plus **can** には「能力」を表す「…できる」だけではなく，「可能性」を表す「…でありうる」の用法もある。この用法の can は「理論上の可能性」と呼ばれ，「(根拠・証拠などに基づいて) …でありうる」の意味をもつ。否定の **can't[cannot]** は「(根拠・証拠などに基づいて) …である可能性はない」から「…のはずがない」の意味になると考えればよい。→ **TARGET 9**

45.「許可」の may

○「…してもよい」の意味を表す② **May** を選ぶ。→ **TARGET 9**
　May I speak to A? は「A に話してもいいですか」の意味を表す。

TARGET 9　　may / can / must

(1) may
　①「…かもしれない」→ 42　②「…してもよい」→ 45
　③ (否定文で)「…してはいけない」
　④「S が…でありますように」(May + S + 原形 ...! の形で)

(2) can
　①「…できる」　②「…でありうる」　③ (疑問文で)「はたして…だろうか」
　④ (否定文で)「…のはずがない」→ 44　⑤「…してもよい (= may)」→ 46

(3) must
　①「…に違いない」→ 43 (⇔ cannot「…のはずがない」)
　②「…しなければならない」(⇔ not have to / need not / don't need to「…する必要はない」)
　③ (否定文で)「…してはいけない」→ 47

---

42 ②　43 ④　44 ②　45 ②

46
□□□ If you like, you (　　　) use this computer for your next presentation.
① ought to ② should ③ must ④ can 〈神奈川大〉

KEY POINT ▷ 014

47
□□□ You (　　　) eat or drink in the theater. It's not allowed.
① must ② have to ③ must not ④ don't have to 〈玉川大〉

48
□□□ We (　　　) stay late at the office tomorrow. We are working on a big project at the moment.
① won't ② shouldn't ③ have to ④ can't 〈法政大〉

49
□□□ "Do you have to attend the meeting this afternoon?" "(　　　), but I'd like to know more about the new committee. So I will."
① I think so ② I'm not ③ I don't have to ④ I hope so. 〈明治大〉

50
□□□ You have (　　　) to let me have a glance at it.
① hardly ② never ③ nothing ④ only 〈早稲田大〉

51
□□□ Oh, it's already eleven o'clock? (　　　) go home now.
① I've gotten ② I've got to ③ I had had to ④ I'm having to 〈桜美林大〉

---

46 よろしければ，このコンピューターを次回のプレゼンテーションに使っていいですよ。
47 劇場の中では，何かを食べたり飲んだりしてはいけません。それは認められていません。
48 私たちは明日，会社で遅くまで残業しなくてはなりません。私たちは今，大きなプロジェクトに取り組んでいるのです。
49 「今日の午後，あなたは会議に出席する必要がありますか」「その必要はないですが，新しい委員会について詳しく知りたいんです。だから参加します」
50 あなたは私にそれをちょっと見せてくれるだけでいいんです。
51 ああ，もう11時ですか。すぐに帰らなければなりません。

46. 「許可」の can

○ 文意から、④ can「…してもよい」を選ぶ。can にも、may 同様、「許可」を表す用法がある。→ TARGET 9

KEY POINT ▷ 014　　　　　　　　must / have to / should

47. 「義務」の must — must not の意味

▶ **must** には 問題 43 で扱った「確信」を表す用法だけでなく、「義務」を表し「…しなければならない」の意味になる用法もある。この用法の否定形 must not は「強い禁止」を表し、「…してはいけない」の意味になる。「許可」の may の否定形 **may not** も「…してはいけない」の意味を表すが、must not よりも意味的に柔らかい。→ TARGET 9

Plus 「義務」の must の同意表現として have to がある。一般的に must は話し手が自分の立場や権限から相手に課す義務であり、意味的に強い。have to は、周囲の状況が課す義務であり、must よりも意味的に柔らかい。→ 48

✘ ④ don't have to は不可。don't have to do は「…する必要はない」(= need not do / don't need to do) の意味。→ 49, 53, TARGET 9

48. 「義務」の have to

○ 文意から、問題 47 で扱った③ have to「…しなければならない」を選ぶ。

Plus 同意表現の **have got to do** も、ここで押さえておこう。
I've got to go home. = **I have to** go home.（帰宅しなければならない）

49. don't have to do の意味

○ 文意から、問題 47 で扱った③ I don't have to (attend the meeting this afternoon) を選ぶ。

50. have only to do の用法

▶ **have only to do** は、「…しさえすればよい」の意味を表す。助動詞の慣用表現として押さえる。

Plus let A do「Aに…させてやる」(→ 478, TARGET 74)、have a glance at A「Aをちらっと見る」(= glance at A) は重要。let me have a glance at it は「私にそれをちょっと見せる」の意味。

51. have got to do の用法

▶ 問題 48 で扱った **have got to do**「…しなければならない」(= have to do) を知っているかが、本問のポイント。

46 ④　47 ③　48 ③　49 ③　50 ④　51 ②

28　1 文法

52 It's late in the evening. I think we (　　　) go home now.
① ought　② had to　③ should　④ would
〈日本大〉

KEY POINT ▷ 015

53 You (　　　) tell her if you don't want to.
① need not to　② have not to　③ need not　④ don't have
〈日本大〉

54 A：How (　　　) you insult me!
B：Sorry, I didn't mean to. Would you forgive me?
① dare　② shall　③ may　④ need
〈専修大〉

KEY POINT ▷ 016

55 We all tried to push the truck, but it (　　　) move. Finally, we
called the car service center.
① will　② would　③ won't　④ wouldn't
〈名古屋工業大〉

TARGET 10 should do と ought to do →52

(1) should do / ought to do　①「…すべきだ」②「当然…するはずだ」

(2) should not do / ought not to do 「…すべきでない」

*(1) の②「当然…するはずだ」の用例は，以下を参照。

He has left home now. He **should[ought to]** get to the office in an hour.
（彼は今，家を出たところです。1時間で会社に着くはずです）

52　もう夜も更けました。私たちはすぐに家に帰るべきだと思います。
53　あなたがそうしたくなければ，彼女に話す必要はありません。
54　A：よくも私にそんな失礼なことが言えますね。
　　B：すみません，そんなつもりはなかったんです。許していただけませんか。
55　私たちはみんなでトラックを押そうとしたが，どうしても動かなかった。結局，私たちはカーサー
ビスセンターに電話した。

第 3 章 助動詞 52〜55

52.「義務・当然」の should

○ 文意から，③ **should**「…すべきだ」を選ぶ。

Plus 同意表現の **ought to do**「…すべきだ」もここで押さえる。ただし, ought to do よりも should do の方が意味的に弱い。したがって, should は「義務」というよりは「勧告」(「…した方がいい」) で用いられることも多い。**should do**, **ought to do** はともに「当然」を表し,「当然…するはずだ」の意味になる用法もある。→ TARGET 10

KEY POINT ▷ 015　　　　　　　　助動詞の need／助動詞の dare

53. 助動詞の need

▶ **need** は，動詞だけでなく助動詞としても用いられる。ただし，need が助動詞として使えるのは，疑問文（**Need S do ...?**）と否定文（**S need not do ... .**）の場合だけ。肯定文では用いない。「…する必要がある」は動詞の need を用いて, need to do で表すことに注意。

○ 本問は, 助動詞 need を用いた否定文 **S need not do**「S は…する必要はない」を問う問題。

✗ ① need not to は不可。need not の後は原形。④ don't have は，don't have to なら可。
→ 49, TARGET 9

Plus「…する必要はない」は, **need not do = don't need to do = don't have to do** で押さえておこう。

54. 助動詞としての dare

▶ **dare**「あえて…する」は，動詞としても用いられるが，疑問文・否定文では助動詞として用いることもできる。**How dare S do ...?**「よくも S は…できるね」は, 話者の S に対する「憤慨・怒り」の気持ちを表す。慣用表現として押さえておく。

KEY POINT ▷ 016　　　　　　　　would / used to do / had better do

55. 過去の強い拒絶を表す would not do

▶ **wouldn't [would not] do** は,「(過去において) どうしても…しようとしなかった」(= **refused to do**) の意味を表す。

Plus 本問のように, 無生物主語でも用いることに注意。なお, 同意表現の **refuse to do** も無生物主語を用いることができる。

Plus **won't [will not] do**「どうしても…しようとしない」(= refuse to do) もここで押さえておこう。
The door **won't[refuses to]** open.（ドアがどうしても開かない）

---

52 ③　53 ③　54 ①　55 ④

56
□□□ When we were children, we (　　　) go skating every winter.
① liked ② would ③ might ④ wanted 〈杏林大〉

57
□□□ Before he got sick, he (　　　) to practice every day.
① likes ② used ③ was allowing ④ would 〈明治大〉

58
□□□ My brother said he (　　　) to go to Paris, but he doesn't have enough money.
① would like ② will like ③ must have liked ④ will be liked 〈神奈川大〉

59
□□□ I would rather (　　　) on Sunday than on Saturday.
① come ② came ③ comes ④ coming 〈青山学院大〉

60
□□□ I'd rather (　　　) out today.
① don't go ② not go ③ not going ④ not to go 〈立命館大〉

61
□□□ Oh dear. It's already five o'clock and I'm late. I (　　　) leave now.
① could ② had better ③ ought ④ should to 〈慶應義塾大〉

---

56 私たちが子どもだった頃，毎年冬になるとスケートに行ったものだった。
57 彼は病気になる前は，毎日練習していたものだった。
58 私の兄はパリに行きたいと言ったが，十分なお金を持っていない。
59 私は土曜日よりもむしろ日曜日に来たいと思います。
60 今日はどちらかといえば出かけたくない。
61 おやまあ。もう5時で，遅くなってしまいました。私はもう出た方がいいですね。

56. 過去の習慣的動作を表す would

▶ **would** には，過去の習慣的動作「…したものだった」を表す用法がある。本問の when 節のように，過去を表す副詞表現とともに用いられたり，頻度を表す副詞 always, often, sometimes などを伴ったりすることも多い。

57. used to do の用法

▶ **used to do** は，現在と対比させて過去の習慣的動作「…したものだった」と，過去の継続的状態「以前は…だった」を表す。

○ 本問は，過去の習慣的動作「…したものだった」を表す用法。

Plus 問題 56 で述べたように，**would** にも **used to** と同様に過去の習慣的動作を表す用法があり，同じように用いられることも多いが，次の点では厳密に用法を区別する。
used to は現在と対照させた過去の動作を表し得るが，**would** は現在と対照させた文脈では用いることができないという点である。つまり，used to は通例，「今ではその習慣は行われていない」の意味を含み，would にはその意味はなく，個人的な回想をする場合に用いられることが多い。

58. would like to do の用法

▶ **would like to do**「…したい」= want to do で押さえる。前者の方が丁寧な表現。

Plus 否定表現の wouldn't like to do「…したくない」も重要。

59. would rather do の用法

▶ **would rather[sooner] do** は「むしろ…したい」の意味を表す。

60. would rather not do の用法

○ 問題 59 で扱った would rather do の否定形 would rather not do「むしろ…したくない」が本問のポイント。

61. had better do の用法

▶ **had better do**「…した方がよい」は助動詞の慣用表現として押さえる。had better の後には動詞の原形がくる。

Plus **had better do** の否定形 **had better not do**「…しない方がよい」もここで押さえておこう。not の位置に注意。
You **had better not** wander around here.（この辺りをぶらつかない方がいいよ）

KEY POINT ▷ 017

62
☐☐☐
A : The window was unlocked and there is mud on the floor.
B : So the thief (　　　) come into the apartment that way.
① may　② must have　③ ought to　④ should
〈学習院大〉

63
☐☐☐
He (　　　) have got lost on the way. He's come here by himself so many times.
① must　② will　③ can't　④ didn't
〈日本大〉

64
☐☐☐
Taro (　　　) there yesterday, but nobody saw him.
① might be　　　② might have been
③ must have to be　④ should be
〈関西学院大〉

65
☐☐☐
I'm sorry that I couldn't follow the very last part of her speech. I (　　　) more carefully.
① would be listened　② was listened
③ am to be listened　④ should have listened
〈青山学院大〉

> ### TARGET 11　「助動詞＋have done」の意味
>
> (1) must have done「…したに違いない」→ 62
> (2) can't[cannot / couldn't] have done「…したはずがない」→ 63
> (3) could have done「…したかもしれない」
> (4) may[might] have done「…したかもしれない」→ 64
> (5) may[might] not have done「…しなかったかもしれない」
> (6) needn't[need not] have done「…する必要はなかったのに（実際はした）」
> (7) should have done 　⎧ ①「…すべきだったのに（実際はしなかった）」→ 65
> 　　 ought to have done 　⎩ ②「当然…した［している］はずだ」
> (8) should not have done 　⎧「…すべきではなかったのに（実際はした）」
> 　　 ought not to have done 　⎩
> (9) would like to have done / would have liked to do「…したかったのだが(実際はできなかった)」

62　A：窓はカギが開けられていて，床には泥がついています。
　　B：それなら，泥棒はそうやってアパートに入ったに違いない。
63　彼が来る途中で道に迷ったはずはない。ここには一人で何度も来たことがあるんだから。
64　タロウは，昨日そこにいたのかもしれないが，誰も彼を見かけなかった。
65　彼女のスピーチのまさに最後の部分を理解できなかったのが残念です。私はもっと注意深く耳を傾けるべきでした。

第 3 章　助動詞 62～65　33

KEY POINT ▷ 017

「助動詞＋ have done」など

62. must have done の用法

▶ **must have done** は「…した［だった］に違いない」の意味を表す。

63. cannot have done の用法

▶ **cannot[can't] have done** は「…したはずがない」の意味を表す。

64. may have done の用法

▶ **might[may] have done** は「…したかもしれない」の意味を表す。

○ 本問は S might have <u>been</u> there yesterday. 「S は昨日そこにいたかもしれない」の形となっている。

✕ ① might be は不可。might に過去の推量「（過去に）…したかもしれない」を表す用法はない。

Plus might は may より確信度は下がるが，ほぼ同意で，might do は「（ひょっとすると）…するかもしれない」の意味を表す。

65. should have done の用法

▶ **should have done** には（1）「…すべきだったのに（実際はしなかった）」，（2）「当然…した［している］はずだ」の 2 つの意味がある。

○ 本問は，前文の内容から（1）の用法だとわかるはず。

62 ②　**63** ③　**64** ②　**65** ④

34　1 文法

66
□□□　During the 1970s, many students demanded that student committees (　　　) the power to make decisions about school rules.
①　be given　②　will give by　③　to give it　④　giving to　〈東海大〉

KEY POINT ▷ 018

67
□□□　You can't be (　　　) cars in crossing this street.
①　careful so that　②　so careful that
③　so careful with　④　too careful of　〈法政大〉

┌───
│　**TARGET 12**　後に「that ＋ S（＋should）＋原形」の形が続く動詞・形容詞
│　(1) 動詞
│　● insist「主張する」　　● demand「要求する」→ 66　● require「要求する」
│　● request「懇願する」　● order「命令する」　　　● propose「提案する」
│　● suggest「提案する」　● recommend「勧める」　など
│　(2) 形容詞
│　● necessary「必要な」　● essential「不可欠な」　● important「重要な」
│　● right「正しい」　　　● desirable「望ましい」　など
│　*過去時制でも that 節中の「should ＋ 原形」または「原形」は変化しない。
└───

66　1970 年代に，多くの学生は，学生委員会が校則に関する決定権を与えられるよう要求した。
67　この通りを横切る際には，どんなに車に注意してもしすぎることはない。

第3章 助動詞 66〜67

66. demand that S ＋ 原形「S が…することを要求する」

▶ **demand，propose，insist，order** など，要求・提案・命令などを表す動詞の目的語となる that 節内は原則として「**S ＋ 原形**」または「**S should ＋ 原形**」の形をとる。

○ 本問は「**S ＋ 原形**」となっており，① **be given** を選ぶ。

Plus **It is ... that S ＋ V** 〜の形式主語構文で，「...」に **necessary** などの「必要・要求」などを表す形容詞がくる場合，that 節内は原則として「**S should ＋ 原形**」または「**S ＋ 原形**」の形になることも押さえておこう。なお，**It was ... that S ＋ V** 〜と過去時制であっても「**S should ＋ 原形**」や「**S ＋ 原形**」は変わらない点にも注意。→ TARGET 12

KEY POINT ▷ 018　助動詞を含む慣用表現／could do と was able to do

67. can't ... too 〜の慣用表現

▶ **can't[cannot] ... too** 〜は「どんなに〜しても…しすぎることはない」の意味を表す重要表現。→ TARGET 13

○ 本問は，**be careful of A**「A に注意する」の表現が **can't be too careful of A**「A にどんなに注意してもしすぎることはない」になっていることを見抜く。

TARGET 13　助動詞を含む慣用表現

(1) cannot ... too 〜＝ cannot ... enough 〜「どんなに〜しても…しすぎることはない」→ 67

(2) cannot help doing ＝ cannot help but do ＝ cannot but do
　① 「…せずにはいられない」→ 68，② 「…せざるをえない」

(3) may well do　① 「…するのも当然だ」，② 「おそらく…するだろう」
　① You **may well** complain about the treatment.
　　（あなたがその扱いに対して不平を言うのは当然だ）
　② It **may well** rain tonight.
　　（おそらく今晩，雨が降るだろう）

(4) might[may] as well do ... as do 〜「〜するくらいなら…する方がよい／〜するのは…するようなものだ」
　We **might as well** walk home **as** try to catch a taxi here.
　（ここでタクシーを拾おうとするくらいなら，歩いて家に帰った方がいい）

(5) might[may] as well do「…してもいいだろう／…する方がいいだろう」→ 69

36 1 文法

68 She tried to be serious but she couldn't help (   ).
① that she laughed ② to laugh
③ to have laughed ④ laughing 〈法政大〉

69 It takes so long by train. You (   ) as well fly.
① should ② might ③ can ④ would 〈青山学院大〉

70 There was an important entrance examination last month, and I
(   ) it.
① cannot pass ② could pass
③ had passed ④ was able to pass 〈日本大〉

---

68 彼女は真剣になろうとしたが，笑わずにはいられなかった。
69 電車ではかなり時間がかかる。飛行機を使ってもいいだろう。
70 先月に大事な入試があり，合格することができた。

68. cannot help doing の用法

▶ **cannot help doing** は，(1)「(感情的に)…せずにはいられない」，(2)「…せざるを得ない」の意味を表す。→ TARGET 13

○ 本問は，but の前の内容「彼女は真剣になろうとした」から，(1)の意味だと考える。

Plus 同意表現の **cannot but do**，**cannot help but do** もここで押さえておく。
She **couldn't help laughing**. = She **couldn't but laugh**. = She **couldn't help but laugh**.
(彼女は笑わずにはいられなかった)

69. might as well do の用法

▶ **might[may] as well do** は「…してもいいだろう」の意味を表す。→ TARGET 13

Plus この表現は，might[may] as well ... as not do 〜の省略で「(〜しないのも) …するのも同じであろう」が本来の意味。したがって，had better do のような「積極的な提案」ではなく「消極的な提案」を示す場合に用いることに注意。

70. was able to do の用法 ─ could do との区別

▶「(過去に) …する能力が備わっていた[…することが可能だった]」の場合は **could do** も **was[were] able to do** もともに用いられる。他方，「(過去のある時に)…する能力があり[…することが可能であり]，実際にその行為・動作を行った」の場合，**was[were] able to do** は用いられるが，could do は実際に行ったかどうか不明なので不可であることに注意。

○ 本問は「入試に合格することができた」わけだから，④ was able to pass を選ぶ。

Plus 否定文の場合は，「実際にその行為・動作が行われなかった」のだから，どちらを用いても意味に大差はない。下記の例文では，**wasn't able to** の代わりに **couldn't** を用いても可。
She **wasn't able to[couldn't]** come to the restaurant on time then.
(その時，彼女はレストランに時間どおりに来ることができなかった)

68 ④ 69 ② 70 ④

第 3 章 助動詞 応用問題に Try!

KEY POINT ▷ 013-018

71 □□□
A：I can't find my passport anywhere. It must have been stolen.
B：You had (　　　) do something about it right now.
〈福島大〉

72 □□□
I ①may ②so well give ③up the attempt ④at once.
〈宮崎大〉

73 □□□
Mary (have / very proud / must / of / been / her son).
〈高崎経済大〉

74 □□□
車を運転するときは，いくら注意してもしすぎることはありません。

75 □□□
An elephant should run faster than a horse — at least in theory. That's because big creatures have more of the type of muscle cells used for acceleration. Yet mid-sized animals are the fastest on Earth.
〈新潟大〉

74　drive a car「車を運転する」
75　in theory「理論的には」, That's because ...「それは…だからだ」, muscle cell「筋肉細胞」, acceleration「加速」, mid-sized「中型の」

71　A：パスポートがどこにも見つかりません。盗まれたに違いありません。
　　B：すぐにそれについて何かをした方がいいよ。
72　私は，すぐにその試みをあきらめてもいいだろう。
73　メアリーは，自分の息子をとても誇りに思っていたに違いない。

第3章　助動詞 71〜75　**39**

KEY POINT ▷ 013-018

71. had better do の用法 → 61

⭕「パスポートがどこにもない。それは盗まれたに違いない」という A の発言から，**had better do**「…した方がよい」を用いて，You had better do something about it right now.「すぐにそのこと（パスポートがないこと）に関して何かした方がいい」とすればよい。

Plus **must have done** は「…したに違いない」の意味。→ 62

72. may as well do の用法 → 69, TARGET 13

⭕「…してもいいだろう」は，**may[might] as well do** で表現するので，② so を as に修正すればよい。

Plus **give up A** は「A をあきらめる」，**at once** は「すぐに」（= **right away**）の意味。

73. must have done の用法 → 62

⭕ must を用いた **must have done**「…したに違いない」から，**must have been C**「C だったに違いない」を想定し，Mary must have been とまとめ，be proud of A「A を誇りに思う／A を自慢する」を知っていれば，後も very proud of her son とまとめられるはず。

74. can't ... too 〜の慣用表現 → 67

⭕ 問題文の「いくら注意してもしすぎることはありません」は，重要表現 **can't[cannot] ... too 〜**「どんなに〜しても…しすぎることはない」を使って **cannot be too careful** と表すことができる。

75. 「当然」の should「…するはずだ」→ TARGET 10

⭕ 第1文の should は「当然」の意味を表す用法。理論から導き出される結論として当然「…するはずだ」という文意となる。That's because の後は，**S have more of A**「S は A をより多く持っている」の構造。used for acceleration「加速に使われる」は muscle cells を後置修飾する過去分詞句。→ 130

---

71 better　**72** ② so → as

73 must have been very proud of her son

74 You cannot[can't] be too careful when you drive a car.

75 ゾウはウマよりも速く走るはずだ——少なくとも理論的には。それは，大きな生き物は加速に使われる筋肉細胞をより多く持っているからだ。しかし，地球上では中型動物が最も速い。

第4章 不定詞

> 不定詞には，名詞・形容詞・副詞用法があり，読解で頻出。作文で自在に操れるぐらい練習しておこう。

KEY POINT ▷ 019

76 ☐☐☐
The president decided ( ) of the new product.
① putting off the promotion   ② having put off the promotion
③ to put off the promotion   ④ to have put off the promotion
〈名古屋工業大〉

77 ☐☐☐
Real wealth is ( ) avoid doing what one would rather not do.
① being   ② being able as to
③ to be able to   ④ to find yourself able to
〈早稲田大〉

78 ☐☐☐
It is difficult for you ( ) the English examination.
① is passing   ② to passed   ③ to pass   ④ pass
〈福岡大〉

79 ☐☐☐
She ( ) what I said.
① found impossible to believe
② found it impossible for believing
③ found it impossible to believe
④ found impossible believing
〈関西外大〉

KEY POINT ▷ 020

80 ☐☐☐
There is little time ( ) this assignment.
① to finish   ② finish   ③ to be finished   ④ finishing   〈東海大〉

76　社長は，新製品の宣伝を延期することにした。
77　真の豊かさとは，自分がしたくないことを避けることができることだ。
78　あなたがその英語の試験に合格することは難しい。
79　彼女は，私が言ったことを信じることが不可能だとわかった。
80　この宿題を終える時間はほとんどない。

KEY POINT ▷ 019　　　　　　　　　　　　　　　　　　　名詞用法の不定詞

76. 名詞用法の不定詞 ─ 目的語
▶ decide は不定詞を目的語にとる動詞。**decide to do**「…することにする」で押さえる。

[Plus] **put off A** は「A を延期する」。

77. 名詞用法の不定詞 ─ 補語
○ 本問は，補語が不定詞句になることに気づき，文意が通じる③ to be able to を選ぶ。

✕ 動名詞句も補語になるので，② being able as to は being able to であれば文法的に可となる。

78. It is ... for A to do. の形式主語構文
▶ 不定詞が主語になる場合は，形式主語 it を用いて不定詞句を後置し，文のバランスをとることがある。**It is ... (for A) to do.** は「(A が) 〜するのは…だ」の意味を表す。for A は不定詞の意味上の主語を明示する場合に用いる。

[Plus] It is ... to do の形式主語構文で「人」を不定詞の意味上の主語として使い，人の性質を表す形容詞 **kind**「親切な」，**considerate**「思いやりがある」，**polite**「礼儀正しい」，**rude**「不作法な」，**wise**「賢い」，**foolish**「愚かな」，**careless**「不注意な」，**cruel**「冷酷な」などの語が補語にくる場合，It is ... of A (人) to do の形になる。一般にこの形は A (人) is ... to do. の形に言い換えることができる。
It was kind **of** him to help me. = He was kind to help me. (親切にも彼は私を手伝ってくれました)

79. 形式目的語を用いた find it impossible to do
▶ find O + C「O が C だとわかる」のような第5文型をとる動詞の目的語(O)を，名詞用法の不定詞(句)にする場合には，必ず形式目的語の it を用いて，不定詞(句)を補語(C)の後に置く。

○ 本問は，**S find it impossible to do**「S は…をするのが不可能だとわかる」の形。したがって，③ found it impossible to believe を選ぶ。

KEY POINT ▷ 020　　　　　　　　　　　　　　　　　　　形容詞用法の不定詞

80. 形容詞用法の不定詞 ─ 同格関係
▶ 名詞を修飾する不定詞は，形容詞用法の不定詞と呼ばれるが，その場合，修飾される名詞 A と不定詞の間には，**(1) 同格関係**（名詞の内容を説明するもの），**(2) 主格関係**（「A が…する」の関係），**(3) 目的格関係**（「A を…する」の関係）のいずれかの関係が成り立つ。

○ 本問は (1) 同格関係の例。**time to do**「…する時間」で押さえておこう。

[Plus] 同格関係の不定詞をとる名詞には time to do 以外に **decision to do**「…する決心」，**plan[program / project] to do**「…する計画」，**way to do**「…する方法」，**courage to do**「…する勇気」などが代表例。

42 1 文法

81 □□□ Who was the first person (　　　) the South Pole?
① reach　② reached　③ to reach　④ who reaches　〈大谷大〉

82 □□□ It is freezing outside. I felt very cold walking home. I want to
have (　　　).
① hot something to drink　② drinking something hot
③ hot drinking to something　④ something hot to drink
〈亜細亜大〉

83 □□□ We have a lot of problems (　　　).
① to deal　② for dealing　③ to deal with　④ to be dealt
〈南山大〉

KEY POINT ▷ 021

84 □□□ A : Could you tell me (　　　) get to the closest post office?
B : Sure. Go straight down this street and you'll see it on the
right, across from the bank.
① can I　② how to　③ the way　④ where is　〈京都産業大〉

> **TARGET 14**　疑問詞 + to 不定詞の意味
> ● how to do「…する方法［仕方］, どのように…すべきか」→ 84
> ● where to do「どこに［で／に］…すべきか」　● when to do「いつ…すべきか」
> ● what to do「何を…すべきか」　● which to do「どれを…すべきか」
> ● what A to do「何の A を…すべきか」　● which A to do「どの A を…すべきか」

81　南極に初めて到達した人は誰ですか。
82　外は凍えるほど寒い。歩いて帰ったらとても寒く感じた。何か熱いものを飲みたい。
83　対処すべき問題はたくさんある。
84　A：一番近い郵便局への行き方を教えてもらえますか。
　　B：もちろんです。この通りを直進すると右側に，つまり銀行の向かい側に見えるでしょう。

第 4 章　不定詞 81〜84　43

81. 形容詞用法の不定詞 ― 主格関係

○ 問題 80 で述べた形容詞用法の不定詞の 3 つの中で，本問は，**(2) 主格関係**の例。the first person と，修飾する不定詞句 to reach the South Pole との関係が「S + V」となっている。**the first A to do**「…する最初の A」で押さえておこう。

82. 形容詞用法の不定詞 ― 目的格関係

○ 問題 80 で述べた形容詞用法の不定詞の 3 つの中で，本問は **(3) 目的格関係**の例。something hot が drink の目的語となっている。
前提となる表現
<u>drink</u> <u>something hot</u>「何か熱いものを飲む」が
　V　　　O
<u>something hot</u> <u>to drink</u>「何か熱い飲み物」になると考える。

✕ ① hot something to drink は不可。**something[anything / everything / nothing]** を修飾する形容詞は後置する。**something hot** を (✕) hot something とは表現できない。

83. 形容詞用法の不定詞 ― 目的格関係，前置詞の残留
○ 問題 80 で述べた形容詞用法の不定詞の 3 つの中で，本問は，**(3) 目的格関係**の例。a lot of problems が deal with の目的語となっている。
<u>deal with</u> A「A を扱う，A を論じる」が
<u>A</u> <u>to deal with</u>「扱う[論じる]べき A」の形となり，前置詞 with が不定詞句内に残る。

KEY POINT ▷ 021　　　　　　　　　　　　疑問詞 + to 不定詞

84. 疑問詞 + to 不定詞

▶「**疑問詞 + to 不定詞**」は名詞句となり，文中で主語・動詞[前置詞]の目的語・補語になる。
○ 本問は，how to get to the closest post office「一番近くの郵便局への行き方」が tell A B「A に B のことを言う」の目的語 B になっている。

81 ③　82 ④　83 ③　84 ②

44　1 文法

KEY POINT ▷ 022

85 □□□ Harold went to the biggest bookstore in the town (　　　) gifts for his friend.
① to getting　② for getting　③ to get　④ for to get　〈上智大〉

86 □□□ He had to attend night school (　　　) improve his computer skills.
① in doing so　② for　③ in order to　④ as　〈鹿児島大〉

87 □□□ You should write carefully (　　　) as not to make mistakes.
① enough　② so　③ in　④ for　〈東洋大〉

88 □□□ She will be glad (　　　) that he had arrived safely.
① to know　② know　③ knowing　④ to have known　〈拓殖大〉

TARGET 15　副詞用法の不定詞の意味と用法

(1) 目的「…するために／…する目的で」→ 85

We must practice hard **to win the game**.

（その試合に勝つために，私たちは一生懸命練習しなければならない）

(2) 感情の原因「…して」→ 88

I was very glad **to hear the news**.（その知らせを聞いて，とてもうれしかった）

(3) 判断の根拠「…するなんて／…するとは」

He must be rich **to have such a luxury watch**.

（そんな高級腕時計を持っているなんて，彼は金持ちに違いない）

(4) 結果「その結果…する」

She grew up **to be a famous scientist**.（彼女は大きくなって有名な科学者になった）

(5) 条件「…すれば」

To hear her talk, you would take her for an American.

（彼女が話すのを聞けば，君は彼女をアメリカ人だと思うだろう）

(6) 形容詞の限定「…するには」

This river is dangerous **to swim in**.（この川は泳ぐには危険だ）

この構造の場合，主語の this river が前置詞 in の意味上の目的語となっている。原則として，以下の形式主語構文に変換できる。

It is dangerous to swim in this river.

85　ハロルドは友人への贈り物を買うために，この町でいちばん大きい書店に出かけた。

86　彼はコンピューターのスキルを上達させるために，夜間学校に通わなければならなかった。

87　ミスをしないように，注意深く書かなければいけません。

88　彼が無事到着していたことを知れば，彼女はうれしく思うでしょう。

KEY POINT ▷ 022

副詞用法の不定詞

85. 副詞用法の不定詞 — 目的

▶ 不定詞句で「…するために」の意味になり，「目的」を表す用法がある。

○ 本問は，「贈り物を買うために」という内容にするために，不定詞の③ to get を選ぶ。

86. in order to do の用法

▶ 「目的」を表す不定詞の副詞用法であることをはっきりと示す場合に，**in order to do** や **so as to do**「…するために」を用いる。

[Plus] 否定形の in order not to do, so as not to do「…しないように」もここで押さえる。

87. so as not to do の用法

○ 本問は，問題 86 で触れた **so as not to do**「…しないように」がポイント。② so を選び，so as not to make mistakes「ミスをしないように」を完成する。

88. 副詞用法の不定詞 — 感情の原因

▶ **glad / happy / angry / sorry / surprised / delighted**「喜んで」/ **hurt**「感情を害して」などの感情や気持ちを表す形容詞や過去分詞の分詞形容詞の後に不定詞を用いることで，**感情の原因**「…して」を表す。

○ 本問は，**be glad to do**「…してうれしい」を問う問題。

85 ③   86 ③   87 ②   88 ①

46 1 文法

89 ☐☐☐ His grandfather lived (   ) ninety-two and was the head of the company for many years.
① being   ② to be   ③ for being   ④ till he would be   〈東海大〉

90 ☐☐☐ She is (   ) buy everything.
① enough rich to   ② enough to rich
③ rich enough to   ④ rich to enough   〈國學院大〉

91 ☐☐☐ I came all the way from Hokkaido to see my aunt, (   ) to find that she had moved.
① about   ② as   ③ enough   ④ only   〈関西学院大〉

KEY POINT ▷ 023

92 ☐☐☐ I'll try (   ) too much about the rankings.
① not to thinking   ② to not thinking
③ not think   ④ not to think   〈法政大〉

93 ☐☐☐ They don't seem (   ) of the importance of the problem five years ago.
① being aware   ② having been aware
③ to being aware   ④ to have been aware   〈立命館大〉

---

89 彼の祖父は 92 歳まで生き，長年にわたってその会社の会長を務めた。
90 彼女は十分に金持ちなので何でも買える。
91 私ははるばる北海道からおばに会いにやって来たが，結局，彼女が引っ越していたことがわかっただけだった。
92 ランキングについては，あまり考えすぎないようにします。
93 5 年前，彼らはその問題の重要性を認識していなかったようだ。

89. 副詞用法の不定詞 ― 結果

▶ 副詞用法の「結果」を表す不定詞は，慣用的な表現で用いられる。**(1) awake[wake (up)] to find[see] ...**「目が覚めると…だとわかる」，**(2) grow up to be C**「成長してCになる」，**(3) live to do ...**「…するまで生きる／生きて…する」が代表例。
本問は，**live to be X**「X歳まで生きる」がポイント。

90. 形容詞 + enough to do の用法

▶ 形容詞［副詞］+ **enough to do** は，「～するほど…／十分に…なので～する」の意味を表す。enough が形容詞［副詞］を修飾する場合，その語の後に置くことに注意。
✗「十分お金持ちで」と日本語で考えて① enough rich to にしないこと。
Plus 同意表現の **so + 形容詞[副詞] + as to do** もここで押さえておこう。
She is rich **enough to** buy everything. = She is **so** rich **as to** buy everything.

91. only to do ... ― 逆説的な結果

▶ **only to do** で，逆説的な結果を表す用法。「…したが，結局～しただけだった」の意味を表す。
Plus 本問は，以下のように書き換えることができる。
I came all the way from Hokkaido to see my aunt, but (I) found that she had moved.

KEY POINT ▷ 023   不定詞の否定／完了不定詞

92. 不定詞の否定 ― not to do

▶ 不定詞を否定する語（not / never）は不定詞の直前に置く。
○ **try to do**「…しようとする」の否定表現は，不定詞の前に not を置いて **try not to do**「…しないようにする」で表す。したがって，④ not to think が正解となる。

93. 完了不定詞

▶ 完了不定詞（**to have done**）は，文の述語動詞の時点よりも「前」であることを表す。現在時制と完了不定詞が用いられている場合，完了不定詞が「過去」の内容を表しているか，「現在完了」の内容を表しているかは，文脈によって決まる。
○ 本問は，five years ago があるので「過去」の内容。It doesn't seem that they **were** aware of the importance of the problem **five years ago**. と書き換えられる。
Plus **be aware of A** は「Aに気がついている」。

89 ②　90 ③　91 ④　92 ④　93 ④

48　1 文法

KEY POINT ▷ 024

94
The problem was (　　　　) complex for him to handle alone.
① so　② much　③ as　④ too　〈東洋大〉

95
I know I should go to the dentist's, but I just don't (　　　　).
① want　② want either　③ want there　④ want to　〈関西学院大〉

KEY POINT ▷ 025

96
After a sleepless night, I suffered from headaches, (　　　　) tiredness.
① at the cost of　② for the purpose of
③ in spite of　④ to say nothing of　〈東京理科大〉

97
To say (　　　　), her knowledge of contemporary fiction surpasses that of her teacher.
① a few　② nothing　③ seldom　④ the least　〈関西学院大〉

TARGET 16　独立不定詞
- to tell (you) the truth「本当のことを言うと」
- to be frank (with you)「率直に言えば」
- so to speak[say]「言わば」
- to begin[start] with「まず／第一に」
- to be sure「確かに」
- to do A justice「A を公平に評価すると」
- to make matters worse「さらに悪いことには」
- to say the least (of it)「控え目に言っても」→ 97
- strange to say「奇妙な話だが」
- not to say A「A とは言わないまでも」
- needless to say「言うまでもなく」
- to say nothing of A「A は言うまでもなく」→ 96
  = not to speak of A / not to mention A

94　その問題は，彼が一人で処理するには複雑すぎた。
95　私は歯医者に行くべきだとわかっているけれど，まったく行きたくない。
96　眠れない夜の後で，私は疲労感は言うまでもなく頭痛にも悩まされた。
97　控えめに言っても，現代小説についての彼女の知識は，彼女の先生の知識を上回っている。

KEY POINT ▷ 024 不定詞を用いた慣用表現／代不定詞

94. 不定詞を用いた慣用表現 — too ... for A to do

- ▶ **too ... to do** は「とても…なので~できない／~するには…すぎる」の意味を表す。
- 〇 本問は，不定詞の意味上の主語を表す for A が不定詞の直前に入った形。**too ... for A to do** で「とても…なので A は~できない／A が~するには…すぎる」の意味を表す。

95. 代不定詞

- ▶ 前述の動詞表現の反復を避けるために，**to** だけを用いて不定詞の意味を表す用法がある。これを**代不定詞**という。
- 〇 本問の代不定詞は I just don't want **to** (go to the dentist's). の内容だと考える。
- Plus 不定詞を否定する語は不定詞の直前に置くので，否定の代不定詞は **not to** で表すこともここで押さえる。I opened the window, although my father told me **not to**.（私は，父が開けるなと言ったのに，窓を開けた）

KEY POINT ▷ 025 独立不定詞

96. 独立不定詞 — to say nothing of A

- ▶ **to say nothing of A**「A は言うまでもなく」は，独立不定詞と呼ばれる慣用表現。同意表現に，**not to speak of A**，**not to mention A** がある。正確に覚えておこう。

97. 独立不定詞 — to say the least

- ▶ **to say the least** (**of it**) は「控えめに言っても」の意味を表す独立不定詞。

50　1 文法

KEY POINT ▷ 026

98
□□□
On the last day of the festival this year, a violin concert
(　　　) held at this hall.
① has been　② is to be　③ was to　④ had to　　　　〈獨協大〉

TARGET 17 「be ＋ to 不定詞」の用法

(1) 予定・運命「…する予定だ／…することになっている」→ 98

　We **are to meet** Mr. Tanaka tomorrow morning.

　(私たちは明日の朝，田中さんと会う予定です)

(2) 意図・目的「…するつもり（なら）／…するため（には）」(if 節で使われることが多い)

　If you **are to succeed**, you must work hard.

　(成功したいなら，一生懸命働かなければならない)

(3) 可能「…できる」(to be done と受動態になっている場合が多い)

　The umbrella **was not to be found**.

　(傘は見つからなかった)

(4) 義務・命令「…すべきだ／…しなさい」

　You **are to come** home by five.

　(5 時までに帰ってらっしゃい)

98　今年の祭りの最終日には，このホールでバイオリンのコンサートが開催される予定です。

第 4 章　不定詞 98　51

KEY POINT ▷ 026

be ＋ to 不定詞

98. be ＋ to 不定詞 ― 予定・運命

▶ **be ＋ to 不定詞**の形で，「…する予定だ／…することになっている」の意味で，「**予定・運命**」を表す用法がある。

○ 本問は，a violin concert「バイオリンのコンサート」と hold「…を開催する」が受動関係であることに着目し，「開催される予定です」の内容とするために，② is to be を選ぶ。

98 ②

第4章 不定詞 応用問題に Try!

KEY POINT ▷ 019-026

99 It goes without saying that health is above wealth.
= (　　　) (　　　) (　　　), health is above wealth.
〈大阪教育大〉

100 I think Don is very sensitive and can understand your feelings.
= I think Don is sensitive (　　　) (　　　) understand your feelings.
〈山梨大〉

101 ACME Corporation has provided a lot of jobs to people in our community. It was (local council / of our / that company / clever / to / bring) here.
〈名古屋工業大〉

102 彼女はあのような高価な車を買えるほど金持ちだ。

103 It's important for our children to learn to be responsible and to participate in the tasks of daily life in accordance with their age and abilities.
〈愛知県立大〉

---

102 expensive「高価な」
103 learn to be responsible「責任を果たすことができるようになる」, participate in A (= take part in A)「Aに参加する」, task「任務，（義務としてやるべき）仕事」, in accordance with A (= according to A)「Aに応じて」

---

99 言うまでもなく，健康は富に勝る。
100 ドンはとても敏感だから，あなたの気持ちを理解できると思います。
　＝ドンはあなたの気持ちを理解するのに十分敏感だと思います。
101 ACME Corporation は，地域社会の人々に多くの仕事を提供した。私たちの地元の議会があの会社をここに誘致したのは賢明だった。

第4章　不定詞 99〜103　53

KEY POINT ▷ 019-026

99. 独立不定詞 ― needless to say

○ **Needless to say, S ＋ V … .**「言うまでもなく…だ」を知っているかが本問のポイント。

→ TARGET 16

Plus **It goes without saying that S ＋ V … .**「…は言うまでもないことだ」は，動名詞を用いた慣用表現。

→ TARGET 20

100. 形容詞 ＋ enough to do の用法 → 90

○ 形容詞 ＋ **enough to do**「〜するほど…／十分に…なので〜する」を用いて，I think Don is sensitive **enough to understand your feelings**.「ドンはあなたの気持ちを理解するのに十分敏感だと思う」と同意の文を作ればよい。

101. It is … of A to do の形式主語構文 → 78

○ 問題 78 で扱った **It is … of A to do**「A が〜するのは…だ」を想定し，**It was clever of our local council to bring that company here**.「私たちの地元の議会があの会社（ACME Corporation）をここに誘致したのは賢明だった」とまとめる。

102. 形容詞 ＋ enough to do の用法 → 90

○ 問題文の内容は，**形容詞［副詞］＋ enough to do**「〜するほど…／十分に…なので〜する」の形を用いて表すことができる。

103. It is … for A to do. の形式主語構文 → 78

○ 問題文は，**It is … for A to do.** の形式主語構文なので，全体を「子どもたちが〜することは大切だ」と解釈できる。等位接続詞 and は to learn to be responsible と to participate in the tasks of daily life in accordance with their age and abilities を接続している。

---

99 Needless to say　**100** enough to

101 clever of our local council to bring that company

102 She is rich enough to buy an expensive car like that.

103 私たちの子どもたちが責任を果たすことができるようになり，それぞれの年齢と能力に応じて日々の生活上の任務に参加することが大切です。

第5章 動名詞

> 動名詞を用いた慣用表現は，読解だけではなく作文でも頻出。問題を暗記し実践的に使えるようにしたい。

KEY POINT ▷ 027

104
( ) breakfast at the university cafeteria is advertised as a good way for college students to start the day with a well-balanced meal.
① Being eaten ② Having eaten ③ Eating ④ Eat 〈駒澤大〉

105
His ear trouble made ( ) very difficult.
① be hearing ② having heard ③ hear ④ hearing
〈京都産業大〉

106
He is fond of ( ) soccer.
① to play ② play ③ playing ④ played 〈駒澤大〉

107
Many people say that there is no chance ( ) any lottery contests, but my mother won a brand new car today!
① from winning ② of winning
③ to be won ④ for being won 〈東海大〉

KEY POINT ▷ 028

108
I am ashamed of ( ) the answer to the question.
① not being known ② not being knowing
③ being not known ④ not knowing 〈名古屋工業大〉

---

104 大学の食堂で朝食を食べることは，大学生がバランスのとれた食事で一日を始めるよい方法だとして宣伝されている。
105 彼の耳の不調は，音の聞き取りをとても困難にした。
106 彼はサッカーをするのが大好きだ。
107 多くの人が宝くじの抽選に当たる可能性などまったくないと言いますが，私の母は今日，新品の自動車を勝ち取ったんです！
108 私はその問題の答えを知らなくて恥ずかしい。

KEY POINT ▷ 027　　　　　　　　　　　　　　　　　動名詞の基本

104. 主語となる動名詞(句)
▶ 動名詞(句)は文中で，主語・目的語・補語・前置詞の目的語として用いられる。
○ 本問では，主語で用いられている。cafeteria までが主語で，S is advertised as A「S は A として宣伝されている」という文構造を見抜くこと。動名詞の③ Eating を選び，「大学の食堂で朝食を食べること」の意味になる主語を作る。
✗ ④ Eat は To eat であれば可。

105. 動詞の目的語となる動名詞
○ **make A very difficult**「A をとても困難にする」という第 5 文型の表現で，目的語である A に，hearing「聞くこと」という動名詞を選択できるかが本問のポイント。

106. 前置詞の目的語となる動名詞 (1)
○ **be fond of A**「A が大好きである」の表現で，前置詞 of の目的語である A に，playing soccer「サッカーをすること」という動名詞句を選択できるかが本問のポイント。

107. 前置詞の目的語となる動名詞 (2)
○ **there is no chance of A**「A の見込みがまったくない」の表現を見抜く。of の目的語に動名詞を用いた **there is no chance of doing**「…する見込みがまったくない」を想定し，② of winning を選ぶ。

KEY POINT ▷ 028　　　　　　　　　　　　　　　動名詞の否定／意味上の主語

108. 動名詞の否定 — not の位置
▶ 動名詞を否定する語 **not / never** は，動名詞の直前に置く。
[Plus] **be ashamed of A**「A を恥じている」は重要表現。

---

104 ③　105 ④　106 ③　107 ②　108 ④

109 It is natural for workers to complain about their salary ( ).

① be so cheap ② be so low

③ being too cheap ④ being too low 〈西南学院大〉

KEY POINT ▷ 029

110 The student tried to get into the classroom without ( ) by the teacher.

① being noticed ② to have noticed ③ be noticed ④ noticed 〈大東文化大〉

111 As a result of ( ) the dangerous waste properly, the hospital will need to pay a large fine.

① had not managed ② not being managed

③ not having managed ④ not to have managed 〈立命館大〉

---

109 労働者が，給料が低すぎることについて不満を言うのは当然だ。

110 その生徒は，先生に気づかれずに教室に入ろうとした。

111 危険な廃棄物を適切に管理してこなかったことの結果として，その病院は巨額の罰金を支払う必要があるだろう。

109. 動名詞の意味上の主語

▶ 動名詞の意味上の主語は，代名詞の場合は所有格または目的格，名詞の場合は所有格またはそのままの形で表す。ただし，名詞が物の場合はそのままの形にする。

○ 本問は，**complain about A**「A について不満を言う」の A に their salary is too low という文を動名詞化した表現 their salary being too low「自分たちの給料が低すぎること」が入る。したがって，④ being too low が正解。their salary が being too low の意味上の主語となっている。

✗ ③ being too cheap は不可。cheap / expensive は，The car is cheap. のように「（品物が）安い／高い」の意味を表し，「（給料が）安い／高い」の場合には low / high，または small / large[big] を用いる。

KEY POINT ▷ 029　　受動態の動名詞／完了の動名詞

110. 受動態の動名詞

▶ 受動態の動名詞は，**being done** の形をとる。

○ 本問では，前置詞 without の目的語に受動態の動名詞句 being noticed by the teacher を作る。

111. 完了の動名詞 ─ 完了動名詞の否定

▶ 完了動名詞（**having done**）は，文の述語動詞の時点よりも「前」であることを表す。否定形は **not having done** で表す。

○ 本問は，**As a result of A**「A の結果として」の A に，(The hospital) has not managed the dangerous waste properly. という文を動名詞化した表現が入る。完了動名詞の否定形は，not having done で表すので，not having managed the dangerous waste properly「（病院が）危険な廃棄物を適切に管理してこなかったこと」となる。したがって，③ not having managed が正解。

✗ having not managed にしないこと。**not / never** は動名詞であれ完了の動名詞であれ，直前に置く。→ 108

109 ④　110 ①　111 ③

58　1 文法

KEY POINT ▷ 030

112
□□□
A：Will you be at the meeting tomorrow?
B：Yes, I will. I look forward (　　　) you again there.
① see　② to see　③ to seeing　④ will see　〈学習院大〉

113
□□□
She is not used to (　　　) formal letters.
① write　② writing　③ writes　④ written　〈名古屋工業大〉

114
□□□
Though she is a shy student, she seems to be getting used
(　　　) in class.
① speak　② to speak　③ to speaking　④ spoken to　〈日本大〉

> **TARGET 18**　**to do** ではなく **to doing** となる表現
>
> ● look forward to A[doing]　「A[…すること]を楽しみに待つ」→ 112
> ● be used[accustomed] to A[doing]　「A[…すること]に慣れている」→ 113
> ● object to A[doing]　「A[…すること]に反対する」
> 　My son objected to being treated like a child.
> 　（私の息子は子ども扱いされることを嫌がった）
> ● devote A to B[doing]
> 　「A を B[…すること]にささげる／A を B[…すること]に充てる」
> 　I plan to devote my summer vacation to studying English.
> 　（私は夏休みを英語の勉強に充てるつもりです）
> ● come near (to) doing　「もう少しで…するところだ」
> 　I came near to being run over by a car.
> 　（私はもう少しで車にひかれるところだった）
> ● when it comes to A[doing]　「話が A[…すること]になると」
> 　When it comes to running, John is definitely the best in our class.
> 　（走ることとなると，ジョンは間違いなくクラスで一番だ）
> ● What do you say to A[doing]? = What[How] about A[doing]?→ 115
> 　「A はいかがですか[…しませんか]」

---

112 A：明日，会議に出る予定ですか。
　　B：はい，そうします。そこでまたあなたにお会いできるのを楽しみにしています。
113 彼女は改まった手紙を書くことに慣れていない。
114 彼女は内気な学生だが，クラスで話すことには慣れつつあるようだ。

KEY POINT ▷ 030　　　　to の後に動名詞（名詞）が続く表現

112. to の後に動名詞（名詞）が続く表現 (1) ― look forward to doing

▶ **look forward to A[doing]** は，「A[…すること]を楽しみに待つ」の意味を表す。
○ この to は，不定詞を作る to ではなく前置詞なので，to do ではなく to doing になることに注意。

113. to の後に動名詞（名詞）が続く表現 (2) ― be used to doing

▶ **be used[accustomed] to A[doing]** は「A[…すること]に慣れている」の意味で「**状態**」を表す。
○ 本問は，否定形の **be not used to doing**「…することに慣れていない」になっている。

114. to の後に動名詞（名詞）が続く表現 (3) ― get used to doing

▶ **get[become] used[accustomed] to A[doing]**「A[…すること]に慣れる」は「**動作**」を表す。「状態」は問題 113 を参照。
○ 本問は，get used to doing の進行形 **be getting used to doing**「…することに慣れつつある」となっているのを見抜くこと。

60 1 文法

115 What do you say to (　　　) a movie tonight?
□□□　① watch　② watching　③ watched　④ be watched 〈芝浦工業大〉

KEY POINT ▷ 031

116 There is no use (　　　) angry about it.
□□□　① to getting　② getting　③ to get　④ to be gotten 〈青山学院大〉

117 I have (　　　) on studying because I want to watch my
□□□　favorite movies on TV.
　① difficulty concentrating　② difficulty to concentrate
　③ difficult concentrating　④ difficult to concentrate

〈青山学院大〉

> **TARGET 19** **(in) doing** が後に続く表現
> ● be busy (in) doing 「…することに忙しい」
> She **is** very **busy (in) doing her homework**.
> （彼女は宿題するのにとても忙しい）
> ● spend A (in) doing 「…するのに A（時間・お金）を使う」
> I usually **spend two hours (in) doing my homework**.
> （私はいつも宿題をするのに 2 時間使います）
> ● have difficulty[trouble] (in) doing 「…するのに苦労する」 → 117
> ● have no difficulty[trouble] (in) doing 「…することが容易だ／難なく…する」
> He **has no difficulty (in) remembering names**.
> （彼は人の名前を容易に覚えられる）
> ● There is no use[point / sense] (in) doing 「…しても無駄だ」 → 116, 256

---

115 今夜，映画を見ませんか。
116 そのことで腹を立てるのは無駄なことだ。
117 私はテレビで大好きな映画を見たいので，勉強に集中するのに苦労している。

第 5 章 動名詞 115〜117　61

115. to の後に動名詞（名詞）が続く表現（4）— What do you say to doing?

▶ **What do you say to A[doing]?** は「A はいかがですか［…しませんか］」の意味を表す。

Plus 同意表現の **What[How] about A[doing]?** もここで押さえる。

KEY POINT ▷ 031　　　　　省略可能な in の後に動名詞が続く表現

116. 省略可能な in の後に動名詞が続く表現（1）— There is no use doing

▶ **There is no use[point / sense] (in) doing** は，「…しても無駄だ」の意味を表す。
○ **get angry about A** は「A のことで腹を立てる」。

Plus 同意表現の **It is no use[good] doing** や **It is useless to do** もここで押さえる。

117. 省略可能な in の後に動名詞が続く表現（2）— have difficulty (in) doing

▶ **have difficulty (in) doing** は「…するのに苦労する」の意味を表す。

Plus **concentrate on A**「A に集中する」は重要表現。

115 ②　116 ②　117 ①

62　1 文法

KEY POINT ▷ 032

118
□□□
There is (　　　) what will happen tomorrow.
① no told　② not to tell　③ not telling　④ no telling 〈法政大〉

119
□□□
She did not feel (　　　) attending the debate.
① for　② about　③ like　④ difficult 〈西南大〉

120
□□□
As soon as I arrived at the station, I was able to find him.
= (　　　) at the station, I was able to find him.
① To arriving　　② On arriving
③ With arriving　④ At arriving 〈高崎経済大〉

121
□□□
It (　　　) without saying that anyone riding a motorcycle should wear a helmet.
① calls　② goes　③ takes　④ moves 〈獨協大〉

KEY POINT ▷ 033

122
□□□
This bicycle needs (　　　).
① fixing　　　② being fixed
③ of fixing　④ of being fixed 〈青山学院大〉

TARGET 20　動名詞を用いた慣用表現

● There is no doing「…できない」→ 118　= It is impossible to do
● feel like doing「…したい気がする」→ 119　= feel inclined to do
● on doing「…すると同時に／…するとすぐに」→ 120　= As soon as S＋V …
● in doing「…するときに／…している間に」　= when[while] S＋V …
● It goes without saying that S＋V …「…は言うまでもないことだ」→ 121
　= Needless to say, S＋V … (→ TARGET 16 参照)

---

118 何が明日起こるのかはわからない。
119 彼女はその議論に参加したいという気にならなかった。
120 駅に着くとすぐに，私は彼を見つけることができた。
121 バイクに乗る人は誰でもヘルメットをかぶるべきなのは，言うまでもないことだ。
122 この自転車は修理が必要だ。

KEY POINT ▷ 032 　　　　　　　　　　動名詞を用いた慣用表現

118. 動名詞を用いた慣用表現 (1) ─ There is no doing

▶ **There is no doing** は「…できない」（**= It is impossible to do**）の意味を表す。

○ 本問の tell は，tell + wh 節で「…かを知る」の意味。

[Plus] 本問は，**It is impossible** to tell what will happen tomorrow. 以外に **No one can tell**[**We cannot tell**] what will happen tomorrow. と書き換えられることも押さえておこう。

119. 動名詞を用いた慣用表現 (2) ─ feel like doing

▶ **feel like doing** は「…したい気がする」の意味を表す。

[Plus] 同意表現の **feel inclined to do** もここで覚えておこう。

120. 動名詞を用いた慣用表現 (3) ─ on doing / in doing

▶ **on doing** は「…すると同時に，…するとすぐに」の意味を表す。類似表現の **in doing**「…するときに／…している間に」もここで押さえておこう。

　　In getting off the taxi, she slipped.（タクシーを降りるとき，彼女は足をすべらせた）

[Plus] **on doing** は **as soon as** で始まる節に言い換えられる場合が多い。**in doing** は **when**[**while**] で始まる節に言い換えられる場合が多い。

121. 動名詞を用いた慣用表現 (4) ─ It goes without saying that S + V ...

▶ **It goes without saying that S + V ...** は，「…は言うまでもないことだ」の意味を表す。動名詞を用いた慣用表現として押さえる。→ 99

[Plus] 問題 99，**TARGET 16** で扱った **Needless to say, S + V ...**「言うまでもなく…だ」で書き換えられることも重要。

KEY POINT ▷ 033 　　　　　　　　　　A need[want] doing の用法

122. A need doing の用法

▶ **A need[want] doing.** は「A は…される必要がある」の意味を表す。この場合，**主語の A が必ず動名詞 doing の意味上の目的語になることに注意。**

○ 本問は，主語の this bicycle が fixing の意味上の目的語になっている。

[Plus] **A need doing.** は **A need to be done.** で言い換えられることも重要。

✗ ② being fixed では，主語の this bicycle が being fixed の意味上の目的語ではなく，意味上の主語となってしまうので，不可。

118 ④　119 ③　120 ②　121 ②　122 ①

64　1 文法

KEY POINT ▷ 034

123　The TV program is worth (　　　).
□□□　① watching　② being watched　③ of watching　④ to watch

〈法政大〉

---

123 そのテレビ番組は見る価値がある。

KEY POINT ▷ 034　　　　　　　　　　A is worth doing の用法

123. A is worth doing の用法

▶ **worth** はかつて形容詞に分類されていたが，現在では前置詞と考えるのが一般的。したがって，動名詞や名詞を目的語にとる（不定詞は不可）。**A is worth doing** の形で「A は…する価値がある」の意味を表す。この場合，**主語の A が必ず動名詞の意味上の目的語になる**ことに注意。

○ 本問は，主語の the TV program が watching の意味上の目的語となっている。

✕ ② being watched は不可。主語の the TV program が being watched の意味上の目的語ではなく，意味上の主語となる。

[Plus] **A is worth doing.** は **It is worth doing A.** = **It is worth while to do A.** = **It is worth while doing A.** に言い換えられることも押さえておこう。**A is worth** ＋ 名詞「A は…の価値がある」も重要。This house **is worth the price**.（この家はその価格の価値がある）

123 ①

第 5 章 動名詞 応用問題に Try!

KEY POINT ▷ 027-034

124 ☐☐☐ Language is not only a way of transmitting information but also (a / establishing / means / of / relationships / social).
〈名古屋市立大〉

125 ☐☐☐ 1時間あれば，そんな仕事も難なく片付けられるよ。
We (an / difficulty / finishing / have / hour / in / no / task / the / would).
〈兵庫県立大〉

126 ☐☐☐ Please accept ①my apologies for ②not provided you ③with information about the ④change in schedule for yesterday's meeting.
〈南山大〉

127 ☐☐☐ 多くの人が，そのサッカーの試合を見るのを楽しみにしているようだ。〈Many people で書き始める〉

128 ☐☐☐ Most young people have difficulty contemplating their own old age or preparing for the discomfort and dependency that often accompany it.
〈県立広島大〉

127 the soccer game「そのサッカーの試合」
128 contemplate「…を熟考する」, prepare for A「A に備える」, discomfort「不便」, dependency「依存」, accompany「…に伴う，…に付随して起こる」, it = their own old age

124 言語は，情報を伝達する方法であるだけでなく，社会的関係を築く手段でもある。
126 あなたに昨日の会議のスケジュール変更に関する情報をさしあげなかったことを，おわび申し上げます。

第 5 章　動名詞 124〜128　67

KEY POINT ▷ 027-034

124. 前置詞の目的語となる動名詞 → 106, 107

○ **a means of doing**「…する手段」を知っていれば，a means of establishing social relationships「社会的関係を築く手段」とまとめられる。means は単複同形で「手段，方法」の意味。

Plus **not only A but also B**「A だけでなく B も」は重要。a way of transmitting information は「情報を伝達する方法」の意味。

125. 省略可能な in の後に動名詞が続く表現 — have no difficulty (in) doing → 117

○ 問題 117 で扱った **have difficulty (in) doing**「…するのに苦労する」を知っていれば，We would have no difficulty finishing the task「私たちはその仕事を終えるのにまったく苦労しないだろう」とまとめられる。次に，**「時の経過」を表す in**「今から…で」（→ 419）を用いて，**in an hour**「今から 1 時間以内に」とすればよい。

126. 前置詞の目的語となる動名詞／動名詞の否定 → 106, 107, 108

○ ② not provided が間違い。ここでは②が前置詞 for の目的語となるので，動名詞で表す。**動名詞の否定は，not doing ...** なので（→ 108），not providing you with information「あなたに情報を与えなかったこと」になるはず。したがって，not providing と修正する。

127. to の後に動名詞（名詞）が続く表現 — look forward to doing → 112

○ 「楽しみにしている」は **look forward to doing** を進行形にして表すことができる。「〜ようだ」は seem to do を用いて表現できる。

128. 省略可能な in の後に動名詞が続く表現 — have difficulty (in) doing → 117

○ 問題文は、**have difficulty (in) doing**「…するのに苦労する」の表現。doing のところに，等位接続詞 or で接続された contemplating ... age と preparing ... it が入った形。

---

124 a means of establishing social relationships

125 would have no difficulty finishing the task in an hour

126 ② not provided → not providing[not having provided]

127 Many people seem to be looking forward to seeing[watching] the soccer game.

128 ほとんどの若者は，自分の老年期についてじっくり考えたり，それにしばしば伴う不便や依存状態に備えたりするのに苦労する。

第6章 分詞

> 現在分詞・過去分詞の用法は，英文を一読して見抜けるほど，練習が必要。分詞構文は特に完璧にしたい。

KEY POINT ▷ 035

129 My bicycle is completely broken, but the shop (　　　) new bicycles is closed today.
① is selling　② selling　③ sells　④ sold 〈立命館大〉

130 A : Do you know that Chris had a skiing accident?
B : Yes. He had a (　　　) leg, but I think he'll be OK.
① breaking　② broke　③ broken　④ break 〈法政大〉

KEY POINT ▷ 036

131 He remained (　　　) on the bed.
① lie　② lying　③ to lie　④ lain 〈関西大〉

132 John sat (　　　) by girls.
① surround　② surrounded　③ to surround　④ surrounding 〈高知工科大〉

---

129 私の自転車はすっかり壊れているが，新しい自転車を売る店は，今日は閉まっている。
130 A：クリスがスキー事故に遭ったことを知ってる？
　　B：うん。彼は脚を骨折したけど，よくなると思うよ。
131 彼はベッドに横たわったままだった。
132 ジョンは女の子に囲まれて座っていた。

KEY POINT ▷ 035　　　　　　　　　　　名詞修飾の分詞

129. 名詞修飾の分詞 ― 現在分詞

▶ 分詞1語が名詞を修飾する場合，原則として**名詞の前**に置く。**2語以上の場合は名詞の後**に置く。修飾される名詞と分詞が**能動関係なら現在分詞**，**受動関係なら過去分詞**を用いる。

○ the shop「その店」と sell new bicycles「新しい自転車を売る」は能動関係なので，現在分詞の② selling が入る。名詞 the shop を修飾する selling new bicycles は2語以上なので，その後に置く。

130. 名詞修飾の分詞 ― 過去分詞

○ a leg「脚」と break「折る」は受動関係なので，過去分詞の③ broken が正解。過去分詞1語なので，修飾される名詞 leg の前に置く。**a broken leg**「骨折した脚」で覚えておこう。

KEY POINT ▷ 036　　　　　　　　　主格補語として用いられる分詞

131. 主格補語として用いられる分詞 ― 現在分詞

▶ 分詞は，**主格補語**として用いられる。主語との間に**能動関係が成立すれば現在分詞**を，**受動関係が成立すれば過去分詞**を用いる。

○ remain には **S remain C**.「S は C のままである」の形があり，**主格補語の C には「名詞・形容詞・分詞」**などがくる。本問の主語 he と lie「横になる」は能動関係なので，② lying が入る。**remain lying**「横になったままである」で覚えておこう。

[Plus] remain + done は以下の例を参照。主語の the treasure「財宝」と bury「…を埋める」の間には受動関係が成立している。
The treasure **remains buried** somewhere in the island.
（財宝は，その島のどこかに埋もれたままである）

132. 主格補語として用いられる分詞 ― 過去分詞

○ sit には **S sit doing[done]**「S は…しながら[されながら]座っている」の形があるが，John と surround「…を囲む」は受動関係なので，② surrounded を選ぶ。**sit surrounded by A**「A に囲まれて座っている」で覚えよう。

129 ②　130 ③　131 ②　132 ②

70 1 文法

KEY POINT ▷ 037

133 □□□ Professor Smith, I'm very sorry to have kept you (　　　) so long.
① wait　② waited　③ waiting　④ to wait　〈南山大〉

134 □□□ I asked her to keep me (　　　) of any new developments in the matter.
① informing　② to inform
③ informed　④ information　〈専修大〉

135 □□□ I couldn't make myself (　　　) above the noise of the traffic.
① hearing　② heard　③ having heard　④ to hear　〈北里大〉

136 □□□ The children are outside. I can see them (　　　) in the garden.
① to play　② to be playing　③ playing　④ being played
〈東邦大〉

---

133 スミス教授，長い間お待たせして申し訳ありません。
134 私は彼女に，その件に関して何か新たな進展があったらいつでも知らせてくれるように頼んだ。
135 交通の騒音がうるさすぎて，私の声を届かせられなかった。
136 子どもたちは外にいる。私には彼らが庭で遊んでいるのが見える。

KEY POINT ▷ 037　　　目的格補語として用いられる分詞

133. 目的格補語として用いられる分詞 ― 現在分詞

▶ 分詞は，目的格補語としても用いられる。**目的語との間に能動関係が成立すれば現在分詞を，受動関係が成立すれば過去分詞**を用いる。

○ keep には，**keep O ＋ C[doing / done]** の形があるが，you と wait「待つ」は能動関係なので，③ waiting を選ぶ。**keep A waiting**「A を待たせる」で押さえよう。

134. 目的格補語として用いられる分詞 ― 過去分詞

○ keep には，**keep O ＋ C[doing / done]** の形がある。me と inform は，inform A of B「A に B を知らせる」(→ 524) の観点から，受動関係が成り立つと考える。よって，過去分詞の③ informed を選ぶ。**keep A informed of B**「A に B を知らせ続ける」で押さえておこう。

135. 目的格補語の過去分詞 ― make O ＋ C[過去分詞]

▶ **make oneself heard** は「自分の声を届かせる」の意味を表す。目的語の oneself は what one says「自分の言うこと」の意味で，oneself と hear は受動関係。「自分の言っていることが相手に聞かれるようにする」が本来の意味。慣用表現として押さえておこう。

[Plus] **make oneself understood**「自分の言うことを相手にわからせる」も重要。
It is difficult to **make myself understood** in English.（英語で私の言うことを相手にわからせるのは難しい）

136. 目的格補語の現在分詞 ― see O ＋ C[現在分詞]

▶ see には，**see A doing[done]**「A が…している[されている]のを見る」の形がある。
○ them と play in the garden「庭で遊ぶ」は能動関係なので，③ playing を選ぶ。
[Plus] **see A done** は以下の例を参照。
I saw him **carried** to the hospital.（私は，彼が病院に運ばれるのを見た）

---

133 ③　134 ③　135 ②　136 ③

72　1 文法

KEY POINT ▷ 038

137
□□□
(　　　) exactly the same job, he understands my situation better.
① Doing　② Doing as　③ For doing　④ That we are doing

〈立命館大〉

138
□□□
(　　　) what to say, Travis remained silent all through the meeting.
① Knowing not　② Knowing nothing
③ Not knowing　④ No knowing

〈高知大〉

139
□□□
Several former classmates gathered for lunch, (　　　) their high school reunion the night before.
① having attended　　　② attending
③ having been attending　④ being attended

〈慶應義塾大〉

140
□□□
(　　　) from a distance, the rock looked like a human face.
① Saw　② Seeing　③ Seen　④ To see

〈近畿大〉

---

137 まったく同じ仕事をしているので，彼は私の立場をよく理解してくれる。
138 何を言っていいのかわからなかったので，トラビスは会議中ずっと黙っていた。
139 何人かの元クラスメートがランチのために集まったが，彼らは前の晩に高校の同窓会に出席していた。
140 遠くから見ると，その岩は人間の顔のように見えた。

KEY POINT ▷ 038　　　　　　　　　　　　　　　　　　分詞構文

137. 現在分詞から始まる分詞構文

▶ 分詞句が副詞句として機能し，述語動詞などを修飾するものは，分詞構文と呼ばれる。「時（…するとき）」「理由（…なので）」「付帯状況（…しながら／そして…する）」「条件（もし…なら）」「譲歩（…だけれども）」を表すとされるが，条件・譲歩の用例は慣用的なものを除けば少ない。また，時・理由・付帯状況などの区別ができない場合も多く，常に接続詞を用いて「書き換え」られるわけではない。分詞を否定する語は分詞の直前に置くことも押さえておこう。

Not having anything else to buy, she went out of the store.
（買うべきものがほかになかったので，彼女は店を出た）

○ 本問は，主語の he と do は能動関係なので，① Doing を選ぶ。Doing exactly the same job は Because he does exactly the same job とほぼ同意。

138. 分詞の否定語 not の位置

▶ 問題 137 で扱ったように，分詞を否定する語は，分詞の直前に置く。

○ 本問は，主語の Travis と know は能動関係であり，否定の内容なので，③ Not knowing を選ぶ。**Not knowing what to say**「何を言っていいのかわからなかった［わからない］ので」で覚えておこう。

139. 完了分詞構文

▶ 完了分詞（**having done**）を用いた分詞構文は，文の述語動詞の時点よりも前であることを表す。分詞構文は文頭で用いられることが多いが，文中（通例，主語の後）や文尾でも用いられる。

○ 主語の several former classmates「何人かの元クラスメート」と attend「…に出席する」は能動関係であり，the night before「前夜」があることから，「ランチに集まった」よりも前の時点で「高校の同窓会に出席した」ことになる。したがって，完了分詞構文の形である① having attended を選ぶ。

140. 過去分詞から始まる分詞構文

○ 主語の rock と see は受動関係なので，being seen from a distance となるが，**分詞構文では通例，being[having been] は省略できる**ので，過去分詞の③ Seen を選ぶ。**Seen from a distance**「遠くから見ると」で覚えておこう。

74 1 文法

141 (　　　　　) fine, I went out for a walk with my dog.
□□□　① Because being　② Being　③ It being　④ It is　　　　〈近畿大〉

142 (　　　　　) being no public bus service, I had to run to catch the
□□□　train as soon as possible.
　① They　② There　③ It　④ It is　　　　〈青山学院大〉

KEY POINT ▷ 039

143 All things (　　　　　), she is the best candidate for the position.
□□□　① considering　② considered　③ to consider　④ consider
　　　　〈日本大〉

> ### TARGET 21　慣用的な分詞構文
>
> ● frankly speaking「率直に言えば」　　　● generally speaking「一般的に言えば」
> ● strictly speaking「厳密に言えば」　　　● roughly speaking「おおざっぱに言えば」
> ● talking[speaking] of A「A と言えば」　● judging from A「A から判断すると」
> ● seeing (that) S＋V …「…なので」　　● depending on A「A に応じて／A 次第で」
> ● weather permitting「天気がよければ」 ● such being the case「そのような事情なので」
> ● considering A「A を考慮に入れると」
> ● considering (that) S＋V …「…（ということ）を考慮に入れると」
> ● given A「A を考慮に入れると／A だと仮定すると」
> ● given (that) S＋V …「…を考慮に入れると／…と仮定すると」
> ● granting[granted] (that) S＋V …「仮に…だとしても」
> ● provided[providing] (that) S＋V …「もし…なら」
> ● suppose (that) S＋V …「もし…なら」
> ● supposing (that) S＋V …「もし…なら」
> ● all things considered「あらゆることを考慮に入れると」→143

141　天気がよかったので，私は犬と散歩に出かけた。
142　公共のバス便がなかったので，私はできるだけ早く電車に乗るために走らなければならなかった。
143　あらゆることを考慮に入れると，彼女はその役職の最善の候補者だ。

141. 独立分詞構文

▶ 分詞の意味上の主語が文の主語と異なる場合，分詞の意味上の主語を分詞の前に置く。この形は，一般に**独立分詞構文**と呼ばれる。ただし，it 以外の I[we / you] などの人称代名詞は通例，独立分詞構文では用いられないことに注意。

○ 本問では，「天候」の it が分詞の意味上の主語として用いられている。**It being fine** は，Because it was fine とほぼ同意。

142. there is A の分詞構文

▶ there is A「A がある」の分詞構文は，**there being A** になる。

○ 本問は，Because there was no public bus service「公共のバス便がなかったので」を分詞構文で表現したものと考えればよい。

KEY POINT ▷ 039　　　　　　　　　　　慣用的な分詞構文

143. 慣用的な分詞構文 — all things considered

○ **all things considered**「あらゆることを考慮に入れると」は慣用的な分詞構文として押さえる。

76　1 文法

KEY POINT ▷ 040

144
☐☐☐

She said goodbye to her uncle with tears (　　　) down her
cheeks. She knew that she would never see him again.

① run　② running　③ ran　④ to run 〈玉川大〉

145
☐☐☐

The basketball player made the free throw for the victory with
only 2.2 seconds (　　　) on the clock.

① leave　② leaving　③ left　④ to leave 〈立命館大〉

---

144 彼女は頬を涙で濡らしながら，おじに別れを告げた。彼女はもう二度と彼に会えないことを知っ
ていた。
145 そのバスケットボール選手は，残り時間わずか 2.2 秒でフリースローを投じて勝利を決めた。

KEY POINT ▷ 040　　付帯状況表現 with A doing / done

144. 付帯状況を表す with A doing

▶「**付帯状況**」を表す with には，**with A doing**「A が…している状態で」と **with A done**「A が…されている状態で」の形がある。A と分詞が能動関係であれば現在分詞が，受動関係なら過去分詞が用いられる。

○ tears「涙」と run down her cheeks「彼女の頬に流れる」は能動関係なので，現在分詞の② running を選ぶ。**with tears running down one's cheeks**「涙で頬を濡らしながら」で覚える。なお，ここでの run は「流れる」(= flow) の意味。

145. 付帯状況を表す with A done

○ only 2.2 seconds「わずか 2.2 秒」と leave「…を残す」は受動関係なので，過去分詞の③ left を選ぶ。**with only 2.2 seconds left on the clock** は，「時計では 2.2 秒しか残っていない状態で」の意味を表す。

144 ②　145 ③

第6章 分詞 応用問題にTry!

KEY POINT ▷ 035-040

146 騒音に負けずに私の声を届かせようとしたが、だめだった。
I tried in (to / heard / above / make / vain / myself) the noise. 〈埼玉医科大〉

147 ①Naming after the principal and most powerful of the Roman gods, Jupiter is ②twice as massive as all the ③rest of the planets in our system ④combined. 〈学習院大〉

148 Since there was no bus service, I had to walk three miles to the station.
= There (　　　) no bus service, I had to walk three miles to the station. 〈名城大〉

149 何をしていいのかわからなかったので、彼らはそこに立っていた。

150 Approximately two-thirds of Americans believe that robots will perform most of the work currently done by human beings during the next 50 years. 〈岩手大〉

149 stand there「そこに立つ」
150 approximately「おおよそ」, perform「…を行う」, most of the A「Aの大半」, currently「現在」, human being「人間」

147 ローマ神話の神々の中で主要かつ最も強力な神にちなんで名づけられたのだが、木星は私たちのいる太陽系の残りの星をすべて合わせた2倍の大きさである。
148 バスの便がなかったので、私は駅まで3マイル歩かなければならなかった。

第 6 章 　分詞 146～150 　79

KEY POINT ▷ 035-040

146. 目的格補語の過去分詞 ― make O ＋ C[過去分詞]

○ 問題 135 で扱った **make oneself heard**「自分の声を届かせる」が本問のポイント。S tried in vain to do ...「…しようとしたが，だめだった」を想定し，I tried in vain to make myself heard とまとめ，最後に，above the noise「騒音より大きい声で」を置けばよい。

147. 過去分詞から始まる分詞構文 → 140

○ 主語の Jupiter と name「…を名づける」は受動関係なので，① Naming を過去分詞の Named に修正する。「名づけられた」のは主節の動詞 is よりも前なので，Having been named も正解になりそうだが，having been done の形は通例，「…されたので」と理由を表す場合に用いられる。

148. there is A の分詞構文 ― there being A

○ **there is A** の分詞構文は，**there being A** になるので（→ 142），**There being no bus service**「バスの便がなかったので」とまとめる。

149. 分詞の否定語 not の位置 → 138

○ 「何をしていいのかわからなかったので」は分詞構文の否定形で **Not knowing what to do** で表すことができる。問題 138 で扱った **Not knowing what to say**「何を言っていいのかわからなかったので」の what to say を what to do にすればよい。「**疑問詞 ＋ to 不定詞**」は問題 84 参照。

150. 名詞修飾の分詞 ― 過去分詞 → 130

○ done は most of the work を修飾する過去分詞。human beings が done の動作主。most of the work currently done by human beings は「人間によって現在なされている仕事のほとんど」の意味となる。

---

146 vain to make myself heard above

147 ① Naming → Named

148 being

149 Not knowing what to do, they stood there.

150 アメリカ人のおおよそ 3 分の 2 は，今後 50 年間に，人間が現在行っている仕事の大半をロボットが行うだろうと考えている。

第7章 比較

> 原級・比較級・最上級を用いた慣用表現を完璧にすることが大切。作文で比較表現を自在に操りたい。

KEY POINT ▷ 041

151
My girlfriend and I were born on the same day of the same year. She is (   ) I am.
① as old as ② older than ③ the oldest ④ younger than

〈秋田県立大〉

152
Osaka is not (   ) as Tokyo.
① big ② the biggest ③ as big ④ bigger

〈芝浦工業大〉

KEY POINT ▷ 042

153
The manufacturer decided to hire (   ) temporary laborers as last year.
① as many twice   ② as twice as
③ double as many   ④ twice as many

〈名古屋市立大〉

154
This report has taken me (   ) as long to write as I had imagined.
① third time ② three time ③ three times ④ times three

〈立命館大〉

155
Our new computer is about (   ) conventional ones.
① half size   ② half the size of
③ half of the size of ④ the half size

〈南山大〉

---

151 僕のガールフレンドと僕は同じ年の同じ日に生まれた。彼女は僕と同じ年齢だ。
152 大阪は東京ほど大きくはない。
153 その製造会社は, 昨年の2倍の臨時工を雇うことにした。
154 この報告書を書くのに, 私が想像した3倍の時間がかかった。
155 私たちの新しいコンピューターは, 従来のものの約半分の大きさだ。

KEY POINT ▷ 041　　　　　　　　　　　　　原級比較の基本

151. 原級比較 — as ＋ 原級 ＋ as ...
▶「**as ＋ 原級 ＋ as ...**」は「…と同じくらい〜」の意味を表す。
○ 第1文の内容から「彼女と私は同じ年齢である」ことに気づくこと。

152. 原級比較 — not so[as] ＋ 原級 ＋ as ...
▶「as ＋ 原級 ＋ as ...」の否定形「**not so[as] ＋ 原級 ＋ as ...**」は「…ほど〜ではない」の意味を表す。比較表現の「**less ＋ 原級 ＋ than ...**」「…ほど〜ではない」(→162) と同意表現であることも押さえておこう。
　In those days sugar was **not so[as]** valuable **as** salt. = In those days sugar was **less** valuable **than** salt. (当時，砂糖は塩ほど価値がなかった)

KEY POINT ▷ 042　　　　　　　　　　　　　倍数表現

153. 倍数表現 — twice as ＋ 原級 ＋ as A

▶ 倍数表現は，一般に「**... times as ＋ 原級 ＋ as A**」「Aの…倍〜」で表すが，2倍の場合は，「**twice as ＋ 原級 ＋ as A**」で表す。「Aの半分の〜」は，「**half as ＋ 原級 ＋ as A**」，「Aの3分の1の〜」は「**one third as ＋ 原級 ＋ as A**」，「Aの3分の2の〜」は「**two thirds as ＋ 原級 ＋ as A**」(分母の third に s がつく)，「Aの1.5倍〜」は「**one and a half times as ＋ 原級 ＋ as A**」になることも覚えておこう。

154. 倍数表現 — three times as ＋ 原級 ＋ as A

▶「Aの3倍〜」は「**three times as ＋ 原級 ＋ as A**」で表す。→153

155. half the size of A
▶ 問題153で扱った「**... times[half / twice] as ＋ 原級 ＋ as A**」は「**... times[half / twice] the ＋ 名詞 ＋ of A**」と表現できる。なお，この形で用いる名詞は，一般的に高さ (**height**)，大きさ (**size**)，長さ (**length**)，重さ (**weight**)，数 (**number**)，量 [額] (**amount**) などに限られることに注意。
○ **A is half as large as B**.「AはBの半分の大きさだ」は，**A is half the size of B**. で表せるので，② half the size of を選ぶ。
✕「大きさの半分」の日本語に引きずられて③ half <u>of</u> the size of にしないこと。half の後に of は入らない。

---

151 ①　152 ③　153 ④　154 ③　155 ②

82　1 文法

KEY POINT ▷ 043

156
□□□

A man's worth is to be estimated not so much by his social position (　　　) by his character.

① as　② as well　③ rather　④ than

〈鹿児島大〉

TARGET 22　原級を用いたその他の慣用表現

● as ＋ 原級 ＋ as possible ＝ as ＋ 原級 ＋ as S can「できるだけ…」→ 157

● not so much A as B「A というよりむしろ B」→ 156

● as ＋ 原級 ＋ as any（＋単数名詞）「どれにも[どの〜にも]劣らず…」
This bag is **as** good **as any** I have used.
（このバッグは私が使ってきたどのバッグにも劣らずよい）
*最上級に近い意味になることに注意。

● as many A（A は複数名詞）「同数の A」
She found five mistakes in **as many lines**.
（彼女は 5 行で 5 か所の間違いを見つけた）

● as many as A「A も（多くの数の）」→ 159

● as much as A「A も（多くの量の）」
Some baseball players earn **as much as three million dollars** a year.
（1 年に 300 万ドルも稼ぐ野球選手もいる）
* as many as A と同意の表現だが，as much as A は A が「量」的に多いことを表すため，A には金額・重さなどを表す名詞がくることに注意。

● like so many A（A は複数名詞）「さながら A のように」
The boys were swimming in the pond **like so many** frogs.
（少年たちはまるでカエルのように池で泳いでいた）

● as ＋ 原級 ＋ as ever lived「かつてないほど／並はずれて」
He was **as** great a scientist **as ever lived**.
（彼は並はずれて偉大な科学者だった）

● as good as ＋ 形容詞「…も同然である」
The man who stops learning is **as good as** dead.
（学ぶことをやめる人間は死んだも同然だ）

● not so much as do「…すらしない」
He **couldn't so much as write** his own name.
（彼は自分の名前すら書けなかった）

● without so much as doing「…すらしないで」
He left **without so much as saying** "Thank you."
（彼は「ありがとう」すら言わないで出て行った）

---

156 人の価値は，その人の社会的地位よりも，人格によって判断されるべきだ。

KEY POINT ▷ 043

原級を用いた慣用表現

156. 原級を用いた慣用表現 — not so much A as B

▶ **not so much A as B** は「A というよりむしろ B」の意味を表す。A と B は文法的に共通なものがくる。

○ 本問は，A が by his social position「社会的地位によって」，B が by his character「人格によって」となっている。

[Plus] is to be estimated は「be + to 不定詞」の形で「義務・命令」を表し，「判断されるべきである」の意味。→ TARGET 17

[Plus] 同意表現の **B rather than A**，**more B than A**，**less A than B** も頻出表現。→ 172

84 1 文法

157 A : How often do you visit your grandparents?
□□□ B : I try to see them (　　　　) possible.
① as much as　② even if　③ more than　④ the most 〈学習院大〉

158 Read this book (　　　　).
□□□ ① as carefully as you can　② as carefully as you possible
③ so carefully as possible　④ so carefully as you can 〈金城学院大〉

159 It has been estimated that (　　　　) one hundred thousand
□□□ people took part in the demonstration.
① much　② as more as　③ as many as　④ more 〈青山学院大〉

KEY POINT ▷ 044

160 Dull knives are actually more dangerous to use (　　　　).
□□□ ① as ones that are sharp　② as sharp ones
③ than are sharp ones　④ than sharp ones 〈東京理科大〉

161 His account of the affair is (　　　　) we first thought.
□□□ ① reliable to than　② more reliable from than
③ reliable than　④ more reliable than 〈東海大〉

162 The subway is safe during the day but (　　　　) at night.
□□□ ① less safe　② less safer
③ lesser safe　④ more safer 〈関西外大〉

---

157 A : あなたは自分のおじいさん, おばあさんをどのくらいの頻度で訪ねますか。
　　 B : できるだけたくさん会うようにしています。
158 できるだけ注意深くこの本を読んでください。
159 そのデモには 10 万人もの人たちが参加したと推定されている。
160 刃先の鈍ったナイフを使うことは, 実は, 鋭いものを使うより危険だ。
161 その出来事についての彼の説明は, 我々が最初に思ったよりも信頼できる。
162 地下鉄は, 日中は安全だが, 夜は安全性が低くなる。

157. 原級を用いた慣用表現 — as + 原級 + as possible

▶ 「**as + 原級 + as possible**」は「できるだけ…」の意味を表す。→ TARGET 22
○ 同意表現の「**as + 原級 + as S can**」も重要。本問は，I try to see them as much as I can. と書き換えることができる。

158. 原級を用いた慣用表現

○ 問題 157 で扱った「**as + 原級 + as S can**」「できるだけ…」が本問のポイント。
✗ ③ <u>so</u> carefully as possible としないこと。<u>as</u> carefully as possible なら可。

159. 原級を用いた慣用表現 — as many as A

▶ **as many as A**（Aは「数詞 + 複数名詞」）「Aも（多くの）」は，Aが「数」的に多いことを表す。→ TARGET 22
Plus It has been estimated that S + V ... は「…だと推定されている」の意味を表す。take part in A 「Aに参加する」(= participate in A) も重要表現。

KEY POINT ▷ 044　　　　　　　　　　　　　比較表現の基本

160. 比較表現の基本 — 比較級 + than ...

▶ 「**比較級 + than ...**」は「…よりも〜」の意味を表す。
○ 比較級の more dangerous が使われていることに着目すること。

161. 比較級 + than S think

▶ 「**比較級 + than S think[expect / guess]**」は「Sが思っているよりも…」の意味を表す。英作文でもよく用いる表現。
○ His account of the affair is reliable.「その出来事に対する彼の説明は信頼できる」の比較表現を考える。

162. less + 原級 + than ...

▶ 「**less + 原級 + than ...**」は「…ほど〜でない」の意味を表す。「**not so[as] + 原級 + as ...**」と同意。→ 152
○ 本問は，less safe at night (than during the day)「(日中ほど) 夜は安全ではない」と考える。

---

157 ①　158 ①　159 ③　160 ④　161 ④　162 ①

86　1 文法

KEY POINT ▷ 045

163
□□□
The procedures for starting a new study in our institute are
(　　　) more complicated than in your organization.
① any　② much　③ too　④ very　　　　　　　〈立命館大〉

KEY POINT ▷ 046

164
□□□
The more John heard about it, (　　　) he liked it.
① more　② much　③ the less　④ the much　　〈立命館大〉

165
□□□
Mary is (　　　) of the two girls I introduced to you yesterday.
① taller　② the taller　③ tallest　④ tall　　〈関西学院大〉

166
□□□
She began to study (　　　) harder because she got a good
mark.
① all the　② none the　③ all more　④ none other　〈駒澤大〉

> ### TARGET 23　比較級，最上級の強調表現
> ●**比較級を強調する表現**
> ● much → 163　　● even　　● lots
> ● far　　　　　　● by far　　● a great[good] deal
> ● still　　　　　● a lot
> ●**最上級を強調する表現**
> ● by far → 183　● far　　　● much　　● very
> *ただし，very は「the very ＋ 最上級 ＋ 単数名詞」の語順になることに注意。
> She is **by far** the best swimmer in her class.
> ＝ She is **the very** best swimmer in her class.
> （彼女はクラスでずば抜けて泳ぎがうまい）

---

163 私たちの研究所で新たな研究を始めるための手順は，あなたの組織の場合よりもはるかに複雑だ。
164 ジョンは，それについて聞けば聞くほど，ますますそれが気に入らなかった。
165 メアリーは，私が昨日あなたに紹介した 2 人の女の子のうちの背が高い方です。
166 彼女はよい点を取ったので，ますます一生懸命に勉強し始めた。

KEY POINT ▷ 045　　　　　　　　　　　　　　　　　　比較級の強調表現

163. much の用法 ── 比較級の強調表現　→ TARGET 23

▶ **much** には比較級強調表現としての用法があり,**比較級の前に置いて「はるかに…」**の意味を表す。

Plus **even[still]** にも比較級強調用法があり,「**even[still] + 比較級 + than ...**」で「…よりもさらに一層〜」の意味を表す。**Tom is even taller than Ken.**「トムはケンよりもさらに一層背が高い」は **Tom is much taller than Ken.**「トムはケンよりもはるかに背が高い」と意味が少し異なって,Ken is tall, but Tom is taller. の意味で「Ken も背は高いが,Tom の方がもっと背が高い」の意味になる。

KEY POINT ▷ 046　　　　　　　　　　　　　　　　　　比較級を用いた定型表現

164. the + 比較級 ..., the + 比較級 〜

▶ 「**the + 比較級 ..., the + 比較級 〜**」は,「…すればするほど,ますます〜」の意味を表す。

○ 本問の the less は,副詞の little「ほとんど…しない」の「the + 比較級」の形。

✕ ① more は the more なら可。ただし,文意は逆で「ますます気に入った」の意味になる。

165. the + 比較級 + of the two

▶ 「**the + 比較級 + of the two（+ 複数名詞）**」の形で「2 人[2 つ]の中でより…」の意味を表す。

Plus **introduce A to B**「A を B に紹介する」は重要。

166. all the + 比較級 + because S + V ...

▶ 「**(all) the + 比較級 + because S + V ... [for + 名詞]**」は「…なので,ますます〜」の意味を表す。なお,副詞の all は省略されることもある。省略された形での読解問題もあるので注意しよう。

Plus 「(all) the + 比較級」は,一般に because 節,「for + 名詞」が比較級の後に続くと言われるが,if 節や when 節,because of A などの群前置詞句,分詞構文などさまざまな形と対応して用いられることがあるので注意。
If you start now, you will be back **all the sooner**.
（今出発すれば,あなたはそれだけ早く帰れるでしょう）

---

163 ②　164 ③　165 ②　166 ①

KEY POINT ▷ 047

167 ☐☐☐
She spent a month in the hospital, but she is (   ) the better for it.
① even ② by far ③ none ④ still   〈兵庫医療大〉

168 ☐☐☐
Bill lives in a big house, but his room is (   ) bigger than mine.
① less ② many ③ more ④ no   〈近畿大〉

169 ☐☐☐
A bat is (   ) a bird than a rat is.
① no more   ② no less   ③ not more   ④ not less   〈桜美林大〉

> **TARGET 24 no ＋ 比較級 ＋ than A から生まれた no more than A など**
> なかなか覚えにくい表現のようだが，問題 168 で扱った「not ＋ 比較級 ＋ than A」と
> 「no ＋ 比較級 ＋ than A」の違いを認識していれば容易。
> ● not more than A「多くとも A ← A 以上ではない」＝ at most A
> ● not less than A「少なくとも A ← A 以下ではない」＝ at least A
> ● no more than A「わずか A ／ A しかない」→ 170 (← ① A と同じだが，② more の反対
> （少ない）という視点から）＝ only A
> ● no less than A「A も（たくさん）」→ 171 (← ① A と同じだが，② less の反対（多い）
> という視点から）＝ as many as A（数の場合），as much as A（量の場合）
> ● no fewer than A「A も（たくさん）」＝ as many as A（数に関して）

---

167 彼女はその病院で 1 カ月間過ごしたが，だからといって少しもよくなっていない。
168 ビルは大きな家に住んでいるが，彼の部屋は私のものと同様，広くはない。
169 コウモリが鳥でないのは，ネズミが鳥でないのと同様だ。

KEY POINT ▷ 047　　否定語を含む比較級の定型表現

167. none the + 比較級 + for + 名詞

▶ 問題 166 で扱った「(all) the + 比較級」「(…なので) ますます～」の否定形である「none the + 比較級」は、「(…だからといって) 少しも～ない」の意味を表す。

168. no + 比較級 + than A

▶ 「no + 比較級 + than A」「A 同様…ではない」を理解するには「not + 比較級 + than A」との違いを考える。「not + 比較級 + than A」は、「A より…ということはない」の意味で、A と同等かそれ以下という比較の差を表す普通の比較級なのに対して、強い否定の意味を持つ no を用いた「no + 比較級 + than A」は、「no + 比較級」で「まったく差がない」といった絶対性を表すので、than 以下は比較の差を示す対象としてではなくて「no + 比較級」の内容、つまり差がない相手を表す。したがって、「A と同様…ではない」の意味をもつ。例えば、He is **no richer** than I am. は「彼は私同様、金持ちではない」の意味になる。結論として「**no + 比較級 + than A**」の no は (1)「比較の差をゼロにし」、(2)「**no の後の語を意味的に否定する**」という働きがあると考えればよい。

○ 本問は his room is not big「彼の部屋は大きくない」という文を「no + 比較級 + than A」で書いたもの。(1)「比較の差をゼロにする」の観点から、「部屋の大きさ」において、his room = mine (= my room) が成り立つことに注意。

169. A is no more B than C is D

▶ **A is no more B than C is D.**（動詞は be 動詞と限らないが、便宜的に is で表記しておく）は、「C が D でないのと同様に A は B でない／A が B でないのは C が D でないのと同様である」の意味になる。

[Plus] **A is no more B than C is D.** は、問題 168 で扱った「**no + 比較級 + than A**」「A 同様…ではない」の考え方を公式的に拡張し、B, D に形容詞・副詞以外に名詞や動詞なども用いるようになったものである。no の (1)「比較の差をゼロにする」という働きから A is B = C is D が成り立ち、(2)「no の後の語を意味的に否定する」という働きから、肯定表現の more を意味的に否定して否定的視点から述べることになる。よって「C が D でないように A は B でない／A が B でないのは C が D でないのと同様だ」の意味となる。なお、「C is D」の箇所に A is no more B との共通語句がある場合、本問のように省略することが多い。

[Plus] B, D に名詞・動詞がくる例は以下を参照。
　He is no more **a fool** than you (are).「(あなたが愚かではないのと同様に、彼も愚かではない)」
　I can no more **swim** than a stone can (swim).「(石が泳げないのと同様に、私はまったく泳ぐことができません)」
　同意表現の **A is not B any more than C is D.** も重要。反意表現の **A is no less B than C is D.**「A が B なのは C が D なのと同じだ」も頻出。
　Making good friends is **no less** important **than** making money.
　（よい友人を作るのは、お金を稼ぐのと同様に大切である）

167 ③　168 ④　169 ①

90 1 文法

170 My students were few in number, ( ) four or five
□□□ altogether.
　① as many as　② as little as　③ no less than　④ no more than

〈千葉商科大〉

171 Chimpanzees and human beings were separated from their
□□□ common ancestors ( ) six million years ago.
　① no less than　② no other than
　③ so old that　④ so that

〈関西学院大〉

KEY POINT ▷ 048

172 It now seems a fact ( ) just a possibility.
□□□ 　① as much　② but never　③ only　④ rather than 〈学習院大〉

KEY POINT ▷ 049

173 He knew ( ) than to ask such a stupid question.
□□□ 　① more　② sooner　③ great　④ better 〈名城大〉

---

170 私の生徒は数が少なく，全部で 4，5 人しかいなかった。
171 チンパンジーと人間は，600 万年も前に彼らの共通の祖先から分かれた。
172 それは今や単なる可能性ではなく，むしろ事実に思える。
173 彼はそのようなばかげた質問をするほど愚かではなかった。

第 7 章　比較 170〜173　91

170. no more than A

▶ **no more than A** は「わずか A ／ A しかない」の意味を表す。**only A** とほぼ同意。

171. no less than A

▶ **no less than A** は「A も（たくさん）」の意味を表す。**as many[much] as A** とほぼ
同意。

Plus **separate A from B**「A を B から分ける」は重要。

KEY POINT ▷ 048　　　　　　　　　　　B rather than A

172. B rather than A

○ 本問は, 問題 156 で扱った **B rather than A**「A というよりむしろ B」（**= not so much
A as B / more B than A / less A than B**）がポイント。

KEY POINT ▷ 049　　　　　　　　　　比較級を用いた慣用表現

173. 比較級を用いた慣用表現 — know better than to do

▶ **know better than to do** は,「…するほど愚かではない」の意味を表す。慣用表現と
して押さえる。

TARGET 25　比較級を用いたその他の慣用表現

● more than A「A より多い」

　More than a thousand people attended the international conference.
　（千人を超える人が, その国際会議に出席した）

● less than A「A 足らずの　← A より少ない」

　Jim recovered from the cold in **less than a day**.
　（ジムは 1 日足らずで風邪から回復した）

● 比較級 ＋ and ＋ 比較級「ますます…」

　More and more Japanese are visiting Hawaii.
　（ハワイを訪れる日本人がますます多くなっている）

● no[little] better than A「A にすぎない／ A も同然」

　He is **no better than a beggar**.
　（彼は物ごいにすぎない［同然だ］）

● more or less「多かれ少なかれ／いくぶん」

　He is **more or less** familiar with the subject.
　（彼はそのことに多少なりとも通じている）

---

170 ④　**171** ①　**172** ④　**173** ④

92　1 文法

174 I can't even sing easy children's songs well, (　　　) jazz.
□□□　① even harder　② in fact　③ much less　④ still more

〈関西学院大〉

175 It is (　　　) to fly to the moon.
□□□　① not dream any longer　② no longer a dream
　　　③ no a longer dream　　　④ not longer dream

〈法政大〉

KEY POINT ▷ 050

176 This car is superior in design (　　　) other cars.
□□□　① than　② to　③ as　④ for

〈東海大〉

177 He (　　　) bread for breakfast.
□□□　① prefers rice than　② prefers rice more than
　　　③ prefers rice for　　　④ prefers rice to

〈名城大〉

TARGET 26　ラテン比較級
- be inferior to A「A より劣っている」
- be superior to A「A より優れている」→ 176
- be senior to A「A より先輩だ／A より年上だ」
- be junior to A「A より後輩だ／A より年下だ」
- be preferable to A「A より好ましい」

TARGET 27　senior, junior の名詞用法
senior「先輩／年長者」, junior「後輩／年少者」という名詞として用いる表現がある。
He is senior to me. = He is my **senior**.　　　= I am his **junior**.
（彼は私の先輩だ／彼は私より年上だ）　（私は彼の後輩だ／私は彼より年下だ）

---

174 私は簡単な童謡さえうまく歌うことができないし，ましてやジャズなど歌えない。
175 月まで行くことは，もはや夢ではない。
176 この車は，ほかの車よりもデザインが優れている。
177 彼は朝食にはパンより米の方が好みだ。

174. 比較級を用いた慣用表現 — 否定文，much less

▶ 否定文・否定的内容の文に続けて「, much less ...」を置くことによって，「ましてや…ない／…は言うまでもなく」の意味を表す。

[Plus] 同意表現の「, still less ...」「, let alone ...」も一緒に覚えておこう。
I am no pianist. I can't play a simple tune, **much less** [**still less / let alone**] Mozart's sonatas.
（私はまったくピアノが弾けません。簡単な曲も弾けませんし，ましてやモーツァルトのソナタなんてなおさら弾けません）

175. 比較級を用いた慣用表現 — no longer

▶ **no longer** は「もはや…ない」という強い否定の意味を表す。**not ... any longer** も同意。

✗ ① not dream any longer にしないこと。not a dream any longer なら可。

KEY POINT ▷ 050　　　　　　　　　　　　　　　　　　　　　ラテン比較級

176. ラテン比較級 — be superior to A

▶ **be superior to A** はラテン比較級と呼ばれる表現で「A より優れている」の意味を表す。superior のようにラテン語に由来する形容詞は比較対照を示すのに than ではなく to を用いることに注意。

○ 本問は，be superior と to A の間に in design「デザインにおいて」が入っていることに気づくこと。

177. prefer A to B

▶ 動詞 prefer もラテン語が起源。**prefer A to B**「B よりも A を好む」の A と B には，名詞または動名詞がくる。

[Plus] prefer の形容詞 **preferable**「（より）好ましい」も（×）be more preferable than A ではなく，（○）**be preferable to A**「A より好ましい」になることに注意。→ TARGET 26

---

174 ③　175 ②　176 ②　177 ④

94 1 文法

KEY POINT ▷ 051

178 ( ) the islands that make up Japan, Honshu is the largest.
① With ② Of ③ In ④ From
〈岩手歯科大〉

179 The last question was ( ) one for the students to answer. Only Jennifer marked the correct answer.
① easier ② less easy ③ the easiest ④ the least easy
〈日本大〉

180 It is one of ( ) structured arguments.
① the most properly ② the more proper
③ much properly ④ very proper
〈法政大〉

181 The film I saw last night was the most exciting one I've ( ) seen.
① always ② before ③ ever ④ not
〈関西学院大〉

182 Is it true that Osaka is the third ( ) city in Japan?
① as large as ② large ③ larger than ④ largest
〈明星大〉

KEY POINT ▷ 052

183 That is ( ) the worst movie I have ever seen.
① much up ② more ③ by far ④ over again
〈東海大〉

---

178 日本を構成する島々のうち，本州が最大のものだ。
179 最後の質問は，生徒が最も答えにくいものだった。ジェニファーだけが正解を選んだ。
180 それは，最も厳密に組み立てられている論拠の1つだ。
181 昨夜見た映画は，私が今まで見た中で最も刺激的なものだった。
182 大阪が日本で3番目に大きい都市だというのは本当ですか。
183 それは私が今まで見た中で断然最低の映画だ。

KEY POINT ▷ 051　　　　　　　　　　　　　最上級表現

178. the ＋ 最上級 ＋ of A（複数名詞）
▶「**the ＋ 最上級 ＋ of A**（複数名詞）」は「Aの中で一番…」の意味を表す。「Aの中で」を表すときに，**A が構成要素を表す複数名詞の場合は of A** を用い，**A が範囲を表す単数名詞の場合は in A** を用いることに注意。
　Who is the fastest runner **in** this class?（このクラスで一番速く走る人は誰ですか）
○ 本問は，of A(複数名詞)が前に出た形。

179. least の用法 ― the least ＋ 形容詞
▶ 副詞の least は，「最も少なく／最も…でなく」の意味だが，「**the least ＋ 形容詞**」の形では，「最も…でない」の意味を形成する。
○ 本問の④ the least easy one「最も容易でない問題」は，the most difficult one「最も難しい問題」とほぼ同じ意味を表す。

180. one of the ＋ 最上級 ＋ 複数名詞
▶「**one of the ＋ 最上級 ＋ 複数名詞**」は「最も…な～の中の１つ[１人]」の意味を形成する。この形の場合，必ず複数名詞になることに注意。
○ 本問は，① the most properly を選び，補語となる one of the most properly structured arguments「最も厳密に組み立てられている論拠[主張]の１つ」という名詞句を作る。

181. the ＋ 最上級 ＋ 名詞 ＋ S have ever done
▶「**the ＋ 最上級 ＋ 名詞 ＋ (that) S have ever done**」は「S が今まで～した中で一番…」の意味を表す。**ever** は「今まで／これまで」（**= so far / up to the present**）の意味を表す副詞。

182. the ＋ 序数詞 ＋ 最上級
▶「**the ＋ 序数詞 ＋ 最上級**」は「…番目に～」の意味を表す。

KEY POINT ▷ 052　　　　　　　　　　　　　最上級の強調表現

183. 最上級の強調表現 ― by far
▶ **by far**「断然／はるかに」は最上級の強調表現。→ TARGET 23
✕ ① much up は much であれば可。much は，by far や far と同様に，最上級を強調する。

---

178 ②　179 ④　180 ①　181 ③　182 ④　183 ③

96 1 文法

KEY POINT ▷ 053

184 Professor Jones is stricter than (　　　) teacher in our
☐☐☐ department.
　　　① any other　② other　③ each other　④ one another　〈南山大〉

185 (　　　) is so precious as time.
☐☐☐　① Anything　② Everything　③ Nothing　④ Something
　　　　　　　　　　　　　　　　　　　　　　　　　　　　　　　　〈日本大〉

> **TARGET 28　最上級と同じ意味を表す原級・比較級表現**
>
> ● Mt. Fuji is the highest of all the mountains in Japan. (最上級)
> 　（富士山は日本で一番高い山だ）
> 　= No other mountain in Japan is so[as] high as Mt. Fuji. (原級)
> 　= No other mountain in Japan is higher than Mt. Fuji. (比較級)
> 　= Mt. Fuji is higher than any other mountain in Japan. (比較級) → 184
> *最上級表現の場合は「(the) ＋ 最上級 ＋ of ＋ 複数名詞」の形で「～の中で最も…」の
> 意味になることが多い。この場合「of ＋ 複数名詞」が文頭に来る場合もあるので注
> 意。(→ Of all the mountains in Japan, Mt. Fuji is the highest.)
> ● Time is the most precious thing of all. (最上級)
> 　（時はすべての中で一番貴重である）
> 　= Nothing is so[as] precious as time. (原級) → 185
> 　= There is nothing so[as] precious as time. (原級)
> 　= Nothing is more precious than time. (比較級)
> 　= There is nothing more precious than time. (比較級)
> 　= Time is more precious than anything else. (比較級)

---

184 ジョーンズ教授は，私たちの学部のほかのどの教師よりも厳格だ。
185 時間ほど貴重なものはない。

KEY POINT ▷ 053　　　比較級・原級を用いた最上級の同等表現

184. A is ＋ 比較級 ＋ than any other ＋ 単数名詞

▶「**A is ＋ 比較級 ＋ than any other ＋ 単数名詞**」（動詞は be 動詞に限らないが, 便宜的に is で記しておく）は「A はほかのいかなる～よりも…である」の意味を形成する表現。比較級表現で最上級的な意味を表す。なお, 比較対象が一般的な「**物**」なら, **than anything** (**else**), 一般的な「**人**」なら **than anyone** (**else**) を用いることにも注意しよう。

[Plus]「**A is ＋ 比較級 ＋ than any other ＋ 単数名詞**」と同様に, 最上級的な意味を表す比較級表現の「**No (other) ＋ 名詞 ＋ is ＋ 比較級 ＋ than A**」「A ほど…な～はない」や原級表現の「**No (other) ＋ 名詞 ＋ is so[as] ＋ 原級 ＋ as A**」「A ほど…な～はない」も押さえておこう。

＊「no other ＋ 名詞」の代わりに nothing を用いた最上級的意味を持つ原級表現である「**Nothing is so[as] ＋ 原級 ＋ as A**」＝「**There is nothing so[as] ＋ 原級 ＋ as A**」「A ほど…なものはない」, そして比較級表現の「**Nothing is ＋ 比較級 ＋ than A**」＝「**There is nothing ＋ 比較級 ＋ than A**」がある。これらも頻出表現なので, ここで押さえておきたい。

185. Nothing is so[as] ＋ 原級 ＋ as A

▶ 問題 184 で扱った「**Nothing is so[as] ＋ 原級 ＋ as A**」「A ほど…なものは何もない」が, 本問のポイント。

184 ①　185 ③

第 7 章 比較 応用問題に Try!

KEY POINT ▷ 041-053

186 One of the most influential ①building was Red House ②at Bexleyheath (1859), ③designed for Morris by his architect ④and friend Philip Webb (1831-1915). 〈上智大〉

187 この庭には私たちの庭のおよそ 2 倍の樹木があります。
There (ours, about, as, garden, trees, as, are, many, in, twice, this, in). 〈兵庫県立大〉

188 ①Judging from what she ②has achieved ③so far, she is ④cleverer than wise. 〈福島大〉

189 この橋は,あの橋の 1.5 倍の長さがある。

190 Our teens and twenties can be seen as a time when we want to learn as much about ourselves and the world as possible. 〈大阪市立大〉

190 see A as B (= regard A as B)「A を B だとみなす」, a time when S + V ...「…する時(期)」, learn as much about A as possible「できる限り A について多くを学ぶ」

186 最も影響力のある建物の 1 つは,ベクスリーヒースにあるレッドハウス(1859)で,それはモリスのために建築家で彼の友人であるフィリップ・ウェッブ(1831-1915)が設計した。
188 彼女がこれまでに成し遂げたことから判断すると,彼女は賢明というよりもむしろ利口だ。

第 7 章　比較 186〜190　99

KEY POINT ▷ 041-053

186. one of the ＋ 最上級 ＋ 複数名詞

⭕ 問題 180 で扱った「**one of the ＋ 最上級 ＋ 複数名詞**」「最も…な〜の中の 1 つ[1 人]」が本問のポイント。① building を複数形の buildings に修正する。

187. 倍数表現 — twice as ＋ 原級 ＋ as A

⭕ 問題 153 で扱った「**twice as ＋ 原級 ＋ as A**」「A の 2 倍〜」が本問のポイント。There are many trees in this garden.「この庭にはたくさんの木がある」という倍数表現がないもとの文を考えて，There are about twice as many trees in this garden as in ours. とまとめればよい。

188. 原級を用いた慣用表現 — more B than A

⭕ 問題 156 で扱った **not so much A as B** の同意表現である「**more B than A**」「A というよりむしろ B」が本問のポイント。A と B は，文法的に共通のもの（ここでは「人」の性質）がくることに注意。A に形容詞の原級の wise が使われていることから，B も形容詞の原級がくるので，she is cleverer than wise を she is more clever than wise「彼女は賢明というよりもむしろ利口だ」とすればよい。したがって，④ cleverer を more clever と直す。

189. 倍数表現 — one and a half times as ＋ 原級 ＋ as A → 153

⭕ 「あの橋の 1.5 倍の長さ」は倍数表現「**one and a half times as ＋ 原級 ＋ as A**」「A の 1.5 倍…」の形を用いて one and a half times as long as that one[=bridge] と表すことができる。

190. 原級を用いた慣用表現 — as ＋ 原級 ＋ as possible → 157

⭕ learn as much about A as possible は，**learn much about A**「A について多くを学ぶ」に慣用表現「**as ＋ 原級 ＋ as possible**」「できるだけ…」が入った表現。

---

186 ① building → buildings

187 are about twice as many trees in this garden as in ours

188 ④ cleverer → more clever

189 This bridge is one and a half times as long as that one.

190 私たちの 10 代と 20 代は，自分自身と世界についてできる限り多くのことを学びたくなる時期とみなすことができる。

第 8 章　関係詞

> 関係代名詞・関係副詞・複合関係詞を用いた節構造の理解は読解力向上の鍵となる。論理的な理解が大切。

KEY POINT ▷ 054

191 □□□ The class is for students (　　　　) wish to apply for the student exchange program.
① whomever　② whoever　③ whom　④ who　　　〈青山学院大〉

192 □□□ Kyoto is a historic city (　　　　) received the 2015 World's Best Cities Award from a well-known travel magazine.
① where　② which　③ who　④ whose　　　〈立命館大〉

KEY POINT ▷ 055

193 □□□ She is a girl (　　　　) it is difficult to know well.
① as　② whose　③ what　④ whom　　　〈千葉工業大〉

TARGET 29　関係代名詞

先行詞 ＼ 格	主格	所有格	目的格
人	who[that]	whose	who(m)[that]
人以外	which[that]	whose	which[that]

*目的格の関係代名詞は省略されることがある。
*who と which は主格と目的格を兼ねることに注意。

191　そのクラスは，交換留学プログラムに応募したい生徒のためのものです。
192　京都は，有名な旅行雑誌から 2015 年度の「世界一の都市賞」を受賞した歴史のある都市だ。
193　彼女は，よく理解することが難しい女の子です。

KEY POINT ▷ 054　　　　　　　　　　　　　　　　　　主格関係代名詞

191. 主格関係代名詞 who — 先行詞が「人」

▶ 先行詞が「人」の場合，関係代名詞は節内の役割によって，**who**[that]（主格）か **who(m)**[that]（目的格）が用いられる。また，現代の英語では whom の代わりに who が用いられることが多いことに注意。

○ 本問は，以下の 2 文が文構造の前提。

　The class is for **students**. + They wish to apply for the student exchange program.

　→ The class is for **students** <who[that] wish to apply for the student exchange program>.

Plus **apply for A**「…を申請する[に申し込む]」は重要表現。

192. 主格関係代名詞 which[that] — 先行詞が「人以外」

▶ 先行詞が「人以外」の場合，関係代名詞は **which**[that]（主格，目的格共通）を用いる。

○ Kyoto is **a historic city**. + It received the 2015 World's Best Cities Award from a well-known travel magazine.

　Kyoto is **a historic city** <which[that] received the 2015 World's Best Cities Award from a well-known travel magazine>.

Plus **receive A from B** は「A を B から受ける」の意味。

KEY POINT ▷ 055　　　　　　　　　　　　　　　　　　目的格関係代名詞

193. 目的格関係代名詞 whom[that] — 先行詞が「人」

▶ 先行詞が「人」の場合，目的格の関係代名詞は **who(m)**[that] が用いられる。→ TARGET 29

○ She is **a girl**. + It is difficult to know her well.

　→ She is **a girl** <(who(m)[that]) it is difficult to know well>.

191 ④　192 ②　193 ④

102 1 文法

194 The famous amusement park is a place (　　　) we have
□□□ wanted to visit for a long time.
① which　② why　③ in which　④ where　　　〈駒澤大〉

195 This must be the novel Mr. Matsuyama (　　　) his lecture.
□□□ ① had referred in　② had referred to
③ referred to in　④ was referred to　　　〈甲南大〉

KEY POINT ▷ 056

196 Are you the boy (　　　) bicycle was stolen?
□□□ ① who　② whose　③ your　④ his　　　〈西南学院大〉

197 Take a look at the house (　　　) roof is blue.
□□□ ① that　② which　③ whose　④ in which　　　〈日本大〉

194 その有名な遊園地は, 私たちが長い間訪れてみたかったところです。
195 これが, マツヤマ先生が講義の中で言及した小説に違いない。
196 あなたが自転車を盗まれた少年ですか。
197 屋根が青いあの家を見てください。

194. 目的格関係代名詞 which ― 先行詞が「人以外」

▶ 先行詞が「人以外」の場合，目的格の関係代名詞は，**which**[that] が用いられる。

○ The famous amusement park is **a place**. + We have wanted to visit it for a long time.

The famous amusement park is **a place** <which[that] we have wanted to visit for a long time>.

[Plus] 本問の **visit** は，「…を訪れる／…へ行く」の意味を表す他動詞。

✗ ④ where は不可。関係副詞 where は「前置詞 + which」を言い換えたもの。「場所」が先行詞であれば，関係詞はいつも where という考え方は間違い。→ 200

195. 目的格関係代名詞の省略

▶ 目的格関係代名詞は，先行詞が「人」であっても「人以外」であっても省略できる。
→ 193, 194

○ 本問は，目的格の関係代名詞 which[that] が省略された形。

This must be **the novel**. + Mr. Matsuyama referred to it in his lecture.

→ This must be **the novel** <(which[that]) Mr. Matsuyama referred to in his lecture>.

KEY POINT ▷ 056　　　　　　所有格関係代名詞

196. 所有格関係代名詞 whose ― 先行詞が「人」

▶ 所有格関係代名詞は，先行詞が「人」でも「人以外」でも **whose** を用いる。なお，関係代名詞の whose は，単独ではなく，必ず「**whose + 名詞**」の形で用いることに注意。

○ Are you **the boy**? + His bicycle was stolen.

→ Are you **the boy** <whose bicycle was stolen>?

197. 所有格関係代名詞 whose ― 先行詞が「人」以外

▶ 問題 196 と考え方は同じ。先行詞が the house であり，節内で主語となっている名詞 roof の前に置くのは，所有格代名詞③ whose。whose roof がワンセットになって節内で主語になっていることに気づくこと。

○ Take a look at **the house**. + Its roof is blue.

→ Take a look at **the house** <whose roof is blue>.

---

194 ①　195 ③　196 ②　197 ③

104　1 文法

KEY POINT ▷ 057

198
□□□
Red, blue and yellow are the three primary colors (　　　) all other colors can be created.
① by whose　② from which　③ for what　④ with whom
〈東海大〉

199
□□□
This is a subject (　　　) I have paid some attention.
① to which　② in which　③ what　④ for which　〈法政大〉

KEY POINT ▷ 058

200
□□□
They arrived at the hotel (　　　) they had reserved their room.
① how　② when　③ where　④ which　〈武蔵大〉

198　赤，青，黄色は，ほかのすべての色を作れる三原色です。
199　これは私がいくらか注意を払ってきた研究対象です。
200　彼らは，部屋を予約していたホテルに到着した。

KEY POINT ▷ 057　　　　　　　　　　　　　　　　　　　前置詞＋関係代名詞

198. 前置詞 ＋ 関係代名詞 (1)

○「前置詞 ＋ 関係代名詞」がワンセットで関係詞節の冒頭に置かれた形。S can create A from B. の受動態である A can be created from B.「A は B から生み出されることができる」を想定できるかがポイント。

Red, blue and yellow are **the three primary colors**. ＋ All other colors can be created from them.

→ Red, blue and yellow are **the three primary colors** <from which all other colors can be created>.

199. 前置詞 ＋ 関係代名詞 (2)

○ 本問は，**pay (some) attention to A**「A に（ある程度）注意を払う」を知っていることが前提。This is **a subject**. ＋ I have paid some attention to it.

→ This is **a subject** <to which I have paid some attention>.

KEY POINT ▷ 058　　　　　　　　　　　　　　　　　　　　　　　　関係副詞

200. 関係副詞 where

▶ 関係副詞は，「前置詞 ＋ 関係代名詞」を 1 語で言い換えたもの。「場所」が先行詞の場合は **where**，「理由」の場合は **why**，「時」の場合は **when** を用いる。**関係副詞 ＝「前置詞 ＋ which」**と押さえておこう。

○ They arrived at **the hotel**. ＋ They had reserved their room at the hotel.

→ They arrived at **the hotel** <at which[= where] they had reserved their room>.

[Plus] reserve a room at the hotel「ホテルの部屋を予約する」で押さえよう。

---

198 ②　199 ①　200 ③

106　1 文法

201 A：How do you treat your colleagues in cases (　　　　) they don't
□□□　　work well?
　　　B：We must raise their motivation to work.
　　　① where　② which　③ for which　④ whenever　　〈玉川大〉

202 Summer is the season (　　　　) students want to travel most.
□□□　① with whom　② which　③ where　④ when　　〈福岡大〉

203 Mother Teresa dedicated her life to helping sick people. That is
□□□　the reason (　　　　) I respect her.
　　　① which　② by which　③ in which　④ why　　〈桜美林大〉

> **TARGET 30　That is why ... と That is because ...**
>
> (1) That is why[the reason why / the reason] ... 「そういうわけで…」
>
> 　The train was delayed. **That's why** I was late for school.
>
> 　（電車が遅れていたんです。そういうわけで学校に遅刻しました）
>
> (2) That is because ... 「それは…だからです」
>
> 　I was late for school. **That's because** the train was delayed.
>
> 　（私は学校に遅刻しました。それは，電車が遅れていたからです）
>
> *原因と結果を述べる順序がまったく逆になる点に注意。

---

201 A：同僚の働きぶりがよくない場合，あなたはどのように対応しますか。
　　B：彼らの働く意欲を高めなければなりません。
202 夏は，学生が最も旅行したいと思う季節だ。
203 マザー・テレサは，病気の人たちを助けることに人生を捧げました。それが，私が彼女を尊敬す
　　る理由です。

201. 関係副詞 where —「場所」以外の先行詞

▶ **case**「場合」, **occasion**「場合」, **situation**「状況」, **circumstance**「状況」, **point**「(要)点」は直接「場所」を示す名詞(先行詞)ではないが,「前置詞 + which」の代わりに関係副詞 where を用いることができる。

○ How do you treat your colleagues in **cases**? + They don't work well in the cases.

→ How do you treat your colleagues in **cases** <in which[where] they don't work well>?

[Plus] There are some cases where S + V ... .「…する場合がいくつかある」は頻出表現。

202. 関係副詞 when

▶ 関係副詞は,「前置詞 + 関係代名詞」を1語で言い換えたもの。「場所」が先行詞の場合は where,「理由」の場合は why,「時」の場合は when を用いる。関係副詞 =「前置詞 + which」と押さえておこう。

○ Summer is the season. Students want to travel most in the season.

→ Summer is the season <in which[when] students want to travel most>.

203. 関係副詞 why

○ 本問は, for which を関係副詞 why で表現した形。

That is **the reason**. + I respect her for the reason.

→ That is **the reason** <for which[why] I respect her>.

[Plus] **dedicate A to doing**「A(時間・努力など)を…することに捧げる(= **devote A to doing**)」は重要。

[Plus] 本問の先行詞 the reason は省略できる。the reason と why, the place と where, the time と when など,先行詞と関係副詞が典型的な関係である場合,先行詞が省略され,関係副詞で始まる節が名詞節の働きをする場合がある。

・That is (the reason) why I respect her.(それが, 私が彼女を尊敬する理由です)
・This is (the place) where I live.(ここが私の住んでいるところです)
・Night is (the time) when most people go to bed.(夜はほとんどの人が寝る時間です)
＊上記の文で why I respect her「私が彼女を尊敬している理由」, where I live「私が住んでいる場所」, when most people go to bed「ほとんどの人が寝る時間」はそれぞれ文の補語として名詞節の働きをしている。

[Plus] なお, 関係副詞節 why と when に関しては, その先行詞が the reason や the time といった典型的な語であれば, 先行詞を残して why / when の方が省略されることもある。つまり, **That is why S + V ... .**「そういうわけで… / それは…の理由だ」は **That is the reason S + V ... .** と言い換えられる。

---

201 ①　202 ④　203 ④

108　1 文法

204 This is (　　　) he was rescued from the burning house.
□□□　① what　② which　③ whether　④ how　〈会津大〉

KEY POINT ▷ 059

205 The elderly woman, (　　　) had known Tom well, said that he
□□□　was very kind to her.
　① what　② whom　③ which　④ who　〈獨協大〉

204　このようにして，彼は燃えている家から救助された。
205　その年配の女性は，トムのことをよく知っていたのだが，彼が自分にはとても親切だと言った。

204. 関係副詞 how

▶ 関係副詞 how は，先行詞として the way を想定して用いるものだが，現代英語では，the way how S + V ... の形は使われず，先行詞の the way を省略した **how S + V ...**，how を省略した **the way S + V ...**，「前置詞 + 関係代名詞」の **the way in which S + V ...**，how と同じ働きをする関係副詞 that を用いた **the way that S + V ...**「…するやり方／…する様子」といった形で用いる。本問は以下のように書き換えられる。

This is **how** he was rescued from the burning house.
= This is **the way** he was rescued from the burning house.
= This is **the way in which** he was rescued from the burning house.
= This is **the way that** he was rescued from the burning house.

○ **This is how[the way] S + V ... .** は，「このようにして…する（← これが…するやり方だ）」と訳出するのが自然。

Plus **rescue A from B**「A を B から救出する」は重要。

KEY POINT ▷ 059　　　　　　　　関係詞の非制限用法

205. 関係代名詞の非制限用法

▶ 関係代名詞の前にコンマを置いて，先行詞を付加的に説明する用法がある。この形は**非制限用法**と呼ばれる。これに対し，コンマを用いない形は制限用法と呼ばれる。

▶ 非制限用法で用いられる関係代名詞は，who / whose / which / whom /「前置詞 + which」/「前置詞 + whom」などである。**that は用いられない**ことに注意。また，**目的格関係代名詞であっても省略できない**ことも押さえておきたい。

▶ 先行詞が固有名詞（**Einstein** など）や世の中に 1 つしかないもの（**the sun** など）の場合，原則として**関係代名詞は非制限用法**にする。自明のものは「制限」する必要はないからである。

○ 本問は，The elderly woman「年配の女性」という「人」が先行詞で，節内では had known Tom well の主語の働きをしていることから，主格関係代名詞④ who が入る。

110　1 文法

206 □□□ Chris had heard nothing from his brother, ( ) made him uneasy.
① that　② what　③ where　④ which 〈早稲田大〉

207 □□□ He bought a cottage in the countryside, ( ) he spent the last days of his life.
① which　② when　③ where　④ why 〈明治大〉

KEY POINT ▷ 060

208 □□□ ( ) Stephen said in the conference made the chairperson angry.
① Against　② That　③ What　④ For 〈上智大〉

206 兄から何も連絡がなかったので，クリスは不安になった。
207 彼は田舎に小さな家を買い，そこで彼の人生の最後の日々を過ごした。
208 その会議でスティーブンが言ったことは，議長を怒らせた。

206. which の非制限用法 ― 前文全体が先行詞

○ 関係代名詞 which は非制限用法の場合に限って，前文全体またはその一部の意味内容を先行詞とすることがある。本問の場合，which は前文の Chris had heard nothing from his brother の内容を先行詞とし，節内では主格として用いられている。which が前文の内容を受けるのは，指示代名詞 that[this] の機能があるからと考える。
[, which] には接続詞の機能が含まれるので，本問は and で結ばれた 2 文が言い換えられたと考える。

Chris had heard nothing from his brother, and that made him uneasy.

→ **Chris had heard nothing from his brother**, <which made him uneasy>.

207. 関係副詞の非制限用法

▶ 関係副詞の非制限用法は **when** と **where** だけにあり，**why** と **how** には非制限用法はない。

○ 本問は，以下のように考える。

He bought **a cottage in the countryside**, and there[at the cottage] he spent the last days of his life.

He bought **a cottage in the countryside**, where[at which] he spent the last days of his life.]

Plus 非制限用法の when については，以下の例文を参照。
She stayed there till Sunday, **when**[and then] she started for New York.
（彼女は，日曜までそこに滞在し，その日ニューヨークへ出発した）

KEY POINT ▷ 060　　　　　　　　　　　　　　関係代名詞 what

208. 関係代名詞 what

▶ 関係代名詞 **what** は名詞節を形成する。したがって，what に先行詞はない。**what** 自体は，節内で主語・目的語・補語・前置詞の目的語といった名詞の働きをし，**what** 節全体は文の主語・目的語・補語・前置詞の目的語となる。

○ S made A angry.「S は A を怒らせた」の文構造を見抜く。<(　　) Stephen said in the conference> が S[主語]である。主語となる名詞節を導き，節内で said の目的語となるのは③ What。

112 1 文法

209 He is totally different from ( ) he used to be.
□□□ ① what ② when ③ where ④ how 〈北里大〉

210 A person should not be judged by ( ) he or she seems to
□□□ be.
① that ② what ③ whether ④ which 〈近畿大〉

211 Mary came late, and what is ( ), she forgot to bring the
□□□ document.
① least ② less ③ more ④ most 〈中央大〉

KEY POINT ▷ 061

212 She likes boys ( ) she thinks have respect for their
□□□ parents.
① whom ② who ③ whoever ④ whose 〈中央大〉

---

209 彼は, 昔とはまったく違う人物だ。
210 人は, 見かけの姿によって判断されるべきではない。
211 メアリーは遅刻したうえに, 資料を持ってくるのを忘れた。
212 彼女は, 親を尊敬していると思える男の子が好きだ。

209. what を用いた慣用表現 ── what S used to be

▶ 関係代名詞 what は，**what S is**「今の S（の姿）」，**what S was[used to be]**「昔の S（の姿）」の形で慣用的に用いられる。

○ 本問は，A is totally different from B. 「A は B とまったく違う」の B に，what S used to be「昔の S（の姿）」が入る。

Plus **what S has**「S の財産（← S が持っているもの）」との対比で，**what S is**「S の人格」の意味で用いられることがある。また，**what S should[ought to] be** で「S のあるべき姿」，**what S will be**「未来の S（の姿）」，**what S seem to be**「見かけの S（の姿）」といった使い方もあるので，ここで押さえておこう。

210. what を用いた慣用表現 ── what S seem to be

○ 本問は，問題 209 で扱った **what S seem to be**「見かけの S（の姿）」を知っているかがポイント。

Plus what を用いた慣用表現のほかの例として，**what is called C**「いわゆる C（と呼ばれているもの）」（= **what we[they / you] call C**）もここで押さえておこう。
He is **what is called** a bookworm.（彼はいわゆる本の虫だ）

211. what を用いた慣用表現 ── what is more

▶「what is ＋ 比較級」の形で副詞表現を作るパターンがある。**what is more** は「その上」の意味を表す。

Plus 本問の **what is more**「その上」のほか，**what is better**「さらによいことに」，**what is more important**「さらに重要なことに」，**what is worse**「さらに悪いことに」などが代表例。

KEY POINT ▷ 061　　　　　　　　　　　　　　　連鎖関係代名詞節

212. 連鎖関係代名詞節 (1)

○ 本問は以下の 2 文が文構造の前提。

She likes **boys**. ＋ She thinks (that) they have respect for their parents.

She likes **boys** <(who) she thinks have respect for their parents>.

第 2 文で主格の they が用いられているので，関係代名詞は who になる。その who が she thinks を跳び越えて，節の冒頭に置かれたのが本問の英文。その場合は必ず接続詞の that は省略されることに注意。このように**関係代名詞の直後に「S ＋ V」などが入り込んだように見える形を，連鎖関係代名詞節**と呼ぶ。この形は，関係詞の問題としては頻出項目。

Plus この構造では，主格の who であっても省略されることがあるので，英文読解では注意したい。
✗ thinks の目的語と勘違いして ① whom を選ばないこと。

209 ①　210 ②　211 ③　212 ②

114　1 文法

213 □□□ I can't believe you lost the wallet (　　　) you said was so expensive.
① or　② that　③ what　④ and　〈駒澤大〉

KEY POINT ▷ 062

214 □□□ (　　　) is often the case with him, John was late for the meeting.
① As　② When　③ What　④ Since　〈中央大〉

KEY POINT ▷ 063

215 □□□ You can invite (　　　) wants to come to the party.
① those who　② who　③ whoever　④ whomever　〈甲南女子大〉

TARGET 31　関係代名詞 as を用いた慣用表現
● as is usual with A「A にはいつものことだが」
● as is often the case with A「A にはよくあることだが」→ 214
● as is evident from A「A から明らかなように」
● as so often happens「よくあることだが」
● as might have been expected「期待されたように」

213　あなたが，とても高価だと言っていた財布をなくしたなんて信じられない。
214　彼にはよくあることだが，ジョンはその会議に遅刻した。
215　あなたは，そのパーティーに来たい人は誰でも招待して構いません。

213. 連鎖関係代名詞節 (2)

○ 本問は以下の 2 文が文構造の前提。

I can't believe you lost **the wallet**. + You said (that) it was so expensive.

I can't believe you lost **the wallet** (that[which]) you said was so expensive.

本問は，was so expensive の主語の働きをする主格関係代名詞② that を選ぶ。which も可。主格関係代名詞 that[= which] は，この構造では省略されることもある（→ 212）ことに注意。

KEY POINT ▷ 062   関係代名詞 as

214. 関係代名詞 as — as is often the case with A

▶ 関係代名詞 **as** は，非制限用法で用いられた場合，主節やその一部の内容を先行詞とする機能があり，as から始まる関係代名詞節は，文頭，文末，文中で用いられる。**as is often the case with A**「A にはよくあることだが（← そういうことは A にはしばしば当てはまることだが）」は，関係代名詞 as を用いた慣用表現として押さえる。

○ 本問の as は，主節の John was late for the meeting の内容を先行詞としていることに気づくことがポイント。

KEY POINT ▷ 063   複合関係詞

215. 複合関係代名詞 whoever

▶ **複合関係代名詞 whoever** は，節内で主語の働きをし，節全体では**名詞節**「…する人は誰でも」を形成する場合と，**譲歩の副詞節**「誰が…しようとも」を形成する場合がある。

○ invite「…を招待する」の目的語となる名詞節を導き，関係代名詞節内で主格となる関係代名詞は③ whoever。名詞節の whoever wants to come to the party は「そのパーティーに来たい人は誰でも」の意味を表す。

✗ ① those who は，those = the people なので，those who want to come to the party なら可。④ whomever は wants の主語にならないので不可。

[Plus] 名詞節を形成する whoever は，**anyone who** に言い換えられ，副詞節を形成する whoever は，**no matter who** に言い換えられる。

・You can invite <**whoever** wants to come to the party>. [名詞節]
　= You can invite **anyone** <**who** wants to come to the party>.
・<**Whoever** is elected>, our entire group will support that person. [副詞節]
　= <**No matter who** is elected>, our entire group will support that person.
　（誰が選ばれようとも，私たちのグループ全体でその人を支えます）

213 ②　214 ①　215 ③

116　1 文法

216
□□□

(　　　　) you go, I will follow you.
① Wherever　② Whichever　③ Whatever　④ Whoever　〈杏林大〉

217
□□□

(　　　　) hard she tried, she still could not pronounce the word
properly.
① Whatever　② Even though　③ As　④ However　　〈北里大〉

---

216 あなたがどこへ行こうと，私はあなたについて行きます。
217 彼女がどんなに努力しても，その単語をうまく口に出すことができなかった。

216. 複合関係副詞 wherever

▶ **複合関係副詞 wherever** は常に副詞節を導き、「(1) …するところはどこでも、(2) どこに[で]…しようとも」の意味を表す。譲歩的意味を表す (2) の場合は、**no matter where** に言い換えられる。

○ 空所には、名詞ではなく副詞的なものが入るので、① wherever を選ぶ。本問の **Wherever you go**,「あなたがどこに行こうとも」は (2) の用法で、**No matter where you go**, に書き換えられることも押さえておく。

[Plus] (1) の用例は以下を参照。
Go **wherever** you like. (行きたいところはどこでも行きなさい)

217. 複合関係副詞 however

▶ **複合関係副詞 however** は、通例、直後に形容詞・副詞を伴い「**however ＋ 形容詞[副詞] ＋ S ＋ V ...**」の形で用い、「どんなに…でも」という意味の譲歩の副詞節を形成する。however は常に no matter how に置き換えられる。

○ 本問は、hard「懸命に」が副詞なので、副詞の前に置くことができる④ However を選ぶ。**However hard she tried**,「どんなに一生懸命にやっても」は **No matter how hard she tried**, に書き換えられることも押さえておこう。

[Plus] however が直後に形容詞・副詞を伴わないときは「どんなやり方で…しようとも」の意味になるが、その用例は比較的少ない。
However you go, you must get to the airport by five.
(どんな方法で行くにせよ、あなたは 5 時までに空港に着かなければならない)

第 8 章 関係詞 応用問題に Try!

KEY POINT ▷ 054-063

218 犯人だと思っていた男性は実は弁護士だった。
The man (to / out / the criminal / I thought / turned / who / a / lawyer / be / was). 〈高知大〉

219 成績がよい学生は奨学金がもらえるかもしれません。
A student (　　) grades (　　) (　　) may receive a scholarship. 〈名古屋工業大〉

220 Many authors ①find it hard ②to write about new environments ③where they ④did not know in childhood. 〈立教大〉

221 私は自分の親友だと信じていた男にだまされた。

222 Biologists do not think that individuals ever act for the good of the species, but there are many situations in which what appear to be selfish individual behaviors actually benefit a group. 〈神戸大〉

221 deceive A「Aをだます」, one's best friend「自分の親友」
222 biologist「生物学者」, individual「（生物の）個体」, ever「（否定を含意する節・句で）絶対に，どんなことがあっても」, act「行動する」, for the good of A「Aの利益のために」, species「（生物の）種」, situation「状況」, what appear to be A「Aのように見えるもの」, selfish「利己的な」, benefit「…に利益をもたらす」

220 多くの作家は，自分たちが幼いときに知らなかった目新しい状況について書くことを難しいと感じている。

KEY POINT ▷ 054-063

218. 連鎖関係代名詞節 (1)

⭕ 問題 212 で扱った連鎖関係代名詞節を用いて，主語を The man who I thought was the criminal「犯人だと（私が）思っていた男性」とまとめる。次に，turn out to be C「C だと判明する」の形で，述部を turned out to be a lawyer「弁護士だと判明した」とまとめればよい。

219. 所有格関係代名詞 whose ― 先行詞が「人」

⭕ 問題 196 で扱った whose が本問のポイント。関係代名詞 whose は，必ず「**whose ＋ 名詞**」の形で用いるので，his grades are good[high]「彼の成績はよい」と考えて，本問の主語を A student <whose grades are good[high]>「成績がよい学生」とまとめればよい。

220. 目的格関係代名詞 which ― 先行詞が「人以外」 → 194

⭕ 関係副詞 where は，動詞 know の目的語にならないので，③ where を which(= new environments)にすればよい。which は，節内で they didn't know の目的語となっている。

221. 連鎖関係代名詞節 → 212

⭕「自分の親友だと信じていた男」は連鎖関係代名詞節を用いて，the man (who[that]) I believed was my best friend と表すことができる。また，この who[that] は主格ではあるが省略してもよい。

222. 前置詞＋関係代名詞 → 198, 199

⭕ there are many situations <in which A actually benefit B>「A が B に実際に利益をもたらす状況がたくさんある」の構造であることと，節内の主語である A が関係代名詞 what を用いた what appear to be A「A のように見えること」になっていることを見抜く。

---

218 who I thought was the criminal turned out to be a lawyer

219 whose, are good[high]

220 ③ where → which[that]

221 I was deceived[cheated] by the man (who[that]) I believed was my best friend.

222 生物学者は，生物の個体が種全体の利益のために行動することはまずないと考えているが，利己的な個人の行動と見えることが実際に集団に利益をもたらすような状況が数多くある。

第 9 章 仮定法

> 仮定法過去と仮定法過去完了の併用形, 接続詞 if が省略された倒置形, if 節のない仮定法は読解で重要。

KEY POINT ▷ 064

223
☐☐☐
If I (　　　) you, I wouldn't go out with such a person.
① am ② are ③ were ④ will be
〈日本大〉

224
☐☐☐
If I were the king of this country, I (　　　) every Monday a national holiday.
① am declaring ② will declare
③ have declared ④ would declare
〈東海大〉

KEY POINT ▷ 065

225
☐☐☐
When I arrived, the exam had already started. I wouldn't have been late if there (　　　) a traffic jam.
① had been ② hadn't been ③ was ④ wasn't
〈玉川大〉

> **TARGET 32　仮定法過去の基本形**
>
> If ＋ S ＋ 動詞の過去形 …, S′ ＋ would / could / might / should ＋ 動詞の原形 ～ .
> 　　　　　if 節　　　　　　　　　　　　　主節
>
> 「もし S が…するなら, S′ は～するだろう（に）」 → 223, 224
>
> * if 節内の be 動詞は原則として were を用いる（今では単数扱いの主語の場合は was が使われることもある）。
> * if 節内の動詞表現が「助動詞の過去形＋動詞の原形」となり, 助動詞の意味が含まれる場合がある。
>   If I could get a tourist visa, I would go there.
>   （私は観光ビザをとることができるのなら, そこに行くでしょう）
> * 主節の助動詞に should を用いるのは主にイギリス英語で, 原則として 1 人称主語（I, we）の場合のみ。

---

223 私があなただったら, そのような人と一緒に出かけたりしないだろうに。
224 私がこの国の王だったら, 毎週月曜日を祝日だと宣言するだろう。
225 私が到着したとき, 試験はすでに始まっていた。交通渋滞がなかったら, 私は遅刻しなかったのに。

KEY POINT ▷ 064 　　　　　　　　　　　　仮定法の基本と仮定法過去

223. 仮定法過去 — if 節の形

▶ 話者が，ある事柄を事実として述べる動詞の形を直説法，話者が，事柄を心の中で想像して述べる動詞の形を仮定法と呼ぶ。仮定法過去は，現在の事実と反対の仮定や実現性の低い仮定を行い，それに基づく推量を表す。**if 節，主節どちらか一方だけを仮定法の形にすることは原則できない**ことに注意。→ TARGET 32

○ 主節が仮定法過去の形になっていることに気づき，be 動詞の過去形③ were を選ぶ。

[Plus] if 節内で時制をずらす（現在時制 → 過去形）と，話者の考える可能性が消され「現在」の想像上のことになると考えよう。if I were you は，「私があなたになる」可能性はゼロなので，if I am you を if I were you と過去形にすることで，「(仮の話だが) 私があなたならば」の意味になる。この時制の移行は **tense shift** と呼ばれている。

224. 仮定法過去 — 主節の形

○ if 節が仮定法過去の形になっていることに気づき，「would + 動詞の原形」の④ would declare を選ぶ。

[Plus] **declare A B** は「A を B だと言明[断言]する」。

KEY POINT ▷ 065 　　　　　　　　　　　　　　　　仮定法過去完了

225. 仮定法過去完了 — if 節の形

▶ 現在の事実に反することは仮定法過去で表すが，**過去の事実に反することは仮定法過去完了で表す**。if 節内で時制をずらす（過去時制 → 過去完了）と，話者の考える可能性が消され「過去」の想像上のことになると考える。→ TARGET 33

○ 主節の動詞が wouldn't have been late になっていることに着目し，仮定法過去完了だと見抜く。文意から，if 節内の動詞は過去完了の② hadn't been になる。

> **TARGET 33　仮定法過去完了の基本形**
>
> <u>If ＋ S ＋ 動詞の過去完了形(had done)</u> …, <u>S' ＋ would / could / might / should ＋ have done</u> ～.
> 　　　　　　　　if 節　　　　　　　　　　　　　　　主節
> 「もし S が…したなら，S' は～しただろう（に）」→ 225, 226
> *if 節内の動詞表現が「助動詞の過去形 ＋ have done」となり，助動詞の意味が含まれる場合がある。
> *主節の助動詞に should を用いるのは主にイギリス英語で，原則として 1 人称主語（I, we）の場合のみ。

---

223 ③　224 ④　225 ②

122　1 文法

226 A : You were in Tokyo last week! Why didn't you call me?

B : I (　　　　) if I'd known you were there.

① had called　② may call　③ would call　④ would have called

〈学習院大〉

KEY POINT ▷ 066

227 If she had not stayed up so late, she (　　　　) so sleepy now.

① will be　　　　② would have been

③ would not be　④ will not have been　　〈獨協大〉

KEY POINT ▷ 067

228 If I (　　　　) to win a lot of money, the first thing I would do is buy a new car.

① can　② could　③ has　④ were　　〈京都産業大〉

226 A : あなたは先週東京にいたんですか！　なぜ私に電話をしなかったの？

B : あなたがそこにいたと知っていたら，電話をしたのに。

227 そんなに遅くまで起きていなかったら，彼女は今ごろそんなに眠くなっていないでしょう。

228 もし私が大金を獲得したら，私が最初にすることは，新しい車を買うことです。

226. 仮定法過去完了 ― 主節の形

○ if 節内の動詞が had done の形になっていることに着目し，文意から仮定法過去完了だと見抜く。主節の動詞は would have done の形である④ would have called を選ぶ。

KEY POINT ▷ 066　　仮定法過去完了と仮定法過去の併用形

227. 仮定法過去完了と仮定法過去の併用形

▶ 仮定法表現では，主節・if 節において仮定法過去と仮定法過去完了が併用されることがある。

○ 本問は，if 節に仮定法過去完了を用いて過去の事実の反対の仮定を行い，主節に仮定法過去を用いて現在の事実と反対の推量を行ったもの。主節に「現在」を表す now が使われていることに着目すること。したがって，仮定法過去の主節の形である③ would not be を選ぶ。

KEY POINT ▷ 067　　if S were to do ... / if S should do ...

228. if S were to do ...「S が（これから）…すれば」

▶ **If S were to do ..., S′ ＋ would / could / might / should ＋ 動詞の原形～.** の形は，一般に未来の事柄に対する仮定を表す。仮定法過去の 1 つの表現形式だが，were to do は「be ＋ to 不定詞」の過去形であり，未来の意味を含んでいる。この表現は，比較的実現の可能性の低い仮定を表すとされているが，現実には，かなり実現性の高い場合にも用いる。if 節内の時制の移行（現在時制 → 過去形）はあくまでも，話者の考える可能性が消えるだけであり，客観的な実現の可能性が消えるわけではない。

If **it were to rain** tomorrow, how disappointed **would my son be**?
（明日，雨が降れば，息子はどんなにがっかりするだろうか）

124 1 文法

229
☐☐☐

I don't think he will stop by my office. But if he (　　　) while I'm out, give him more information about that.

① came　② will come　③ should come　④ had come

〈聖マリアンナ医科大〉

KEY POINT ▷ 068

230
☐☐☐

A : The weather is absolutely beautiful today, isn't it?
B : Yes, I (　　　) it was like this more often.

① hope　② desire　③ want　④ wish

〈学習院大〉

> **TARGET 34　if S should do ..., と if S were to do ...,**
>
> ● if S should do ..., で if 節を表す表現は，if S were to do ..., とほぼ同意だが，前者は，主節に助動詞の過去形だけでなく，助動詞の現在時制が用いられる場合も多い。また，主節が命令文になることもある。**→ 229**
> If anything should happen, **please let me know immediately**.
> （もし何かあれば，すぐに私に知らせてください）
>
> ● if S should do ..., は「まずありえないだろう」という話者の判断を表す表現なので，未来[現在]の実現性の低いことを仮定する場合には用いるが，実現性のないことを仮定する場合には用いない。例えば，「息子が生きているなら 20 歳になっているだろう」は If my son were alive, he would be twenty years old. と表現できるが，（×）If my son should be alive, ... とすることはできない。

---

229 彼が私のオフィスに立ち寄るとは思いません。でも，万が一私の外出中に彼が来たら，そのことについてもっと詳しい情報を渡してください。
230 A : 今日の天気はとてもすばらしいですね。
　　 B : ええ，もっとこんな日が多いといいのに。

229. if S should do ...

▶ **if S should do ...**「万一Sが…すれば」の形も，問題228で扱ったif S were to do ...と同様に，一般に，未来の事柄に対する仮定を表す。ただし，**この表現は，主節に「would など助動詞の過去形 + 動詞の原形」のほかに，「will などの助動詞の現在形 + 動詞の原形」，さらには命令文がくる場合がある。**→ TARGET 34

○ 本問は，主節が命令文となっている形。

KEY POINT ▷ 068　　　　　　　　　　　　　S wish + S' + 仮定法

230. S wish + S' + 動詞の過去形（仮定法過去）

▶ **wish** は「**実現不可能なことや困難なことを望む**」が本来の意味。目的語が that 節の場合，節内の動詞は仮定法の if 節内の動詞の形となる。(that はよく省略される)。**S wish (that) S' + 動詞の過去形 ...** は現在の事実とは反対の事柄の願望を表し，**S wish (that) S' + 動詞の過去完了形 ...** は過去の事実とは反対の事柄の願望を表す。

○ be 動詞の過去形 was に着目し，仮定法だと見抜く。仮定法で用いられる動詞の④ wish を選ぶ。

✗ ① **hope** は「**（根拠がなくても）実現可能だと望む**」が本来の意味なので，目的語が that 節の場合，節内の動詞の形は仮定法ではなく直説法になる。② desire は，hope 同様に that 節内の動詞の形が仮定法になることはない。③ want は that 節を目的語にとらない。

TARGET 35　S wish + 仮定法

(1) S wish + S' + 動詞の過去形（仮定法過去）… → 230
「S は S' が…すればよいのにと思う（現在の事実と反対の事柄の願望）」

(2) S wish + S' + 動詞の過去完了形（仮定法過去完了）… → 231
「S は S' が…すればよかったのにと思う（過去の事実と反対の事柄の願望）」

(3) S wish + S' would[could] do ...
「S は S' が（これから）…してくれれば[できれば]と思う」
（現在への不満と通例，期待感の薄い願望）
I wish it **would** stop raining. ((雨は降りやみそうではないが，) やんでくれればと思う)

229 ③　230 ④

231 I wish I (　　　) that guy from Tokyo for his e-mail address last night.

① asked　② had asked　③ was asking　④ would ask　〈南山大〉

KEY POINT ▷ 069

232 A : May I smoke here?

B : I'd rather (　　　).

① you didn't　② you won't　③ you not to　④ for you not to

〈慶應義塾大〉

233 If only I (　　　) allowed to have a dog. The problem is my father hates dogs!

① were　② must be　③ will be　④ should be　〈日本大〉

---

231 昨夜，東京から来たあの男にEメールアドレスを尋ねておけばよかった。

232 A：ここでタバコを吸ってもいいですか。

　　B：できればご遠慮いただきたいです。

233 私が犬を飼うことを許してくれたらいいのに。問題は父が犬を大嫌いなことなんです！

231. S wish + S′ + 動詞の過去完了形（仮定法過去完了）

○ 過去の事実の反対を想定しているので，**S wish (that) S′ + 動詞の過去完了形 ...** の形になる（→ 230, TARGET 35）。last night「昨夜」に着目すること。

Plus ask A for B は「A を B にくれと頼む」。

KEY POINT ▷ 069 S would rather (that) S′ + 仮定法／If only + 仮定法

232. S would rather (that) S′ + 仮定法

▶ **S would rather (that) S′ + 動詞の過去形 ...** は，問題 230 で扱った **S wish (that) S′ + 動詞の過去形 ...** と同意。慣用表現として押さえる。

○ 動詞の過去形の形である① you didn't を選ぶ。you didn't は you didn't (smoke here) と考えればよい。I'd rather you didn't smoke here. は相手に対する丁寧な依頼を表し，「できればタバコをここで吸うのを遠慮していただければと思います」のニュアンス。

Plus **S would rather (that) S′ + 動詞の過去完了形 ...**「S は S′ が…すればよかったと思う」もここで押さえておこう。

I would rather **you hadn't told her the truth**. = I wish **you hadn't told her the truth**.
（あなたが彼女に本当のことを言わなければよかったのにと思います）

233. If only + 仮定法

▶ **If only + S + 動詞の過去形 ...(!)**「…であればいいのだが(!)」は，問題 230 で扱った **S wish (that) S′ + 動詞の過去形 ... .** と同意で，さらに強い言い方。

○ 本問は上記の形から，動詞の過去形① were を選ぶ。

Plus allow A to do「A が…するのを許す」(= permit A to do) は重要で，本問では受動態になっている。
If only S + 動詞の過去完了形 ...！(= I wish S + 動詞の過去完了形 ...) もここで押さえておこう。
If only **I had studied English harder** when I was a student!
= I wish **I had studied English harder** when I was a student.
（学生の頃，もっと英語を勉強しておけばよかったと思う）

Plus **If only S + 助動詞の過去形 + 動詞の原形 ...！**も重要。
If only **I could speak English** as fluently as you!
= I wish I **could speak English** as fluently as you.
（あなたくらい英語をすらすら話すことができればと思う）

231 ② 232 ① 233 ①

128 1 文法

KEY POINT ▷ 070

234
It is high time something (   ) done to relieve the suffering of the refugees.
① had been ② has been ③ was ④ will be
〈津田塾大〉

235
Ann looked as if she (   ) anything though she knew all about it.
① hadn't heard   ② could hear
③ had been heard   ④ hasn't heard
〈法政大〉

236
That problem sounds (   ) it would be difficult to me.
① as long as ② as if ③ even as ④ even though
〈立命館大〉

KEY POINT ▷ 071

237
(   ) his bad temper, he would be a nice person.
① Were he not for   ② If he were not
③ If it were not for   ④ If it were not
〈いわき明星大〉

---

234 難民たちの苦難を和らげるために，当然何かがなされるべき時です。
235 アンはそのことについてはすべて知っていたのに，まるで何も聞いていなかったかのように見えた。
236 その問題は，私には難しいことのように思える。
237 もし短気な性格がなければ，彼はいい人なのに。

KEY POINT ▷ 070　　It is (high) time ＋ S ＋ 仮定法過去／as if ＋ 仮定法

234. It is (high) time ＋ S ＋ 過去形 …

▶ **It is time ＋ S ＋ 動詞の過去形（仮定法過去）…** は，「S は…してもよい時期[時間]だ」の意味を表す。慣用的な表現として押さえておこう。**It is high time …** であれば，「当然…してもよい時期[時間]だ」，**It is about time …** であれば「そろそろ…してもよい時期[時間]だ」のニュアンスになる。

○ 本問は上記の形から，動詞の過去形③ was を選ぶ。

Plus to relieve the suffering of the refugees は，「目的を表す不定詞句（→ 85）」で，「難民の苦しみを和らげるために」の意味を表す。

235. as if ＋ 仮定法

▶ **as if S ＋ 動詞の過去形（仮定法過去）…** は「まるで S が…するかのように」，**as if S ＋ 動詞の過去完了（仮定法過去完了）…** は「まるで S が…したかのように」の意味を表す。

○ Ann looked の時点よりも前に「何も聞いていなかった（かのように）」という仮定の状況があったのだから，as if 節では動詞の過去完了形（仮定法過去完了）を用いる。したがって，① hadn't heard を選ぶ。

236. as if S would ＋ 動詞の原形

▶ **TARGET 32** で述べたように，仮定法の if 節内の動詞表現は「**助動詞の過去形 ＋ 動詞の原形**」となることがある。それと同様に，as if 節にも，**as if S ＋ 助動詞の過去形 ＋ 動詞の原形 …** の形があることに注意。

○ 本問は，sound as if S would be C「S が C であるかのように思える」の形になっていることを見抜く。

Plus as if 節の同意表現の as though 節もここで押さえておこう。
He talks **as though** he knew everything.＝ He talks **as if** he knew everything.
（彼は何でも知っているかのように話す）

KEY POINT ▷ 071　　仮定法を用いた慣用表現

237. if it were not for A と if it had not been for A

▶ **if it were not for A**「（現在）A がなければ」は慣用化した仮定法過去の表現。主節は，原則として仮定法過去（助動詞の過去形 ＋ 動詞の原形 …）の形をとる。

Plus **if it had not been for A**「（過去に）A がなかったならば」もここで押さえておこう。主節は，原則として仮定法過去完了（助動詞の過去形 ＋ have done …）の形をとる。
I would have been completely in despair **if it had not been for your help**.
（君の助けがなかったなら，私は完全に絶望していただろう）

234 ③　235 ①　236 ②　237 ③

130　1 文法

KEY POINT ▷ 072

238 (　　　　) water, nothing on Earth would live.
□□□　　① But　② Without　③ Having　④ Except　　　　〈東洋大〉

239 You worked hard; (　　　　) you would not have succeeded.
□□□　　① however　② otherwise　③ instead　④ besides　　　　〈杏林大〉

KEY POINT ▷ 073

240 (　　　　) you were coming, I would have cleaned my room.
□□□　　① Did I know　② Had I known　③ If I know　④ When I knew
〈立命館大〉

TARGET 36　if 節の代用

(1) without A / but[except] for A「A がなければ／A がなかったら」→ 238
　　Without your advice, I would have failed.
　　(君の助言がなかったら，私は失敗していただろう)

(2) with A「A があれば／A があったら」
　　With a little more time, I could have helped you.
　　(もう少し時間があったら，君を手伝うことができたのだが)

(3) otherwise「そうしなかったら／さもなければ」→ 239
　　I wrote to my parents; **otherwise** they would have worried about me.
　　(私は両親に手紙を書いた。さもなければ両親は私のことを心配しただろう)

(4) ... ago「…前なら」
　　Ten years ago, I would have followed your advice.
　　(10 年前だったら，あなたの忠告に従っていたでしょう)

(5) 不定詞に仮定の意味
　　To hear him talk, you would take him for an American.
　　(彼が話すのを聞くと，彼をアメリカ人だと思うでしょう)

(6) 主語に仮定の意味 → 243
　　A wise person would not say such a thing in company.
　　(賢い人なら，人前でそんなことは言わないでしょう)

238　水がなければ，地球上では何も生きられないでしょう。
239　あなたは一生懸命働きました。そうでなければ成功しなかったでしょう。
240　あなたが来ることを知っていたら，私は自分の部屋を掃除したでしょうに。

KEY POINT ▷ 072　　　　　　　　　　　　　　　　　　if 節の代用

238. if 節の代用 — 仮定法で用いる without A

- ▶ **without A** は，仮定法において，「A がなければ／ A がなかったら」の意味で用いる慣用表現。but[except] for も同意。
- 〇 主節が仮定法過去の形になっていることに気づき，上記の without A で表すために ② Without を選ぶ。
- ✕ ① But, ④ Except は But for, Except for ならば可。without A = but[except] for A ととらえる。
- Plus 仮定法で用いる **with A**「A があれば／ A があったら」も without A と一緒にここで押さえておこう。
  With a little more care, he would not have made such a mistake.
  （もう少し注意したならば，彼はそんな誤りはしなかっただろうに）

239. if 節の代用 — otherwise

- ▶ 仮定法の文脈での副詞 **otherwise**［接続詞 **or**］「そうしなかったら／さもなければ」は，前述の内容を受けて，その反対の内容を仮定する表現。
- 〇 you would not have succeeded「あなたは成功しなかっただろう」が仮定法過去完了の主節の形だと気づき，② otherwise を選ぶ。本問の otherwise は if you had not worked hard の内容を表す。

KEY POINT ▷ 073　　　　　　　　　　　接続詞 if の省略／if 節のない仮定法

240. 接続詞 if の省略 — 倒置形（疑問文の語順）

- ▶ 接続詞 if が省略されると，仮定法の if 節が倒置形（疑問文の語順）になる。
- 〇 If I had known you were coming, ... は，if が省略されると倒置形（疑問文の語順）になるので，Had I known you were coming, ... となる。

132　1 文法

241
（　　　　　） been for the bad weather, the picnic would have gone well.

① Had it have　　② Had it not

③ Should it have　④ Were it not　　　　　　　　　〈関西学院大〉

242
（　　　　　） you have any further questions, do not hesitate to ask me.

① Should　② Since　③ While　④ Would　　　　　　〈立教大〉

243
The man at the window must be a spy, since he works slowly and keeps looking around. A real cleaner (　　　　) the windows twice.

① had never washed　② was not washing

③ would not wash　　④ did not wash　　　　　　　〈慶應義塾大〉

241　悪天候でなかったら，ピクニックはうまくいったでしょうに。

242　万が一さらに質問があるのなら，ご遠慮なくお尋ねください。

243　窓際の男はスパイに違いない。なぜなら，彼はゆっくりと作業をし，周りを常に見回しているからだ。本物の清掃係なら，窓を2回も洗ったりしないだろう。

241. 接続詞 if の省略 ― Had it not been for A

▶ 問題 237 で扱った **if it had not been for A**「（過去に）A がなかったならば」は，**had it not been for A** で表せる（→ 240）。

○ 主節の the picnic would have gone well「ピクニックはうまくいっていただろう」が仮定法過去完了であることを見抜き，Had it not been for A の形を作る② Had it not を選ぶ。

242. 接続詞 if の省略 ― Should S do ...

▶ 問題 229 で扱った **if S should do ...**「万一 S が…すれば」は，**should S do ...** で表せる（→ 240）。

○ If you should have any further questions「万一さらに質問があるのなら」の If を省略した文の倒置（疑問文の語順）を考える。If you should have ... は，Should you have ... になる。

243. if 節のない仮定法 ― 主語に仮定の意味

▶ 仮定法表現では，if 節の代わりに主語に仮定の意味が含まれている場合がある。
　→ TARGET 36

○ 主語の A real cleaner に「本物の清掃係なら」と条件が含まれていることに気づき，仮定法過去の主節の形となっている③ would not wash を選ぶ。本問は If he were a real cleaner, he would not wash the windows twice.「もし彼が本物の清掃係なら，窓を 2 回も洗ったりしないだろう」と書き換えることができる。

241 ②　242 ①　243 ③

第 9 章 仮定法 応用問題に Try!

KEY POINT ▷ 064-073

244 You ①must be ②too busy. Otherwise, you ③will not have forgotten about such an important ④appointment. 〈福島大〉

245 I (you / it / I / were / talk about / if / would never). 〈高崎経済大〉

246 There was a question ①on the first aid test ②that I couldn't answer, "What would you do ③when you were bitten by a snake?" Do you ④know the answer? 〈慶應義塾大〉

247 イギリス人なら，その単語をそんなふうには発音しないだろう。

248 If the EU were to recycle food waste as pig feed at similar rates to the East Asian states, this would spare 1.8 million hectares of global farmland. 〈同志社大〉

---

247 pronounce「…を発音する」
248 (the) EU = (the) European Union「欧州連合」, recycle「…を再生利用する」, food waste「食品廃棄物」, feed「飼料，エサ」, at similar rates to A「Aと似たような割合で」, spare「…をなしですます，…を節約する」, hectare「ヘクタール」, global farmland「全世界の農地」

244 あなたは忙しすぎるに違いない。さもなければ，あなたはそんなに大事な約束のことを忘れなかっただろうに。
245 私があなたなら，私はそのことについて決して語らないだろうに。
246 応急処置のテストで私が答えられなかった質問がありました。「ヘビに噛まれたら，あなたはどうしますか」というものです。あなたは，その答えを知っていますか。

第 9 章　仮定法 244〜248　135

KEY POINT ▷ 064-073

244. if 節の代用 — otherwise

○ 問題 239 で扱った if 節の代用表現の **otherwise**「さもなければ」が本問のポイント。otherwise の後の文は，仮定法の主節の形になるので，you would not have forgotten about such an important appointment「あなたはそんなに大事な約束のことを忘れなかっただろうに」と表現する。したがって，③ will を would に修正する。**→ TARGET 36**

245. 仮定法過去 — if 節の形

○ 与えられている語句から，if 節を if I were you「私があなたなら」とまとめる（**→ 223**）。次に，残りの語句で仮定法過去の主節を I would never talk about it「私はそのことについて決して語らないだろう」とすればよい。**→ TARGET 32**

246. 仮定法過去の条件節

○ 仮定法における条件節は if 節であって，when 節ではない。したがって，③ when を if に修正する（**→ 223, 224, TARGET 32**）。What would you do if you were bitten by a snake? は仮定法過去で，「ヘビに噛まれたら，あなたはどうしますか」の意味を表す。

247. if 節のない仮定法 — 主語に仮定の意味 → 243

○ An English person を主語にして，「イギリス人なら」と仮定の意味を持たせる。述部は仮定法過去の形にして，would not pronounce the word like that と表現すればよい。**→ TARGET 36**

248. 仮定法過去 — if S were to do ...「S が（これから）…すれば」 → 228

○ if 節中の **If S were to do ...**「S が（これから）…すれば」の形は未来の事柄に対する仮定を表している。

---

244 ③ will → would

245 would never talk about it if I were you

246 ③ when → if

247 An English person would not pronounce the word like that.

248 もし EU が東アジア諸国と似たような割合で食品廃棄物をブタのエサとして再生利用すれば，それによって全世界で 180 万ヘクタールの農地が節約できるだろう。

第 **10** 章　疑問文と語順

疑問詞の基本用法は作文の基礎であり大切。語順は倒置が生じるケースを完璧に習得したい。読解で頻出。

KEY POINT ▷ 074

249
□□□
How (　　　　) will the next train for Nara leave?
① far　② long　③ often　④ soon
〈近畿大〉

KEY POINT ▷ 075

250
□□□
Check the newspaper and you will know what time (　　　　).
① does the movie start　② the movie start
③ the movie will start　④ will the movie be on
〈青山学院大〉

251
□□□
(　　　　) the biggest challenge in high school education today?
① Do you think that　② Do you think what it is
③ What do you think is　④ What do you think it is
〈立命館大〉

TARGET 37　「How + 形容詞・副詞」で問う内容

● how far →「距離」　　　　● how long →「時間の長さ・物の長さ」 → **267**
● how large →「大きさ・広さ」　● how often →「頻度・回数」
● how much →「金額・量」　　● how soon →「時間の経過」 → **249**

*「how + 形容詞・副詞」で形容詞・副詞の程度を問う表現は多いが，上記は特に重要なもの。

---

249 次の奈良行きの電車は，あとどれくらいで出発しますか。
250 新聞をチェックすれば，その映画が何時に始まるかわかるでしょう。
251 今日の高校教育において何が最大の課題だと思いますか。

KEY POINT ▷ 074　　　　　　　　　　　　　　　疑問詞の基本

249. 疑問詞の基本的用法 — How soon ...?

▶ **How soon ...?**「あとどれくらいで…なのか」は「時間の経過」を問う疑問文。

KEY POINT ▷ 075　　　　　　　　　　　　　　　間接疑問

250. 間接疑問 — 節内は平叙文の語順

▶ 疑問詞や whether[if] で始まる名詞節を間接疑問と呼ぶが，**間接疑問の節内では平叙文と同じ語順**となる。
○ What time will the movie start? という疑問文を間接疑問にすると，what time the movie will start になる。したがって，③ the movie will start が正解。

[Plus] 命令文 ..., and ~ 「…しなさい，そうすれば~／…すれば~」は重要表現。→ 370

251. 疑問詞 + do you think + V ...?

▶ **do you think[believe / suppose / consider / say]** などを用いた，yes / no の答えを要求していない疑問文では，その目的語となる間接疑問の疑問詞が必ず **do you ...** の前にくる。
○ 本問は，間接疑問の what is the biggest challenge in high school education today「今日の高校教育において何が最大の課題であるか（ということ）」の疑問詞の what が do you think の前にくる形。したがって，③ What do you think is が正解。

249 ④　250 ③　251 ③

138　1 文法

KEY POINT ▷ 076

252
□□□
(　　　　) you didn't tell me it was your birthday? You should have told me!
① How about　② How come　③ What for　④ What need
〈関西学院大〉

253
□□□
It's time for another meeting. What about (　　　) about this matter again tomorrow?
① talk　② discuss　③ talking　④ discussing
〈愛知県立大〉

254
□□□
It is getting colder here these days. (　　　) is the weather like up there?
① How　② What　③ When　④ However
〈北里大〉

TARGET 38　その他の知っておきたい疑問文

● What ... for? 「何のために…なのか」
What did you come here today **for**?
（今日は何のために，こちらに来たのですか）

● What do you think about[of] A? 「A をどう思いますか」
What do you think about this movie?
（この映画について，どう思いますか）

● What becomes of A? 「A はどうなるのか」
No one knows **what has become of her family** since then.
（それから彼女の家族がどうなったのか誰も知らない）

● Why don't you do ...? 「…したらどうですか」＝ Why not do ...?
Why don't you give your parents a call once in a while?
＝ **Why not give your parents a call** once in a while?
（たまには，ご両親に電話をしたらどうですか）

252　その日があなたの誕生日だってなぜ言ってくれなかったのですか。あなたは私に教えてくれるべきだったのに！
253　次の会議の時間になりました。この件については，明日もう一度話しませんか。
254　ここ最近，この辺では寒くなってきています。そちらの天気はどうですか。

KEY POINT ▷ 076　　　　　　　　　　　　　　知っておきたい疑問文

252. 知っておきたい疑問文 (1) — How come ...?「どうして…なのか」

▶ **how come** は口語的表現で，**why と同じ意味**を持つが，後ろが平叙文の語順となることに注意。この表現は How (does it) come (that) S + V ...? の省略形であるため，that 節内は必ず平叙文の語順となることも重要。

[Plus] **should have done** は「…すべきだったのに（実際はしなかった）」の意味を表す。→ 65

253. 知っておきたい疑問文 (2) — What[How] about doing ...?

▶ **What[How] about doing ...?**「…しませんか」(= **What do you say to doing?**) は，動名詞を用いて，話者をも含めた行為の提案を表す。→ 115, TARGET 18

[Plus] **talk about A** は「A について話す」(= **discuss A**) の意味。**discuss** は他動詞なので，(×) discuss about A にはならないことに注意。

254. 知っておきたい疑問文 (3) — What is S like?

▶ **What is S like?** は，前置詞 like の目的語が疑問代名詞 what になったもので，「S はどのようなもの[人]なのか」という意味を表す。

○ 本問は，what is S like? を作る② What が正解。なお，up there は状況によって意味が変わるが，本問では，南部にいる人から見た北部，あるいは標高の低い地域にいる人から見た標高の高い地域を指している。

[Plus] この表現の主語に形式主語の it を用い，to 不定詞と対応させた **What is it like to do ...?**「…するというのはどういうこと[どんな感じ]か」の形も頻出なので押さえておこう。
What is it like to live in the country late in life?
（晩年を田舎で暮らすというのはどんな感じだろうか）

---

252 ②　253 ③　254 ②

KEY POINT ▷ 077

255 □□□ "Why is Sharon in such a bad mood?" "(　　　　)? She never tells me anything."
① And you know what　② How should I know
③ I beg your pardon　④ You know what　〈創価大〉

256 □□□ What is the (　　　　) you anything? You never listen.
① useful to tell　② using of telling
③ use of telling　④ use to tell　〈岩手歯科大〉

---

255 「シャロンはなぜあんなに機嫌が悪いのですか」「私が知っているはずがないです。彼女は私に決して何も言わないんだから」
256 あなたに何を言っても無駄です。あなたは決して人の話を聞かないから。

KEY POINT ▷ 077　　　　　　　　　　　　　　　　修辞疑問

255. 修辞疑問（1）— How should I know?

▶ 疑問文の形をとりながら，反語的に相手を納得させようとする表現形式を修辞疑問という。**How should I know?** は「どうして私が知っているのか → 私が知っているはずがない」という反語的な意味を表す。

256. 修辞疑問（2）— What is the use of doing ...?

▶ **What is the use of doing ...?**「…して何の役に立つのか → …しても無駄だ」も修辞疑問の典型例。**It is no use[good] doing ... .** や **There is no use[point / sense] (in) doing ... .** に書き換えられることも重要。→ 116, TARGET 19

142　1 文法

KEY POINT ▷ 078

257
□□□
Jacob never plays tennis, (　　　) he?
① can　② can't　③ does　④ doesn't
〈立命館大〉

KEY POINT ▷ 079

258
□□□
Well, well, I'm quite impressed! (　　　) have I met so many well-balanced little children.
① Do　② Never　③ Whether　④ You
〈明治大〉

TARGET 39　さまざまな付加疑問

● 肯定文の付加疑問（一般動詞）

　All the students understood the lecture, **didn't they**?
　（学生たちはみんな講義を理解しましたよね）

● 肯定文の付加疑問（助動詞）

　He can speak English, **can't he**?
　（彼は英語を話せますよね）

● 否定文の付加疑問（一般動詞）→ 257

　Some people don't have any place to sleep, **do they**?
　（寝る場所がない人もいるのですよね）

● 否定文の付加疑問（完了形の動詞）

　You have never been there, **have you**?
　（一度もそこに行ったことはないですよね）

● 肯定の命令文の付加疑問は，「..., will[won't] you?」

　Please say hello to your family, **will[won't] you**?
　（ご家族の皆さんによろしくお伝えくださいね）

● Let's ... の付加疑問は，「..., shall we?」

　Let's play tennis, **shall we**?
　（テニスをしましょうよ）

---

257 ジェイコブはまったくテニスをしないよね。

258 おや，おや，私はとても感心しました！　私は今まで，こんなに大勢の健全な幼い子どもたちに一度も出会ったことがありません。

KEY POINT ▷ 078

付加疑問

257. 付加疑問

▶ 付加疑問は確認のために相手に念を押したり，同意を求めたりする表現で，「…ですよね」「…じゃないですよね」といった意味を表す。**肯定文の付加疑問**は，「**...，否定の短縮形 + 人称代名詞？**」で表し，**否定文の付加疑問**は，「**...，肯定形 + 人称代名詞？**」で表す。

⭕ 本問は，一般動詞の否定形 never plays が使われているので，「肯定形 + 人称代名詞？」の形を作る ③ does が正解。

KEY POINT ▷ 079

強制倒置

258. 否定語による強制倒置 ― never が文頭

▶ **never[little]**「決して…ない」，**rarely[seldom]**「めったに…ない」，**hardly[scarcely]**「ほとんど…ない」などの否定を表す副詞が文頭にくると，その後が強制的に倒置（疑問文の語順）になる。

⭕ 空所の後が，I have met の倒置（疑問文の語順）である have I met になっていることに着目すること。I have **never** met so many well-balanced little children. → **Never have I met** so many well-balanced little children. と考える。

> ### TARGET 40　強制的に倒置が生じる場合
> (1) never[little] など否定語が文頭にきた場合 → 258
> 　**Never** have I read such an interesting story.
> 　（こんなにおもしろい話は読んだことがない）
> (2) 否定の副詞表現が文頭にきた場合
> 　**At no time** must the door be left unlocked.
> 　（どんな時でもドアの鍵を開けたままにしておいてはいけない）
> (3) only のついた副詞（句／節）が文頭にきた場合
> 　**Only** then did I know how glad she was.
> 　（その時になって初めて彼女がどんなに喜んでいるかがわかった）
> (4) not only ... but also ～が文と文を結んで，not only が文頭にきた場合
> 　**Not only** did he ignore what they had said, **but** he **also** lied to them.
> 　（彼は彼らの言ったことを無視しただけでなく，彼らにうそもついた）
> (5) 否定語のついた目的語「not a (single) + 単数名詞」が文頭にきた場合
> 　**Not a merit** did I find in his plan.
> 　（彼の計画には何一つ利点を見いだせなかった）

257 ③　258 ②

259 I've had George over to my house a dozen times, but (   )
invited me to his house.
① never he has   ② not he ever has
③ not once has he   ④ not once he has   〈慶應義塾大〉

260 Only when you look back (   ) realize how much change
has happened in the last decade.
① do you   ② did you   ③ you don't   ④ you did   〈杏林大〉

261 Mary thought that the teacher was unfair and (   ).
① as well as I did   ② nor did I   ③ whether did I   ④ so did I
〈明治大〉

262 "Hey. My bike's been moved." "(   ). Now you can't park it
in front of the station anymore."
① So have you   ② So it has   ③ That it has   ④ So has it
〈立命館大〉

---

259 私はジョージを何回も家に連れて行ったことがあるけれど，彼が私を自分の家に招いてくれたことは一度もない。

260 振り返ったときに初めて，あなたはこの 10 年間にどれだけの変化が起こったか気づくことになる。

261 メアリーはその先生が不公平だと思ったし，私もそう思った。

262 「ちょっと。僕の自転車が移動されているよ」「そうです。今ではもう駅の前に自転車を駐輪することはできません」

259. 否定語による強制倒置 ― not once が文頭

▶ 否定の副詞表現 **not[never] once**「一度も…ない」が文頭にくると，その後が強制的に倒置（疑問文の語順）になる。

○ 本問は，上記の形である③ **not once has he** が正解。

✕ ① never he has は never has he なら可。→ 258

[Plus] **never before**「これまで一度も…ない」，**at no time**「どの時も…ない」などが文頭にくる場合も倒置（疑問文の語順）になることを，ここで押さえておこう。→ TARGET 40
Never before have I seen something like that.（これまでそんなものは一度も見たことがない）

260. 強制倒置（1）― only のついた when 節が文頭

▶ **only** のついた副詞[句／節]が文頭にくると，その後が強制的に倒置（疑問文の語順）になる。→ TARGET 40

○ only が副詞節の when you look back「あなたが（過去を）振り返るとき」とともに文頭にきていることを見抜くこと。you realize how ... の倒置（疑問文の語順）は，do you realize how ... となる。したがって，① **do you** が正解。

261. 強制倒置（2）― so が文頭

▶ 前述の肯定内容を受けて，「**so ＋ 助動詞[be 動詞／完了形の have] ＋ S**」の語順で「S もまたそうである」の意味になる。

○ 本問は，Mary thought that the teacher was unfair「メアリーはその先生が不公平だと思った」の一般動詞の過去形 thought を受けているので，④ **So did I**「私もそう思った」を選ぶ。

[Plus] よく似た形に「**so ＋ S ＋ 助動詞[be 動詞／完了形の have]**」の形があるが，こちらは前述の内容を受けて「実際その通りだ」の意味になる。以下の例参照。
You said he was honest and **so he is**.
（彼は正直だと君は言ったが，実際その通りだね）

262. So S have ― So have S との区別

○ 本問は，問題 261 で扱った「**so ＋ S ＋ 助動詞[be 動詞／完了形の have]**」「実際その通りだ」がポイント。前文の My bike's been moved.（= My bike has been moved.）「僕の自転車が（別の場所に）移動されている」が現在完了なので，「実際その通りだ［実際，移動されている］」は② **So it has** になる。

259 ③　260 ①　261 ④　262 ②

146　1 文法

263 We don't want to go there, and (　　　) they.
□□□　① either do　② so do　③ neither do　④ neither don't

〈関西学院大〉

264 You have no interest in his lecture, and (　　　).
□□□　① nor am I　② nor do I　③ so am I　④ so do I　　〈立命館大〉

KEY POINT ▷ 080

265 He leads (　　　) life to have much time for relaxation.
□□□　① a so busy　② so busy a　③ a too busy　④ too busy a

〈関西学院大〉

---

263 私たちはそこには行きたくないし，それは彼らも同じです。
264 あなたは彼の講義には興味がないし，私も興味がありません。
265 彼はあまりにも忙しい生活を送っているので，リラックスするための時間をあまり持つことができない。

263. 強制倒置 (3) — neither が文頭

▶ 前述の否定内容を受けて,「**neither** + **助動詞[be 動詞／完了形の have]** + **S**」の語順で「S もまた…しない」の意味を表す。「**nor** + **助動詞[be 動詞／完了形の have]** + **S**」も同意。

○ 本問は，前文の現在時制の一般動詞を受けるので,「彼らも行きたくない」は, neither do they となる。したがって, ③ neither do が正解。

Plus neither は副詞なので，原則として本問のように and が必要だが，省略されることがある。

Plus nor は接続詞であるため, 本問中のような and は原則として不要となる。ただし, イギリス用法では, nor の前に and を置くこともある。nor の後に文がくる場合は, 倒置（疑問文の語順）になることもここで押さえたい。
I have not asked for help, **nor do** I desire it. (私は助けを求めたことはないし, それを望んでもいない)

264. 強制倒置 (4) — nor が文頭

○ 問題 263 で扱った「**nor** + **助動詞[be 動詞／完了形の have]** + **S**」「S もまた…しない」が本問のポイント。前文の現在時制の一般動詞を受けるので,「私も興味がない」は, ② nor do I になる。

KEY POINT ▷ 080　　「too + 形容詞 + a[an] + 名詞」の語順

265.「too + 形容詞 + a[an] + 名詞」の語順

▶ too[so / as / how] が「a[an] + 形容詞 + 名詞」を後に伴う場合は,「**too[so / as / how]** + **形容詞** + **a[an]** + **名詞**」の語順になる。副詞の too[so / as / how] (how は疑問副詞) は，形容詞を修飾するので，形容詞を前に出すと考えればよい。

○ 本問は, **too ... to do ~**「とても…なので~できない／~するには…すぎる」(→ 94) を知っていることが前提。too が a busy life「忙しい生活」を伴う場合は, too busy a life となる。したがって, ④ too busy a を選ぶ。

263 ③　264 ②　265 ④

第10章 疑問文と語順 応用問題に Try!

KEY POINT ▷ 074-080

266 □□□ After the meeting this morning, I think we (is talking / what / all know / boss / our) about. 〈名古屋工業大〉

267 □□□ A : How (　　　) does it take to get to London from here?
B : It's only a half-hour ride if you take an express. 〈福島大〉

268 □□□ なぜ靴下をはいていないのですか。
How (　　　) you are not wearing socks? 〈西南学院大〉

269 □□□ どうして私が自分の母親について彼女に話をしたと思いますか。

270 □□□ Scientists disagree over what percentage of human populations are "right-handed" or "left-handed" because there is no standard way of determining "handedness." 〈大阪府立大〉

269 tell A about B「BについてAに話す」
270 disagree over A「Aに関して意見が分かれている」, what percentage of S are A or B「Sの何パーセントがAなのかBなのか（ということ）」, right-handed「右利きの」, standard「基準となる」, determine「…を決定する」, handedness「利き手（の傾向）」

266 今朝の会議の後なので，私たちはみな，私たちの上司が何について話しているのかをわかっていると思います。
267 A：ここからロンドンに行くにはどれくらい時間がかかりますか。
B：急行に乗れば，わずか30分の乗車です。

第 10 章　疑問文と語順 266〜270　149

KEY POINT ▷ 074-080

266. 間接疑問 — 節内は平叙文の語順 → 250

○ What is our boss is talking about?「私たちの上司は何について話しているのか」の疑問文を間接疑問にすると，what our boss is talking about になる。それを we all know の目的語として続ければよい。

267. 疑問詞の基本用法 — How long ...?

○ TARGET 37 で扱った **How long ...?**「どのくらいの時間で…なのか」が本問のポイント。**How long does it take to do ...?**「…するのには，どのくらい時間がかかるのか」は，It takes (A) + 時間 + to do「(A が) …するのに (時間が) 〜かかる」(→ 506) の「時間」が，How long になって文頭にきた形。定式化された表現として押さえておこう。

268. 知っておきたい疑問文 — How come S + V ...?

○ 問題 252 で扱った **How come S + V ...?**「どうして…なのか」が本問のポイント。

269. 疑問詞 + do you think S + V ...? → 251

○ 本問は，間接疑問の疑問詞が文頭にくる形を使って表現する。つまり，疑問詞の why を文頭にして，**Why do you think S + V ...?** の形で表現すればよい。

270. 間接疑問 → 250

○ 主節は前置詞 over の目的語が what で始まる間接疑問であり，what percentage of human populations「人間の何パーセント」が主語，"right-handed" or "left-handed"「『右利き』なのか『左利き』なのか」が補語となっている。従節を導く because の後の there is no standard way of determining ... は，「…を決定する基準となる方法はない」の意味を表す。

---

266 all know what our boss is talking

267 long

268 come

269 Why do you think I told her about my mother?

270 科学者たちは，「利き手」を判断する標準的な方法がないため，人間の何パーセントが「右利き」なのか「左利き」なのかに関して意見が分かれている。

第11章 否定・省略・強調

> よく用いられる否定表現, 慣用的な省略表現, 強調構文の深い理解は, 読解力を確実に向上させてくれる。

KEY POINT ▷ 081

271 □□□ The students could not buy (　　　) pencils because they were sold out.
① any　② some　③ every　④ few　〈青森公立大〉

272 □□□ (　　　) participants are expected to finish the race. It's over 35 km long.
① Neither　② Almost　③ Not all the　④ Most of　〈富山大〉

TARGET 41　代名詞（形容詞）を用いる部分否定, 全体否定の表現

	部分否定	全体否定
2人（2つ）	not ... both	neither ... not ... either
	どちらも…というわけではない	どちらも…でない
3人（3つ）以上	not ... all →272 not ... every	none ... no ＋ 名詞 not ... any →271
	すべてが…というわけではない	どれも…でない

TARGET 42　部分否定の重要表現

- not necessarily 「必ずしも…というわけではない」
- not always 「いつも[必ずしも]…というわけではない」
- not exactly 「必ずしも…というわけではない」
- not altogether[completely / entirely] 「まったく[完全に]…というわけではない」

---

271 売り切れのため, 生徒たちはまったく鉛筆を買うことができなかった。
272 すべての参加者が競技を終えるとは思われていない。距離は35キロ以上あるからだ。

KEY POINT ▷ 081　　　　　　　　　　　　　　　　　部分否定と全体否定

271. 全体否定 ― not ... any

▶ **not ... any**（＋ **名詞**）は，全体否定を表し，「どれも［どの～も］…ない」の意味を表す。

✗ ③ every は不可。原則として，every の後は単数名詞。④ few + 複数名詞は「ほとんど…ない」という否定の意味を含んでいるので not は不要。The students could buy few pencils ... ならば文法的には可だが，because 以下の文意に合わない。

272. 部分否定 ― not ... all

▶ 部分否定 **not ... all**「すべてが…というわけではない」（→ TARGET 41）の１つの形である「**Not all (of) the 名詞 ＋ V ...**」は，「～のすべてが…というわけではない」の意味を表す。

✗ ① Neither は不可。Neither participant is expected ... という形で用いる。

Plus 主語に **all** や **every** を用いて部分否定を作る場合は，**not** を必ず文頭に置くこと。動詞を否定形にすると，全体否定の意味になることもある。例えば，All the participants are not expected to finish the race. ならば，「参加者全員が競技を終えることが期待されていない」の意味にもなり，あいまいな構造となる。not の位置は英作文上も重要。「**Not every ＋ 単数名詞 ＋ V ...**」の用例は以下を参照。
Not every student studying law can be a lawyer.
（法律を学んでいる学生がみな法律家になれるわけではない）

271 ①　272 ③

152　1 文法

KEY POINT ▷ 082

273
☐☐☐
A：It was my fault.
B：(　　　　　). I'm the one to blame.
① Not at all　　　② Of course
③ As it should be　④ Not if I can help it　　　〈上智大〉

KEY POINT ▷ 083

274
☐☐☐
A：Did you talk over your summer plans with Sam?
B：(　　　　　) whom I would want to talk to about that.
A：Sorry. I forgot you two are no longer on speaking terms.
① He is the person　　　② He is the best person
③ He is the last person　④ He is the far better person　〈杏林大〉

275
☐☐☐
He is (　　　　　) but shy.
① none　② anything　③ not　④ something　　　〈宮崎大〉

> **TARGET 43**　**強意の否定表現**
>
> (1) not (...) at all = not (...) in the least[slightest] / not (...) a bit 「決して[少しも／まったく]…ない」
>
> I'm **not** tired **at all**[**in the least** / **in the slightest**].
>
> （私は決して疲れていません）
>
> (2) just[simply] not 「まったく…ない」
>
> I **just**[**simply**] **can't** understand why he did so.
>
> （彼がなぜそんなことをしたのか，私はまったくわかりません）
>
> ＊not (...) just[simply] は「単なる［単に］…でない」の意味。
>
> He is **not just** a friend of mine.
>
> （彼は単なる友人ではない）

273　A：それは私の責任でした。
　　　B：ぜんぜん違います。責められるべきなのは私です。
274　A：夏の予定についてサムと話したかい。
　　　B：彼は，それについて最も話をしたくない人です。
　　　A：ごめん。君たち2人がもう口も利かない間柄だってことを忘れていたよ。
275　彼はまったく内気などではない。

KEY POINT ▷ 082　　　　　　　　　　　　　　　　　　強意の否定表現

273. 強意の否定表現 ─ not at all

▶ **not (...) at all** は「決して（…）ない」という強い否定の意味を表す。

○ ① Not at all は，(It was) **not** (your fault) **at all**.「それはあなたの責任ではまったくない」と考えればよい。

[Plus] A's fault は「A の責任」，A to blame は「責められるべき A」の意味。

[Plus] **not (...) at all** と同意表現の「前置詞 ＋ no ＋ 名詞」もここで押さえておこう。→ TARGET 44
Playing sports is **by no means** a waste of time.
= Playing sports is **not** a waste of time **at all**.（スポーツをすることは決して時間の浪費ではない）

KEY POINT ▷ 083　　　　　　　　　　　　　　　　　　否定語を用いない否定表現

274. 否定語を用いない否定表現 ─ the last A ＋ 関係代名詞節

▶ 「**the last A ＋ 関係代名詞節**」で「最も…しそうにない A／決して…しない A」という強い否定の意味を表す。

[Plus] **the last A to do** の形もあるので注意。
He would be **the last person to tell a lie**.
（彼は決してうそをつくような人ではない）

[Plus] **no longer**「もはや…ない」, **be on speaking terms** (**with A**)「(A と) 話をする間柄だ」は重要表現。

275. 否定語を用いない否定表現 ─ anything but A

▶ **anything but A** は「決して A ではない」の意味。通例 A には名詞または形容詞がくる。

[Plus] 類似表現の **nothing but A**「A だけ／A にすぎない」(= **only A**) もここで押さえておこう。
We could see **nothing but** fog.（霧以外は何も見えなかった）

[Plus] but を用いた表現，**all but A**「ほとんど A」(= almost A) も確認しておこう。この表現は「A 以外はすべて」(= **all except A**) の意味もある。
It is **all but** impossible.（それはほとんど不可能だ）
= It is **almost all** impossible.
All but one were present.（1 人を除いて全員出席した）
= **All except** one were present.

> **TARGET 44**　強い否定「決して…ない」を表す副詞句
> ● by no means (= not ... by any means)
> ● in no way (= not ... in any way)
> ● in no sense (= not ... in any sense)
> ● on no account (= not ... on any account)
> ● under no circumstances (= not ... under any circumstances)
> ＊上記表現が文頭にくると強制倒置が生じることに注意。→ TARGET 40

---

273 ①　274 ③　275 ②

154 1 文法

276 Although they all took what he said seriously, it was (　　　　) but a joke.
① all ② anything ③ nothing ④ the last 〈立教大〉

277 All (　　　) Peter were able to get to class on time.
① but ② not ③ that ④ without 〈慶應義塾大〉

278 The publishing firm expected his new novel to be a great hit, but it was (　　　) from being a success.
① away ② opposite ③ far ④ distant 〈東洋大〉

279 This new drug is (　　　) from side effects.
① free ② far ③ independent ④ nothing but 〈杏林大〉

280 We found that many things still (　　　) to be improved.
① contain ② gain ③ obtain ④ remain 〈甲南大〉

> ### TARGET 45　far from A と free from A の区別
>
> ● far from A 「決して A ではない」 → 278 = anything but A
> His answer was **far from** satisfactory to us.
> = His answer was **anything but** satisfactory to us.
> （彼の答えは私たちには決して満足のいくものではなかった）
>
> ● free from A 「A がない」 → 279 = without A
> Your composition is **free from** mistakes.
> = Your composition is **without** mistakes.
> （君の作文には間違いがありません）

---

276 彼らはみな，彼が言ったことを真に受けたが，それは冗談でしかなかった。
277 ピーター以外の全員が時間通りに授業に出ることができた。
278 その出版社は，彼の新しい小説が大ヒットすると期待していたが，それは成功からはほど遠かった。
279 この新しい薬には副作用がない。
280 私たちは，多くのことがまだ改善されていないことがわかった。

276. nothing but A の用法

○ 本問は，問題 275 で扱った **nothing but A**「A にすぎない」(= **only A**) がポイント。

Plus **take A seriously**「A を真に受ける／A をまじめに考える」は重要。

277. all but A の用法

○ 本問は，問題 275 で扱った **all but A**「A 以外はすべて」(= **all except A**) がポイント。

✗ ④ without は不可。all without A は「A をもっていない全員」の意味。

278. 否定語を用いない否定表現 — far from A

▶ **far from A** は「決して A ではない」(= **anything but A**) の意味。通例 A には，動名詞・名詞・形容詞がくる。

Plus **free from A**「A がない」(= **without A**) との区別は重要。

279. 否定語を用いない否定表現 — free from A

○ 本問は，問題 278，TARGET 45 で扱った **free from A**「A がない」(= **without A**) がポイント。

✗ ② far from にしないこと。far from は never「決して…ない」と置き換えられるが，(×) The new drug is never side effects. とは言えない。

280. 否定語を用いない否定表現 — remain to be done

▶ **remain to be done** は「まだ…されていない／これから…されなければならない」という否定的な意味を表す表現。同様に，否定語を用いない動詞表現で否定的な意味を表すものとして，**be[have] yet to do**「まだ…していない」も押さえておこう。→ TARGET 46

He **is[has] yet to know** what happened to her.
(彼は彼女の身に何があったのかまだ知らない)

Plus **remain to be done** の同意表現として，**be[have] yet to be done** もここで押さえておこう。

TARGET 46　remain to be done など

We have not solved the problem.（私たちはまだその問題を解決していない）

= The problem **remains to be solved**. → 280

= The problem **is[has] yet to be solved**.

= We **have[are] yet to solve** the problem. → 281

---

276 ③　277 ①　278 ③　279 ①　280 ④

281 I have ( ) meet a person as dedicated to her job as Maria.
① already ② known ③ never ④ yet to 〈立教大〉

KEY POINT ▷ 084

282 I cannot listen to this song ( ) my junior high school days.
① to recall about ② by recalling on
③ without recall ④ without recalling 〈松山大〉

KEY POINT ▷ 085

283 ( ), even dangerous white bears can become skillful performers at zoos.
① When to train ② To train them
③ When trained ④ As trained 〈富山大〉

KEY POINT ▷ 086

284 There are few mistakes, ( ), which one can make with these plants. They require only basic maintenance and care.
① if any ② if ever ③ if not ④ if possible 〈玉川大〉

---

281 マリアほど仕事に打ち込んでいる人に会ったことがない。
282 私はこの歌を聞くと、必ず中学時代のことを思い出す。
283 訓練を受けると、危険なシロクマでさえ動物園で巧みな芸ができるようになる。
284 これらの植物では、たとえあるにしても、失敗することはほとんどありません。どれも基本的な手入れと世話しか必要としません。

第 11 章 否定・省略・強調 281〜284

281. 否定語を用いない否定表現 ― have yet to do
○ 本問は，問題 280，TARGET 46 で扱った **have[be] yet to do**「まだ…していない」がポイント。

Plus **A dedicated to B** は「B（仕事など）に打ち込んでいる A」の意味。過去分詞句 dedicated to B が A を後置修飾する形。

KEY POINT ▷ 084　　　　　　　　　　　　　　　　　　二重否定

282. 二重否定 ― never do ... without doing 〜

▶ **never[cannot] do ... without doing 〜**は「…すると必ず〜する／〜しないで…しない」という**二重否定の意味**を表す。

Plus **recall A**「A を思い出す」は remember A と同意。

KEY POINT ▷ 085　　　　　　　　　　　　　　　　「S ＋ be 動詞」の省略

283. 副詞節での「S ＋ be 動詞」の省略

▶ 副詞節中では「**S ＋ be 動詞**」がワンセットで**省略されることがある**。特に副詞節内の主語が文の主語と一致している場合に多い。

○ 本問は，When they are trained の they (= dangerous white bears) are が省略された形。なお，動詞の train は「…を訓練する」の意味。

KEY POINT ▷ 086　　　　　　　　　　　　　　　　　　　省略表現

284. 省略表現 (1) ― few, if any「たとえあるにしても，ほとんど…ない」

▶ **if any** は「(1) もしあれば，(2) たとえあるにしても」の 2 つの意味で用いられる。

○ 本問の if any は「(2) たとえあるにしても」の意味。通例，**この意味で用いられる用法は，few や little など名詞を否定する語とともに用いる**。この形の if は「条件」（もし…なら）ではなく，「譲歩」（たとえ…だとしても）の用法。if any は，if (there are) any (mistakes) と考えればよい。

Plus **little, if any**「たとえあるにしても，ほとんど…ない」と **if any**「(1) もしあれば」の用例は以下の通り。

There is **little, if any**, difference between the two.
（その 2 つの間には，たとえあるにせよ，ほとんど違いはない）
Correct errors, **if any**.
（誤りがあれば，訂正しなさい）

281 ④　282 ④　283 ③　284 ①

158 1 文法

285 My mother seldom, (　　　　), drinks coffee.
① at ease　② in time　③ for ever　④ if ever　〈日本大〉

286 Very little, if (　　　　), is known about the origins of this language.
① anything　② necessary　③ possible　④ something　〈立教大〉

287 You should stay here at least a week, (　　　　) a month.
① if not　② as well as　③ as long as　④ even if　〈名古屋学院大〉

288 (　　　　) if we all get together and buy one big present?
① Suppose　② How　③ As　④ What　〈法政大〉

285 母がコーヒーを飲むことは，たとえあるにしても，めったにない。
286 この言語の起源について知られていることは，たとえあるにせよ，ほとんどない。
287 あなたは，1カ月ではないにしても，少なくとも1週間はここに滞在するべきです。
288 みんなで一緒に大きなプレゼントを1つ買ったらどうでしょう。

285. 省略表現（2）── seldom[rarely], if ever「たとえあるにしても，めったに…ない」

▶ **if ever** は通例 **seldom / rarely**（→ 619, TARGET 104）など動詞を否定する語とともに用いて，「たとえあるにしても」の意味を形成する。この形の if も，**few, if any**（→ 284）と同様，「譲歩」（たとえ…だとしても）の用法。

○ 本問の if ever は，if (she) ever (drinks coffee) と考えればよい。

[Plus] **if any** と **if ever** は，どちらも日本語にすると「たとえあるにしても」という意味になり紛らわしいので，few や little の後では **if any**，seldom や rarely の後では **if ever** と正確に押さえておくこと。

286. 省略表現（3）── little, if anything「たとえあるにせよ，ほとんど…ない」

▶ **if anything** は「(1) どちらかといえば，(2) たとえあるにしても」の2つの意味で用いられる。

○ 本問の **if anything** は「(2) たとえあるにしても」の意味。little, if anything は問題 284 で扱った little, if any と同様の意味を持つ。この形の if も「譲歩」（たとえ…だとしても）の用法。if anything は，if anything (is known about the origins of this language) と考える。

[Plus] もう1つの **if anything**「(1) どちらかといえば」は「条件」の if で，if (there is) anything (different) と考える。
Her condition is, **if anything**, better than in the morning.
（彼女の健康状態は，どちらかといえば，今朝よりも良好です）

287. 省略表現（4）── B, if not A

▶ **B(,) if not A** = **if not A(,) B** は「A でないにしても B」の意味を表す。A には通例，形容詞・副詞・名詞がきて，A と B は文法的に対等なものとなる。

○ 本問の場合は，A と B が「期間を表す副詞句」で A が (for) a month「1カ月間」，B が (for) a week「1週間」となったもの。if not a month は，if (you should) not (stay here) a month と考える。

288. 省略表現（5）── What if ...?

▶ **What if ...?** は「(1) …したらどうなるだろう／…したらどうだろう，(2) …したってかまうものか」の意味を持つ表現。(1) の意味の場合は What (will[would] happen) if ...? の省略，(2) の場合は What (does it matter) if ...?「…だとしてもそれがどのくらい重要なのか」の省略と考えればよい。what は「どれほど」の意味を表す副詞。

○ 本問は (1) の用法。

[Plus] (2) の用例は以下を参照。
My parents won't object, and anyway, **what if** they do?
（両親は反対しないだろうが，ともかく反対したってかまうものか）

285 ④　286 ①　287 ①　288 ④

KEY POINT ▷ 087

289
☐☐☐
Mom always says it is kindness (   ) plays a very important part in human relationships.
① what   ② that   ③ who   ④ whose   〈明治大〉

290
☐☐☐
It was not (   ) I had children of my own that I understood how my parents felt.
① if   ② until   ③ so   ④ thus   〈獨協大〉

291
☐☐☐
(   ) that told you such a story?
① Who could   ② Who should be
③ Who was it   ④ Who would it   〈立命館大〉

> ## TARGET 47   注意すべき強調構文
>
> (1) It is not until ... that ～ 「…して初めて～する」 → **290**
>
>   It was **not until** Tom came to Japan **that** he learned it.
>
>   (トムは日本に来て初めて，それを知った)
>
> (2) 疑問詞 ＋ is it that (＋ S) ＋ V ...? (疑問詞を強調した強調構文) → **291**
>
>   What **was it that** he was doing then?
>
>   (彼がその時やっていたのは，いったい何だったのだろうか)
>
>   *間接疑問にすると，以下のように「疑問詞＋ it is that (＋ S) ＋ V ...」の語順になる。
>
>   I want to know **what it was that** he was doing then.
>
>   (彼がその時やっていたのはいったい何だったのか，私は知りたい)

---

289 母は，人間関係でとても重要な役割を果たすのは思いやりだといつも言っている。
290 私は自分が子どもを持って初めて，両親の気持ちを理解した。
291 あなたにそんな話をしたのは誰ですか。

KEY POINT ▷ 087　　　　　　　　　　　　　　　強調構文

289. 強調構文 ─ It is A that ...

- **It is ... that[which / who] ～**「～は…だ」の形で，強調したい語句を It is と that [which / who] ではさんだものを**強調構文**という。
- 強調構文で強調できるのは名詞表現と副詞表現。形容詞表現と動詞表現は不可。
- 名詞表現で「人」を強調する場合は **who** や **whom**，「人以外」を強調する場合は **which** を用いることもある。**副詞表現を強調する場合は that** しか用いないことに注意。
- 時制が過去の場合，通例 It was になる。
- 本問は，kindness plays a very important part in human relationships「思いやりは人間関係においてとても重要な役割を果たす」を前提とする強調構文であり，主語である名詞の kindness を強調するために that の前に置いた形。

290. 注意すべき強調構文 ─ It is not until ... that ～

- **It is not until ... that ～**「…して初めて～する」（→ TARGET 47）が本問のポイント。

291. 疑問詞の強調構文

- 疑問詞 ＋ is it that S ＋ V ...?（疑問詞を強調した強調構文）（→ TARGET 47）が本問のポイント。Who told you such a story?「誰があなたにそのような話をしたのか」を前提とする強調構文であり，主語であり疑問代名詞の who が文頭に出た形。時制が過去形なので，③ Who was it が正解。

第11章 否定・省略・強調 応用問題に Try!
KEY POINT ▷ 081-087

292 夜になって初めて、テッドは事態の重大さに気がついた。
It was (that / was / serious / until / recognized / Ted / how / the / situation / evening / not). 〈高知大〉

293 その仕事は、決して満足のいくものではなかった。
The work was (　　) from satisfactory. 〈西南大〉

294 (and / bringing / equipment / fishing / he / his / lake / never / other / rod / the / visits / without).
(彼はその湖に行くときは、必ず釣り竿とほかの道具を持って行く。) 〈兵庫県立大〉

295 彼は、たとえあるにしても、めったに人前で話しません。

296 Not every student in Japan must study abroad, but steps should be taken to give a gentle push to make it easier for those who want to. 〈高知大〉

295 speak in public「人前で話す」
296 take steps to do ...「…する手段[策]を講じる」, give a gentle push「軽く後押しする」, to make it easier = in order to make it (= studying abroad) easier「海外留学をより容易にするために」, those who want to = the people[students] who want to (study abroad)「留学したいと思っている人[学生]」

第 11 章　否定・省略・強調 292～296　163

KEY POINT ▷ 081-087

292. 注意すべき強調構文 — It is not until ... that ～ → 290

▶ **TARGET 47** で扱った **It is not until ... that ～**「…して初めて～する」が本問のポイント。that 以下は，Ted recognized how serious the situation was「テッドは事態がどれほど重大なのかわかった」とまとめればよい。

293. 否定語を用いない否定表現 — far from A

▶ 問題 278 で扱った **far from A**「決して A ではない」（**= anything but A**）が本問のポイント。

294. 二重否定 — never do ... without doing ～

○ 問題 282 で扱った **never do ... without doing ～**「…すると必ず～する／～しないで…しない」が本問のポイント。without 以下は，bringing A and B「A と B を持ってくること」の形で bringing his fishing rod and other equipment とまとめればよい。

295. 省略表現（2）— seldom[rarely], if ever → 285

○ 本問は，省略表現 seldom[rarely], if ever「たとえあるにしても，めったに…ない」を用いて表現する。

296. 部分否定 — Not every ＋名詞＋ V ... → 272

○ 問題文は部分否定の表現。**Not every ＋名詞＋ V ...** で「～のすべてが…というわけではない」という意味を表す。but の後の steps should be taken to do ... は，should take steps to do ... の受動態の形で「…する方策が講じられるべきだ」の意味を表す。to make it (=studying abroad) easier for ...「…にとって海外留学をより容易にするために」は，「目的」を表す不定詞句。those who want to は，the students who want to (study abroad) と考える。those の用法は，問題 302, 303 参照。代不定詞の to は，問題 95 参照。

---

292 not until evening that Ted recognized how serious the situation was

293 far

294 He never visits the lake without bringing his fishing rod and other equipment

295 He seldom[rarely], if ever, speaks in public.

296 日本のすべての学生が海外留学をしなければならないというわけではないが，そうしたいと思っている学生にとって海外留学をより容易にするために，軽く後押しする方策を講じなくてはならない。

第12章 代名詞

代名詞は紛らわしい用法も多く，マスターするのが容易ではない。1題1題納得しながら進めていこう。

KEY POINT ▷ 088

297
□□□
He wants to buy a sports car if he can afford (　　　).
① one　② this　③ some　④ it
〈関西学院大〉

298
□□□
As I had my bicycle stolen, I bought a new (　　　).
① another　② other　③ it　④ one
〈愛知大〉

299
□□□
This book is not so exciting as (　　　) I read last year.
① a one　② it　③ the one　④ which
〈共立女子大〉

300
□□□
I found these keys. Are they (　　　) that you lost yesterday?
① one　② ones　③ the one　④ the ones
〈日本大〉

---

297 経済的に余裕があれば，彼はスポーツカーを買いたいと思っている。
298 私は自転車を盗まれたので，新しいものを買った。
299 この本は，私が昨年読んだ本ほどおもしろくはない。
300 私はこれらの鍵を見つけました。これらはあなたが昨日なくしたものですか。

KEY POINT ▷ 088　　　　　　　　　　　　　　　　　　　　　　　　　　　one の用法

297. one の用法 — it との違い
▶ **one は可算名詞の反復を避ける代名詞**で「**a[an] ＋ 可算名詞の単数形**」を表し，不特定のものを指す。**one は不可算名詞を受けることはできない**点に注意。
○ 本問の正答① one は，不特定の 1 台のスポーツカーである a sports car を指す。
✗ ④ it にしないこと。**it は「the ＋ 単数名詞（可算名詞および不可算名詞）」**を表し，特定のものを指す。以下は it の用例。
I will lend the money if Jane needs **it**.
（もしジェーンがそのお金を必要としているなら，それを貸しましょう）
[Plus] one に形容詞がつくと，「a[an] ＋ 形容詞 ＋ one」の形になる。
She is wearing a red dress, but **a blue one** would suit her better.
（彼女は赤いドレスを着ているが，青いものの方がもっと似合うだろう）

298. one の用法 — a[an] ＋ 形容詞 ＋ one
▶ 問題 297 で述べたように，**one に形容詞がつくと「a[an] ＋ 形容詞 ＋ one」の形**になる。
○ 本問の a new one は a new bicycle を受ける。
[Plus] **have A done「A を…される」**（→ 475）は重要。**have A stolen「A を盗まれる」**で押さえておこう。

299. one の用法 — the one
▶ **one は名詞と同様に，関係詞節や修飾語句がついて限定されると定冠詞がつく。**
○ 本問は，I read last year の関係代名詞節で限定しているので，③ the one（＝ the book）となる。the one の後に関係代名詞 which[that] が省略されている。
✗ ② it は修飾語句を伴えない（単独で用いる）ので不可。
[Plus] one の指す名詞が限定されている場合，形容詞がつくと，「**the ＋ 形容詞 ＋ 名詞**」の形になる。
"Which one of these children is yours?" "**The tall one.**"
（「これらの子どもたちの中で，どの子があなたのお子さんですか」「その背の高い子です」）

300. one の用法 — the ones
▶ **ones は one の複数形で，前に出た名詞の複数形を表す不定代名詞。**また，ones は，one と同様に定冠詞がついた「**the ones**」や「**the ＋ 形容詞 ＋ ones**」の形も取りうる。
○ 本問は，that you lost yesterday の関係代名詞節で限定しているので，④ the ones（＝ the keys）が正解。
[Plus] ones には，問題 297 の one のように単独で用いる用法はなく，**常に形容詞や関係詞節などによって修飾され，冠詞がつくこと**に注意。

297 ①　298 ④　299 ③　300 ④

166   1 文法

KEY POINT ▷ 089

301
The taste of rabbit meat is very similar to (　　　) of chicken or turkey.
① what　② which　③ that　④ those　　　　　〈南山大〉

KEY POINT ▷ 090

302
The legs of a horse are longer than (　　　) of a sheep.
① it　② that　③ those　④ these　　　　　　　〈福島大〉

303
Jimmy's lecture made a great impression on all (　　　) present.
① that　② who　③ those　④ whoever　　　　　〈高知大〉

KEY POINT ▷ 091

304
Sexual harassment is a serious issue and should be treated as (　　　).
① if　② much　③ such　④ yet　　　　　　　　〈近畿大〉

---

301 ウサギの肉の味はとり肉かシチメンチョウの肉の味にとても似ている。
302 ウマの脚はヒツジの脚よりも長い。
303 ジミーの講演は，その場にいたすべての人たちに大きな感銘を与えた。
304 セクシャルハラスメントは深刻な問題であり，そのようなものとして扱われるべきだ。

KEY POINT ▷ 089　　　　　　　　　　　　　　　　　　　　　　that の用法

301. that の用法 ── the + 単数名詞

▶ **that** には名詞の反復を避ける代名詞としての用法があり，「**the + 単数名詞（不可算名詞および可算名詞の単数形）**」を表す。

○ the taste of chicken or turkey「とり肉かシチメンチョウの肉の味」を代名詞の that を用いて，that(= the taste) of chicken or turkey と表せるかが本問のポイント。

Plus **be similar to A**「A と似ている」（→ 836）は重要。

KEY POINT ▷ 090　　　　　　　　　　　　　　　　　　　　　　those の用法

302. those の用法 ── the + 複数名詞

▶ **those** は名詞の反復を避ける代名詞 that の複数形で，「**the + 複数名詞**」を表す。

○ 空所に 2 語入れるとすれば the legs が入る。しかし，the legs が反復することになるので，それを避けるために「the + 複数名詞」を表す③ those(= the legs)を用いる。

303. those の用法 ── those present

▶ **those present** は「出席者」の意味を表す。この **those** は「人々」（= **the people**）を表す代名詞で，形容詞 present「出席している」に後置修飾されている。those (who are) present が本表現の前提となる形と考えればわかりやすい。

Plus **make a great impression on A**「A に大きな感銘を与える」は重要。

Plus この those を用いた **those concerned[involved]**「関係者／当事者」，**those chosen**「選ばれた者」もここで押さえておこう。

KEY POINT ▷ 091　　　　　　　　　　　　　　　　　　　　　　such の用法

304. such の用法 ── as such

▶ **as such** は「そういうものとして」の意味を表す。such は「そのような人［もの／こと］」を表す。その用法に加え，as such は，通例，名詞の直後に置いて「それ自体としては」の意味で用いられることも，ここで押さえておこう。

Wealth, **as such**, does not matter much.
（富というものは，それ自体としては，あまり重要ではない）

○ **S should be treated as such**.「S はそういうものとして扱われるべきだ」は決まった形の表現として覚えておこう。

Plus such の代わりに one も可だが，入試ではほとんど such が問われる。

Plus **sexual harassment** は「性的嫌がらせ，セクハラ」の意味。

---

301 ③　302 ③　303 ③　304 ③

168　1 文法

KEY POINT ▷ 092

305
□□□
彼らのコンサートに約 50,000 人が来ると見込まれています。
(　　　　) is anticipated that about 50,000 people will come to
their concert.
① It　② That　③ There　④ What　　　　　　　　〈成城大〉

KEY POINT ▷ 093

306
□□□
I consider (　　　　) rude to ignore a formal letter of invitation.
① that　② those　③ too　④ it　　　　　　　　〈福島大〉

307
□□□
Widely known folklore (　　　　) ghosts are most likely to
appear between 2 and 3 a.m.
① has said it　② has been told that
③ has it that　④ has heard that　　　　　　　　〈日本大〉

TARGET 48 「形式目的語 it ＋ that 節」の形をとる慣用表現
- depend on[upon] it that 節「…するのをあてにする」
- take it that 節「…だと思う／…だと解読する」
- have it that 節「…だと言う」(＝ say that 節) → 307
- see (to it) that 節「…するように気をつける」

306　正式な招待状を無視するのは失礼だと思う。
307　広く知られている民間伝承によれば，幽霊は午前 2 時から 3 時の間に現れることが多いとされて
いる。

KEY POINT ▷ 092

形式主語の it

305. 形式主語の it ─ It is anticipated that 節

▶ that 節が主語になる場合は，形式主語 it を置いて，that 節は後置することによって文のバランスをとる。

KEY POINT ▷ 093

形式目的語の it

306. 形式目的語の it ─ consider it rude to do

▶ **consider it rude to do**「…するのは失礼だと思う」は，形式目的語 it を用いた表現。
○ 本問の形式目的語の it は，補語である rude の後の不定詞句 to ignore a formal letter of invitation「正式な招待状を無視すること」を受ける。

307. 形式目的語の it ─ have it that 節

▶ **have it that 節**「…だと言う」(= **say that 節**) は，形式目的語を用いた慣用表現として押さえておく。主語は，「人間」もくるが，**folklore**「民間伝承」，**rumor[gossip]**「うわさ」などの無生物主語の場合も多い。**Folklore[Rumor / Gossip] has it that 節**「民間伝承[うわさ]によれば…だ」で押さえておこう。

170   1 文法

KEY POINT ▷ 094

308
□□□
If you forgot your pencil, you can use one of (   ).
① my   ② mine   ③ mines   ④ our   〈東邦大〉

309
□□□
Please take (   ) with you and tell me what you think of them tomorrow.
① these letters of his   ② these his letters
③ his letters of these   ④ his these letters   〈東海大〉

KEY POINT ▷ 095

310
□□□
I asked two people the way to the national library but (   ) of them knew.
① none   ② both   ③ either   ④ neither   〈法政大〉

TARGET 49 「人称代名詞」

		主格	所有格	目的格	所有代名詞
1人称	単数	I	my	me	mine（私のもの）→308
	複数	we	our	us	ours（私たちのもの）
2人称	単数	you	your	you	yours（あなたのもの）
	複数	you	your	you	yours（あなたたちのもの）
3人称	単数	he	his	him	his（彼のもの）
		she	her	her	hers（彼女のもの）
		it	its	it	―
	複数	they	their	them	theirs（彼らのもの）
*it の所有代名詞はない。						

---

308 鉛筆を忘れたなら，私のを使っていいですよ。
309 彼のこれらの手紙を持ち帰って，あなたがそれらについてどう思うか明日教えてください。
310 私は2人に国立図書館への道を尋ねたが，どちらも知らなかった。

KEY POINT ▷ 094　　　　　　　　　　　　　　　　所有代名詞の用法

308. 所有代名詞の用法 — mine
▶ **mine** は所有代名詞で「私のもの」の意味。
○ 本問の mine は my pens という複数名詞を表す。

309. 所有代名詞の用法 — these letters of his

▶ **his** などの所有格は **a, this, these, no, some, any** などと一緒に並べて名詞を修飾することはできない。このような場合，所有格の代わりに所有代名詞を用いて「**不定冠詞および冠詞相当語（a, this, these, no, some, any など）＋ 名詞 ＋ of ＋ 所有代名詞**」の語順にして表現する。
○ 上記のことから，「彼のこれらの手紙」は① these letters of his となる。なお，of は「…の中の」という意味を持つ前置詞。his は his letters という複数名詞を表す。
✗ したがって，「彼のこれらの手紙」は，② these his letters や④ his these letters とは表現できない。

KEY POINT ▷ 095　　　　　　　　　　　　　　　　neither / either / none

310. neither の用法 — none との区別
▶ **neither** は「どちらも…ない」の意味を表す代名詞。neither は both に対応する否定語で，**対象は 2 つ[2 人]であることに注意。対象が 3 つ[3 人]以上の場合は none を用いる。**
○ two people に着目し，「逆接」の but があるので，「(2 人とも) 知らなかった」の意味内容になるはず。したがって，④ neither が入る。
✗ ① none にしないこと。none は，対象が 3 人以上の場合に用いる。

308 ②　309 ①　310 ④

172　1 文法

311 Kenji has two brothers, but he is not on speaking terms with them. In other words, he doesn't talk to ( ) of them.
① which　② both　③ either　④ neither　〈名古屋工業大〉

312 There are tall buildings on ( ) side of the street.
① both　② opposite　③ either　④ all　〈愛知県立大〉

313 Mr. Johnson did not choose any of the three ties because he found ( ) attractive.
① both of them　② either of them
③ neither of them　④ none of them　〈西南学院大〉

314 ( ) of the students were able to answer the question.
① Anyone　② Everyone　③ Nobody　④ None　〈関西学院大〉

---

311 ケンジには 2 人の男のきょうだいがいるが，彼らと口を利く間柄ではない。言い換えれば，彼はどちらとも話をしない。

312 通りのどちら側にも高い建物がある。

313 ジョンソンさんは，3 本のネクタイのどれも魅力的に感じなかったので，どれも選ばなかった。

314 どの生徒もその質問に答えることができなかった。

第 12 章　代名詞 311〜314　173

311. either の用法 — not ... either

▶ **not ... either** は「どちらも…ない」の意味を表す。**not ... either = neither** と押さえておこう。

✗ ② both は不可。**not ... both** は，「どちらも…というわけではない」の意味を表す部分否定。**→ TARGET 41**

Plus he **doesn't** talk to **either** of them「彼は彼らのどちらとも話をしない」は，neither を用いれば he talks to **neither** of them となる。

Plus **be on speaking terms with A**「A と話をする間柄だ」（**→ 274**），**in other words**「言い換えれば」は重要。

312. either の用法 — either ＋ 単数名詞

▶ 形容詞用法の either は，「**either ＋ 単数名詞**」で「(1) どちらかの…，(2) どちらの…も」という 2 つの意味を表す。ただし，「(2) どちらの…も」の意味になる場合は，**either が side，end，hand などを修飾する場合に限られる。**

○ 本問は，③ either を選び，on either side of the street「通りのどちら側にも」の表現を作る。

✗ ① both は不可。both の後は複数名詞がくるので，on both sides of the street なら可。② opposite は，the opposite direction「反対方向」のように，定冠詞 the を伴い the opposite A で「反対の A」を表すのが原則。したがって，文意は異なるが，on the opposite side of the street なら可となる。

Plus 代名詞の **either** が肯定文で用いられると「(1) どちらか一方，(2) どちらも」という 2 つの意味を表すことも，ここで押さえておこう。以下は (1) の用例。
Either of us has to ask him to give some advice about it.
（私たちのうちどちらかが，それについて彼に何かアドバイスをくれるように頼まなければならない）

313. none の用法 — neither との区別

○ 問題 310 で扱った neither と none との区別が本問のポイント。対象が 3 つ（the three ties）なので，文意から④ none of them を選ぶ。

314. none の用法 — nobody との区別

▶ none は **none of A** の形で「A の中の誰ひとり［ひとつ］…ない」の意味を表す。A には必ず定冠詞や所有格で限定された名詞や，us や them などの目的格がくることに注意。

✗ ③ Nobody は不可。（×）nobody of A の形だけでなく，（×）anybody of A，（×）① anyone of A，（×）everybody of A，（×）② everyone of A の形もないことに注意。正誤問題で頻出。

311 ③　312 ③　313 ④　314 ④

174　1 文法

KEY POINT ▷ 096

315
□□□

I keep nine hamsters in my room, and (　　　) of them has a name.

① all　② each　③ either　④ every　　　　　〈近畿大〉

316
□□□

My sister and I are afraid of heights, so (　　　) of us hate to fly in airplanes.

① either　② each　③ both　④ neither　　　　〈芝浦工業大〉

317
□□□

(　　　) student who is interested in this exchange program should contact Professor Johnson.

① Many　② Some　③ Any　④ All　　　　　〈札幌大〉

KEY POINT ▷ 097

318
□□□

The store had (　　　) kind of strange animal you could imagine.

① all　② many　③ several　④ every　　　　〈日本大〉

---

315 私は部屋に 9 匹のハムスターを飼っていて，それぞれが名前を持っている。
316 姉と私は高いところが怖いので，どちらも飛行機に乗るのが嫌いです。
317 この交換留学プログラムに興味のある学生はだれでも，ジョンソン教授に連絡するべきだ。
318 その店は，想像できる限りのあらゆる種類の奇妙な動物を置いていた。

KEY POINT ▷ 096　　　　　　　　　　　　each / both / any

315. each の用法 ― each of A

▶ 代名詞用法の each は **each of A** の形で「A のめいめい／A のおのおの」の意味を表す。**A には必ず定冠詞や所有格で限定された名詞や，us, them などの目的格がくる**。なお，**each of A が主語の場合は，単数扱い**であることに注意。

✗ ① all は不可。all of A が主語の場合は，複数扱い。all of them have a name なら可。
④ every も不可。every は形容詞の用法しかないので，(×) every of A の形はない。原則として，「every ＋ 単数名詞」の形で使う。

Plus each of A だけでなく，**neither of A, none of A, both of A, some of A, a few of A, any of A, many of A, most of A** などの A には必ず定冠詞や所有格で限定された名詞や，us, them などの目的格がくることもここで押さえておこう。

316. both の用法 ― both of A
○ 動詞の hate (to fly in airplanes)「(飛行機で空を飛ぶの) を嫌がる」に 3 単現の s がついていないことに着目する。both of A が主語の場合は，複数扱いであり，対象が 2 人 (my sister and I) なので，③ both を選ぶ。

✗ ① either of A, ② each of A が主語の場合は単数扱いなので，動詞は hates になるはず。

317. any の用法 ― any A

▶ 肯定文の中で用いられる「any A (単数名詞)」には強調の意味が含まれ，「どんな A も」の意味になる。「any A」が主語の場合は，単数扱い。

✗ ① Many, ④ All は不可。many の後は，複数名詞がくる。all も可算名詞が続く場合は複数形になる。

KEY POINT ▷ 097　　　　　　　　　　　　　　　　　every の用法

318. every の用法 ― every ＋ 単数名詞
▶ 問題 315 で触れたが，形容詞の every は，「**every ＋ 単数名詞**」の形で「すべての…」の意味を表す。「**every ＋ 単数名詞**」が主語で用いられる場合は，everyone, everybody, everything などと同様に **3 人称単数扱い**。

✗ ② many, ③ several は不可。many や several の後は複数名詞がくる。all も可算名詞が続く場合は複数形になる。

---

315 ②　316 ③　317 ③　318 ④

319 You should take this medicine ( ).
① each six hour   ② each six hours
③ every six hour ④ every six hours 〈県立広島大〉

320 She makes it a rule to go to see her friend in the hospital ( ).
① by the day   ② every in the morning
③ every other day   ④ twice of a day 〈杏林大〉

KEY POINT ▷ 098

321 According to today's newspaper, two men escaped from the prison; one was arrested, but ( ) still hasn't been found.
① another ② other ③ the other ④ the others 〈成城大〉

322 Ms. Perkins is not paid well, so she is considering working for ( ) company.
① others ② other ③ the another ④ another 〈杏林大〉

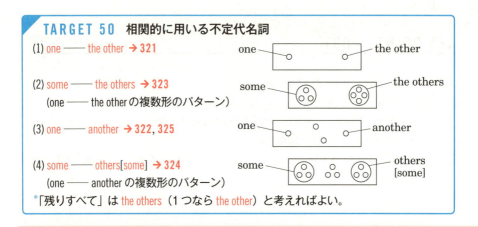

TARGET 50　相関的に用いる不定代名詞
(1) one ── the other → 321
(2) some ── the others → 323
 (one ── the other の複数形のパターン)
(3) one ── another → 322, 325
(4) some ── others[some] → 324
 (one ── another の複数形のパターン)
*「残りすべて」は the others（1つなら the other）と考えればよい。

319 あなたは6時間ごとにこの薬を服用した方がよい。
320 彼女は、1日おきに入院している友人の見舞いに行くことにしている。
321 今日の新聞によると、2人の男性が脱獄した。1人は逮捕されたが、もう1人はまだ見つかっていない。
322 パーキンスさんはあまり給料がよくないので、ほかの会社で働くことを考えている。

319. every の用法 ― every + 基数 + 複数名詞

▶ 「**every + 基数 + 複数名詞**」は、「…ごとに」の意味を形成する。**基数の後の名詞は必ず複数形**にすることに注意。

○ 本問の **every six hours** は「6時間ごとに」の意味。

[Plus] この表現の every は、「すべての…」の意味ではなく、「毎…／…ごとに」の意味を表す。「6時間」は six hours と複数名詞で表現するので、「6時間ごとに」も、**every six hours** と複数名詞で表現すると考えればよい。

[Plus] 同意表現の「**every + 序数 + 単数名詞**」もここで押さえておく。序数を用いる場合は必ず単数形であることに注意。「6時間ごとに」であれば、**every sixth hour** となる。「6番目の時間」は the sixth hour と単数名詞で表現するので、「6時間ごとに ← 6番目の時間ごとに」も、**every sixth hour** と単数名詞で表現すると考えればよい。

320. every の用法 ― every other day

▶ every は **every other[second] A** で「1つおきのA」の意味を表す。**every other[second] day** は「1日おきに」の意味。

[Plus] **make it a rule to do** は「…するのが常である」の意味。

[Plus] **on[in] every other[second] line**「1行おきに」もここで押さえておこう。

KEY POINT ▷ 098　　　　不定代名詞の用法（相関的表現など）

321. one と相関的に用いる the other

▶ 対象が2つ[2人]の場合に、一方を **one**，もう一方を **the other** で表す。other は代名詞で「ほかのもの[こと／人]」の意味を表す。→ TARGET 50

○ 本問は、「残りのもう1人の男」を表すので、定冠詞の the で other「ほかのもの[男]」を限定する必要がある。したがって、③ the other を選ぶ。

✗ ① another は不可。another は「an + other」と考えればよい。other「ほかのもの[男]」に不定冠詞の an がついているわけだから、本問のように、限定された「もう一方」を表すことはできない。② other も不可。other は冠詞なしで単独では用いられない。

[Plus] **according to A** は「Aによれば」，**escape from A** は「Aから逃れる」の意味。

322. another の用法

○ 文意から、「今の会社以外の別の不特定の1つの（会社）」なので、④ another (company) を選ぶ。→ TARGET 50

✗ ② other は不可。「other + 単数名詞」の形はない。文法的には「another + 単数名詞」か「the other + 単数名詞」になる。

319 ④　320 ③　321 ③　322 ④

178 1 文法

323 English is one of the six official languages of the United Nations,
(   ) being French, Russian, Spanish, Chinese, and Arabic.
① another ② others ③ the other ④ the others 〈東京薬科大〉

324 Some were for the proposal, (   ) were against it, and the
rest didn't express their opinions.
① other ② others ③ the other ④ the others 〈山梨大〉

325 It is one thing to want to climb Mt. Everest, but it is (   )
thing to do it.
① another ② other ③ the other ④ some other 〈南山大〉

326 The physician will examine all of you (   ).
① one after others ② the one after the other
③ one after another ④ one after the another 〈桜美林大〉

327 If you want to get this bag, you'll have to pay (   ) fifty
dollars.
① another ② other ③ others ④ the other 〈県立広島大〉

---

323 英語は国連の6つの公用語の1つで，そのほかのものはフランス語，ロシア語，スペイン語，中
国語，そしてアラビア語です。
324 その提案に賛成の人もいれば，反対の人もおり，それ以外の人は意見を表明しなかった。
325 エベレストに登りたいと思うことと，実際にそうすることは別のことである。
326 お医者さんが，みなさん全員を順々に診察する予定です。
327 このバッグを手に入れたければ，さらに50ドル払わなければなりません。

323. the others の用法

⭕ 文意から,「英語以外の残り全部の言語」なので, ④ the others を選ぶ。→ TARGET 50

[Plus] , the others being French, Russian, ... は独立分詞構文。→ 141

324. some と相関的に用いる others

▶ **some ..., (and) others ～**は「…なものもいれ[あれ]ば～なものもいる[ある]」の意味を形成する。→ TARGET 50

[Plus] **for A**「A に賛成で」⇔ **against A**「A に反対で」は重要（→ 437）。
[Plus] **the rest** は「残り」の意味で,単数扱いとして用いることも,複数扱いとして用いることもできる。

325. one と相関的に用いる another

▶ **A is one thing; B is another (thing).** は「A と B は違うことである」という意味を形成する（→ TARGET 50）。A is different from B. との言い換えで問われることも多い。

⭕ 本問は,上記の構文の変形。**It is one thing to do ..., but it is another thing to do ～.** で「…することと～することは違うことである」の意味を表す。

326. one after another の用法

▶ **one (...) after another** は「次から次へと（やってくる…）」の意味を表す。慣用表現として押さえておこう。

327. another ＋ 複数名詞 — another fifty dollars

▶ 形容詞用法の another は「an ＋ other」の観点から,原則として後にくるのは,可算名詞の単数形だが,本問の **another fifty dollars**「さらに 50 ドル」のように可算名詞の複数名詞を伴うことがある。これは「金額」を表す fifty dollars を,形は複数形だが 1 つのまとまった金額としてとらえているためである。一般に「**金額**」「**距離**」「**時間**」「**重量**」は,形は複数であっても**単数扱い**であることに注意。以下の用例参照。

Fifty dollars **is** too much for me to pay.
（50 ドルは私が支払うには金額が大きすぎる）

[Plus] **in another two weeks**「もう 2 週間後に」なども同じ用法。

---

323 ④　324 ②　325 ①　326 ③　327 ①

KEY POINT ▷ 099

328 ☐☐☐ (　　　　　) Japanese are afraid of earthquakes.
① Most　② Most of　③ Almost　④ Almost of 〈南山大〉

329 ☐☐☐ (　　　　　) all people in Japan have a mobile phone.
① Most　② Most of　③ Almost　④ Almost of 〈南山大〉

330 ☐☐☐ (　　　　　) students are living away from their home.
① The most of　② Almost　③ Most of　④ Most of the 〈愛知県立大〉

331 ☐☐☐ (　　　　　) students in the classroom looked older than me.
① Almost all the　② Almost every　③ Most of　④ Most the 〈学習院大〉

> **TARGET 51　most, almost all を含む表現**
> (1) most ＋ 名詞 (→ 328) = almost all ＋ 名詞 (→ 329)「（限定されない）大半の…」
> (2) most of the[one's] ＋ 名詞 (→ 330) = almost all (of) the[one's] ＋ 名詞 (→ 331)「（限定された特定の）…の大半」

---

328 ほとんどの日本人は地震を怖いと思っている。
329 日本のほとんど全員が携帯電話を持っている。
330 ほとんどの学生が自宅を離れて暮らしている。
331 その教室のほとんどの学生は，私より年上に見えた。

第 12 章　代名詞 328～331　181

KEY POINT ▷ 099

most / almost

一文法

328. most の用法 ─ most A

▶ **most A** は「大半の A ／たいていの A」の意味を表す。

✗ ② Most of は，後に必ず定冠詞や所有格などで限定された名詞や目的格の代名詞がくるので不可（→ 315）。また，③ Almost にしないこと。almost は副詞なので，通常，名詞を修飾できない。Almost all なら可。

Plus 本問の most は，Japanese「日本人」（= Japanese people）という複数扱いの名詞を従えているが，most の後には **most success**「たいていの成功」のように不可算名詞がくることもあるので注意。

Plus 形容詞の most「たいていの」は almost all「ほとんどすべての」と同意だから **most A = almost all A** とすることができる。つまり，**Most Japanese** は **Almost all Japanese** と表現できることも重要。
→ **TARGET 51**

329. almost all の用法 ─ almost all A

○ 問題 328 で扱った almost all A「ほとんどすべての A」= most A「大半の A ／たいていの A」が，本問のポイント。**Almost all people in Japan**「日本にいるほとんどすべての人」は，**Most people in Japan**「日本にいる大半の人」とも表現できる。

330. most の用法 ─ most of A

▶ **most of A** は「A の大半／ほとんど」の意味を表す。**A には必ず定冠詞や所有格などで限定された名詞や，目的格の代名詞がくることに注意**（→ 315）。この of は省略不可。

Plus 代名詞の most「大半／大部分」は almost all「ほとんどすべて」と同意だから，**most of A = almost all of A** とすることができる。almost all 後の of は省略できる。つまり，**Most of the students** は，**Almost all (of) the students** と表現できることも重要。→ **TARGET 51**

331. almost all (of) A の用法

▶ 問題 330 で扱った **almost all (of) A**「A の大半／ほとんど」が本問のポイント。**most of A** と同様，**A には定冠詞や，所有格などで限定された名詞，目的格の代名詞がくる。この of は省略可。Almost all (of) the students in the classroom**「教室にいる学生のほとんどすべて」は，**Most of the students in the classroom**「教室にいる学生の大半」とも表現できる。

✗ ④ Most the にしないこと。「most of the + 名詞」の of は省略できないことに注意。

328 ①　329 ③　330 ④　331 ①

182　1 文法

KEY POINT ▷ 100

332
□□□
A : Can you join me for lunch after this lecture?
B : (　　　　) Where are we eating?
A : In the student cafeteria on the 17th floor. I love the view from there. Find me there at 12:20.
① I can't.　② I doubt it.　③ I guess so.　④ I'm lost.　〈明治大〉

333
□□□
A : Is Betty coming to my birthday party tonight?
B : (　　　　). She is busy with her homework.
① I don't suppose it　② I suppose it
③ I suppose not　　　④ I suppose so　〈杏林大〉

KEY POINT ▷ 101

334
□□□
Don't blame me! I have nothing to do (　　　　) that problem.
① away　② of　③ off　④ with　〈明治大〉

335
□□□
Cigarette smoking has (　　　　) to do with lung cancer.
① lot　② enough　③ many　④ much　〈名古屋工業大〉

TARGET 52　so と not − that 節の代用表現

(1) think, believe, expect, guess, suppose は次の 2 通りの表現が可能。→ 332, 333
　I don't suppose so. ＝ I suppose not.「そうでないと思う」
(2) hope と be afraid には，直接 not を続ける形しかない。
　I hope not.「そうでないことを望む」　（×）I don't hope so.
　I'm afraid not.「残念ながらそうでないと思う」　（×）I'm not afraid so.

332　A：この講義の後で，私と一緒にランチに行けるかしら。
　　　B：行けると思います。どこで食べるつもり？
　　　A：17 階の学生食堂よ。私はそこからの眺めが大好きなの。12 時 20 分にそこにいるわ。
333　A：ベティは今夜の僕の誕生日パーティーに来るだろうか。
　　　B：そうは思わないよ。彼女は宿題で忙しいんだ。
334　私を責めないでください！　私はその問題とは無関係なんです。
335　喫煙は肺がんと大いに関係がある。

第 12 章　代名詞 332〜335　183

KEY POINT ▷ 100　　　　　　　　　　　　　　　so / not ― that 節の代用

332. so の用法 ― that 節の代用

▶ **so** は，特定の動詞 hope, think, believe, expect, guess, suppose や be afraid などの後に置き，**that** 節の代用をすることがある。
○ 本問の so は，A の質問の内容を受けて I can join you for lunch after this lecture「この講義の後で私はランチのために，あなたに合流することができる」を表す。つまり，**I guess so.** は I guess that I can join you for lunch after this lecture. と考える。

333. not の用法 ― 否定の that 節の代用

▶ **not** は，特定の動詞 hope, think, believe, expect, guess, suppose や be afraid などの後に置き，否定を含む **that** 節の代用をすることがある。→ TARGET 52
○ 本問の **I suppose not.** は，I suppose that Betty is not coming to your birthday party tonight.「ベティは今夜のあなたの誕生日パーティーには来ないと私は思う」と考える。

KEY POINT ▷ 101　　　　　　　　　　　　　　　　　　　nothing の用法など

334. nothing の用法 ― have nothing to do with A

▶ **have nothing to do with A** は「A と何の関係もない」の意味を表す。慣用表現として押さえる。
[Plus] **have something to do with A**「A と何らかの関係がある」，**have much to do with A**「A と大いに関係がある」，**have little to do with A**「A とほとんど関係がない」もここで押さえておこう。
→ TARGET 53

335. much の用法 ― have much to do with A
○ 問題 334 で扱った **have much to do with A**「A と大いに関係がある」が本問のポイント。

> **TARGET 53**　something／nothing を用いた定型表現
> (1) have nothing to do with A「A と何の関係もない」→ 334
> (2) have something to do with A「A と何らかの関係がある」
> (3) There is something ＋ 形容詞 ＋ about A.「A にはどことなく…なところがある」
> (4) There is something wrong[the matter] with A.「A はどこか調子が悪い」→ 337
> (5) There is nothing like A.「A ほどよいものはない」
> 　 ＝ There is nothing better than A.

---

332 ③　333 ③　334 ④　335 ④

184　1 文法

336 There is a lot of old furniture in my room. You can take whatever you like <u>for nothing</u>.
□□□
① absolutely　② by no means　③ free of charge　④ rarely

〈東京理科大〉

KEY POINT ▷ 102

337 There may be something (　　　) with this computer.
□□□
① the matter　② mattered　③ to matter　④ has mattered

〈北里大〉

338 Kenji cares so little about food that (　　　) will do, so long as it fills his stomach.
□□□
① none　② something　③ nothing　④ anything

〈南山大〉

KEY POINT ▷ 103

339 Anne had a great vacation. She enjoyed (　　　) very much.
□□□
① her　② hers　③ herself　④ she

〈札幌学院大〉

TARGET 54　再帰代名詞

人称＼数	単数	複数
1 人称	myself	ourselves
2 人称	yourself	yourselves
3 人称	himself / herself / itself	themselves

---

336 私の部屋には古い家具がたくさんあります。あなたはどれでも気に入ったものを無料で持っていっていいですよ。

337 このコンピューターはどこか故障している可能性があります。

338 ケンジは食べ物にほとんど関心がないので，おなかが満たされさえすれば何でも構わない。

339 アンはすばらしい休暇を過ごした。彼女はとても楽しんだ。

336. nothing の用法 ― for nothing

▶ **for nothing** は「無料で」の意味を表す。

Plus 同意表現の **free of charge, without charge, for free** も一緒に押さえておこう。

KEY POINT ▷ 102　　　　　　　　　　　something / anything

337. something の用法 ― There is something the matter with A.

▶ **There is something the matter[wrong] with A.** は「A はどこか調子が悪い」の意味を表す。something を用いた定型表現として押さえる。→ TARGET 53

338. anything の用法 ― Anything will do.

▶ 肯定文中の **any A**（単数名詞）「どんな A も」は問題 317 で扱ったが，**肯定文中の anything も強調の意味を含み，「何でも／どれでも」の意味を表す**。

Plus **Anything will do.** は「何でもいいですよ／どれでも結構ですよ」の意味を表す。自動詞 do の用法は，問題 512 参照。

Plus 対象が 2 つ[2 人]のときに用いる **Either will do.**「どちらでもいいですよ」も，ここで押さえておこう。

KEY POINT ▷ 103　　　　　　　　　　　　　　　再帰代名詞

339. 再帰代名詞の用法 (1) ― 他動詞の目的語

▶ 人称代名詞の **-self**（複数形の場合は **selves**）がついたものを再帰代名詞と呼び，「…自身」という意味を表す。**再帰代名詞は他動詞の目的語として用いられる場合，「他動詞＋再帰代名詞」で自動詞的な意味を形成**することがある。

○ 本問の enjoy も他動詞であり，oneself を目的語にとり，**enjoy oneself** の形で「楽しむ←自分自身を楽しませる」という自動詞的な意味を形成する。本問は，主語が she なので，③ herself になる。

336 ③　337 ①　338 ④　339 ③

340 While playing soccer yesterday, Jeff hurt (　　　) and had to
be rushed to the hospital.
　① himself　② by himself　③ on himself　④ to himself　〈北里大〉

341 A : I'd like another piece of cake, if I may.
B : Sure, (　　　) yourself to it.
　① bet　② help　③ mention　④ miss　　　　　〈東京理科大〉

342 The technician found the DVD (　　　) to be the problem and
not the machine that was playing it.
　① itself　② its　③ it　④ it's own　　　　　〈東京薬科大〉

343 A : Who did you go to the movie with?
B : No one. I went (　　　).
　① by myself　② with him　③ with anyone　④ by nobody
　　　　　　　　　　　　　　　　　　　　　　　　　　　　〈駒澤大〉

344 On Saturday mornings it was unusual for anybody to be up
before ten, so Helen had the living room (　　　) herself.
　① by　② in　③ to　④ with　　　　　　　　　〈上智大〉

> **TARGET 55**　「前置詞 + 再帰代名詞」の慣用表現
> ● by oneself (= alone) 「ひとりで」 → 343
> ● to oneself 「自分だけに」 → 344
> ● for oneself 「独力で／自分のために」
> ● in itself / in themselves 「それ自体／本質的に」
> ● in spite of oneself 「思わず」
> ● between ourselves 「ここだけの話だが」
> ● beside oneself (with A) 「(A で) 我を忘れて」 → 345

---

340 昨日サッカーをしていたとき，ジェフはけがをして病院に急いで運ばれなければならなかった。
341 A：もしよろしければ，ケーキをもう 1 ついただきたいです。
　　B：もちろんです。どうぞお取りください。
342 その技術者は，問題があるのは DVD 自体で，それを再生している機器ではないことがわかった。
343 A：誰と一緒に映画に行ったのですか。
　　B：誰とも。一人で行ったんです。
344 土曜日の午前中，10 時より前に誰かが起きることは普通なかったので，ヘレンはリビングを独占した。

第 12 章 代名詞 340〜344

340. 再帰代名詞の用法 (1) ― 他動詞の目的語

▶ 他動詞の hurt「…にけがをさせる」が，再帰代名詞を目的語にとる **hurt oneself** は「けがをする←自分自身にけがをさせる」という自動詞的意味を形成する。

Plus 「けがをする」は，受動態の **be hurt** でも表せることをここで押さえる。なお，hurt の活用形は hurt - hurt - hurt。(×) be hurted にしないこと。

Plus **injure oneself**, **be injured** も「けがをする」の意味。ここで一緒に覚えておこう。

341. 再帰代名詞の用法 (1) ― 他動詞の目的語

○ **help oneself to A** は「A を自由に取って食べる[飲む]」の意味を表す。慣用表現として押さえる。

Plus この表現の **help** は「…を助ける」ではなく，**help B to A** の形で「A（料理など）を B（人）に取ってやる」の意味。したがって，**help oneself to A** は，「A を自分自身に取ってやる」がもともとの意味。**help oneself** で「(自ら) 取って食べる」という自動詞的な意味になる。

342. 再帰代名詞の用法 (2) ― 強調用法

▶ 再帰代名詞には，主語・目的語・補語の後に同格として置かれ，意味を強める用法がある。

○ 本問は，目的語の the DVD が，その再帰代名詞である itself で意味を強められている形。

343. 再帰代名詞の用法 (3) ― 前置詞 + 再帰代名詞

▶ 再帰代名詞は前置詞を伴って慣用的な表現を形成する。→ TARGET 55

○ **by oneself** は「一人で」(= **alone**) の意味を表す。

344. 再帰代名詞の用法 (3) ― 前置詞 + 再帰代名詞

▶ **to oneself** は「自分だけに」の意味を表す。→ TARGET 55

○ **have A (all) to oneself** は「A を独り占めする」の意味を表す。

Plus **to oneself** を用いた **keep A to oneself**「A（秘密など）を明かさないでおく／A を独占する」は頻出表現。ここで一緒に覚えておこう。

Please **keep** this information **to yourself**.
（どうかこの情報は秘密にしておいてください）

---

340 ①　341 ②　342 ①　343 ①　344 ③

188 1 文法

345 John was (　　　) with joy when his wife gave birth to their
□□□　first child.

① beside him　② beside himself

③ besides him　④ besides himself　〈成城大〉

---

345 ジョンは，妻が自分たちの最初の子どもを出産したとき，喜びのあまり我を忘れた。

第 12 章　代名詞 345　189

345. 再帰代名詞の用法（3）─ 前置詞 ＋ 再帰代名詞

○ **be beside oneself with A** は,「A で我を忘れる」の意味を表す。**A** には **joy**「喜び」,
worry「心配」, **grief**「悲しみ」, **fear**「恐怖」などの「**感情**」を表す名詞がくること
に注意。→ TARGET 55

345 ②

第12章 代名詞 応用問題に Try!

KEY POINT ▷ 088-103

346
□□□ (with / covered / of / were / the books / all / almost) dust.

〈高崎経済大〉

347
□□□ この事業は金と食べ物と着る物を必要としている人々を支援すると
期待されている。

This project is (those / in / expected / need / to / help / are / who)
of money, food, and clothing.

〈崇城大〉

348
□□□ To prevent ①damage from ②heavy snow, the houses in the
northern area have ③steeper roofs than ④that in the southern
area.

〈名古屋市立大〉

349
□□□ 高知の人口は東京の人口よりはるかに少ない。

(than / Kochi / is / of / population / smaller / of / the / that / much)
Tokyo.

〈高知大〉

---

346 それらの本のほとんどすべては，ほこりで覆われていた。
348 大雪による被害を防ぐために，北部地域の家は南部地域の家よりも角度が急な屋根をしている。

第 12 章　代名詞 346〜349　**191**

KEY POINT ▷ 088-103

346. almost all (of) A の用法

○ 問題 331, TARGET 51 で扱った **almost all (of) A** の形で主語を作れるかが本問のポイント。主語の Almost all of the books「それらの本のほとんどすべて」の後に, be covered with A「A で覆われている」の表現を用いて, 述部を were covered with dust「ほこりで覆われていた」とまとめればよい。

347. those の用法 — those who ...

○ **be expected to do**「…することが期待されている」の表現から, This project is expected to help A「この事業は A を支援することが期待されている」を想定し, help の目的語の A に, 問題 303 で扱った **those**「人々」(= **the people**) を先行詞とする関係代名詞節を作れるかがポイント。**be in need of A**「A を必要とする」(= **need A**) の表現から, those who are in need of money, food, and clothing「金と食べ物と着る物を必要としている人々」とまとめることができる。

348. those の用法 — the ＋ 複数名詞

○ 問題 302 で扱った **those**(= **the ＋ 複数名詞**)が本問のポイント。④ that in が間違い。代名詞を用いずに文を書けば, the houses in the northern area have steeper roofs than the houses in the southern area「北部地域の家は, 南部地域の家よりも角度が急な屋根を持つ」となる。the houses in the southern area は,「the ＋ 複数名詞」の繰り返しを避ける代名詞の those を用いて, those in the southern area と表現できる。したがって, ④ that in を those in と修正する。

Plus **prevent A from B**「B から A を防ぐ」は重要。

349. that の用法 — the ＋ 単数名詞

○ 問題 301 で扱った **that**(= **the ＋ 単数名詞**)が本問のポイント。A is much smaller than B.「A は B よりもはるかに少ない」の比較表現を考えて, A に the population of Kochi「高知の人口」, B に「the ＋ 単数名詞」の繰り返しを避ける代名詞を用いた that (= the population) of Tokyo「東京の人口」を置けばよい。

---

346 Almost all of the books were covered with

347 expected to help those who are in need

348 ④ that in → those in

349 The population of Kochi is much smaller than that of

350 彼の失敗は，どうも性格と何か関係がありそうだ。

351 Whereas some people say that Cantonese is a dialect of Chinese, others insist that it is a language in its own right. 〈大分大〉

350 failure「失敗」, character「性格」
351 whereas「…だが一方」, Cantonese「広東語」, dialect「方言」, insist that ...「…だと主張する」, in one's own right「それ自体，本来の資質で」

第 12 章　代名詞 350〜351　193

350. have something to do with A → 334, TARGET 53

○ 「彼の性格と何か関係がありそうだ」は，**have something to do with A**「A と何か関係がある」を使って表現できる。

351. some と相関的に用いる others → 324

○ 問題文では、相関表現 **some ..., (and) others 〜**「…なものもいれ[あれ]ば〜なものもいる[ある]」が用いられている。Whereas some people say that S + V ..., others insist that S + V 〜.「…と言う人がいる一方，〜と主張する人もいる」の構造を見抜けるかがポイント。

---

350 His failure seems to have something to do with his character.
351 広東語は中国語の方言であると言う人がいる一方，それ自体が 1 つの言語だと主張する人もいます。

第13章　主語と動詞の一致

主語が単数扱いか複数扱いかを問う問題が中心。英文の正確な主語の範囲の確定は，構造把握の上で大切。

KEY POINT ▷ 104

352
□□□
Not only Elizabeth, but also her friends (　　　) interested in buying a new spring coat in Paris next month.
① are　② be　③ is　④ was
〈玉川大〉

353
□□□
Neither Brian nor I (　　　) fond of professional baseball.
① is　② am　③ has　④ feels
〈関西学院大〉

KEY POINT ▷ 105

354
□□□
About three fourths of the earth's surface (　　　) of water.
① is consisting　② are consisting
③ consists　④ consist
〈東京工科大〉

> **TARGET 56　相関的表現が主語の場合**
>
> (1) 複数扱いするもの（A and B が主語の場合，一般に複数扱い）
> - both A and B「A も B も」
>
> (2) 原則として B に一致させるもの
> - not A but B「A ではなく B」
> - not only A but (also) B「A だけではなく B もまた」→ 352
> - either A or B「A か B かどちらか」
> - neither A nor B「A も B も…ない」→ 353
>
> (3) 原則として A に一致させるもの
> - A as well as B「B だけでなく A も」= not only B but (also) A

---

352 エリザベスだけでなく彼女の友人たちも，来月パリで新しいスプリングコートを買うことに興味があります。

353 ブライアンも私もプロ野球が好きではない。

354 地表のおよそ 4 分の 3 が水で構成されている。

KEY POINT ▷ 104　　　　　　　　　　　　　　相関的表現が主語の場合

352. not only A but also B が主語 ─ 動詞は B と一致

▶ **not only A but (also) B**「A だけでなく B もまた」が主語の場合，動詞は B に一致させる。→ TARGET 56

○ 本問の場合，B が複数形の her friends なので，be 動詞は① are になる。

Plus **be interested in doing** は「…することに興味がある」の意味。

353. neither A nor B が主語 ─ 動詞は B と一致

▶ **neither A nor B**「A も B も…ない」が主語の場合，動詞は B に合わせる。
　→ TARGET 56

○ 本問の場合，B が I なので，be 動詞は② am になる。

Plus **be fond of A** は「A が大好きだ」の意味。

KEY POINT ▷ 105　　　　　　　　　　　　　　分数 + of A が主語の場合

354. 分数 + of A が主語 ─ 動詞は A と一致

▶「**分数 + of A**」が主語の場合，動詞は A と一致させる。→ TARGET 57

○ 本問の場合，A が単数扱いの the earth's surface「地球の表面」なので，動詞は③ consists になる。

✗ **consist of A**「A で構成されている／A から成り立っている」の **consist** は，状態動詞で進行形にしない動詞（→ TARGET 3）。したがって，① is consisting は不可。

> **TARGET 57　A に動詞を一致させるもの**
> ● most of A「A の大半」→ 330　　● all of A「A のすべて」
> ● half of A「A の半分」　　　　　● the rest of A「A の残り」
> ● some of A「A のいくらか」　　　● 分数 + of A → 354

---

352 ①　353 ②　354 ③

KEY POINT ▷ 106

355 ( ) of the students has waited all day to attend the
□□□ lecture.
① All ② Few ③ One ④ Some 〈青山学院大〉

KEY POINT ▷ 107

356 The number of children being born ( ) decreasing.
□□□ ① are ② has become ③ has come to ④ is 〈北里大〉

357 A number of people ( ) not yet been fully convinced that
□□□ oil is disappearing as quickly as some suggest.
① has ② have ③ is ④ are 〈南山大〉

KEY POINT ▷ 108

358 Knowing several ( ) helpful if you want to work for an
□□□ international company in the future.
① language are ② language is
③ languages are ④ languages is 〈日本大〉

---

355 学生の1人が，その講義に出席するために一日中待っていた。
356 生まれてくる子どもの数は減少している。
357 多くの人たちは，石油が一部で言われているほど急速に枯渇しつつあるとは確信が持てないでいる。
358 いくつかの言語を知っていることは，あなたが将来，国際的な会社で働きたいと思っているのであれば役立ってくれる。

KEY POINT ▷ 106　　　　　　　　　　one of the ＋ 複数名詞が主語の場合

355. one of the ＋ 複数名詞が主語
▶ **one of the ＋ 複数名詞**「…の1人[1つ]」が主語の場合は，単数扱い。
○ 動詞 has waited に着目し，主語が単数扱いの③ One (of the students) を選ぶ。
✗ ① All (of the students)，② Few (of the students)，④ Some (of the students) はすべて複数なので，動詞は have waited になる。→ **TARGET 57**

KEY POINT ▷ 107　　　　　　　　　　the number of A などが主語の場合

356. the number of A が主語

▶ **the number of A**（複数名詞）「A の数」が主語の場合は，単数扱い。
○ 主語の the number of children being born「生まれてくる子どもの数」は単数扱いなので，be 動詞は④ is になる。

357. a number of A が主語
▶ **a number of A**（複数名詞）「多くの A」（→ 576）が主語の場合は，複数扱い。
○ 主語の A number of people「多くの人々」は複数扱いなので，② have が入る。
[Plus] **be convinced that S ＋ V ...**「…ということを確信している」は，**convince A that S ＋ V ...**「A に…ということを確信させる」の受動態の形。

KEY POINT ▷ 108　　　　　　　　　　さまざまな表現における主語と動詞の一致

358. 動名詞句が主語

▶ 動名詞句が主語の場合は，単数扱い。
○ まず，several「いくつかの」の後は複数名詞なので，several languages を確定する。その上で，主語が **knowing several languages**「いくつかの言語を知っていること」という動名詞句になることを見抜く。上記のように，動名詞句が主語の場合は，単数扱いなので，be 動詞は is になる。したがって，④ languages is を選ぶ。

355 ③　356 ④　357 ②　358 ④

198 1 文法

359 The police (　　　) caught the criminal now.
□□□　① have　② is　③ has　④ was　　　　　　　〈日本大〉

360 Developing good communication with your clients usually
□□□　(　　　) about a successful business relationship in the end.
　　　① bring　② brings　③ bringing　④ bring up　　　〈甲南大〉

361 Few insects live in regions where (　　　) extremely frigid
□□□　temperatures.
　　　① are　② there are　③ are there　④ there　　　〈青山学院大〉

359 警察がたった今，犯罪者を捕まえた。
360 顧客との円滑な意思疎通を図ることで，最終的に良好なビジネス上の関係がもたらされることが
　　多い。
361 極寒の気温となる地域では，昆虫はほとんど生息していない。

359. 集合名詞 police

▶ **(the) police** は警官の集合体としての「**警察／警官隊**」を表し, 形は単数であっても常に複数扱いになる。不定冠詞の a は用いない。本問のように the をつければ, 「（特定の集合体としての）警察／警官隊」のニュアンスになる。

Plus catch the criminal は「（その）犯人を捕まえる」の意味。
Plus now「今」は, 現在完了形と一緒に用いる場合,「今（…したところだ)」の意味を表すことがある。
Plus その他の「主語と動詞の一致」で頻出のものは, 以下の用例参照。
　(1) Make sure that **the sick** are properly looked after.
　　　（病人が適切な世話を受けられるようにしなさい）
　　　＊「**the ＋ 形容詞**」が主語の場合は複数扱い。**the sick**「病人」は **sick people** と同意。
　(2) There is **a lot of snow** in this area.（この地域はたくさん雪が降る）
　　　＊**There ＋ be 動詞 ＋ A**.「A がいる［ある］」の構文では, A が文の主語。
　(3) **Five months** is too short a time to carry out the plan.
　　　（5 カ月は, その計画を実行するには短すぎる期間だ）
　　　＊時間・金額・距離・重量を表す語が主語の場合, 形は複数であっても単数扱い。

360. 動名詞句が主語

▶ **動名詞句が主語の場合は, 単数扱い。**

○ 英文の意味から, 主語が communication や clients ではなく動名詞句 Developing ... であることを見抜く。動名詞句が主語の場合は単数扱い（→ 358）となるため, ② brings を選ぶ。

361. There ＋ be 動詞 ＋ A

▶ 「**There ＋ be 動詞 ＋ A**」の構文では, be 動詞は A に一致させる。

○ where 以下が「There + be 動詞 + A」の構文であり, 主語の A が複数名詞の extremely frigid temperatures なので, ② there are を選ぶ。→ 359
Plus there are ... temperatures は,「…の気温となる」の意味を表す。定式化された表現として押さえよう。例えば, **there are hot[cold] temperatures** は「暑い[寒い]気温となる」の意味となる。

359 ①　360 ②　361 ②

第13章 主語と動詞の一致　応用問題にTry!
KEY POINT ▷ 104-108

362 There ①has always ②been quite a few people who don't believe getting ③exposed to the sun is bad. 〈西南学院大〉

363 The number of ①participants ②who attended the afternoon lecture ③were ④more than we had expected. 〈名古屋市立大〉

364 ①Understanding the distribution ②and population size of organisms ③help scientists ④evaluate the health of the environment. 〈上智大〉

365 海外に旅行に行く人の数が急激に増えています。

366 Being able to get the most out of your teams, as a participant or a team leader, improves the team's spirit as well as its productivity and creativity. 〈岩手大〉

365 travel abroad「海外に旅行に行く」
366 get the most out of A「Aの能力を最大限に引き出す，Aを最大限に生かす」, as a participant or a team leader「参加者として，あるいはチームリーダーとして」, improve「…を高める」, team's spirit「チームの士気」, B as well as A「A同様Bも」, productivity「生産性」, creativity「創造性」

362 太陽にさらされることには害があると信じない人々が，常にたくさんいる。
363 午後の講義に出席した参加者の数は，予想以上だった。
364 生物の分布と個体数を理解することは，科学者が環境の健全さを評価するのに役立つ。

第13章 主語と動詞の一致 362～366 **201**

KEY POINT ▷ 104-108

362. There ＋ be 動詞 ＋ A

○ 問題 359, 361 で扱った，**There ＋ be 動詞 ＋ A**.「**A がいる[ある]**」の構文では，**A が主語なので，be 動詞は A に一致させる**。本問の主語 quite a few people「たくさんの人々」(→ 575) は複数なので，① has を have に修正する。

Plus **expose A to B**「A を B にさらす」は重要。**getting exposed to the sun** は「太陽にさらされること」の意味。

363. the number of A が主語 — 単数扱い

○ 問題 356 で扱った **the number of A(複数名詞)**「**A の数**」が主語の場合は，**単数扱いになる**。したがって，③ were を was に修正する。

Plus **more than S (had) expected** は，「S が予想した以上」の意味を表す。

364. 動名詞句が主語

○ Understanding the distribution and population size of organisms「生物の分布と個体数を理解すること」という動名詞句が主語であることを見抜く。**動名詞句が主語の場合は，単数扱いなので**(→ 358)，③ help を helps に修正する。

Plus **help A do**「A が…するのに役立つ」は重要。→ 479, TARGET 74, 75

365. the number of A が主語 → 356

○ 主語の「海外に旅行に行く人の数」は問題 356 で扱った the number of A (複数名詞)「A の数」を用いて，The number of people traveling abroad と表現できる。「急激に増えている」は，be increasing rapidly と進行形で表現すればよい。

366. 動名詞句が主語 → 358

○ 動名詞句の Being able to get the most out of your teams「自分のチームを最大限に生かすことができること」が主語だと見抜く。文全体の構造は，S improves B as well as A.「S は A と同様に B を改善する」となっている。

---

362 ① has → have

363 ③ were → was

364 ③ help → helps

365 The number of people traveling abroad[who travel abroad] is increasing rapidly.

366 メンバーあるいはチームリーダーとして，自分のチームを最大限に生かすことができると，チームの生産性や創造性と同様にチームの士気も高めることになる。

第14章 接続詞

> 等位接続詞, 名詞節・副詞節を導く接続詞は種類も用法も多い。作文で実践的に使うので, 完璧にしたい。

KEY POINT ▷ 109

367
□□□
Members of at least seven families of fishes can generate electricity, including the electric eel, the knifefish, (　　　　).
① and so can the electric catfish
② and the electric catfish can
③ and the electric catfish
④ as well as the electric catfish can 〈青山学院大〉

368
□□□
Excuse me, (　　　　) do you have the time?
① and　② but　③ so　④ thus 〈名古屋学院大〉

369
□□□
The new technology is expected to enhance people's well-being and happiness, (　　　　) it also has the potential of being used for unethical purposes.
① because　② or　③ so　④ yet 〈立教大〉

370
□□□
(　　　　) a subway or bus in New York, and you'll find yourself reading interesting advertisements along the way.
① By taking　② Taking　③ To take　④ Take 〈日本大〉

---

367 電気ウナギ, ナギナタナマズ, 電気ナマズを含め, 少なくとも7種族の魚が電気を発することができる。
368 すみませんが, 今, 何時ですか。
369 その新しい技術は, 人々の安寧と幸福を高めることを期待されているが, 非倫理的な目的のために用いられる可能性もある。
370 ニューヨークで地下鉄やバスに乗ると, 道中でふと, おもしろい広告を読むことになる。

KEY POINT ▷ 109　　　　　　　　　　　　　　　　　等位接続詞

367. 等位接続詞 and の用法 ── A, B, and C

▶ **等位接続詞の and, or, but は文法的に対等な要素を結びつける。A and[or / but] B** の場合，原則として，A が動名詞表現であれば，B も動名詞表現，A が動詞表現であれば B も動詞表現にしなければならない。等位接続詞が何と何を結んでいるのか読み取ることは，読解上きわめて重要。

○ 本問は including の後に A, B, and C「A と B と C」と3つの名詞が続いていることを見抜く。A が the electric eel，B が the knifefish という名詞になっていることに着目し，等位接続詞 and に名詞が続いている③ and the electric catfish を選ぶ。

368. 等位接続詞 but の用法 ── A but B

○ 文意から，「逆接」を表す接続詞② but を選ぶ。本問は，**A but B** で，A と B が文になっている形。

Plus **Do you have the time?** は，**What time is it?** と同意で，「何時ですか」の意味を表す。

369. 等位接続詞 yet

○ 文意から判断して，「逆接」を表す接続詞④ yet「しかしながら，それでも」を選ぶ。

Plus **yet** には副詞用法もあるが，問題 368 の but のように，2 つの文を「逆接」でつなぐ**接続詞用法もある**ことに注意。

Plus **be expected to do** は「…することが期待されている」，**enhance people's well-being** は「人々の幸福を高める」，**the potential of being used for unethical purposes** は「非倫理的な目的で用いられる可能性」の意味。

370. and の用法 ── 命令文 …, and ～

▶ **命令文 …, and ～**は「…しなさい，そうすれば～／…すれば～」の意味を表す。

Plus **along[on] the way** は「途中で」の意味。

Plus 「命令文 …, or ～」が「…しなさい，さもなければ／…しなければ～」の意味を表すこともここで押さえておこう。
　　He said to me, "**Hurry up, or** you will be too late."
　　(「急がないと，手遅れになる」と彼は私に言った)

Plus 「命令文 …, and ～」の変形として，**名詞語句[副詞句], and ～**「…すれば～」の形もあることに注意。
　　One more step, and she would have fallen off the building.
　　(もう1歩進んでいれば，彼女はその建物から落ちていただろう)

367 ③　368 ②　369 ④　370 ④

204　1 文法

KEY POINT ▷110

371
□□□
Both historically and (　　　　), Kyoto is the heartland of Japan.
① also its geographically　② geographically
③ in its geography　　　　 ④ the geography
〈慶應義塾大〉

372
□□□
What is important is (　　　　), but what has not been said in the meeting.
① no matter what has been said　② what has never been said
③ whatever has been said　　　　④ not what has been said
〈明治大〉

373
□□□
For dessert, there is either cake (　　　　) ice cream.
① and　② else　③ instead　④ or
〈京都産業大〉

374
□□□
There are times when Jack feels lonely, as he has neither a brother (　　　　) sister.
① and a　②　neither a　③ nor a　④ without a
〈慶應義塾大〉

> ▌**TARGET 58**　等位接続詞を用いた相関表現
> ● both A and B「A も B も」→ 371
> ● not A but B「A ではなく B」→ 372 = B, (and) not A
> ● not only A but (also) B「A だけでなく B もまた」(= B as well as A)
> ● either A or B「A か B のどちらか」→ 373
> ● neither A nor B「A も B も…ない」→ 374
> 　= not ... either A or B
> 　= not ... A or B
> *原則として A, B には文法的に対等な表現がくる。

---

371 歴史的にも地理的にも，京都は日本の中心地だ。
372 重要なのは，会議で話されてきたことではなく，話されてこなかったことだ。
373 デザートにはケーキかアイスクリームがあります。
374 兄弟も姉妹もいないので，ジャックは孤独を感じる時がある。

KEY POINT ▷ 110

等位接続詞を用いた相関表現

371. 等位接続詞を用いた相関表現（1）— both A and B

▶ 等位接続詞 and, or, nor, but は相関的な表現を形成する。**both A and B** は「A も B も」の意味を形成する。**原則として，A と B は文法的に対等な表現**がくる。→ TARGET 58

○ 本問は，A と B が副詞の形。Both historically and geographically は「歴史的にも地理的にも」の意味を表す。

372. 等位接続詞を用いた相関表現（2）— not A but B

○ **not A but B**「A ではなく B」（→ TARGET 58）が本問のポイント。A が，what has been said (in the meeting)「（会議で）話されてきたこと」，B が what has not been said in the meeting「会議で話されてこなかったこと」という what で始まる関係代名詞節になっていることを見抜く。

373. 等位接続詞を用いた相関表現（3）— either A or B

○ **either A or B**「A か B のどちらか」（→ TARGET 58）が本問のポイント。なお，either cake or ice cream は there 構文の主語であるが，either A or B が主語の場合，動詞は B に合わせる。本問では，B に当たる ice cream は単数なので，be 動詞は is となっていることに注意。相関表現が主語のときの動詞の一致は，正誤問題で頻出。→ TARGET 56
Either Agnes **or** Bill is coming to the concert.
（アグネスかビルのどちらかがコンサートに来る予定です）

374. 等位接続詞を用いた相関表現（4）— neither A nor B

○ **neither A nor B**「A も B も…ない」（→ TARGET 58）が本問のポイント。

371 ②   372 ④   373 ④   374 ③

206　1 文法

KEY POINT ▷ 111

375　I could not believe the fact (　　　　) California used to belong to
□□□　Mexico.
　　　① why　② how　③ that　④ which　　　　　　　　　　〈甲南大〉

376　The waiter asked me (　　　　) I would like some coffee.
□□□　① if　② that　③ what　④ which　　　　　　　　　　〈東京理科大〉

> **TARGET 59**　名詞節を形成する接続詞 that と関係代名詞 what
>
> 接続詞 that と関係代名詞 what はいずれも名詞節を形成するが，次の違いがある。
> ● 接続詞 that：that 以下は完結した文。
> ● 関係代名詞 what：what 以下は名詞表現が欠落した文（what 自体が，節内で名詞の働きをするため）。
> 　(1) My uncle knows (　　　　) I want this bicycle.
> 　　（私のおじは私がこの自転車を欲しがっていることを知っている）
> 　(2) My uncle knows (　　　　) I want.
> 　　（私のおじは私が欲しいものを知っている）
> 　*(1) は空所の後が完結した文であるため，接続詞 that が入る。(2) は空所の後が want の目的語が欠落した文であるため，what が入る。what は，節内で want の目的語として名詞の働きをしている。

375　私は，カリフォルニアがかつてメキシコに属していたという事実を信じることができなかった。
376　そのウェイターは，私にコーヒーを飲みたいかどうか尋ねた。

KEY POINT ▷ 111　　　　　　　　　　　　　　名詞節を導く接続詞

375. 同格の名詞節を導く接続詞 that ― A + that 節

▶ 接続詞 that が導く名詞節は，名詞の後に置かれて，その具体的内容を表す場合がある。これを同格の名詞節という。→ TARGET 59「A + that 節」で「…という A」と訳出するのが原則。

[Plus] **used to do**「以前は…だった」は重要。→ 57
[Plus] すべての名詞が，同格の that 節をとるわけではない。したがって，とれる名詞をある程度覚えておくことは，英作文上きわめて重要。→ TARGET 60

376. 名詞節を導く if[whether] ― ask A if[whether] ...

▶ 接続詞 **if** と **whether** には「…かどうか」の意味を表す名詞節を導く用法がある。ask A if[whether] ... で「…かどうか A に尋ねる」の意味。if に関しては問題 18, 19, TARGET 4 を参照。

✗ ② that は不可。ask A that 節の形はないことに注意。

[Plus] whether 節が主語・目的語・補語・前置詞の目的語になるのに対し，if 節は動詞の目的語と形式主語 it を立てた場合の真主語としてしか用いられない。以下の例を参照。
［形式主語の場合］
It is questionable **if**[**whether**] the story is true. （その話が本当かどうか疑わしい）
［前置詞の目的語の場合］
That depends on **whether**[✗ if] your parents agree with your plan.
（それはあなたのご両親があなたの計画に賛成なさるかどうかによって決まるのです）

TARGET 60　同格の that 節をとる名詞
● 後ろに that 節をとる動詞の名詞形（「動詞 + that 節」⇒「名詞 + that 節」）
- demand「要求」
- suggestion「示唆, 提案」
- conclusion「結論」
- report「報告」
- assertion「主張」
- order「命令」
- supposition「仮定」
- claim「主張」
- belief「考え」
- recognition「認識」
- proposal「提案」
- thought「考え」
- proposition「提案」
- hope「希望」
- request「提案」
- dream「夢」

● その他の名詞
- idea「考え」
- possibility「可能性」
- news「知らせ」
- opinion「意見」
- theory「理論」
- rumor「うわさ」
- impression「印象」
- evidence「証拠」
- chance「見込み」
- fact「事実」→ 375

---

375 ③　376 ①

377 Human beings differ from other animals in (   ) they can make use of fire.
① so ② that ③ what ④ which 〈関西学院大〉

KEY POINT ▷ 112

378 I can see that you are about halfway through that novel. Could I borrow your book (   ) you are finished with it?
① as soon ② since ③ when ④ while 〈慶應義塾大〉

379 (   ) the annual clearance was launched, sales of our products have more than doubled.
① For ② Since ③ Unless ④ Until 〈東京理科大〉

380 (   ) the Revolutionary War ended in 1783, Boston merchants began to build huge fortunes through foreign trade.
① After ② During ③ If ④ Over 〈西南学院大〉

KEY POINT ▷ 113

381 (   ) my son enters elementary school, he should be able to say the English alphabet.
① Before long ② By the time ③ While ④ Until 〈立教大〉

382 I wanted to relax on my bed, but my mother began cleaning my room. So, I stayed in the living room (   ) she finished.
① until ② by ③ when ④ though 〈秋田県立大〉

---

377 人間は火を使えるという点で，ほかの動物とは異なる。
378 あなたは，その小説のほぼ半分を読み終えたようですね。読み終えたら，その本を貸していただけますか。
379 年1回の在庫一掃セールが始まってから，当社の製品の売上高は倍以上になっている。
380 アメリカ独立戦争が1783年に終わると，ボストンの商人たちは外国貿易を通じて巨大な富を築き始めた。
381 私の息子は小学校に入るまでに，英語のアルファベットを言うことができるはずだ。
382 私は自分のベッドでのんびりしたかったが，母が私の部屋を掃除し始めた。それで，私は母が掃除し終わるまで居間にいた。

第 14 章 接続詞 377〜382

377. 名詞節を導く that ― in that S + V ...

▶ 原則として that 節は前置詞の目的語にはならないが，例外的に **in that S + V ...**「…する点で／…するので（= because）」と，**except + (that) + S + V ...**「…することを除いて」の形がある。

○ 本問は，in that S + V ... を問う問題。**A differs[is different] from B in that S + V ...**「…する点で A は B と異なる」は英作文で覚えておきたい表現。

Plus 以下は except + (that) S + V ... の用例。
I know nothing about him **except (that)** he is a doctor.
(彼が医者だということを除けば，彼について私は何も知らない)

KEY POINT ▷ 112　　　　時の副詞節を導く接続詞（1）

378. 時の副詞節を導く when

○ 文意から判断して，③ **when**「…するとき」を選ぶ。

Plus **be halfway through A** は「A を半分終えている」，be finished with A は「A を終えている」の意味。

379. 時の副詞節を導く since

○ 文意から判断して，② **Since**「…して以来」を選ぶ。since の用法は問題 20 を参照。

Plus **the annual clearance** は「年 1 回の在庫一掃セール」の意味。

380. 時の副詞節を導く after

○ 文意から判断して，① **After**「…した後で［に］」を選ぶ。

Plus **the Revolutionary War** は「アメリカ独立戦争」の意味。

KEY POINT ▷ 113　　　　時の副詞節を導く接続詞（2）

381. 時の副詞節を導く by the time ― until との区別

▶ 接続詞 **by the time** は「…するまでには」の意味で，主節動詞の行為が完了する「**期限**」を表すのに対し，**until[till]** は「…するまで（ずっと）」の意味で，主節動詞が表す「**継続**」した状態・動作の終了の時点を表すと覚えておけばよい。日本語の訳出の違いだけでも十分に判断できるはず。

○ 文意から「息子が小学校に入学するまでには」の意味になるので，② **By the time** を選ぶ。

382. 時の副詞節を導く until

○ 問題 381 で扱った **until[till] ...**「…するまで（ずっと）」が本問のポイント。

---

377 ②　378 ③　379 ②　380 ①　381 ②　382 ①

210　1 文法

383 We won't be getting married (　　　　) we've saved enough
□□□　money.
　　① as　② if　③ while　④ until　　　　　　　　　　〈上智大〉

384 It won't be long (　　　　).
□□□　① that spring will come　② when spring comes
　　③ before spring comes　④ until spring will come　　　〈高知大〉

KEY POINT ▷ 114

385 I'll proceed to the convention center registration desk (　　　　)
□□□　I've finished checking into the hotel.
　　① while　② as soon as　③ until　④ immediately before
　　　　　　　　　　　　　　　　　　　　　　　　　　　〈北里大〉

386 (　　　　) I saw the cute puppy at the shop, I decided to buy it as
□□□　my pet.
　　① The moment　② By the moment
　　③ To the moment　④ For the moment　　　　　　　〈名古屋工業大〉

> **TARGET 61　接続詞 the moment など**
> as soon as S + V ... 「…するとすぐに」(→ 385) と同様の意味・用法を持つ接続詞に，以下のものがある。
> ● the moment S + V ... → 386　● the minute S + V ...　● directly S + V ...（英）
> ● the instant S + V ...　　　　● immediately S + V ...（英）

---

383 私たちは十分なお金を貯めるまで，結婚することはありません。
384 もうすぐ春が来るでしょう。
385 ホテルへのチェックインを終え次第，私はコンベンションセンターの登録受付所に向かう。
386 その店でかわいい子犬を見るとすぐに，私はそれを自分のペットとして購入することにした。

383. until の用法 ― not ... until S＋V ～

○ **until[till]**「…するまで（ずっと）」（→381, 382）を用いた **not ... until S＋V ～**「～するまで…しない／～して初めて…する」が本問のポイント。

Plus until[till] は「…して，ついに～」と前から訳出する方が自然な場合があるので注意。特に until の前にコンマがある場合や，until の次に at last / eventually / finally「ついに」などの表現がある場合は，このニュアンスになる。

They walked on and on, **until finally** they found a little stream.
（彼らはどんどん歩いていったが，ついに小さな川の流れを見つけた）

384. before の用法 ― It won't be long before S＋V ...

▶「時間」を表す it を主語に立てた **It won't be long before S＋V ...** は，「…するのは遠くないだろう／まもなく…するだろう」の意味を表す。この形は，**It is＋時間＋before S＋V ...**「…するまでに～の時間がかかる」の構文から派生したもの。以下の用例を参照。

It was a month before he got well.（彼が回復するまでに 1 カ月かかった）

KEY POINT ▷ 114　　　　as soon as とその同意表現

385. 時の副詞節を導く as soon as

○ 文意から判断して，② **as soon as**「…するとすぐに」を選ぶ。

Plus **proceed to A** は「A に進む」の意味。

386. as soon as と同意表現 ― the moment S＋V ...

▶ **the moment** は接続詞として「…するとすぐに」の意味で用いられる。接続詞 **as soon as** と同意。

Plus moment は「瞬間」（= instant, minute）の意味だが，(at) the moment (when) S＋V ...「…する瞬間に → …するとすぐに」の at と when がとれた形だと考えればわかりやすい。

212　1 文法

387
□□□
She had been on the phone to a friend when she noticed a strange smell start to spread through the house. (　　　　) had she escaped through the front door than flames started rising through the roof.
① Not until　② Hardly ever
③ No sooner　④ Unless otherwise　　　　　　　〈慶應義塾大〉

KEY POINT ▷ 115

388
□□□
(　　　　) I hear that song, it makes me want to dance.
① Every time　② In time　③ Time by time　④ On time
　　　　　　　　　　　　　　　　　　　　　　　　　　〈北里大〉

> **TARGET 62　... hardly ... when ～ など**
>
> 「…するとすぐに～」の意味を表す相関表現は，以下のように整理して押さえておくとよい。
>
> (1) ...⎰ hardly ⎱ ... ⎰ when ⎱ ～
> 　　⎱ scarcely ⎰ ... ⎱ before ⎰
>
> (2) ... no sooner ... than ～
>
> ＊主節動詞（…）に過去完了，従節動詞（～）に過去形を用いて，過去の内容を表すことが多い。
>
> ＊ hardly, scarcely, no sooner は否定語だから，文頭にくると主語と動詞は倒置（疑問文の語順）になる。→ 387
>
> ＊なお，(1) で hardly, scarcely ではなく not を用いて，had not done ... before[when] ～の形になると，「…しないうちに～する」の意味となる。
>
> 　I had **not** gone far **before** it began to rain.
>
> 　（遠くまで行かないうちに雨が降りだした）

387　彼女が電話で友人と話をしていると，変なにおいが家の中に広がってくるのに気づいた。彼女が正面玄関から逃げ出すやいなや，炎が屋根から立ち上り始めた。

388　私は，その歌を聞くたびに踊りたくなる。

387. No sooner had S done ... than S′ ＋ 過去形 ～

▶ **S had no sooner done ... than S′ ＋ 過去形 ～.** は「…するとすぐに～」の意味を表す。

否定の副詞表現 **no sooner** が文頭にくると倒置（疑問文の語順）になり，**No sooner had S done ... than S′ ＋ 過去形 ～.** の形になることに注意。→ 259, TARGET 62

Plus 知覚動詞 notice は，**notice A do** の形で「A が…するのに気づく」の意味を表す。

KEY POINT ▷ 115　　every time / suppose / once / unless

388. 接続詞としての every time S ＋ V ...

▶ **every time [each time]** は接続詞として，**every time [each time] S ＋ V ...** の形で「…するときはいつも／…するたびに」の意味を表す。→ TARGET 63

Plus **make A do**「A に…させる」は重要。→ 477

TARGET 63　　time を用いた接続詞

● the first time 「初めて…するときに」
　The first time I met her, I liked her at once.
　（彼女に初めて会ったとき，すぐに好きになった）

● (the) next time 「次に…するときに」
　＊節内が「未来」のことであれば，the をつけない。
　Next time I come, I'll bring along my children.
　（今度来るときには子どもたちを連れてきます）

● the last time 「最後に…するときに」
　The last time I met him, he looked tired.
　（最後に彼に会ったとき，彼は疲れて見えた）

● any time / anytime 「…するときはいつも」
　Come and see me, **any time** you want to.
　（私に会いたいときはいつでも会いにきてください）

● every time[each time] 「…するときはいつも／…するたびに」 → 388
　Every time we go on a picnic, it rains.
　（私たちがピクニックに行くたびに雨が降る）

214 1 文法

389 ( ) you won the lottery, what would you do with the
□□□ money?
① Suppose ② Think ③ Hope ④ Let 〈杏林大〉

390 This game is easy, ( ) you learn the basic rules.
□□□ ① with ② even if ③ once ④ unless 〈東京電気大〉

391 ( ) we fix the problem now, we will never be able to
□□□ succeed.
① If ② Unless ③ Because ④ Despite 〈杏林大〉

KEY POINT ▷ 116

392 We enjoyed our stay on the beach, ( ) the weather was
□□□ cloudy and windy.
① despite ② in spite of ③ although ④ regardless of
〈東洋大〉

393 They went to the party ( ) they had a test the next day.
□□□ ① despite ② even ③ even though ④ in spite of 〈立命館大〉

> **TARGET 64** 動詞から派生した条件節を導く表現
>
> 以下はいずれも if S + V ... 「もし…ならば」の意味を表す表現。
> ● provided (that) S + V ...　● supposing (that) S + V ...
> ● providing (that) S + V ...　● suppose (that) S + V ... → 389
> *（×）supposed (that) S + V ... の形はない。誤答選択肢に使われることがあるので注意すること。

---

389 宝くじに当選したとしたら，あなたはそのお金で何をしますか。
390 いったん基本的なルールを学べば，このゲームは簡単だ。
391 今，問題を解決しない限り，私たちは決して成功することができないだろう。
392 天気は曇りで風が強かったけれど，私たちはビーチでのひとときを楽しんだ。
393 翌日にテストがあるにもかかわらず，彼らはそのパーティーに出かけた。

389. if 節の代用表現 — suppose S + V ...

▶ **suppose (that) S + V ...** は if S + V ... と同意で,「もし…ならば」の意味を表す。
→ TARGET 64

390. 接続詞として用いる once

▶ once には接続詞用法があり,**once S + V ...** で「ひとたび…すると/いったん…すると」の意味を表す。

391. unless S + V ... = except when S + V ...

▶ **unless ...** は「…でない限り/…の場合は除くが」の意味を表す。X unless Y「Y でない限り X」(X, Y は文内容) は,X に関する「唯一の例外」を表す。

Plus **unless S + V ...** の同意表現,**except when S + V ...** もここで押さえておこう。

KEY POINT ▷ 116 　　　　　　　　　　　「譲歩」を表す接続詞

392.「譲歩」を表す接続詞 (1) — although

○ 文意から判断して,「譲歩」を表す **although**「…だけれども」が入る。although は though の同意表現。

✕ ① **despite A**「A にもかかわらず」は前置詞,② **in spite of A**「A にもかかわらず」,④ **regardless of A**「A (のいかん) にかかわらず」は群前置詞。接続詞は ③ although だけ。

393.「譲歩」を表す接続詞 (2) — even though

▶ **though / although** は「…だけれども」という意味を表す接続詞だが,**even though**(✕ even although とは言わないことに注意)になると,意味が強まり「たとえ…でも/…にもかかわらず」という意味になる。

Plus **even though** は **even if** とほぼ同意だが,**even if** が「事実はどうであれ」といったニュアンスが強いのに対し,**even though** は「事実」を前提に使う傾向がある。
I won't be surprised **even if** it is true.(たとえそれが本当でも驚かないよ)

216　1 文法

394
□□□
(　　　　) we understand his anger, we cannot accept his behavior.

① Even if　② Only if　③ What if　④ As if　　　　〈東海大〉

395
□□□
Different (　　　　) Warren and Graham were, they shared something in common.

① if　② how　③ as　④ unless　　　　〈慶應義塾大〉

> ### TARGET 65　接続詞 as の用法
>
> (1) 原因・理由の as「…なので」→411
>
> 　Let's go by car, **as** I have a car.（車があるから，車で行きましょう）
>
> (2) 様態の as「…するように／…するとおりに」
>
> 　He sang **as** she did. ＝ He sang **the way** she did.（彼は彼女の歌うとおりに歌った）
>
> 　＊この **as** は **the way** でも表現できることも押さえておきたい。
>
> (3) 比例の as「…するにつれて／…するにしたがって」→406
>
> 　**As** one grows older, one becomes wiser.（人は年をとるにつれて，賢くなる）
>
> (4) 時の as「…するとき／…しながら／…したとたんに」
>
> 　He went out just **as** I came in.（ちょうど私が入ってきたとき，彼は出て行った）
>
> 　＊ when や while よりも同時性が強い。
>
> (5) 譲歩の as「…だけれども」→395
>
> 　Tired **as** he was, he went on working.（疲れていたけれども，彼は働き続けた）
>
> 　＊譲歩を表すのは，「形容詞／副詞／無冠詞名詞 ＋ as ＋ S ＋ V …」の形の場合に限られる。
>
> (6) 限定の as「…のような」
>
> 　Language **as** we know it is a human invention.
>
> 　（私たちの知っているような言語は人間が創り出したものです）
>
> 　＊直前の名詞の意味を限定する。it は language を受ける。

394　たとえ私たちが彼の怒りを理解したとしても，彼の振る舞いを容認することはできない。
395　ウォーレンとグレアムは異なるものの，彼らには共通点があった。

394. 「譲歩」を表す接続詞 — even if

○ even if「たとえ…だとしても／…だとしても」(→ 393) が本問のポイント。

395. 「譲歩」を表す接続詞 — as

▶ 形容詞／副詞／無冠詞名詞 ＋ as ＋ S ＋ V ... の形で「…だけれども」という譲歩の意味を表す。→ TARGET 65

[Plus] as の代わりに though を用いることもあるので注意（although は不可）。

[Plus] なお、「無冠詞名詞 ＋ as ＋ S ＋ V ...」の例は入試ではまだ出題されているが、今ではほとんど使われていない。

[Plus] as を用いた上記の形で、「…なので」という理由の意味で用いられることがある点も押さえておこう。以下の例を参照。

Good as Tom is, he is loved by his classmates.
（トムはいい人なので、級友にとても好かれている）

218　1 文法

KEY POINT ▷ 117

396
□□□
In Japan, the advertisements carry so many foreign words
(　　　) people who are concerned for the future of the
Japanese language often let out cries of alarm.
① as far as　② because　③ if　④ that 〈東京薬科大〉

397
□□□
It was (　　　) that I took a day off from work.
① a so lovely day　② a such lovely day
③ so a lovely day　④ such a lovely day 〈青山学院大〉

KEY POINT ▷ 118

398
□□□
Tatsuya went home early today (　　　) he could prepare
dinner for his wife.
① so that　② as for　③ as such　④ in order to 〈南山大〉

399
□□□
We are sending our representative (　　　) you may discuss
the matter with her.
① in order that　② to order in　③ in order to　④ order as in
〈法政大〉

---

396 日本では，広告にとても多くの外国語が含まれているので，日本語の将来を心配する人たちは，しばしば警戒の声を発している。
397 とてもよい天気だったので，私は 1 日仕事を休んだ。
398 タツヤは妻のために夕食の準備ができるように，今日は早めに帰った。
399 私たちは，あなたがたが彼女とその件について話し合えるように代理人を送ります。

KEY POINT ▷ 117　　　　　接続詞を使って「結果」「程度」を表す表現

396.「結果」「程度」を表す so ... that S + V 〜

▶ **so ... that S + V 〜**は「とても…なので〜（結果）／〜するほど…（程度）」の意味を表す。

Plus　**let out A**は「A（叫び声など）を出す」の意味。

397.「結果」「程度」を表す such ... that S + V 〜

▶ **such ... that S + V 〜**も文意は「とても…なので〜（結果）／〜するほど…（程度）」で，**so ... that S + V 〜**と同じ。ただし，**such + a[an] +（形容詞）+ 名詞**の形になる場合や，名詞が複数形や不可算名詞の場合は，**such +（形容詞）+ 名詞**」の形。

Plus　本問のように，**such + a[an] +（形容詞）+ 名詞 + that S + V ...**の場合は，**so + 形容詞 + a[an] + 名詞 + that S + V ...**と言い換えることができる。したがって，③ **so a lovely day**は **so lovely a day**であれば可。

KEY POINT ▷ 118　　　　　接続詞を使って「目的」を表す表現

398.「目的」を表す so that S can ...

▶ **so that S can[will / may] ...** で，「…できるように [するために]」という「目的」を表す副詞節を導く用法がある。

Plus　助動詞を否定形にすれば，「…しないために」の意味になるが，その場合 can / could は避けられることが多い。

Plus　that を省略して，**so S can ...**の形で口語的に用いられることがある。この場合は助動詞に can を用いるのが一般的。

Plus　**so that** の前に通例コンマを置いて，「それで／その結果」という「結果」を表す用法もあるので注意。
He overslept, **so that** he missed the first time.（彼は寝過ごしたため，始発電車に乗り遅れた）

399. 目的を表す in order that S may ...
▶ **in order that S may[can / will] ...** は，問題398で扱った**so that S can[will / may] ...** と同意で，「…するために」という「目的」を表す。**in order that S may[can / will] ...** の **that** は省略できないことに注意。

396 ④　397 ④　398 ①　399 ①

KEY POINT ▷ 119

400 You should insure your car ( ) stolen.
☐☐☐ ① in case it will be ② if it will be ③ if it is ④ in case it is
〈法政大〉

401 ( ) that you are a college student, you ought to know
☐☐☐ better.
① After ② In order ③ Now ④ So
〈玉川大〉

KEY POINT ▷ 120

402 As ( ) as I am concerned, this is not a big problem.
☐☐☐ ① far ② soon ③ possible ④ well
〈東海大〉

403 I will keep this promise as ( ) as I live.
☐☐☐ ① late ② soon ③ far ④ long
〈青山学院大〉

---

400 あなたは，車が盗まれた場合に備えて保険をかけるべきだ。
401 あなたはもう大学生なのだから，もっと分別があってしかるべきだ。
402 私に関する限り，これは大きな問題ではない。
403 私が生きている限り，この約束は守ります。

KEY POINT ▷ 119　　　　　　　　　　　　　　　　　　　in case / now that

400. in case S ＋ 現在形

▶ **in case S ＋ 現在形[should ＋ 原形]** は「Sが…する場合に備えて」の意味を表す。主節が過去時制であれば，「**in case S ＋ 過去形**」の形で用いる。また，**in case** 節内で **should** 以外の助動詞は用いないことに注意。

✗ ① in case it will be は不可。in case it should be なら可。

[Plus] **in case S ＋ V ...** で「もし…なら」という **if** と同じ意味を表す用法（アメリカ用法）があることも押さえておこう。
What shall we do **in case** it rains?（もし雨が降ったら，どうしましょうか）

[Plus] 同意表現の **for fear (that) S may[might / will / would / should] ＋ 原形** もここで押さえておこう。
He worked hard **for fear (that)** he should fail again.
（また落第するといけないので，彼は一生懸命勉強した）

401.「明白な理由」を表す now that S ＋ V ...

▶ **now (that) S ＋ V ...**「今や…だから」は，「相手」もわかっている**明白な理由**を表す。**that** が省略されることもあるので注意。

KEY POINT ▷ 120　　　　　　　　　　　　　　　接続詞 as far as と as long as

402.「範囲・制限」を表す as far as ─ as long as との区別

▶ 接続詞 **as[so] far as** は「…する限り（では）」という意味で範囲・制限を表すが，**as[so] long as** は時「…する間 (= while)」や条件「…しさえすれば (= only if)」を表す。日本語では区別がつかない場合が多いので，節の内容が，範囲・制限なのか時・条件なのかをはっきりとさせること。それでも判断がつきにくければ，while または if に置き換えられれば as[so] long as，置き換えられなければ as[so] far as と考えておけばよい。

○ 本問の **as far as S is concerned**「Sに関する限り」は，よく用いられる表現なので慣用表現として押さえておくこと。

[Plus] **as far as** と **as long as** の区別は以下の文で確認しておこう。
As far as I know, Tom is a good man.
（私の知っている限り，トムはいい人です）
Any book will do **as long as** it is interesting.
（おもしろければ，どんな本でもいいです）

403.「時・条件」を表す as long as

○ 問題 402 で扱った **as[so] long as**「…する間 (= while)」が本問のポイント。

[Plus] **as long as I live**「私が生きている限り」はよく用いられる表現。

---

400 ④　401 ③　402 ①　403 ④

222　1 文法

KEY POINT ▷ 121

404
□□□
Our class was scolded by the teacher for chatting (　　　) she was teaching.
　① during　② then　③ the time　④ while　〈京都産業大〉

405
□□□
The smoking rate among women is increasing, (　　　) that of men is decreasing.
　① contrary　② opposite　③ unequal　④ whereas　〈日本大〉

406
□□□
The weather was getting better and better, (　　　) the day went on.
　① for　② as　③ that　④ unless　〈県立広島大〉

404　私たちのクラスは，先生が教えている最中におしゃべりをしたために叱られた。
405　女性の喫煙率は上昇しているが，男性の喫煙率は下降している。
406　日がたつにつれて，天気はどんどんよくなっていった。

KEY POINT ▷ 121　　　　　　　　　　　　　while / whereas / as

404.「期間」を表す while S + V ...
▶ 接続詞 while は，**while S + V ...** で「…している間に」の意味を表す。
✗ ① during「…の間に」は前置詞なので不可。
[Plus] **S scold A for B**.「S は B のことで A を叱る」は重要。本問はその受動態 **A is scolded by S for B**.「A は B のことで S に叱られた」の形になっている。

405.「対比」を表す whereas S + V ...
▶ 接続詞 **whereas** は，「～，一方…」という「**対比**」を表す。
[Plus] 接続詞 while にも「対比」を表す用法があることを，ここで押さえておこう。
While Tom is shy, his wife is sociable.（トムが引っ込み思案であるのに対し，彼の妻は社交的だ）

406.「比例」を表す as S + V ...
▶ 接続詞 as には多様な用法があるが，**as S + V ...** で「…するにつれて」という「**比例**」の意味を表す用法がある。→ TARGET 65
[Plus] **as the day goes on**「日がたつにつれて」は，よく用いられる表現。

---

404 ④　405 ④　406 ②

第14章 接続詞 応用問題にTry!

KEY POINT ▷ 109-121

407 On arriving at the hotel, he called his son.
= (　　　) (　　　) (　　　) he arrived at the hotel, he called his son. 〈大阪教育大〉

408 Monkeys learn tricks (give great performances / they will / that / be able to / so easily) in a short time. 〈名古屋工業大〉

409 Mr. Parker is very busy today. Don't call him (　　　) it's urgent. 〈京都教育大〉

410 まもなく私たちは宇宙旅行を楽しむことができるだろう。
〈itで書き始める〉

411 It's possible that staying busy increases people's ability to learn new things, as they may be exposed to different situations, people, and information on a daily basis. 〈お茶の水女子大〉

410 enjoy space travel「宇宙旅行を楽しむ」
411 It's possible that S + V ...「…ということがありうる」, staying busy「忙しくしていること」, A's ability to do ...「…するAの能力」, expose A to B「AをBにさらす」, on a daily basis「毎日のように」

407 ホテルに到着するとすぐに，彼は息子に電話をかけた。
408 サルは芸をいとも簡単に覚えるため，短時間ですごい芸をすることができるようになるだろう。
409 パーカー氏は，今日はとても忙しいのです。緊急でない限り，彼に電話しないでください。

第 14 章　接続詞 407〜411　225

KEY POINT ▷ 109-121

407. 時の副詞節を導く as soon as

○ 問題 120 で扱った **on doing** は，「…するとすぐに」の意味を表すので，空所には As soon as が入る。**→ 385**

408.「結果」「程度」を表す so ... that S ＋ V 〜

○ 問題 396 で扱った **so ... that S ＋ V 〜**「とても…なので〜（結果）／〜するほど…（程度）」が本問のポイント。that 以下は，they will be able to give great performances「サルたちは，すごい芸をすることができるようになるだろう」とまとめればよい。

409. unless S ＋ V ... = except when S ＋ V ...

○ 問題 391 で扱った **unless S ＋ V ...**「…でない限り」（= **except when S ＋ V ...**）が本問のポイント。

410. before の用法 — It won't be long before S ＋ V ... **→ 384**

○ 本問は，**It won't be long before S ＋ V ...**「…するのは遠くないだろう／まもなく…するだろう」という表現を使って表すことができる。

411.「理由」を表す接続詞 — as **→ TARGET 65**

○ 主節は，It's possible that S increases A.「S が A を高めることがありうる」の形になっており，「理由」を表す接続詞 as から始まる従節は，S may be exposed to A, B and C.「S は A, B, C にさらされているかもしれない」の形となっている。

---

407 As soon as

408 so easily that they will be able to give great performances

409 unless

410 It won't be long before we can enjoy space travel.

411 忙しくしていることが，人の新しいことを学ぶ能力を高めるということがありうる。人は毎日のように，さまざまな状況，人間，情報にさらされる可能性があるからだ。

第15章 前置詞

> ひとつの前置詞に様々な用法がある。読解ではそれを見抜く必要があり，正しい使用は作文の基礎となる。

KEY POINT ▷ 122

412 □□□ We left London (　　　) the morning of June 7, 2007.
① at　② on　③ to　④ for
〈駒澤大〉

413 □□□ A : What time does the library close?
B : It closes at 9 p.m. Monday to Friday and 6 p.m. (　　　) Saturdays.
① at　② by　③ in　④ on
〈学習院大〉

414 □□□ To prepare for the New Year's sale, the employees will work (　　　) midnight.
① in　② till　③ by　④ on
〈法政大〉

TARGET 66　時を表す in / on / at

(1) in ―「幅のある期間（年／季節／月）」に用いる。
- in 2020「2020 年に」　● in July「7 月に」
- in (the) spring「春に」

(2) on ―「日（曜日／日付）」に用いる。
- on Tuesday「火曜日に」→ 413
- on September 10(th)「9 月 10 日に」

(3) at ―「時の 1 点（時刻）」に用いる。
- at seven o'clock「7 時に」

*不特定で一般的な朝・午後・夜などを morning, afternoon, evening で表す場合は，in the morning / in the afternoon / in the evening など in を用いる。

*他方，特定の朝・午後・夜などや形容詞で修飾する場合には，例えば on the morning of June 25th / on a cold morning / on Sunday afternoon などのように on を用いる。→ 412

*night の場合は，不特定で一般的な「夜」なら at night を用いるが，cold などの形容詞で修飾する場合には on a cold night と表現する。

---

412 私たちは 2007 年 6 月 7 日の朝にロンドンを出発した。
413 A：図書館は何時に閉館しますか。
　　B：月曜日から金曜日は午後 9 時に，毎週土曜日は午後 6 時に閉まります。
414 新年の特売に備えて，従業員は真夜中まで働くことになるだろう。

KEY POINT ▷ 122　　　　　　　　　　　　　　　　　時を表す前置詞

412. 特定の朝の場合 ─ on
▶ 特定の朝・午後・夜の場合は，**on the morning of June 7**「6月7日の朝に」のように on を用いる。→ TARGET 66

413. 曜日の場合 ─ on

▶ 曜日の場合は，**on Saturday**「土曜日に」のように on を用いる。→ TARGET 66
Plus **on Saturdays** のように複数形にすると，「（習慣的に）土曜日に」のニュアンスが出る。

414.「継続」を表す till ─「期限」を表す by との区別

▶ 接続詞 **till[until]** と **by the time** の違い（→ 381）は，前置詞 till[until] と by の間でも同じ。**till[until] A**「Aまで（ずっと）」は「**継続**」，**by A**「Aまでに（は）」は「**期限**」を表す。
○ 本問は，「真夜中まで（ずっと働くだろう）」の意味になるので② till (midnight) を選ぶ。
Plus by の用例は以下の文を参照。
　If we take an express, we'll get home **by** seven o'clock.
　（急行に乗れば，7時までには家に着くでしょう）
Plus **prepare for A** は「Aに備える／Aのために準備する」の意味。

412 ②　413 ④　414 ②

228　1 文法

415
☐☐☐
Please complete the assignment (　　　　) next Monday.
① by　② until　③ since　④ to
〈南山大〉

416
☐☐☐
We hope to see a couple of shows (　　　　) our stay in New York City.
① for　② during　③ while　④ until
〈法政大〉

417
☐☐☐
Please wait here (　　　　) five minutes.
① until　② for　③ by　④ during
〈法政大〉

418
☐☐☐
I got sick last month and lost five kilos, but (　　　　) a week I was right back up to my regular weight.
① within　② by　③ until　④ from
〈南山大〉

419
☐☐☐
I'm looking forward to seeing you (　　　　) three weeks.
① about　② from　③ in　④ until
〈立命館大〉

KEY POINT ▷ 123

420
☐☐☐
If you don't know how to get to Mary's party, let's meet (　　　　) the corner of 4th Street and 5th Avenue.
① with　② in　③ to　④ at
〈南山大〉

> **TARGET 67**　場所を表す in / on / at
>
> (1) in — ①「空間」(space)をイメージする比較的広い場所の中であること，②何かで囲まれた「内部」を示す。→ 420
>
> ① in Japan「日本で」，② in the park「その公園で」
>
> (2) on — ①「面」(surface)に接触していること，②「近接」を示す。→ 422
>
> ① on the wall「壁に」，② a village on the lake「湖のほとりの村」
>
> (3) at — ①「点」(point)をイメージする比較的狭い場所であること，②「地点」を示す。→ 420
>
> ① at the corner「角で[に]」，② at the door「ドアのところで」

---

415 来週の月曜日までに課題を完成させてください。
416 私たちはニューヨーク市での滞在中に，2，3の演劇を見たいと思っている。
417 ここで 5 分間待っていてください。
418 私は先月病気になって体重が 5 キロ減ったが，1 週間以内にいつも通りの体重に戻った。
420 メアリーのパーティーへの行き方がわからない場合は，4 番通りと 5 番街の角で会いましょう。

415. 「期限」を表す by

○ 問題 414 で扱った「期限」を表す **by A**「A までに(は)」が本問のポイント。by next Monday で「次の月曜日までに」の意味を表す。

416. 「特定の期間」を表す during — for との区別

▶ 前置詞 for が通例，数詞などのついた期間を表す語句を従えて，単に「期間の長さ」を表すのに対し，**during は定冠詞や所有格などのついた語句を従えて「特定の期間」**を表す。

✗ ③ while は接続詞なので不可。while we stay in New York であれば可。

[Plus] **for three minutes**「3 分間」，**for a week**「1 週間」，**during the week**「その週の間」，**during my stay in London**「ロンドンに私が滞在している間」，**during the vacation**「その休暇中」などでその違いを確認しておこう。

417. 「期間の長さ」を表す for

○ 問題 416 で扱った「期間の長さ」を表す **for A** が本問のポイント。**for five minutes** で「5 分間」の意味。

418. within の用法

○ 文意から判断して，① **within A**「A 以内に」を選ぶ。**within a week** で「1 週間以内に」の意味。

419. 「経過」を表す in

○ 文意から判断して，「経過」を表す③ **in**「今から…で／…経つと」を選ぶ。**in three weeks** は「(今から) 3 週間後」の意味。

KEY POINT ▷ 123　　　　　　　　　　場所などを表す前置詞

420. 「地点」を表す at —「空間」を表す in との違い

○ 「地点」を表す④ at を選ぶ。**at the corner of A and B**「A と B の角で」で押さえる。A と B の線が交わるところは，in「空間」(space) ではなく at「点」(point) となるはず。→ TARGET 67

415 ①　416 ②　417 ②　418 ①　419 ③　420 ④

230　1 文法

421
☐☐☐
They went fishing (　　　) the river.
① over　② under　③ in　④ to
〈関西学院大〉

422
☐☐☐
London is situated (　　　) the River Thames.
① in　② on　③ to　④ with
〈明治大〉

423
☐☐☐
My home town is about 100 kilometers (　　　) the north of Tokyo.
① for　② off　③ on　④ to
〈立教大〉

424
☐☐☐
The hotel is located (　　　) the National History Museum and the Hotel Classic in the historic district.
① from　② between　③ into　④ among
〈西南大〉

425
☐☐☐
It was difficult to settle the dispute because disagreement was evident (　　　) the workers.
① among　② beyond　③ inside　④ within
〈学習院大〉

426
☐☐☐
Is there a basement (　　　) the first floor?
① down　② bottom　③ lower　④ below
〈青森公立大〉

427
☐☐☐
People (　　　) 20 are not allowed to drink alcohol.
① within　② above　③ under　④ for
〈杏林大〉

428
☐☐☐
Let's talk (　　　) a cup of coffee, shall we?
① over　② on　③ in　④ at
〈東海大〉

421 彼らは川へ釣りに行った。
422 ロンドンはテムズ川のほとりに位置している。
423 私の故郷は，東京の北へ 100 キロメートルほど行ったところにある。
424 そのホテルは，歴史的地区にある国立歴史博物館とホテル・クラシックの間に位置している。
425 労働者の間で意見の相違が明らかだったので，その論争を解決することは難しかった。
426 1 階の下に地下室はありますか。
427 20 歳未満の人はアルコール飲料を飲むことを認められていない。
428 コーヒーを飲みながら話しませんか。

421. go fishing in A「A に釣りに行く」

▶「A に釣りに行く」は(×)go fishing to A とは言えず，**go fishing in A** で表す。「A に」は go ではなく fishing に支配される。**go swimming in the river**「川に泳ぎに行く」，**go shopping at a department store**「デパートに買い物に行く」，**go skiing in Hokkaido**「北海道にスキーに行く」などで覚えておこう。→ TARGET 67

422. 近隣を表す on — on the ＋ 川(の名)

▶ **on** は「接触」を前提にして用いるが，そこから「…に面して(いる)／…のほとりに[の]」という「近接」の意味で用いることがある。特に「**on the ＋ 川(の名)**」「…川のほとりに[の]」は頻出。→ TARGET 67

423.「方向」を表す to — to the north of A

▶「方向」を表す to を用いた **to the north of A** は，「A の北方へ[に向かって]」の意味を表す。**S is to the north of A.**「S は A の北方にある」で押さえておく。

Plus **in the north of A**「A の北部に」との区別は重要。**S is in the north of A.** は「S は A の北部にある」の意味を表す。

Hokkaido is **in the north of** Japan.（北海道は日本の北部にある）

424. between の用法 — between A and B

▶ 2 者があって，「…の間に」の意味を表す場合は，**between** を用いる。
○ 本問のように **between A and B**「A と B の間に[で]」の形で用いられることが多い。
✗ ④ among は 3 者以上の場合に用いる。→ 425

425. among の用法 — among the workers「労働者の間で」

▶ **among** は 3 者以上の場合に用いて，「…の中に[で]／…の間に[で]」の意味を表す用法がある。目的語には同類・同種の集まりを表す複数名詞[集合名詞]がくることに注意。**among friends**「友だちの中に[で]」，**among poor people**「貧しい人々の中に[で]」，**among the crowd**「群衆の中に[で]」などで押さえておこう。

426. below の用法 — below the first floor「1 階の下に」

▶ **below** は「…の下方に」の意味を表す。反意表現の **above**「…の上方に」も重要。
Plus under「…の(真)下に」(⇔ over「…の(真)上に」)との違いもここで押さえておこう。

427. under の用法 — people under 20「20 歳未満の人々」

▶ **under A** には「A 未満の」(= less than A) の意味を表す用法がある。

428. over の用法 — over a cup of coffee「コーヒーを飲みながら」

▶ **over** には「…しながら」という「従事」を表す用法があり，適切な動詞を補って訳す。飲食物だけでなく **over a book**「本を読みながら」のようにも用いる点に注意。

---

421 ③　422 ②　423 ④　424 ②　425 ①　426 ④　427 ③　428 ①

429 My stolen bicycle was destroyed (　　　) recognition.
① above　② below　③ beyond　④ over 〈福島大〉

KEY POINT ▷ 124

430 I forgot my pen. Can you lend me something to write (　　　)?
① by　② down　③ on　④ with 〈武蔵大〉

431 Could you send this book (　　　) to London?
① with the airmail　② with airmail
③ by the airmail　④ by airmail 〈上智大〉

432 You'd better not talk about such a thing (　　　) the telephone.
① by　② in　③ of　④ on 〈京都女子大〉

433 They went to the museum (　　　) their car.
= They drove their car to the museum.
① with　② in　③ on　④ by 〈関西学院大〉

TARGET 68 　具体的な交通・通信手段を表す表現

①小型の乗り物 ── in our car(➔ **433**), in the elevator
②大型の乗り物 ── on the train, on our ship
③またがる乗り物 ── on my bicycle, on his motorcycle
④通信手段 ── on the (tele)phone(➔ **432**), on the radio, on the Internet

---

429 盗まれた自転車は，見分けがつかないほど壊されていた。
430 私はペンを忘れてしまいました。何か書くものを貸してもらえますか。
431 この本を航空便でロンドンに送っていただけますか。
432 あなたは，そのようなことについては電話で話さない方がいいです。
433 彼らは自分たちの車で博物館に行った。＝ 彼らは自分たちの車を博物館まで運転した。

429. beyond の用法 — beyond recognition

▶ **beyond A** で「A の（能力の）限界を超えて」を表す用法がある。**beyond recognition**「見分けがつかない」は慣用表現として押さえる。

[Plus] beyond A の慣用表現，**beyond description**「言葉では表現できない」，**beyond belief**「信じられない」，**beyond one's reach**「…の手の届かない」もここで押さえておこう。

KEY POINT ▷ 124　　　　道具や手段を表す前置詞

430.「道具」を表す with

▶ **with A** には，「道具・手段」を表す用法があり，「**A を用いて**」（= using A）の意味を表す。**with a knife**「ナイフで」，**with a check**「小切手で」，**with a spoon**「スプーンで」などで押さえておこう。

〇 本問の something to write with「書くためのもの」は write with something を前提にした表現。→ 83

431.「通信手段」を表す by — by airmail

▶ **by A** には「通信手段」を表す用法があり，「**A（通信手段）を用いて**」の意味を表す。**A は必ず無冠詞名詞**。**by telephone[email / airmail / radio]**「電話[E メール／航空便／ラジオ]で」などで押さえておく。

[Plus] by A には「交通手段」を表す用法もある。**by train[airplane / ship / car / bus / bicycle / elevator]**「列車[飛行機／船／車／バス／自転車／エレベーター] で」などで押さえておこう。

[Plus]「交通・通信手段」を表す名詞に所有格や冠詞をつける場合は，TARGET 68 参照。

432. on the telephone — by telephone との区別

〇 TARGET 68 の **on the telephone**「（その）電話で」が本問のポイント。by の場合は無冠詞で **by telephone**「電話で」と表現することに注意。→ 431

433. in their car — by car との区別

〇 TARGET 68 で扱った具体的な交通手段を表す表現が本問のポイント。their car と所有格がついているので，② in を選ぶ。by の場合は無冠詞で **by car**「車で」と表現することに注意。→ 431

429 ③　430 ④　431 ④　432 ④　433 ②

234　1 文法

KEY POINT ▷ 125

434 These skills are (　　　) unless you can apply them in your
□□□ real life.
　　① of no use　② in advance　③ at a loss　④ on and off　〈成蹊大〉

435 The girl regarded the robot (　　　) curiosity.
□□□ 　① as　② into　③ toward　④ with　　　　　　　　　〈立命館大〉

KEY POINT ▷ 126

436 Unfortunately, Jane missed the train (　　　) two minutes.
□□□ 　① in　② for　③ by　④ off　　　　　　　　　　　　〈名古屋工業大〉

437 Are you (　　　) or against the plan?
□□□ 　① below　② beyond　③ for　④ forward　　　　　　〈名古屋市立大〉

438 Lawyers can charge their clients (　　　) the hour, or they can
□□□ negotiate a set fee for the entire project.
　　① by　② for　③ during　④ on　　　　　　　　　　　　〈上智大〉

---

434 これらのスキルは，あなたの実際の生活に応用できない限り役に立たない。
435 その少女はロボットを興味ありげに見つめた。
436 運が悪いことに，ジェーンは2分の差で電車に乗り遅れた。
437 あなたはその計画に賛成ですか，反対ですか。
438 弁護士は，依頼人に1時間ごとに料金を請求することもあれば，プロジェクト全体の固定料金を
　　交渉することもある。

KEY POINT ▷ 125　　　　　　of ＋ 抽象名詞／with ＋ 抽象名詞

434. of の用法 ─ of ＋ 抽象名詞

▶「of ＋ 抽象名詞」が形容詞と同じ働きをするものがある。**of value = valuable**「価値がある」, **of importance = important**「重要な」, **of use = useful**「有用な」, **of help = helpful**「役立つ」が代表例。

○ 本問の場合,「of ＋ no ＋ 抽象名詞」の形。**of no use** は「無益な／役に立たない（= **useless**)」の意味。

435. with の用法 ─ with ＋ 抽象名詞

▶「with ＋ 名詞」で「様態」を表す副詞句を作ることができる。**with curiosity** で「興味ありげに」（= **curiously**）の意味を表す。

○ 本問は, **regard A with curiosity**「興味ありげに A を見る」の形であることを見抜く。**with care**「注意深く」= **carefully**, **with courage**「勇敢に」= **courageously**, **with diligence**「熱心に」= **diligently** なども一緒に覚えておこう。

✗ ① as は不可。regard A as B「A を B だとみなす」の形があるが, この形は A = B の関係が成り立つことが前提。（×）the robot = curiosity は成り立たない。

KEY POINT ▷ 126　　　　　　　　　　　　　　　　　by / for

436.「差」を表す by ─ by A「A の差で」

▶ 程度や数量の「差」を表す前置詞としては **by** を用いる。「…の差で／…だけ」の意味。**by two minutes** で「2 分の差で」の意味を表す。

[Plus] **win by nose**「わずかの差で勝つ」, **increase[decrease] by ten percent**「10％上がる［下がる］」, **escape by a hair's breadth**「間一髪で逃げる」などは幅広く使われる頻出の用法。

437.「賛成」を表す for ─ be for the plan

▶ **for A** で「A に賛成で」(= **in favor of A**) の意味がある用法がある。**be for the plan** は「その計画に賛成だ」の意味。

[Plus] 反意表現の **against A**「A に反対して」(= **in opposition to A**) も重要。**be against the plan**「その計画に反対だ」で押さえておこう。

438.「単位」を表す by ─ by the A

▶ **by** には「単位」を表す用法があり, **by the A**（A は単位を表す名詞）で「A 単位で／A ぎめで」の意味を作る。**by the hour** は「時間単位で／時間ぎめで」の意味。

[Plus] **by the hour[day / week / month / year]**「時間［日／週／月／年］単位で」や **by the pound**「ポンド単位で」で押さえておこう。

---

434 ①　435 ④　436 ③　437 ③　438 ①

439 A stranger seized (　　　) wrist.
① by her　② her by the　③ her in the　④ on her 〈立命館大〉

KEY POINT ▷ 127

440 The girl is very mature (　　　) her age.
① against　② for　③ to　④ with 〈西南大〉

441 Be it ever humble, there's no place (　　　) home.
① for　② as　③ like　④ unless 〈学習院大〉

442 May I have your advice (　　　) how to contact them?
① at　② for　③ on　④ with 〈富山大〉

443 (　　　) her calm appearance during the interview, she was actually really worried.
① Although　② But for　③ Despite　④ However 〈京都産業大〉

TARGET 69 動詞 ＋ A ＋ 前置詞 ＋ the ＋ 身体の一部
- seize[catch / hold] A by the arm 「A の腕をつかむ」 → 439
- shake A by the arm 「A の腕をゆさぶる」
- touch A on the head 「A の頭に触れる」
- hit A on the head 「A の頭をたたく」
- slap A on[in] the face 「A の顔を平手打ちする」
- kiss A on the cheek 「A のほおにキスをする」
- tap A on the shoulder 「A の肩を軽くたたく」
- look A in the eye(s) 「A の目を見る」
- stare A in the face 「A の顔をじっと見る」　など

*この用法の look, stare は他動詞で at が不要なことに注意。

---

439 見覚えのない人が，彼女の手首をつかんだ。
440 その少女は，年の割にはとてもしっかりしている。
441 どんなにつつましくても，わが家に勝る場所はない。
442 彼らへの連絡方法についてアドバイスをいただけますか。
443 インタビュー中の落ち着いた様子にもかかわらず，彼女は実際にはとても不安だった。

439. seize A by the B「AのBをつかむ」

▶ **seize A by the wrist** で「Aの手首をつかむ」の意味。まずAをつかんだことを明らかにし，その後の前置詞句でその身体部位である手首を表現するという英語独特の用法。

[Plus] この種の表現では，(1) 動詞に応じて使用される前置詞が異なるという点，(2) その前置詞句の中では定冠詞の the が用いられるという点が重要（→ **TARGET 69**）。使用される前置詞は下記のとおり。
- **seize, hold, catch** などの「つかむ」を表す動詞は，原則「**by the** ＋ 身体の部位」。
- **hit**「…をたたく」，**tap**「…を軽くたたく」，**slap**「…を平手でたたく」，**touch**「…に触れる」などの「たたく，触れる」を表す動詞は，原則「**on the** ＋ 身体の部位」。
- **look, stare**「…をじっと見る」などの「見る」を表す動詞は，原則「**in the** ＋ 身体の部位」。

KEY POINT ▷ 127　　for / like / on / despite / in / except

440.「観点・基準」を表す for

▶ **for** には「…の割には」という「**観点・基準**」を表す用法がある。**for her age** は「彼女の年の割には」の意味。

[Plus] **for January**「1月の割には」，**for its price**「価格の割には」，**for a Japanese**「日本人の割には」なども一緒に覚えておこう。

441. 前置詞の like

▶ **like** には前置詞の用法があり，**like A** で「Aのような[に]／Aに似た／Aらしい」などの意味を表す。**like home** は「家のような」の意味。

[Plus] **Be it ever humble** は譲歩を表しており，**No matter how humble it may be** と同意。

[Plus] **like A** の反意語 **unlike A**「Aと違って／Aに似ていない／Aらしくない」も重要。
　She is **unlike** my sister in many ways.（彼女は私の妹と多くの点で違っている）

442.「関連」を表す on

▶ **on** には「…に関して(の)」という「**関連**」を表す用法がある。about と同じ用法だが，on の方が専門的な内容の場合に用いられる傾向がある。**advice on A** で「Aに関する忠告」の意味を表す。

443.「譲歩」を表す despite

▶ **despite A** は「Aにもかかわらず」の意味で，**in spite of A** と同意。同意表現の **with all A**，**for all A**，**notwithstanding A** も重要。

[Plus] **her calm appearance** は「彼女の落ち着いた様子」の意味。

238　1 文法

444 She looked most charming (　　　) her red dress.
□□□　① on　② in　③ by　④ for　　　　　　　　　　〈名城大〉

445 I like all the subjects (　　　) geography.
□□□　① except　② exclude　③ however　④ other　　　〈立命館大〉

KEY POINT ▷ 128

446 It is not polite to talk (　　　) your mouth full.
□□□　① in　② on　③ over　④ with　　　　　　　　　　〈南山大〉

444 彼女は赤いドレスを着ているときが，一番魅力的に見えた。
445 私は地理以外のすべての科目が好きです。
446 口にものをほおばったまま話すのは行儀が悪い。

第 15 章　前置詞 444〜446　239

444. 「着衣」を表す in

▶ in には「着衣」を表す用法があり，**in A** で「Aを身につけて」(= **wearing A**) の意味を表す。**in her red dress** は「赤いドレスを身につけて」の意味。

[Plus] **in white[red]**「白い[赤い]服を身につけて」，**in uniform**「制服を着て」，**in jeans**「ジーンズをはいて」なども一緒に押さえておこう。

[Plus] なお，**in spectacles**「めがねをかけて」のように衣服以外のものでも使える点にも注意。

445. 「除外」を表す except

▶ **except A**「Aを除いて」は，**形容詞句として(代)名詞を修飾する**。except A が修飾する語は「全体」を表す(代)名詞，具体的に言えば，every-, any-, no- のついた代名詞（everyone, anything, nothing など）や every, any, no, all などが修飾する名詞（all the members など）であることに注意。

○ 本問は，except geography が all subjects を修飾している形。**all subjects except geography** で「地理以外のすべての科目」の意味を表す。

[Plus] except A は形容詞句なので文頭で用いない。似た表現の **except for A**「Aを除いて」は，副詞句なので，文頭で用いることができる。
Except for John, everyone came.「ジョン以外みんなやってきた」
= Everyone **except** John came.

KEY POINT ▷ 128　　　　　　　　　　　付帯状況の with

446. 「付帯状況」を表す with

▶ with には「**with ＋ 名詞 ＋ 形容詞**」の形で「**付帯状況**」を表す用法がある。**with one's mouth full** で「口にものをほおばって」の意味を表す。

[Plus] 「**with ＋ 名詞 ＋ 前置詞句[副詞]**」の形もある。**with tears in one's eyes**「目に涙を浮かべて」，**with one's hat on**「帽子をかぶったまま」で押さえておこう。

[Plus] 「**with ＋ 名詞 ＋ doing[done]**」の形もある。→ 144, 145

444 ②　445 ①　446 ④

第15章 前置詞 応用問題にTry!

KEY POINT ▷ 122-128

447 彼女が達成したことはとても重要だった。
(W   ) she attained was (o   ) great importance. 〈群馬大〉

448 あなたは彼の提案に賛成ですか。それとも反対ですか。
Are you for or (   ) his proposal? 〈高知大〉

449 If Tom ①should decide to participate ②in the project ③nevertheless these difficulties, please give him ④my best regards. 〈福島大〉

450 私の兄は日本人の割には、かなり背が高い。

451 Mutual exchange between different societies and cultures has increased to the extent that we tend to feel as if we were living in one global village. 〈福島大〉

451 mutual exchange「相互交流」, increase「増大する」, to the extent that S + V ...「…する程度まで」, tend to feel as if ...「まるで…かのように感じがちである」, one global village「1つの地球村」

449 このような困難があるにもかかわらずトムがプロジェクトに参加すると決めた場合は, 彼によろしくと伝えてください。

第 15 章　前置詞 447〜451　241

KEY POINT ▷ 122-128

447. of の用法 ─ of ＋ 抽象名詞

○ 問題 434 で扱った **of ＋ 抽象名詞**が本問のポイント。**of great importance** で「とても重要な」（= **greatly important**）の意味を表す。主語は，関係代名詞の what を用いて，What she attained「彼女が達成したこと」と表現すればよい。→ 208

448.「反対」を表す against,「賛成」を表す for

○ 問題 437 で扱った **against A**「**A に反対して**」（⇔ for A「A に賛成で」）が本問のポイント。

449.「譲歩」を表す despite

○ 問題 443 で扱った **despite A**「**A にもかかわらず**」（= **in spite of A**）が本問のポイント。副詞の③ nevertheless「それにもかかわらず」を前置詞の despite に修正すればよい。

Plus despite these difficulties は，「このような困難があるにもかかわらず」の意味を表す。

Plus **if S should do**「万が一 S が…すれば」（→ 229），**participate in A**「A に参加する」（= **take part in A**），**give A one's best regards**「A によろしく伝える」（→ 653）は重要。

450.「観点・基準」を表す for → 440

○「日本人の割にかなり背が高い」は「観点・基準」を表す前置詞 for A「A の割に」を使って **be rather tall for a Japanese** と表すことができる。

451. between の用法 ─ between A and B → 424

○ 主語が mutual exchange between A and B「A と B の間の相互交流」の形になっていることを見抜く。全体の構造は，S has increased to the extent that we tend to feel as if ....「S は，私たちが…のように感じがちなほどに増大した」となっている。that 以下は extent の内容を説明する同格の働きをしている。to the extent that S ＋ V で「…する程度まで」。

---

447 What, of

448 against

449 ③　nevertheless → despite[in spite of, with all, for all]

450 My brother is rather[quite, fairly, pretty] tall for a Japanese.

451 異なる社会と文化の間の相互交流は，私たちがまるで 1 つの地球村に住んでいるかのように感じてしまうほどに増大している。

PART 2

語法

第16章 動詞の語法

基本動詞の正しい使い方の習得は，作文・読解力を向上する鍵となる。問題を何度も音読して暗記しよう。

KEY POINT ▷ 129

452 □□□ Would you mind (　　　　) the window?
① to open　② opening　③ open　④ open to 〈上智大〉

453 □□□ He enjoys (　　　　) the students about Japanese culture.
① teach　② teaching　③ to teach　④ to teaching 〈東海大〉

454 □□□ I (　　　　) to learn to play the flute. It's just too difficult for me.
① gave up for me to try　② gave up my trying
③ had to give up to try　④ have given up trying 〈慶應義塾大〉

455 □□□ Have you finished (　　　　) your essay?
① to write　② writing　③ to have written　④ to be writing
〈明治大〉

456 □□□ The teacher told Mary that she should (　　　　) late to class.
① have stopped to come　② not coming
③ stop coming　④ stop to come 〈明治大〉

TARGET 70　目的語に動名詞をとり，不定詞はとらない動詞

- mind「…するのを気にする」→ 452
- miss「…しそこなう」
- enjoy「…するのを楽しむ」→ 453
- escape「…するのを逃れる」
- give up「…するのをあきらめる」→ 454
- admit「…するのを認める」
- avoid「…するのを避ける」→ 458

- finish「…するのを終える」→ 455
- practice「…する練習をする」
- put off「…するのを延期する」
- postpone「…するのを延期する」
- stop「…するのをやめる」→ 456
- consider「…するのを考慮する」→ 457
- deny「…するのを拒否する」　など

---

452 窓を開けていただけますか。
453 彼は学生に日本の文化について教えることを楽しんでいる。
454 私はフルートの演奏を習得しようとするのをやめた。私にはあまりにも難しすぎる。
455 あなたは作文を書き終えましたか。
456 先生はメアリーに，授業に遅刻するのをやめるべきだと言った。

KEY POINT ▷ 129　　目的語に動名詞をとり，不定詞はとらない動詞

452. mind doing ― 動名詞を目的語にとる

▶ **mind** は，不定詞ではなく**動名詞を目的語**にとる動詞（→ TARGET 70）。**mind doing**
「…するのを気にする／…するのを嫌がる」で押さえる。

[Plus] **Would you mind doing ...?**「…していただけますか ← …するのを気にしますか」は，「依頼」を表す重要表現。

453. enjoy doing ― 動名詞を目的語にとる

▶ **enjoy** は，不定詞ではなく**動名詞を目的語**にとる動詞（→ TARGET 70）。**enjoy doing**「…するのを楽しむ」で押さえておこう。

454. give up doing ― 動名詞を目的語にとる

▶ **give up** は，不定詞ではなく**動名詞を目的語**にとる動詞（→ TARGET 70）。**give up doing**「…するのをあきらめる」で押さえておこう。

[Plus] **try to do** は「…しようとする」の意味。→ 468

455. finish doing ― 動名詞を目的語にとる

▶ **finish doing** は，「…するのを終える」の意味。**finish** は，不定詞ではなく**動名詞を目的語**にとる動詞。→ TARGET 70

456. stop doing ― 動名詞を目的語にとる
▶ **stop doing** は，「…するのをやめる」の意味。**stop** は，不定詞ではなく**動名詞を目的語**にとる動詞。→ TARGET 70, 72

[Plus] **stop to do**「…するために立ち止まる」の形もあるが，この表現の stop「立ち止まる」は自動詞で，to do「…するために」は「目的」を表す不定詞の副詞用法。

246　2 語法

457
☐☐☐
Have you considered (　　　) to school?
① to be walking　② to walk　③ walk　④ walking　〈南山大〉

458
☐☐☐
It might be wise of you to avoid (　　　) abroad next year.
① studying　② studying in　③ to study　④ to study in

〈近畿大〉

KEY POINT ▷ 130

459
☐☐☐
Our boss, Mr. Yamaguchi, hopes (　　　) at the age of 65.
① to retire　② retiring　③ retirement　④ retired

〈名古屋工業大〉

460
☐☐☐
I don't know why, but the closing ceremony of the Olympic Games always touches me so deeply that it never (　　　) to make me teary-eyed.
① fails　② is enough　③ needs　④ stops　〈上智大〉

461
☐☐☐
How much can you (　　　) to spend on your vacation?
① invest　② account　③ afford　④ contribute　〈南山大〉

TARGET 71　目的語に不定詞をとり，動名詞はとらない動詞

- afford 「…する余裕がある」 →461
- attempt 「…しようと試みる」
- decide 「…することに決める」
- hope 「…することを望む」 →459
- intend 「…するつもりである」
- offer 「…することを申し出る」
- promise 「…する約束をする」 など
- manage 「どうにか…する」 →463
- wish 「…することを願う」
- fail 「…することを怠る／…しない」 →460
- hesitate 「…するのをためらう」
- pretend 「…するふりをする」 →462
- refuse 「…するのを断る」

*基本的には未来志向の動詞が多い。

457　あなたは，学校まで歩いて行くことを考えたことがありますか。
458　来年，留学するのを避けるのは，賢明なことかもしれません。
459　私たちの上司であるヤマグチさんは，65 歳で引退したいと思っている。
460　なぜだかわからないが，オリンピックの閉会式はいつも私を深く感動させるので，私は決まって目に涙が浮かんでくる。
461　あなたは休暇にどれくらいお金を使えますか。

457. consider doing ― 動名詞を目的語にとる

▶ **consider doing** は,「…するのを考慮する」の意味。**consider** は,不定詞ではなく**動名詞を目的語**にとる動詞。→ TARGET 70

458. avoid doing ― 動名詞を目的語にとる

▶ **avoid** は,不定詞ではなく**動名詞を目的語**にとる動詞(→ TARGET 70)。**avoid doing**「…するのを避ける」で押さえておこう。

[Plus] It is ... of A to do「Aが〜するのは…だ」は,問題 78 参照。

✗ ② studying in は不可。abroad「外国に[へ]」は副詞。「外国で勉強する(=留学する)」は,**study abroad** で表現する。in は不要。→ 638, TARGET 105

KEY POINT ▷ 130　　目的語に不定詞をとり,動名詞はとらない動詞

459. hope to do ― 不定詞を目的語にとる

▶ **hope** は,動名詞ではなく**不定詞を目的語**にとる動詞(→ TARGET 71)。**hope to do**「…することを望む」で押さえておこう。

460. fail to do ― 不定詞を目的語にとる

▶ **fail** は,動名詞ではなく**不定詞を目的語**にとる動詞(→ TARGET 71)。**fail to do**「…するのを怠る/…しない」で押さえる。

○ 本問は,その否定表現 **never fail to do**「(常習的/普遍的に)必ず…する」の形。重要表現として押さえる。

[Plus] make A teary-eyed は,「Aの目に涙を浮かべさせる」の意味。touch「…を感動させる」も重要。

461. afford to do ― 不定詞を目的語にとる

▶ **afford** は,動名詞ではなく**不定詞を目的語**にとる動詞(→ TARGET 71)。**afford to do**「…する余裕がある」で押さえる。

[Plus] afford は,can, could, be able to とともに用い,通例,否定文・疑問文で用いる。

457 ④　458 ①　459 ①　460 ①　461 ③

248　2 語法

462 □□□　The girl pretended (　　　) a student.
① being　② to be　③ of being　④ to be no 〈福岡大〉

463 □□□　Japan has mostly (　　　) keep its traditional values in spite of modernization.
① managed to　② managed　③ management　④ managing 〈甲南大〉

KEY POINT ▷ 131

464 □□□　When you use this old car for the first time in the morning, remember (　　　) it up for a few minutes before you drive it.
① to have warmed　② to warm　③ warm　④ warming 〈学習院大〉

465 □□□　I remember (　　　) Michael five years ago when he had a concert in Osaka.
① see　② seeing　③ to see　④ to seeing 〈明治大〉

---

462 その女の子は，学生であるふりをした。
463 日本は，近代化しながらも，伝統的な価値観を維持することにほぼ成功している。
464 朝方この古い車を初めて使うときは，走り出す前に数分間，暖機運転することを忘れないでください。
465 マイケルが大阪でコンサートを開いた 5 年前に彼を見たことを覚えている。

462. pretend to do ― 不定詞を目的語にとる

▶ **pretend** は，動名詞ではなく**不定詞を目的語**にとる動詞（→ TARGET 71）。**pretend to do**「…するふりをする」で押さえる。

463. manage to do ― 不定詞を目的語にとる

▶ **manage** は，動名詞ではなく**不定詞を目的語**にとる動詞（→ TARGET 71）。**manage to do**「どうにか…する」で押さえておこう。

[Plus] in spite of modernization は，「近代化（している）にもかかわらず」の意味。

KEY POINT ▷ 131 目的語に動名詞も不定詞もとり，意味が異なる動詞

464. remember to do ― remember doing との区別

▶ **remember** は，不定詞も動名詞も目的語にとるが，それぞれ意味が異なる点を押さえる。**remember to do** は，「…することを覚えておく／忘れずに…する」の意味になり，**remember doing** は，「（過去に）…したことを覚えている」の意味になることに注意。
→ TARGET 72

○ 本問は，文意から② to warm を選ぶ。

465. remember doing ― remember to do との区別

▶ 問題 464 で扱った **remember doing**「（過去に）…したことを覚えている」が本問のポイント（→ TARGET 72）。過去を表す副詞句 five years ago「5 年前に」に着目すること。

250　2 語法

466
□□□

Don't forget (　　　　) to Uncle Neil tomorrow.
① writing　② of writing　③ to write　④ having written

〈北里大〉

467
□□□

I'll never forget (　　　　) the beautiful sea from the hill on my last trip.
① see　② to see　③ seeing　④ seen

〈東海大〉

468
□□□

He tried (　　　　) the piano, but he couldn't.
① having played　② playing of　③ to have played　④ to play

〈立命館大〉

469
□□□

A : The picture is too bright, and there are lines all over the screen.
B : Try (　　　　) the control knobs on the bottom.
① to be adjusted　② adjust　③ adjusting　④ to adjusting

〈法政大〉

---

466 明日，ニールおじさんに手紙を書くのを忘れないでください。
467 私は，この前の旅行中に丘の上から美しい海を見たことを決して忘れないでしょう。
468 彼はピアノを弾こうとしたが，できなかった。
469 A : 画像は明るすぎて，画面全体に線が出ています。
　　 B : 下の方にある調節つまみで調整してみてください。

466. forget to do — forget doing との区別
▶ **forget to do** は，「…することを忘れる」，**forget doing** は，「…したことを忘れる」の意味。→ TARGET 72
○ tomorrow から，未来のことだとわかるので，③ to write を選ぶ。

467. forget doing — forget to do との区別
○ **forget doing**「…したことを忘れる」が本問のポイント。→ TARGET 72

468. try to do
▶ **try to do** は，「…しようとする」の意味を表す。→ TARGET 72

469. try doing
○ **try doing**「試しに…してみる」が本問のポイント。→ TARGET 72

TARGET 72　目的語が不定詞と動名詞で意味が異なる動詞

- ┌ remember to do「…することを覚えておく／忘れずに…する」→ 464
  └ remember doing「…したことを覚えている」→ 465
- ┌ forget to do「…することを忘れる」→ 466
  └ forget doing「…したことを忘れる」→ 467
- ┌ regret to do「残念ながら…する」
  └ regret doing「…したことを後悔する[残念に思う]」→ 470
- ┌ mean to do「…するつもりである」= intend to do
  └ mean doing「…することを意味する」→ 471
- ┌ need to do「…する必要がある」
  └ need doing「…される必要がある」= need to be done → 472
- ┌ go on to do「(異なることを) さらに続けて…する」
  └ go on doing「(同じことを) …し続ける」
- ┌ try to do「…しようとする」→ 468
  └ try doing「試しに…してみる」→ 469
- ┌ stop to do「…するために立ち止まる」
  │ *この場合の stop は自動詞，to do は「目的」を表す不定詞の副詞用法。
  └ stop doing「…することをやめる」→ 456

---

466 ③　467 ③　468 ④　469 ③

252　2 語法

470 I regret (　　　　) him my dictionary. I cannot do my work
□□□ without that.
　① lent　② to lend　③ lending　④ to have lent　〈関西学院大〉

471 I am determined to get a seat even if it means (　　　　) in a
□□□ queue all night.
　① to stand　② to have stood　③ standing　④ having stood
〈桜美林大〉

472 My watch loses ten minutes a day, so it needs (　　　　).
□□□ ① being repaired　② repaired　③ to be repaired　④ to repair
〈近畿大〉

KEY POINT ▷ 132

473 The pharmacist was worried about the patient's health and got
□□□ him (　　　　) smoking.
　① quit　② quitted　③ quitting　④ to quit　〈名古屋市立大〉

> **TARGET 73　get[have] A done**
>
> (1)（使役）「A を…してもらう[させる]」
> 　I'm going to **get[have]** this bicycle **repaired**.（私はこの自転車を修理してもらうつもりです）
> (2)（受身・被害）「A を…される」
> 　She **got[had]** her wallet **stolen**.（彼女は財布を盗まれた）
> (3)（完了）「（自分が）A を…してしまう」
> 　You have to **get[have]** your homework **done** by tomorrow.
> 　（明日までに宿題を終わらせなさい）

470　私は彼に辞書を貸したことを後悔している。私は，それがないと仕事ができない。
471　一晩中列に並ぶことになっても，席を確保しようと心に決めている。
472　私の時計は 1 日に 10 分遅れるので，修理する必要がある。
473　薬剤師はその患者の健康が心配だったので，彼に喫煙をやめさせた。

470. regret doing — regret to do との区別

▶ **regret to do** は「残念ながら…する」,**regret doing** は「…したことを後悔する[残念に思う]」の意味。→TARGET 72

◯ 文意から,③ lending を選ぶ。

[Plus] **lend A B** は,「A に B を貸す」の意味。

[Plus] **regret to do** の用例は,以下を参照。
I **regret to inform** you that your application has been refused.
(残念ながら,あなたの申請は却下されたことをお伝えします)

471. mean doing — mean to do との区別

▶ **mean to do** は「…するつもりである」(= intend to do),**mean doing** は「…するこ とを意味する」の意味。→TARGET 72

◯ 文意から,③ standing を選ぶ。

[Plus] **stand in a queue** は,「一列に並ぶ」の意味。queue は主にイギリス英語で用いられ,アメリカ英語では,通例 line が用いられる。

[Plus] **mean to do** の用例は以下を参照。
He **means to buy** a house. (彼は家を買うつもりです)

472. need to be done = need doing

▶ **need to be done** は,「…される必要がある」の意味を表す。→TARGET 72

◯ it(= my watch)と repair「…を修理する」が受動関係であることを見抜くこと。

✗ ① being repaired は不可。**it needs repairing** なら可。**A need[want] doing**.「A は…される必要がある」の場合,**主語の A が必ず動名詞の意味上の目的語になっている**。→122

KEY POINT ▷ 132 get (+ to do, + done) と have (+ do, + done)

473. get A to do — to 不定詞が補語

▶ **get A to do** は,「A に…してもらう[させる]」の意味になり,get の目的語である A と目的格補語の to do が能動関係になっていることに注意。

[Plus] **be worried about A**「A のことで心配している」,**quit doing**「…をやめる」(= **stop doing**) は重要。

[Plus] A の後に to do がくるから,A には必ず「人」が入ると考えるのは誤り。A と to do の間に能動関係が成立していれば,A に「人」ではなくて「もの」がくる場合もある。
You can't get **a tree** to grow on bad soil. (土壌が悪いと木は育てられない)

470 ③ 471 ③ 472 ③ 473 ④

254   2 語法

474 The manager has decided to have his secretary (   ) the
necessary files to close the deal.
① bring ② to bring ③ brings ④ bringing   〈名古屋工業大〉

475 It was quite embarrassing when I got my umbrella (   )
between the doors on the train.
① catch ② catching ③ caught ④ to have caught   〈立命館大〉

476 I went to the dentist yesterday (   ) my teeth treated.
① have ② to have ③ to having ④ for having   〈富山大〉

KEY POINT ▷ 133

477 The trainer (   ) the elephant enter the cage by hitting it
with a stick.
① got ② let ③ made ④ forced   〈高知大〉

478 I think it is better to let him (   ) as much as he likes. He'll
stop talking when he is tired out.
① talking ② to talk ③ talked ④ talk   〈秋田県立大〉

474 部長は取引をまとめるために，自分の秘書に必要なファイルを持って来させることにした。
475 私は電車のドアに持っていた傘を挟まれて，とても恥ずかしかった。
476 私は昨日，歯の治療をしてもらうために歯医者に行った。
477 調教師は，ゾウを棒でたたいて檻の中に入らせた。
478 彼には好きなだけ話させた方がいいと思います。彼は疲れ果てたらしゃべるのをやめるでしょう。

474. have A do ― 原形不定詞が補語

▶ **have A do** は，「Aに…してもらう[させる]」の意味を表し，**have** の目的語である **A** と目的格補語の **do** が能動関係になっていることに注意。get A to do（→ 473）とほぼ同意と考えておけばよいが，**get A to do**「（頼んで）Aに…してもらう」に対して，**have A do** は，「(Aの義務として) Aに…してもらう」といったニュアンスの違いがある。また，get の場合は，目的格補語に to 不定詞，have の場合は，原形不定詞がくることに注意。

475. get A done ― 過去分詞が補語

▶ **get[have] A done** には，(1)「Aを…してもらう[させる](**使役**)」，(2)「Aを…される (**受身・被害**)」，(3)「(主語が)Aを…してしまう(**完了**)」の３つの意味がある。**A** と **done** は受動関係となる。→ TARGET 73
○ 本問の get A done は (2) の用法。**get A caught between B**（複数名詞）は，「AをBの間に挟まれる」の意味。

476. have A done ― 過去分詞が補語

○ 問題 475 で扱った (1)「Aを…してもらう[させる](**使役**)」が本問のポイント。② to have (my teeth treated) の to 不定詞は，「目的」(…するために) を表す副詞用法。

KEY POINT ▷ 133 「make A do」，「let A do」，「help A do」，「help do」

477. 使役動詞としての make ― make A do

▶ **make A do** は，「Aに…させる」の意味を持つ。**A** と原形不定詞の間には**能動関係**が成立している。通例，「(強制的に) Aに…させる」という意味合いになることを押さえておこう。→ TARGET 74
✗ ② let は意味が合わないので不可 (→ 478)。④ forced は，forced the elephant to enter the cage の形なら可 (→ 486)。
[Plus] make A do は，主語が無生物の場合にも用いられることに注意。ただし，その場合は，「強制的に」という意味合いはない。

478. 使役動詞としての let ― let A do

▶ **let A do** には，「Aに…させてやる」の意味を表す用法がある。make と同様，目的格補語には原形不定詞がくる。ただし make と違って，「(強制的に) Aに…させる」ではなく，「(本人の望み通りに) Aに…させてやる」の意味になることに注意。→ TARGET 74

474 ①　475 ③　476 ②　477 ③　478 ④

256　2 語法

479 She sometimes helps her mother (　　　) dinner when she has
□□□ no homework.
① cooked　② cooking　③ cook　④ to be cooked　〈秋田県立大〉

480 There is a group of young people with disabilities taking part in
□□□ a program that aims to (　　　) change negative perceptions of
disability.
① be　② come　③ help　④ lead　〈杏林大〉

KEY POINT ▷ 134

481 The teacher wanted (　　　) his project.
□□□ ① John finishes　② John finishing
③ John to finish　④ that John finish　〈法政大〉

> **TARGET 74**　「V + A + do」の形をとる動詞
> ● make A do 「A に…させる」 → 477
> ● have A do 「A に…してもらう[させる]」 → 474
> ● let A do 「A に…させてやる」 → 478
> ● help A (to) do 「A が…するのを手伝う[するのに役立つ]」 → 479
> *help は help A do，help A to do の両方の形がある。
> ● see A do 「A が…するのを見る」
> ● look at A do 「A が…するのを見る」
> ● watch A do 「A が…するのを見守る」
> ● hear A do 「A が…するのが聞こえる」
> ● listen to A do 「A が…するのを聞く」
> ● feel A do 「A が…するのを感じる」

479　宿題がないとき，彼女はときどき母親が夕食を作るのを手伝う。
480　身体障がいに対する否定的な見方を変えるのに役立つことを目的とするプログラムに参加してい
　　る，障がいを持った若者たちのグループがある。
481　先生はジョンに彼のプロジェクトを終えてもらいたいと思った。

479. help の用法 ─ help A do

○ **help A do**「Aが…するのを手伝う[するのに役立つ]」(→ TARGET 74, 75) が本問のポイント。→ TARGET 74

480. help の用法 ─ help do

○ **help do**「…するのに役立つ[するのを手伝う]」(→ TARGET 74, 75) が本問のポイント。

[Plus] young people with disabilities は「障がいを持った若者たち」, negative perceptions of disability は「身体障がいに対する否定的な見方」の意味。**take part in A**「Aに参加する」(= participate in A), **aim to do**「…することを目指す」は重要。

KEY POINT ▷ 134　　　　　　　　　　　　　　「S + V + O + to do」

481. want の用法 ─ want A to do

▶ **want** は, **want A to do** の形で「Aに…してほしい」の意味を表す。→ TARGET 76

> **TARGET 75　動詞 help がとる形**
> - help A to do = help A do「Aが…するのを手伝う／Aが…するのに役立つ」→ 479
>   He **helped** me **(to) change** tires.（彼は私がタイヤの交換をするのを手伝ってくれた）
> - help A with B「A（人）のBを手伝う」
>   I will **help** you **with** your homework.（宿題を手伝ってあげましょう）
> - help to do = help do「…するのに役立つ／…するのを手伝う」→ 480
>   I **helped (to) clear** the table after dinner.（私は食後の片づけを手伝った）

---

479 ③　480 ③　481 ③

258 2 語法

482 The bus was late again! I had ( ) it to arrive at 6 o'clock.
① waited ② hoped ③ expected ④ kept 〈南山大〉

483 I want a guitar, but my parents won't ( ) me to have one.
① admit ② accept ③ forgive ④ allow 〈岩手医科大〉

484 My grandmother's financial support will ( ) me to graduate from college.
① able ② enable ③ make ④ have 〈福岡大〉

TARGET 76　入試でねらわれる「V + A + to do」のパターンをとる動詞

- allow A to do「A が…するのを許す」→483
- advise A to do「A に…するように忠告する」
- ask A to do「A に…するように頼む」
- cause A to do「A が…する原因となる」
- compel A to do「A に…することを強制する」
- drive A to do「A を…するように追いやる／駆り立てる」
- enable A to do「A が…するのを可能にする」→484
- encourage A to do「A が…するように励ます[けしかける]」→485
- expect A to do「A が…すると予期する[思っている]」→482
- force A to do「A に…することを強制する」→486
- invite A to do「A に…するよう勧める」
- leave A to do「A に…することを任せる」
- lead A to do「A に…するようにし向ける」
- like A to do「A に…してもらいたい」
- permit A to do「A が…するのを許す」
- persuade A to do「A を説得して…させる」
- remind A to do「A に…することを気づかせる」
- require A to do「A に…するように要求する」
- tell A to do「A に…するように言う」
- urge A to do「A が…することを強く迫る」
- want A to do「A に…してほしい」
- warn A to do「A に…するよう警告する[注意する]」

---

482 バスがまた遅れたよ！　6 時に着くと思っていたのに。
483 私はギターが欲しいのに，両親は私がそれを手に入れるのを認めてくれないだろう。
484 私の祖母の経済的な援助のおかげで，私は大学を卒業することができるでしょう。

482. expect の用法 ― expect A to do

○ **expect A to do**「A が…すると予期する[思っている]」（→ TARGET 76）が本問のポイント。

✗ ① waited は，**waited for A to do**「A が…するのを待つ」の形から，waited for であれば可。② hoped も不可。hope A to do の形はない。**hope for A to do**「A が…するのを望む」の形であれば可。

483. allow の用法 ― allow A to do

○ **allow A to do**「A が…するのを許す」（= **permit A to do**）（→ TARGET 76）が本問のポイント。

✗ ① admit，③ forgive は，「V + A + to do」の形をとらない動詞（→ TARGET 77）。**admit A to B**「A が B に入るのを許す」（この to は前置詞），**forgive A for B**「A の B を許す」の形で用いるのが基本。

[Plus] allow[permit] A to do は，「A が…するのを可能にする」（= enable A to do）の意味で用いられることがある。読解上でも重要。

484. enable の用法 ― enable A to do

○ **enable A to do**「A が…するのを可能にする」（→ TARGET 76）が本問のポイント。

✗ ③ make，④ have は，補語に to 不定詞ではなく原形不定詞をとる動詞。→ 474, 477

[Plus] 同意表現の **make it possible for A to do**，**allow[permit] A to do**（→ 483）もここで押さえよう。

---

482 ③　483 ④　484 ②

260　2 語法

485 I tried to support him in whatever he was doing and encourage
□□□ (　　　) further.
① him going　　　② him to go
③ that he was going　④ wherever he went　　　〈愛知医科大〉

486 It is not a good idea to (　　　) a left-handed child to use his or
□□□ her right hand.
① force　② make　③ decide　④ affect　　　〈南山大〉

KEY POINT ▷ 135

487 I suggested (　　　) a more detailed and structured analysis.
□□□ ① he do　　　② him to do
③ to attempt　④ him that he should attempt　　　〈名古屋工業大〉

488 The teacher ordered that every student (　　　) a study plan
□□□ for the summer vacation.
① had made　② has made　③ make　④ to make　　　〈近畿大〉

TARGET 77 「V + A + to do」 の形をとらない注意すべき動詞
以下の動詞は英作文などで「V + A + to do」の形で使いがちな動詞。択一式の問題で
も，誤答選択肢として頻出。
- admit「認める」
- demand「要求する」
- explain「説明する」
- excuse「許す」
- propose「提案する」
- hope「希望する」→ 459, 482
- forgive「許す」
- suggest「提案する」→ 487
- prohibit「禁ずる」
- inform「知らせる」
- insist「主張する」

---

485 私は彼が何をしようとも彼を支持し，彼にさらに前に進むよう励まそうとした。
486 左利きの子どもに右手を使うよう強制することは，よい考えではない。
487 私は彼がもっと詳細で系統的な分析を行うよう提案した。
488 先生は，すべての生徒に夏休みの学習計画を作るように命じた。

485. encourage の用法 — encourage A to do

○ **encourage A to do**「Aが…するように励ます[けしかける]」（→ TARGET 76）が本問のポイント。

486. force の用法 — force A to do

○ **force A to do**「Aに…することを強制する」（→ TARGET 76）が本問のポイント。

✗ ② make は不可。make A <u>do</u>「（強制的に）Aに…させる」＝ force A <u>to do</u> で押さえておく。

KEY POINT ▷ 135 「S ＋ V ＋ that S'（should）＋原形」

487. suggest の用法 — suggest that S ＋ 原形

▶ **suggest (to A) that S (should) ＋ 原形**は、「Sが…したらどうかと（Aに）提案する」の意味を表す。

✗ ② him to do にしないこと。suggest A to do の形はない（→ TARGET 77）。④ him that he should attempt は、<u>to</u> him that he should attempt か、him をとった that he should attempt ならば可。

[Plus] suggest「提案する」, demand「要求する」, insist「主張する」, order「命令する」, require「要求する」, request「懇願する」, propose「提案する」, recommend「奨励する」という要求・提案・命令などを表す動詞の目的語となる that 節内では、「**should ＋ 原形**」または「**原形**」を用いる（→ 66, TARGET 12）。この that 節内では、述語動詞の時制に左右されない点に注意すること。

488. order の用法 — order that S ＋ 原形

○ 問題 487 で扱った **order that S ＋ 原形**「Sが…することを命令する」が本問のポイント。→ 66, TARGET 12

---

485 ②　486 ①　487 ①　488 ③

262　2 語法

KEY POINT ▷ 136

489
□□□
His face (　　　　) smooth after shaving.
① felt　② was felt　③ felt to be　④ felt like
〈昭和大〉

490
□□□
How do you manage to stay so (　　　)?
① suit　② shape　③ fit　④ match
〈昭和大〉

491
□□□
The soup that they served tasted (　　　　).
① soft　② deliciously　③ spice　④ like fish
〈松山大〉

492
□□□
A：Look, I can't get the computer started up. It was working perfectly last night.
B：Really? I wonder what (　　　　) wrong.
① went　② did　③ got　④ took
〈杏林大〉

TARGET 78 「S＋V＋C［形容詞］」の形をとる動詞

● feel 「…のような感触を持つ／…と感じられる」→ 489
● look 「…に見える」
● appear 「…のように思われる［見える］」
● go 「…になる」→ 492
● lie 「…の状態にある」
● stay 「…の（状態の）ままでいる」→ 490
● become 「…の状態になる」
● smell 「…のにおいがする」
● turn out 「…とわかる／…と判明する」
● come true 「実現する」（慣用表現として押さえる）→ 493

● seem 「…のように思われる［見える］」
● sound 「…に聞こえる」
● turn 「…になる」
● remain 「…の（状態の）ままでいる」
● get 「…の状態になる」
● taste 「…の味がする」→ 491
● prove 「…とわかる／…と判明する」

TARGET 79 「go ＋形容詞」の代表例

● go bad 「（食べ物が）腐る」
● go bankrupt 「破産する」
● go flat 「パンクする」
● go astray 「迷子になる」
● go blind 「目が見えなくなる」

● go mad 「正気でなくなる」
● go wrong 「故障する／うまくいかない」→ 492
● go sour 「すっぱくなる」
● go bald 「はげる」
● go blank 「うつろになる」

489　彼の顔はひげをそった後にはすべすべ感じた。
490　あなたはどうやってそんなに健康的でいられるのですか。
491　彼らが出したスープは，魚のような味がした。
492　A：ねえ，コンピューターが起動できないんです。昨夜はまったく問題なく動いていたのに。
　　　B：本当に？　どこが故障したんだろう。

KEY POINT ▷ 136 「S + V + C」

489. feel の用法 ― feel + 形容詞
▶ feel には, feel + 形容詞の形で, 「…のような感触を持つ／…と感じられる」の意味を表す用法がある。→ TARGET 78
✗ feel like の後は, 形容詞ではなく名詞がくるので, ④ felt like は不可。

490. stay の用法 ― stay + 形容詞
○ stay + 形容詞「…の(状態の)ままでいる」が本問のポイント(→ TARGET 78)。形容詞の③ fit「体の調子がよい」を選ぶ。stay fit「健康を維持する／体調がよい」で押さえておこう。

Plus manage to do「どうにか…する」は重要。→ 463, TARGET 71

491. taste の用法 ― taste like + 名詞
▶ taste には, taste + 形容詞「…の味がする」の用法もあるが, taste like + 名詞「…のような味がする」もあることに注意。→ TARGET 78
○ 本問は, taste like + 名詞の形である④ like fish を選ぶ。
✗ ② deliciously ③ spice は, それぞれ, delicious「とてもおいしい」, spicy「辛い」という形容詞なら可。

Plus look like + 名詞「…のように見える」, sound like + 名詞「…のように聞こえる」も一緒に覚えておこう。

492. go の用法 ― go + 形容詞
▶ go には, go + 形容詞の形で, 「…になる」の意味を表す用法がある。この場合の go は, become の意味になるが, go + 形容詞は通例, 好ましくない状態になることを表す。したがって, go の後の形容詞は, 原則として本問のように否定的な意味を表す形容詞がくる。→ TARGET 78, 79
○ 形容詞の wrong「故障した」に着目し, ① went を選ぶ。go wrong「故障する／うまくいかない」で押さえておこう。

Plus wonder + wh 節「…かと思う」は重要。

264　2 語法

493　What the newspaper said about the weather for today has
□□□　certainly come (　　　　).

① alive　② clean　③ closed　④ true　　　　　〈東京理科大〉

KEY POINT ▷ 137

494　The professor discussed (　　　　) with some senior students.
□□□　① on the economic problems　② in the economic problems
　　　③ for the economic problems　④ the economic problems

〈高知大〉

495　The committee mentioned (　　　　) as an environmental
□□□　problem.

　　　① the acid-rain issue　　　② to the acid-rain issue
　　　③ about the acid-rain issue　④ of the acid-rain issue

〈名古屋工業大〉

---

493 新聞に今日の天気について書かれていたことは，確かにそうなった。
494 教授は4年生の何人かと経済問題について議論した。
495 委員会は，酸性雨の問題を環境問題として言及した。

493. come の用法 — come true

▶ **come** には **come + 形容詞**の形で「…になる」の意味を表す用法があるが，形容詞は **easy, awake, cheap, good, close, complete, true** などのような**肯定的な意味**の形容詞に限定されることに注意。

○ 文意から，④ **true** を選ぶ。**come true**「実現する」は，慣用的表現として押さえておこう。→ TARGET 78

KEY POINT ▷ 137　　　　　　　　　　　　　　　　　他動詞か自動詞か

494. 他動詞の discuss — discuss A

▶ **discuss** は他動詞であることに注意。**discuss A**「A について議論する」(= **talk about A**) で押さえておこう。

○ **discuss** は他動詞なので，直接目的語をとる。したがって，④ the economic problems「経済問題」が正解。→ TARGET 80

495. 他動詞の mention — mention A

○ **mention A**「A について言及する」(= **refer to A**) が本問のポイント (→ TARGET 80)。他動詞の mention は，直接目的語をとるので，① the acid-rain issue「酸性雨の問題」を選ぶ。

493 ④　494 ④　495 ①

266　2 語法

496 Have you heard the news that another typhoon (　　　　)?
① is approaching to Japan　　② is approaching of Japan
③ is approaching for Japan　　④ is approaching Japan　　〈北里大〉

497 Ted has two sons who (　　　) him so much.
① are resembled by　　② are resembling to
③ resemble　　④ resemble to　　〈日本大〉

498 A：You're really going to propose to her tonight?
B：Yes, I've made my mind up. I want to (　　　　)
① marry to her!　　② marry with her!
③ get married to her!　　④ marriage with her!　　〈宮崎大〉

499 He apologized on his son's behalf (　　　　) me last night.
① about bother　　② against bother
③ for bothering　　④ of bothering　　〈西南学院大〉

> **TARGET 80**　自動詞と間違えやすい他動詞
> ● approach A「A に近づく」→ 496
> ● reach A「A に着く」
> ● enter A「A の中に入る」
> ● attend A「A に出席する」
> ● discuss A「A について議論する」→ 494
> ● mention A「A について言及する」→ 495
> ● oppose A「A に反対する」
> ● answer A「A に答える」
> ● marry A「A と結婚する」→ 498
> ● inhabit A「A に住む」
> ● resemble A「A と似ている」→ 497
> ● obey A「A に従う」
> ● search A「A の中を捜す」
> ● survive A「A より長生きする／A を切り抜けて生き残る」　など

---

496 別の台風が日本に近づいているというニュースを聞きましたか。
497 テッドには，彼にとてもよく似ている 2 人の息子がいる。
498 A：あなたは本当に今夜彼女にプロポーズするつもりなんですか。
　　B：はい，僕は決心しました。彼女と結婚したいです！
499 彼は，自分の息子に代わって，昨夜私に迷惑をかけたことで謝った。

496. 他動詞の approach — approach A

○ **approach A**「A に近づく」（= **get near to A**）が本問のポイント。→ TARGET 80

Plus **the news that S + V ...** は、「…というニュース」の意味。that は名詞節を導く接続詞。
→ 375, TARGET 60

497. 他動詞の resemble — resemble A

○ **resemble A**「A と似ている」（= **look like A**）が本問のポイント。→ TARGET 80

498. marry の用法 — get married to A

▶「A と結婚する」は、**marry A** で表現できるが（→ TARGET 80）、**get married to A** とも表現できる。**marry A**「A と結婚する」= **get married to A** で押さえておこう。

Plus **be married to A** は「A と結婚している」という状態を表す。
I **have been married to** you for twenty years.
（僕は君と結婚して 20 年になるね）

Plus **make one's mind up[make up one's mind]** (**to do**) は、「(…することを) 決心する」の意味。

499. 自動詞の apologize — apologize (to A) for B

▶ **apologize**「謝る」は自動詞で、**apologize (to A) for B**（名詞・動名詞）で「(A に) B のことで謝る」の意味になる。→ TARGET 81

○ 本問は、apologized と for bothering me last night「昨夜私に迷惑をかけたことで」の間に、前置詞句の **on A's behalf**（= **on behalf of A**）「A に代わって[代理として]」が入っていることを見抜く。

> ### TARGET 81　他動詞と間違えやすい自動詞
> - **apologize** (to A) for B「(A に) B のことで謝る」→ 499
> - **complain** (to A) about[of] B「(A に) B について不満を言う」→ 500
> - **argue with** A (about B)「(B について) A と口論する」→ 501
> - **graduate from** A「A を卒業する」
> - **enter into** A「A（議論など）を始める」
> - **search for** A「A を捜す」　など

---

496 ④　497 ③　498 ③　499 ③

268　2 語法

500
□□□
Many people have (　　　　) about the bad food at that restaurant.
① angered　② expressed　③ criticized　④ complained

〈近畿大〉

501
□□□
Mr. and Mrs. Hudson are always (　　　　) with each other about the issue.
① denying　② denouncing　③ arguing　④ yelling　〈東京歯科大〉

KEY POINT ▷ 138

502
□□□
There would be no harm in listening to her advice.
= It wouldn't (　　　　) you any harm to listen to her advice.
① make　② provide　③ give　④ do　〈中央大〉

503
□□□
Could you (　　　　) me a favor and take out the garbage?
① call　② carry　③ do　④ take　〈南山大〉

TARGET 82　二重目的語をとる do

- do A good 「A のためになる」= do good to A（good は名詞で「利益」）
- do A harm 「A の害になる」= do harm to A（harm は名詞で「害」）→ 502
- do A damage 「A に損害を与える」= do damage to A
- do A a favor 「A の頼みを聞き入れる」→ 503

*上記の左側の表現は文脈から明らかな場合は A が省略されることもある。

500　多くの人たちが，そのレストランのまずい料理について不満を言っている。
501　ハドソン夫妻は，いつもその問題について言い争いをしている。
502　彼女の忠告を聞いても何も害はないだろう。＝ 彼女の忠告を聞くことは，何も害になることはないだろう。
503　お願いですが，ゴミを出していただけますか。

500. 自動詞の complain ― complain (to A) about[of] B

○ **complain (to A) about[of] B**「(A に) B について不満を言う」が本問のポイント。
→ TARGET 81

✕ ③ criticize は criticize A for B で「B のことで A を非難[批判]する」の意味。

501. 自動詞の argue ― argue with A about B

○ **argue with A about B**「B について A と口論する」が本問のポイント。→ TARGET 81

✕ ④ yell は，**yell at A** で「A を[に]どなる」の意味。

KEY POINT ▷ 138　　二重目的語をとる動詞―「V + A + B」

502. 二重目的語をとる do (1) ― do A harm

▶ **do** には二重目的語をとる用法があり，**do A B** で「A に B (害・益) をもたらす／A に B (行為・敬意) を示す」の意味になる。B には特定の目的語がきて慣用的な表現を形成する。harm を目的語にとる **do A harm = do harm to A** は，「A の害になる」の意味を表す。→ TARGET 82

○ 本問の **It wouldn't do you any harm to do ...** は，「…するのは，あなたの害にはまったくならないだろう」の意味。

✕ ③ give は不可。give は目的語に harm をとらない。

503. 二重目的語をとる do (2) ― do A a favor

▶ **do A a favor** は，「A の頼みを聞き入れる」の意味を表す。do の目的語の **favor** は，「(目上の人などが示す) 好意，親切な行為」の意味。→ TARGET 82

270　2 語法

504
☐☐☐
I paid ¥28,000 for this European furniture.
= This European furniture (　　　　) me ¥28,000.
① caused　② cost　③ overtook　④ yielded　　　〈東京理科大〉

505
☐☐☐
The accident almost (　　　　) him his life.
① cost　② robbed　③ lost　④ deprived　　　〈中央大〉

506
☐☐☐
It took the virus a few minutes (　　　　) the data on the computer.
① to destroy　　　② destroying
③ for destruction of　④ destructive　　　〈名古屋工業大〉

507
☐☐☐
Could you please ask the taxi driver how much he will (　　　　) me for a taxi tour of Kyoto?
① price　② charge　③ cost　④ pay　　　〈南山大〉

> **TARGET 83**　二重目的語をとる注意すべき動詞
> ● cost A B「A に B（費用）がかかる／A に B（犠牲など）を払わせる」→ 504, 505
> ● take A B「A が（…するのに）B を必要とする」→ 506
> ● save A B「A の B を節約する／A の B を省く」→ 508
> ● spare A B「A に B を割く／A の B を省く」→ 509
> ● allow A B「A に B を割り当てる」
> ● offer A B「A に B を提供する」
> ● cause A B「A に B をもたらす」
> ● leave A B「A に B を残して死ぬ／A に B を残す」
> ● deny A B「A に B を与えない」
> ● charge A B「A に B（お金）を請求する」→ 507
> ● owe A B「A に B を借りている[負っている]」
> ● lend A B「A に B を貸す」
> ● loan A B「（利子をとって）A に B を貸す」
> ● wish A B「A に B を祈る」
> ● envy A B「A の B をうらやましく思う」　など

504　このヨーロッパの家具に私は 28,000 円払った。＝ このヨーロッパの家具の代金は 28,000 円だった。
505　その事故で，彼はほとんど命を失いかけた。
506　そのウイルスがコンピューター上のデータを破壊するのに数分かかった。
507　タクシーのドライバーに，京都でのタクシーツアーにどのくらいの料金がかかるのか，尋ねていただけますか。

第 16 章 動詞の語法 504~507

504. 二重目的語をとる cost — cost A B (1)

▶ cost には cost A B の形で「A に B（費用）がかかる」の意味を表す用法がある。
→ TARGET 83

505. 二重目的語をとる cost — cost A B (2)

▶ cost A B は，B に life，health，time といった名詞がくる場合，「A に B（犠牲・損失など）を払わせる」の意味になる。→ TARGET 83

✕ ② robbed，④ deprived には二重目的語をとる用法はなく，rob[deprive] A of B「A から B を奪う」の形が基本。→ 526, 527

506. 二重目的語をとる take — take A B

▶ take は二重目的語をとり，take A B（to do）の形で「A が（…するのに）B を必要とする」の意味を表す。→ TARGET 83

○ この take A B を用いた It takes A + 時間 + to do「A が…するのに（時間が）～かかる」が本問のポイント。

Plus cost A B「A に B（費用）がかかる」を用いた It costs A + お金 + to do「A が…するのに（お金が）～かかる」もここで押さえる。
It **cost** me a lot of money to have my house repaired.
（家を修理してもらうのに，ずいぶん費用がかかりました）

507. 二重目的語をとる charge — charge A B

○ charge A B「A に B（お金）を請求する」が本問のポイント（→ TARGET 83）。B（お金）が疑問詞の how much となって，節の冒頭に置かれている。

Plus ask A + wh 節「A に…かを尋ねる」は重要。

504 ②　505 ①　506 ①　507 ②

272　2 語法

508　The new software program will (　　　　) us a lot of time and
□□□　labor.
　　　① give　② get　③ save　④ make　　　　　　　　　〈桜美林大〉

509　A : Could you spare me a minute?
□□□　B : (　　　　).
　　　① Sorry, I'm busy right now
　　　② Yes, I can lend you a spare key
　　　③ Here's your change, sir
　　　④ No. You were thirty minutes late　　　　　　　　〈山梨大〉

KEY POINT ▷ 139

510　Some day you will realize that honesty (　　　　).
□□□　① buys　② pays　③ gives　④ sells　　　　　　　　〈中央大〉

511　The video recording of a sleeping man (　　　　) for several
□□□　hours.
　　　① lasts　② manages　③ melts　④ obeys　　　　　〈立命館大〉

512　Any dictionary (　　　　) as long as it is an English dictionary.
□□□　① will do　② should go　③ may use　④ can run　〈明治大〉

508　その新しいソフトウェアプログラムは，私たちに多くの時間と労力を節約させてくれるでしょう。
509　A：ちょっと時間を割いていただけますか。
　　　B：すみません，ちょうど今は忙しいんです。
510　いつの日か，あなたは誠実さが報われることに気づくでしょう。
511　眠っている人のビデオ録画は，数時間の長さです。
512　英語の辞書であれば，どの辞書でも大丈夫です。

第16章 動詞の語法 508~512

508. 二重目的語をとる save ― save A B
○ **save A B**「A の B を節約する」が本問のポイント。→ TARGET 83

509. 二重目的語をとる spare ― spare A B

○ **spare A B**「A に B を割く」が本問のポイント (→ TARGET 83)。**Could you spare me a minute?**（ちょっと時間を割いていただけますか）の文意に合うのは、① **Sorry, I'm busy right now**「すみません、ちょうど今は忙しいんです」だけ。

KEY POINT ▷ 139   意外な意味を表す自動詞

510. 注意すべき自動詞 pay の意味

▶ **pay** が自動詞で用いられると、「利益になる／割に合う」の意味を表す。→ TARGET 84

511. 注意すべき自動詞 last の意味
○ **last + 期間を表す副詞(句)**「…の間続く」が本問のポイント。→ TARGET 84

512. 注意すべき自動詞 do の意味

▶ **do** が自動詞で用いられると、「十分である／間に合う」(→ TARGET 84) の意味を表す。
○ この用法の do は、本問のように **will do** の形で用いることに注意。
Plus **as long as S + V ...**「…しさえすれば」(= only if S + V ...) は重要。→ 402, 403

TARGET 84　意外な意味を表す自動詞 do / pay / sell / read / last / work

(1) do は自動詞で用いられると「十分である／間に合う」の意味になる → 512。
　This place **will do** for playing baseball.（この場所は野球をするのには十分だろう）

(2) pay は自動詞で用いられると「利益になる／割に合う」の意味になる → 510。
　Honesty sometimes does not **pay**.（正直は時として割に合わないことがある）

(3) sell は自動詞で用いられると「売れる」の意味になる。
　This car should **sell** at a high price.（この車は高値で売れるはずだ）

(4) read は自動詞で用いられると「解釈される／読める」の意味になる。
　This document can **read** in different ways.（この文書は違ったふうにも解釈できる）

(5) last は自動詞として、期間を表す副詞(句)を伴って「(もの・ことが) ある期間続く／(物・食べ物などが) ある期間長持ちする」の意味を表す → 511。

(6) work は自動詞として、しばしば well などの様態を表す副詞を伴い、work (well) の形で「(計画などが) うまくいく／(薬などが) 効き目がある」の意味を表す。
　Practically, the plan did not **work well**.（その計画は、事実上、うまくいかなかった）

---

508 ③　509 ①　510 ②　511 ①　512 ①

KEY POINT ▷ 140

513 Gasoline prices (　　　) so rapidly these past few weeks that
☐☐☐ we should change our driving habits.
① have raised　　② have risen
③ have been raising　　④ have arisen 〈明治大〉

514 My cats have been (　　　) in the sun all day.
☐☐☐ ① laying　② leaning　③ lie　④ lying 〈西南学院大〉

515 The president of the company announced yesterday that the
☐☐☐ salaries of all employees would be (　　　) from next year.
① rise　② risen　③ raise　④ raised 〈福島大〉

> **TARGET 85**　自動詞と他動詞で紛らわしい動詞
> ┌（自）lie「横になる／…のままである」《活用》lie-lay-lain-lying → 514
> │（他）lay「…を横たえる／…を置く／（卵など）を産む」《活用》lay-laid-laid-laying
> └（自）lie「うそをつく」《活用》lie-lied-lied-lying
> ┌（自）sit「座る」《活用》sit-sat-sat-sitting
> └（他）seat「…を座らせる」《活用》seat-seated-seated-seating
> ┌（自）rise「上がる／昇る」《活用》rise-rose-risen-rising → 513
> └（他）raise「…を上げる／…を育てる」《活用》raise-raised-raised-raising → 515
> ┌（自）arise「生じる」《活用》arise-arose-arisen-arising
> └（他）arouse「…を目覚めさせる／…を刺激する」《活用》arouse-aroused-aroused-arousing

---

513 ここ数週間でガソリン価格が急上昇したため，私たちは運転の仕方を変えるべきです。
514 私の猫は一日中，日なたで寝そべっている。
515 昨日，その会社の社長は，すべての従業員の給料が来年から引き上げられると発表した。

KEY POINT ▷ 140

紛らわしい自動詞と他動詞

513. 自動詞の rise — raise との区別

▶ 自動詞 **rise** は「上がる」，他動詞 **raise** は「…を上げる」の意味を表す。→ TARGET 85

○ 自動詞 **rise** の過去分詞は **risen** なので，② have risen を選ぶ。

514. 自動詞の lie — lay との区別

▶ 自動詞の **lie** は「横になる」，他動詞の **lay** は「…を横たえる」の意味を表す。
　→ TARGET 85

○ 自動詞の **lie** の現在分詞は **lying** なので，④ lying を選ぶ。

✕ ① laying は，他動詞 lay の現在分詞なので不可。

515. 他動詞 raise の用法

▶ 他動詞の **raise** には，「(賃金・料金など) を上げる」の意味を表す用法がある。

○ that 節以下は受動態の文なので，他動詞 raise の過去分詞である④ raised を選ぶ。
　→ TARGET 85

[Plus] 他動詞 **raise** には，raise A で「A (お金) を集める」の意味を表す用法もあることに注意。**raise money**「お金を集める」で押さえておこう。

They are trying to **raise money** to build a new hospital.
(彼らは新しい病院を建てるために，お金を集めようとしている)

513 ②　514 ④　515 ④

276　2 語法

KEY POINT ▷141

516　Michael (　　　　) to me that Jane would go alone.
□□□　① said　② wanted　③ suggested　④ talked　　　　〈福岡大〉

517　The newspaper (　　　　) it was going to rain.
□□□　① said　② spoke　③ talked　④ told　　　　〈関西学院大〉

> **TARGET 86**　**tell / say / speak / talk の用法**
>
> (1) tell「…に話す」— 基本的には他動詞
> ● tell A B = tell B to A「A に B を話す」
> ● tell A about B「B について A に話す」
> ● tell A to do「A に…するように言う」
> ● tell A that 節 [wh 節]「A に…ということを言う」→ 518, 564
> *上記の形で使える点が大きな特徴。
> (2) say「…を [と] 言う」— 基本的には他動詞
> ● say (to A) that 節 [wh 節]「(A に) …だと言う」→ 516
> ● S say that 節「S (新聞/手紙/天気予報など) には…と書いてある/S によれば…」
> 　→ 517
> *上記の形もとる。S say that 節の形はよくねらわれる。
> *目的語に「人」をとらないことに注意。
> (3) speak「話す/演説をする」— 基本的には自動詞
> ● speak A「A (言語/言葉/意見など) を話す」
> *上記の他動詞用法もある。
> (4) talk「話す/しゃべる」— 基本的には自動詞
> ● talk to[with] A about B「B について A と話し合う」→ 519
> ● talk A into doing[B]「A を説得して…させる/A を説得して B をさせる」→ 520
> ● talk A out of doing[B]「A を説得して…するのをやめさせる/A を説得して B をやめさ
> 　せる」
> *speak と言い換えができる場合も多い。
> *下 2 つの他動詞用法はともに頻出。

---

516 マイケルは，ジェーンが一人で行くだろうと私に言った。
517 新聞には雨が降りそうだと書いてあった。

KEY POINT ▷ 141 「言う」「話す」などを表す動詞

516. say の用法 ― say (to A) that 節 (1)
▶ **say** には，**say (to A) that** 節で「(A に) …と言う」の意味を表す用法がある。
→ TARGET 86

✘ ③ suggested は不可。suggest を用いると，Michael suggested to me that Jane (should) go alone.「マイケルは，ジェーンが一人で行くことを私に提案した」となる。④ talked は，後に that 節をとることができないので，不可。(→ 487, TARGET 12)

517. say の用法 ― say (to A) that 節 (2)

○ **S say that** 節「S (新聞など) には…と書いてある／S によれば…」が本問のポイント。
→ TARGET 86

278　2 語法

518 When I was (　　) that I had passed the test, I was overjoyed.
① asked　② said　③ spoke　④ told　〈慶應義塾大〉

519 A : Do you have something on your mind?
B : Yes. I'd like to (　　) to you about a serious problem.
① go　② get　③ say　④ talk　〈立正大〉

520 There's no way you can talk me (　　) going.
① in　② to　③ off　④ into　〈日本大〉

521 The professor explained (　　) that Samuel should have a physical examination once a year.
① on him　② to him　③ him　④ at him　〈上智大〉

KEY POINT ▷ 142

522 This painting (　　) me of a dream I had recently.
① recalls　② reminds　③ recollects　④ remembers　〈南山大〉

> ### TARGET 87　talk A into doing の同意・反意表現
> ● talk A into doing = persuade A to do「A を説得して…させる」→ 520
> 　　　　　⇕
> ● talk A out of doing = persuade A not to do「A を説得して…するのをやめさせる」
> 　　　　　　　　= dissuade A from doing
> 　　　　　　　　= discourage A from doing → 533, TARGET 90

---

518 私は，そのテストに合格したと言われたとき大喜びした。
519 A：あなたは何か気になっていることがあるのですか。
　　 B：はい。ある深刻な問題についてあなたと話したいんです。
520 あなたは，私に出かけるように説得することはできません。
521 サミュエルは年に 1 回身体検査を受けるべきだと，教授は彼に説明した。
522 この絵は私が最近見た夢を思い起こさせる。

518. tell の用法 — tell A + that 節

○ **tell A + that** 節「Aに…と言う」の受動態，**be told + that** 節「…と言われる」が本問のポイント。→ TARGET 86

✗ ① asked は不可。ask A that 節の形はない。

519. talk の用法 — talk to[with] A (about B)

○ **talk to[with] A (about B)**「（Bについて）Aと話し合う」が本問のポイント。
→ TARGET 86

[Plus] **have A on one's mind**「Aを気にしている[気にかけている]」は重要。

520. talk の用法 — talk A into doing

○ **talk A into doing**「Aを説得して…させる」（= **persuade A to do**）が本問のポイント。→ TARGET 86, 87

521. explain の用法 — explain to B A

▶ **explain** は，**explain A to B** の形で「AのことをBに説明する」の意味を表す。目的語の A が that 節や wh 節などのように比較的長くなる場合，A を B の後に移動して **explain to B A** の形にすることがある。

○ 本問はこの explain to B A の形。したがって，② to him を選ぶ。

[Plus] 以下の文は wh 節の用例。
The pilot **explained to us why** the landing was delayed.
（パイロットは，なぜ着陸が遅れたかを私たちに説明した）

KEY POINT ▷ 142　　　　　　　　　　　　　remind の用法

522. remind の用法 — remind A of B

▶ **remind** は，**remind A of B** の形で「AにBのことを思い出させる[気づかせる]」の意味を表す（→ TARGET 88）。「人」が目的語になることに注意。

✗ ① recalls, ③ recollects, ④ remembers は，原則的に，「人」が主語で「（人が）…を思い出す」の意味を表す。

TARGET 88　「S＋V＋A＋of＋B」の形をとる動詞 (1) — of =「関連」の of

● inform A of B「AにBのことを知らせる」→ 524
● remind A of B「AにBのことを思い出させる」→ 522
● convince A of B「AにBのことを確信させる」→ 525
● persuade A of B「AにBのことを納得させる」
● warn A of B「AにBのことを警告する」
● suspect A of B「AにBの嫌疑をかける」

---

518 ④　519 ④　520 ④　521 ②　522 ②

280 2 語法

523 How many times do I have to remind you (　　　) your toys?
① for putting away　② put away
③ putting away　④ to put away　〈近畿大〉

KEY POINT ▷ 143

524 The drug maker hesitated to (　　　) users of the possibility of fatal side effects.
① authorize　② announce　③ communicate　④ inform　〈日本大〉

525 I am now (　　　) of his honesty.
① convinced　② believed　③ persuade　④ confide　〈青山学院大〉

KEY POINT ▷ 144

526 It is quite unfair that, except for aristocrats, people were deprived (　　　) their freedom of speech.
① about　② for　③ in　④ of　〈中央大〉

> **TARGET 89**　「S ＋ V ＋ A ＋ of ＋ B」の形をとる動詞 (2) ― of ＝ 「分離・はく奪」の of
> ● deprive A of B「A から B を奪う」→ 526
> ● rob A of B「A から B を奪う」→ 527
> ● strip A of B「A から B をはぎ取る」
> ● clear A of B「A から B を取り除いて片づける」→ 528
> ● cure A of B「A から B を取り除いて治す」→ 529
> ● rid A of B「A から B を取り除く」
> ● relieve A of B「A から B を取り除いて楽にする」
> ● empty A of B「A から B を取り出して空にする」

---

523 あなたのおもちゃを片づけるように何度，注意しなければいけないのですか。
524 その製薬会社は，命にかかわる副作用を起こす可能性について使用者に知らせることをためらった。
525 私は今，彼の誠実さを確信している。
526 貴族以外の人々が言論の自由を奪われていたことは，まったく不公平だ。

523. remind の用法 ─ remind A to do

▶ **remind** は，**remind A to do** の形で「Aに…することを思い出させる[気づかせる]」の意味を表す用法がある。

[Plus] **put away A / put A away**「Aを片づける／Aを（元のところへ）しまう」は重要。

[Plus] **remind** には，**remind A of B**，**remind A to do** のほかにも，**remind A that** 節「Aに…ということを思い出させる」の形もある。すべて頻出表現なので一緒に覚えておこう。

Please **remind me that** I have an important appointment at three o'clock.
（3時に重要な約束があることを私に気づかせてください）

KEY POINT ▷ 143 　　　「S＋V＋A＋of＋B」(1)

524. inform の用法 ─ inform A of B

○ **inform A of B**「AにBのことを知らせる」が本問のポイント。→ TARGET 88

[Plus] **hesitate to do**「…するのをためらう」は重要（→ TARGET 71）。the possibility of fatal side effects は，「命にかかわる副作用を起こす可能性」の意味。

525. convince の用法 ─ convince A of B

○ **convince A of B**「AにBのことを確信させる」の受動態 **A is convinced of B**「AはBのことを確信している」が本問のポイント。→ TARGET 88

KEY POINT ▷ 144 　　　「S＋V＋A＋of＋B」(2)

526. deprive の用法 ─ deprive A of B

▶ **deprive** は，**deprive A of B** の形で「AからBを奪う」の意味を表す。この of は「分離・はく奪」を表す。→ TARGET 89

○ **deprive A of B** の受動態，**A is deprived of B**「AはBを奪われる」を見抜く。

[Plus] except for aristocrats は，「貴族を除いて」の意味。

523 ④　524 ④　525 ①　526 ④

282　2 語法

527　Lucy was (　　　) of her expensive rings.
① robbed　② stolen　③ received　④ sold　〈北里大〉

528　She got angry and (　　　) the apartment of all the furniture and articles belonging to him.
① cleared　② moved　③ removed　④ took　〈中央大〉

529　Now doctors believe they have (　　　) John of the disease.
① cured　② treated　③ operated　④ recovered　〈昭和大〉

KEY POINT ▷ 145

530　We couldn't visit the city last year because of the earthquake.
= The earthquake (　　　) us from visiting the city last year.
① obtained　② prevented　③ relieved　④ required　〈中央大〉

531　Put the pizza at the bottom of the oven to keep the cheese (　　　) burning.
① by　② into　③ from　④ on　〈桜美林大〉

532　A new law (　　　) people from drinking in the park.
① permits　② prohibits　③ refuses　④ exhibits　〈甲南大〉

TARGET 90　「S + V + A + from doing」の形をとる動詞

● prevent[stop / hinder] A (from) doing「A が…するのを妨げる」→ 530
　*from がしばしば省略されるので注意。
● keep A from doing「A が…するのを妨げる」→ 531
　*こちらの from は省略されることがない。
● prohibit[forbid / ban] A from doing「A が…するのを禁じる」→ 532
● discourage[dissuade] A from doing「A が…するのを思いとどまらせる」→ 533

---

527 ルーシーは，彼女の高価な指輪を奪われた。
528 彼女は腹を立て，アパートから彼のものだったすべての家具と品物を外に出した。
529 今では，医者たちはジョンの病気を治したと確信している。
530 震災のせいで，私たちは昨年その町を訪れることができなかった。＝昨年，震災が，私たちがその町を訪れることを妨げた。
531 チーズが焦げないように，ピザはオーブンの一番下に入れてください。
532 新しい法律は，人が公園で飲酒することを禁止している。

527. rob の用法 ― rob A of B

○ **rob A of B**「AからBを奪う」の受動態, **A is robbed of B**「AはBを奪われる」が本問のポイント。→ TARGET 89

528. clear の用法 ― clear A of B

○ **clear A of B**「AからBを取り除いて片づける」が本問のポイント。→ TARGET 89

529. cure の用法 ― cure A of B

○ **cure A of B**「AからBを取り除いて治す」が本問のポイント。→ TARGET 89

KEY POINT ▷ 145　　　　　　　　　　　「S + V + A + from doing」
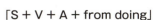

530. prevent の用法 ― prevent A from doing

○ **prevent** は, **prevent A from doing** の形で「Aが…するのを妨げる」の意味を表す。
→ TARGET 90

531. keep の用法 ― keep A from doing

○ **keep A from doing**「Aが…するのを妨げる」が本問のポイント。→ TARGET 90

532. prohibit の用法 ― prohibit A from doing

○ **prohibit A from doing**「Aが…するのを禁じる」が本問のポイント。→ TARGET 90

527 ①　528 ①　529 ①　530 ②　531 ③　532 ②

284　2 語法

533 My parents are trying to (　　　) me from moving to London,
□□□ but I'm planning to go anyway.
① discourage　② recall　③ observe　④ relieve　　〈獨協大〉

KEY POINT ▷ 146

534 That website will provide you (　　　) many beautiful pictures
□□□ of Japan.
① about　② for　③ in　④ with　　〈中央大〉

535 The guidebook (　　　) us with a lot of useful information on
□□□ travelling in Japan.
① consigned　② decomposed　③ engraved　④ furnished
〈立命館大〉

536 Although you may not agree with me, I would like to (　　　)
□□□ my thoughts and ideas with you.
① give　② share　③ meet　④ show　　〈南山大〉

TARGET 91 「S＋V＋A＋with＋B」の形をとる動詞
- provide A with B「A に B を供給する」→ 534 = provide B for A
- supply A with B「A に B を供給する」= supply B to[for] A
- serve A with B「A に B を供給する」= serve B to A
- present A with B「A に B を贈る[与える]」= present B to A
- furnish A with B「A に B を備える[備えつける]／A に B を提供[供給]する」→ 535
- equip A with B「A に B を備えつける」
- share A with B「A を B と分かち合う，A を B に話す」→ 536
- compare A with B「A を B と比較する」= compare A to B
- identify A with B「A を B と同一視する[関連づける]」

---

533 私の両親は，私がロンドンに引っ越すのをあきらめさせようとしているけれど，私はそれに構わ
ず行くつもりだ。
534 そのウェブサイトは，あなたにたくさんの日本の美しい写真を提供してくれるでしょう。
535 そのガイドブックは，日本を旅行する際に役に立つたくさんの情報を私たちに提供してくれた。
536 あなたは私とは意見が違うかもしれませんが，私は自分の思っていることやアイデアをあなたに
話したいと思います。

533. discourage の用法 — discourage A from doing

○ **discourage A from doing**「A が…するのを思いとどまらせる」が本問のポイント。
→ TARGET 90

KEY POINT ▷ 146   「S + V + A + with + B」

534. provide の用法 — provide A with B

▶ provide は，**provide A with B** の形で「A に B を供給する」の意味を表す。
→ TARGET 91

[Plus] provide A with B の同意表現である **provide B for A**「A に B を供給する」も頻出。provide の目的語によって前置詞が異なる点に注意。
Cows **provide** us **with** milk.
= Cows **provide** milk **for** us.
（雌牛はミルクを供給する）

535. furnish の用法 — furnish A with B

○ **furnish A with B**「A に B を提供[供給]する」が本問のポイント。→ TARGET 91

536. share の用法 — share A with B

○ **share A with B**「A を B と分かち合う，A を B に話す」が本問のポイント。
→ TARGET 91

286　2 語法

KEY POINT ▷ 147

537
The actress blamed (　　　) her poor acting in the movie.
① herself by　② by herself　③ herself for　④ for herself

〈名古屋工業大〉

538
My wife accused me (　　　) selfish.
① of being　② for being　③ at having been　④ on being

〈福岡大〉

539
The Metropolitan Police charged him (　　　) murder.
① for　② to　③ with　④ on

〈上智大〉

KEY POINT ▷ 148

540
I can hardly thank you enough (　　　) your help.
① by　② for　③ over　④ with

〈関東学院大〉

> **TARGET 92**　「S＋V＋A＋for＋B」の形をとる動詞
> - blame A for B「B のことで A を非難する」→537
> - criticize A for B「B のことで A を非難する」
> - punish A for B「B のことで A を罰する」
> - scold A for B「B のことで A を叱る」
> - excuse A for B「B について A を許す」
> - forgive A for B「B について A を許す」
> - admire A for B「B のことで A を称賛する」
> - praise A for B「B のことで A をほめる」
> - reward A for B「B のことで A に賞を与える」
> - thank A for B「B のことで A に感謝する」→540
> - respect A for B「B のことで A を尊敬する」

537　その女優は，その映画での自分のひどい演技のことで自分自身を責めた。
538　私の妻は私が利己的だと非難した。
539　ロンドン警視庁は彼を殺人の罪で起訴した。
540　私はあなたの手助けに感謝してもしきれません。

KEY POINT ▷ 147　　　　　　　　　　　　　　　　「非難する」などを表す動詞

537. blame の用法 ― blame A for B

▶ blame は，**blame A for B** の形で「B のことで A を非難する」の意味を表す。
→ TARGET 92，93
○ 本問は，**blame oneself for B**「B のことで自分を責める」の形となっていることを見抜く。

538. accuse の用法 ― accuse A of B

○ **accuse A of B**「B のことで A を非難する／告発する」が本問のポイント。→ TARGET 93

539. charge の用法 ― charge A with B

○ **charge A with B**「B のことで A を告発する／非難する」（= **accuse A of B**）が本問のポイント。→ TARGET 93

Plus the Metropolitan Police は「ロンドン警視庁」（= The London Police）の意味。

KEY POINT ▷ 148　　　　　　　　　　　　　　　　　　「感謝する」を表す動詞

540. thank の用法 ― thank A for B
○ **thank A for B**「B のことで A(人) に感謝する」が本問のポイント。→ TARGET 92

Plus **can hardly do ...**「ほとんど…することができない」は重要。→ 618，TARGET 104
Plus **thank A for B** の同意表現として，形容詞を用いた **be thankful[grateful / obliged] to A for B** もここで押さえておこう。

> **TARGET 93** 「B のことで A を非難する／A を告発する／A に責任を負わせる」を表す動詞
> (1)「B のことで A を非難する」
> ● blame A for B → 537
> ● criticize A for B
> ● accuse A of B → 538
> ● charge A with B
> (2)「B のことで A を告発する」
> ● charge A with B → 539
> ● accuse A of B
> (3)「B のことで A に責任を負わせる」
> ● blame A for B
> ● blame B on A

537 ③　538 ①　539 ③　540 ②

288　2 語法

541 □□□ Without your help, I would not have succeeded. I really (　　　) your kindness.
① please　② deny　③ thank　④ appreciate 〈大東文化大〉

KEY POINT ▷ 149

542 □□□ Susan：Ken, can you (　　　) me to the airport?
① bring　② lift　③ show　④ take 〈鹿児島大〉

543 □□□ She came to the lake after she had walked for ten minutes.
= Ten minutes' walk (　　　) her to the lake.
① hasten　② caught　③ introduced　④ brought 〈駒澤大〉

544 □□□ Let me introduce (　　　) my sister.
① for you　② you　③ you by　④ you to 〈日本女子大〉

TARGET 94 「S ＋ V ＋ A ＋ to ＋ B」の形をとる動詞
- owe A to B「A については B のおかげである」
- take A to B「A を B に持っていく［連れていく］」 → 542
- bring A to B「A を B に持ってくる［連れてくる］」 → 543
- transfer A to B「A を B へ移す」
- introduce A to B「A を B に紹介する」 → 544
- leave A to B「A を B に任せる」
- assign A to B「A（仕事など）を B に割り当てる」
- attribute A to B「A を B のせいにする／A を B の原因に帰する」
- contribute A to B「A を B に寄付する［与える］」
- add A to B「A を B に加える」
- drive A to B「A を B の状態に追いやる」
- expose A to B「A を B（風雨・危険など）にさらす」

---

541 あなたの手助けがなかったら，私は成功しなかったでしょう。あなたのご親切にはとても感謝しています。
542 スーザン：ケン，空港に連れていってくれませんか。
543 彼女は 10 分間歩いた後で湖に着いた。＝ 10 分間の徒歩で彼女は湖に着いた。
544 妹にあなたを紹介させてください。

541. appreciate の用法 ─ thank との区別

▶ **appreciate** には，**appreciate A** で「A をありがたく思う／A を感謝する」の意味を表す用法がある。**thank A** が目的語に「人」をとるのに対して，**appreciate A** は，目的語に「こと・もの」をとる点に注意。

✘ ③ thank で表現すれば，**I really thank you for your kindness.** となる。→ 540

KEY POINT ▷ 149 「S＋V＋A＋to B」

542. take の用法 ─ take A to B

▶ **take** は，**take A to B** の形で「A を B に連れていく／A を B に持っていく」の意味を表す。→ TARGET 94

✘ ① bring にしないこと。**bring A to B** は問題 543 参照。

543. bring の用法 ─ bring A to B

○ **bring A to B**「A を B に連れてくる／A を B に持ってくる」が本問のポイント。
→ TARGET 94

544. introduce の用法 ─ introduce A to B

○ **introduce A to B**「A を B に紹介する」が本問のポイント。→ TARGET 94

541 ④ 542 ④ 543 ④ 544 ④

KEY POINT ▷ 150

545 □□□ "How do I like you in the Meiji uniform? You look great. It really (　　　) you!"
① winks　② suits　③ looks　④ gets 〈明治大〉

546 □□□ A : I like those shoes very much. I wish they (　　　) me.
B : It's a pity, but that's the only size we have.
① fit　② fix　③ match　④ suit 〈学習院大〉

KEY POINT ▷ 151

547 □□□ Kaori asked to (　　　) my pencil during class.
① borrow　② care　③ lend　④ rent 〈立教大〉

548 □□□ I'm afraid the bank cannot (　A　) you any more money, Mr. Di Nero. You already (　B　) us over 3 million yen which you must repay by next month.
① A : lend　B : owe　　② A : owe　B : lent
③ A : borrow　B : owe　④ A : owe　B : borrowed 〈南山大〉

TARGET 95　「貸す」「借りる」を表す動詞

● borrow A (from B)「(B から) A を無料で借りる」→ **547**
● rent A「A (家など) を有料で借りる[貸す]／一時的に A (車など) を有料で借りる」
● use A「A (トイレ・電話など) を一時的に借りる／A を利用する」
● owe A B = owe B to A「A に B (お金) を借りている」→ **548, 549**
● lend A B = lend B to A「A に B を貸す」→ **548**
● loan A B = loan B to A「(利子をとって) A に B (お金) を貸す」

545「明治大学のユニフォームを着た君がどうかって？　君はかっこいいよ。本当によく似合っているね！」
546 A : 私はその靴がとても気に入りました。サイズが合えばいいのに。
B : 残念ながら，それが今あるたった 1 つのサイズなんです。
547 カオリは，授業中に私の鉛筆を貸してと頼んだ。
548 残念ですが，当行はこれ以上あなたにお金をお貸しできません，ディネロさん。あなたはすでに当行に 300 万円以上借りていて，それを来月までに返済しなければなりません。

KEY POINT ▷ 150 「似合う」「合う」を表す動詞

545. suit の用法 — suit A（人）

▶ **suit** には，**目的語**に「人」をとって「（服装・色・髪型などが）A に似合う」の意味を表す用法がある。

[Plus] suit と同様に目的語に「人」をとる **fit A** と混同しないこと。fit A（人）は，「（寸法・サイズに関して）A に合う」の意味。→ **546**

I had to send back the jacket because it did not **fit** me.
（そのジャケットは大きさが私に合わなかったので，私はそれを送り返さなければならなかった）

[Plus] **match A**（もの）「A と似合う／A と調和する」（= **go with A**）もここで押さえる。match A では，主語にも A にも「もの」がくることに注意。

Those shoes don't **match** your suit at all.
（その靴は君のスーツにぜんぜん合っていない）

546. fit の用法 — fit A（人）

○ 問題 545 で扱った **fit A（人）**「（寸法・サイズに関して）A に合う」が本問のポイント。「S wish S′ + 動詞の過去形」の形（→ **230**）から，fit の過去形の① fit を選ぶ。

[Plus] fit の活用形は，fit - fit[fitted] - fitted。

KEY POINT ▷ 151 「貸す」「借りる」を表す動詞

547. borrow の用法 — borrow A

▶ borrow は，**borrow A (from B)** で「（B から）A を無料で借りる」の意味を表す。A には，本問の pencil のように「移動可能なもの」がくることに注意。

[Plus]「A（トイレなど移動不可能なもの）を借りる／A（ホテルのプールなど）を利用する」場合は，borrow A ではなく，**use A** を用いる。ただし，「電話を借りる」は **use a telephone / borrow a telephone** ともに可。

[Plus] **ask to do** は「…したいと言う／…させてほしいと頼む」の意味。

548. lend と owe の用法 — lend A B / owe A B

○ 文意から，最初の空所は，**lend A B**「A に B を貸す」の形になる lend を選び，次の空所は，**owe A B**「A に B（お金）を借りている」の形になる owe を選ぶ。したがって，① A：lend　B：owe が正解。→ **TARGET 95**

545 ②　546 ①　547 ①　548 ①

292　2 語法

549
☐☐☐
How much should I pay you?
= How much do I (　　　) you?
① owe　② get　③ buy　④ spend　　　〈福岡工業大〉

KEY POINT ▷ 152

550
☐☐☐
May I open the window? = Do you (　　　) open the window?
① mind if I　② like to　③ mind of　④ like me if I　　〈中央大〉

551
☐☐☐
I don't want (　　　) any misunderstanding between us.
① to be　② there to be　③ there is　④ there will be　　〈高知大〉

552
☐☐☐
I have (　　　) to enjoy school life.
① become　② come　③ learned　④ been　　　〈名城大〉

553
☐☐☐
(　　　) follows from what George says that his friend is
concealing something.
① It　② Each　③ There　④ He　　　〈東京都市大〉

554
☐☐☐
It doesn't (　　　) what day you come but please come in the
morning.
① matter　② happen　③ important　④ require　　〈中央大〉

---

549 あなたにいくら支払えばいいですか。＝ 私はあなたにいくらの借りがありますか。
550 窓を開けてもいいですか。＝ 私が窓を開けても構いませんか。
551 私たちの間には，どんな誤解もあってほしくありません。
552 私は学校生活を楽しむようになった。
553 ジョージが言っていることから判断すると，彼の友人は何かを隠しているに違いない。
554 あなたがどの日に来ても構いませんが，午前中に来てください。

549. owe A B の定式化された表現

○ 問題 548 で扱った **owe A B**「A に B（お金）を借りている」（→ TARGET 95）の定式化された表現である **How much do I owe you?**「あなたにいくらの借りがありますか」が本問のポイント。

KEY POINT ▷ 152　　　他動詞を用いる定式化された表現

550. mind の定式化された表現

▶ 自動詞の mind「嫌だと思う」を用いた **Do you mind if I do ...?**「…してもいいですか」は定式化された表現として押さえておこう。

551. want の定式化された表現

▶ want には，**want there to be A** の形で「A があってほしい」の意味を表す用法がある。本来 there は副詞だが，この形では代名詞として機能し，want の目的語となっている。

[Plus] want のほかに there to be A をとる動詞(句)として，**would like**，**believe**，**expect** がある。**want[would like] there to be A**「A があってほしい」，**believe there to be A**「A があると信じる」，**expect there to be A**「A があると思う」で覚えておこう。
I would like there to be a swimming pool in the garden.
（庭にプールがあるといいですね）

552. come の用法 ─ come to do

▶ **come** には，**come to do** の形で「…するようになる」の意味を表す用法がある。do には原則として，**know / feel / see / like / enjoy / realize / understand** などの状態を表す動詞がくることに注意。

✗ ① become は不可。become to do の形はない。③ learned も不可。I learned to swim.「私は泳げるようになった」のように，**learn to do** は「（習得して）…するようになる」の意味。

553. follow の定式化された表現

○ **follow** には，**It follows + that 節**の形で「（したがって）…ということになる」の意味を表す用法がある。主語の it は，非人称の it。定式化された表現として押さえる。

[Plus] **from what George says** は，「ジョージが言っていることから（判断すると）」の意味。

554. matter の定式化された表現

▶ **matter** は，自動詞では「重要である」（= be important）の意味を表すが，他動詞として用いて形式主語の it を立てると，**It doesn't matter (to A) + wh 節**「（A にとって）…かは問題でない[どうでもいい]」の意味を形成する。

[Plus] 同意表現の **It makes no difference (to A) + wh 節**もここで覚えておこう。

---

549 ①　550 ①　551 ②　552 ②　553 ①　554 ①

第16章 動詞の語法 応用問題に Try!

KEY POINT ▷ 129-152

555 □□□ The government is (companies / helping / the new standards / considering / meet) for air pollution. 〈名古屋工業大〉

556 □□□ A：I think he will come.
B：What (　　　　) you think so? 〈福島大〉

557 □□□ Using mobile phones ①in a situation where other individuals ②are trapped and forcing to listen is not acceptable. Basically, you ③should not speak on your mobile phone at all ④while on a train. 〈中央大〉

558 □□□ I was wondering if you ①could borrow me ②that pen for a few minutes ③while ④I fill out this form. 〈慶應義塾大〉

---

555 政府は，企業が大気汚染の新たな基準を満たすのを支援することを検討している。
556 A：彼は来ると思います。
　　 B：あなたはどうしてそう思うのですか。
557 ほかの人たちが閉じ込められて音を聞かざるを得ない状況で携帯電話を使用することは，受け入れられない。 基本的に，電車の中では決して携帯電話で話してはいけない。
558 私がこのフォームに記入する間，そのペンを少しの間，私に貸していただけませんか。

第16章　動詞の語法 555〜558　295

KEY POINT ▷ 129-152

555. consider doing と help A do

○ 問題 457 で扱った **consider doing**「…するのを考慮する」と問題 479 で扱った **help A do**「A が…するのに役立つ[するのを手伝う]」が本問のポイント。consider doing の表現から，まず，The government is considering helping「政府が支援することを考えている」とまとめ，help A do の表現から，helping companies meet the new standards for air pollution「企業が大気汚染の新たな基準を満たすのを支援すること」とまとめればよい。

Plus **meet A**「A を満たす」(= satisfy A) は重要。

556. 使役動詞としての make — make A do

○ 問題 477 で扱った **make A do**「A に…させる」を用いた **What makes A do ...?** は，「どうして A は…するのか ← 何が A に…させるのか」の意味を表す。Why do you think so?「あなたはどうしてそう思うのですか」は，What makes you think so? と書き換えることができる。

Plus **What makes you think so?** は，**cause A to do**「A が…する原因となる」(→ TARGET 76) を用いて，**What causes you to think so?** と表現できることも押さえておこう。

557. force A to do — be forced to do

○ 問題 486 で扱った **force A to do**「A に…することを強制する」の受動態，**A is forced to do**「A は…せざるを得ない／…するのを強要される」が本問のポイント。② are trapped and forcing を are trapped and forced に修正する。Using mobile phones in a situation where other individuals are trapped and forced to listen「ほかの人たちが閉じ込められて音を聞かざるを得ない状況で携帯電話を使用すること」が主語。

Plus **not (...) at all**「決して…ない」は重要。→ 273

558. lend A B — borrow A (from B) / lend A B

○ 問題 548 で扱った **lend A B**「A を B に貸す」が本問のポイント。① could borrow が間違い。borrow は，borrow A (from B) で「(B から) A を無料で借りる」の意味を表すので，この英文では使えない。lend A B を用いて，I was wondering if you could lend me that pen for a few minutes.「そのペンを少しの間，私に貸していただけませんか」と表現すればよい。したがって，①を could lend に修正する。

Plus **I was wondering if[whether] S could do ... .** は，ていねいな「依頼」を表す表現で「S は…することができるでしょうか」の意味を表す。

Plus **fill out A**「A に必要事項を書き込む」は重要。

---

555 considering helping companies meet the new standards

556 makes

557 ② forcing → forced

558 ① could borrow → could lend

296　2 語法

559　エアコンを修理してもらわなければならないだろう。（1 語不要）
□□□　(have / fixed / will / to / I / the / have / is / air-conditioner).

〈高知大〉

560　He hasn't told ①about it to me, but I ②think we are going to
□□□　③leave around eight ④in the morning.　〈慶應義塾大〉

561　(a)(b) の空所に共通して入る 1 語を書きなさい。
□□□　(a) John would be the (　　　　) person to tell a lie.
　　　(b) How long will this fine weather (　　　)?　〈静岡大〉

562　その奨学金のおかげで，春香はアメリカに留学することができた。

（1 語不要）

　　　(to / in / the scholarship / thanks / Haruka / the U.S. /
　　　go to college / allowed).　〈中央大〉

563　①Quite a few citizens requested that the mayor ②takes
□□□　appropriate actions ③immediately to ④improve the living
　　　conditions of the town.　〈福島大〉

560　彼はそのことについて私に話していないが，私たちは朝の 8 時頃に出発することになっていると
　　思う。
561　(a) ジョンは決してうそをつくような人ではない。
　　(b) このよい天気はどのくらい続くだろうか。
563　かなりの数の市民が，町の生活環境を改善するために市長にすぐに適切な措置を講ずるように要
　　求した。

第 16 章　動詞の語法 559～563　**297**

559. have A done ── 過去分詞が補語

○ 問題 476 で扱った **have A done**「A を…してもらう［させる］（使役）」が本問のポイント。have the air-conditioner fixed「エアコンを修理してもらう」とまとめたら，それを I will have to の後に続ければよい。

560. tell の用法 ── tell A about B / tell B to A

○ **TARGET 86** で扱った **tell A about B**「B について A に話す」，**tell B to A**「A に B を話す」が本問のポイント。① about it to me が間違い。He hasn't told me about it[it to me]「彼はそのことについて私に話していない」と表現する。したがって，me about it か it to me に修正する。

561. 注意すべき自動詞 last の意味

○ (a) は，問題 274 で扱った **the last A to do**「最も…しそうにない A ／決して…しない A」を知っているかがポイント。(b) は，問題 511，**TARGET 84** で扱った last + 期間を表す副詞句「…の間続く」がポイント。**How long will this fine weather last?**「このよい天気はどのくらい続くだろうか」は，期間を表す副詞句が how long になって文頭にきた疑問文。

562. allow の用法 ── allow A to do

○ 問題 483 で扱った **allow A to do**「A が…することを可能にする」（= **enable A to do**）が本問のポイント。S allowed A to do …「S のおかげで A は…することができた（S は A が…することを可能にした）」の表現から，The scholarship allowed Haruka to go to college in the U.S. とまとめればよい。

563. request の用法 ── request that S (should) + 原形

○ 問題 66，487 で扱った **request that S (should) + 原形**「S が…することを懇願する」が本問のポイント。② takes が間違い。take または should take に修正する。

Plus **quite a few + 複数名詞**「かなりたくさんの…／相当の…」（→ 575），**take an appropriate action**「適切な措置を講ずる」は重要。

---

559 I will have to have the air-conditioner fixed.（is 不要）

560 ① about it to me → me about it[it to me]

561 last

562 The scholarship allowed Haruka to go to college in the U.S.（thanks 不要）

563 ② takes →（should）take

564 ①Many of the local people he met ②told to him, "Peter, you ③speak such lovely Japanese. Where did you ④learn it?"

〈慶應義塾大〉

565 電車が遅れていたものの，私は何とか時間通りに学校に到着しました。

566 Smartphones rob us of time, but even their mere presence is damaging.

〈茨城大〉

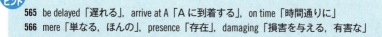

565 be delayed「遅れる」，arrive at A「Aに到着する」，on time「時間通りに」
566 mere「単なる，ほんの」，presence「存在」，damaging「損害を与える，有害な」

564 彼が出会った地元の人々の多くは彼に言った。「ピーター，あなたはすばらしい日本語を話しますね。どこで習いましたか」

第 16 章　動詞の語法 564〜566　**299**

564. tell の用法 — tell A + that 節

○ 問題 518, TARGET 86 で扱った **tell A + that 節**「A に…だと言う」が本問のポイント。②
told to が間違い。told に修正する。本問は，目的語が that 節ではなく，直接の発言で
ある "Peter, you speak such lovely Japanese. Where did you learn it?"「ピーター，あ
なたはすばらしい日本語を話しますね。どこで習いましたか」が目的語となっている。

565. manage to do — 不定詞を目的語にとる → 463

○「何とか…した」は **manage to do** で表す。manage は，動名詞ではなく不定詞を目的
語にとる動詞であることに注意する。delay は「…を遅らせる」の意味なので,「遅れる」
は **be delayed** と受動態の形で表す。

566. rob の用法 — rob A of B → 527, TARGET 89

○ **rob A of B**「A から B を奪う」の用法が本問のポイント。

Plus damaging「有害な／人に損害を与える」は, 他動詞 damage「…に損害を与える」の現在分詞から形容
詞化した分詞形容詞。

---

564 ② told to → told[said to]

565 Although[Though] the train was delayed, I managed to arrive at[get to] school on
time.

566 スマートフォンは私たちから時間を奪うが，単に存在しているだけでも害がある。

第17章 形容詞の語法

基本的な形容詞・数量形容詞・分詞形容詞・つづりと
意味が紛らわしい形容詞は，作文で正確に使いたい。

KEY POINT ▷ 153

567
□□□
(   ) knowledge of a foreign language will help you a great deal.
① Few   ② Many   ③ A little   ④ A lot   〈獨協大〉

568
□□□
I know you have worked very hard on this project, but I'm afraid there is very (   ) possibility that it will be approved at the executive meeting.
① big   ② few   ③ little   ④ much   〈明治大〉

569
□□□
My daughter has (   ) close friends at school.
① a little   ② a little of   ③ a few   ④ a few of   〈南山大〉

570
□□□
The teacher is going to give Cathy a high grade as she made (   ) mistakes in her essay.
① a lot of   ② a little   ③ quite a few   ④ very few   〈日本大〉

---

567 外国語の知識が少しでもあると，あなたに大いに役立ってくれる。
568 私はあなたがこのプロジェクトにとても熱心に取り組んできたことを知っているけれど，それが
　　重役会議で承認される可能性はほとんどないと思う。
569 私の娘は学校に数人の親友がいる。
570 キャシーは作文でほとんど間違いがなかったので，先生は彼女に高い点を与えるつもりだ。

KEY POINT ▷ 153

第 17 章 形容詞の語法 567～570

数や量を表す形容詞

567. 不可算名詞につける a little の意味
▶ **a little** は，不可算名詞につけて「少しの…」の意味を表す。→ TARGET 96
○ knowledge「知識」が不可算名詞であることに気づくこと。

568. 不可算名詞につける little の意味
▶ **little** は，不可算名詞につけて「ほとんど…ない」という否定的な意味を形成する（→ TARGET 96）。**very little** は little の強意表現。
○ possibility「可能性」が不可算名詞であることに気づくこと。
Plus There is little possibility that 節「…という可能性はほとんどない」で押さえておこう。

569. 可算名詞の複数形につける a few の意味
▶ **a few** は，可算名詞の複数形につけて「少しの…」の意味を表す。→ TARGET 96
✕ ④ a few of は不可。a few of A の A が名詞の場合，必ず定冠詞や所有格で限定された名詞になる。→ 315

570. 可算名詞の複数形につける few の意味
▶ **few** は，可算名詞の複数形につけて「ほとんど…ない」という否定的な意味を形成する（→ TARGET 96）。**very few** は few の強意表現。

TARGET 96　many / much / few / little の用法と意味

意味＼用法	(1) 可算名詞（数えられる名詞）につけて「数」を表す。 (2) 名詞は複数形になる。	(1) 不可算名詞（数えられない名詞）につけて「量」「程度」を表す。 (2) 名詞の形は変わらない。
たくさんの	many → 572	much → 571
ほとんど…ない（否定的）	few → 570	little → 568
少しの（肯定的）	a few → 569	a little → 567
かなりたくさんの	quite a few → 575 not a few	quite a little not a little

567 ③　568 ③　569 ③　570 ④

302 2 語法

571
□□□
We are not paid (   ) money.
① these much   ② those many   ③ this many   ④ that much

〈関西学院大〉

572
□□□
He faded away like so (   ) other Hollywood stars.
① few   ② little   ③ many   ④ much

〈宮崎大〉

573
□□□
I met my friends last night. First we had Chinese food for dinner and then we sang (   ). It was great fun.
① any song   ② any songs   ③ some song   ④ some songs

〈慶應義塾大〉

574
□□□
We'll get (   ) information from the tourist office.
① some   ② any   ③ an   ④ every

〈青山学院大〉

575
□□□
Ken likes American movies very much, so he has (   ) DVDs at home.
① quite a few   ② a quite few   ③ a few quite   ④ quite few

〈立教大〉

576
□□□
(   ) people decided to desert the town and to flee to the rural area.
① The number of   ② Almost   ③ A number of   ④ Most of

〈東邦大〉

---

571 私たちは, それほど多くのお金をもらっていない。
572 彼は, ほかの多くのハリウッドスターと同じようにだんだん忘れられていった。
573 私は昨夜, 友だちと会いました。私たちはまず, 夕食に中華料理を食べてから, 少し歌いました。とても楽しかったです。
574 私たちは観光案内所から情報を入手するつもりだ。
575 ケンはアメリカの映画が大好きなので, 自宅にかなりたくさんの DVD を持っている。
576 多くの人たちが都会を捨てて, 農村地域に避難することにした。

571. 不可算名詞につける much の意味

▶ **much** は，不可算名詞につけて「たくさんの…」の意味を表す。→ TARGET 96
○ 本問は，副詞の that「それほど」(= so) がついた ④ that much を選ぶ。
Plus **pay A B**「A に B（お金）を支払う」の受動態 **A is paid B** は，「A は B をもらう ← A は B を支払われる」の意味を表す。
✗ ① these much は不可。these は可算名詞と共に用いる。

572. 可算名詞の複数形につける many の意味

▶ **many** は可算名詞の複数形につけて「たくさんの…」の意味を表す（→ TARGET 96）。副詞の so「とても」は強調表現。
Plus **fade away** は「忘れられていく／有名でなくなる」の意味。

573. 可算名詞の複数形につける some の意味

▶ **some** は，可算名詞の複数形につけて「いくつかの…」の意味を表す。
○ song「歌」は可算名詞なので，文意から，some songs「何曲かの歌」を選ぶ。

574. 不可算名詞につける some の意味

▶ **some** は，不可算名詞につけて「多少の…／いくらかの…」の意味を表す。ただし，漠然とした程度を表すので，日本語訳には対応する語が現れないことが多い。

575. quite a few の意味

▶ **quite a few** は，**quite a few + 複数名詞**の形で「かなりたくさんの…／相当の…」の意味を形成し，many に近い意味を表す。→ TARGET 96
Plus **a good[great] many + 複数名詞**も「かなりたくさんの…／相当の…」の意味になることも，ここで押さえておこう。
We suffered from **a great many** troubles.
（私たちは，かなりたくさんのもめ事に悩まされた）

576. a number of の意味

▶ **a number of** は，**a number of + 複数名詞**の形で「たくさんの…，複数の…」の意味を形成する。→ 357
✗ ① The number of は不可。**the number of A** は「A の数」の意味（→ 356）。④ Most of も不可。most of は，後に必ず定冠詞や所有格などで限定された名詞や代名詞の目的格がくる。→ 330
Plus **desert** は動詞で「…を捨てる[捨て去る]」，**flee to A** は，「A（安全なところ）に避難する」の意味。

304　2 語法

KEY POINT ▷ 154

577 It is (　　　) that no one has objected to the plan.
□□□　① surprisedly　② surprisingly　③ surprised　④ surprising
〈山梨大〉

578 These shapes are (　　　) if you look at them from above.
□□□　① deciding　② decided　③ interesting　④ interested　〈明治大〉

579 By the time it ended, our team had battled hard and finally won.
□□□　The game was indeed (　　　).
　　　① excited　② excitedly　③ exciting　④ excitable　〈北里大〉

TARGET 97　感情表現の他動詞の現在分詞から派生した分詞形容詞

- amazing「驚嘆すべき ← 人を驚嘆させる」
- astonishing「驚くばかりの ← 人をびっくりさせる」
- surprising「驚くべき ← 人を驚かせる」→ 577
- exciting「刺激的な ← 人をわくわくさせる」→ 579
- thrilling「ぞくぞくするような ← 人をぞくぞくさせる」
- interesting「おもしろい ← 人に興味を引き起こさせる」→ 578
- pleasing「楽しい ← 人を喜ばせる」
- satisfying「満足のいく ← 人を満足させる」
- moving「感動的な ← 人を感動させる」→ 585
- touching「感動的な ← 人を感動させる」
- boring「退屈な ← 人を退屈させる」→ 583
- disappointing「期待はずれな ← 人を失望させる」→ 581
- tiring「きつい ← 人を疲れさせる」→ 588
- annoying「うるさい，いやな ← 人をいらいらさせる」
- irritating「いらだたしい ← 人をいらいらさせる」
- confusing「わけのわからない ← 人を混乱させる」
- embarrassing「当惑させるような／まごつかせるような ← 人を当惑させる」→ 589
- frightening「恐ろしい ← 人を怖がらせる」
- shocking「衝撃的な ← 人をぎょっとさせる」

---

577 誰もその計画に反対しなかったのは驚くべきことだ。
578 これらの形は上から見るとおもしろい。
579 最後まで我々のチームは激しく戦い，そしてとうとう勝った。その試合は本当に刺激的だった。

KEY POINT ▷ 154 　　　　　　　　　　　　　　　　　分詞形容詞

577. 現在分詞から派生した分詞形容詞 — surprising

▶ 現在分詞や過去分詞は，名詞を修飾するなど形容詞としての役割を果たすが，中には完全に形容詞化したものがある。それを**分詞形容詞**と呼ぶ。分詞形容詞には，目的語に「人」をとって，「人の感情に影響を与える」という意味を表す**他動詞**（例えば，surprise「（人を）驚かせる」など）**の現在分詞**から形容詞化したものが多い。そのような分詞形容詞は，目的語を補った他動詞とほぼ同じ意味を表す。分詞形容詞の surprising「驚くべき」の本来の意味は，「（人を）驚かせる（ような）」の意味だと考えればよい。
→ TARGET 97

Plus object to A「A に反対する」は重要。

578. 分詞形容詞 interesting の用法

○ **interesting**「おもしろい ← 人に興味を引き起こさせる」が本問のポイント。
→ TARGET 97

579. 分詞形容詞 exciting の用法

○ **exciting**「刺激的な ← 人をわくわくさせる」が本問のポイント。→ TARGET 97
✕ ①，④はそれぞれ excited「興奮した」，excitable「興奮しやすい」の意味で，人に対して用いる。

Plus **by the time S + V ...**「…するまでには」は重要。→ 381

306 　2 語法

580
□□□
I'm really (　　　　) about being in Singapore.
① excite　② excited　③ excitement　④ exciting
〈立命館大〉

581
□□□
The book was not nearly as good as I had expected. In fact, it was quite (　　　　).
① disappoint　　② disappointed
③ disappointing　④ disappointment
〈慶應義塾大〉

582
□□□
Tom felt deeply (　　　　) about the matter.
① disappoint　　② disappointing
③ disappointed　④ to disappoint
〈名古屋工業大〉

> **TARGET 98** 　感情表現の他動詞の過去分詞から派生した分詞形容詞
> ● amazed「驚嘆して ← 驚嘆させられて」
> ● astonished「びっくりして ← びっくりさせられて」
> ● surprised「驚いて ← 驚かされて」
> ● excited「興奮して／わくわくして ← 興奮させられて」→ 580
> ● thrilled「ぞくぞくして ← ぞくぞくさせられて」
> ● interested「興味があって ← 興味を引き起こされて」→ 607
> ● pleased「喜んで／気に入って ← 喜ばされて」→ 586
> ● satisfied「満足して ← 満足させられて」
> ● moved「感動して ← 感動させられて」
> ● touched「感動して ← 感動させられて」
> ● bored「退屈して ← 退屈させられて」→ 584
> ● disappointed「失望して ← 失望させられて」→ 582
> ● tired「疲れて ← 疲れさせられて」
> ● annoyed「いらいらして ← いらいらさせられて」
> ● irritated「いらいらして ← いらいらさせられて」
> ● confused「混乱して ← 混乱させられて」→ 587
> ● embarrassed「当惑して／きまりの悪い ← 当惑させられて」
> ● frightened「おびえて ← 怖がらせられて」
> ● shocked「ぎょっとして ← ぎょっとさせられて」
> ＊これらの過去分詞から派生した分詞形容詞が,「S ＋ V（be 動詞など）＋ C」の形の C（主格補語）で用いられるのは, 原則として S（主語）が「人」のときである。

---

580 シンガポールにやって来て, とてもわくわくしています。
581 その本は, 私の期待とかけ離れておもしろくなかった。実際, それはかなり失望させるものだった。
582 トムは, その件についてとても失望した。

580. 過去分詞から派生した分詞形容詞 ― excited

▶ **分詞形容詞**には，「人」を目的語にとって「人の感情に影響を与える」という意味を表す**他動詞の過去分詞**から派生したものもある。そのような分詞形容詞は，「(人が) …させられて」という受動的な意味を持つ。例えば，excited「興奮して」のもともとの意味は「(人が) 興奮させられて」の意味だと考えればよい。このような分詞形容詞が主格補語で用いられる場合，主語は原則として「人」になることに注意。→ TARGET 98

Plus be excited about A「Aに興奮している」で押さえておこう。

581. 分詞形容詞 disappointing の用法

○ **disappointing**「期待はずれな ← 人を失望させる」が本問のポイント。→ TARGET 97

Plus not nearly は「決して…ない」(= not at all) の意味。

582. 分詞形容詞 disappointed の用法

○ **disappointed**「失望して ← 失望させられて」が本問のポイント。→ TARGET 98

Plus feel disappointed about A で「Aについて失望を感じる」の意味を表す。

580 ② 581 ③ 582 ③

308 2 語法

583
☐☐☐
My job at the company was very (　　　).
① bored　② boredom　③ getting bored　④ boring 〈青山学院大〉

584
☐☐☐
Mr. Garret always took on more than one task at the office to keep himself from (　　　).
① boring　② bored　③ to be bored　④ being bored 〈東海大〉

585
☐☐☐
I was extremely touched by her sympathetic attitude.
= Her sympathetic attitude was extremely (　　　) to me.
① surprising　② contacting　③ disappointing　④ moving
〈中央大〉

586
☐☐☐
His parents were very (　　　) at his success.
① pleasant　② pleased　③ pleasing　④ pleasurable 〈日本大〉

587
☐☐☐
Many students seem more (　　　) now about how to write a research paper.
① confusing　② confusion　③ confused　④ confuse 〈甲南大〉

588
☐☐☐
He was on his way home after a (　　　) day at work.
① tired　② tiring　③ tireless　④ tire 〈桃山学院大〉

589
☐☐☐
Many teenagers think that it is (　　　) to go to a movie with their parents.
① absorbing　　② disapproving
③ embarrassing　④ employing 〈獨協大〉

---

583 会社での私の仕事はとても退屈だった。
584 ギャレットさんは、退屈しないようにと、いつも会社で複数の仕事を引き受けた。
585 私は彼女の思いやりのある態度にとても感動した。＝ 彼女の思いやりのある態度は、私にはとても感動的だった。
586 彼の両親は彼の成功をとても喜んでいた。
587 多くの学生が研究論文の書き方について以前よりも混乱しているようだ。
588 彼は仕事のきつい1日の後で帰途についた。
589 多くのティーンエイジャーは、両親と映画を見に行くのが恥ずかしいことだと思っている。

583. 分詞形容詞 boring の用法

○ **boring**「退屈な ← 人を退屈させる」が本問のポイント。→ TARGET 97

584. 分詞形容詞 bored の用法

○ **bored**「退屈して ← 退屈させられて」が本問のポイント（→ TARGET 98）。前置詞 from の後だから，「退屈すること」を表す動名詞句④ being bored が正解。
Plus **keep A from doing**「A に…させないようにする」は重要（→ 531）。**keep oneself from being bored** は「自分が退屈しないようにする」の意味を表す。

585. 分詞形容詞 moving の用法

○ **moving**「感動的な ← 人を感動させる」が本問のポイント。→ TARGET 97
Plus **be touched by A** は「A に感動する」で，この touched も分詞形容詞（→ TARGET 98）。her sympathetic attitude は「彼女の思いやりのある態度」の意味。

586. 分詞形容詞 pleased の用法

○ **pleased**「喜んで／気に入って ← 喜ばされて」が本問のポイント。→ TARGET 98
Plus **be pleased at A** で「A を喜ぶ」の意味を表す。

587. 分詞形容詞 confused の用法

○ **confused**「混乱して ← 混乱させられて」が本問のポイント。→ TARGET 98
Plus **be confused about A**「A について混乱［困惑］している」で押さえておこう。

588. 分詞形容詞 tiring の用法

○ **tiring**「きつい ← 人を疲れさせる」が本問のポイント。→ TARGET 97
Plus **on one's way home** は「帰宅途中で」，**after a tiring day at work** は「仕事のきつい一日の後」の意味。

589. 分詞形容詞 embarrassing の用法

○ **embarrassing**「当惑させるような／まごつかせるような ← 人を当惑させる」が本問のポイント。→ TARGET 97
Plus **It is embarrassing to do ….** は，「…するのはきまりが悪い［恥ずかしい］」の意味を表す。

---

583 ④   584 ④   585 ④   586 ②   587 ③   588 ②   589 ③

310　2 語法

KEY POINT ▷ 155

590
☐☐☐

They look so much (　　　) that I can't tell them apart.
① like　② likely　③ liking　④ alike

〈山梨大〉

TARGET 99　似たつづりで意味が異なる形容詞

- alike「よく似て」→ **590**
  likely「ありそうな」
- childlike「子どもらしい」
  childish「子どもっぽい／幼稚な」
- economic「経済の」→ **598**
  economical「経済的な／無駄のない」
- forgettable「忘れられやすい」
  forgetful「(人が) 忘れっぽい」
- historic「歴史上有名な」
  historical「歴史の」
- industrial「産業の」
  industrious「勤勉な」
- manly「男らしい」
  mannish「(女性が) 男っぽい」
- sensitive「敏感な／傷つきやすい」→ **592**
  sensible「分別のある」
- sleepy「眠い」
  asleep「眠って」
- imaginable「想像できる」
  imaginary「想像上の」→ **596**
  imaginative「想像力に富んだ」

---

590 彼らはとてもよく似ているので，私には見分けがつかない。

KEY POINT ▷ 155　　似たつづりで意味が異なる形容詞 (1)

590. alike の意味 ─ likely との区別

▶ 形容詞の **alike** は，「よく似て」の意味を表す。alike と紛らわしい **likely** は，「ありそうな」の意味。なお，**alike は叙述用法（補語となる用法）のみにしか使えない**ことも押さえておこう。→ TARGET 99

[Plus] likely については，**S is likely to do ... . = It is likely that S will do ... .**「S は…しそうである」の形で押さえておこう。
She **is likely to** live to one hundred. = **It is likely that** she will live to one hundred.
（彼女は 100 歳まで生きそうだ）

[Plus] **tell A apart**「A を区別する」は重要。

- ┌ respectable「立派な」
  ├ respective「めいめいの」
  └ respectful「礼儀正しい／敬意を表して」→ 593

- ┌ alive「生きて（いる）」→ 591
  └ lively「活発な／生き生きとした」

- ┌ considerate「思いやりのある」
  └ considerable「かなりの」

- ┌ favorite「お気に入りの」
  └ favorable「好都合の／好意的な」→ 595

- ┌ healthy「健康な」
  └ healthful「健康によい」

- ┌ invaluable「非常に価値のある」
  └ valueless「価値のない」

- ┌ regrettable「（事が）残念で／遺憾で」
  └ regretful「（人が）後悔して／残念で」

- ┌ social「社会の／社交界の」
  └ sociable「社交的な」

- ┌ successful「成功した」→ 594
  └ successive「連続の」

- ┌ literate「読み書きのできる」
  ├ literal「文字通りの」
  └ literary「文学の」

312　2 語法

591
□□□
Mary was still (　　　　) but unconscious when the ambulance arrived.
① dead　② lively　③ awake　④ alive　〈杏林大〉

592
□□□
You should be more (　　　　) to her feelings.
① sensible　② sensitive　③ sensual　④ sensory　〈名古屋工業大〉

593
□□□
We always try to be (　　　　) of each other's opinions, no matter how much we disagree.
① respective　② respectful　③ respecting　④ respectable
〈学習院大〉

594
□□□
Our charity project was (　　　　) because John gave generous support to us.
① successful　② successive　③ succession　④ succeed　〈福岡大〉

KEY POINT ▷ 156

595
□□□
Because of (　　　　) weather conditions, Shizuoka Prefecture has an advantage in the production of fruits and vegetables.
① favorite　② favor　③ favorable　④ favorably　〈早稲田大〉

596
□□□
King Arthur of England was an (　　　　) person.
① image　② imaginable　③ imagination　④ imaginary
〈甲南大〉

597
□□□
The United States exports (　　　　) products to Panama.
① industrious　　② industrial
③ industrialized　④ industrializing　〈中央大〉

591 救急車が到着したとき，メアリーはまだ息はあったが意識がなかった。
592 あなたは彼女の気持ちにもっと敏感であるべきです。
593 私たちは，どんなに意見がくい違っていても，お互いの意見を常に尊重するようにしている。
594 ジョンが私たちに気前よく支援をしてくれたので，私たちの慈善事業は成功した。
595 良好な気象条件のおかげで，静岡県は果物や野菜の生産に有利だ。
596 イングランドのアーサー王は，想像上の人物だった。
597 米国は，工業製品をパナマに輸出している。

第 17 章 形容詞の語法 591〜597　313

591. alive の意味 ― lively との区別

○ **alive**「生きて（いる）」と **lively**「活発な／生き生きとした」の区別が本問のポイント。
　→ TARGET 99

Plus **alive** は，叙述用法（補語となる用法）だけにしか使えないことに注意。→ 599
Plus **ambulance** は「救急車」。

592. sensitive の意味 ― sensible との区別

○ **sensitive**「敏感な／傷つきやすい」と **sensible**「分別のある」（= wise）の区別が本問のポイント。→ TARGET 99

✕ ③，④はそれぞれ sensual「快楽趣味の，官能的な」，sensory「感覚に関する」の意味。
Plus **be sensitive to A**「A に敏感である」で押さえておこう。

593. respectful の意味 ― respective, respectable との区別

○ **respectful**「敬意を表して／礼儀正しい」と **respective**「めいめいの」, **respectable**「立派な」の区別が本問のポイント。→ TARGET 99

Plus **be respectful of[to / toward] A**「A に敬意を表す／ A に礼儀正しい」で押さえておこう。

594. successful の意味 ― successive との区別

○ **successful**「成功した」と **successive**「連続の」の区別が本問のポイント。
　→ TARGET 99

KEY POINT ▷ 156　　似たつづりで意味が異なる形容詞 (2)

595. favorable の意味 ― favorite との区別

○ **favorable**「好都合の／好意的な」と **favorite**「お気に入りの」の区別が本問のポイント。→ TARGET 99

596. imaginary の意味 ― imaginable との区別

○ **imaginary**「想像上の／架空の」と **imaginable**「想像できる」の区別が本問のポイント。→ TARGET 99

597. industrial の意味 ― industrious との区別

○ **industrial**「産業の／工業の」と **industrious**「勤勉な」（= diligent / hardworking）の区別が本問のポイント。→ TARGET 99

✕ ③ industrialized は「工業化した」の意味。**an industrialized country**「先進工業国」で押さえておこう。

591 ④　592 ②　593 ②　594 ①　595 ③　596 ④　597 ②

598 Our organization plans to stimulate ( ) development in this area.
① economical ② economic ③ economics ④ economized

〈中央大〉

599 My professor has written many books and she is the greatest ( ) expert on Australian art.
① alive ② lived ③ to live ④ living 〈西南学院大〉

KEY POINT ▷ 157

600 I wonder if John is ( ) such a job.
① capable to do ② capable of doing
③ able to doing ④ possible to do 〈明治大〉

601 Mr. Brown was ( ) to solve the city's housing problem.
① able ② capable ③ enable ④ possible 〈城西大〉

TARGET 100 叙述用法（補語となる用法）でしか用いない形容詞
- afraid「恐れて」
- alike「よく似て」→ 590
- alive「生きて」→ 591
- alone「ひとりで／孤独な」
- ashamed「恥じて」
- asleep「眠って」
- awake「目が覚めて」
- aware「気づいて」
- content「満足して」
- liable「責任があって」
- など

---

598 私たちの組織は，この地域での経済発展を刺激することを計画している。
599 私の教授はこれまでに数多くの本を執筆し，オーストラリアの芸術についての現存する最高の専門家です。
600 ジョンに果たしてそのような仕事ができるのだろうかと思う。
601 ブラウン氏は，この市の住宅問題を解決することができた。

598. economic の意味 ─ economical との区別

○ **economic**「経済の」と **economical**「経済的な／無駄のない」の区別が本問のポイント。→ TARGET 99

[Plus] stimulate economic development は，「経済発展を活性化させる」の意味。

599. living の意味 ─ alive との区別

▶ **living**「生きている／生命のある」は，原則として**限定用法（名詞を修飾する用法）**で用いる形容詞。一方，**alive**（→ 591, TARGET 100）は，**叙述用法（補語となる用法）**で用いる形容詞。

[Plus] living と同意の形容詞の live「生きている」との区別も重要。live が修飾するのは「動物・植物」。live animals「生きている動物」と表現できるが，(×) live people とは言わない。「生きている人々」は，living people と表現する。

KEY POINT ▷ 157　　　「可能」「不可能」を表す形容詞

600. capable の用法 ─ be capable of doing

▶ **capable** は，**be capable of doing** の形で「…することができる」（= be able to do）の意味を表す。

✕ ④ possible to do は不可。possible は「人」を主語にとらないので，it is possible for John to do such a job となる。→ TARGET 101

[Plus] wonder if S + V ...「…かどうかと思う」は重要。

601. able の用法 ─ be able to do

○ **be able to do**「…することができる」が本問のポイント。→ TARGET 101

TARGET 101　「可能」「不可能」を表す形容詞

able[unable], capable[incapable], possible[impossible] の用法は次の形で押さえておく。

- be able[unable] to do → 601
  He **is (un)able to do** the job.（彼はその仕事をすることができる［できない］）
- be capable[incapable] of doing → 600
  He **is (in)capable of doing** the job.（彼はその仕事をすることができる［できない］）
- It is possible[impossible] for A to do → 600
  It **is (im)possible for him to do** the job.（彼がその仕事をすることは可能だ［不可能だ］）

---

598 ②　599 ④　600 ②　601 ①

316　2 語法

KEY POINT ▷ 158

602
□□□
This coin (　　　) a hundred dollars.
① values　② is valuable　③ is worthy　④ is worth　〈福岡大〉

603
□□□
I would like to see you tomorrow. What time (　　　)?
① are you convenient　② is convenient for you
③ is convenience　④ convenient are you　〈南山大〉

604
□□□
There was (　　　) audience at the concert.
① many　② large　③ a large　④ a great many　〈流通経済大〉

> **TARGET 102**　high[low] や large[small] を用いる名詞
>
> (1) high[low] を用いる名詞
> ● salary「給料」　● price「価格」　● wage「賃金」　● pay「報酬」
> ● interest「利子」　● income「収入」　● cost「費用」　など
>
> (2) large[small] を用いる名詞
> ● population「人口」　● crowd「群衆」　● audience「聴衆／観衆」→604
> ● amount「量」　● number「数」　● sum「金額」　● salary「給料」
> ● income「収入」　など

602　このコインは百ドルの価値がある。
603　明日あなたにお会いしたいと思います。あなたは何時だと都合がいいですか。
604　コンサートには大勢の聴衆がいた。

KEY POINT ▷ 158

その他の注意すべき形容詞

602. worth の用法 ─ A is worth B

▶ **A is worth + 名詞**「A は…の価値がある」で押さえておこう。

◯ 選択肢で，名詞句の a hundred dollars を目的語にとるのは④ is worth だけ。worth はかつて形容詞に分類されていたが，現在では前置詞と考えるのが一般的。

✗ ① values は不可。value は動詞で「…を評価する」の意味。また，③ is worthy は，**be worthy of A** で「A に値する」の意味。

603. convenient の用法 ─ be convenient for A

▶ 原則として，**convenient** は，「**人**」**を主語にとらない**形容詞。**be convenient for[to] A**「A（人）にとって都合がよい」で押さえておく。

[Plus] **would like to do**「…したい」(= want to do) は重要。→ 58

604. large の用法

▶ **large[small]** には，「（数・量・額が）多い[少ない]」の意味を表す用法がある。
→ TARGET 102

◯ **audience**「聴衆／観衆」が「多い[少ない]」は，**large[small]** を用いる。audience は単数扱いの集合名詞で，ここでは不特定の聴衆なので不定冠詞の a が必要。

[Plus] **high[low]** にも「（給料などが）多い[少ない]」の意味を表す用法があることも，ここで押さえておこう。
→ TARGET 102

第17章 形容詞の語法 応用問題に Try!

KEY POINT ▷ 153-158

605 I've ①only lived in Tokyo ②a few weeks and I sometimes ③feel lonely because I have ④little friends here. 〈慶應義塾大〉

606 The twins are so ①much like that people find ②it very difficult to know ③one from ④the other. 〈明治学院大〉

607 I think ①movies are wonderful, so I am ②interesting in ③studying film direction and acting when I ④am admitted to college. 〈慶應義塾大〉

608 I am completely ①confusing! I ②would appreciate it ③if you ④could explain the plan again. 〈南山大〉

609 多くの日本人にとって大観衆の前で話すことは恥ずかしく思うものです。

609 in front of a large[big] audience「大観衆の前で」

605 私は東京に数週間しか住んでいないが，ここには友だちがほとんどいないので寂しさを感じることがある。
606 その双子はとてもよく似ているので，人は1人をもう1人と区別することが非常に難しいと感じている。
607 私は，映画というものはすばらしいと思うので，大学への入学が許可されたら映画の演出や演技を学ぶことに興味がある。
608 私はまったく混乱しています！ あなたにその計画をもう一度説明していただければありがたいのですが。

第 17 章　形容詞の語法 605〜609　319

KEY POINT ▷ 153-158

605. 可算名詞の複数形につける few の意味

○ 問題 570 で扱った **few + 複数名詞**「ほとんど…ない」が本問のポイント。little の後は不可算名詞がくるので（→ 568）④ little friends を few friends に修正する。
　→ TARGET 96

Plus **feel lonely**「寂しく感じる」は重要。

606. alike の用法

○ 問題 590 で扱った **alike**「よく似て」が本問のポイント。① much like を much alike に修正すればよい。

Plus **like** は前置詞なので, (×) S is like. のように単独で補語として用いられることはない。**S is like A.**「S は A と似ている」の形なら可。

607. 分詞形容詞 interested の用法

○ TARGET 98 で扱った分詞形容詞の **interested**「興味があって ← 興味を引き起こされて」が本問のポイント。② interesting を interested に修正する。**be interested in A**「A に興味がある」（→ 33）で押さえる。

Plus **film direction and acting** は「映画の演出や演技」, **be admitted to college** は「大学への入学が許可される」の意味。

608. 分詞形容詞 confused の用法

○ 問題 587 で扱った分詞形容詞の **confused**「混乱して ← 混乱させられて」が本問のポイント。① confusing を confused に修正すればよい。

Plus **I would appreciate it if you would[could] do ... .**「あなたに…していただければありがたいのですが」は頻出表現。if 節を受ける it を忘れないこと。

609. 分詞形容詞 embarrassing の用法 → 589

○ **embarrassing**「当惑させるような／まごつかせるような ← 人を当惑させる」を用いる。**It is embarrassing for A to do ... .** は,「A が…するのはきまりが悪い[恥ずかしい]」の意味を表す。

Plus **audience**「観衆」は単数扱いの集合名詞で,「多い／少ない」は large[big] / small で表す。→ 604

---

605 ④ little friends → few friends

606 ① much like → much alike

607 ② interesting → interested

608 ① confusing → confused

609 It is embarrassing for many Japanese people to speak in front of a large audience.[Many Japanese people find it embarrassing to speak in front of a big audience.]

610

□□□ With economic growth in Asia and population increases in South America and Africa, the percentage of the world speaking English has dropped from around 9.8% in 1958 to 7.6% in 1992.

〈宮崎公立大〉

610 percentage「割合」, drop from A to B「A から B に減少する」, around「およそ, 約」

第 17 章　形容詞の語法 610　321

610. economic の意味 ─ economical との区別 → 598

○ **economic**「経済の」が本問のポイント。**economical**「経済的な／無駄のない」との混同に注意。文頭の with は「…につれて／…と同時に」の意味で，後に economic growth in Asia「アジアの経済成長」と population increases in South America and Africa「南米とアフリカの人口増加」が並列されている。the world は「世界の人々」の意味で使われている。

---

610 アジアの経済成長と南米とアフリカの人口増加により，英語を話す世界の人々の割合は，1958 年の約 9.8% から 1992 年の 7.6% にまで減少した。

第18章 副詞の語法

ago,before,hardly,rarely,almost,otherwise などの副詞は，読解・作文の基礎。完璧にマスターしよう。

KEY POINT ▷ 159

611 □□□ Robert lost his watch yesterday and hasn't found it (　　　).
① anymore　② yet　③ anyhow　④ already 〈南山大〉

612 □□□ The president of the university has (　　　) arrived in New York and will meet with the Minister of Education on Monday morning.
① still　② already　③ yet　④ any 〈早稲田大〉

---

611 ロバートは昨日腕時計をなくしたが，まだそれを見つけていない。
612 その大学の学長はすでにニューヨークに到着しており，月曜日の朝に文部大臣と会合する予定だ。

KEY POINT ▷ 159　　　　　　　　　　　　yet / already / still

611. yet の用法

▶ **yet** は，否定文で「まだ（…していない）」の意味を表す（→ TARGET 103(1)）。通例，文尾に置くが，He hasn't yet found it. のように，**否定語の直後**に置くこともある。

Plus **still** にも否定文で「まだ（…していない）」の意味を表す用法があるが，He still hasn't found it. のように，still は**否定語の前**に置くことに注意。→ TARGET 103(3)

612. already の用法

○ 肯定文で用いる **already**「すでに（…した）」が本問のポイント。→ TARGET 103(2)

TARGET 103　yet / already / still の用法

(1) **yet** の用法
- yet は**否定文**で「まだ（…していない）」の意味を表す。yet の位置は**文尾**。文語では**否定語の直後**。→ 611
  He hasn't arrived here **yet**. ＝ He hasn't **yet** arrived here.
  （彼はまだここに到着していません）
- yet は**疑問文**で「もう（…しましたか）」の意味を表す。
  Has the mail carrier come **yet**?（郵便屋さんはもう来ましたか）

(2) **already** の用法
- already は**肯定文**で用いて「すでに（…した）」という**完了**の意味を表す。→ 612
  He has **already** arrived here.（彼はすでにここに到着しました）
- already は**否定文・疑問文**で「もう／そんなに早く」といった**意外・驚き**の意味を表す。否定文の場合は，付加疑問がつくことも多い。
  She hasn't come **already**, has she?（まさかもう彼女が来たのではないでしょうね）
  Have you finished your homework **already**?（もう宿題をやってしまったのですか）

(3) **still** の用法
- still は**肯定文・疑問文**で「まだ（…している）」という継続の意味を表す。→ 613
  Somebody came to see you an hour ago and is **still** here.
  （1時間前に，誰かがあなたを訪ねてきて，まだここにいます）
- still は**否定文**で用いて「まだ（…していない）」という**否定の状態の継続**を強調する意味を表す。still の位置は**否定語の前**。
  You **still** haven't answered my question.（あなたはまだ私の質問に答えていません）
- **文頭**の still は接続詞的に用いられ，前述の内容を受け「それでも（やはり）」の意味を表す。→ 614
  She turned down his marriage proposal twice. **Still** he didn't give up.
  （彼女は彼のプロポーズを2回断った。それでも彼はあきらめなかった）

324 2 語法

613 Would you like some more coffee? There's (　　　) some left.
① still　② already　③ despite　④ too 〈東海大〉

614 His presentation was not so bad; (　　　　), it left much to be desired.
① so　② instead　③ thus　④ still 〈関西学院大〉

KEY POINT ▷ 160

615 We started working for this firm (　　　).
① three years before　② three years after
③ three years past　④ three years ago 〈桜美林大〉

616 I have never been to Liberty Tower (　　　).
① prior　② previous　③ before　④ ago 〈明治大〉

617 Something went wrong with the computer the day before yesterday and I haven't used it (　　　).
① since　② then　③ from　④ now 〈成蹊大〉

---

613 もう少しコーヒーをいかがですか。 まだいくらか残っています。
614 彼の発表はそれほど悪くはなかった。それでも，改善の余地がかなりあった。
615 私たちは，３年前にこの会社で働き始めた。
616 私は今まで一度もリバティー・タワーに行ったことがない。
617 おとといコンピューターに問題が生じて，それ以来使っていない。

613. still の用法 (1)
○ 肯定文で用いる still「まだ（…している）」が本問のポイント。→ TARGET 103(3)

614. still の用法 (2)
○ 文頭の still「それでも（やはり）」が本問のポイント。→ TARGET 103(3)

[Plus] **leave much to be desired**「改善の余地がかなりある ← 望まれるべきことを多く残す」は重要。**leave nothing to be desired**「申し分ない」と一緒に覚えておこう。

KEY POINT ▷ 160　　　　　　　　　　　　　　　ago / before / since

615. ago の用法 ─ before との区別
▶ **ago** は，常に過去時制で用い，期間を表す語句を前に伴って「今から…前に」の意味になる。

✗ ① three years before にしないこと。before が ago のように時間を表す語句を伴う場合は，原則として過去完了とともに用いて「（過去のある時点から）…前に」の意味になる。
I told her that I had seen him **a week before**.
（1週間前に彼に会ったと私は彼女に言った）
この例文の a week before は，「私が彼女に言った時点から1週間前に」という意味を表す。

[Plus] **ago** は，期間を表す語句を伴わずに単独で用いることはないが，**before** には単独で用いる用法があることも，ここで押さえる。単独の **before** を現在完了か過去形で用いると，「今より以前に」の意味を表し，過去完了で用いると，「その時より以前に」の意味を表す。
I've seen you somewhere **before**.（私は以前どこかであなたに会ったことがある）
I recognized him at once, as I had seen him **before**.
（私はすぐに彼だとわかった。というのも，その前に彼に会ったことがあったからだ）

616. 単独で用いる before
▶ 問題 615 で扱ったように，単独の **before** が現在完了で用いられると，「今より以前に」の意味を表す用法があることに注意。

617. 単独で用いる since
▶ **since** は，接続詞や前置詞として用いられるが，before と同様に，単独で用いて「その時以来ずっと」の意味を表す副詞用法があることに注意。

[Plus] **Something goes wrong with A.** は「A はどこか調子が悪くなる」（→ 492, TARGET 79），**the day before yesterday** は「おととい」の意味。

613 ①　614 ④　615 ④　616 ③　617 ①

326　2 語法

KEY POINT ▷ 161

618
☐☐☐
The traffic was so heavy that the taxi driver could (　　　) move.
① almost　② ever　③ hardly　④ little　　　　　〈関西学院大〉

619
☐☐☐
Since we live very far apart now, we (　　　) see each other anymore.
① daily　② rarely　③ usually　④ always　　　　　〈芝浦工業大〉

620
☐☐☐
Scarcely (　　　) in the office knew what they were supposed to do when the alarm went off.
① everyone　② no one　③ anyone　④ all of them　　〈学習院大〉

621
☐☐☐
Jane is an excellent student. She is (　　　) ever absent from class.
① hardly　② mostly　③ frequently　④ usually　　　〈東邦大〉

> **TARGET 104**　hardly[scarcely] / rarely[seldom] / almost の用法
>
> (1) hardly[scarcely] の用法
> ● hardly[scarcely] は「程度」を表す準否定語で「ほとんど…ない」の意味。
> 　I was so sleepy then that I **hardly[scarcely]** remember the story of the movie.
> 　（そのときはとても眠かったので，私はその映画の筋をほとんど覚えていない）
> (2) rarely[seldom] の用法
> ● rarely[seldom] は「頻度」を表す準否定語で「めったに…ない」の意味。
> 　My father **rarely[seldom]** goes to the movies.（私の父はめったに映画に行きません）
> (3) almost の用法
> ● almost は否定の意味は含まない。「ほとんど…」の意味。
> 　I **almost** always have popcorn at the movies.
> 　（私は映画館でほとんどいつもポップコーンを食べます）

618　交通渋滞がとてもひどくて，そのタクシードライバーはほとんど動けなかった。
619　私たちは今，とても遠く離れたところに住んでいるので，もうお互いに会うことはめったにない。
620　警報が鳴ったとき，社内のほとんど誰もが何をすべきなのかわからなかった。
621　ジェーンは優秀な学生だ。彼女は授業を欠席することがほとんどない。

KEY POINT ▷ 161

準否定の副詞

618. hardly の用法 — can hardly do

▶ **hardly[scarcely]** は「程度」を表す準否定語で,「ほとんど…ない」の意味を表す (→ **TARGET 104(1)**)。本問のように, **can hardly do**「ほとんど…できない」の形で用いられることも多い。

619. rarely の用法

▶ **rarely[seldom]** は「頻度」を表す準否定語で,「めったに…ない」の意味を表す。
→ **TARGET 104(2)**

620. scarcely の用法 — scarcely anyone

▶ **scarcely[hardly]** には, **scarcely[hardly] any + 名詞**の形で「ほとんど…ない」の意味を表す用法がある。可算名詞, 不可算名詞のどちらもとり, 意味的には **few[little] + 名詞**よりも強く, **no + 名詞**よりも弱いことに注意。

○ **any + 名詞**が代名詞の anyone になった **scarcely[hardly] anyone** は,「ほとんど誰も…ない」の意味を表す。

Plus **be supposed to do**「…することになっている」は重要。**what they were supposed to do** は,「彼らが何をすべきだったのか（ということ）」の意味。

621. hardly の用法 — hardly ever

▶ **hardly[scarcely]** は程度を表す準否定語であるが, **hardly[scarcely] ever** の形で「めったに…ない」の意味を表し,「頻度」を表す準否定語 **rarely[seldom]** とほぼ同意になる。

Plus **be absent from A**「A を欠席している」は重要。**be present at A**「A に出席している」と一緒に押さえておこう。

328   2 語法

KEY POINT ▷ 162

622 They were (　　　) run over by a truck.
□□□ ① close to ② closely ③ hardly ④ nearly 〈福島大〉

623 After studying Business Administration at university, she
□□□ decided to go (　　　) to start her own business.
① to the oversea ② oversea ③ to overseas ④ overseas
〈愛知県立大〉

624 If you want to get a high score on the test, you should study very
□□□ (　　　).
① hardly ② many ③ hard ④ almost 〈松本歯科大〉

625 I was (　　　) asleep when you arrived. That's why I didn't
□□□ hear you knock.
① hard ② fast ③ some ④ slow 〈関西学院大〉

▷ **TARGET 105**　「動詞＋（名詞と間違えやすい）副詞」の重要表現
● go abroad「外国に行く」→ **638**　　● come[go] home「帰宅する」→ **637**
● go overseas「海外へ行く」→ **623**　● get home「家に（帰り）着く」
● go downstairs「下の階へ行く」　　● live nextdoor to A「A の隣に住む」
● go downtown「町へ行く」　　　　● play upstairs「上の階で遊ぶ」
● go outdoors「屋外[野外]に行く」　● stay indoors「家[室内]にいる」

---

622 彼らは，危うくトラックにひかれそうになった。
623 大学で経営学を勉強した後で，彼女は起業するために海外に行くことにした。
624 あなたがそのテストで高得点を取りたい場合は，かなり一生懸命に勉強する必要があります。
625 あなたが着いたとき，私はぐっすり眠っていました。だから，私はあなたがノックする音が聞こえ
なかったのです。

KEY POINT ▷ 162

第 18 章　副詞の語法 622〜625　**329**

注意すべき副詞 (1)

622. nearly の用法

▶ **nearly** には，「危うく（…するところ）」の意味を表す用法がある。→ TARGET 106

Plus **almost** にも，「危うく（…するところ）」の意味があることも押さえておく。

　I **almost** missed my train.（危うく列車に乗り遅れるところだった）

Plus nearly と almost はほぼ同意だが，意味的には almost の方が強い。**almost = very nearly** と押さえておく。

Plus **be run over by A**「A にひかれる」は重要。

623. 名詞ではなく副詞の overseas

▶ **overseas** は，「海外に［へ／で］」の意味を表す副詞。したがって，「海外に行く」は **go overseas**。overseas の前に **to** などの前置詞を置かないことに注意。→ TARGET 105

624. hardly と紛らわしい hard

▶ **hard** は「一生懸命に」，**hardly** は「ほとんど…ない」（→ 618, TARGET 104）の意味を表す。hard と hardly は，ly の有無によって意味の異なる副詞の代表例。→ TARGET 106

625. fast の用法 — fast asleep

▶ 副詞の **fast** には，asleep を修飾して「ぐっすりと」の意味を表す用法がある。**fast asleep**「ぐっすり眠って」で押さえておこう。

Plus 同意表現の **sound asleep** も頻出。

Plus **That's why S + V ...**「そういうわけで…だ ← それは…の理由だ」は重要。→ 203

▶ TARGET 106　'ly' の有無によって意味の異なる副詞

'ly' なし	'ly' あり
great「順調に／うまく」	greatly「大いに／非常に」
hard「一生懸命に」→ 624	hardly「ほとんど…ない」
high「（物理的に）高く／高いところに」	highly「非常に／（比喩的に）高く」
just「ちょうど」	justly「公正に」
late「遅く」	lately「最近」
most「最も」	mostly「たいていは」
near「近くで」	nearly「危うく（…するところ）」→ 622
pretty「かなり（形容詞の前で）」	prettily「きれいに」
sharp「きっかりに」	sharply「鋭く」

---

622 ④　623 ④　624 ③　625 ②

330　2 語法

626 The cups and saucers cost $5 and $7 (　　　　).
① respectably　② respective　③ respectively　④ respectable

〈福岡大〉

KEY POINT ▷ 163

627 Have you (　　　　) been to France in your life?
① already　② ever　③ yet　④ still　　　　〈札幌学院大〉

628 (　　　　), every student was able to pass the test.
① Interest　② Interested　③ Interestingly　④ Interestedly

〈南山大〉

629 You shouldn't have bothered sweeping my driveway, Mr. Owen.
You're (　　　　) to me.
① much too kind　② too much kind
③ very much kind　④ very too kind　　　　〈西南学院大〉

> **TARGET 107**　副詞 much の強調用法
> ● The taxi driver was driving **much too fast**.（too ... の強調）→ 629
> 　（そのタクシー運転手はあまりにも速度を出しすぎていた）
> ● **Much** to my joy, he helped me carry my luggage.（前置詞句の強調）
> 　（とてもうれしいことに，彼は私の荷物を運ぶのを手伝ってくれた）
> ● His room is **much larger** than mine.（比較級の強調）
> 　（彼の部屋は私の部屋よりもずっと大きい）
> ● This is **much the best** way.（最上級の強調）
> 　（これがずばぬけて一番よい方法だ）

---

626 カップと受け皿の値段は，それぞれ 5 ドルと 7 ドルです。
627 あなたは，これまでの人生でフランスに行ったことはありますか。
628 興味深いことに，すべての生徒がそのテストに合格できた。
629 オーエンさん，わざわざうちの私有道路を掃除しなくてよかったのに。あなたは私にあまりに親
切すぎます。

626. respectively の意味 — respectably との区別

▶ **respectively** は形容詞 **respective**「めいめいの」(→ 593, TARGET 99) の副詞にあたり,「めいめいに／それぞれに」の意味を表す。**respectably** は「立派に,礼儀正しく」の意味。

KEY POINT ▷ 163　　　　　　　　注意すべき副詞 (2)

627. ever の用法

▶ **ever** が疑問文で用いられると「これまでに／いかなる時でも」の意味になる。ever は,通例,肯定文では用いないことに注意。

[Plus] ever が否定文で用いられると,「これまでに（一度も／決して）ない」の意味を表し,never と同じになることも重要。**not ever = never** と押さえておこう。
I have**n't ever** been to France. = I have **never** been to France.
(フランスには一度も行ったことがありません)

[Plus] ever は通例,肯定文では用いないが,最上級を用いた以下の例の場合は肯定文でも用いる。定式化された表現として押さえておこう。→ 181
This is the most beautiful sunset I have **ever** seen.
(こんなに美しい夕日は,今までに見たことがない ← これは今までに私が見た一番美しい夕日だ)

✗ ③ yet「もう（…しましたか）」にしないこと。yet は文尾に置く。→ 611, TARGET 103(1)

628. 文修飾の副詞 — Interestingly, S + V ...

▶ 副詞の **interestingly** には,文頭に置き文修飾の副詞（動詞ではなく,文全体を修飾する副詞）として,「おもしろいことに」の意味を表す用法がある。

[Plus] **Interestingly**, every student was able to pass the test. は **It is[was] interesting that** every student was able to pass the test. と言い換えることができることも押さえておこう。

629. much の用法 — much too ...

▶ **much** には,強調語として「**too + 形容詞[副詞]**」を強調する用法がある。

✗ ② too much kind にしないこと。much は,通例,形容詞の原級を修飾できない。
④ very too kind も不可。very は,「too + 形容詞[副詞]」を強調することはできない。

626 ③　627 ②　628 ③　629 ①

332 2 語法

630 □□□　(　　　) I thought he was shy, but then I discovered he was just not interested in other people.

　　　① For the first time　② At first　③ Firstly　④ For a start

〈甲南女子大〉

KEY POINT ▷ 164

631 □□□　You had better keep your mouth shut; (　　　) you'll get into trouble.

　　　① and　② however　③ otherwise　④ therefore　　〈明治大〉

632 □□□　空所に入れるのに適切な語 (in a different way の意味で用いる語) を選べ。

　　　Bill wanted to buy the house, but his wife thought (　　　).

　　　① nevertheless　② otherwise　③ separately　④ similarly

〈近畿大〉

633 □□□　The bedroom is a bit too small, (　　　) the house is satisfactory.

　　　① but instead　② but otherwise　③ now that　④ unless that

〈早稲田大〉

> **TARGET 108　at first / first(ly) / for the first time の用法**
>
> (1) at first 「初めのうちは／最初は」 → 630
>
> 　I was nervous **at first**, but I got relaxed soon.
>
> 　(初めのうちは緊張していたが，すぐに落ち着いた)
>
> (2) first(ly) 「(順序を意識して) まず第一に／まず最初に」
>
> 　**First** I did the laundry, and cleaned my room.
>
> 　(まず，私は洗濯をして，それから部屋を掃除した)
>
> (3) for the first time 「初めて」
>
> 　When I met the boy **for the first time**, he was being shy.
>
> 　(その少年に初めて会ったとき，彼は恥ずかしがっていた)

630　最初，私は彼が内気なのかと思ったが，その後で彼が単にほかの人に関心がないのだということがわかった。

631　あなたは黙っていた方がいいでしょう。さもなければ，厄介なことに巻き込まれるでしょう。

632　ビルはその家を買いたかったが，彼の妻の考えは別だった。

633　寝室は少し小さすぎるが，そのほかの点では，その家は申し分がない。

630. at first の意味

▶ **at first** は，「初めのうちは／最初は」の意味で，後から事態・状況が変わることを暗示する。

[Plus] at first, first(ly), for the first time の区別は重要。→ TARGET 108

KEY POINT ▷ 164 　　　　　　　　　　　　　　　　　　otherwise

631. otherwise の意味 (1)

▶ 副詞の **otherwise** には，「さもなければ」「別のやり方で／違ったふうに」「そのほかの点では」の3つの意味がある。

○ 本問の **otherwise** は，「さもなければ」の意味を表す。→ TARGET 109(1)

[Plus] get into trouble「問題に巻き込まれる」は重要。

632. otherwise の意味 (2)

○ **otherwise**「別のやり方で／違ったふうに」が本問のポイント。→ TARGET 109(2)

[Plus] S think otherwise.「S はそう思わない」(= S don't think so.) は頻出表現。

633. otherwise の意味 (3)

○ **otherwise**「そのほかの点では」が本問のポイント。→ TARGET 109(3)

TARGET 109　副詞 otherwise の3つの用法

(1) otherwise「さもなければ」→ 239, 631

　She worked hard; **otherwise** she would have failed.
　(彼女は一生懸命勉強したが，そうでなければ失敗していただろう)

(2) otherwise「別のやり方で／違ったふうに」→ 632

　You can arrive earlier by bus than **otherwise**.
　(バスで行けば，ほかの方法よりも早く着きます)

(3) otherwise「そのほかの点では」→ 633

　The collar is a little too tight, but **otherwise** it fits me.
　(襟が少々きついが，そのほかの点ではぴったりだ)

---

630 ②　631 ③　632 ②　633 ②

334 2 語法

KEY POINT ▷ 165

634 They were told to stay home; ( ), they went on the picnic.
□□□ ① although ② nevertheless ③ despite ④ for 〈昭和大〉

635 I lost my job. On top of that, my car was stolen.
□□□ ① On the roof of that ② Moreover
③ However ④ Owing to that 〈玉川大〉

> **TARGET 110** 文と文の意味をつなぐ副詞（句）
>
> (1) 連結・追加
> ● also「その上／さらに」 ● besides「その上／さらに」
> ● moreover「その上／さらに」→ 635 ● in addition「その上／さらに」
> ● furthermore「その上／さらに」
> (2) 逆接・対立
> ● however「しかしながら」 ● though「しかしながら」
> ● nevertheless[nonetheless]「それにもかかわらず」→ 634
> ● yet「それにもかかわらず」 ● still「それでもやはり」
> ● all the same「それでもやはり」
> (3) 選択
> ● or (else)「さもないと」 ● otherwise「さもないと」
> ● instead「その代わりに／それよりも」
> (4) 因果関係
> ● therefore「それゆえに」 ● consequently「したがって／結果として」
> ● as a result[consequence]「結果として」 ● hence「それゆえに」
> (5) 説明・例示
> ● namely「すなわち」 ● that is (to say)「つまり」
> ● for instance[example]「例えば」

---

634 彼らは家にとどまるように言われた。それにもかかわらず，彼らはピクニックに行った。
635 私は仕事を失いました。それに加えて，車を盗まれました。

第 18 章　副詞の語法 634〜635　335

KEY POINT ▷ 165

文と文の意味をつなぐ副詞

634. nevertheless の用法

▶ **nevertheless** は，文と文の意味をつなぐ副詞として「それにもかかわらず」（**= nonetheless**）という「逆接・対立」の意味を表す。→ TARGET 110(2)

635. moreover の用法

▶ **moreover** は，文と文の意味をつなぐ副詞として「その上／さらに」の意味を表す。
→ 211, TARGET 110(1)

[Plus] **on top of that** は，「そのこと（私が仕事を失ったこと）に加えて」の意味を表す。

[Plus] **moreover** と同様に，「その上／さらに」の意味を表す副詞（句）として，**besides**, **in addition**, **furthermore**, **also** を押さえておこう。

634 ② 　635 ②

第18章 副詞の語法 応用問題に Try!
KEY POINT ▷ 159-165

636 ☐☐☐ He ①has been working very ②hardly in preparation for this exam in the past six months, so I'm ③pretty sure that he ④will pass the exam. 〈高崎経済大〉

637 ☐☐☐ ①Now that the war has ended, ②soldiers will come to home ③and everything should ④be all right. 〈法政大〉

638 ☐☐☐ My dream is ①to go to abroad as ②an overseas exchange student during ③my time at university. 〈上智大〉

639 ☐☐☐ ①In 1945, when he ②was born in the U.S.A., the war ③had ended only a few months ④ago. 〈甲南大〉

640 ☐☐☐ 驚いたことに、彼は1週間前に海外に行きました。

641 ☐☐☐ Interpersonal and interactive communications, particularly face-to-face or word-of-mouth communications, still have the most powerful impact on our behavior. 〈横浜市立大〉

---

640 to one's surprise「驚いたことに」
641 interpersonal「個人間の」, interactive「相互に作用する」, particularly「特に」, face-to-face「対面した」, word-of-mouth「口伝えの」, have the most powerful impact on A「Aに最も大きな影響を与える」, behavior「行動」

---

636 彼は、この6カ月間、この試験の準備にとても一生懸命に取り組んでいるので、私は彼がその試験に合格すると確信しています。
637 戦争が終わった今、兵士たちは家に帰ることになり、すべては順調にいくはずだ。
638 私の夢は、大学在学中に海外交換留学生として外国に行くことです。
639 1945年、彼がアメリカで生まれたとき、戦争は数カ月前に終わったばかりだった。

KEY POINT ▷ 159-165

636. hardly と紛らわしい hard
○ 問題 624 で扱った hard「一生懸命に」と hardly「ほとんど…ない」(→ 618, TARGET 106) の区別が本問のポイント。② hardly を hard に修正すればよい。

Plus in preparation for A「A に備えて」は重要。

637. 名詞ではなく副詞の home — come home

○ TARGET 105 で扱った come home「家に帰る／帰宅する」が本問のポイント。home「家に」は副詞なので前に前置詞を置かない。したがって，② soldiers will come to home を soldiers will come home に修正すればよい。

Plus now (that) S + V …「今や…だから」は重要。→ 401

638. 名詞ではなく副詞の abroad — go abroad

○ TARGET 105 で扱った go abroad「外国に行く」が本問のポイント。abroad「外国へ[に／で]」は副詞なので，前に前置詞を置かない。したがって，① to go to abroad を to go abroad に修正する。

Plus an overseas exchange student は「海外交換留学生」の意味。

639. before の用法 — ago との区別
○ 問題 615 で扱った，過去完了とともに用いる**時間を表す語句 + before** =「過去のある時点から…前に」が本問のポイント。ago は過去時制で用いるので，ここでは用いることができない。④ ago を before に修正する。**only a few months before** は「(彼が生まれた時点から) ほんの数カ月前に」の意味。

640. 名詞ではなく副詞の abroad — go abroad → 638, TARGET 105
○ abroad「外国へ[に／で]」は副詞なので，前に前置詞を置かないのがポイント。
○「1 週間前に」は「今から…前に」の状況なので，ago を用いて **a week ago** と表す。→ 615

641. still の用法 (1) → 613
○ 肯定文で用いる **still**「まだ (…している)」は後ろの動詞 have を修飾している。, particularly face-to-face or word-of-mouth communications,「特に対面での，あるいは口頭でのコミュニケーション(は)」は挿入句で，主語の Interpersonal and interactive communications の具体的説明。

---

636 ② hardly → hard　**637** ② come to home → come home
638 ① to go to abroad → to go abroad　**639** ④ ago → before
640 To my surprise[Surprisingly], he went abroad a week ago.
641 個人間の双方向のコミュニケーション，特に対面での，あるいは口頭でのコミュニケーションは，依然として我々の行動に最も大きな影響を与えている。

第19章 名詞の語法

> 不可算名詞・意味が紛らわしい名詞・思いがけない意味の名詞は頻出。英語の基本なので貪欲に覚えたい。

KEY POINT ▷ 166

642 □□□
My father didn't give me (　　　　).
① many advices　② many pieces of advices
③ an advice　④ much advice　〈日本大〉

643 □□□
We got (　　　　) about the flight from the travel agency.
① an information　② some information
③ some informations　④ some piece of information　〈名古屋工業大〉

644 □□□
I don't have much (　　　　) — just a desk and chair, a sofa and a coffee table — so it shouldn't take too long to move everything.
① equipment　② furniture　③ goods　④ possessions　〈南山大〉

TARGET 111　注意すべき不可算名詞

(1) 数を表すことができる不可算名詞（two pieces of A「2個の A」などの形で）

- advice「アドバイス／忠告」→ 642
- baggage「手荷物」
- luggage「手荷物」→ 646
- furniture「家具」→ 644
- work「仕事」
- housework「家事」
- homework「宿題」→ 645
- information「情報」→ 643
- equipment「装備」
- news「知らせ」
- paper「紙」
- evidence「証拠」→ 648
- scenery「風景」（scene は可算名詞）
- mail「郵便物」
- stationery「文房具」
- jewelry「宝石類」（jewel は可算名詞）
- machinery「機械（類）」→ 647（machine は可算名詞）
- poetry「（ジャンルとしての）詩」（poem は可算名詞）

(2) 数を表すことができない不可算名詞

- damage「損害」
- harm「損害」
- fun「楽しみ」
- progress「進歩」
- traffic「交通(量)」
- weather「天候」

＊日本人には数えられると思われる名詞で，英語では不可算名詞になっているものが入試では頻出。

---

642 父は私にあまりアドバイスをくれなかった。
643 私たちは旅行代理店からその航空便についていくらかの情報を得た。
644 私はあまり多くの家具を持っていない。あるのは机と椅子，ソファー，コーヒーテーブルだけなので，すべてを移動するのにそんなに長い時間がかかるはずはない。

KEY POINT ▷ 166

不可算名詞

642. much + 不可算名詞 — much advice

▶ **advice**「アドバイス／忠告」は，不可算名詞（数えられない名詞）なので，不定冠詞 an はつかないし，複数形もない。→ TARGET 111(1)

✗ ② many pieces of advices は不可。不可算名詞 advice「アドバイス／忠告」を具体的に数える場合は，**a piece of** を用いるが，「2つのアドバイス」の場合では piece を複数形にして，**two pieces of advice** と表現する。したがって，「多くのアドバイス」は **many pieces of advice** となる。

643. some + 不可算名詞 — some information

○ 不可算名詞の **information**「情報」が本問のポイント。→ TARGET 111(1)

✗ ④ some piece of information は不可。**some pieces of information** ならば可。

[Plus] **some + 不可算名詞**は，「多少の…／いくらかの…」の意味を表す。ただし，漠然とした程度を表すので，日本語訳に対応する語が現れないことが多い。→ 574

644. much + 不可算名詞 — much furniture

○ 不可算名詞の **furniture**「家具」が本問のポイント。問題 642 で扱ったように，形容詞の **much** の後には不可算名詞がくるので，② furniture「家具」を選ぶ（→ TARGET 111(1)）。I don't have much furniture. は not ... much の形となっているので，「私はあまり多くの家具を持っていない」の意味を表す。

---

642 ④　643 ②　644 ②

340 2 語法

645 If you don't have (   ) to do, why don't we go to the movies tonight?
① plenty of homeworks ② many homework
③ much homework ④ a lot of homeworks 〈山梨大〉

646 We had (   ).
① many luggages ② a few luggages
③ a luggage ④ a lot of luggage 〈駒澤大〉

647 A lot of old (   ) was repaired in our laboratory last Monday.
① machine ② machines ③ machinery ④ machineries 〈名古屋工業大〉

648 There is (   ) that recovery from this disease can occur partially or completely through natural healing.
① a large amount of evidences ② growing evidence
③ grown evidence ④ plenty of evidences 〈早稲田大〉

KEY POINT ▷ 167

649 It is not easy to make (   ) him.
① a friend in ② friend with
③ friends with ④ friends to 〈青山学院大〉

---

645 やるべき宿題があまりなければ，今夜映画を見に行きませんか。
646 私たちには，たくさんの荷物があった。
647 この前の月曜日に，私たちの研究室では多くの古い機械が修理された。
648 この病気からの回復が，部分的に，または完全に自然治癒によって起こりうるという証拠が増えている。
649 彼と友だちになることは簡単ではない。

645. 不可算名詞の homework — much homework

○ 不可算名詞 homework「宿題」が本問のポイント。→ TARGET 111(1)

✕ ① plenty of homeworks は，plenty of homework なら可。④ a lot of homeworks も，a lot of homework なら可。→ 646

646. a lot of + 不可算名詞 — a lot of luggage

○ 不可算名詞の luggage「手荷物」が本問のポイント。→ TARGET 111(1)

[Plus] a lot of + 不可算名詞は，「たくさんの…」の意味を表す。a lot of + 複数名詞「数多くの…」も，ここで確認しておこう。

647. 不可算名詞の machinery — machine との区別

○ 不可算名詞の machinery「機械（類）」が本問のポイント（→ TARGET 111(1)）。問題 646 で扱った a lot of + 不可算名詞「たくさんの…」から，③ machinery を選ぶ。

✕ ② machines を選ぶならば，A lot of old machines were repaired ... となるはず。

648. 不可算名詞の evidence — growing evidence

○ 不可算名詞の evidence「証拠」が本問のポイント（→ TARGET 111(2)）。

[Plus] There is growing evidence that S + V ... は，「…という証拠が増えている」の意味を表す。

[Plus] 形容詞化した現在分詞 growing「増加する」と grown「大人の／成長[成熟]した」の区別は重要。現在分詞と過去分詞の名詞修飾は，問題 129，130 参照。

KEY POINT ▷ 167　　　　　　　　　　　常に複数形を用いる表現

649. 慣用的に複数形を用いる表現 (1) — make friends with A

▶ make friends with A は，「A と友だちになる」の意味を表す。friend は必ず複数形になることに注意（→ TARGET 112）。誰かと友だちになるには，自分と相手という 2 人以上の人間が必要だと考えればわかりやすい。

645 ③　646 ④　647 ③　648 ②　649 ③

342　2 語法

650 □□□ We changed (　　　) at Yokohama Station to go to Kamakura.
① trains　② train　③ a train　④ another train　〈駒澤大〉

651 □□□ The children took turns (　　　) the heavy baggage all the way for their grandmother.
① carrying　② carried　③ for carrying　④ carry　〈成城大〉

KEY POINT ▷ 168

652 □□□ I'm fortunate to be on good (　　　) with my mother-in-law.
① concern　② opinion　③ periods　④ terms　〈西南学院大〉

653 □□□ Please give her my best (　　　) if you get a chance to see her.
① favor　② regards　③ relations　④ care　〈西南学院大〉

---

650 私たちは，鎌倉に行くために横浜駅で電車を乗り換えた。
651 子どもたちは，祖母のために最後までずっと重い荷物を交代しながら運んだ。
652 私が義母とよい関係でいられるのは幸せなことです。
653 あなたが彼女に会う機会があったら，ぜひよろしくお伝えください。

第 19 章 名詞の語法 650〜653　343

650. 慣用的に複数形を用いる表現 (2) ― change trains

○ **change trains**「列車を乗り換える」が本問のポイント。→ TARGET 112

651. 慣用的に複数形を用いる表現 (3) ― take turns (in / at) doing

○ **take turns (in / at) doing**「交代で…する」が本問のポイント (→ TARGET 112)。turn は「順番」を表す名詞で，複数の人がいないと交代できないので，複数形 turns になると考えればよい。

Plus **all the way**「ずっと／初めから終わりまで」は重要。

KEY POINT ▷ 168　　　　　複数形で特別な意味を持つ名詞

652. 複数形で特別な意味を持つ名詞 ― be on ... terms with A

▶ **be on good terms with A** は，「A とは仲がよい間柄である」の意味を表す。term の複数形 terms は，この表現では「間柄」の意味。→ TARGET 113

Plus good の代わりに bad「仲が悪い」，friendly「友好的な」，speaking「話を交わす」，visiting「行き来する」などの形容詞もよく用いられる。**be on bad[friendly / speaking / visiting] terms with A** は「A とは仲が悪い[友好的な／話を交わす／行き来する]間柄である」の意味を表す。一緒に覚えておこう。

653. 複数形で特別な意味を持つ名詞 ― give A my best regards

○ **give A my best regards** = **give my best regards to A**「A によろしく伝える」が本問のポイント。複数形の **regards** は「よろしくというあいさつ」の意味を表す。
→ TARGET 113

Plus 同意表現の **remember me to A / say hello to A** も，ここで押さえておこう。

TARGET 112　慣用的に複数形を用いる表現
- make friends with A「A と友だちになる」→ 649
- change trains「列車を乗り換える」→ 650
- change planes「飛行機を乗り換える」
- take turns (in / at) doing「交代で…する」→ 651
- exchange business cards「名刺を交換する」
- shake hands「握手をする」　など

---

650 ①　651 ①　652 ④　653 ②

344　2 語法

654　Credit cards can be useful, but they encourage some people to
□□□　live beyond their (　　　).
　　　① ability　② means　③ power　④ ways　　　　　　〈南山大〉

KEY POINT ▷ 169

655　(　　　　) is the son of one's brother or sister.
□□□　① An aunt　② A nephew　③ A niece　④ An uncle　〈名古屋女子大〉

> **TARGET 113　複数形で特別な意味を持つ名詞**
>
> ● be on ... terms (with A) 「(A とは) …の間柄である」(terms は「間柄」の意味) → 652
> ● take pains 「苦労する」(pains は「苦労／骨折り」の意味)
> ● put on airs 「気取る」(airs は「気取った様子」の意味)
> ● a man / woman of letters 「文学者」(letters は「文学」の意味)
> ● give A my (best) regards = give my (best) regards to A 「A によろしく伝える」(regards は「よろしくというあいさつ」の意味) → 653
> ● be in high spirits 「上機嫌である」(spirits は「気分」の意味)
> ● arms 「武器」　● customs 「関税／税関」　● forces 「軍隊」
> ● goods 「商品」　● manners 「礼儀作法」　● means 「資産／収入」→ 654
> ● works 「工場」

654　クレジットカードは便利かもしれないが，そのために収入の範囲を超えて生活する人が生まれる。
655　甥とは，自分の兄弟または姉妹の息子のことだ。

654. 複数形で特別な意味を持つ名詞 ― live beyond one's means

○ **live beyond one's means** は,「収入の範囲を超えて生活する」の意味を表す。この **means** は複数扱いで「**収入**」(= income) の意味。→ TARGET 113

Plus **encourage A to do**「Aに…するようにけしかける[励ます]」は重要。→ 485, TARGET 76

Plus **live within one's means**「収入の範囲内で生活する」も重要表現。また, **means** には,「**資産**」の意味もある。**a man / woman of means**「資産家」で押さえておこう。

KEY POINT ▷ 169　　　　　　　　　　　意味が紛らわしい名詞

655. niece と紛らわしい nephew

▶ **nephew** は「**甥（おい）**」, **niece** は「**姪（めい）**」の意味を表す。→ TARGET 114

> ### TARGET 114　意味が紛らわしい名詞
>
> - reservation「（ホテルなどの）予約」
>   appointment「（診療・面会などの）予約」→ 656
> - view「（特定の場所からの）眺め」
>   scenery「風景」（不可算名詞）
> - shade「日陰」
>   shadow「影」
> - flock「鳥や羊の群れ」
>   herd「牛や馬の群れ」
>   school「魚の群れ」
> - habit「個人的な習慣／癖」→ 657
>   custom「社会的な慣習」
> - nephew「甥（おい）」→ 655
>   niece「姪（めい）」
> - dentist「歯医者」
>   surgeon「外科医」
>   physician「内科医」
> - sample「（商品）見本」
>   example「（人がまねる）手本／見本」
> - rule「（競技での）規則／ルール」
>   order「（社会の）規律／秩序」
> - pessimist「悲観的な人」
>   optimist「楽観的な人」
> - rotation「（天体の）自転」
>   revolution「（天体の）公転」
> - lane「道路の車線」
>   path「（公園・庭園内の）歩道」

654 ②　655 ②

346　2 語法

656
□□□
I have (　　　) with the dentist this afternoon.
① a promise　② an appointment
③ an order　④ a reservation　〈奥羽大〉

657
□□□
It may not be easy for you to break the (　　　) of smoking, but you must try.
① custom　② manner　③ practice　④ habit　〈南山大〉

KEY POINT ▷ 170

658
□□□
The new stadium is very big. It has a seating (　　　) of about 80,000.
① facility　② ability　③ possibility　④ capacity　〈京都外大〉

659
□□□
A : Excuse me. Could you tell me how to get to the nearest post office?
B : Sorry, I'm a (　　　) here myself, too.
① passenger　② stranger　③ consumer　④ pedestrian
〈愛知学院大〉

660
□□□
It is always the (　　　) with children.
① case　② chance　③ control　④ leave　〈中央大〉

661
□□□
This mistake is Makoto's (　　　) because he should have known better.
① accusation　② blame　③ fault　④ guilt　〈南山大〉

---

656 今日の午後，私は歯医者の予約がある。
657 喫煙の習慣を断つのは簡単ではないかもしれないが，あなたは努力しなければなりません。
658 その新しい競技場はとても大きい。それは約 8 万人の収容能力がある。
659 A：すみません。最寄りの郵便局への行き方を教えていただけますか。
　　B：すみません，私もこのあたりは不案内なんです。
660 それは，子どもの場合には常に当てはまる。
661 この間違いはマコトのせいだ。なぜなら，彼はもっと分別があるべきだったからだ。

656. reservation と紛らわしい appointment

○ **appointment**「(医者・美容院などの)予約／(面会の)予約」と **reservation**「(ホテル・列車・劇場などの)予約」の区別が本問のポイント。→ TARGET 114

Plus **have an appointment with A**「Aの予約がある／Aと会う約束がある」で押さえておこう。

657. custom と紛らわしい habit

○ **habit**「個人的な習慣／癖」と **custom**「社会的な慣習」の区別が本問のポイント。
→ TARGET 114

Plus **break the habit of doing ...**「…する習慣を断つ」で押さえる。

KEY POINT ▷ 170　　　　　　　　　思いがけない意味を持つ名詞 (1)

658. 思いがけない capacity の意味

▶ **capacity** は,「(潜在的な) 能力／才能」を表す名詞だが, 本問のように「(建物・乗り物などの) 収容能力」の意味で用いられることがある。**a seating capacity of A** は,「Aの座席収容能力」の意味。

Plus **capacity** には「(工場などの) 生産能力」の意味があることも押さえておこう。
The factory is working at full **capacity**. (その工場はフル稼働で操業している)

659. 思いがけない stranger の意味

▶ **stranger** には,「(場所に) 不案内な人／不慣れな人」の意味を表す用法がある。

Plus **stranger** には,「見知らぬ人」の意味もあるので注意。
Don't speak to **strangers**. (知らない人に話しかけてはいけません)

660. 思いがけない case の意味

▶ **case** には「真相／事実／実情」の意味があり, **be the case**「本当である／事実である／当てはまる」の形で用いることが多い。

○ **be the case with A** は「Aに当てはまる」の意味を表す。

Plus **be the case with A** を用いた **as is often the case with A**「Aにはよくあることだが」もここで確認しておく。→ 214

661. 思いがけない fault の意味

▶ **fault** には, 通例 **A's fault** の形で「Aの責任／Aのせい」の意味を表す用法がある。

✗ ② blame にも「(失敗などの) 責任」の意味があるが, blame の前には所有格の名詞がつかない。blame の場合, 動詞として用いて **be to blame for A**「Aに対して責任がある」の表現になる。例えば, **It is my fault.** は **I'm to blame for it.** と書き換えられる。

Plus **should have known better** は「もっと分別があるべきだった」の意味。**should have done** は問題 65, TARGET 11 を参照。

656 ②　657 ④　658 ④　659 ②　660 ①　661 ③

348 2 語法

662
A person who has a good (　　　) of English can get a good post at a major company.
① reason　② behavior　③ command　④ sensation　〈西南学院大〉

KEY POINT ▷ 171

663
I have no (　　　) what he wants for his birthday.
① knowledge　② idea　③ consideration　④ eagerness
〈東邦大〉

664
We received a letter from that company to the (　　　) that they could not accept our offer.
① affect　② affection　③ point　④ effect　〈西南学院大〉

665
As Tom is a man of his word, he is the most (　　　) person I have known.
① trustworthy　② talkative　③ cheerful　④ solemn　〈北里大〉

666
The protesters received a light (　　　) from the judge for their civil disobedience.
① sentence　② innocence　③ guilty　④ hazard　〈慶應義塾大〉

667
Everyone is worried that the company will be losing a lot of money, but that (　　　) was not discussed at the meeting.
① subject　② story　③ plan　④ lecture　〈芝浦工業大〉

---

662 英語が上手な人は，大手企業でいい仕事に就くことができる。
663 彼が誕生日に何を欲しがっているのか，まったくわからない。
664 私たちはその会社から，私たちの提案は受け入れられないという趣旨の手紙を受け取った。
665 トムは約束を必ず守る人なので，彼は私が知っている中で最も信頼できる人だ。
666 抗議者たちは市民としての不服従のかどで，裁判官から軽い判決を受けた。
667 誰もが，その会社が巨額の損失を出すことを心配しているが，その話題については会議で議論されなかった。

662. 思いがけない command の意味

▶ **have a good command of A** は、「A（言語など）を自由にあやつれる」の意味を表す。この **command** は「（言語などを）自由にあやつる能力」の意味。

[Plus] **command** には、「見晴らし／展望」の意味もある。この command は、S have (a) command of A の形で「S から A が見渡せる」の意味を形成する。一緒に押さえておこう。
The hill **has (a) command of** the whole town.（その丘から町全体が見渡せる）

KEY POINT ▷ 171　　　　　　　　　　思いがけない意味を持つ名詞 (2)

663. 思いがけない idea の意味

▶ **idea** には、「見当／想像」の意味を表す用法があり、**have no idea ＋ wh 節 [of A]** の形で「…か[A について]まったくわからない」の意味を形成する。

[Plus] **have no idea ＋ wh 節 [of A]** の強調表現である **don't have the slightest[faintest / remotest / least] idea ＋ wh 節 [of A]** も頻出表現。
I **don't have the slightest idea of** the result.
（その結果については、まったくわかりません）

664. 思いがけない effect の意味

▶ **effect** には、「趣旨／意味」の意味を表す用法がある。**to the effect that 節**で「…という趣旨の[で]」の意味を形成する。

665. 思いがけない word の意味

▶ **a man[woman] of his[her] word** は、「約束を守る人」の意味を表す。word は、**one's word** の形で「約束」の意味を表すことがある。

〇 文の前半の内容から、① **trustworthy**「信用[信頼]できる」を選ぶ。
✗ ② talkative「おしゃべりな」、③ cheerful「快活な」、④ solemn「まじめな／厳粛な」は文意に合わない。

[Plus] **keep[break] one's word**「約束を守る[破る]」も、ここで押さえておこう。

666. 思いがけない sentence の意味

▶ **sentence** には、「（刑罰の）宣告、判決」の意味を表す用法がある。
[Plus] **receive a light[heavy] sentence**「軽い[重い]判決を受ける」で押さえておこう。
[Plus] civil disobedience は「市民としての不服従」の意味。

667. 思いがけない subject の意味

▶ **subject** には、「話題／主題」の意味を表す用法がある。
[Plus] **be worried ＋ that 節**「…ということで心配している」は重要。

662 ③　663 ②　664 ④　665 ①　666 ①　667 ①

350　2 語法

668
□□□
A : Would you like some more chicken?
B : No, thanks. I'd like to leave (　　　) for dessert.
① opening　② place　③ room　④ volume　　　　〈学習院大〉

KEY POINT ▷ 172

669
□□□
It was announced yesterday that train companies would raise their (　　　) by more than 10%.
① fees　② bills　③ fares　④ terms　　　　〈東邦大〉

670
□□□
As the (　　　) of living is higher in Tokyo than in Nagoya, I decided to live in Nagoya.
① cost　② expensive　③ money　④ price　　　　〈南山大〉

671
□□□
Jane was found guilty of shoplifting. She faced up to two months in jail and a $500 (　　　).
① full　② fine　③ fair　④ fare　　　　〈関西学院大〉

TARGET 115　「お金」に関する名詞

- fare「乗り物の運賃」→ 669
- fee「専門職に対して支払う報酬[料金]／受験・入場・入会のための料金」
- admission「入場料」
- charge「サービスに対して支払う料金／（電気・ガスなどの）公共料金／使用料」
- rent「家賃／賃貸料」　　　　● tuition「授業料」　　　　● income「収入」
- expense「費用」　　　　● cost「経費／費用」→ 670
- pay「（一般的な）報酬／手当」　● salary「給料・賃金」
- wage「給料・賃金」　　　　● commission「手数料／歩合」
- interest「利子／利息」　　　● profit「利益」　　　　● tax「税金」
- fine[penalty]「罰金」→ 671　● cash「現金」
- change「小銭／つり銭」　　　● check「小切手」

668　A : もう少し鶏肉はいかがですか。
　　　B : いいえ，結構です。デザートが入る余地を残しておきたいので。
669　昨日，鉄道各社が運賃を 10%以上引き上げることが発表された。
670　東京での生活費は名古屋のものより高いので，私は名古屋に住むことにした。
671　ジェーンは万引きの罪で有罪となった。彼女は最長 2 カ月の懲役と 500 ドルの罰金に直面することになった。

668. 思いがけない不可算名詞 room の意味

▶ 不可算名詞の **room** は、「余地／場所／空間」の意味を表す。**room for A**「Aの余地」の形で使われることも多い。**leave room for A**「Aの余地を残す」で押さえておこう。

Plus **There is no room for A**.「Aの余地はまったくない」, **leave no room for change**「変更の余地がない」, **make room for A**「Aに場所を空ける」も頻出表現。

KEY POINT ▷ 172　　　　　　　　　　　　　「お金」を表すさまざまな名詞

669.「お金」を表すさまざまな名詞 (1) ― fare

▶ **fare** は、「乗り物の運賃」の意味を表す。→ TARGET 115

670.「お金」を表すさまざまな名詞 (2) ― cost

○ **cost**「経費／費用」が本問のポイント。→ TARGET 115

Plus **the cost(s) of living**「生活費」で押さえておこう。

671.「お金」を表すさまざまな名詞 (3) ― fine

○ **fine**「罰金」が本問のポイント。→ TARGET 115

Plus **be guilty of A** は、「Aの罪を犯している」の意味。反意表現の **be innocent of A**「Aの罪を犯していない」と一緒に覚えておこう。

352　2 語法

KEY POINT ▷ 173

672
☐☐☐
It was a miracle that all the (　　　　) survived the plane crash.
① flights　② passengers　③ ways　④ dangers　〈奥羽大〉

673
☐☐☐
The supermarket is crowded with (　　　) every Sunday.
① customers　② sellers　③ guests　④ visitors　〈成城大〉

KEY POINT ▷ 174

674
☐☐☐
When she finally succeeded after hours of work, she felt that her
(　　　　) had been worthwhile.
① labor　② marsh　③ moisture　④ traffic　〈立命館大〉

675
☐☐☐
Mary told me about her <u>occupation</u>.
① hobby　② profession　③ dream　④ assignment　〈東海大〉

TARGET 116　「客」を表すさまざまな名詞

- guest「宿泊客／招待客」
- audience「(劇場などの) 観客／(講演などの) 聴衆」
- customer「商店の客／顧客」→ 673
- shopper「買い物客」
- client「(弁護士・建築家などの) 依頼人」
- passenger「乗客」→ 672
- visitor「訪問客／来客／見舞客」
- spectator「(スポーツなどの) 観客／見物人」
- patient「患者」
- buyer「(家や車など高価なものの) 購入者，買い手」
- viewer「テレビの視聴者／インターネットの閲覧者」

672　乗客全員がその飛行機事故で生き残ったのは奇跡だった。
673　毎週日曜日になると，そのスーパーマーケットはお客で混み合う。
674　何時間もの作業の後でようやく成功したとき，彼女は自分の努力はその価値があったのだと感じた。
675　メアリーは自分の職業について私に話した。

KEY POINT ▷ 173　　　　　　　　　　　「客」を表すさまざまな名詞

672. 「客」を表すさまざまな名詞 (1) — passenger
▶ **passenger** は,「乗客」の意味を表す。→ TARGET 116
Plus **survive A**「A を切り抜けて生き残る」は重要。

673. 「客」を表すさまざまな名詞 (2) — customer
○ **customer**「商店の客／顧客」が本問のポイント。→ TARGET 116
Plus **be crowded with A**「A で混み合っている」は重要。

KEY POINT ▷ 174　　　　　　　　　　　「仕事」を表すさまざまな名詞

674. 「仕事」を表すさまざまな名詞 (1) — labor
▶ **labor** は「(work よりつらい) 骨の折れる仕事」の意味を表す。→ TARGET 117
Plus **worthwhile** は,「(時間・労力などをかける) 価値がある」の意味。

675. 「仕事」を表すさまざまな名詞 (2) — occupation と profession
○ **occupation**「職業」= **profession**「(一般に) 職業」を知っているかが本問のポイント。→ TARGET 117
Plus **occupation** は,日本語の「職業」に最も近い単語。**profession** も,occupation と同意で「(一般に) 職業」の意味で用いられるが,「医者・技術者・法律家などの専門的な知的職業」の意味で用いられることもある。

TARGET 117　「仕事」を表すさまざまな名詞
- business「事業／職務」
- work「仕事」(不可算名詞)
- job「仕事」(可算名詞) → 676
- labor[toil]「(work よりつらい) 骨の折れる仕事」→ 674
- task「課された仕事, 任務, 課題」
- occupation「職業」→ 675
- profession「(一般に) 職業／専門職／知的職業」→ 675
- trade「職業／商売」
- career「経歴／(生涯の) 仕事」
- assignment「割り当てられた仕事／宿題」(可算名詞)

---

672 ②　673 ①　674 ①　675 ②

354 2 語法

676 I hired Naomi five years ago.
□□□ = I gave Naomi a (   ) five years ago.
① recommendation ② present ③ bonus ④ job 〈中央大〉

KEY POINT ▷ 175

677 These days there has been a rapid increase (   ) commuters
□□□ who leave their bicycles anywhere they like near railway
stations.
① in a number of   ② in the number of
③ of the number in   ④ for the number of 〈清泉女子大〉

678 Their income taxes are (   ) ours due to their oil profits.
□□□ ① less than one fifth of ② less than one fifths of
③ less of one fifth than ④ one fifth less 〈日本大〉

679 This (   ) of pants is too tight.
□□□ ① sheet ② piece ③ couple ④ pair 〈東海大〉

TARGET 118 対になっている衣類・器具を表す名詞
- stockings「ストッキング」 ● shoes「靴」 ● socks「靴下」
- pants「ズボン」→ 679 ● trousers「ズボン」 ● gloves「手袋」
- glasses「めがね」 ● spectacles「めがね」 ● scissors「はさみ」
- binoculars「双眼鏡」

---

676 私は 5 年前にナオミを雇った。＝ 私は 5 年前にナオミに仕事を提供した。
677 最近，鉄道駅の近くのどこでも好きな場所に自分の自転車を置いたままにする通勤者が急激に増えてきた。
678 彼らの所得税は，石油からの収入のおかげで，私たちの 5 分の 1 足らずだ。
679 このズボンはきつすぎる。

第 19 章　名詞の語法 676〜679　355

676. 「仕事」を表すさまざまな名詞 (3) — job

○ I hired Naomi five years ago. 「私は 5 年前にナオミを雇った」の内容と同様の意味になるように，④ **job**「仕事」を選び，「仕事を与えた」とする。→ TARGET 117

KEY POINT ▷ 175　　　　　　　　　その他の注意すべき名詞

677. number の用法 — the number of A

▶ **number** は，**the number of A** の形で「A の数」の意味を表す。→ 356
✗「A の増加」は，increase <u>in</u> A なので，④ <u>for</u> the number of は不可。
[Plus] There has been a rapid increase in A.「A が急激に増えてきた」は，よく用いられる表現。

678. 分数表現 — one fifth of A

▶ 分数表現は，分子が基数，分母が序数で表され，分子が 2 以上の場合は，分母を複数形にする。例えば「5 分の 1」は **one fifth**，「5 分の 2」は **two fifths** となる。
○「A の 5 分の 1（たらず）」は，(**less than**) **one fifth of A** と表現するので，① **less than one fifth of** を選ぶ。
[Plus] due to A「A のために」(= owing to A / because of A) は重要。

679. a pair of を用いる名詞 — this pair of pants

▶ 対になっている衣類・器具を表す名詞を数える場合は，**a pair of** を用いる（→ TARGET 118）。of の後は可算名詞の複数形。数が複数の場合には，pair を複数形にすることに注意。例えば，「3 本のズボン」は **three pairs of pants** と表現する。

676 ④　677 ②　678 ①　679 ④

第19章 名詞の語法 応用問題に Try!

KEY POINT ▷ 166-175

680
□□□ ①Nowadays, a jumbo jet can lift ②nearly five hundred people and their ③luggages ④into the air with its magnificent engine power.
〈北里大〉

681
□□□ Unemployment ①compensation is money ②to support an unemployed person while he or she ③is looking for ④job.
〈杏林大〉

682
□□□ 外交面ではまだ改善の余地がある。
There is still (　　　) for improvement on the diplomatic front.
〈京都教育大〉

683
□□□ We had (cut / down / how / idea / no / to) on our expenses because we were so used to living in luxury.
〈立教大〉

684
□□□ 次の駅で乗り換えないと，その競技場には行けませんよ。
We can't reach the stadium if we don't (　　　) (　　　) (　　　) the next station.
〈日本大〉

685
□□□ ①Scientists around the world are looking at ②an evidence of climate change and are ③also using computers to come up with ④predictions for our future environment and weather.
〈中央大〉

---

680 最近では，ジャンボジェット機はエンジンの強力な出力で 500 人近くとその荷物を飛ばすことができる。
681 失業手当とは，職探しをする期間に失業中の人を支援するためのお金です。
683 私たちは贅沢な生活にあまりにも慣れていたので，どのようにして出費を減らせばよいのかわからなかった。
685 世界中の科学者が気候変動の証拠を調べており，同時にコンピューターを使って将来の環境と天気の予測を立てている。

第 19 章　名詞の語法 680〜685　357

KEY POINT ▷ 166-175

680. 不可算名詞の luggage
○ 不可算名詞の **luggage**「手荷物」が本問のポイント（→646, TARGET 111(1)）。不可算名詞の複数形はないので，③ luggages を luggage に修正すればよい。

Plus lift A into the air は「A を空中に持ち上げる[飛ばす]」の意味。

681. 仕事を表すさまざまな名詞 ― job
○ 可算名詞の **job**「仕事」が本問のポイント（→676, TARGET 117）。文脈から「不特定の1つの仕事」と判断できるので，④ job を a job と修正する。

Plus unemployment compensation は「失業手当」の意味。

682. 不可算名詞 room の意味
○ 問題 668 で扱った不可算名詞 **room** を用いた **room for A**「A の余地」が本問のポイント。

Plus **There is still room for improvement.**「まだ改善の余地がある」はよく用いられる表現。

683. 思いがけない idea の意味
○ 問題 663 で扱った **have no idea ＋ wh 節**「…かまったくわからない」の形が本問のポイント。与えられた語句から，no idea の後が wh 節ではなく「疑問詞 + to do」（→84）になると気づくこと。We have no idea how to とまとめて，動詞の cut down を続ければよい。

Plus **cut down on A**「A を節減する／ A を切り詰める」，**be used to doing**「…することに慣れている」（→113）は重要。

684. 常に複数形を用いる表現 ― change trains →TARGET 112
○ 問題 650 で扱った **change trains**「列車を乗り換える」が本問のポイント。「次の駅で」は，「地点」を表す **at**（→420）を用いて，at the next station と表現する。

Plus **change trains at the next station**「次の駅で列車を乗り換える」はよく用いる表現。

685. 不可算名詞の evidence ― evidence of A
○ 不可算名詞の **evidence**「証拠」が本問のポイント（→648, TARGET 111(1)）。② an evidence of climate change を evidence of climate change「気候変動の証拠」に修正する。

Plus **come up with predictions for A** は「A の予測をする」の意味。

---

680 ③ luggages → luggage

681 ④ job → a job

682 room

683 no idea how to cut down

684 change trains at

685 ② an evidence of climate change →　evidence of climate change

358 2 語法

686 I wish I ①could give you ②a lot of ③advices based on my experience of winning political debates. However, I don't have ④that experience. 〈上智大〉

687 そのお客は貴重なアドバイスをいくつかくれたことに対してデパートの店長にお礼を言いました。

688 There was hardly room for Bradley's mother and his teacher to stand. 〈宇都宮大〉

ヒント

687 thank A for doing「…することに対して A に感謝する」, department store manager「デパートの店長」
688 Bradley「ブラッドリー」（人名）

---

686 私が政治討論で勝利した経験に基づいて，あなたにいろいろとアドバイスを提供できたらいいのにと思う。しかし，私にはそのような経験がない。

第 19 章　名詞の語法 686〜688　359

686. 不可算名詞の advice

○ 不可算名詞の **advice** が本問のポイント（→ 642, 646, TARGET 111(1)）。不可算名詞の複数形はないので，③ advices を advice と修正すればよい。

Plus **I wish I could do ...** 「私が…できたらいいのにと思う」（→ TARGET 35），**be based on A** 「A に基づく」は重要。

687. 「客」を表すさまざまな名詞 (2) — customer → 673

○ デパートでの客なので **customer** 「商店の客／顧客」を用いる（→ TARGET 116）。「いくつかのアドバイス」は不可算名詞の **advice**（→ 686）を用いて **some advice**（→ 574, 643）と表現してもよいし，**some pieces of advice**（→ TARGET 111）としてもよい。

688. 思いがけない不可算名詞 room の意味 → 668

○ 本問の **room** には冠詞がついていないため，不可算名詞の **room** 「余地／場所／空間」である。hardly は「ほとんど…ない」の意味。**There is hardly (any) room for A to do ...** は「A が…する余地はほとんどない」の意味。**hardly (any) + 名詞** 「ほとんど…ない」は問題 620 参照。

---

686 ③ advices → advice
687 The customer thanked the department store manager for giving him[her] some (pieces of) valuable[precious] advice.
688 ブラッドリーの母親と教師が立てる場所はほとんどなかった。

PART 3
イディオム

第20章 動詞中心のイディオム

KEY POINT ▷ 176

689 □□□ Jason decided to (　　　　) taking his summer vacation because he was too busy at work.
　　① put down　② put away　③ put in　④ put off 〈玉川大〉

690 □□□ The meeting had to be (　　　　) off when the chairperson phoned in sick.
　　① called　② taken　③ sent　④ given 〈関西学院大〉

691 □□□ I will put (　　　　) my coat if it gets cold.
　　① from　② in　③ on　④ with 〈亜細亜大〉

692 □□□ Please don't forget to (　　　　) your shoes when entering a house in Japan.
　　① put off　② get in　③ turn off　④ take off 〈東邦大〉

693 □□□ John was successful at the interview but he (　　　　) the job offer.
　　① gave out　② looked down　③ took out　④ turned down 〈青山学院大〉

694 □□□ Fifth-year medical students need to (　　　　) in their completed application forms by the end of October.
　　① arrive　② finish　③ hand　④ leave 〈日本大〉

695 □□□ Did you (　　　　) this word in your dictionary?
　　① look up　② read up　③ take up　④ turn up 〈東北学院大〉

---

689 仕事があまりに忙しかったので，ジェイソンは夏休みをとるのを延期することに決めた。
690 その会議は，議長が病欠の電話をかけてきたので中止しなければならなかった。
691 寒くなったら，私は上着を着ることにします。
692 日本の家屋に入るときは，靴を脱ぐことを忘れないでください。
693 ジョンは面接に合格したが，その仕事の誘いを断った。
694 医学部の5年生は，10月末までにすべて記入済みの申し込み用紙を提出する必要がある。
695 あなたは，この単語を辞書で調べましたか。

KEY POINT ▷ 176　　　　　　　　　　　　　動詞中心のイディオム

689. put off A / put A off「A を延期する」
　　= postpone A
○ 後半の「仕事があまりに忙しかった」に着目して，「夏休みを延期した」と考え，④ put off を選ぶ。
Plus call off A「A を中止する」との混同に注意。

690. call off A / call A off「A を中止する」
　　= cancel A
○ 文意を「議長が病欠の電話をかけてきたので，会議が中止になった」と考え，① called を選ぶ。
Plus call off A には「A（命令など）を取り消す」の意味もある。

691. put on A / put A on「A を着る／身につける」
○ 空所の後の my coat に着目して，③ on を選ぶ。
Plus put on は「着る」という行為を表す。「身に着けている」という状態は wear で表す。
Plus 「A を脱ぐ」は take off A で表す。put off A は「A を延期する」という意味なので注意。

692. take off A / take A off「A を脱ぐ」
○ 空所の後の your shoes に着目する。
✕ ① put off A「A を延期する」，③ turn off A「A（明かり・テレビなど）を消す／A（水など）を止める」も重要。
Plus take off の後や take と off の間に名詞がない場合は「離陸する」という意味になる。

693. turn down A / turn A down「A を断る／拒絶する」
　　= refuse A, reject A, decline A
○ 空所の後の the job offer に着目して，④ turned down を選ぶ。
Plus turn down A には，「A（音量や温度）を下げる」の意味もある。

694. hand in A / hand A in「A を提出する」
　　= turn in A, turn A in, submit A, present A
○ 空所の後の in に着目して，③ hand を選ぶ。

695. look up A / look A up in a dictionary「A を辞書で調べる」
　　= consult a dictionary for A
○ 空所の後の this word (in your dictionary) に着目して，① look up を選ぶ。
Plus look up to A は「A を尊敬する」も一緒に押さえておこう。

---

689 ④　690 ①　691 ③　692 ④　693 ④　694 ③　695 ①

364 3 イディオム

696 We are ( ) from stress much more than we realize.
① affecting ② receiving ③ suffering ④ taking 〈中央大〉

697 The doctor asked Mary to refrain ( ) eating fast food as part of her diet.
① about ② from ③ under ④ with 〈青山学院大〉

698 He is excited about the new promotion and looking forward to ( ) more responsibilities.
① getting up ② take on ③ taking in ④ taking on
〈名古屋市立大〉

699 Please ( ) your mother. Though she's improved, I still worry about her.
① look after ② look in ③ look out ④ look up to 〈東洋大〉

700 When you leave the room, turn ( ) the light.
① back ② in ③ off ④ round 〈武蔵大〉

701 He has succeeded ( ) explaining the new technology.
① on ② in ③ to ④ with 〈大阪経済大〉

702 I ran ( ) one of my old friends on my way back home.
① away ② out ③ through ④ into 〈摂南大〉

703 Have you ( ) anything from George recently? He has missed a lot of classes.
① done ② heard ③ known ④ seen 〈青山学院大〉

704 She was ( ) up by her grandparents from the age of five.
① turned ② raised ③ grown ④ brought 〈専修大〉

---

696 私たちは自分で気づいているよりはるかにストレスを受けている。
697 医者はメアリーに，食事制限の一環としてファストフードを食べないよう求めた。
698 彼は新たな昇進に胸を躍らせ，さらに多くの責任を引き受けることを心待ちにしている。
699 お母さんの様子に気を配ってください。お母さんは回復していますが，まだ心配なのです。
700 部屋から出るときは，電気を消しなさい。
701 彼は新しいテクノロジーを説明するのに成功した。
702 私は家への帰り道で旧友の 1 人にばったり出会った。
703 最近，ジョージから何か連絡があったかい？ 彼はずいぶん授業を休んでいるんだ。
704 彼女は 5 歳の時から祖父母によって育てられた。

第 20 章　動詞中心のイディオム 696〜704　365

696. suffer from A「A で苦しむ／A に悩む」
[Plus] suffer from は進行形で使われることが多く，ある程度の長期間続いているというニュアンスが含まれる。

697. refrain from doing「…することを控える」
[Plus] refrain は「控える／慎む」という意味の自動詞。「…することを控える」と言う場合は refrain from doing という形をとる。

698. take on A / take A on「A（仕事・責任など）を引き受ける」
　　= undertake A
○ 空所の後の responsibilities に着目して，④ taking on を選ぶ。
[Plus] look forward to doing「…することを楽しみに待つ」の形になるように，ing 形を選ぶ。
✕ ①，③はそれぞれ get up「起き上がる」，take in A「A を取り入れる／A（食べ物・水・空気を）吸収する」の ing 形。

699. look after A「A の世話をする，A のことに気をつける」
　　= take care of A, care for A
✕ ④ look up to A は「A を尊敬する」という意味を表す。2 文目の内容とつながらないため，誤り。

700. turn off A / turn A off「A（明かり・テレビなど）を消す／（ガス・水など）を止める」
　　⇔ turn on A / turn A on「A（明かり・テレビなど）をつける／A（水道などの栓）をひねる」
○ 前半の「部屋から出るときに」とつながる turn off になるように，③ off を選ぶ。
[Plus] turn back「後戻りする／引き返す」，turn in A「A を提出する」，turn round「回転する，方向転換する」。

701. succeed in A「A に成功する」
✕ ③ succeed to A は「A を相続する／A の跡を継ぐ」の意味。

702. run into A「A に偶然出会う」
　　= run across A, come across A, happen to meet A
[Plus] 日記などでよく使われる表現。

703. hear from A「A から便りがある」
[Plus] hear of A は「A の消息を聞く／A のことを聞く」の意味。
[Plus] 日常会話で頻出の表現。

704. bring up A / bring A up「A を育てる」
　　= raise A
✕ grow は「育つ」という意味を表す場合は自動詞なので，受動態で使うことができない。他動詞では「（農作物）を栽培する」の意味なので，「人」を目的語にとらない。

696 ③　697 ②　698 ④　699 ①　700 ③　701 ②　702 ④　703 ②　704 ④

366　3 イディオム

705
□□□
David is very handsome, and he is said to <u>take after</u> his uncle.
① resemble　② recognize　③ look into　④ be familiar with

〈亜細亜大〉

706
□□□
When you play on a team every member (　　　) to its success or failure.
① brings　② contributes　③ gives　④ helps　〈学習院大〉

707
□□□
She asked the shop clerk whether she could (　　　) the dress displayed in the window.
① bring with　② give in　③ take over　④ try on　〈名城大〉

708
□□□
Your grief won't disappear overnight. It takes time to (　　　) the death of someone close to you.
① get over　② keep up　③ run across　④ take off　〈東京電機大〉

709
□□□
The election <u>brought about</u> a lot of changes in the country.
① connected to　② happened to　③ led to　④ made up for

〈中央大〉

710
□□□
It was so hot that he finished the bottle of water and then (　　　) more.
① asked after　② asked for　③ was asking　④ was asking to

〈慶應義塾大〉

711
□□□
We are looking (　　　) my wallet. Have you seen it anywhere?
① for　② in　③ to　④ with　〈青山学院大〉

---

705 デビッドはとてもハンサムで，彼のおじさんに似ていると言われている。
706 チームでプレーするときは，すべてのメンバーが成功するか失敗するかを左右する。
707 彼女は店員に，ショーウインドウに飾られているドレスを試着できるかどうか尋ねた。
708 あなたの悲しみは，一晩では消えないでしょう。あなたと親しかった人の死を乗り越えるには時間がかかります。
709 その選挙は，その国にさまざまな変化をもたらした。
710 あまりにも暑かったので，彼はそのボトルの水を飲み終えると，もっと欲しがった。
711 私たちは，私の財布を探しているんです。あなたは，それをどこかで見かけませんでしたか。

第20章 動詞中心のイディオム 705〜711

705. take after A「Aに似ている」
= resemble A

○ 同意語は① resemble「…と似ている」。

[Plus] take after A は血縁関係がある場合にのみ用いられる。
[Plus] look into A「Aをのぞき込む／Aを調査する」，be familiar with A「Aをよく知っている」も重要。

706. contribute to A「Aに貢献する／寄与する」

○ 空所の後の to に着目して，② contributes を選ぶ。

[Plus] 他動詞として contribute A to B「A（金など）をBに寄付[寄贈]する」の形でも用いられる。

707. try on A / try A on「Aを試着する／身につけてみる」

[Plus] 買い物の場面で頻出の表現。

708. get over A「Aから回復する／Aに打ち勝つ」

= recover from A, overcome A

[Plus] get over は後に病気などを表す名詞が続き，get over one's[the] cold「風邪から回復する」などと表現することもできる。この場合は，recover from と同様の意味を表す。

709. bring about A / bring A about「Aを引き起こす」

= cause A, lead to A

[Plus] 新聞記事などでよく見かける表現。書き換え問題としても頻出。
[Plus] cause は他動詞なので前置詞がつかない点に注意。
✗ ① connect は，connect A to B で「AをBにつなげる」。

710. ask for A「Aを求める」

= request A

[Plus] finish は「（飲み物を）飲み終える」の意味。
✗ ① ask after A は「Aの容態を尋ねる」という意味を表す。

711. look for A「Aを探す」

[Plus] 日常会話での必須表現。
[Plus] look in A は「Aをのぞき込む」の意味を表す。

---

705 ①　706 ②　707 ④　708 ①　709 ③　710 ②　711 ①

368 3 イディオム

712 The situation is extremely serious and (   ) for immediate action.
① calls   ② demands   ③ takes   ④ runs   〈専修大〉

713 Did the plane (   ) off on time?
① take   ② land   ③ bound   ④ leave   〈芝浦工業大〉

714 Whatever happens, I am committed to (   ) out my duty.
① bringing   ② carrying   ③ showing   ④ taking   〈立教大〉

715 The rainy season will set in this week.
① begin   ② ease   ③ end   ④ settle   〈日本大〉

716 I was shocked to realize that he did not know TPP stands (   ) Trans-Pacific Partnership.
① by   ② for   ③ in   ④ on   〈北里大〉

717 I think getting (   ) with people is as important as being independent.
① along   ② by   ③ out   ④ up   〈学習院大〉

718 Our neighbor is having a big party. I can't (   ) up with the noise.
① end   ② have   ③ cover   ④ put   〈亜細亜大〉

719 After reading the book, I came up with a possible solution.
① got off   ② took out   ③ held up   ④ thought of   〈名城大〉

720 I panicked when my pen (   ) of ink during the exam.
① dropped off   ② gave up   ③ kept away   ④ ran out
〈青山学院大〉

---

712 状況は非常に深刻で，すみやかな行動を必要としている。
713 その飛行機は時間通りに飛び立ちましたか。
714 何が起こっても，私は自分の任務を遂行すると約束する。
715 雨季は今週には始まるだろう。
716 私は，彼が TPP とは環太平洋戦略的経済連携協定のことだと知らないと知って，とても驚いた。
717 私は，人とうまく付き合うことが，自立していることと同じくらい大切だと思う。
718 私たちの隣人が大規模なパーティーを開いている。あの騒音には，がまんならない。
719 その本を読んだ後で，私は実行可能な解決策を思いついた。
720 私は，試験の最中にペンのインクがなくなって動転してしまった。

第20章 動詞中心のイディオム 712〜720

712. call for A「A を必要とする／要求する／A に値する」
Plus call「呼ぶ」と for「…を求めて」が組み合わさった形で，「…を求めて呼ぶ」というのが元の意味。

713. take off「離陸する」→ 692

Plus 空港でよく使われる表現。

714. carry out A / carry A out「A を実行する／成し遂げる」
= conduct A, perform A, accomplish A, fulfill A
○ 空所の後の out に着目する。
Plus be committed to doing で「…することを約束する[誓う]」。

715. set in「（季節などが）始まる／（悪天候・病気などが）起こる」
○ 同意語は① begin。
Plus 悪天候や好ましくない物事が起こる場合に使われることが多い。

716. stand for A「A を表す／A の略である」

= represent A
Plus stand for A は，「A（考えなど）を支持する」(= support A, back up A / back A up) の意味も重要で，リーディング問題でよく出題される。

717. get along with A「A と仲良くやる」

= get on with A
Plus get along with A は「A（仕事など）がはかどる／A（仕事など）を先に進める」という意味でも用いられる。

718. put up with A「A をがまんする」
= bear A, endure A, stand A, tolerate A
Plus put up with と stand は bear, endure, tolerate よりくだけた表現。

719. come up with A「A（考え・計画など）を思いつく」
= think of A
Plus come up with A は「A を提案する」の意味もあり，同意語には propose A がある。

720. run out of A「A を切らす」

○「パニックになった」のは「試験中にペンのインクが切れたから」と考え，④ ran out を選ぶ。
Plus 日常会話で頻出の表現。主語には人が用いられる場合が多い。
We are running out of milk.（もうすぐ牛乳がなくなりそうだ）

---

712 ①　713 ①　714 ②　715 ①　716 ②　717 ①　718 ④　719 ④　720 ④

370 3 イディオム

721 I got through with my science report late last night.
① fought ② finished ③ submitted ④ updated 〈玉川大〉

722 Modern society should make every effort to do away with racial discrimination.
① abolish ② evade ③ enhance ④ withstand 〈青山学院大〉

723 To hear him talk, you would (   ) him for an American.
① exchange ② have ③ like ④ take 〈武蔵大〉

724 The most popular sports event is (   ) place now in New York.
① taking ② happening ③ in ④ being 〈名古屋学院大〉

725 Mark made up his mind to become a professional baseball player at age ten.
① declared ② decided ③ dreamed ④ demanded 〈東京経済大〉

726 Many people are looking for ways to take advantage (   ) low interest rates.
① to ② of ③ at ④ for 〈関西学院大〉

727 The thieves ran away when they (   ) sight of the police car.
① took ② caught ③ watched ④ made 〈南山大〉

728 Mary is such a hardworking student. It's difficult to (   ) fault with her.
① find ② admit ③ accept ④ say 〈南山大〉

729 Using the Internet is a great way to (   ) in touch with old friends.
① catch ② start ③ get ④ make 〈獨協大〉

721 私は昨夜遅くに科学のレポートを書き終えた。
722 現代社会は, 人種差別をなくすために, あらゆる努力をすべきだ。
723 彼が話すのを聞けば, あなたは彼がアメリカ人だと思うだろう。
724 最も人気のあるスポーツのイベントが今, ニューヨークで行われている。
725 マークは, 10歳の時に, プロ野球選手になろうと決心した。
726 多くの人たちが, 低金利をうまく活用する方法を探している。
727 その泥棒たちは, パトカーが目に入ると逃走した。
728 メアリーはとても勉強熱心な学生だ。彼女の欠点を見つけるのは難しい。
729 インターネットを利用することは, 昔の友人と連絡をとるためのすばらしい方法だ。

第20章 動詞中心のイディオム 721〜729

721. **get through with A**「A（仕事など）を終える」
= finish A

722. **do away with A**「A を廃止する」
= abolish A, discontinue A

723. **take A for B**「（誤って）A を B だと思う」
= mistake A for B

[Plus] To hear him talk, は「彼が話すのを聞けば，」(→ TARGET 36(5)) という意味。仮定法の if 節の代わりに to 不定詞を使っており，If you heard him talk, と書き換えることができる。

724. **take place**「行われる／催される」
= be held

[Plus] 日本語に引きずられて受動態にしないように注意すること。
[Plus] **take place** には「起こる」の意味もあるので注意。
　When did the car accident **take place**?
　（その自動車事故はいつ起きたのですか）

725. **make up one's mind to do**「…することを決心する」→ 498
= decide to do

[Plus] 日記や小説などでよく使われる表現。

726. **take advantage of A**「A を利用する」
= make use of A, harness A, utilize A

[Plus] **take advantage of A** は「A（人の親切など）につけ込む」などと悪い意味で使われる場合もある。

727. **catch sight of A**「A が目に入る／A を見つける」
⇔ lose sight of A「A を見失う」

[Plus] **catch sight of A** の代わりに **get[have] sight of A** と表すこともできる。

728. **find fault with A**「A のあら探しをする」
= criticize A

○ 空所の後の fault with に着目して，① find を選ぶ。

729. **get in touch with A**「A と連絡をとる／接触する」
= contact A

[Plus] **keep[stay] in touch with A**「A と常に連絡をとり合う」も重要。

---

721 ②　722 ①　723 ④　724 ①　725 ②　726 ②　727 ②　728 ①　729 ③

372　3 イディオム

730 Some Japanese (　　　) decent healthcare for granted.
① get　② see　③ take　④ think　　　〈日本大〉

731 What seems promising at first sight often <u>turns out</u> to be less effective than expected.
① appears　② proves　③ disappoints　④ claims　　〈獨協医科大〉

732 John is a nice person and I've never heard him speak (　　　) of others.
① ill　② rude　③ well　④ wrong　　　〈学習院大〉

733 Anne is telling her husband to (　　　) his motorbike. He never rides it any more.
① get rid of　② make up for　③ hold onto　④ come up with　　〈玉川大〉

734 When there is no hope left, will you believe (　　　) miracles?
① at　② by　③ for　④ in　　　〈早稲田大〉

735 The company was forced to <u>lay off</u> several hundred employees.
① assemble　② dismiss　③ secure　④ represent　　〈亜細亜大〉

736 The success of the entire concert depends (　　　) Alice.
① to　② by　③ on　④ for　　　〈関東学院大〉

737 When you are in trouble, you can always (　　　) on me.
① believe　② come　③ count　④ trust　　　〈立教大〉

738 Eastern Valley University (　　　) of eight departments.
① contains　② combines　③ composes　④ consists　　〈南山大〉

---

730 日本人の中には，きちんとした保健医療を当たり前のものだと思っている人がいる。
731 最初は有望だと思っていたものが，期待していたほど有効でないと判明することはよくある。
732 ジョンはいい人で，私は彼が他人の悪口を言うのを聞いたことがない。
733 アンは夫にオートバイを処分するように言い続けている。彼はもう，それに乗ることがまったくないのだ。
734 何の希望も残っていないとき，あなたは奇跡というものを信じるだろうか。
735 その会社は数百人の従業員を解雇せざるをえなかった。
736 そのコンサート全体の成功は，アリス次第だ。
737 あなたが困ったとき，いつでも私に頼っていいですよ。
738 イースタン・バレー大学は，8つの学部からなる。

730. take A for granted 「A を当然のことと思う」

Plus 形式目的語を用いた **take it for granted + that** 節「…ということを当然のことと思う」の形も重要。
Plus スピーチでよく使われる表現。

731. turn out (to be) A 「A だと判明する」

　　= prove (to be) A

○ 同意語は prove。

732. speak ill of A 「A の悪口を言う」
　　⇔ speak well[highly] of A 「A をほめる」

733. get rid of A 「A を取り除く／片づける」

　　= eliminate A

Plus 日常会話では，eliminate よりも **get rid of** の方がよく使われる。

734. believe in A 「A の存在を信じる／ A をよいと信じる」
Plus **believe A** は基本的に「A を本当だと思う／ A を信用する」の意味。

735. lay off A / lay A off 「A を（一時）解雇する」

○ 同意語は② dismiss「…を解雇する」。

Plus **lay off A / lay A off** は「A を一時解雇する」という意味だが，婉曲的に「A をくびにする」の意味で使われる場合もある。

736. depend on[upon] A 「A による／ A 次第である」

Plus **depend on[upon] A** は「A に頼る／ A をあてにする」の意味でも用いられる。

737. count on A 「A をあてにする」
　　= depend on[upon] A, rely on A, turn to A

738. consist of A 「A から成り立つ」

　　= be made up of A, be composed of A

Plus **consist of** は受動態で使わないので，注意。
Plus **consist in A** 「A にある」も重要。

---

730 ③　731 ②　732 ①　733 ①　734 ④　735 ②　736 ③　737 ③　738 ④

374　3 イディオム

739 I told my daughter to put away all her toys.
① go away　② drop off　③ clean up　④ pull off　〈名城大〉

740 I am not used to hard work. Will you give me some advice on how to deal with this stress?
① increase　② change　③ handle　④ promote　〈名城大〉

741 A : How do you (　　　) with living in such a noisy neighborhood?
B : I usually listen to loud music.
① bother　② cope　③ stand　④ take　〈学習院大〉

742 During the meeting, the boss made an announcement that was so unexpected that it was difficult to take in what he had said.
① transcribe　② quote　③ depict　④ comprehend　〈東海大〉

743 I downloaded an application form for the study abroad program and (　　　) it out this morning.
① filled　② made　③ played　④ spelled　〈学習院大〉

744 A : Could you (　　　) in the car park next to the station tonight?
B : No problem. What time will your train arrive?
① hold me up　② pick me up　③ put me up　④ show me up　〈学習院大〉

745 Her mother died (　　　) cancer when she was ten years old.
① by　② for　③ in　④ of　〈学習院大〉

---

739 私は娘に，すべてのおもちゃを片づけるように言った。
740 私は重労働に慣れていません。このストレスにどう対処したらよいのか，何かアドバイスをもらえますか。
741 A: そんなに騒音がひどい地域に，どうやって暮しているんですか。
B: 私はいつも大音量の音楽を聞いています。
742 会議中に，まったく予想外の発表を上司がしたので，彼が言ったことを理解するのは困難だった。
743 私は海外留学プログラム用の申し込み用紙をダウンロードし，今朝，それに必要事項を書き込んだ。
744 A: 今夜は，駅の横にある駐車場まで，私を迎えに来ていただけますか。
B: 問題ないですよ。あなたの列車は何時に到着するのですか。
745 彼女の母親は，彼女が 10 歳の時にガンで亡くなった。

739. put away A / put A away「A を片づける」
○ 同意語は③ clean up「…を片づける」。
Plus put away A / put A away は「① A を片づける，② A を蓄える (= put aside A)，③ A を平らげる」の3つの意味を押さえる。

740. deal with A「A に対処する／ A を扱う」
= handle A

Plus 類似表現の cope with A「A にうまく対処する」（= deal with A successfully）も重要。
Plus deal in A は「A を売買する」の意味。

741. cope with A「A をうまく処理する」
= manage A

742. take in A / take A in「A（新しい事実・情報など）を理解する」
= understand A, comprehend A

○ 同意語は④ comprehend。
Plus take in A / take A in は「A をだます」(= deceive A, cheat A) の意味もある。

743. fill out A / fill A out「A（文書など）に必要事項を書き込む」→ 558
= fill in A / fill A in

○ 空所の前の an application form「申し込み用紙」と空所の後の out に着目して，① filled を選ぶ。

744. pick up A / pick A up「（車で）A（人）を迎えに行く［来る］」
Plus pick up A / pick A up は「A を買う」「A を手に取る」「A を（自然に）身につける」「A（話題など）を（中断したところから）再開する」などの意味でも用いられる。
Plus 待ち合わせなど日常会話でよく用いられる表現。

745. die of[from] A「A（病気など）が原因で死ぬ」
Plus die of A は「A（病気など主に直接的な原因）で死ぬ」の意味，die from A は「A（喫煙，飲酒など主に間接的な原因）で死ぬ」の意味だが，区別なく使われることが多い。

---

739 ③　740 ③　741 ②　742 ④　743 ①　744 ②　745 ④

376 3 イディオム

746 □□□
The babysitter decided to (　　　　) for the doctor, as the child was running a high temperature.
① bring　② get　③ send　④ treat　〈中央大〉

747 □□□
I will (　　　　) your task when you get tired.
① put on　② move up　③ take over　④ make out　〈青山学院大〉

748 □□□
I would like to (　　　　) physics in college.
① major　② major at　③ major in　④ major on　〈津田塾大〉

749 □□□
There are only a few hospitals which (　　　　) in treating this type of disease.
① special　② specialize　③ specially　④ specialty　〈青山学院大〉

750 □□□
Someone (　　　　) our office last night and took three large computers.
① followed through　② broke into
③ picked up　④ punched out　〈獨協大〉

751 □□□
Those who (　　　　) for the job are required to have an advanced knowledge of computers.
① manage　② found　③ hire　④ apply　〈亜細亜大〉

752 □□□
These math problems are probably too difficult for junior high school students to (　　　　).
① bring up　② put off　③ settle down　④ work out　〈日本大〉

---

746 その子が高熱を出していたので，ベビーシッターは医者を呼ぶことにした。
747 疲れたらあなたの仕事を引き継ぎます。
748 私は大学で物理学を専攻したい。
749 この種の病気の治療を専門に行う病院は，ほんのわずかしかない。
750 昨夜，誰かが私たちの会社に押し入り，3台の大型コンピューターを盗んだ。
751 その仕事に応募する人は，コンピューターの高度な知識があることが必要だ。
752 これらの数学の問題は，おそらく中学生が解くには難しすぎる。

746. send for A「A を呼びにやる，呼び寄せる」

[Plus] send for A は「(商品など) を申し込む／取り寄せる」の意味でも使う。

747. take over A / take A over「A を引き継ぐ」

[Plus] take over A には「A (会社など) を買収する／乗っ取る」の意味もある。
The global energy conglomerate **took over** the Tokyo-based power company.
(その国際的なエネルギー複合企業は，東京を拠点とする電力会社を買収した)

748. major in A「A を専攻する／専門にする」

　　= specialize in A
○ 空所の後に physics「物理学」と科目が続いていることに着目して，③ major in を選ぶ。
[Plus] 自己紹介でよく使われる。

749. specialize in A「A を専攻する／専門にする」

　　= major in A
[Plus] 自己紹介でよく使われる表現。

750. break into A「A に押し入る」
○ 空所の後に場所を表す our office が続いていることに着目して，② broke into を選ぶ。

751. apply for A「A に申し込む／A を求める」

[Plus] apply to A は「A に適用される／出願する」の意味。apply for の後には仕事や希望するものが続き，apply to の後には申し込む相手や組織が続く。

752. work out A / work A out「A (方法など) を (苦労して) 考え出す／A (問題) を解く／A (税金・費用など) を計算する」

○ 本問では，solve「…を解く」と同意の ④ work out を選ぶ。
[Plus] 自動詞の work out は「うまくいく／運動する」の意味もある。

746 ③　747 ③　748 ③　749 ②　750 ②　751 ④　752 ④

378　3 イディオム

753 Scientists are trying to (　　　) out how the universe came
□□□ into being.
　① carry　② figure　③ turn　④ give　　　　〈亜細亜大〉

754 My birthday falls (　　　) Christmas Day.
□□□ ① on　② in　③ at　④ by　　　　〈名城大〉

755 I think he should <u>set about</u> learning Chinese.
□□□ ① consider　② notice　③ start　④ support　　　　〈日本大〉

756 We cannot <u>rule out</u> the possibility of an earthquake.
□□□ ① exclude　② raise　③ consider　④ create　　　　〈玉川大〉

757 彼は怒りを抑えることができなかった。
□□□ He couldn't (　　　) his anger.
　① mark down　② stop over　③ turn on　④ hold back
　　　　〈東京理科大〉

758 I (　　　) playing tennis when I was a university student in
□□□ England.
　① came back　② got out　③ took up　④ went along
　　　　〈東洋英和女学院大〉

759 She pointed (　　　) the problem in the project and suggested
□□□ a solution.
　① down　② in　③ out　④ up　　　　〈学習院大〉

760 Mary absolutely insisted (　　　) the need for a change in
□□□ package design.
　① in　② on　③ to　④ at　　　　〈関西学院大〉

753 科学者たちは，どのようにして宇宙が生まれたのかを解明しようとしている。
754 私の誕生日は，クリスマスの日に当たる。
755 私は，彼が中国語の勉強を始めるべきだと思う。
756 私たちは，地震が起こる可能性を排除できない。
758 私は，イングランドで大学生だったときにテニスをやり始めた。
759 彼女は，そのプロジェクトの問題点を指摘し，解決策を提案した。
760 メアリーは，パッケージデザインを変更する必要性を断固として主張した。

第 20 章　動詞中心のイディオム 753〜760

753. figure out A / figure A out「A を理解する／解明する」
= understand A, comprehend A, make out A / make A out

Plus figure out A / figure A out は「A を解決する」(= solve A, work out A / work A out) の意味もあるので注意。

754. fall on A「(ある日が) A に当たる」
○ 後ろに特定の日が続く場合に用いる前置詞は、① on である。

755. set about A「A にとりかかる」
= go about A

○ 同意語は③ start。

756. rule out A / rule A out「A を除外する／(頑として) 認めない」
= exclude A, deny A

757. hold back A / hold A back「A (感情など) を抑える／A を秘密にしておく」

Plus hold back の後にくる名詞は、感情以外もある。hold back one's tears は「涙を抑える」という意味。

758. take up A「A (スポーツや習い事など) を始める」
○ 空所の後の playing tennis に着目して、③ took up を選ぶ。

Plus take up A は、「A (時間・場所など) を占める」(= occupy A)、「A (問題など) を取り上げる／取り上げて検討する」の意味でも用いられる。

759. point out A「A を指摘する」
= indicate A

760. insist on A「A を主張する」

Plus insist that S (should) + 原形「…と主張する」の用法もよく用いられる。→ 487

---

753 ②　754 ①　755 ③　756 ①　757 ④　758 ③　759 ③　760 ②

380 3 イディオム

761
□□□ I would like to (　　　) the accounting forms with you.
① go along ② go away ③ go out ④ go over 〈東洋大〉

762
□□□ 空港までアメリカ人の友人を見送りに行ってきたところです。
I have just been to the airport to see an American friend (　　　).
① around ② forward ③ off ④ out 〈中央大〉

763
□□□ Turn down the television! It's so noisy that I can't (　　　) my studies.
① put up with ② take the place of
③ do without ④ concentrate on 〈青山学院大〉

764
□□□ Do whatever you like, as it all (　　　) to the same thing.
① equals ② amounts ③ ends ④ arrives 〈関西学院大〉

765
□□□ Due to its messiness, John couldn't <u>make out</u> what was written on the note.
① understand ② prove ③ recover ④ transfer 〈亜細亜大〉

766
□□□ We should look (　　　) our report before we submit it.
① down ② on ③ over ④ up 〈日本大〉

767
□□□ The investigation committee (　　　) the cause of the accident says there are thousands of pieces of evidence they have yet to check.
① having looked around ② having looked in
③ looking into ④ looking on as 〈中央大〉

768
□□□ Writing that report was an awful experience. I don't want to (　　　) that experience again!
① go on ② go round ③ go through ④ go to 〈慶應義塾大〉

---

761 私は，その勘定書をあなたと一緒に見直したいと思います。
763 テレビの音量を下げなさい！うるさすぎて勉強に集中できません。
764 何でも好きなようにすればいいさ。何をしても結果は同じなのだから。
765 乱雑さのあまり，ジョンはそのメモに何が書かれているのか判読できなかった。
766 私たちは，レポートを提出する前に，ざっと目を通すべきだ。
767 その事故の原因を調べている調査委員会は，まだ確認しなければならない何千もの証拠があると語った。
768 あのレポートを書くのは，ひどい経験だった。あのような経験は二度としたくない！

第 20 章　動詞中心のイディオム 761〜768

761. go over A「A を入念に調べる」

Plus go into A にも「A を入念に調べる」の意味がある。

762. see A off「A を見送る」

⇔ meet A「A を出迎える」

763. concentrate on A「A に集中する」

○ so ... that S + V 〜「とても…なので〜（結果）／〜するほど…（程度）」の表現に着目し，「うるさすぎて勉強に集中できない」と考える。

764. amount to A「結局 A になる」

　= end up A, add up to A

Plus amount[come] to the same thing は「結局同じことになる」という意味の定型表現。
Plus amount to A は「総計 A になる」(= total A) の意味もある。
　Our bill **amounted to** thirty dollars.
　（勘定は合計 30 ドルになった）

765. make out A / make A out「A を理解する」

　= understand A, comprehend A, figure out A / figure A out

766. look over A / look A over「A を調べる」

　= examine A, check A

Plus look over A には「A をざっと調べる」というニュアンスがある。

767. look into A「A を調査する／研究する」

　= investigate A, examine A, study A

Plus look into A には「A を細かく調べる」というニュアンスがある。

768. go through A「A を経験する」

　= experience A, undergo A

○ 空所の後の that experience に着目して，③ go through を選ぶ。

---

761 ④　762 ③　763 ④　764 ②　765 ①　766 ③　767 ③　768 ③

382　3 イディオム

769 Parents tend to lay (　　　) some money for their children's future.
① about　② off　③ aside　④ on 〈駒澤大〉

770 When I was looking for my notebook, I came (　　　) this old letter.
① round　② away　③ back　④ across 〈成城大〉

771 No other man <u>cares for</u> fame as much as he does.
① avoids　② fears　③ loves　④ trusts 〈日本大〉

772 A lot of big-name companies are (　　　) up a base in China.
① coming　② getting　③ saving　④ setting 〈獨協大〉

773 Please don't forget to (　　　) your report when you come back to the office tomorrow.
① turn in　② turn off　③ turn out　④ turn up 〈早稲田大〉

774 I respect him because he always tries to stand (　　　) his promise.
① by　② for　③ in　④ off 〈芝浦工業大〉

775 He is supposed to arrive (　　　) the airport at 2:30.
① to　② among　③ with　④ at 〈亜細亜大〉

776 I've picked (　　　) five places in Europe that I want to visit.
① on　② out　③ away　④ at 〈獨協大〉

777 The fire fighters did their best to put (　　　) the fire.
① down　② off　③ out　④ up 〈畿央大〉

769　親は，自分の子どもの将来のために，いくらかの資金を蓄えていることが多い。
770　私がノートを探していたら，偶然この古い手紙を見つけた。
771　彼ほど名声を欲しがる男はいない。
772　多くの有名企業が中国に拠点を置きつつある。
773　明日，あなたが会社に戻ってきたとき，忘れずに報告書を提出してください。
774　私が彼を尊敬するのは，彼が常に約束を守ろうとするからだ。
775　彼は2時半に空港に着くことになっている。
776　私は，ヨーロッパで訪れてみたい5つの場所を選んである。
777　消防士たちは，その火事を消し止めるために全力を尽くした。

第20章 動詞中心のイディオム 769~777

769. lay aside A / lay A aside「（将来に備えて）A（金など）を貯える／（客のために）A（商品など）をとっておく」

= save A, put aside[by] A / put A aside[by]

[Plus] aside は「わきへ」という意味の副詞。

770. come across A「A を偶然見つける」

= find A

[Plus] come across A は「A に偶然出会う」(= run into A) の意味もある。→ 702

771. care for A「A を好む」

= like A, love A

○ 同意語は love「…が大好きである」。
[Plus] この意味での care for A は、通例、疑問文・否定文・条件文で用いる。
[Plus] care for A には「A の世話をする」(= look after A, take care of A) の意味もある。→ 699

772. set up A / set A up「A を設立する」

= establish A

773. turn in A / turn A in「A を提出する」→ 694

= hand in A / hand A in, put forward A / put A forward, submit A, present A

774. stand by A「A（約束・方針など）を守る／A（人）を支持する」

= support A, back up A / back A up

775. arrive at A「A に到着する」

= get to A, reach A

[Plus] arrive に続く前置詞はほかに in, on, upon があるが、to は使うことができない。

776. pick out A / pick A out「A を選び出す」

= choose A

✗ ①、③、④はそれぞれ pick on A「A をいじめる」、pick away A「A をはぎ取る」、pick at A「A に小言を言う」。

777. put out A / put A out「A を消す」

= extinguish A

○「火を消す」という意味になるように、③ out を選ぶ。

---

769 ③ 770 ④ 771 ③ 772 ④ 773 ① 774 ① 775 ④ 776 ② 777 ③

384 3 イディオム

778
These camping items don't (　　　) much room, so I think we only need one car.
① take over　② take in　③ take up　④ take on 〈南山大〉

779
Mary has carried (　　　) the tradition of her family.
① of　② on　③ to　④ at 〈畿央大〉

780
A : Why is it so hot in here?
B : The air conditioner has broken (　　　).
① down　② in　③ out　④ through 〈学習院大〉

781
My girlfriend never shows up on time.
① leaves　② comes　③ rises　④ stops 〈中部大〉

782
きっと彼女はもうすぐ来るよ。
I'm sure she will (　　　) soon.
① let out　② deal with　③ pull over　④ turn up 〈東京理科大〉

783
Look out (　　　) cars when you cross the street.
① against　② for　③ on　④ to 〈武蔵大〉

784
Mike just got back from work, so I have to hang up now. See you tomorrow!
① start cooking dinner　② put clothes in a closet
③ go out on a date　④ end this call 〈東海大〉

785
Mary ran down the stairs, then paused in the doorway, not wanting to break in (　　　) his telephone conversation.
① for　② on　③ over　④ up 〈青山学院大〉

---

778 これらのキャンプ用品は，それほどスペースをとらないので，車は 1 台しか必要ないと思う。
779 メアリーは，彼女の家の伝統を引き継いでいる。
780 A: どうしてここは，こんなに暑いのだろう？
　　B: エアコンが壊れているんです。
781 僕のガールフレンドは決して時間通りに姿を現さない。
783 通りを横断するときは，車に気をつけなさい。
784 マイクが仕事から戻ってきたところだから，もう電話を切らなくちゃ。じゃあ，また明日！
785 メアリーは階段を駆け降りると，戸口のところで立ち止まった。彼が電話で話しているところを邪魔したくなかったからだ。

第 20 章　動詞中心のイディオム 778～785

778. take up A「A（時間・場所など）を占める」
= occupy A

Plus 空所の後の **room** は不可算名詞で「スペース」の意味。

✗ ① take over A は「A を引き継ぐ」（→ 747），② take in A は「A（新しい事実・情報など）を理解する」（→ 742），④ take on は「A（仕事・責任など）を引き受ける」（→ 698）の意味。

779. carry on A「A を続ける」
= continue A

○「伝統を続けた」の意味になるように，② on を選ぶ。

780. break down「故障する／だめになる」

Plus **break down** は車や機械が故障する場合に用いるのが一般的。
Plus 日常生活でよく使われる表現。

781. show up「現れる」
= turn up, appear, come, arrive

782. turn up「現れる」
= show up, appear, come, arrive

783. look out (for A)「（A に）気をつける／注意する」
= watch out (for A)

784. hang up「電話を切る」
= ring off
⇔ hold[hang] on, hold the line「電話を切らないでおく」

○ 同意表現は④ end this call。

785. break in on A「A（会話など）に割り込む／A を妨げる」
= cut in on A, interrupt A

---

778 ③　779 ②　780 ①　781 ②　782 ④　783 ②　784 ④　785 ②

386 3 イディオム

786
□□□
After a quick break, the group of hikers <u>set out</u> for the next checkpoint on the map.
① started　② reached　③ crawled　④ adjourned 〈亜細亜大〉

787
□□□
As a math teacher, Laura (　　　) out from all the others in our school.
① breaks　② finds　③ stands　④ strikes 〈立教大〉

788
□□□
I can't (　　　) with the pace of this advanced math class.
① take off　② work through　③ keep up　④ put on 〈獨協大〉

789
□□□
The soccer player has promised to <u>make up</u> for her disappointing start to the season.
① aim　② compensate　③ provide　④ stand 〈青山学院大〉

790
□□□
Since your roommate has a cold, you may <u>come down with</u> one yourself within two or three days.
① start to suffer from　② start to overcome
③ start to be afraid of　④ start to enjoy 〈東海大〉

791
□□□
We did our best to succeed, but the project fell (　　　) of our goal.
① short　② down　③ low　④ little 〈獨協大〉

792
□□□
We might as well (　　　) with our study if we want to pass tomorrow's test.
① get on　② move up　③ put up　④ set off 〈東洋英和女学院大〉

793
□□□
As languages evolve, words (　　　) new meanings.
① turn by　② give in　③ come over　④ take on 〈慶應義塾大〉

786 短い休憩の後で，そのハイカーのグループは，地図にある次のチェックポイントに向けて出発した。
787 数学の教師として，ローラはこの学校のほかの教師の誰よりも際立っている。
788 私は，この数学の上級クラスの進度についていくことができない。
789 そのサッカー選手は，今シーズンの期待外れな序盤を埋め合わせると誓った。
790 あなたのルームメイトは風邪を引いているから，あなたも2，3日のうちに風邪にかかるかもしれませんよ。
791 私たちは成功するために全力を尽くしたが，そのプロジェクトは目標に達しなかった。
792 私たちが明日の試験に合格したいと思うならば，勉強を続けた方がよさそうだ。
793 言語が進化するにつれて，言葉は新しい意味を帯びるようになる。

786. set out「出発する」
= start, set off

787. stand out「目立つ／際出つ」
✗ ①，②，④はそれぞれ break out「（戦争などが）勃発する／（急に）起こる」，find out A「Aを発見する」，strike out「三振する／失敗する／進む」の意味。

788. keep up with A「Aに遅れずについていく」
○ 空所の後の the pace of this advanced math class に着目して，③ keep up を選ぶ。
Plus catch up with A は「Aに追いつく」の意味。

789. make up for A「Aを埋め合わせる／償う」
= compensate for A

790. come down with A「A（病気）にかかる」
○ 同意表現は① start to suffer from。
Plus よく似た表現に come down to A「結局 A に行き着く／A（人）に伝わる」もある。

791. fall short of A「Aに達しない」
○ 空所の前の fell と後の of に着目して，① short を入れる。

792. get on with A「A（仕事など）を続ける／Aと仲良くやる」
○ 本問では，continue A「Aを続ける」の意味。
Plus might as well do「…してもいいだろう」は問題 69, **Target 13** 参照。

793. take on A「A（性質・色・形態・様相・外観・形勢・意味など）を帯びる」
○ 空所の後の new meanings に着目して，④ take on を選ぶ。
Plus take on A には「A（仕事・責任など）を引き受ける」の意味もある。→ 698

---

786 ①　787 ③　788 ③　789 ②　790 ①　791 ①　792 ①　793 ④

388 3 イディオム

794 Every student in the class really looks ( ) the young teacher.
① up to ② on to ③ after to ④ upon to 〈関西学院大〉

795 A good boss never looks down ( ) her employees; she learns how to praise them instead.
① at ② by ③ for ④ on 〈早稲田大〉

796 These singers try to ( ) the expectations of their audience and make each song memorable.
① make up with ② look up to ③ live up to ④ take part in 〈摂南大〉

797 I tried my best to catch ( ) with the runner ahead of me.
① down ② against ③ off ④ up 〈摂南大〉

798 It is important to <u>stand up</u> for what you believe in.
① rise from a sitting position ② defend something
③ get angry about something ④ put something upright 〈杏林大〉

799 Don't ( ) in to despair just because you didn't get into the company that was at the top of your wish-list.
① give ② make ③ set ④ put 〈青山学院大〉

800 Can you tell a caffè latte ( ) a cappuccino?
① of ② from ③ by ④ about 〈青山学院大〉

801 Due to the approaching typhoon, we have no choice ( ) postpone our day at the beach.
① besides ② but to ③ other than ④ except 〈南山大〉

---

794 クラスの生徒の誰もが，その若手の教師をとても尊敬している。
795 よい上司は，決して部下を見下すことはない。その代わり，彼らのほめ方を覚える。
796 この歌手たちは，聴衆の期待に応え，それぞれの歌を印象に残るものにしようとする。
797 私は，自分の前にいるランナーに追いつこうとベストを尽くした。
798 自分の信じていることを守り抜くことが大事だ。
799 ただ自分の第一志望の会社に入れなかったからといって，絶望に屈してはいけない。
800 あなたは，カフェラテとカプチーノの違いがわかりますか。
801 接近している台風のせいで，私たちはビーチで過ごす日を延期するしかない。

第 20 章 動詞中心のイディオム 794〜801

794. look up to A「A を尊敬する」
= respect A
⇔ look down on A, despise A, scorn A「A を軽蔑する」

795. look down on A「A を軽蔑する」
= despise A, scorn A
⇔ look up to A, respect A

796. live up to A「A（期待など）に応える」
○ 空所の後の expectations に着目して，③ live up to を入れる。
Plus 「期待を裏切る」は betray[fall short of] one's expectations。

797. catch up with A「A に追いつく」
Plus keep up with A「A についていく」との違いに注意。
Plus catch up with A は，口語で「A と久しぶりに再会して話をする」の意味でもよく用いられる。

798. stand up for A「A を擁護する」
= defend A, support A
Plus believe in A「A をよいと信じる」→ 734

799. give in to A「A に服従する／屈する」
= submit to A, yield to A
○ 空所の後の in to に着目して，① give を入れる。
Plus give in だけで「降参する／屈服する」という意味にもなる。
Plus not ... (just) because S + V 〜「(単に) 〜だからといって…ではない」は重要表現。

800. tell A from B「A と B を区別する」
= distinguish A from B

801. have no choice but to do「…するしかない／…せざるを得ない」
○ 空所の前に have no choice とあるので「…するしかない／…せざるを得ない」という意味になるように② but to を選ぶ。この but は「…以外に」の意味を表す。
Plus due to A は「A の理由で／せいで」の意味。

794 ①　795 ④　796 ③　797 ④　798 ②　799 ①　800 ②　801 ②

390 3 イディオム

802 The article makes a (　　　) of explaining the benefits of a balanced diet.
① claim　② deal　③ notice　④ point　　　　　〈立教大〉

803 Don't be silly. Your answer doesn't make any (　　　).
① force　② logic　③ probability　④ sense　　　　　〈立教大〉

804 Most of the customers in the café looked like college students (　　　) time between classes.
① killing　② telling　③ breaking　④ leaving　　　　　〈獨協大〉

805 Anna can (　　　) her breath under water for two minutes.
① keep　② hold　③ stop　④ maintain　　　　　〈南山大〉

806 Will you keep an eye on this baggage until I get back?
① arrange　② lock　③ pack　④ watch　　　　　〈青山学院大〉

807 Investigators should take into account all the varying possibilities and scenarios to help determine the cause of the accident.
① calculate　② consider　③ survey　④ enforce　　　　　〈亜細亜大〉

808 I hope that America bears in mind the global impact of its policies.
① avoids　② considers　③ discusses　④ permits　　　　　〈日本大〉

809 In 2016 the U.S. President (　　　) a visit to Hiroshima for the first time in history.
① formed　② paid　③ served　④ spent　　　　　〈学習院大〉

810 They kept on running in the rain.
① avoided　② continued　③ disliked　④ stopped　　　　　〈国士舘大〉

---

802 その記事は，バランスのとれた食事の利点を説明することを重視している。
803 ばかなこと言うんじゃない。あなたの答えは，まったく意味をなさない。
804 そのカフェのほとんどの客は，授業の合間の時間をつぶしている大学生のように見えた。
805 アナは，水中で2分間息を止めていられる。
806 私が戻ってくるまで，この手荷物を見ていてもらえますか。
807 調査官たちは，その事故の原因を特定するのに役立てるために，あらゆる可能性と状況を考慮すべきだ。
808 私はアメリカに，その政策が世界に及ぼす影響を心に留めておいてほしいと思う。
809 2016年に，合衆国大統領は史上初めて広島を訪問した。
810 彼らは雨の中を走り続けた。

第 20 章　動詞中心のイディオム 802〜810

802. **make a point of doing**「…することを重視[強調]している／…することにしている」
　　= **make it a point to do, make it a rule to do**
○ 本問は「…することを重視している」の意味。

803. **make sense**「意味をなす」
Plus 空所の前に doesn't と any があるので、「まったく意味をなさない」という「強意」の意味になる。

804. **kill time**「時間をつぶす」
Plus 日常会話でよく使われる表現。
Plus **kill time** の後には **by doing**「…することによって」が続くことが多い。

805. **hold one's breath**「息を止める／息を殺す」
Plus 類似表現に **hold one's tongue**「黙っている」がある。

806. **keep an eye on A**「A から目を離さない／ A に気をつける」
　　= **watch A**

807. **take A into account**「A を考慮に入れる」
　　= **consider A, take A into consideration**
Plus 本問の take の目的語は all the varying possibilities and scenarios だが、長いので後ろに移動されている。

808. **bear A in mind**「A を心に留めておく／覚えている／考慮に入れる」
　　= **keep A in mind, remember A, consider A, take A into account**
○ 本問は、② consider の意味で用いられている。
Plus 本問の bears の目的語は the global impact of its policies だが、長いので後ろに移動されている。

809. **pay a visit (to A)**「（A を）訪問する」
　　= **visit A**

810. **keep on doing**「…し続ける」
　　= **keep doing, go on doing, continue doing, carry on doing** → 779

---

802 ④　803 ④　804 ①　805 ②　806 ④　807 ②　808 ②　809 ②　810 ②

392　3 イディオム

811 In order to compete in the market, it is important to put a good idea into (　　　) as soon as possible.
① plan　② possibility　③ practice　④ principle 〈日本大〉

812 It is important to consider what gives (　　　) to this idea, rather than what it means.
① rise　② weigh　③ high　④ heavy 〈関西学院大〉

813 The children made fun of little Mary because she didn't know how to swim.
① despised　② mocked　③ praised　④ admired 〈中部大〉

814 The country will not take part in the next Olympic Games.
① participate in　② put off　③ run for　④ investigate in 〈駒澤大〉

815 Judy is a nice person if she doesn't (　　　) her temper.
① make　② pay　③ lose　④ put 〈法政大〉

816 It must be hard for an actor to learn the script by (　　　).
① brain　② head　③ heart　④ mind 〈武蔵大〉

817 It took years for me to come to (　　　) with my mother's death.
① belief　② courage　③ denial　④ terms 〈獨協大〉

818 A : Please turn down the music. It's getting on my (　　　).
B : Oh, sorry.
① brain　② ears　③ mind　④ nerves 〈法政大〉

---

811 市場で競争するためには，よいアイデアをできるだけ早く実行することが大事だ。
812 何がこのような考えを生み出すのかを考えることが，それが意味することを考えるよりも大切だ。
813 子どもたちが幼いメアリーをからかったのは，彼女が泳ぎ方を知らなかったからだった。
814 その国は，次のオリンピックに参加しないだろう。
815 ジュディは，かんしゃくさえ起こさなければ，性格のよい人だ。
816 役者が台本を暗記するのは難しいことに違いない。
817 私が母の死を受け入れるまで，何年もかかった。
818 A: 音楽の音量を下げてください。それにはイライラさせられるので。
　　 B: ああ，ごめんなさい。

811. put A into practice「A を実行する」
○ 空所の前の put と into に着目して，③ practice を選ぶ。

812. give rise to A「A を生む／引き起こす」
= give birth to A, cause A, lead to A, bring about A / bring A about, result in A

813. make fun of A「A をからかう／ばかにする」
= ridicule A, make a fool of A, mock A, tease A

○ 同意語は mock。

814. take part in A「A に参加する」
= join A, participate in A, attend A

○ 同意語は① participate in。

815. lose A's temper「腹を立てる」
= get angry, get upset

Plus keep one's temper「怒りを抑える」も重要。

816. learn A by heart / learn by heart A「A を暗記する」
= memorize A

○ 空所の前の learn と by に着目して，③ heart を選ぶ。

817. come to terms with A「A（病気・困難など）を受け入れる」
= get over A → 708

○ 空所を挟んで come to と with があるので，④ terms を選ぶ。

Plus 会話でよく使われる表現。

818. get on A's nerves「A の神経にさわる」
= irritate A

○ **turn down the music**「音楽のボリュームを下げる」に着目して，「神経にさわる」という意味になるように，④ nerves を選ぶ。

394 3 イディオム

819 I will (　　　) it that there are no mistakes.
① find out　② look over　③ take to　④ see to　〈立教大〉

820 It was (　　　) home to me how important health is.
① brought　② felt　③ kept　④ served　〈関西学院大〉

821 When you get into Nanzan University, I recommend that you (　　　) the most of your time.
① get　② make　③ take　④ do　〈南山大〉

822 To (　　　) regular hours is good for your health.
① have　② keep　③ take　④ pass　〈畿央大〉

823 The key to making a good pie (　　　) in making a good crust.
① layed　② lays　③ lies　④ lying　〈慶應義塾大〉

824 Greg's father loves his Toyota truck because he can always (　　　) it.
① keep on　② settle on　③ trust in　④ rely on　〈南山大〉

825 If you are feeling stressed and need some relaxation time, your friends might suggest that you (　　　) for the weekend.
① break down　② fall down　③ get away　④ mix up
〈青山学院大〉

826 The professor (　　　) the lecture in just a few minutes.
① set about　② shut down　③ stepped in　④ summed up
〈東洋英和女学院大〉

---

819 間違いが1つもないように気をつけることにします。
820 健康がどんなに大切なものか,私は思い知った。
821 南山大学に入学したら,自分の時間を最大限に活用することを勧めます。
822 規則正しい生活を送ることは,健康によい。
823 おいしいパイを作るコツは,よいパイ皮を作ることにある。
824 グレッグの父親がトヨタ製のトラックをお気に入りなのは,それが常に信頼できるからだ。
825 あなたがストレスを感じていて,リラックスする時間が必要なら,あなたの友だちは週末にどこかに出かけることを勧めるかもしれない。
826 教授は,その講義をわずか数分間で要約した。

第 20 章　動詞中心のイディオム 819～826　395

819. see to it that S + V ... 「…するように取り計らう／気をつける」

○ 空所の後の it that に着目して，④ see to を選ぶ。

Plus to it がない see that S + V ... の形もある。
Plus 類似表現の see to A は「A の世話をする／A を引き受ける」という意味で用いる。

820. bring A home to B「A のことを B にしみじみわからせる」
　　= drive A home to B

Plus 本問は A を主語にした受動態になっている。主語は疑問詞の how 節だが，長いため形式主語 it が用いられている。
Plus 類似表現に come home to A「（重要性など）が A にしみじみわかる」がある。

821. make the most of A「A を最大限に利用する」

Plus よく似た表現に make the best of A「A(不利な状況)を精一杯利用する／何とか切り抜ける」がある。
Plus ライティングで使える表現。

822. keep regular hours「規則正しい生活をする」
　　= keep early hours, keep good hours

○ 空所の後の regular hours に着目して，keep regular hours「規則正しい生活をする」となるように，② keep を選ぶ。

823. lie in A「A にある」
　　= consist in A

824. rely on A「A をあてにする／A に頼る」
　　= depend on[upon] A, count on A → 737

Plus depend, count の方が使用頻度が高く，一般的。

825. get away (from A)「(A から) 逃れる／(A から)どこかに行く」
　　= escape (from A)

○「週末，どこかに出かける」という意味になるように，③ get away を選ぶ。

826. sum up A / sum A up「A を要約する／A を簡潔に述べる」
　　= summarize A

✗ ①，②，③はそれぞれ，**set about A**「A に着手する」，**shut down A**「A を閉める」，**step in A**「A に足を踏み入れる」。

第21章 形容詞中心のイディオム

KEY POINT ▷ 177

827 □□□
Jane was already financially independent ( ) her parents before she finished university.
① for ② of ③ on ④ to 〈共立女子大〉

828 □□□
My brother Joe is really good ( ) karate. He has won his last five tournaments.
① with ② on ③ at ④ by 〈南山大〉

829 □□□
When designing a machine, engineers may be <u>indifferent to</u> its color.
① different from ② inseparable from
③ difficult about ④ unconcerned about 〈東海大〉

830 □□□
She was smiling, but her eyes were ( ) of anger.
① felt ② filled ③ fueled ④ full 〈東京電機大〉

831 □□□
Julie is proud ( ) late for school.
① in never having been ② never of being
③ never on being ④ of never having been 〈東洋大〉

832 □□□
It is likely ( ).
① had rained ② rained ③ to rain ④ to raining 〈関西学院大〉

833 □□□
The research paper isn't due for another twenty days, but it's already as ( ) finished.
① close to ② all but ③ good as ④ just about 〈関西学院大〉

---

827 ジェーンは大学を卒業する前に，すでに親から経済的に自立していた。
828 私の兄［弟］のジョーは，とても空手が得意だ。彼は最近の５つの大会で優勝している。
829 機械を設計するとき，エンジニアはその色には無関心なのかもしれない。
830 彼女は，ほぼ笑んでいたが，その目は怒りに満ちていた。
831 ジュリーは，学校に遅刻したことが一度もないのが自慢だ。
832 雨が降りそうだ。
833 その研究論文の締め切りは 20 日先だが，すでに完成したも同然だ。

KEY POINT ▷ 177　　　　　　　　　　形容詞中心のイディオム

827. be independent of A「A から独立している」
　⇔ be dependent on[upon] A「A に頼っている」

828. be good at A「A が得意である」
　⇔ be poor at A「A が苦手である」

829. be indifferent to A「A に無関心である」
　⇔ be concerned about A「A に関心がある／A を心配している」

○ 同意表現は be unconcerned about A。

830. be full of A「A でいっぱいである」
　= be filled with A

831. be proud of A「A を誇りに思う」
　= pride oneself in A, take pride in A

[Plus] 動名詞の否定は never や not といった否定語を直前に置く。本問は完了形の動名詞で「経験」を表している。

832. be likely to do「…しそうである」→ 590
　⇔ be unlikely to do「…しそうもない」

833. as good as ...「…も同然」→ TARGET 22
　= almost ...

[Plus] 通例，形容詞・副詞・動詞の前で用いられる。本問では過去分詞の分詞形容詞 finished を修飾している。
[Plus] due は「提出期限がきた」の意味の形容詞。

827 ②　828 ③　829 ④　830 ④　831 ④　832 ③　833 ③

398　3 イディオム

834 Mary is (　　　) of running because it makes her feel refreshed.
① afraid　② aware　③ fond　④ wary 〈学習院大〉

835 Do you think there is a life free from worry and anxiety?
① owing to　② over　③ without　④ for the purpose of 〈駒澤大〉

836 The structure of Japanese sentences is similar (　　　) that of Korean sentences.
① as　② in　③ to　④ about 〈大阪経済大〉

837 I'm rather (　　　) about my driving test next week.
① sensational　② unknown　③ anxious　④ dreadful 〈芝浦工業大〉

838 Since he does not earn enough, he is always (　　　) of money.
① capable　② short　③ independent　④ proud 〈芝浦工業大〉

839 All personal belongings are subject (　　　) a thorough check before entering the facility.
① at　② on　③ to　④ with 〈青山学院大〉

840 There is someone who hopes to become acquainted with you.
① advise　② meet　③ protect　④ warn 〈東海大〉

841 We have to find a good solution to the problem we are (　　　).
① addicted to　② confronted with
③ tempted to　④ content with 〈東京電機大〉

842 We should remain faithful to our principles.
① calm about　② limited to　③ loyal to　④ silent about 〈立命館大〉

---

834 メアリーが走るのを好きなのは，それが彼女を爽快な気分にしてくれるからだ。
835 あなたは，悩みや心配事のない生活があると思いますか。
836 日本語の文の構造は，韓国語の文の構造と似ている。
837 私は，来週の運転免許試験のことをとても心配している。
838 彼は十分な稼ぎがないので，いつもお金に困っている。
839 個人の所持品はすべて，この施設に入る前に綿密なチェックを受ける必要があります。
840 あなたと知り合いになりたいという人がいます。
841 私たちは，今直面している問題に対する有効な解決策を見つけなければならない。
842 私たちは，自分たちの信念に対して忠実であり続けるべきです。

第 21 章 形容詞中心のイディオム 834〜842

834. be fond of A 「A が好きである」

Plus be fond of A は like の口語的な表現。また，like よりも継続的に好んでいるという意味を表す。

835. be free from[of] A 「A がない」

○ 同意語は③ without。

Plus 本問は a life が形容詞句 free from worry and anxiety によって後置修飾された形。

Plus be free from A も be free of A も「A がない」の意味だが，例えば「料金や税金が免除されている」の意味では be free of A の方が好まれる。

836. be similar to A 「A に似ている」

Plus 類似表現の be similar in A 「A（大きさ・形など）の点で似ている」も重要。

837. be anxious about A 「A を心配している」

= be worried about A, be concerned about[for] A

Plus be anxious for A 「A を切望している」との意味の違いに注意。

838. be short of A 「A が不足している」

Plus 同意語に lack があるが，「…が不足している」という動詞の用法と，lack of A 「A の不足」の形をとる名詞の用法がある。

839. be subject to A 「A を必要とする／ A を受けやすい／ A に従属している」

= require, be likely to be affected

840. be acquainted with A 「A と知り合いである／ A をよく知っている」

○ 同意語は② meet。

Plus 本問は，be 動詞の代わりに become が用いられており，become acquainted with A で「A と知り合いになる」の意味。

841. be confronted with A 「A（困難など）に直面している」

Plus confront B with A 「B（人）を A（困難など）に直面させる」を受動態にした表現。

842. be faithful to A 「A に忠実である」

= be loyal to A

---

834 ③   835 ③   836 ③   837 ③   838 ②   839 ③   840 ②   841 ②   842 ③

400　3 イディオム

843 One of the police officers says he's (　　　) about my safety.
① to concern　② concerning　③ concerns　④ concerned
〈獨協大〉

844 Bill is known (　　　) his incredible sense of humor. He can make anyone laugh!
① to　② with　③ for　④ about
〈南山大〉

845 I'm <u>fed up with</u> so many boring TV commercials every day.
① conscious of　② satisfied with　③ surprised at　④ tired of
〈愛知学院大〉

846 Since having a bad experience as a child, Kim has been (　　　) to travel by plane.
① honorable　② presidential　③ reluctant　④ risky　〈駒澤大〉

847 If you are (　　　) to do or have something, you want to do or have it very much.
① upset　② afraid　③ reluctant　④ eager　〈専修大〉

848 You are not (　　　) to park here. This lot is only for our customers.
① accustomed　② supposed　③ inclined　④ dedicated
〈東京電機大〉

849 私は，いつも素直に他人の忠告を聞きます。
I'm always (　　　) to listen to other people's advice.
① reliable　② similar　③ afraid　④ willing　〈國學院大〉

850 I am forever (　　　) for what you've sacrificed to get it done.
① grateful　② careful　③ thoughtful　④ hopeful　〈獨協大〉

---

843 警察官の1人は，私の安全が心配だと言っている。
844 ビルは，優れたユーモアのセンスで知られている。彼は誰でも笑わせることができるのだ！
845 私は毎日，こんなに多くのつまらないテレビコマーシャルを見せられて，うんざりだ。
846 子どもの頃に嫌な体験をしていたので，キムはずっと飛行機で旅行したがらないでいる。
847 あなたが何かをしたり，手に入れたりすることを切望するということは，非常にそうしたがっている，あるいは欲しがっているということです。
848 あなたは，ここに駐車してはいけません。この駐車場は，私たちのお客様専用です。
850 私は，あなたがそれをやり遂げるために犠牲にしたことに対し，一生感謝します。

第21章 形容詞中心のイディオム 843〜850

843. be concerned about A「Aを心配している」→ 837
　　= be worried about A, be anxious about A

Plus 類似表現の be concerned with A「Aに関係する／関心がある」も重要。

844. be known for A「Aで有名である」
　　= be famous for A

Plus 類似表現の be known to A「A（人）に知られている」, be known as A「Aで通っている／Aとして知られている」との意味の違いに注意。→ TARGET 7

845. be fed up with A「Aに嫌気がさしている／飽き飽きしている」
　　○ 類似表現は be tired of A「Aにうんざりしている」。

846. be reluctant to do「…することに気が進まない」
　　= be unwilling to do
　　⇔ be willing to do → 849

Plus 本問は since を用いることによって「理由」の意味が強調されている分詞構文。

847. be eager to do「…したがっている」
　　= be anxious to do

✗ ①，②，③はそれぞれ be upset to do「…して動揺する」, be afraid to do「…することを恐れる」, be reluctant to do「…することに気が進まない」。

848. be supposed to do「…することになっている／…してください」

Plus 本問のように You are / are not supposed to do という形になると,「…してください／しないでください」という意味になる。

849. be willing to do
　　「…する気がある／…するのをいとわない／…する用意がある」
　　⇔ be reluctant to do, be unwilling to do

850. be grateful (to A) for B「Bのことで(Aに)感謝している」→ 540
　　= be thankful[obliged] (to A) for B

843 ④　844 ③　845 ④　846 ③　847 ④　848 ②　849 ④　850 ①

第22章 副詞中心のイディオム

KEY POINT ▷ 178

851 I need to leave right away to catch the last train.
□□□ ① at hand ② at last ③ at least ④ at once 〈東京経済大〉

852 I see my grandparents every now and then.
□□□ ① often ② regularly ③ usually ④ occasionally 〈東京経済大〉

853 After his retirement, Mike has worked on and off as a freelance
□□□ proofreader for a publisher.
① hard ② again ③ occasionally ④ continuously 〈日本大〉

854 A：What do you think about her term paper?
□□□ B：( ) and large it's good.
① In ② By ③ On ④ As 〈専修大〉

855 I still don't understand the political system in the United
□□□ Kingdom, ( ) alone the economic structure of the nation.
① but ② let ③ not ④ only 〈関西学院大〉

856 ( ) only two people have signed up for the school trip to
□□□ London.
① Other than ② Except for ③ Aside from ④ So far 〈南山大〉

857 ( ) with this and that I have no time for friends.
□□□ ① Due ② Since ③ What ④ Thanks 〈青山学院大〉

---

851 最終列車に間に合うために，私はすぐにここを出る必要がある。
852 私はときどき祖父母に会う。
853 退職後，マイクはときどき出版社のためにフリーの校正者として働いている。
854 A: 彼女の期末レポートについてどう思う？
　　 B: 全体として，よく書けていますよ。
855 私はいまだにイギリスの政治制度が理解できず，ましてや経済構造などなおさらだ。
856 今のところ，2人しかロンドンへの修学旅行に申し込んでいない。
857 あれやこれやで忙しく，私は友だちと過ごす時間がない。

KEY POINT ▷ 178　　　　　　　　　　　　　　　副詞中心のイディオム

851. right away「すぐに」
　　　= right now, at once, immediately, instantly
○ 同意表現は④ at once。
[Plus] 命令文とともに日常会話で使われることが多い。

852. every now and then[again]「ときどき」
　　　= sometimes, occasionally
[Plus] every を省略して now and then[again] と言うこともある。

853. on and off / off and on「時折／断続的に」
　　　= sometimes, occasionally
○ 同意語は③ occasionally。

854. by and large「概して」
　　　= as a (general) rule, on the whole　→ 887

855. let alone A「A は言うまでもなく」
　　　= to say nothing of A, much less A　→ TARGET 16
[Plus] let alone A は，否定文もしくは否定的な内容を表す文の後で用いる。

856. so far「今まで」
　　　= until[till] now
　　　⇔ from now on「今後は」
○ 空所の後に文を続けられるのは，選択肢の中で④ So far のみと考えることもできる。
[Plus] 現在までの状況を説明する際に使われるライティングでの必須表現。

857. what with A and B「A やら B やらで」
[Plus] A と B には，よくない出来事の原因となる名詞（動名詞）がくる。
[Plus] この表現の what は，「いくぶんは」の意味を表す副詞。with A は，文脈によって「理由」（= because of A）を表す場合がある。したがって，what with A and B の元の意味は「いくぶん A やら B の理由で」だと考えればわかりやすい。

851 ④　852 ④　853 ③　854 ②　855 ②　856 ④　857 ③

404 3 イディオム

858 (　　　　　), this restaurant is closed on Sundays.
① Much often as not　　② Very often as not
③ More often than not　　④ Least often than not　　〈駒澤大〉

859 このシステムなら，パスワードが<u>盗</u>まれることはほぼありえません。
It is (　　　　) impossible to crack passwords using this system.
① most to　② only to　③ just to　④ next to　　〈成城大〉

---

858 たいてい，このレストランは日曜日には閉まっている。

858. more often than not「たいてい」
= usually, as a rule (→ 876), generally

859. next to A「ほとんど A」
= almost A

Plus A には nothing や impossible など否定的な意味の名詞や形容詞がくる。

第23章 名詞中心のイディオム

KEY POINT ▷ 179

860 I suppose she was ( ) since she didn't stop to talk to anyone.
① hurry it up ② in a hurry ③ hurry ④ hurry up 〈摂南大〉

861 Once in a while we eat out.
① Sometimes ② Usually ③ Probably ④ Somehow 〈中部大〉

862 I hope Tom's broken arm will heal ( ) time for the festival.
① at ② by ③ in ④ on 〈学習院大〉

863 Their friendship grew into love by degrees.
① carefully ② equally ③ gradually ④ suddenly 〈東海大〉

864 He was able to meet an online friend ( ).
① in person ② of person ③ to himself ④ for real time
〈亜細亜大〉

865 Can I have your name and phone number just ( )?
① of sure ② in case ③ to say ④ with care 〈中央大〉

866 Mr. Smith is clever, hard-working and above all, a good leader.
① eventually ② highly popular
③ most importantly ④ to our surprise 〈東海大〉

867 New construction is under way for the East Highway extension.
① hitting setbacks ② behind schedule
③ in progress ④ near completion 〈青山学院大〉

---

860 彼女は急いでいたのではないかと思う。誰かと話をするために立ち止まらなかったので。
861 ときどき私たちは外食をする。
862 トムの骨折した腕が、そのお祭りに間に合うように治ってほしいと思う。
863 彼らの友情は、次第に愛へと育っていった。
864 彼は、ネット友だちと直接会うことができた。
865 念のため、あなたのお名前と電話番号を教えてもらえますか。
866 スミスさんは聡明で、勤勉で、何よりも優秀なリーダーだ。
867 イースト・ハイウェイの延長のため、新たな建設工事が進行中だ。

KEY POINT ▷ 179

名詞中心のイディオム

860. in a hurry「急いで」
　　= in haste

861. once in a while「ときどき」
　　= occasionally, sometimes → 852, 853
Plus 意味を強めて every once in a while と言うこともある。

862. in time (for A)「(A に) 間に合って」
　　⇔ late (for A)「(A に) 遅れて」
✗ on time は「時間通りに」の意味。

863. by degrees「徐々に／次第に」
　　= gradually

864. in person「自分で／本人自らが」
　　= personally

865. (just) in case「(通例, 文尾で) 万一の場合に備えて」
Plus in case を使った表現として, in case of A「A の場合に備えて」, 接続詞として in case S + V ... 「…の場合に備えて」もある。→ 400

866. above all「とりわけ／特に」
　　= particularly, especially
○ 同意表現は③ most importantly。

867. under way「進行中で」
　　= in progress
Plus under way は「(船が) 航行中で」の意味もある。

860 ②　861 ①　862 ③　863 ③　864 ①　865 ②　866 ③　867 ③

408　3 イディオム

868 If you cannot come to the party, please let us know (　　　　).
① as if　② as of　③ in advance　④ as well as 〈東邦大〉

869 I got this job (　　　　) chance.
① by　② in　③ at　④ to 〈名古屋学院大〉

870 I was fortunate to have interviewed him <u>at length</u> twice.
① at last　　　　　② for a long time
③ once upon a time　④ sometimes 〈日本大〉

871 I think she did not answer the question <u>on purpose</u> to annoy me.
① intentionally　② sadly　③ finally　④ successfully 〈名城大〉

872 After trying many times, Stan has finally quit smoking for (　　　　).
① long　② good　③ fine　④ large 〈獨協大〉

873 John took someone's umbrella (　　　　) mistake since it looked similar to his own.
① by　② with　③ in　④ at 〈関西学院大〉

874 Jim was upset when he heard that his friends were speaking ill of him (　　　　).
① before his face　② above the head
③ behind his back　④ on the other hand 〈獨協大〉

875 All the members helped one another to clean the meeting room <u>in no time</u>.
① quickly　② timely　③ in the end　④ for a while 〈清泉女子大〉

---

868 もしパーティーに来られなければ，事前に私たちに知らせてください。
869 私はこの仕事をたまたま手に入れた。
870 私は彼を長時間，2回にわたってインタビューできて，ついていた。
871 私は彼女が私を困らせるために，わざとその質問に答えなかったのだと思う。
872 何度も挑戦した後でようやく，スタンはすっかりタバコをやめた。
873 ジョンが誰かの傘を間違って持ってきてしまったのは，それが彼のものと似ていたからだった。
874 ジムは，彼の友だちが陰で自分の悪口を言っていると聞いて腹を立てた。
875 すべてのメンバーが，お互いに協力し合って会議室をすぐに片づけた。

第 23 章　名詞中心のイディオム 868〜875　409

868. in advance「前もって／あらかじめ」

　　= beforehand

Plus 具体的な期間を示す場合は，**three days in advance**「3 日前に」のように **in advance** の前に置く。

869. by chance「偶然に」

　　= accidentally, by accident

　　⇔ on purpose

870. at length「長時間にわたって／ついに／ようやく／詳細に」

　　= for a long time, at last, in detail

〇 本問の **at length** は「長時間にわたって」の意味。

✗ ① at last は不可。文末に twice「2 回」があるので，文意に合わない。

871. on purpose「故意に／わざと」

　　= intentionally, deliberately

　　⇔ by accident, by chance, accidentally「偶然に」→ 869

Plus **on purpose to do** で「…するために」の意味になる場合もある。

872. for good (and all)「永久に／これを最後に」

　　= forever, permanently, finally

873. by mistake「誤って／間違って」

　　= accidentally, by accident

874. behind A's back「A のいないところで」

　　⇔ to A's face「A に面と向かって」

Plus 文中の **speak ill of A**「A の悪口を言う」も重要。→ 732

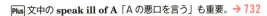

875. in no time「すぐに／間もなく」

〇 同意語は① quickly。

Plus **in** は「経過」を表し，「…（期間）のうちに／（今から）…後」の意味（→ 419）。**in** の後が **no time** なので，「時が経たず（すぐに）」という意味になる。

868 ③　869 ①　870 ②　871 ①　872 ②　873 ①　874 ③　875 ①

410　3 イディオム

876 As a rule, our children go to bed before 9:00 every night.
☐☐☐ ① Consequently ② Constantly ③ Rarely ④ Usually

〈亜細亜大〉

877 This elevator is (　　　　). Please use the other one instead.
☐☐☐ ① out of place ② out of order
③ out of danger ④ out of work 〈南山大〉

878 The members are determined to complete the project (　　　)
☐☐☐ all costs.
① at ② with ③ for ④ in 〈芝浦工業大〉

879 All at once my car stopped in front of the bus stop.
☐☐☐ ① Suddenly ② Actually ③ Slowly ④ Hardly 〈日本大〉

880 Everything is probably all right. All the same, I had better go
☐☐☐ and make sure.
① And ② Besides ③ For ④ Nevertheless 〈中央大〉

881 Have you seen Masa today by any (　　　)?
☐☐☐ ① opportunity ② chance ③ way ④ time 〈芝浦工業大〉

882 It was impossible for Mika to carry the table on (　　　), so
☐☐☐ Taichi helped her.
① her ② herself ③ her own ④ hers 〈専修大〉

883 When it comes to baseball, he is (　　　) to none.
☐☐☐ ① second ② first ③ best ④ worst 〈関西学院大〉

884 I saw immediately that she was ill at (　　　).
☐☐☐ ① ease ② large ③ odds ④ peace 〈津田塾大〉

---

876 普通，うちの子どもたちは毎晩 9 時前にベッドに入る。
877 このエレベータは故障しています。代わりに別の方を使ってください。
878 メンバーたちは，何としてでもそのプロジェクトを終わらせようと固く決意している。
879 突然，私の車はバス停の前で止まった。
880 おそらく，すべて順調だ。それでも，私が確かめに行った方がいい。
881 もしかして，あなたは今日，マサを見かけましたか。
882 ミカはそのテーブルを自分だけで運ぶことができなかったので，タイチが彼女を手伝った。
883 野球のこととなると，彼にかなう者はいない。
884 私には，彼女が落ち着かない気持ちであることがすぐにわかった。

876. as a rule「概して／大体のところ／一般に」
  = generally, as a general rule → 854
○ 同意語は④ usually。

877. out of order「故障して」
  ⇔ in order「正常で／順序正しく」
○ 空所の後の文の「代わりに別の方を使ってください」という部分に着目して，② out of order を選ぶ。
Plus out of A「A の範囲外で」なので，out of order は「正常な状態の範囲外で」がもともとの意味。

878. at all costs「ぜひとも／どんな犠牲を払っても」
  = at any cost

879. all at once「突然に」
  = suddenly, all of a sudden

880. all the same「それでも（やはり）」
  = nevertheless (→ 634, TARGET 110(2)), just the same
Plus 文・節の始めまたは終わりで使われる。

881. by any chance「ひょっとして／万一にも」
Plus by any chance は疑問文で使われるイディオム。
Plus 口語表現としてよく使われる。

882. on one's own「ひとりで／独力で」
  = alone, by oneself
✗ ② herself は不可。空所の前が by であれば正解となる。

883. second to none「誰［何］にも劣らない」
Plus「誰にも劣らない」という意味なので，**he is the best** と同意になる。
Plus when it comes to A「A のことになると」も重要。

884. ill at ease「不安な／落ち着かない」
  = uncomfortable
  ⇔ at ease, comfortable「安心した／落ち着いた」

---

876 ④　877 ②　878 ①　879 ①　880 ④　881 ②　882 ③　883 ①　884 ①

412 3 イディオム

885
□□□
The teacher understood the situation at (   ) and quickly solved the problem.
① an end   ② a glance   ③ a loss   ④ a time   〈学習院大〉

886
□□□
He answered the question on the spot.
① accurately   ② carefully   ③ correctly   ④ immediately
〈日本大〉

887
□□□
We ran into a little bit of traffic on the way here, but (   ) the whole, the trip was pretty uneventful.
① at   ② in   ③ on   ④ to   〈慶應義塾大〉

888
□□□
I will leave this town for the time (   ).
① being   ② doing   ③ ever   ④ on   〈関西学院大〉

889
□□□
Although the supermarket has lost some customers recently, closing down is out of the question.
① best for everyone   ② not possible
③ quite a mystery   ④ open for debate   〈青山学院大〉

890
□□□
You should be careful when you drive in other countries since the steering wheel and the traffic lanes can be (   ).
① inside out   ② one way or another
③ out of place   ④ the other way around   〈中央大〉

891
□□□
In the long run, things will work out. You shouldn't worry too much about everything happening now.
① Quickly   ② Precisely   ③ Eventually   ④ Smoothly
〈亜細亜大〉

---

885 その先生は一目で状況を理解し，素早く問題を解決した。

886 彼は，すぐにその質問に答えた。

887 私たちは，ここに来るまでに少しばかり渋滞にはまったが，全体として，この旅はずいぶん平穏無事だった。

888 私は，この町を当分の間，離れるつもりだ。

889 そのスーパーマーケットは最近，一部のお客を失ったが，閉店することはありえない。

890 外国で車を運転するときは注意すべきです。車のハンドルや走行車線が逆の場合があるからです。

891 長い目で見れば，事はうまく運ぶでしょう。あなたは今起きていることの一部始終を気にしすぎるべきではありません。

第 23 章　名詞中心のイディオム 885～891

885. at a glance「一目見ただけで／一見して」

○ 文意および空所の前の at に着目して，② a glance を選ぶ。

✗ ①，③，④はそれぞれ **at an end**「（仕事などが）終わって」，**at a loss**「途方に暮れて」，**at a time**「一度に」。

886. on the spot「即座に／直ちに」
　= immediately, instantly, right away, at once → 851

○ 同意語は④ immediately。

887. on the whole「全体として，概して」
　= by and large → 854

Plus 類似表現の **as a whole**「全体的に」とは前置詞や冠詞が異なるので注意。

888. for the time being「当分の間／さしあたり」
　= for the present, for now

✗ ③ ever は不可。for the first time ever なら「史上初めて」の意味になる。

889. out of the question「考えられない／論外で」
　= impossible

○ 同意表現は② not possible。

890. the other way around「あべこべに」

✗ ①，②，③はそれぞれ **inside out**「裏返しに」，**one way or another**「何とかして」，**out of place**「場違いで」。

891. in the long run「結局は／長い目で見れば」
　= eventually, ultimately, in the end

○ 同意語は③ Eventually。

---

885 ②　886 ④　887 ③　888 ①　889 ②　890 ④　891 ③

414　**3 イディオム**

892 (　　　　) time to time, careless guests leave their valuables
□□□ behind when they check out. Our hotel holds onto them for up to
six months.
① In　② On　③ From　④ At　　　　　　　　　〈亜細亜大〉

893 My brother and I were not very close. I have not heard from him
□□□ for several years but he visited me this morning (　　　　).
① as usual　　　　　② out of the blue
③ up to his promise　④ without a pause　　　　　　　〈成蹊大〉

894 A："How many people will be coming to the party?"
□□□ B："I haven't heard back from everyone yet, so it's still
(　　　　)."
① no idea　② on the way　③ to notice　④ up in the air
〈慶應義塾大〉

895 Did he say for (　　　　) whether he is coming to the party?
□□□ ① sure　② safe　③ secure　④ serious　　　　　　〈神奈川大〉

896 Winter vacation is around the corner.
□□□ ① boring　② enjoyable　③ very near　④ far away　〈駒澤大〉

897 Because of the heavy snowfall, the train arrived at the station
□□□ behind (　　　　).
① program　② plan　③ schedule　④ timetable　　〈國學院大〉

898 The politician had to resign of his own accord, as he received a
□□□ bribe.
① ashamedly　② definitely　③ passively　④ voluntarily
〈青山学院大〉

---

892 ときどき，チェックアウトするときに，うっかりしたお客様が貴重品を忘れていかれます。当ホテルでは，6 カ月までそれを保管いたします。
893 兄［弟］と私は，あまり親しくはなかった。私は彼から数年間も連絡をもらっていなかったが，彼は今朝，思いがけなく私を訪ねてきた。
894 A：「パーティーには何人くらいやって来るのですか」
　　B：「まだ全員から返事をもらっていないので，はっきりしません」
895 彼は，パーティーに来るつもりかどうか，はっきり答えましたか。
896 冬休みが間近に迫っている。
897 大雪のため，列車は予定よりも遅れて駅に到着した。
898 その政治家は自ら辞職しなければならなかった。彼が賄賂を受け取ったからだ。

892. from time to time「ときどき」
= occasionally, once in a while → 852, 861

893. out of the blue「予告なしに／突然」→ 879
= unexpectedly, suddenly, all of a sudden, all at once → 879

894. up in the air「未決定で／未定で」
[Plus] still, very much とともに使われることが多い。
[Plus] 計画などについて話す場面で使われることが多い。

895. for sure「きっと／確かに」
= surely, certainly, for certain

896. around the corner「すぐ近くに／間近に」
○ 同意表現は③ very near。

897. behind schedule「予定より遅れて」
⇔ ahead of schedule「予定より進んで」
[Plus] 駅や空港でよく聞くフレーズ。on schedule「予定通り」も一緒に覚えておこう。

898. of[on] one's own accord「自発的に／ひとりでに」
= voluntarily

416　3 イディオム

899 | She came (　　　) from Paris to attend the meeting.
□□□ | ① as far　② as near　③ all in all　④ all the way 〈亜細亜大〉

900 | His steady research will (　　　) fruit in due time.
□□□ | ① hang　② bear　③ tie　④ put 〈東洋大〉

899 彼女は，その会議に参加するために，はるばるパリから来た。
900 彼のたゆまぬ研究はやがて実を結ぶことだろう。

第 23 章　名詞中心のイディオム 899〜900

899. all the way「はるばるずっと／初めから終わりまで」→ 651

○ **come all the way from A**「はるばる A から来る」で押さえておこう。

900. bear fruit「実を結ぶ」

[Plus] bear fruit は「（植物が）実を結ぶ」という意味もあるが，本問では「（努力が）成果を挙げる」の意味。
[Plus] in due time は「やがて／時期がくれば」の意味。

第24章 群前置詞

KEY POINT ▷ 180

901
□□□
(　　　　) to the weather forecast, it is going to rain tonight.
① Due　② Thanks　③ Owing　④ According 〈杏林大〉

902
□□□
A : My parents are always treating me like a child.
B : Don't get angry (　　　　) that. That's the way parents are.
① just as　② just because of　③ just by　④ just since 〈玉川大〉

903
□□□
I really admire Tim. (　　　　) being a good student, he is also an outstanding athlete.
① Although　② Since　③ Not only　④ In addition to 〈南山大〉

904
□□□
Mariko went to school (　　　　) the pain in her leg.
① far from　② as to　③ owing to　④ in spite of 〈名城大〉

905
□□□
They gave us some food as (　　　　) as something to drink.
① also　② good　③ nice　④ well 〈宮崎大〉

906
□□□
In (　　　　) of what we know about protecting personal privacy, every school should be able to tell you what steps they are taking to protect their children's privacy.
① comparison　② competition　③ despite　④ light 〈関西学院大〉

907
□□□
He moved to the seaside (　　　　) his daughter's health.
① at the mercy of　② by way of
③ for the sake of　④ in place of 〈東海大〉

---

901 天気予報によると，今夜は雨が降ることになっている。
902 A: 両親はいつも私を子ども扱いしているんです。
　　B: 単にそれだけの理由で腹を立ててはいけないよ。それが親というものなんだから。
903 私はティムをとても尊敬します。優秀な生徒であることに加え，彼は優れたスポーツマンでもあるんです。
904 マリコは脚に痛みがあったにもかかわらず，学校に行った。
905 彼らは，私たちに飲み物だけでなく，食べ物も与えてくれた。
906 個人のプライバシーを保護することについて私たちが知っていることの観点から，すべての学校は子どもたちのプライバシーを保護するためにどんな段階を踏んでいるのかをあなたに伝えることができなければならない。
907 彼は娘の健康のために海辺へ引っ越した。

第 24 章　群前置詞 901〜907

KEY POINT ▷ 180

郡前置詞

901. according to A「A によれば」
[Plus] according to A は「A に従って」の意味でも用いられる。

902. because of A「A の理由で」
　　= on account of A (→ 908), owing to A (→ 909), due to A (→ 910)
✗ as や since も理由を表すことができるが，接続詞なので後ろは主語と動詞を含む文が続く。
[Plus] 理由を表す表現としてライティングで頻出の表現。
　　not ... just because S + V 〜「単に〜だからといって…ではない」(→ 799)，not ... just because of A「ただ A だからといって…ない」。

903. in addition to A「A に加えて／ A のほかに」
　　= besides A
[Plus] 追加を表す表現としてライティングで頻出の表現。
✗ ③ Not only は not only A but (also) B「A だけでなく B も」の形にする必要がある。

904. in spite of A「A にもかかわらず」
　　= despite A, with (all) A, for all A → 912
✗ ①，②，③はそれぞれ far from A「A から離れて／決して A ではなく」，as to A「A に関しては」，owing to A「A のおかげで」。

905. A as well as B「B と同様に A も／ B だけでなく A も」→ TARGET 58
　　= not only B but (also) A
✗ ② good は不可。as good as + 形容詞・副詞・動詞で「…も同様」の意味。→ 833

906. in (the) light of A「A の観点から／ A を考慮して」
　　= considering A
[Plus] アメリカ英語では，通例 the が省略される。

907. for the sake of A「A の（利益の）ために／ A を目的として」

901 ④　902 ②　903 ④　904 ④　905 ④　906 ④　907 ③

420 3 イディオム

908 The train was delayed on (　　　) of the severe weather.
□□□ ① account ② behalf ③ result ④ principle 〈上智大〉

909 (　　　) that his argument was the most convincing, he has
□□□ been chosen as a new member of the discussion group.
① Neither ② In case of ③ Owing to the fact ④ Frankly
〈北里大〉

910 Our train was delayed (　　　) to heavy snowfall.
□□□ ① according ② as ③ due ④ in accordance 〈立教大〉

911 My old friend bought the land (　　　) building her house.
□□□ ① in order to ② so as to ③ so that ④ with a view to
〈関西学院大〉

912 For all his riches, he doesn't feel happy.
□□□ ① In spite of ② Because of ③ Due to ④ In addition to
〈亜細亜大〉

913 Mail carriers are expected to deliver the mail every day
□□□ (　　　) of the weather.
① instead ② regardless ③ nevertheless ④ despite 〈南山大〉

914 (　　　) what most people think, the bicycle was actually
□□□ invented after the train.
① Contrarily ② Contrary to
③ Contrasted by ④ Contrasted with 〈慶應義塾大〉

---

908 その列車は，悪天候のせいで遅延した。
909 彼の主張が最も納得のいくものだったという事実のために，彼は討議グループの新メンバーに選
ばれた。
910 私たちの列車は，大雪のせいで遅延した。
911 私の旧友は，自分の家を建てる目的でその土地を購入した。
912 その財産にもかかわらず，彼は幸福だと感じていない。
913 郵便集配人は，天候にかかわらず郵便を毎日，配達することになっている。
914 たいていの人の考えに反して，自転車は実は列車の後に発明された。

908. on account of A「A の理由で／A のために」
　　= because of A (→ 902), owing to A (→ 909), due to A (→ 910)
✗ ②は **on behalf of A**「A の代わりに，A を代表して」の意味。

909. owing to A「A の理由で」
　　= because of A, on account of A, due to A
[Plus] 堅い表現で日常会話ではあまり使われない。
[Plus] the fact that S + V ...「…という事実」の that は名詞節を導く接続詞で同格を表す。→ 375, TARGET 60

910. due to A「A の理由で」→ 678
　　= because of A, owing to A, on account of A
[Plus] **be due to do**「…する予定である」の用法もある。
　　The class **is due to** start at 9 a.m.「その授業は午前 9 時に始まる予定だ」

911. with a view to doing「…する目的で」
　　= for the purpose of doing
[Plus] to の後には動名詞がくることに注意。
✗ ① in order to, ② so as to の後は動詞の原形（→ 86）。③ so that の後は文がくる。
　→ 398

912. for all A「A にもかかわらず」→ 904
　　= despite A, with (all) A, in spite of A
○ 同意表現は in spite of。

913. regardless of A「A（のいかん）にかかわらず」
　　= irrespective of A, in spite of A

914. contrary to A「A とは逆に／A に反して」
✗ ④ の Contrasted with A は「A とは対照的に」の意味。

422　3 イディオム

915
□□□

A：Mary has few close friends. (　　　　) John, he is always surrounded by friends.

B：I'm sorry for her. What's the difference between the two?

① For the sake of　② By no means　③ In spite of　④ As for

〈専修大〉

916
□□□

(　　　　) from yourself, has anyone else passed the exam?

① Apart　② Except　③ Not　④ Without　　　　〈青山学院大〉

917
□□□

If you need to talk to Peter, now might be a good time because he is not doing anything (　　　　) than reading a book.

① aside　② except　③ other　④ rather　　　　〈慶應義塾大〉

918
□□□

The social media site insists that it is (　　　　) to you to decide how much you want others to see.

① up　② in　③ on　④ at　　　　〈関西学院大〉

919
□□□

I went to the kitchen in search of something to eat.

① to buy　② to share with　③ to look for　④ to prepare

〈東海大〉

920
□□□

In (　　　　) for filling out the survey, we will send you a coupon for 50% off your next purchase of furniture in this shop.

① all　② return　③ short　④ sum　　　　〈中央大〉

---

915 A: メアリーには親しい友人がほとんどいません。ジョンはといえば，彼はいつも友だちに囲まれています。
B: 彼女がかわいそうだ。その2人の違いは何なのだろう？

916 あなた自身に加えて，ほかに誰かその試験に合格しましたか。

917 あなたがピーターと話をする必要があるのなら，今がいいチャンスかもしれません。彼は今，読書以外に何もしていないから。

918 そのソーシャル・メディア・サイトは，他人にどれくらい閲覧してほしいかを決めるのは，あなた次第だと主張している。

919 私は，何か食べるものを探しにキッチンに行った。

920 アンケートに記入していただくことの見返りとして，私たちは，お客様が次回この店で家具を購入する際に5割引となるクーポンをお送りします。

915. as for A「(文頭で) A について言えば」

[Plus] 類似表現の **as to A**「A については」は,文頭以外でも用いることができる。

✗ ①,②,③はそれぞれ **for the sake of A**「A のために」(→ 907), **by no means A**「決して A ではない」(→ 273, TARGET 44), **in spite of A**「A にもかかわらず」。→ 904

916. apart from A「A は別にすると／ A に加えて／ A はさておき」
= except for A, aside from A

917. other than A「A 以外の」

[Plus] S is not doing anything other than doing ... は,S is doing nothing other than doing ... と同意で「S は…すること以外何もしていない」の意味を表す。

[Plus] than につながるのは③ other と④ rather のみ。**rather than A** は「A よりむしろ…」の意味。

918. (be) up to A「A (人) 次第で／ A (人) の責任で」

○ **It is up to A to do ... .**「…するのは A 次第だ」は重要表現。主語の it は,形式主語で to do ... を受ける。

919. in search of A「A を探して」

○ 同意表現は③ to look for「…を探すために」。

[Plus] **search for A**「A を探す」と前置詞が異なるので注意。

920. in return for A「A のお返しに」

[Plus] 単に **in return** だけで「お返しに」という意味になる。

---

915 ④   916 ①   917 ③   918 ①   919 ③   920 ②

424　3 イディオム

921 □□□ Your company certainly proved eco-conscious when they introduced an argument (　　　) solar energy.
① in the nature of　② in favor of
③ in reaction to　④ in the light of　〈上智大〉

922 □□□ He always evaluates his students (　　　) their effort.
① along with　② as long as
③ in comparison to　④ in terms of　〈立教大〉

923 □□□ I have been in (　　　) of financial affairs in this department since December.
① interest　② use　③ charge　④ terms　〈成城大〉

924 □□□ I am writing (　　　) my father who is now in the hospital.
① in charge of　② on behalf of
③ at the cost of　④ in terms of　〈中央大〉

925 □□□ The dog started barking at the (　　　) of the bear.
① landscape　② observation　③ scenery　④ sight　〈芝浦工業大〉

926 □□□ The mayor announced that he would support the new architect at the (　　　) of the other famous designer.
① expense　② voice　③ edge　④ amount　〈関西学院大〉

927 □□□ We may as well read the textbook (　　　) to his boring lectures.
① so as to listening　② that we may listen
③ instead of listening　④ than being listened　〈駒澤大〉

---

921 あなたの会社は，太陽エネルギーを支持する主張を表明したときに，環境に対する意識が高いことをはっきりと示しました。
922 彼は，いつも自分の生徒を，彼らの払った努力という観点から評価する。
923 私は 12 月から，この部署で財務を担当しています。
924 私は，今入院している父に代わってこれを書いています。
925 そのイヌは，クマの姿を見て吠えだした。
926 市長は，別の有名な設計技師を差しおいて，その新参の建築家を支持すると表明した。
927 私たちは，彼の退屈な講義を聞くよりも，教科書を読んだ方がよさそうだ。

第 24 章　群前置詞 921〜927

921. in favor of A「A に賛成して／A を支持して」
　　= for A
　　⇔ against A, in opposition to A

922. in terms of A「A の点から」
✗ ①，②，③はそれぞれ **along with A**「A（人）と共に，A（もの・こと）に加えて」，**as long as A**「A もの長い間」，**in comparison to A**「A と比べると」の意味。

923. in charge of A「A の担当で／A の責任を負って」
[Plus] be 動詞の後で補語的に使われることが多い表現。

924. on[in] behalf of A「A の代理として／代表として」
　　= on A's behalf (→ 499), in place of A
✗ ①，③，④はそれぞれ **in charge of A**「A の担当で／責任を負って」，**at the cost of A**「A を犠牲にして」，**in terms of A**「A の点から」。

925. at the sight of A「A を見ると」

926. at the expense of A「A を犠牲にして」
　　= at the cost of A

927. instead of A / doing「A の[…する]代わりに／A[…]しないで／A[…するの]ではなくて」
　　= in place of A
○ 空所の前の may as well read the textbook「教科書を読んだ方がよさそうだ」に着目して，③ instead of listening を選ぶ。**may as well do ...**「…してもいいだろう／…する方がいいだろう」は，問題 69, TARGET 13 参照。

921 ②　922 ④　923 ③　924 ②　925 ④　926 ①　927 ③

426 3 イディオム

928 I'm very thankful ( ) the person who brought my wallet,
□□□ which I lost last night, to the police station.
① with ② by ③ to ④ in 〈東京薬科大〉

---

928 昨日落とした財布を警察署に届けてくれた人に, 私はとても感謝している。

928. be thankful to A「Aに感謝している」
  = be grateful[obliged] to A → 850

Plus 類似表現の thank A for B「AにBのことで感謝する」(→ 540), thanks to A「Aのおかげで」も重要。

PART 4
会話表現

第25章 会話表現（場面別）

KEY POINT ▷ 181

929
□□□

A：(　　　　　)?
B：I work for a bank.
① What do you do
② Why don't you do that
③ What do you think about that
④ How long have you been here

930
□□□

A：Is it possible for you to help me prepare for the presentation?
B：(　　　　　). But I have to write this report.
① It's my pleasure　② I'd love to
③ I wish I could　　④ It's none of your business

931
□□□

A：I've read your essay, but it's difficult to understand your main point.
B：(　　　　　)? Should I add more explanations?
① How important is it　② Can you understand that
③ What do you mean　　④ When will you read my essay

932
□□□

A：Do you know that Bill and Mary are going to get married?
B：(　　　　　). So it's not surprising to me.
① I will reach a conclusion　　② That's beside the point
③ I don't have any information　④ I heard that before

---

929 A：どのようなお仕事をされているのですか。
　　B：銀行で働いています。
930 A：私がプレゼンテーションの準備をするのを手伝ってもらえますか。
　　B：そうできればよいのですが。でも，私はこの報告書を書かなければならないんです。
931 A：私はあなたの論文を読みましたが，その要点は理解しにくいです。
　　B：どういうことですか。私はもっと説明を加えるべきでしょうか。
932 A：ビルとメアリーが結婚するって知ってますか。
　　B：それなら前に聞きました。ですから，私には驚きではありません。

KEY POINT ▷ 181

日常生活

929. What do you do (for a living)?
「どのようなお仕事についているのですか」
○ 相手に職業を尋ねる① What do you do を選ぶ。現在形は習慣を表すので，毎日習慣的にしていること，すなわち仕事を尋ねる表現になる。

930. I wish I could.「できればよいのですが」→ 230
○ 空所に続く文から，手伝うことができないことを読み取り，③ I wish I could を選ぶ。wish は仮定法を導くので，「実際はできない」という意味が含まれている。
✕ ①，②，④はそれぞれ **It's my pleasure**「どういたしまして」，**I'd love to**「喜んで」，**It's none of your business**「あなたには関係のないことです」の意味。

931. What do you mean?「どういう意味ですか」
○ 空所の後で「もっと説明を加えるべきか」と尋ねているので，相手の言っていることがわからない場合や苛立ちを示す③ **What do you mean** を選ぶ。

932. I heard that before.「以前それについて聞きました」
○ 空所の後で「ですから，私には驚きではありません」と述べているので，④ **I heard that before** を選ぶ。
✕ ② **That's beside the point** は「それは的外れです」の意味。
[Plus] 本問のように単独で過去形や現在完了形とともに用いられる before は，「今より以前に」の意味を表す。
→ 616

---

929 ①　930 ③　931 ③　932 ④

432   4 会話表現

KEY POINT ▷ 182

933 A : It's $36.55 in total.
☐☐☐ B : (   ). Do you have change for $100?
       ① Here you are   ② Same here   ③ Not at all   ④ It depends

934 A : (   )?
☐☐☐ B : Thank you. I'm looking for a brand-name bag.
       ① May I help you   ② Can you help me
       ③ Shall we help anyone   ④ Would you like to help me

935 A : May I help you?
☐☐☐ B : I'm just (   ). Thank you.
       ① catching   ② buying   ③ looking   ④ serving

936 A : (   )?
☐☐☐ B : I think it goes well with your jacket.
       ① How do you like this shirt
       ② Which shirt would you like
       ③ What kind of shirt do you have
       ④ When will you buy this shirt

937 A : You (   ) great in that jacket.
☐☐☐ B : Thank you. I bought this yesterday.
       ① see   ② look   ③ sound   ④ hear

---

933 A：合計で 36 ドル 55 セントです。
    B：はい，こちらで。100 ドルでお釣りは出せますか。
934 A：お伺いいたしましょうか。
    B：ありがとう。有名ブランドのバッグを探しているんです。
935 A：お伺いいたしましょうか。
    B：ちょっと見ているだけです。ありがとう。
936 A：このシャツはどう？
    B：君のジャケットによく合うと思うよ。
937 A：あなたはそのジャケットがとてもよく似合いますね。
    B：ありがとう。昨日これを買ったんです。

KEY POINT ▷ 182

買い物

933. Here you are.「さあどうぞ」

✗ ②, ③, ④はそれぞれ **Same here**「こちらにも同じものをお願いします」, **Not at all**「まったく気にしません, どういたしまして」, **It depends**「場合によります」の意味。

934. May[Can] I help you?「いらっしゃいませ／何にいたしましょうか」
　= What can I do for you?

[Plus] 店員が客に対して用いる表現。

✗ ②, ③, ④はそれぞれ **Can you help me**「私を手伝ってくれませんか」, **Shall we help anyone**「(一緒に) 誰かを手伝いませんか」, **Would you like to help me**「私を手伝いたいですか」の意味。

935. I'm just looking.「ちょっと見ているだけです」

[Plus] **I'm just looking** は, **May[Can] I help you?** と店員から尋ねられた際に答える頻出の表現。

936. How do you like A?「(意見・判断を求めて) A はどうですか」

[Plus] yes, no で答える **Do you like A?** に比べて, **How do you like A?** は感想を尋ねるときに用いられ, 気軽なニュアンスが感じられる表現。

937. look great in A「A がよく似合っている」

○ A がジャケットについて褒め, B がお礼を言っている場面だと考えられるので, ② look が正解。

[Plus] **look** + 形容詞「…に見える」(→ TARGET 78) と, **look at** A (名詞)「A を見る」の違いに注意。

---

933 ①　934 ①　935 ③　936 ①　937 ②

434 **4 会話表現**

938
□□□
A : It's $50.10 in total.
B : I'm short of cash. (　　　　)?
① Can I use a credit card　　　② Can you make change
③ Do you mind my paying in cash　④ Do you have the receipt

KEY POINT ▷ 183

939
□□□
A : (　　　　). Please order anything you want.
B : Really? Thank you so much.
① It's on me　　　　　② You've had enough
③ Let's call it a night　④ Check please

940
□□□
A : Would you like some more cake?
B : Thank you, but (　　　).
① I'd like another piece of cake　② I'm full
③ I feel like eating cake　　　　④ I really enjoyed eating this

941
□□□
A : I'll pay for this.
B : No, let's (　　　) the bill.
① divide　② order　③ split　④ collect

942
□□□
A : Excuse me. I've been waiting for more than 30 minutes, but
(　　　　).
B : I'm sorry. I'll go and check it now.
① I've just received my order　② my order hasn't come yet
③ I haven't eaten my dish　　　④ I canceled my order

---

938 A：合計で 50 ドル 10 セントです。
　　 B：現金が足りません。クレジットカードは使えますか。
939 A：それは私が払います。欲しいものは何でも注文してください。
　　 B：本当に？　どうもありがとう。
940 A：もう少しケーキをいかがですか。
　　 B：ありがとう，でも満腹なんです。
941 A：これは私が払います。
　　 B：いいえ，割り勘にしましょう。
942 A：すみません。私は 30 分以上待っているんですが，注文した料理がまだ来ていません。
　　 B：申し訳ありません。今すぐ確認してきます。

第 25 章　会話表現（場面別）938〜942　435

938. Can I use a credit card?「クレジットカードは使えますか」

○ 空所の前の文の「現金が足りません」という発言に続くものとして自然なのは，① **Can I use a credit card** となる。

KEY POINT ▷ 183　　　　　　　　　　　　　　　　　　　レストラン

939. It's on me.「私のおごりです」
　　= It's my treat.

○ 空所の後の文の「欲しいものは何でも注文してください」という発言と，B がお礼を言っている点に着目し，空所には① **It's on me**「私のおごりです」が入る。

✕ ③，④はそれぞれ **Let's call it a night**「今夜はこれでお開きにしよう」，**Check please**「勘定をお願いします」の意味。

940. I'm full.「お腹がいっぱいです」
　　= I've had enough[plenty / lots].

○ 満腹であることを示し，相手の提案を断る② **I'm full**「お腹がいっぱいです」を選ぶ。

941. Let's[We'll] split the bill.「割り勘にしよう」

Plus **split** は「（費用・利益など）を分け合う」の意味。

942. A's order hasn't come yet.「A の注文がまだ来ていません」

○ B の「今すぐ確認してきます」という発言に着目し，注文したものが来ていないことを表す② **my order hasn't come yet** を選ぶ。

938 ①　939 ①　940 ②　941 ③　942 ②

436   4 会話表現

KEY POINT ▷ 184

943
☐☐☐
A：Why are you against the plan?
B：It costs too much. (   ), it is unrealistic.
① For example   ② Because of   ③ In addition   ④ Otherwise

944
☐☐☐
A：Has the number of elderly people been increasing in Japan?
B：Yes. (   ), the birthrate has been declining.
① Fortunately   ② Likewise   ③ At the same time   ④ In fact

945
☐☐☐
A：I think the goal is too difficult for us.
B：(   ), we can achieve it.
① In my view   ② For my point
③ To my regret   ④ As my mind

946
☐☐☐
A：What can we do to protect the environment?
B：There're a lot of things we can do. (   ), we can reduce
the use of air conditioning.
① For example   ② In other words   ③ In contrast   ④ Such as

KEY POINT ▷ 185

947
☐☐☐
A：How often does the bus come?
B：It comes (   ) ten minutes or so.
① for   ② any   ③ in   ④ every

---

943 A：あなたはなぜその計画に反対なのですか。
　　B：コストがかかりすぎます。それに加えて，非現実的だからです。
944 A：日本では高齢者の数は増えてきていますか。
　　B：はい。それと同時に，出生率は低下してきています。
945 A：私たちにとって，その目標は難しすぎると思います。
　　B：私の考えだと，私たちはそれを達成できます。
946 A：環境を保護するために，私たちに何ができますか。
　　B：できることはたくさんあります。例えば，エアコンの使用を減らすことができます。
947 A：バスはどれくらいの頻度でやって来ますか。
　　B：だいたい10分おきに来ます。

KEY POINT ▷ 184

スピーチ・ディベート

943. in addition「加えて」
○ 空所の前後が「コストがかかりすぎる」と「非現実的である」といずれも否定的な要素が並んでいるので，追加を表す③ **In addition** を選ぶ。→ 635

944. at the same time「同時に」
○ 文意から，前後の内容が同時に起こっていることを表す③ **At the same time** を選ぶ。
✕ ①，②，④はそれぞれ **fortunately**「幸運にも／ありがたいことに」，**likewise**「同様に」，**in fact**「実際」。

945. in A's view「A の観点では」
　＝ in (the) light of **A** → 906
○ 文意から自分の考えを述べる① In my view を選ぶ。

946. for example「例えば」 → TARGET 110
○ 空所の前の a lot of things we can do「私たちができる多くのこと」の具体例が空所の後に続くので，① **For example** を選ぶ。
✕ ④ Such as は不可。**B such as A**「A のような B」という形で用いる。

KEY POINT ▷ 185

交通・道案内・旅行

947. every A minutes「A 分おきに」
○ **How often** は頻度を尋ねる表現（→ TARGET 37）なので，④ every ten minutes「10分おきに」が正解。
[Plus] 通常，**every** の後には単数名詞がくるが，この表現では複数名詞がくる点に注意する。→ 319
✕ ① for は不可。for ten minutes は「10分間」という意味で，時間の長さを表す。

---

943 ③　944 ③　945 ①　946 ①　947 ④

948 □□□
A：The flight for New York might be canceled because of the bad weather.
B：(　　　　), I'll go there by train.
① If any　② In that case　③ Without fail　④ By any chance

949 □□□
A：Excuse me. (　　　　) to the station?
B：I'm sorry. I'm a stranger here.
① Can you teach me the way
② Should you teach me how to go
③ Could you tell me how to get
④ May I tell you the way

950 □□□
A：I'm afraid we've gotten lost.
B：Let (　　　　) the map.
① me check　② me make　③ you see　④ you take

951 □□□
A：It looks like we're stuck in traffic.
B：Unless we get out of this traffic jam now, we can't (　　　　) the meeting.
① take it to　② make it for　③ get it in　④ give it on

KEY POINT ▷ 186

952 □□□
A：Jim has been absent from school since last week.
B：(　　　　)? I have made phone calls, but I can't contact him.
① Why is he sick
② What is wrong with him
③ When did he get back to school
④ How long has he been absent

948 A：悪天候のため，ニューヨーク行きの便はキャンセルされるかもしれません。
　　B：その場合，私は電車でそこに行きます。
949 A：すみません。駅への行き方を教えていただけますか。
　　B：申し訳ありません。私はこのあたりは初めてなんです。
950 A：僕たちは道に迷ったんじゃないかな。
　　B：地図を確認してみます。
951 A：私たち，渋滞にはまってしまったようですね。
　　B：今すぐこの交通渋滞から抜け出さないと，会議に間に合わないね。
952 A：ジムは先週からずっと欠席しています。
　　B：彼はどうしたのかな。何度か電話をかけたけど，連絡がつかないんです。

948. in that case「その場合は／そういうことなら」

○ 前後の文意から,「そういうことなら」という意味の② In that case を選ぶ。
✗ ①, ③, ④はそれぞれ **if any**「もしあれば」(→ 284), **without fail**「(いつも決まって行うことについて) 必ず」, **by any chance**「(人に丁寧に尋ねる表現として) ひょっとして」の意味。

949. Could you tell me how to get to A?
　　「A への行き方を教えていただけますか」

○ B が「このあたりは初めてなんです」と答えているので, A は道を尋ねたと考えることができる。そこで, ③ Could you tell me how to get を選ぶ。
✗ ①, ②の teach は「(学問など専門的知識) を教える」の意味。

950. Let me check ... .「…を確認させてください」

Plus let A do で「(本人の望み通りに) A に…させてやる」の意味を表す。(→ 478, TARGET 74)
Plus check the map で「地図を確認する」の意味。

951. make it for A「A に間に合う」

○ 空所の前の「交通渋滞から抜け出さないと」という内容に, we can't make it for the meeting「会議に間に合わない」という文を続けると自然な流れになる。したがって② make it for を選ぶ。

Plus **make it** は頻出表現。本問の「間に合う」の意味に加え,「出席する／都合をつける／成功する」の意味がある。
I can't **make it** next Monday.（次の月曜日は都合がつきません）
I couldn't **make it** in business.（私はビジネスで成功できなかった）

KEY POINT ▷ 186　　　　　　　　　　　　　　　　　　　　　　健康・医療

952. What's wrong (with A)?「(A は) どうしたの？」
　　= What happened (to A)?, What's the matter (with A)?

○ 先週から学校を欠席している Jim を心配している文意を考え, ② What's wrong with him? を選ぶ。

---

948 ②　949 ③　950 ①　951 ②　952 ②

440 **4 会話表現**

953
☐☐☐
A：Are you OK? You look pale.
B：I'm fine, thanks. Before a presentation, I sometimes
(   ).
① ache my stomach   ② have a pain in my stomach
③ gain a pain on my stomach   ④ pain my stomach

954
☐☐☐
A：I feel cold, and have a headache.
B：That's too bad. Have you (   ) your temperature?
A：No, not yet.
① taken ② felt ③ judged ④ seen

KEY POINT ▷ 187

955
☐☐☐
A：May I speak to Mr. Sato?
B：I'm afraid there is no one by that name. (   ).
① You are the wrong person
② You have to call back later
③ You must have the wrong number
④ You need to make an appointment first

956
☐☐☐
A：ABC Company. How may I help you?
B：This is Tanaka from XYZ Company (   ). May I talk to
   Mr. Smith?
① listening ② telling ③ speaking ④ saying

---

953 A：大丈夫ですか。顔色が悪いですよ。
　　B：問題ないです，ありがとう。プレゼンテーションの前になると，ときどきお腹が痛くなるんです。
954 A：寒気がして，頭痛もします。
　　B：それはいけませんね。体温は測りましたか。
　　A：いえ，まだです。
955 A：佐藤さんとお話ししたいのですが。
　　B：申し訳ありませんが，そのような名前の人はおりません。あなたはきっと電話をかけ間違えたのでしょう。
956 A：ABC 社です。どのようなご用件でしょうか。
　　B：XYZ 社の田中です。スミスさんをお願いできますか。

953. have a pain in A's stomach 「お腹が痛む」

= have a stomachache

Plus 前置詞の in に注意したい重要表現。

954. Have you taken your temperature?「体温を測りましたか」

○ 空所には① taken を選び，**take A's temperature**「熱を測る」という表現にする。

KEY POINT ▷ 187　　　　　　　　　　　　　　　電話

955. You must have the wrong number.「電話番号をお間違えです」

Plus 本問の **must** は「…しなければならない」ではなく，「…に違いない」の意味。→ 43, TARGET 9

956. This is A speaking.「こちらは A です」

Plus 電話口で自分の名前を名乗る場合に用いる定型表現。**May[Can] I talk[speak] to A?**「A さんをお願いできますか」も重要。

953 ②　954 ①　955 ③　956 ③

442　4 会話表現

957
☐☐☐
A：I'm afraid he is out of the office right now. (　　　　)?
B：Thank you. That would be great.
① May I have him call you back
② Will you call him back again
③ Did you call this number
④ Who's calling, please

958
☐☐☐
A：Can I speak to Mrs. Kato?
B：Just a moment, please. I'll (　　　) to her.
① make you over　② get you toward
③ let you in　　　④ put you through

KEY POINT ▷ 188

959
☐☐☐
A：When is it convenient for you to attend the meeting?
B：(　　　　). You can decide.
① I'm too busy to attend it　② I'm available most days
③ I'm afraid not　　　　　　④ I'm relieved to hear that

960
☐☐☐
A：Everyone seems to have gathered for the meeting.
B：OK. Let's (　　　　).
① get down to business　　② get away from business
③ get up with everybody　④ get over the participants

961
☐☐☐
A：How long have you been doing your job?
B：I have been (　　　　) this for about three years.
① involved in　② searched for　③ turned to　④ shifted into

957 A：申し訳ありませんが，彼はただいまオフィスにおりません。彼に折り返し電話をさせましょうか。
B：ありがとう。そうしていただけるとありがたいです。
958 A：加藤さんはいらっしゃいますか。
B：少々お待ちください。彼女におつなぎします。
959 A：あなたがその会議に出席するのに，いつなら都合がよいですか。
B：ほぼどの日でも時間がとれます。あなたが決めてよいですよ。
960 A：全員が会議に集まったようです。
B：わかりました。では，本題に入りましょう。
961 A：今の仕事には，どれくらい携わっているのですか。
B：私はこれに３年ほど関わっています。

957. I**May I have A call you back?**「A に折り返し電話をさせましょうか」

[Plus] この **have** は使役動詞（→ 474）。**have A call** で「A に電話をさせる」の意味。

958. **I'll put you through to A.**「あなたの電話を A におつなぎします」
　　= **I'll connect you with A.**

[Plus] 電話を別の人にとりつぐときに用いられる定型表現。

KEY POINT ▷ 188　　　　　　　　　　　　　　　　　　ビジネス

959. **I'm available most days.**「ほぼどの日でも時間がとれます」

○ 都合のよい日時を尋ねられた B が空所の後で「あなたが決めてよいですよ」と言っているので，② I'm available most days「ほぼどの日でも時間がとれます」が正解。

[Plus] 本問の **available** は「会う[来る]ことができる」の意味。
[Plus] **available** は「①入手できる，②利用できる，③会う[来る]ことができる」の 3 つの意味で押さえておこう。

960. **Let's get down to business.**
　　「さあ，本題に入ろう／仕事に取り掛かろう」

[Plus] 会議や仕事を始める前に用いる表現。**get down to business** のほかには **start to work, get (down) to work, get on the stick** などがある。

✘ ② **get away from A** は「A から逃れる」の意味。→ 825

961. **I have been involved in A.**「A に関わってきました」

✘ ②，③，④はそれぞれ能動態で表すと，**search for A**「A を探す」（→ TARGET 81），**turn to A**「A に頼る／A の方を見る」，**shift into A**「A に転換する」。

957 ①　958 ④　959 ②　960 ①　961 ①

444 4 会話表現

KEY POINT ▷ 189

962
☐☐☐

A : How was your school trip?

B : I (　　　　) most of my time shopping and sightseeing.

① spent　② had　③ cost　④ took

963
☐☐☐

A : How was your weekend?

B : I enjoyed myself a lot. I (　　　　) with my old friends.

① enjoyed a good talk time　② enjoyed a time talking good

③ had a good time to talk　④ had a good time talking

964
☐☐☐

A : Did you see your cousin for the first time in years?

B : That's right. (　　　　), he was much taller than I was expecting.

① For my surprise　② For my surprising

③ To my surprise　④ To my surprising

---

962 A：修学旅行はどうでしたか。
　　B：私は，ほとんどの時間を買い物と観光することで過ごしました。
963 A：週末はどうでしたか。
　　B：とても楽しかったです。昔の友だちと話をして楽しい時間を過ごしました。
964 A：あなたは，いとこに数年ぶりに会ったのですか。
　　B：そうなんです。驚いたことに，彼は私が思っていたよりもずっと背が高かったんです。

KEY POINT ▷ 189　　　情報（メール・手紙・インターネット・SNS）

962. spend A (in) doing「…するのに A（時間・お金）を使う」→ TARGET 19
○ 空所の後に時間を表す most of my time と動詞の ing 形が続いている。この形をとるのは spend のみ。

963. have a good[great / big] time doing「…して楽しい時を過ごす」
○ 週末の感想を聞かれているのに対して，「…して楽しい時を過ごした」と答える④ had a good time talking が正解。

964. to A's surprise「A が驚いたことに」
Plus 「to A's＋感情を表す名詞」で「A が…したことに」という意味を表す。文頭で用いられることが多い。

962 ①　963 ④　964 ③

第26章 会話表現（機能別）

KEY POINT ▷ 190

965
□□□
A：(　　　　　). What have you been doing?
B：I've been studying abroad.
① It's been a long time　　② It's my fault
③ It sounds like a great idea　④ It's kind of you

966
□□□
A：I'd better get going. Please (　　　　) to your family.
B：Sure. I will.
① say hello　　② get my regard
③ be reminded　④ ask me anything

KEY POINT ▷ 191

967
□□□
A：What do you want to eat for lunch?
B：(　　　　) going to the Italian restaurant near the station? It's so popular.
① How come　　② How about
③ How are you　④ How long is it

968
□□□
A：I think that's a good shirt for you. (　　　　) else?
B：No, that's all.
① Anything　② Everything　③ Something　④ Nothing

---

965 A：久しぶりですね。どうしていましたか。
　　B：私は留学していたんです。
966 A：もうおいとましなければなりません。ご家族の皆様によろしくお伝えください。
　　B：もちろん。そうします。
967 A：ランチには何を食べたいですか。
　　B：駅の近くにあるイタリアンレストランに行くのはどうですか。そこはとても人気があるんです。
968 A：それはお客様にお似合いのシャツだと思います。ほかにはよろしいですか。
　　B：はい，それだけです。

KEY POINT ▷ 190
あいさつ

965. It's been a long time.「お久しぶりですね」
　　＝ I haven't seen you for[in] a long time.
　　＝ Long time no see.

Plus　It's been は現在完了形 It has been の短縮形。

966. say hello to A「A によろしく伝える」
　　＝ remember me to A, give my (best) regards to A → 653

✗ ③は be reminded that S + V ... なら「…をご了承ください」の意味。

KEY POINT ▷ 191
提案・申し出

967. How[What] about A / doing?
　　「A はいかがですか／…しませんか」

○ ランチに何が食べたいか尋ねる A に対する応答として，最も自然なのは，相手に提案する② How about を用いた文である。

Plus　この doing は動名詞で前置詞の目的語。→ 106, 107

✗ ① **How come** は後に主語と述語動詞が続き，「どうして…なのか」の意味。→ 252

968. Anything else?「ほかにはよろしいですか」

Plus　店員がほかに欲しいものがないか客に尋ねる表現。

965 ①　966 ①　967 ②　968 ①

448　4 会話表現

969
☐☐☐

A : (　　　　　) something to drink?
B : Thank you. I'll have a glass of orange juice.
① Can I get you　　② May I have
③ Would you give me　④ Shall I drink

KEY POINT ▷ 192

970
☐☐☐

A : I can help you after I finish this job.
B : (　　　　　). Please let me know when you have finished it.
① I'm so sorry to hear that　　② I'll let you off this time
③ I have nothing to do today　④ I appreciate it

971
☐☐☐

A : I think I've finished my task.
B : (　　　　　). Without your help, I couldn't have finished it on time.
① Thank you for your time　② Don't mention it
③ It's a piece of cake　　　④ Don't work at a snail's pace

972
☐☐☐

A : Can you tell me a little more about the plan?
B : Thank you (　　　　). I'll explain it in detail.
① asking　② to ask　③ for asking　④ ask me

973
☐☐☐

A : I would like to meet Mr. Suzuki.
B : Sorry, but he is (　　　　).
① back just now　② out now
③ here for hours　④ there for some time

---

969 A : あなたに何か飲み物を持ってきましょうか。
　　B : ありがとう。オレンジジュースをいただきます。
970 A : この仕事を終えた後だったら，あなたを手伝うことができます。
　　B : それはありがたいです。それが終わったら知らせてください。
971 A : 私の担当の仕事は終わったと思います。
　　B : お時間をいただきありがとうございました。あなたの手助けがなかったら，私は時間通りにそれを終えられませんでした。
972 A : その計画について，もう少し教えてもらえますか。
　　B : ご質問いただきありがとうございます。詳しく説明しましょう。
973 A : 鈴木さんとお会いしたいのですが。
　　B : 申し訳ありませんが，彼はただいま外出中です。

969. Can I get you A?「A を持ってきましょうか」

Plus この get は「…を持ってくる」の意味。bring と似ているが，bring は離れた場所にいる相手がこちらに持ってくるという意味。get は離れた場所に取りに行き，それを持ってくるという意味で，往復するイメージがある。

KEY POINT ▷ 192   感謝・謝罪

970. I appreciate it.「感謝します／どうもありがとうございます」→ 541

○「この仕事が終わったら手伝うことができる」という申し出に対する応答として，感謝の言葉である④ I appreciate it を選ぶ。

971. Thank you for your time.
「お時間をいただきありがとうございました」→ 540

Plus 空所の後の文の without A「A がなければ」は仮定法の表現。そのため，主節では助動詞の過去形 couldn't + have done という形が用いられている。

✕ ②，③，④はそれぞれ **Don't mention it**.「どういたしまして」，**It's a piece of cake**.「朝めし前です」，**Don't work at a snail's pace**.「のろのろとしたペースで仕事をしないでください」の意味。

972. Thank you for doing ... .「…してくれてありがとう」→ 540

○ Thank you for の後に動名詞が続くように，③ for asking を選ぶ。

973. Sorry, (but) A is out now[at the moment].
「すみませんが，A はただいま外出中です」

○ 面会したいと言う A に対して，「申し訳ありませんが」と謝罪しているので，② out now を選び，外出中であることを伝えると自然な流れになる。

969 ①　970 ④　971 ①　972 ③　973 ②

450　**4 会話表現**

KEY POINT ▷ 193

974
☐☐☐
A : Can I eat the last piece of cake?
B : (　　　). I'm so full.
① No kidding　② Go ahead　③ Maybe not　④ I can't

975
☐☐☐
A : Why don't we go to see a movie next Sunday?
B : (　　　)? I'm free this weekend.
① What for　② Like when　③ How could you　④ Why not

976
☐☐☐
A : (　　　) make a hotel reservation.
B : Sure. I'll do that after lunch.
① I might　　　② I'd like to
③ I'd like you to　④ I hope you to

KEY POINT ▷ 194

977
☐☐☐
A : Are you for or against the plan?
B : I definitely (　　) to it.
① disagree　② deny　③ object　④ refuse

978
☐☐☐
A : Don't you think his speech was wonderful?
B : (　　　) I wasn't very impressed by it. He could have done a better job, considering his skills.
① I'm afraid　② I feel good　③ As follows　④ It's fortunate

---

974 A : 最後に残ったケーキを食べてもいいですか。
　　B : どうぞ。私はとてもお腹いっぱいです。
975 A : 次の日曜日に映画を見に行きませんか。
　　B : いいですね。今週末は時間が空いています。
976 A : ホテルの予約をしてもらいたいのですが。
　　B : わかりました。それはランチの後にいたします。
977 A : あなたはその計画に賛成ですか，それとも反対ですか。
　　B : それには絶対反対です。
978 A : 彼のスピーチは，すばらしかったと思いませんか。
　　B : 残念ながら，あまり感銘を受けませんでした。彼の能力を考えると，もっとうまくできたはず です。

KEY POINT ▷ 193   許可・依頼

974. Go ahead.「さあ，どうぞ」

[Plus] 命令文の形で許可を示す表現。
[Plus] 類似表現には **Certainly**. / **Sure**. / **All right**. / **Yes, of course**. などがある。

975. Why not?「いいですとも」

○ **Why don't we ...?**「…しませんか」という誘いに同意する④ Why not が正解。

976. I'd like you to do「あなたに…していただきたいのですが」

✗ ② I'd like to do「…したいです」との違いに注意。また，hope は後に「目的語 + to do」の形をとることができないため，④は誤り。→ 482

KEY POINT ▷ 194   賛成・反対

977. object to A「A に反対です」→ 577

○ 空所の後の to につながるのは③ object のみ。
✗ ①，②，④はそれぞれ **disagree with A**「A に反対である」，**deny A**「A を否定する」，**refuse** A「A を断る／拒絶する」と使う。

978. I'm afraid S + V ...「残念ながら…です」

○ 空所の後の「あまり感銘を受けなかった」という否定的な内容につながる① I'm afraid を選ぶ。
[Plus] **I'm afraid S + V ...** の S + V の部分には否定的な内容がくる。

---

974 ②　**975** ④　**976** ③　**977** ③　**978** ①

『 Ｔ Ａ Ｒ Ｇ Ｅ Ｔ 』一 覧

本体収録の『TARGET』(1～118)一覧です。何度も読んで
文法・語法情報の確認や復習に役立ててください。

TARGET 1　現在時制が表すもの

1. **不変の真理**　The earth **goes** around the sun.（地球は太陽のまわりを回る）
2. **現在の習慣**　Jack **plays** tennis after class every day.（ジャックは毎日放課後にテニスをする）
→ 1
3. **現在の状態**　I **live** in this town.（私はこの町に住んでいます）

TARGET 2　原則として過去時制で用いる副詞表現

● yesterday「昨日」→ 2 　● ... ago「…前」● last ...「この間の…／昨…」
● then「その時に」● just now「今しがた／たった今」● When ...?「いつ…したか」
● when I was six years old「私が6歳のとき」などの過去を明示する副詞節など

TARGET 3　原則として進行形にしない動詞

●知覚状態を表す動詞

see「…が見える」　hear「…が聞こえる」　feel「…を感じる」
smell「…のにおいがする」　taste「…の味がする」

●心理状態を表す動詞

like「…が好きである」　love「…を愛する」　hate「…を嫌う」
know「…を知っている」　understand「…を理解する」　believe「…を信じる」
want「…が欲しい」

●その他の状態を表す動詞

belong「所属する」(→ 8)　resemble「…に似ている」　depend「頼る」
need「…を必要とする」　include「…を含む」　contain「…を含む」
consist「成り立つ，ある」　exist「存在する」　have「…を持っている，所有している」
possess「…を所有する」

* have は「…を持っている」の意味では進行形にしないが，「…を食べる」の意味では
進行形にできる。

* smell が「…のにおいをかぐ」の意味の場合，taste が「…の味見をする」の意味の場
合は進行形にできる。

* listen, look, watch は進行形にできる。

『TARGET』一覧　453

TARGET 4　when 節と if 節の見分け ― 副詞節か名詞節かの区別

● when 節のケース

(1) 副詞節「…するとき」― when は時を表す副詞節を導く接続詞 → 18

　　when 節内が未来のことでも，現在形を用いる。

　　I'll call you when she **comes** home.（彼女が帰宅したら，あなたに電話します）

(2) 名詞節「いつ…するか」― when は名詞節を導く疑問副詞

　　when 節内が未来のことであれば，will を用いる。

　　I don't know when she **will come** home.（彼女がいつ帰宅するかわかりません）
　　S　　V　　　　　O

● if 節のケース

(1) 副詞節「もし…すれば」― if は条件を表す副詞節を導く接続詞

　　if 節内が未来のことでも，現在形を用いる。

　　I'll stay home if it **rains** tomorrow.（明日雨が降れば私は家にいます）

(2) 名詞節「…するかどうか」― if は名詞節を導く接続詞（= whether）→ 19, 376

　　if 節内が未来のことであれば，will を用いる。通例，動詞や be sure の目的語で用いら
　　れる。

　　I don't know if it **will rain** tomorrow.（明日雨が降るかどうかわかりません）
　　S　　V　　　O

TARGET 5　「…して～（時間）になる」の表現

以下の英文は，伝わる内容はほぼ同意と考えてよい。

(1) It **has been**[is] three years *since* he died. → 20

(2) Three years **have passed** *since* he died.

(3) He **died** three years *ago*.

(4) He **has been dead** *for* three years.

*(1)～(3) は，ほかの「…して～になる」の表現に一般化することが可能だが，(4) は die
の形容詞 dead の場合のみ成り立つ表現。

TARGET 6　by 以外の前置詞と結びつく慣用表現

● be interested in A「A に興味がある」→ 33

Paul **is interested in** astronomy.（ポールは天文学に興味がある）

● be covered with A「A に覆われている」

The top of the desk **was covered with** dust.

（その机の上は，ほこりで覆われていた）

● be caught in A「A（雨や交通渋滞など）にあう」→ 34

We **were caught in** a traffic jam during rush hour on Friday.

（私たちは金曜日のラッシュアワーで交通渋滞にあった）

● be satisfied with A「A に満足している」

They **were satisfied with** their new house.（彼らは新しい家に満足していた）

TARGET 7　be known の後の前置詞句

● be known to A「A（人）に知られている」

This song **is known to** all Japanese.

（その歌はすべての日本人に知られている）

● be known for A「A で知られている」

British people **are known for** their love of nature.

（イギリス人は自然を愛することで知られている）

● be known as A「A として知られている」→ 35

He **is known as** a jazz pianist.

（彼はジャズピアニストとして知られている）

● be known by A「A で見分けられる」

A tree **is known by** its fruit.

（果実を見れば木の良し悪しがわかる ＝ 人は行為によって判断される）

TARGET 8　「確信度」の順位

●「話者の確信度」は must が一番高く，could が一番低い。（左から右へ「確信度」が下がる）

must / will / would / ought to / should / can / may / might / could

＊ can は「理論上の可能性」。may は「単なる推量」で 50％の「確信度」。

TARGET 9　may / can / must

(1) may
　　① 「…かもしれない」→ 42　② 「…してもよい」→ 45
　　③ （否定文で）「…してはいけない」
　　④ 「S が…でありますように」（May ＋ S ＋ 原形 …! の形で）

(2) can
　　① 「…できる」　② 「…でありうる」　③ （疑問文で）「はたして…だろうか」
　　④ （否定文で）「…のはずがない」→ 44　⑤ 「…してもよい（＝ may）」→ 46

(3) must
　　① 「…に違いない」→ 43 （⇔ cannot 「…のはずがない」）
　　② 「…しなければならない」（⇔ not have to / need not / don't need to 「…する必要はない」）
　　③ （否定文で）「…してはいけない」→ 47

TARGET 10　should do と ought to do → 52

(1) should do / ought to do　① 「…すべきだ」　② 「当然…するはずだ」
(2) should not do / ought not to do 「…すべきでない」

＊(1) の② 「当然…するはずだ」の用例は，以下を参照。
　He has left home now. He **should**[**ought to**] get to the office in an hour.
　（彼は今，家を出たところです。1 時間で会社に着くはずです）

TARGET 11　「助動詞＋have done」の意味

(1) must have done 「…したに違いない」→ 62
(2) can't[cannot / couldn't] have done 「…したはずがない」→ 63
(3) could have done 「…したかもしれない」
(4) may[might] have done 「…したかもしれない」→ 64
(5) may[might] not have done 「…しなかったかもしれない」
(6) needn't[need not] have done 「…する必要はなかったのに（実際はした）」
(7) should have done 　　{ ① 「…すべきだったのに（実際はしなかった）」→ 65
　　ought to have done 　　{ ② 「当然…した［している］はずだ」
(8) should not have done 　　{ 「…すべきではなかったのに（実際はした）」
　　ought not to have done 　　{
(9) would like to have done / would have liked to do 「…したかったのだが（実際はできなかった）」

TARGET 12 後に「that + S(+should)+原形」の形が続く動詞・形容詞

(1) 動詞
- insist「主張する」
- demand「要求する」→ 66
- require「要求する」
- request「懇願する」
- order「命令する」
- propose「提案する」
- suggest「提案する」
- recommend「勧める」 など

(2) 形容詞
- necessary「必要な」
- essential「不可欠な」
- important「重要な」
- right「正しい」
- desirable「望ましい」 など

*過去時制でも that 節中の「should + 原形」または「原形」は変化しない。

TARGET 13 助動詞を含む慣用表現

(1) cannot ... too 〜＝ cannot ... enough 〜「どんなに〜しても…しすぎることはない」→ 67

(2) cannot help doing ＝ cannot help but do ＝ cannot but do
　　① 「…せずにはいられない」→ 68，② 「…せざるをえない」

(3) may well do　① 「…するのも当然だ」，② 「おそらく…するだろう」
　　① You **may well** complain about the treatment.
　　　（あなたがその扱いに対して不平を言うのは当然だ）
　　② It **may well** rain tonight.
　　　（おそらく今晩，雨が降るだろう）

(4) might[may] as well do ... as do 〜「〜するくらいなら…する方がよい／〜するのは…するようなものだ」
　　We **might as well** walk home **as** try to catch a taxi here.
　　（ここでタクシーを拾おうとするくらいなら，歩いて家に帰った方がいい）

(5) might[may] as well do 「…してもいいだろう／…する方がいいだろう」→ 69

TARGET 14 疑問詞 + to 不定詞の意味

- how to do 「…する方法［仕方］，どのように…すべきか」→ 84
- where to do 「どこに［で／に］…すべきか」
- when to do 「いつ…すべきか」
- what to do 「何を…すべきか」
- which to do 「どれを…すべきか」
- what A to do 「何の A を…すべきか」
- which A to do 「どの A を…すべきか」

『TARGET』一覧　457

TARGET 15　副詞用法の不定詞の意味と用法

(1) 目的「…するために／…する目的で」→ 85

We must practice hard **to win the game**.

（その試合に勝つために，私たちは一生懸命練習しなければならない）

(2) 感情の原因「…して」→ 88

I was very glad **to hear the news**. （その知らせを聞いて，とてもうれしかった）

(3) 判断の根拠「…するなんて／…するとは」

He must be rich **to have such a luxury watch**.

（そんな高級腕時計を持っているなんて，彼は金持ちに違いない）

(4) 結果「その結果…する」

She grew up **to be a famous scientist**. （彼女は大きくなって有名な科学者になった）

(5) 条件「…すれば」

To hear her talk, you would take her for an American.

（彼女が話すのを聞けば，君は彼女をアメリカ人だと思うだろう）

(6) 形容詞の限定「…するには」

This river is dangerous **to swim in**. （この川は泳ぐには危険だ）

この構造の場合，主語の this river が前置詞 in の意味上の目的語となっている。原則として，以下の形式主語構文に変換できる。

It is dangerous to swim in this river.

TARGET 16　独立不定詞

- to tell (you) the truth 「本当のことを言うと」
- to be frank (with you) 「率直に言えば」
- so to speak[say] 「言わば」
- to begin[start] with 「まず／第一に」
- to be sure 「確かに」
- to do A justice 「A を公平に評価すると」
- to make matters worse 「さらに悪いことには」
- to say the least (of it) 「控え目に言っても」→ 97
- strange to say 「奇妙な話だが」
- not to say A 「A とは言わないまでも」
- needless to say 「言うまでもなく」
- to say nothing of A 「A は言うまでもなく」→ 96
  = not to speak of A / not to mention A

TARGET 17 「be + to 不定詞」の用法

(1) 予定・運命「…する予定だ／…することになっている」 → 98

We **are to meet** Mr. Tanaka tomorrow morning.

(私たちは明日の朝, 田中さんと会う予定です)

(2) 意図・目的「…するつもり（なら）／…するため（には）」（if 節で使われることが多い）

If you **are to succeed**, you must work hard.

(成功したいなら, 一生懸命働かなければならない)

(3) 可能「…できる」（to be done と受動態になっている場合が多い）

The umbrella **was not to be found**.

(傘は見つからなかった)

(4) 義務・命令「…すべきだ／…しなさい」

You **are to come** home by five.

(5 時までに帰ってらっしゃい)

TARGET 18 to do ではなく to doing となる表現

- look forward to A[doing] 「A[…すること]を楽しみに待つ」 → 112
- be used[accustomed] to A[doing] 「A[…すること]に慣れている」 → 113
- object to A[doing] 「A[…すること]に反対する」

My son objected to being treated like a child.

(私の息子は子ども扱いされることを嫌がった)

- devote A to B[doing]

「A を B[…すること]にささげる／A を B[…すること]に充てる」

I plan to devote my summer vacation to studying English.

(私は夏休みを英語の勉強に充てるつもりです)

- come near (to) doing 「もう少しで…するところだ」

I came near to being run over by a car.

(私はもう少しで車にひかれるところだった)

- when it comes to A[doing] 「話が A[…すること]になると」

When it comes to running, John is definitely the best in our class.

(走ることとなると, ジョンは間違いなくクラスで一番だ)

- What do you say to A[doing]? = What[How] about A[doing]? → 115

「A はいかがですか[…しませんか]」

『TARGET』一覧　459

TARGET 19　(in) doing が後に続く表現

- be busy (in) doing 「…することに忙しい」
  She **is** very **busy (in) doing her homework**.
  （彼女は宿題するのにとても忙しい）
- spend A (in) doing 「…するのに A（時間・お金）を使う」
  I usually **spend two hours (in) doing my homework**.
  （私はいつも宿題をするのに 2 時間使います）
- have difficulty[trouble] (in) doing 「…するのに苦労する」 → 117
- have no difficulty[trouble] (in) doing 「…することが容易だ／難なく…する」
  He **has no difficulty (in) remembering names**.
  （彼は人の名前を容易に覚えられる）
- There is no use[point / sense] (in) doing 「…しても無駄だ」 → 116, 256

TARGET 20　動名詞を用いた慣用表現

- There is no doing 「…できない」 → 118　= It is impossible to do
- feel like doing 「…したい気がする」 → 119　= feel inclined to do
- on doing 「…すると同時に／…するとすぐに」 → 120　= As soon as S + V …
- in doing 「…するときに／…している間に」　= when[while] S + V …
- It goes without saying that S + V … 「…は言うまでもないことだ」 → 121
  = Needless to say, S + V … (→ TARGET 16 参照)

TARGET 21　慣用的な分詞構文

- frankly speaking 「率直に言えば」
- generally speaking 「一般的に言えば」
- strictly speaking 「厳密に言えば」
- roughly speaking 「おおざっぱに言えば」
- talking[speaking] of A 「A と言えば」
- judging from A 「A から判断すると」
- seeing (that) S + V … 「…なので」
- depending on A 「A に応じて／A 次第で」
- weather permitting 「天気がよければ」
- such being the case 「そのような事情なので」
- considering A 「A を考慮に入れると」
- considering (that) S + V … 「…（ということ）を考慮に入れると」
- given A 「A を考慮に入れると／A だと仮定すると」
- given (that) S + V … 「…を考慮に入れると／…と仮定すると」
- granting[granted] (that) S + V … 「仮に…だとしても」
- provided[providing] (that) S + V … 「もし…なら」
- suppose (that) S + V … 「もし…なら」
- supposing (that) S + V … 「もし…なら」
- all things considered 「あらゆることを考慮に入れると」 → 143

TARGET 22　原級を用いたその他の慣用表現

- as ＋ 原級 ＋ as possible ＝ as ＋ 原級 ＋ as S can「できるだけ…」→ 157
- not so much A as B「A というよりむしろ B」→ 156
- as ＋ 原級 ＋ as any（＋単数名詞）「どれにも［どの〜にも］劣らず…」

This bag is **as good as any** I have used.

（このバッグは私が使ってきたどのバッグにも劣らずよい）

*最上級に近い意味になることに注意。

- as many A（A は複数名詞）「同数の A」

She found five mistakes in **as many lines**.

（彼女は 5 行で 5 か所の間違いを見つけた）

- as many as A「A も（多くの数の）」→ 159
- as much as A「A も（多くの量の）」

Some baseball players earn **as much as three million dollars** a year.

（1 年に 300 万ドルも稼ぐ野球選手もいる）

*as many as A と同意の表現だが，as much as A は A が「量」的に多いことを表すため，A には金額・重さなどを表す名詞がくることに注意。

- like so many A（A は複数名詞）「さながら A のように」

The boys were swimming in the pond **like so many** frogs.

（少年たちはまるでカエルのように池で泳いでいた）

- as ＋ 原級 ＋ as ever lived「かつてないほど／並はずれて」

He was **as** great a scientist **as ever lived**.

（彼は並はずれて偉大な科学者だった）

- as good as ＋ 形容詞「…も同然である」

The man who stops learning is **as good as** dead.

（学ぶことをやめる人間は死んだも同然だ）

- not so much as do「…すらしない」

He **couldn't so much as write** his own name.

（彼は自分の名前すら書けなかった）

- without so much as doing「…すらしないで」

He left **without so much as saying** "Thank you."

（彼は「ありがとう」すら言わないで出て行った）

『TARGET』一覧　461

TARGET 23　比較級，最上級の強調表現

●比較級を強調する表現

● much → 163　● even　● lots
● far　　　　　● by far　● a great[good] deal
● still　　　　● a lot

●最上級を強調する表現

● by far → 183　● far　● much　● very

*ただし，very は「the very ＋ 最上級 ＋ 単数名詞」の語順になることに注意。

She is **by far** the best swimmer in her class.
= She is **the very** best swimmer in her class.
（彼女はクラスでずば抜けて泳ぎがうまい）

TARGET 24　no ＋ 比較級 ＋ than A から生まれた no more than A など

なかなか覚えにくい表現のようだが，問題 168 で扱った「not ＋ 比較級 ＋ than A」と「no ＋ 比較級 ＋ than A」の違いを認識していれば容易。

● not more than A「多くとも A ← A 以上ではない」= at most A
● not less than A「少なくとも A ← A 以下ではない」= at least A
● no more than A「わずか A ／ A しかない」→ 170（← ① A と同じだが，② more の反対（少ない）という視点から）= only A
● no less than A「A も（たくさん）」→ 171（← ① A と同じだが，② less の反対（多い）という視点から）= as many as A（数の場合），as much as A（量の場合）
● no fewer than A「A も（たくさん）」= as many as A（数に関して）

TARGET 25　比較級を用いたその他の慣用表現

● more than A「A より多い」

More than a thousand people attended the international conference.

（千人を超える人が，その国際会議に出席した）

● less than A「A 足らずの　←　A より少ない」

Jim recovered from the cold in **less than a day**.

（ジムは 1 日足らずで風邪から回復した）

● 比較級 ＋ and ＋ 比較級「ますます…」

More and more Japanese are visiting Hawaii.

（ハワイを訪れる日本人がますます多くなっている）

● no[little] better than A「A にすぎない／A も同然」

He is **no better than a beggar**.

（彼は物ごいにすぎない［同然だ］）

● more or less「多かれ少なかれ／いくぶん」

He is **more or less** familiar with the subject.

（彼はそのことに多少なりとも通じている）

TARGET 26　ラテン比較級

● be inferior to A「A より劣っている」
● be superior to A「A より優れている」→ 176
● be senior to A「A より先輩だ／A より年上だ」
● be junior to A「A より後輩だ／A より年下だ」
● be preferable to A「A より好ましい」

TARGET 27　senior，junior の名詞用法

senior「先輩／年長者」，junior「後輩／年少者」という名詞として用いる表現がある。

He is senior to me. = He is my **senior**.　　　= I am his **junior**.

（彼は私の先輩だ／彼は私より年上だ）　　（私は彼の後輩だ／私は彼より年下だ）

『TARGET』一覧　463

TARGET 28　最上級と同じ意味を表す原級・比較級表現

- Mt. Fuji is the highest of all the mountains in Japan.（最上級）

（富士山は日本で一番高い山だ）

= No other mountain in Japan is so[as] high as Mt. Fuji.（原級）

= No other mountain in Japan is higher than Mt. Fuji.（比較級）

= Mt. Fuji is higher than any other mountain in Japan.（比較級）→ 184

*最上級表現の場合は「(the) ＋ 最上級 ＋ of ＋ 複数名詞」の形で「〜の中で最も…」の意味になることが多い。この場合「of ＋ 複数名詞」が文頭に来る場合もあるので注意。(→ Of all the mountains in Japan, Mt. Fuji is the highest.)

- Time is the most precious thing of all.（最上級）

（時はすべての中で一番貴重である）

= Nothing is so[as] precious as time.（原級）→ 185

= There is nothing so[as] precious as time.（原級）

= Nothing is more precious than time.（比較級）

= There is nothing more precious than time.（比較級）

= Time is more precious than anything else.（比較級）

TARGET 29　関係代名詞

先行詞 ＼ 格	主格	所有格	目的格
人	who[that]	whose	who(m)[that]
人以外	which[that]	whose	which[that]

*目的格の関係代名詞は省略されることがある。
*who と which は主格と目的格を兼ねることに注意。

TARGET 30　That is why ... と That is because ...

(1) That is why[the reason why / the reason] ...「そういうわけで…」

The train was delayed. **That's why** I was late for school.

（電車が遅れていたんです。そういうわけで学校に遅刻しました）

(2) That is because ...「それは…だからです」

I was late for school. **That's because** the train was delayed.

（私は学校に遅刻しました。それは, 電車が遅れていたからです）

*原因と結果を述べる順序がまったく逆になる点に注意。

TARGET 31　関係代名詞 as を用いた慣用表現

- as is usual with A 「A にはいつものことだが」
- as is often the case with A 「A にはよくあることだが」→ 214
- as is evident from A 「A から明らかなように」
- as so often happens 「よくあることだが」
- as might have been expected 「期待されたように」

TARGET 32　仮定法過去の基本形

<u>If ＋ S ＋ 動詞の過去形 …</u>, <u>S′ ＋ would / could / might / should ＋ 動詞の原形 ～</u>.
　　　　　if 節　　　　　　　　　　　　　主節

「もし S が…するなら，S′ は～するだろう（に）」→ 223, 224

* if 節内の be 動詞は原則として were を用いる（今では単数扱いの主語の場合は was が使われることもある）。

* if 節内の動詞表現が「助動詞の過去形＋動詞の原形」となり，助動詞の意味が含まれる場合がある。

　　If I could get a tourist visa, I would go there.
　　（私は観光ビザをとることができるのなら，そこに行くでしょう）

* 主節の助動詞に should を用いるのは主にイギリス英語で，原則として 1 人称主語（I, we）の場合のみ。

TARGET 33　仮定法過去完了の基本形

<u>If ＋ S ＋ 動詞の過去完了形(had done) …</u>, <u>S′ ＋ would / could / might / should ＋ have done ～</u>.
　　　　　if 節　　　　　　　　　　　　　　　主節

「もし S が…したなら，S′ は～しただろう（に）」→ 225, 226

* if 節内の動詞表現が「助動詞の過去形 ＋ have done」となり，助動詞の意味が含まれる場合がある。

* 主節の助動詞に should を用いるのは主にイギリス英語で，原則として 1 人称主語（I, we）の場合のみ。

『TARGET』一覧　**465**

TARGET 34　if S should do ..., と if S were to do ...,

● if S should do ..., で if 節を表す表現は，if S were to do ...,とほぼ同意だが，前者は，主節に助動詞の過去形だけでなく，助動詞の現在時制が用いられる場合も多い。また，主節が命令文になることもある。→ 229

If anything should happen, **please let me know immediately**.

（もし何かあれば，すぐに私に知らせてください）

● if S should do ..., は「まずありえないだろう」という話者の判断を表す表現なので，未来[現在]の実現性の低いことを仮定する場合には用いるが，実現性のないことを仮定する場合には用いない。例えば，「息子が生きているなら 20 歳になっているだろう」は If my son were alive, he would be twenty years old. と表現できるが，（×）If my son should be alive, ... とすることはできない。

TARGET 35　S wish ＋ 仮定法

(1) S wish ＋ S′ ＋動詞の過去形（仮定法過去）... . → 230

「S は S′ が…すればよいのにと思う（現在の事実と反対の事柄の願望）」

(2) S wish ＋ S′ ＋動詞の過去完了形（仮定法過去完了）... . → 231

「S は S′ が…すればよかったのにと思う（過去の事実と反対の事柄の願望）」

(3) S wish ＋ S′ would[could] do ...

「S は S′ が（これから）…してくれれば[できれば]と思う」

（現在への不満と通例，期待感の薄い願望）

I wish it **would** stop raining.（（雨は降りやみそうではないが，）やんでくれればと思う）

TARGET 36　if 節の代用

(1) without A / but[except] for A「A がなければ／A がなかったら」→ 238

Without your advice, I would have failed.

（君の助言がなかったら，私は失敗していただろう）

(2) with A「A があれば／A があったら」

With a little more time, I could have helped you.

（もう少し時間があったら，君を手伝うことができたのだが）

(3) otherwise「そうしなかったら／さもなければ」→ 239

I wrote to my parents; **otherwise** they would have worried about me.

（私は両親に手紙を書いた。さもなければ両親は私のことを心配しただろう）

(4) ... ago「…前なら」

Ten years ago, I would have followed your advice.

（10 年前だったら，あなたの忠告に従っていたでしょう）

(5) 不定詞に仮定の意味

To hear him talk, you would take him for an American.

（彼が話すのを聞くと，彼をアメリカ人だと思うでしょう）

(6) 主語に仮定の意味 → 243

A wise person would not say such a thing in company.

（賢い人なら，人前でそんなことは言わないでしょう）

TARGET 37　「How ＋ 形容詞・副詞」で問う内容

- how far →「距離」
- how long →「時間の長さ・物の長さ」→ 267
- how large →「大きさ・広さ」
- how often →「頻度・回数」
- how much →「金額・量」
- how soon →「時間の経過」→ 249

*「how ＋ 形容詞・副詞」で形容詞・副詞の程度を問う表現は多いが，上記は特に重要なもの。

『TARGET』一覧　**467**

TARGET 38　その他の知っておきたい疑問文

● What ... for?「何のために…なのか」
What did you come here today **for**?
（今日は何のために，こちらに来たのですか）

● What do you think about[of] A?「A をどう思いますか」
What do you think about this movie?
（この映画について，どう思いますか）

● What becomes of A?「A はどうなるのか」
No one knows **what has become of her family** since then.
（それから彼女の家族がどうなったのか誰も知らない）

● Why don't you do ...?「…したらどうですか」= Why not do ...?
Why don't you give your parents a call once in a while?
= **Why not give your parents a call** once in a while?
（たまには，ご両親に電話をしたらどうですか）

TARGET 39　さまざまな付加疑問

● 肯定文の付加疑問（一般動詞）
All the students understood the lecture, **didn't they**?
（学生たちはみんな講義を理解しましたよね）

● 肯定文の付加疑問（助動詞）
He can speak English, **can't he**?
（彼は英語を話せますよね）

● 否定文の付加疑問（一般動詞）→ 257
Some people don't have any place to sleep, **do they**?
（寝る場所がない人もいるのですよね）

● 否定文の付加疑問（完了形の動詞）
You have never been there, **have you**?
（一度もそこに行ったことはないですよね）

● 肯定の命令文の付加疑問は，「..., will[won't] you?」
Please say hello to your family, **will[won't] you**?
（ご家族の皆さんによろしくお伝えくださいね）

● Let's ... の付加疑問は，「..., shall we?」
Let's play tennis, **shall we**?
（テニスをしましょうよ）

TARGET 40　強制的に倒置が生じる場合

(1) never[little] など否定語が文頭にきた場合 → 258

Never have I read such an interesting story.

（こんなにおもしろい話は読んだことがない）

(2) 否定の副詞表現が文頭にきた場合

At no time must the door be left unlocked.

（どんな時でもドアの鍵を開けたままにしておいてはいけない）

(3) only のついた副詞（句／節）が文頭にきた場合

Only then did I know how glad she was.

（その時になって初めて彼女がどんなに喜んでいるかがわかった）

(4) not only ... but also ～が文と文を結んで，not only が文頭にきた場合

Not only did he ignore what they had said, **but** he **also** lied to them.

（彼は彼らの言ったことを無視しただけでなく，彼らにうそもついた）

(5) 否定語のついた目的語「not a (single) ＋ 単数名詞」が文頭にきた場合

Not a merit did I find in his plan.

（彼の計画には何一つ利点を見いだせなかった）

TARGET 41　代名詞（形容詞）を用いる部分否定，全体否定の表現

	部分否定	全体否定
2人（2つ）	not ... both	neither ... not ... either
	どちらも…というわけではない	どちらも…でない
3人（3つ）以上	not ... all → 272 not ... every	none ... no ＋ 名詞 not ... any → 271
	すべてが…というわけではない	どれも…でない

TARGET 42　部分否定の重要表現

- not necessarily 「必ずしも…というわけではない」
- not always 「いつも[必ずしも]…というわけではない」
- not exactly 「必ずしも…というわけではない」
- not altogether[completely / entirely] 「まったく[完全に]…というわけではない」

TARGET 43　強意の否定表現

(1) not (...) at all = not (...) in the least[slightest] / not (...) a bit 「決して[少しも／まったく]…ない」

I'm **not** tired **at all**[**in the least** / **in the slightest**].

（私は決して疲れていません）

(2) just[simply] not 「まったく…ない」

I **just**[**simply**] can't understand why he did so.

（彼がなぜそんなことをしたのか，私はまったくわかりません）

* not (...) just[simply] は「単なる［単に］…でない」の意味。

He is **not just** a friend of mine.

（彼は単なる友人ではない）

TARGET 44　強い否定「決して…ない」を表す副詞句

- by no means (= not ... by any means)
- in no way (= not ... in any way)
- in no sense (= not ... in any sense)
- on no account (= not ... on any account)
- under no circumstances (= not ... under any circumstances)

* 上記表現が文頭にくると強制倒置が生じることに注意。→ TARGET 40

TARGET 45　far from A と free from A の区別

- far from A 「決して A ではない」→ 278 = anything but A

His answer was **far from** satisfactory to us.

= His answer was **anything but** satisfactory to us.

（彼の答えは私たちには決して満足のいくものではなかった）

- free from A 「A がない」→ 279 = without A

Your composition is **free from** mistakes.

= Your composition is **without** mistakes.

（君の作文には間違いがありません）

TARGET 46　remain to be done など

We have not solved the problem. （私たちはまだその問題を解決していない）

= The problem **remains to be solved**. → 280

= The problem **is**[**has**] **yet to be solved**.

= We **have**[**are**] **yet to solve** the problem. → 281

TARGET 47 注意すべき強調構文

(1) It is not until ... that ～「…して初めて～する」→ 290

It was **not until** Tom came to Japan **that** he learned it.

（トムは日本に来て初めて，それを知った）

(2) 疑問詞 ＋ is it that (＋ S) ＋ V ...?（疑問詞を強調した強調構文）→ 291

What **was it that** he was doing then?

（彼がその時やっていたのは，いったい何だったのだろうか）

*間接疑問にすると，以下のように「疑問詞＋ it is that (＋ S) ＋ V ...」の語順になる。

I want to know **what it was that** he was doing then.

（彼がその時やっていたのはいったい何だったのか，私は知りたい）

TARGET 48 「形式目的語 it ＋ that 節」の形をとる慣用表現

● depend on[upon] it that 節「…するのをあてにする」

● take it that 節「…だと思う／…だと解読する」

● have it that 節「…だと言う」(= say that 節) → 307

● see (to it) that 節「…するように気をつける」

TARGET 49 「人称代名詞」

		主格	所有格	目的格	所有代名詞
1 人称	単数	I	my	me	mine （私のもの）→ 308
	複数	we	our	us	ours （私たちのもの）
2 人称	単数	you	your	you	yours （あなたのもの）
	複数	you	your	you	yours （あなたたちのもの）
3 人称	単数	he	his	him	his （彼のもの）
		she	her	her	hers （彼女のもの）
		it	its	it	—
	複数	they	their	them	theirs （彼らのもの）

*it の所有代名詞はない。

『TARGET』一覧　471

TARGET 50　相関的に用いる不定代名詞

(1) one ―― the other → 321

(2) some ―― the others → 323
（one ―― the other の複数形のパターン）

(3) one ―― another → 322, 325

(4) some ―― others[some] → 324
（one ―― another の複数形のパターン）

*「残りすべて」は the others（1 つなら the other）と考えればよい。

TARGET 51　most, almost all を含む表現

(1) most ＋ 名詞（→ 328）= almost all ＋ 名詞（→ 329）「（限定されない）大半の…」

(2) most of the[one's] ＋ 名詞（→ 330）= almost all (of) the[one's] ＋ 名詞（→ 331）「（限定された特定の）…の大半」

TARGET 52　so と not － that 節の代用表現

(1) think, believe, expect, guess, suppose は次の 2 通りの表現が可能。→ 332, 333
I don't suppose so. = I suppose not.「そうでないと思う」

(2) hope と be afraid には，直接 not を続ける形しかない。
I hope not.「そうでないことを望む」（×）I don't hope so.
I'm afraid not.「残念ながらそうでないと思う」（×）I'm not afraid so.

TARGET 53　something／nothing を用いた定型表現

(1) have nothing to do with A「A と何の関係もない」→ 334

(2) have something to do with A「A と何らかの関係がある」

(3) There is something ＋ 形容詞 ＋ about A.「A にはどことなく…なところがある」

(4) There is something wrong[the matter] with A.「A はどこか調子が悪い」→ 337

(5) There is nothing like A.「A ほどよいものはない」
= There is nothing better than A.

TARGET 54　再帰代名詞

人称 ＼ 数	単数	複数
1 人称	myself	ourselves
2 人称	yourself	yourselves
3 人称	himself / herself / itself	themselves

TARGET 55　「前置詞 + 再帰代名詞」の慣用表現

- by oneself (= alone)「ひとりで」→ 343
- to oneself「自分だけに」→ 344
- for oneself「独力で／自分のために」
- in itself / in themselves「それ自体／本質的に」
- in spite of oneself「思わず」
- between ourselves「ここだけの話だが」
- beside oneself (with A)「(A で) 我を忘れて」→ 345

TARGET 56　相関的表現が主語の場合

(1) 複数扱いするもの（A and B が主語の場合，一般に複数扱い）
- both A and B「A も B も」

(2) 原則として B に一致させるもの
- not A but B「A ではなく B」
- not only A but (also) B「A だけではなく B もまた」→ 352
- either A or B「A か B かどちらか」
- neither A nor B「A も B も…ない」→ 353

(3) 原則として A に一致させるもの
- A as well as B「B だけでなく A も」= not only B but (also) A

TARGET 57　A に動詞を一致させるもの

- most of A「A の大半」→ 330
- half of A「A の半分」
- some of A「A のいくらか」
- all of A「A のすべて」
- the rest of A「A の残り」
- 分数 + of A → 354

TARGET 58　等位接続詞を用いた相関表現

- both A and B「A も B も」→ 371
- not A but B「A ではなく B」→ 372 = B, (and) not A
- not only A but (also) B「A だけでなく B もまた」(= B as well as A)
- either A or B「A か B のどちらか」→ 373
- neither A nor B「A も B も…ない」→ 374

  = not ... either A or B

  = not ... A or B

*原則として A, B には文法的に対等な表現がくる。

『TARGET』一覧　473

TARGET 59　名詞節を形成する接続詞 that と関係代名詞 what

接続詞 that と関係代名詞 what はいずれも名詞節を形成するが，次の違いがある。

● 接続詞 that：that 以下は完結した文。
● 関係代名詞 what：what 以下は名詞表現が欠落した文（what 自体が，節内で名詞の働き
をするため）。

(1) My uncle knows (　　　　) I want this bicycle.
（私のおじは私がこの自転車を欲しがっていることを知っている）
(2) My uncle knows (　　　　) I want.
（私のおじは私が欲しいものを知っている）

＊(1) は空所の後が完結した文であるため，接続詞 that が入る。(2) は空所の後が want
の目的語が欠落した文であるため，what が入る。what は，節内で want の目的語と
して名詞の働きをしている。

TARGET 60　同格の that 節をとる名詞

●後ろに that 節をとる動詞の名詞形（「動詞 ＋ that 節」⇒「名詞 ＋ that 節」）

● demand「要求」　　● suggestion「示唆, 提案」　● conclusion「結論」　● report「報告」
● assertion「主張」　● order「命令」　　　　● supposition「仮定」　● claim「主張」
● belief「考え」　　　● recognition「認識」　　● proposal「提案」　　● thought「考え」
● proposition「提案」● hope「希望」　　　　● request「提案」　　● dream「夢」

●その他の名詞

● idea「考え」　　　● possibility「可能性」　● news「知らせ」　● opinion「意見」
● theory「理論」　　● rumor「うわさ」　　● impression「印象」● evidence「証拠」
● chance「見込み」● fact「事実」 **→ 375**

TARGET 61　接続詞 the moment など

as soon as S ＋ V …「…するとすぐに」（**→ 385**）と同様の意味・用法を持つ接続詞に，以
下のものがある。

● the moment S ＋ V … **→ 386**　● the minute S ＋ V …　● directly S ＋ V …（英）
● the instant S ＋ V …　　　　● immediately S ＋ V …（英）

TARGET 62　... hardly ... when 〜など

「…するとすぐに〜」の意味を表す相関表現は，以下のように整理して押さえておくとよい。

(1) ...　$\left\{\begin{array}{l} \text{hardly} \\ \text{scarcely} \end{array}\right\}$ ...　$\left\{\begin{array}{l} \text{when} \\ \text{before} \end{array}\right\}$ 〜

(2) ... no sooner ... than 〜

* 主節動詞（…）に過去完了，従節動詞（〜）に過去形を用いて，過去の内容を表すことが多い。

* hardly, scarcely, no sooner は否定語だから，文頭にくると主語と動詞は倒置（疑問文の語順）になる。→387

* なお，(1) で hardly, scarcely ではなく not を用いて，had not done ... before[when] 〜の形になると，「…しないうちに〜する」の意味となる。

I had **not** gone far **before** it began to rain.
（遠くまで行かないうちに雨が降りだした）

TARGET 63　time を用いた接続詞

● the first time 「初めて…するときに」
The first time I met her, I liked her at once.
（彼女に初めて会ったとき，すぐに好きになった）

● (the) next time 「次に…するときに」
* 節内が「未来」のことであれば，the をつけない。
Next time I come, I'll bring along my children.
（今度来るときには子どもたちを連れてきます）

● the last time 「最後に…するときに」
The last time I met him, he looked tired.
（最後に彼に会ったとき，彼は疲れて見えた）

● any time / anytime 「…するときはいつも」
Come and see me, **any time** you want to.
（私に会いたいときはいつでも会いにきてください）

● every time[each time] 「…するときはいつも／…するたびに」→388
Every time we go on a picnic, it rains.
（私たちがピクニックに行くたびに雨が降る）

TARGET 64　動詞から派生した条件節を導く表現

以下はいずれも if S + V ...「もし…ならば」の意味を表す表現。

- provided (that) S + V ...
- supposing (that) S + V ...
- providing (that) S + V ...
- suppose (that) S + V ... → 389

*（×）supposed (that) S + V ... の形はない。誤答選択肢に使われることがあるので注意すること。

TARGET 65　接続詞 as の用法

(1) 原因・理由の as「…なので」→ 411

Let's go by car, **as** I have a car.（車があるから，車で行きましょう）

(2) 様態の as「…するように／…するとおりに」

He sang **as** she did. = He sang **the way** she did.（彼は彼女の歌うとおりに歌った）

*この as は the way でも表現できることも押さえておきたい。

(3) 比例の as「…するにつれて／…するにしたがって」→ 406

As one grows older, one becomes wiser.（人は年をとるにつれて，賢くなる）

(4) 時の as「…するとき／…しながら／…したとたんに」

He went out just **as** I came in.（ちょうど私が入ってきたとき，彼は出て行った）

* when や while よりも同時性が強い。

(5) 譲歩の as「…だけれども」→ 395

Tired **as** he was, he went on working.（疲れていたけれども，彼は働き続けた）

*譲歩を表すのは，「形容詞／副詞／無冠詞名詞 + as + S + V ...」の形の場合に限られる。

(6) 限定の as「…のような」

Language **as** we know it is a human invention.

（私たちの知っているような言語は人間が創り出したものです）

*直前の名詞の意味を限定する。it は language を受ける。

TARGET 66　時を表す in / on / at

(1) in ―「幅のある期間（年／季節／月）」に用いる。
- in 2020「2020 年に」　● in July「7 月に」
- in (the) spring「春に」

(2) on ―「日（曜日／日付）」に用いる。
- on Tuesday「火曜日に」→ 413
- on September 10(th)「9 月 10 日に」

(3) at ―「時の 1 点（時刻）」に用いる。
- at seven o'clock「7 時に」

*不特定で一般的な朝・午後・夜などを morning, afternoon, evening で表す場合は, in the morning / in the afternoon / in the evening など in を用いる。

*他方, 特定の朝・午後・夜などや形容詞で修飾する場合には, 例えば on the morning of June 25th / on a cold morning / on Sunday afternoon などのように on を用いる。→ 412

*night の場合は, 不特定で一般的な「夜」なら at night を用いるが, cold などの形容詞で修飾する場合には on a cold night と表現する。

TARGET 67　場所を表す in / on / at

(1) in ―①「空間」(space)をイメージする比較的広い場所の中であること, ②何かで囲まれた「内部」を示す。→ 420
　① in Japan「日本で」, ② in the park「その公園で」

(2) on ―①「面」(surface)に接触していること, ②「近接」を示す。→ 422
　① on the wall「壁に」, ② a village on the lake「湖のほとりの村」

(3) at ―①「点」(point)をイメージする比較的狭い場所であること, ②「地点」を示す。→ 420
　① at the corner「角で[に]」, ② at the door「ドアのところで」

TARGET 68　具体的な交通・通信手段を表す表現

①小型の乗り物　――――　in our car(→ 433), in the elevator
②大型の乗り物　――――　on the train, on our ship
③またがる乗り物　――　on my bicycle, on his motorcycle
④通信手段　――――――　on the (tele)phone(→ 432), on the radio, on the Internet

『TARGET』一覧　477

TARGET 69　動詞 ＋ A ＋ 前置詞 ＋ the ＋ 身体の一部
- seize[catch / hold] A by the arm「A の腕をつかむ」→439
- shake A by the arm「A の腕をゆさぶる」
- touch A on the head「A の頭に触れる」
- hit A on the head「A の頭をたたく」
- slap A on[in] the face「A の顔を平手打ちする」
- kiss A on the cheek「A のほおにキスをする」
- tap A on the shoulder「A の肩を軽くたたく」
- look A in the eye(s)「A の目を見る」
- stare A in the face「A の顔をじっと見る」　など

*この用法の look，stare は他動詞で at が不要なことに注意。

TARGET 70　目的語に動名詞をとり，不定詞はとらない動詞
- mind「…するのを気にする」→452
- miss「…しそこなう」
- enjoy「…するのを楽しむ」→453
- escape「…するのを逃れる」
- give up「…するのをあきらめる」→454
- admit「…するのを認める」
- avoid「…するのを避ける」→458
- finish「…するのを終える」→455
- practice「…する練習をする」
- put off「…するのを延期する」
- postpone「…するのを延期する」
- stop「…するのをやめる」→456
- consider「…するのを考慮する」→457
- deny「…するのを拒否する」　など

TARGET 71　目的語に不定詞をとり，動名詞はとらない動詞
- afford「…する余裕がある」→461
- attempt「…しようと試みる」
- decide「…することに決める」
- hope「…することを望む」→459
- intend「…するつもりである」
- offer「…することを申し出る」
- promise「…する約束をする」など
- manage「どうにか…する」→463
- wish「…することを願う」
- fail「…することを怠る／…しない」→460
- hesitate「…するのをためらう」
- pretend「…するふりをする」→462
- refuse「…するのを断る」

*基本的には未来志向の動詞が多い。

TARGET 72　目的語が不定詞と動名詞で意味が異なる動詞

- remember to do「…することを覚えておく／忘れずに…する」→ **464**
- remember doing「…したことを覚えている」→ **465**
- forget to do「…することを忘れる」→ **466**
- forget doing「…したことを忘れる」→ **467**
- regret to do「残念ながら…する」
- regret doing「…したことを後悔する[残念に思う]」→ **470**
- mean to do「…するつもりである」= intend to do
- mean doing「…することを意味する」→ **471**
- need to do「…する必要がある」
- need doing「…される必要がある」= need to be done → **472**
- go on to do「（異なることを）さらに続けて…する」
- go on doing「（同じことを）…し続ける」
- try to do「…しようとする」→ **468**
- try doing「試しに…してみる」→ **469**
- stop to do「…するために立ち止まる」
  - *この場合の stop は自動詞，to do は「目的」を表す不定詞の副詞用法。
- stop doing「…することをやめる」→ **456**

TARGET 73　get[have] A done

(1)（使役）「**A** を…してもらう[させる]」

I'm going to **get[have]** this bicycle **repaired**.（私はこの自転車を修理してもらうつもりです）

(2)（受身・被害）「**A** を…される」

She **got[had]** her wallet **stolen**.（彼女は財布を盗まれた）

(3)（完了）「（自分が）**A** を…してしまう」

You have to **get[have]** your homework **done** by tomorrow.

（明日までに宿題を終わらせなさい）

『TARGET』一覧　479

TARGET 74　「V＋A＋do」の形をとる動詞

- make A do「A に…させる」→ 477
- have A do「A に…してもらう[させる]」→ 474
- let A do「A に…させてやる」→ 478
- help A (to) do「A が…するのを手伝う[するのに役立つ]」→ 479

*help は help A do, help A to do の両方の形がある。

- see A do「A が…するのを見る」
- look at A do「A が…するのを見る」
- watch A do「A が…するのを見守る」
- hear A do「A が…するのが聞こえる」
- listen to A do「A が…するのを聞く」
- feel A do「A が…するのを感じる」

TARGET 75　動詞 help がとる形

- help A to do ＝ help A do「A が…するのを手伝う／A が…するのに役立つ」→ 479
  He **helped me (to) change** tires.（彼は私がタイヤの交換をするのを手伝ってくれた）
- help A with B「A（人）の B を手伝う」
  I will **help** you **with** your homework.（宿題を手伝ってあげましょう）
- help to do ＝ help do「…するのに役立つ／…するのを手伝う」→ 480
  I **helped (to) clear** the table after dinner.（私は食後の片づけを手伝った）

TARGET 76 入試でねらわれる「V + A + to do」のパターンをとる動詞

- allow A to do「A が…するのを許す」→ 483
- advise A to do「A に…するように忠告する」
- ask A to do「A に…するように頼む」
- cause A to do「A が…する原因となる」
- compel A to do「A に…することを強制する」
- drive A to do「A を…するように追いやる／駆り立てる」
- enable A to do「A が…するのを可能にする」→ 484
- encourage A to do「A が…するように励ます[けしかける]」→ 485
- expect A to do「A が…すると予期する[思っている]」→ 482
- force A to do「A に…することを強制する」→ 486
- invite A to do「A に…するよう勧める」
- leave A to do「A に…することを任せる」
- lead A to do「A に…するようにし向ける」
- like A to do「A に…してもらいたい」
- permit A to do「A が…するのを許す」
- persuade A to do「A を説得して…させる」
- remind A to do「A に…することを気づかせる」
- require A to do「A に…するように要求する」
- tell A to do「A に…するように言う」
- urge A to do「A が…することを強く迫る」
- want A to do「A に…してほしい」
- warn A to do「A に…するよう警告する[注意する]」

TARGET 77 「V + A + to do」の形をとらない注意すべき動詞

以下の動詞は英作文などで「V + A + to do」の形で使いがちな動詞。択一式の問題でも，誤答選択肢として頻出。

- admit「認める」
- demand「要求する」
- explain「説明する」
- excuse「許す」
- propose「提案する」
- hope「希望する」→ 459, 482
- forgive「許す」
- suggest「提案する」→ 487
- prohibit「禁ずる」
- inform「知らせる」
- insist「主張する」

『TARGET』一覧　481

TARGET 78 「S + V + C［形容詞］」の形をとる動詞

- feel「…のような感触を持つ／…と感じられる」→ 489
- look「…に見える」
- appear「…のように思われる［見える］」
- go「…になる」→ 492
- lie「…の状態にある」
- stay「…の（状態の）ままでいる」→ 490
- become「…の状態になる」
- smell「…のにおいがする」
- turn out「…とわかる／…と判明する」
- come true「実現する」（慣用表現として押さえる）→ 493
- seem「…のように思われる［見える］」
- sound「…に聞こえる」
- turn「…になる」
- remain「…の（状態の）ままでいる」
- get「…の状態になる」
- taste「…の味がする」→ 491
- prove「…とわかる／…と判明する」

TARGET 79 「go ＋形容詞」の代表例

- go bad「（食べ物が）腐る」
- go bankrupt「破産する」
- go flat「パンクする」
- go astray「迷子になる」
- go blind「目が見えなくなる」
- go mad「正気でなくなる」
- go wrong「故障する／うまくいかない」→ 492
- go sour「すっぱくなる」
- go bald「はげる」
- go blank「うつろになる」

TARGET 80 自動詞と間違えやすい他動詞

- approach A「A に近づく」→ 496
- reach A「A に着く」
- enter A「A の中に入る」
- attend A「A に出席する」
- discuss A「A について議論する」→ 494
- mention A「A について言及する」→ 495
- oppose A「A に反対する」
- answer A「A に答える」
- marry A「A と結婚する」→ 498
- inhabit A「A に住む」
- resemble A「A と似ている」→ 497
- obey A「A に従う」
- search A「A の中を捜す」
- survive A「A より長生きする／A を切り抜けて生き残る」　など

TARGET 81　他動詞と間違えやすい自動詞

- apologize (to A) for B「(A に) B のことで謝る」→ 499
- complain (to A) about[of] B「(A に) B について不満を言う」→ 500
- argue with A (about B)「(B について) A と口論する」→ 501
- graduate from A「A を卒業する」
- enter into A「A (議論など) を始める」
- search for A「A を捜す」　など

TARGET 82　二重目的語をとる do

- do A good「A のためになる」= do good to A（good は名詞で「利益」）
- do A harm「A の害になる」= do harm to A（harm は名詞で「害」）→ 502
- do A damage「A に損害を与える」= do damage to A
- do A a favor「A の頼みを聞き入れる」→ 503

*上記の左側の表現は文脈から明らかな場合は A が省略されることもある。

TARGET 83　二重目的語をとる注意すべき動詞

- cost A B「A に B (費用) がかかる／A に B (犠牲など) を払わせる」→ 504, 505
- take A B「A が (…するのに) B を必要とする」→ 506
- save A B「A の B を節約する／A の B を省く」→ 508
- spare A B「A に B を割く／A の B を省く」→ 509
- allow A B「A に B を割り当てる」
- offer A B「A に B を提供する」
- cause A B「A に B をもたらす」
- leave A B「A に B を残して死ぬ／A に B を残す」
- deny A B「A に B を与えない」
- charge A B「A に B (お金) を請求する」→ 507
- owe A B「A に B を借りている[負っている]」
- lend A B「A に B を貸す」
- loan A B「(利子をとって) A に B を貸す」
- wish A B「A に B を祈る」
- envy A B「A の B をうらやましく思う」　など

『TARGET』一覧　483

TARGET 84　意外な意味を表す自動詞 do / pay / sell / read / last / work

(1) do は自動詞で用いられると「十分である／間に合う」の意味になる → 512。

This place **will do** for playing baseball.（この場所は野球をするのには十分だろう）

(2) pay は自動詞で用いられると「利益になる／割に合う」の意味になる → 510。

Honesty sometimes does not **pay**.（正直は時として割に合わないことがある）

(3) sell は自動詞で用いられると「売れる」の意味になる。

This car should **sell** at a high price.（この車は高値で売れるはずだ）

(4) read は自動詞で用いられると「解釈される／読める」の意味になる。

This document can **read** in different ways.（この文書は違ったふうにも解釈できる）

(5) last は自動詞として，期間を表す副詞(句)を伴って「(もの・ことが) **ある期間続く／**
(物・食べ物などが) **ある期間長持ちする**」の意味を表す → 511。

(6) work は自動詞として，しばしば well などの様態を表す副詞を伴い，work (well) の形で
「(計画などが) **うまくいく／**(薬などが) **効き目がある**」の意味を表す。

Practically, the plan did not **work well**.（その計画は，事実上，うまくいかなかった）

TARGET 85　自動詞と他動詞で紛らわしい動詞

- (自) lie「横になる／…のままである」《活用》lie-lay-lain-lying → 514
- (他) lay「…を横たえる／…を置く／(卵など) を産む」《活用》lay-laid-laid-laying
- (自) lie「うそをつく」《活用》lie-lied-lied-lying

- (自) sit「座る」《活用》sit-sat-sat-sitting
- (他) seat「…を座らせる」《活用》seat-seated-seated-seating

- (自) rise「上がる／昇る」《活用》rise-rose-risen-rising → 513
- (他) raise「…を上げる／…を育てる」《活用》raise-raised-raised-raising → 515

- (自) arise「生じる」《活用》arise-arose-arisen-arising
- (他) arouse「…を目覚めさせる／…を刺激する」《活用》arouse-aroused-aroused-arousing

TARGET 86 tell / say / speak / talk の用法

(1) tell「…に話す」── 基本的には他動詞
- tell A B = tell B to A「A に B を話す」
- tell A about B「B について A に話す」
- tell A to do「A に…するように言う」
- tell A that 節 [wh 節]「A に…ということを言う」 → 518, 564

*上記の形で使える点が大きな特徴。

(2) say「…を [と] 言う」── 基本的には他動詞
- say (to A) that 節 [wh 節]「(A に) …だと言う」 → 516
- S say that 節「S（新聞／手紙／天気予報など）には…と書いてある／S によれば…」 → 517

*上記の形もとる。S say that 節の形はよくねらわれる。
*目的語に「人」をとらないことに注意。

(3) speak「話す／演説をする」── 基本的には自動詞
- speak A「A（言語／言葉／意見など）を話す」

*上記の他動詞用法もある。

(4) talk「話す／しゃべる」── 基本的には自動詞
- talk to[with] A about B「B について A と話し合う」 → 519
- talk A into doing[B]「A を説得して…させる／A を説得して B をさせる」 → 520
- talk A out of doing[B]「A を説得して…するのをやめさせる／A を説得して B をやめさせる」

* speak と言い換えができる場合も多い。
*下 2 つの他動詞用法はともに頻出。

TARGET 87 talk A into doing の同意・反意表現

- talk A into doing = persuade A to do「A を説得して…させる」 → 520

　　　　⇕

- talk A out of doing = persuade A not to do「A を説得して…するのをやめさせる」
　　　　　　　　　　= dissuade A from doing
　　　　　　　　　　= discourage A from doing → 533, **TARGET 90**

TARGET 88 「S + V + A + of + B」の形をとる動詞 (1) ─ of =「関連」の of

- inform A of B「A に B のことを知らせる」 → 524
- remind A of B「A に B のことを思い出させる」 → 522
- convince A of B「A に B のことを確信させる」 → 525
- persuade A of B「A に B のことを納得させる」
- warn A of B「A に B のことを警告する」
- suspect A of B「A に B の嫌疑をかける」

『TARGET』一覧　485

TARGET 89 「S＋V＋A＋of＋B」の形をとる動詞(2) — of＝「分離・はく奪」の of

- deprive A of B「A から B を奪う」→ 526
- rob A of B「A から B を奪う」→ 527
- strip A of B「A から B をはぎ取る」
- clear A of B「A から B を取り除いて片づける」→ 528
- cure A of B「A から B を取り除いて治す」→ 529
- rid A of B「A から B を取り除く」
- relieve A of B「A から B を取り除いて楽にする」
- empty A of B「A から B を取り出して空にする」

TARGET 90 「S＋V＋A＋from doing」の形をとる動詞

- prevent[stop / hinder] A (from) doing「A が…するのを妨げる」→ 530
  * from がしばしば省略されるので注意。
- keep A from doing「A が…するのを妨げる」→ 531
  * こちらの from は省略されることがない。
- prohibit[forbid / ban] A from doing「A が…するのを禁じる」→ 532
- discourage[dissuade] A from doing「A が…するのを思いとどまらせる」→ 533

TARGET 91 「S＋V＋A＋with＋B」の形をとる動詞

- provide A with B「A に B を供給する」→ 534 ＝ provide B for A
- supply A with B「A に B を供給する」＝ supply B to[for] A
- serve A with B「A に B を供給する」＝ serve B to A
- present A with B「A に B を贈る[与える]」＝ present B to A
- furnish A with B「A に B を備える[備えつける]／A に B を提供[供給]する」→ 535
- equip A with B「A に B を備えつける」
- share A with B「A を B と分かち合う，A を B に話す」→ 536
- compare A with B「A を B と比較する」＝ compare A to B
- identify A with B「A を B と同一視する[関連づける]」

TARGET 92 「S ＋ V ＋ A ＋ for ＋ B」の形をとる動詞

- blame A for B「BのことでAを非難する」→ 537
- criticize A for B「BのことでAを非難する」
- punish A for B「BのことでAを罰する」
- scold A for B「BのことでAを叱る」
- excuse A for B「BについてAを許す」
- forgive A for B「BについてAを許す」
- admire A for B「BのことでAを称賛する」
- praise A for B「BのことでAをほめる」
- reward A for B「BのことでAに賞を与える」
- thank A for B「BのことでAに感謝する」→ 540
- respect A for B「BのことでAを尊敬する」

TARGET 93 「BのことでAを非難する／Aを告発する／Aに責任を負わせる」を表す動詞

(1)「BのことでAを非難する」
- blame A for B → 537
- criticize A for B
- accuse A of B → 538
- charge A with B

(2)「BのことでAを告発する」
- charge A with B → 539
- accuse A of B

(3)「BのことでAに責任を負わせる」
- blame A for B
- blame B on A

TARGET 94 「S ＋ V ＋ A ＋ to ＋ B」の形をとる動詞

- owe A to B「AについてはBのおかげである」
- take A to B「AをBに持っていく[連れていく]」→ 542
- bring A to B「AをBに持ってくる[連れてくる]」→ 543
- transfer A to B「AをBへ移す」
- introduce A to B「AをBに紹介する」→ 544
- leave A to B「AをBに任せる」
- assign A to B「A（仕事など）をBに割り当てる」
- attribute A to B「AをBのせいにする／AをBの原因に帰する」
- contribute A to B「AをBに寄付する[与える]」
- add A to B「AをBに加える」
- drive A to B「AをBの状態に追いやる」
- expose A to B「AをB（風雨・危険など）にさらす」

『TARGET』一覧　487

TARGET 95　「貸す」「借りる」を表す動詞

- borrow A (from B)「(B から) A を無料で借りる」→ 547
- rent A「A（家など）を有料で借りる[貸す]／一時的に A（車など）を有料で借りる」
- use A「A（トイレ・電話など）を一時的に借りる／A を利用する」
- owe A B = owe B to A「A に B（お金）を借りている」→ 548, 549
- lend A B = lend B to A「A に B を貸す」→ 548
- loan A B = loan B to A「（利子をとって）A に B（お金）を貸す」

TARGET 96　many / much / few / little の用法と意味

意味 ＼ 用法	(1) 可算名詞（数えられる名詞）につけて「数」を表す。(2) 名詞は複数形になる。	(1) 不可算名詞（数えられない名詞）につけて「量」「程度」を表す。(2) 名詞の形は変わらない。
たくさんの	many → 572	much → 571
ほとんど…ない（否定的）	few → 570	little → 568
少しの（肯定的）	a few → 569	a little → 567
かなりたくさんの	quite a few → 575 not a few	quite a little not a little

TARGET 97　感情表現の他動詞の現在分詞から派生した分詞形容詞

- amazing「驚嘆すべき ← 人を驚嘆させる」
- astonishing「驚くばかりの ← 人をびっくりさせる」
- surprising「驚くべき ← 人を驚かせる」→577
- exciting「刺激的な ← 人をわくわくさせる」→579
- thrilling「ぞくぞくするような ← 人をぞくぞくさせる」
- interesting「おもしろい ← 人に興味を引き起こさせる」→578
- pleasing「楽しい ← 人を喜ばせる」
- satisfying「満足のいく ← 人を満足させる」
- moving「感動的な ← 人を感動させる」→585
- touching「感動的な ← 人を感動させる」
- boring「退屈な ← 人を退屈させる」→583
- disappointing「期待はずれな ← 人を失望させる」→581
- tiring「きつい ← 人を疲れさせる」→588
- annoying「うるさい，いやな ← 人をいらいらさせる」
- irritating「いらだたしい ← 人をいらいらさせる」
- confusing「わけのわからない ← 人を混乱させる」
- embarrassing「当惑させるような／まごつかせるような ← 人を当惑させる」→589
- frightening「恐ろしい ← 人を怖がらせる」
- shocking「衝撃的な ← 人をぎょっとさせる」

『TARGET』一覧　489

TARGET 98　感情表現の他動詞の過去分詞から派生した分詞形容詞

- amazed「驚嘆して ← 驚嘆させられて」
- astonished「びっくりして ← びっくりさせられて」
- surprised「驚いて ← 驚かされて」
- excited「興奮して／わくわくして ← 興奮させられて」→580
- thrilled「ぞくぞくして ← ぞくぞくさせられて」
- interested「興味があって ← 興味を引き起こされて」→607
- pleased「喜んで／気に入って ← 喜ばされて」→586
- satisfied「満足して ← 満足させられて」
- moved「感動して ← 感動させられて」
- touched「感動して ← 感動させられて」
- bored「退屈して ← 退屈させられて」→584
- disappointed「失望して ← 失望させられて」→582
- tired「疲れて ← 疲れさせられて」
- annoyed「いらいらして ← いらいらさせられて」
- irritated「いらいらして ← いらいらさせられて」
- confused「混乱して ← 混乱させられて」→587
- embarrassed「当惑して／きまりの悪い ← 当惑させられて」
- frightened「おびえて ← 怖がらせられて」
- shocked「ぎょっとして ← ぎょっとさせられて」

*これらの過去分詞から派生した分詞形容詞が，「S ＋ V（be 動詞など）＋ C」の形の C（主格補語）で用いられるのは，原則として S（主語）が「人」のときである。

TARGET 99　似たつづりで意味が異なる形容詞

- alike「よく似て」→ 590
  likely「ありそうな」
- childlike「子どもらしい」
  childish「子どもっぽい／幼稚な」
- economic「経済の」→ 598
  economical「経済的な／無駄のない」
- forgettable「忘れられやすい」
  forgetful「(人が) 忘れっぽい」
- historic「歴史上有名な」
  historical「歴史の」
- industrial「産業の」
  industrious「勤勉な」
- manly「男らしい」
  mannish「(女性が) 男っぽい」
- sensitive「敏感な／傷つきやすい」→ 592
  sensible「分別のある」
- sleepy「眠い」
  asleep「眠って」
- imaginable「想像できる」
  imaginary「想像上の」→ 596
  imaginative「想像力に富んだ」

TARGET 100　叙述用法（補語となる用法）でしか用いない形容詞

- afraid「恐れて」
- ashamed「恥じて」
- content「満足して」
- alike「よく似て」→ 590
- asleep「眠って」
- liable「責任があって」
- alive「生きて」→ 591
- awake「目が覚めて」
- alone「ひとりで／孤独な」
- aware「気づいて」　　など

TARGET 101　「可能」「不可能」を表す形容詞

able[unable], capable[incapable], possible[impossible] の用法は次の形で押さえておく。

- be able[unable] to do → 601

  He is (un)able to do the job.（彼はその仕事をすることができる[できない]）
- be capable[incapable] of doing → 600

  He is (in)capable of doing the job.（彼はその仕事をすることができる[できない]）
- It is possible[impossible] for A to do → 600

  It is (im)possible for him to do the job.（彼がその仕事をすることは可能だ[不可能だ]）

- respectable「立派な」
  respective「めいめいの」
  respectful「礼儀正しい／敬意を表して」→ 593
- alive「生きて（いる）」→ 591
  lively「活発な／生き生きとした」
- considerate「思いやりのある」
  considerable「かなりの」
- favorite「お気に入りの」
  favorable「好都合の／好意的な」→ 595
- healthy「健康な」
  healthful「健康によい」
- invaluable「非常に価値のある」
  valueless「価値のない」
- regrettable「（事が）残念で／遺憾で」
  regretful「（人が）後悔して／残念で」
- social「社会の／社交界の」
  sociable「社交的な」
- successful「成功した」→ 594
  successive「連続の」
- literate「読み書きのできる」
  literal「文字通りの」
  literary「文学の」

TARGET 102　high[low] や large[small] を用いる名詞

(1) high[low] を用いる名詞
- salary「給料」　　● price「価格」　　● wage「賃金」　● pay「報酬」
- interest「利子」　● income「収入」　● cost「費用」など

(2) large[small] を用いる名詞
- population「人口」　● crowd「群衆」　● audience「聴衆／観衆」→ 604
- amount「量」　　　● number「数」　　● sum「金額」　● salary「給料」
- income「収入」　　など

TARGET 103　yet / already / still の用法

(1) yet の用法

● yet は否定文で「まだ（…していない）」の意味を表す。yet の位置は**文尾**。文語では**否定語の直後**。→611

He hasn't arrived here **yet**. = He hasn't **yet** arrived here.
（彼はまだここに到着していません）

● yet は**疑問文**で「もう（…しましたか）」の意味を表す。

Has the mail carrier come **yet**?（郵便屋さんはもう来ましたか）

(2) already の用法

● already は**肯定文**で用いて「すでに（…した）」という**完了**の意味を表す。→612

He has **already** arrived here.（彼はすでにここに到着しました）

● already は**否定文・疑問文**で「もう／そんなに早く」といった**意外・驚き**の意味を表す。否定文の場合は，付加疑問がつくことも多い。

She hasn't come **already**, has she?（まさかもう彼女が来たのではないでしょうね）
Have you finished your homework **already**?（もう宿題をやってしまったのですか）

(3) still の用法

● still は**肯定文・疑問文**で「まだ（…している）」という**継続**の意味を表す。→613

Somebody came to see you an hour ago and is **still** here.
（1時間前に，誰かがあなたを訪ねてきて，まだここにいます）

● still は**否定文**で用いて「まだ（…していない）」という**否定の状態の継続を強調**する意味を表す。still の位置は**否定語の前**。

You **still** haven't answered my question.（あなたはまだ私の質問に答えていません）

● **文頭**の still は接続詞的に用いられ，前述の内容を受け「それでも（やはり）」の意味を表す。→614

She turned down his marriage proposal twice. **Still** he didn't give up.
（彼女は彼のプロポーズを2回断った。それでも彼はあきらめなかった）

TARGET 104　hardly[scarcely] / rarely[seldom] / almost の用法

(1) hardly[scarcely] の用法

● hardly[scarcely] は「**程度**」を表す準否定語で「ほとんど…ない」の意味。

I was so sleepy then that I **hardly**[**scarcely**] remember the story of the movie.
（そのときはとても眠かったので，私はその映画の筋をほとんど覚えていない）

(2) rarely[seldom] の用法

● rarely[seldom] は「**頻度**」を表す準否定語で「めったに…ない」の意味。

My father **rarely**[**seldom**] goes to the movies.（私の父はめったに映画に行きません）

(3) almost の用法

● almost は否定の意味は含まない。「ほとんど…」の意味。

I **almost** always have popcorn at the movies.
（私は映画館でほとんどいつもポップコーンを食べます）

『TARGET』一覧　493

TARGET 105　「動詞＋(名詞と間違えやすい) 副詞」の重要表現

- go abroad「外国に行く」→ 638
- go overseas「海外へ行く」→ 623
- go downstairs「下の階へ行く」
- go downtown「町へ行く」
- go outdoors「屋外[野外]に行く」
- come[go] home「帰宅する」→ 637
- get home「家に (帰り) 着く」
- live nextdoor to A「A の隣に住む」
- play upstairs「上の階で遊ぶ」
- stay indoors「家[室内]にいる」

TARGET 106　'ly' の有無によって意味の異なる副詞

'ly' なし	'ly' あり
great「順調に／うまく」	greatly「大いに／非常に」
hard「一生懸命に」→ 624	hardly「ほとんど…ない」
high「(物理的に) 高く／高いところに」	highly「非常に／ (比喩的に) 高く」
just「ちょうど」	justly「公正に」
late「遅く」	lately「最近」
most「最も」	mostly「たいていは」
near「近くで」	nearly「危うく (…するところ)」→ 622
pretty「かなり (形容詞の前で)」	prettily「きれいに」
sharp「きっかりに」	sharply「鋭く」

TARGET 107　副詞 much の強調用法

- The taxi driver was driving **much** **too fast**. (too ... の強調) → 629
  (そのタクシー運転手はあまりにも速度を出しすぎていた)
- **Much** **to my joy**, he helped me carry my luggage. (前置詞句の強調)
  (とてもうれしいことに，彼は私の荷物を運ぶのを手伝ってくれた)
- His room is **much** **larger** than mine. (比較級の強調)
  (彼の部屋は私の部屋よりもずっと大きい)
- This is **much** **the best** way. (最上級の強調)
  (これがずばぬけて一番よい方法だ)

TARGET 108　at first / first(ly) / for the first time の用法

(1) at first「初めのうちは／最初は」→ 630

I was nervous **at first**, but I got relaxed soon.
(初めのうちは緊張していたが，すぐに落ち着いた)

(2) first(ly)「(順序を意識して) まず第一に／まず最初に」

First I did the laundry, and cleaned my room.
(まず，私は洗濯をして，それから部屋を掃除した)

(3) for the first time「初めて」

When I met the boy **for the first time**, he was being shy.
(その少年に初めて会ったとき，彼は恥ずかしがっていた)

TARGET 109　副詞 otherwise の 3 つの用法

(1) otherwise「さもなければ」→ 239, 631

She worked hard; **otherwise** she would have failed.
(彼女は一生懸命勉強したが，そうでなければ失敗していただろう)

(2) otherwise「別のやり方で／違ったふうに」→ 632

You can arrive earlier by bus than **otherwise**.
(バスで行けば，ほかの方法よりも早く着きます)

(3) otherwise「そのほかの点では」→ 633

The collar is a little too tight, but **otherwise** it fits me.
(襟が少々きついが，そのほかの点ではぴったりだ)

『TARGET』一覧　495

TARGET 110　文と文の意味をつなぐ副詞（句）

(1) 連結・追加
- also「その上／さらに」
- besides「その上／さらに」
- moreover「その上／さらに」→ 635
- in addition「その上／さらに」
- furthermore「その上／さらに」

(2) 逆接・対立
- however「しかしながら」
- though「しかしながら」
- nevertheless[nonetheless]「それにもかかわらず」→ 634
- yet「それにもかかわらず」
- still「それでもやはり」
- all the same「それでもやはり」

(3) 選択
- or (else)「さもないと」
- otherwise「さもないと」
- instead「その代わりに／それよりも」

(4) 因果関係
- therefore「それゆえに」
- consequently「したがって／結果として」
- as a result[consequence]「結果として」
- hence「それゆえに」

(5) 説明・例示
- namely「すなわち」
- that is (to say)「つまり」
- for instance[example]「例えば」

TARGET 111　注意すべき不可算名詞

(1) 数を表すことができる不可算名詞（two pieces of A「2個の A」などの形で）
- advice「アドバイス／忠告」→ 642
- baggage「手荷物」
- luggage「手荷物」→ 646
- furniture「家具」→ 644
- work「仕事」
- housework「家事」
- homework「宿題」→ 645
- information「情報」→ 643
- equipment「装備」
- news「知らせ」
- paper「紙」
- evidence「証拠」→ 648
- scenery「風景」（scene は可算名詞）
- mail「郵便物」
- stationery「文房具」
- jewelry「宝石類」（jewel は可算名詞）
- machinery「機械（類）」→ 647　（machine は可算名詞）
- poetry「（ジャンルとしての）詩」（poem は可算名詞）

(2) 数を表すことができない不可算名詞
- damage「損害」
- harm「損害」
- fun「楽しみ」
- progress「進歩」
- traffic「交通(量)」
- weather「天候」

*日本人には数えられると思われる名詞で，英語では不可算名詞になっているものが入試では頻出。

TARGET 112　慣用的に複数形を用いる表現

- make friends with A「A と友だちになる」→ 649
- change trains「列車を乗り換える」→ 650
- change planes「飛行機を乗り換える」
- change one's shirts「シャツを着替える」
- take turns (in / at) doing「交代で…する」→ 651
- exchange business cards「名刺を交換する」
- shake hands「握手をする」　など

TARGET 113　複数形で特別な意味を持つ名詞

- be on ... terms (with A)「(A とは) …の間柄である」(terms は「間柄」の意味) → 652
- take pains「苦労する」(pains は「苦労／骨折り」の意味)
- put on airs「気取る」(airs は「気取った様子」の意味)
- a man / woman of letters「文学者」(letters は「文学」の意味)
- give A my (best) regards = give my (best) regards to A「A によろしく伝える」(regards は「よろしくというあいさつ」の意味) → 653
- be in high spirits「上機嫌である」(spirits は「気分」の意味)
- arms「武器」　● customs「関税／税関」　● forces「軍隊」
- goods「商品」　● manners「礼儀作法」　● means「資産／収入」→ 654
- works「工場」

TARGET 114　意味が紛らわしい名詞

- reservation「（ホテルなどの）予約」
  appointment「（診療・面会などの）予約」→ 656
- view「（特定の場所からの）眺め」
  scenery「風景」(不可算名詞)
- shade「日陰」
  shadow「影」
- flock「鳥や羊の群れ」
  herd「牛や馬の群れ」
  school「魚の群れ」
- habit「個人的な習慣／癖」→ 657
  custom「社会的な慣習」
- nephew「甥（おい）」→ 655
  niece「姪（めい）」
- dentist「歯医者」
  surgeon「外科医」
  physician「内科医」
- sample「（商品）見本」
  example「（人がまねる）手本／見本」
- rule「（競技での）規則／ルール」
  order「（社会の）規律／秩序」
- pessimist「悲観的な人」
  optimist「楽観的な人」
- rotation「（天体の）自転」
  revolution「（天体の）公転」
- lane「道路の車線」
  path「（公園・庭園内の）歩道」

TARGET 115 「お金」に関する名詞

- fare「乗り物の運賃」→ 669
- fee「専門職に対して支払う報酬[料金]／受験・入場・入会のための料金」
- admission「入場料」
- charge「サービスに対して支払う料金／（電気・ガスなどの）公共料金／使用料」
- rent「家賃／賃貸料」
- tuition「授業料」
- income「収入」
- expense「費用」
- cost「経費／費用」→ 670
- pay「（一般的な）報酬／手当」
- salary「給料・賃金」
- wage「給料・賃金」
- commission「手数料／歩合」
- interest「利子／利息」
- profit「利益」
- tax「税金」
- fine[penalty]「罰金」→ 671
- cash「現金」
- change「小銭／つり銭」
- check「小切手」

TARGET 116 「客」を表すさまざまな名詞

- guest「宿泊客／招待客」
- audience「（劇場などの）観客／（講演などの）聴衆」
- customer「商店の客／顧客」→ 673
- shopper「買い物客」
- client「（弁護士・建築家などの）依頼人」
- passenger「乗客」→ 672
- visitor「訪問客／来客／見舞客」
- spectator「（スポーツなどの）観客／見物人」
- patient「患者」
- buyer「（家や車など高価なものの）購入者，買い手」
- viewer「テレビの視聴者／インターネットの閲覧者」

TARGET 117 「仕事」を表すさまざまな名詞

- business「事業／職務」
- work「仕事」（不可算名詞）
- job「仕事」（可算名詞）→ 676
- labor[toil]「（work よりつらい）骨の折れる仕事」→ 674
- task「課された仕事，任務，課題」
- occupation「職業」→ 675
- profession「（一般に）職業／専門職／知的職業」→ 675
- trade「職業／商売」
- career「経歴／（生涯の）仕事」
- assignment「割り当てられた仕事／宿題」（可算名詞）

TARGET 118　対になっている衣類・器具を表す名詞

- stockings「ストッキング」
- shoes「靴」
- socks「靴下」
- pants「ズボン」→ 679
- trousers「ズボン」
- gloves「手袋」
- glasses「めがね」
- spectacles「めがね」
- scissors「はさみ」
- binoculars「双眼鏡」

対 訳 式 完 成 文 リ ス ト

Bright Stage 収録問題の完成文リストです。何度も声に出して読んで
暗唱すれば，英作文や英文読解はもちろん，英会話にも役立ちます。

第 1 章 ▷ 時 制

1 I usually go straight home after work these days.
このごろ，私は仕事の後はたいていまっすぐ家に帰る。

2 He complained about the noise to the police yesterday.
彼は昨日，その騒音について警察に苦情を伝えた。

3 Do you really think the number will grow to about 500 by the end of this year?
あなたは，その数が今年の終わりまでにおよそ500まで増えると本当に思いますか。

4 She usually listens to the radio, but at the present moment she is watching television.
彼女はいつもならラジオを聞くけれど，今はテレビを見ている。

5 We are opening a new office in the central section of Singapore in two months.
2カ月後に，シンガポールの中心部に新しいオフィスをオープンする予定です。

6 I didn't hear him say anything because I was listening to music.
私は音楽を聞いていたので，彼が言うことは何も聞こえなかった。

7 When Ken comes home from school this afternoon, his mother will be cooking roast chicken.
ケンが今日の午後に学校から帰ってくるとき，彼の母親はローストチキンを調理しているだろう。

8 Actually, he is rather conservative. That is why he belongs to that political party.
実は，彼はかなり保守的だ。だから彼はその政党に入っている。

9 A: "Are Mary and Tom still living in Tokyo?"
B: "No. They have just moved to Beijing."
A:「メアリーとトムはまだ東京に住んでいるのですか」
B:「いいえ。彼らは北京に引っ越したばかりです」

10 A: What's Danny's brother like?
B: I don't know. I have never met him before.
A: ダニーのお兄さんはどんな人ですか。
B: わかりません。今まで一度も彼に会ったことがないので。

11 We had arranged to meet at seven, but Taro was so late that, when he finally arrived, my friends and I had already had dessert.
私たちは7時に会うように取り決めていたが，タロウはかなり遅れたので，彼がやっと到着したときには，私の友人と私はすでにデザートを食べ終わっていた。

12 As soon as I shut the door, I realized I had left the key inside.
ドアを閉めるとすぐに中に鍵を置き忘れてきたことに気がついた。

13 The government report on science and technology released last month describes how technological progress will have changed people's lives by 2035.
先月発表された科学技術に関する政府の報告書は，2035年までに技術の進歩が人々の生活をどのように変えているのかについて述べている。

14 If I go to Hawaii again, I will have visited there ten times.
もう一度ハワイに行けば，私は10回そこを訪れたことになる。

15 People have been enjoying peace for ten years since the end of the regime.
その体制の終わり以来，人々は10年の間，平和を享受してきた。

16 Mr. Brown had been waiting for nearly thirty minutes when his client arrived.
顧客が到着したとき，ブラウン氏は30分近く待っていた。

17 By the end of this year, I will have been working for this bank for eight years.
今年の末には，私はこの銀行で8年間働いてきたことになる。

18 Oh, my train's arriving. I'll call you later when I have more time.
ああ，私の電車がもうすぐ来ます。後でもっと時間があるときに電話することにします。

19 I can't tell if it will rain tomorrow.
明日雨が降るかどうかわかりません。

20 It has been ten years since the two companies merged.
その2社が合併してから10年が経った。

21	Look at those black clouds up there. It's going to rain.	あの黒い雲を見て。雨が降りそうだ。
22	The rabbit my daughter has as a pet is dying because of illness.	私の娘がペットとして飼っているウサギは，病気のせいで死にかけている。
23	Next year, George will have been my boss for ten years.	来年で，ジョージは 10 年間，私の上司でいることになります。
24	When we got to the restaurant, Midori complained that she had been waiting for us for 30 minutes. However, it turns out she had arrived too early by mistake.	私たちがレストランに着いたとき，ミドリは 30 分私たちを待っていたと文句を言った。しかし，彼女が誤って早く来すぎていたことがわかった。
25	It has been 20 years since I started working for this company after graduating from college.	大学を卒業し，この会社で働き始めてから 20 年になる。
26	I consider myself a good citizen and I think it's important to know what's going on across the nation. The problem of the people in another area today may be the same ones we'll be facing here in New York next year.	私は自分のことを善良な市民であると考え，国中で何が起こっているかを知ることは大事だと考えている。別の地域に暮らす人々の今日の問題は，ここニューヨークで来年私たちが直面している問題と同じなのかもしれない。

第 2 章 ▷ 態

27	A: I tried to call Takeshi yesterday, but my call couldn't go through. B: He turned his phone off as he didn't want to be disturbed.	A：昨日，タケシに電話しようとしたんだけど，つながらなかったよ。 B：彼は邪魔されたくなかったから，電話の電源を切ったんだ。
28	A lot of food is thrown away because it is not consumed in time.	期限内に消費されないため，多くの食べ物が捨てられている。
29	The other day he was spoken to in French by a foreigner.	先日，彼は外国人からフランス語で話しかけられた。
30	Almost a million copies of the book have been sold so far.	その本は，これまでほぼ 100 万部が売れている。
31	The problem should be solved immediately.	その問題はすぐに解決されるべきだ。
32	Improvements are still being made in survey methods and practices.	調査の方法と実施については，いまだに改善がされているところだ。
33	More and more tourists from abroad are visiting Japan. Many of them are interested in Japanese manga.	海外からますます多くの観光客が日本を訪れている。彼らの多くは日本の漫画に興味を持っている。
34	I was caught in a sudden shower on my way to the station.	私は駅へ向かう途中で，にわか雨に降られた。
35	Mt. Fuji is known as "Fuji-san" in Japanese.	Mt. Fuji は，日本語では「フジサン」として知られている。
36	He was seen to go out of the room.	彼は部屋から出るのを（人に）見られた。
37	A majority of committee members were in favor of the proposal at the beginning, but now so many people are opposed to it that it is sure to be turned down.	委員会のメンバーの大半は，当初その提案に賛成だったが，今ではとても多くの人たちがそれに反対しているので，却下されることは確実だ。
38	Many more studies are being done to find the cause and treatments for this disease.	この病気の原因と治療法を見つけるために，さらに多くの研究が行われているところだ。
39	Western Sahara's natural wealth should not be utilized until the territory's future is decided.	西サハラの自然の資源は，領土の将来が決まるまでは利用すべきではない。
40	I was spoken to by a foreigner on the way to the station.	私は駅に行く途中，外国人に話しかけられた。

41 During the breeding season, each pair of birds claims and defends a nesting ground or territory. Those are established by fighting and displaying, but once established, territorial boundaries are respected by neighbors.

繁殖期の間，トリのつがいはそれぞれ巣作りの場所や縄張りを主張してそれを守る。それらは闘ったり，力を誇示したりすることによって定まるが，いったん定められると，縄張りの境界は周囲のトリたちに尊重される。

第 3 章 ▷ 助 動 詞

42 You may not believe this, but I plan to become a professional jazz musician.

信じられないかもしれませんが，私はプロのジャズ・ミュージシャンになるつもりです。

43 He must be in because I can hear his radio.

彼のラジオの音が聞こえるので，彼は中にいるに違いない。

44 You can't be serious. You must be joking.

まさか本気じゃないでしょうね。ご冗談でしょう。

45 May I speak to you?

話してもいいですか。

46 If you like, you can use this computer for your next presentation.

よろしければ，このコンピューターを次回のプレゼンテーションに使っていいですよ。

47 You must not eat or drink in the theater. It's not allowed.

劇場の中では，何かを食べたり飲んだりしてはいけません。それは認められていません。

48 We have to stay late at the office tomorrow. We are working on a big project at the moment.

私たちは明日，会社で遅くまで残業しなくてはなりません。私たちは今，大きなプロジェクトに取り組んでいるのです。

49 "Do you have to attend the meeting this afternoon?" "I don't have to, but I'd like to know more about the new committee. So I will."

「今日の午後，あなたは会議に出席する必要がありますか」「その必要はないですが，新しい委員会について詳しく知りたいんです。だから参加します」

50 You have only to let me have a glance at it.

あなたは私にそれをちょっと見せてくれるだけでいいんです。

51 Oh, it's already eleven o'clock? I've got to go home now.

ああ，もう11時ですか。すぐに帰らなければなりません。

52 It's late in the evening. I think we should go home now.

もう夜も更けました。私たちはすぐに家に帰るべきだと思います。

53 You need not tell her if you don't want to.

あなたがそうしたくなければ，彼女に話す必要はありません。

54 A: How dare you insult me!
B: Sorry, I didn't mean to. Would you forgive me?

A：よくも私にそんな失礼なことが言えますね。
B：すみません，そんなつもりはなかったんです。許していただけませんか。

55 We all tried to push the truck, but it wouldn't move. Finally, we called the car service center.

私たちはみんなでトラックを押そうとしたが，どうしても動かなかった。結局，私たちはカーサービスセンターに電話した。

56 When we were children, we would go skating every winter.

私たちが子どもだった頃，毎年冬になるとスケートに行ったものだった。

57 Before he got sick, he used to practice every day.

彼は病気になる前は，毎日練習していたものだった。

58 My brother said he would like to go to Paris, but he doesn't have enough money.

私の兄はパリに行きたいと言ったが，十分なお金を持っていない。

59 I would rather come on Sunday than on Saturday.

私は土曜日よりもむしろ日曜日に来たいと思います。

60 I'd rather not go out today.

今日はどちらかといえば出かけたくない。

61 Oh dear. It's already five o'clock and I'm late. I had better leave now.

おやまあ。もう5時で，遅くなってしまいました。私はもう出た方がいいですね。

対訳式完成文リスト　503

62	A: The window was unlocked and there is mud on the floor. B: So the thief must have come into the apartment that way.	A：窓はカギが開けられていて、床には泥がついています。 B：それなら、泥棒はそうやってアパートに入ったに違いない。
63	He can't have got lost on the way. He's come here by himself so many times.	彼が来る途中で道に迷ったはずはない。ここには一人で何度も来たことがあるんだから。
64	Taro might have been there yesterday, but nobody saw him.	タロウは、昨日そこにいたのかもしれないが、誰も彼を見かけなかった。
65	I'm sorry that I couldn't follow the very last part of her speech. I should have listened more carefully.	彼女のスピーチのまさに最後の部分を理解できなかったのが残念です。私はもっと注意深く耳を傾けるべきでした。
66	During the 1970s, many students demanded that student committees be given the power to make decisions about school rules.	1970年代に、多くの学生は、学生委員会が校則に関する決定権を与えられるよう要求した。
67	You can't be too careful of cars in crossing this street.	この通りを横切る際には、どんなに車に注意してもしすぎることはない。
68	She tried to be serious but she couldn't help laughing.	彼女は真剣になろうとしたが、笑わずにはいられなかった。
69	It takes so long by train. You might as well fly.	電車ではかなり時間がかかる。飛行機を使ってもいいだろう。
70	There was an important entrance examination last month, and I was able to pass it.	先月に大事な入試があり、合格することができた。
71	A: I can't find my passport anywhere. It must have been stolen. B: You had better do something about it right now.	A：パスポートがどこにも見つかりません。盗まれたに違いありません。 B：すぐにそれについて何かをした方がいいよ。
72	I may as well give up the attempt at once.	私は、すぐにその試みをあきらめてもいいだろう。
73	Mary must have been very proud of her son.	メアリーは、自分の息子をとても誇りに思っていたに違いない。
74	You cannot be too careful when you drive a car.	車を運転するときは、いくら注意してもしすぎることはありません。
75	An elephant should run faster than a horse — at least in theory. That's because big creatures have more of the type of muscle cells used for acceleration. Yet mid-sized animals are the fastest on Earth.	ゾウはウマよりも速く走るはずだ——少なくとも理論的には。それは、大きな生き物は加速に使われる筋肉細胞をより多く持っているからだ。しかし、地球上では中型動物が最も速い。

第 4 章 ▷ 不 定 詞

76	The president decided to put off the promotion of the new product.	社長は、新製品の宣伝を延期することにした。
77	Real wealth is to be able to avoid doing what one would rather not do.	真の豊かさとは、自分がしたくないことを避けることができることだ。
78	It is difficult for you to pass the English examination.	あなたがその英語の試験に合格することは難しい。
79	She found it impossible to believe what I said.	彼女は、私が言ったことを信じることが不可能だとわかった。
80	There is little time to finish this assignment.	この宿題を終える時間はほとんどない。
81	Who was the first person to reach the South Pole?	南極に初めて到達した人は誰ですか。

82	It is freezing outside. I felt very cold walking home. I want to have something hot to drink.	外は凍えるほど寒い。歩いて帰ったらとても寒く感じた。何か熱いものを飲みたい。
83	We have a lot of problems to deal with.	対処すべき問題はたくさんある。
84	A: Could you tell me how to get to the closest post office? B: Sure. Go straight down this street and you'll see it on the right, across from the bank.	Ａ：一番近い郵便局への行き方を教えてもらえますか。 Ｂ：もちろんです。この通りを直進すると右側に，つまり銀行の向かい側に見えるでしょう。
85	Harold went to the biggest bookstore in the town to get gifts for his friend.	ハロルドは友人への贈り物を買うために，この町でいちばん大きい書店に出かけた。
86	He had to attend night school in order to improve his computer skills.	彼はコンピューターのスキルを上達させるために，夜間学校に通わなければならなかった。
87	You should write carefully so as not to make mistakes.	ミスをしないように，注意深く書かなければいけません。
88	She will be glad to know that he had arrived safely.	彼が無事到着していたことを知れば，彼女はうれしく思うでしょう。
89	His grandfather lived to be ninety-two and was the head of the company for many years.	彼の祖父は92歳まで生き，長年にわたってその会社の会長を務めた。
90	She is rich enough to buy everything.	彼女は十分に金持ちなので何でも買える。
91	I came all the way from Hokkaido to see my aunt, only to find that she had moved.	私ははるばる北海道からおばに会いにやって来たが，結局，彼女が引っ越していたことがわかっただけだった。
92	I'll try not to think too much about the rankings.	ランキングについては，あまり考えすぎないようにします。
93	They don't seem to have been aware of the importance of the problem five years ago.	5年前，彼らはその問題の重要性を認識していなかったようだ。
94	The problem was too complex for him to handle alone.	その問題は，彼が一人で処理するには複雑すぎた。
95	I know I should go to the dentist's, but I just don't want to.	私は歯医者に行くべきだとわかっているけれど，まったく行きたくない。
96	After a sleepless night, I suffered from headaches, to say nothing of tiredness.	眠れない夜の後で，私は疲労感は言うまでもなく頭痛にも悩まされた。
97	To say the least, her knowledge of contemporary fiction surpasses that of her teacher.	控えめに言っても，現代小説についての彼女の知識は，彼女の先生の知識を上回っている。
98	On the last day of the festival this year, a violin concert is to be held at this hall.	今年の祭りの最終日には，このホールでバイオリンのコンサートが開催される予定です。
99	It goes without saying that health is above wealth. = Needless to say, health is above wealth.	言うまでもなく，健康は富に勝る。
100	I think Don is very sensitive and can understand your feelings. = I think Don is sensitive enough to understand your feelings.	ドンはとても敏感だから，あなたの気持ちを理解できると思います。 ＝ドンはあなたの気持ちを理解するのに十分敏感だと思います。
101	ACME Corporation has provided a lot of jobs to people in our community. It was clever of our local council to bring that company here.	ACME Corporation は，地域社会の人々に多くの仕事を提供した。私たちの地元の議会があの会社をここに誘致したのは賢明だった。
102	She is rich enough to buy an expensive car like that.	彼女はあのような高価な車を買えるほど金持ちだ。
103	It's important for our children to learn to be responsible and to participate in the tasks of daily life in accordance with their age and abilities.	私たちの子どもたちが責任を果たすことができるようになり，それぞれの年齢と能力に応じて日々の生活上の任務に参加することが大切です。

第 5 章 ▷ 動 名 詞

104 Eating breakfast at the university cafeteria is advertised as a good way for college students to start the day with a well-balanced meal.

大学の食堂で朝食を食べることは，大学生がバランスのとれた食事で一日を始めるよい方法だとして宣伝されている。

105 His ear trouble made hearing very difficult.

彼の耳の不調は，音の聞き取りをとても困難にした。

106 He is fond of playing soccer.

彼はサッカーをするのが大好きだ。

107 Many people say that there is no chance of winning any lottery contests, but my mother won a brand new car today!

多くの人が宝くじの抽選に当たる可能性などまったくないと言いますが，私の母は今日，新品の自動車を勝ち取ったんです！

108 I am ashamed of not knowing the answer to the question.

私はその問題の答えを知らなくて恥ずかしい。

109 It is natural for workers to complain about their salary being too low.

労働者が，給料が低すぎることについて不満を言うのは当然だ。

110 The student tried to get into the classroom without being noticed by the teacher.

その生徒は，先生に気づかれずに教室に入ろうとした。

111 As a result of not having managed the dangerous waste properly, the hospital will need to pay a large fine.

危険な廃棄物を適切に管理してこなかったことの結果として，その病院は巨額の罰金を支払う必要があるだろう。

112 A: Will you be at the meeting tomorrow?
B: Yes, I will. I look forward to seeing you again there.

A：明日，会議に出る予定ですか。
B：はい，そうします。そこでまたあなたにお会いできるのを楽しみにしています。

113 She is not used to writing formal letters.

彼女は改まった手紙を書くことに慣れていない。

114 Though she is a shy student, she seems to be getting used to speaking in class.

彼女は内気な学生だが，クラスで話すことには慣れつつあるようだ。

115 What do you say to watching a movie tonight?

今夜，映画を見ませんか。

116 There is no use getting angry about it.

そのことで腹を立てるのは無駄なことだ。

117 I have difficulty concentrating on studying because I want to watch my favorite movies on TV.

私はテレビで大好きな映画を見たいので，勉強に集中するのに苦労している。

118 There is no telling what will happen tomorrow.

何が明日起こるのかはわからない。

119 She did not feel like attending the debate.

彼女はその議論に参加したいという気にならなかった。

120 As soon as I arrived at the station, I was able to find him.
= On arriving at the station, I was able to find him.

駅に着くとすぐに，私は彼を見つけることができた。

121 It goes without saying that anyone riding a motorcycle should wear a helmet.

バイクに乗る人は誰でもヘルメットをかぶるべきなのは，言うまでもないことだ。

122 This bicycle needs fixing.

この自転車は修理が必要だ。

123 The TV program is worth watching.

そのテレビ番組は見る価値がある。

124 Language is not only a way of transmitting information but also a means of establishing social relationships.

言語は，情報を伝達する方法であるだけでなく，社会的関係を築く手段でもある。

125 We would have no difficulty finishing the task in an hour.

1時間あれば，そんな仕事も難なく片付けられるよ。

126 Please accept my apologies for not providing you with information about the change in schedule for yesterday's meeting.

あなたに昨日の会議のスケジュール変更に関する情報をさしあげなかったことを，おわび申し上げます。

| 127 | Many people seem to be looking forward to seeing the soccer game. | 多くの人が，そのサッカーの試合を見るのを楽しみにしているようだ。 |
| 128 | Most young people have difficulty contemplating their own old age or preparing for the discomfort and dependency that often accompany it. | ほとんどの若者は，自分の老年期についてじっくり考えたり，それにしばしば伴う不便や依存状態に備えたりするのに苦労する。 |

第 6 章 ▷ 分 詞

129	My bicycle is completely broken, but the shop selling new bicycles is closed today.	私の自転車はすっかり壊れているが，新しい自転車を売る店は，今日は閉まっている。
130	A: Do you know that Chris had a skiing accident? B: Yes. He had a broken leg, but I think he'll be OK.	A：クリスがスキー事故に遭ったことを知ってる？ B：うん。彼は脚を骨折したけど，よくなると思うよ。
131	He remained lying on the bed.	彼はベッドに横たわったままだった。
132	John sat surrounded by girls.	ジョンは女の子に囲まれて座っていた。
133	Professor Smith, I'm very sorry to have kept you waiting so long.	スミス教授，長い間お待たせして申し訳ありません。
134	I asked her to keep me informed of any new developments in the matter.	私は彼女に，その件に関して何か新たな進展があったらいつでも知らせてくれるように頼んだ。
135	I couldn't make myself heard above the noise of the traffic.	交通の騒音がうるさすぎて，私の声を届かせられなかった。
136	The children are outside. I can see them playing in the garden.	子どもたちは外にいる。私には彼らが庭で遊んでいるのが見える。
137	Doing exactly the same job, he understands my situation better.	まったく同じ仕事をしているので，彼は私の立場をよく理解してくれる。
138	Not knowing what to say, Travis remained silent all through the meeting.	何を言っていいのかわからなかったので，トラビスは会議中ずっと黙っていた。
139	Several former classmates gathered for lunch, having attended their high school reunion the night before.	何人かの元クラスメートがランチのために集まったが，彼らは前の晩に高校の同窓会に出席していた。
140	Seen from a distance, the rock looked like a human face.	遠くから見ると，その岩は人間の顔のように見えた。
141	It being fine, I went out for a walk with my dog.	天気がよかったので，私は犬と散歩に出かけた。
142	There being no public bus service, I had to run to catch the train as soon as possible.	公共のバス便がなかったので，私はできるだけ早く電車に乗るために走らなければならなかった。
143	All things considered, she is the best candidate for the position.	あらゆることを考慮に入れると，彼女はその役職の最善の候補者だ。
144	She said goodbye to her uncle with tears running down her cheeks. She knew that she would never see him again.	彼女は頬を涙で濡らしながら，おじに別れを告げた。彼女はもう二度と彼に会えないことを知っていた。
145	The basketball player made the free throw for the victory with only 2.2 seconds left on the clock.	そのバスケットボール選手は，残り時間わずか 2.2 秒でフリースローを投げて勝利を決めた。
146	I tried in vain to make myself heard above the noise.	騒音に負けずに私の声を届かせようとしたが，だめだった。
147	Named after the principal and most powerful of the Roman gods, Jupiter is twice as massive as all the rest of the planets in our system combined.	ローマ神話の神々の中で主要かつ最も強力な神にちなんで名づけられたのだが，木星は私たちのいる太陽系の残りの星をすべて合わせた 2 倍の大きさである。

148	Since there was no bus service, I had to walk three miles to the station. = There being no bus service, I had to walk three miles to the station.	バスの便がなかったので，私は駅まで３マイル歩かなければならなかった。
149	Not knowing what to do, they stood there.	何をしていいのかわからなかったので，彼らはそこに立っていた。
150	Approximately two-thirds of Americans believe that robots will perform most of the work currently done by human beings during the next 50 years.	アメリカ人のおおよそ３分の２は，今後50年間に，人間が現在行っている仕事の大半をロボットが行うだろうと考えている。

第 7 章 ▷ 比 較

151	My girlfriend and I were born on the same day of the same year. She is as old as I am.	僕のガールフレンドと僕は同じ年の同じ日に生まれた。彼女は僕と同じ年齢だ。
152	Osaka is not as big as Tokyo.	大阪は東京ほど大きくはない。
153	The manufacturer decided to hire twice as many temporary laborers as last year.	その製造会社は，昨年の２倍の臨時工を雇うことにした。
154	This report has taken me three times as long to write as I had imagined.	この報告書を書くのに，私が想像した３倍の時間がかかった。
155	Our new computer is about half the size of conventional ones.	私たちの新しいコンピューターは，従来のものの約半分の大きさだ。
156	A man's worth is to be estimated not so much by his social position as by his character.	人の価値は，その人の社会的地位よりも，人格によって判断されるべきだ。
157	A: How often do you visit your grandparents? B: I try to see them as much as possible.	Ａ：あなたは自分のおじいさん，おばあさんをどのくらいの頻度で訪ねますか。 Ｂ：できるだけたくさん会うようにしています。
158	Read this book as carefully as you can.	できるだけ注意深くこの本を読んでください。
159	It has been estimated that as many as one hundred thousand people took part in the demonstration.	そのデモには10万人もの人たちが参加したと推定されている。
160	Dull knives are actually more dangerous to use than sharp ones.	刃先の鈍ったナイフを使うことは，実は，鋭いものを使うより危険だ。
161	His account of the affair is more reliable than we first thought.	その出来事についての彼の説明は，我々が最初に思ったよりも信頼できる。
162	The subway is safe during the day but less safe at night.	地下鉄は，日中は安全だが，夜は安全性が低くなる。
163	The procedures for starting a new study in our institute are much more complicated than in your organization.	私たちの研究所で新たな研究を始めるための手順は，あなたの組織の場合よりもはるかに複雑だ。
164	The more John heard about it, the less he liked it.	ジョンは，それについて聞けば聞くほど，ますますそれが気に入らなかった。
165	Mary is the taller of the two girls I introduced to you yesterday.	メアリーは，私が昨日あなたに紹介した２人の女の子のうちの背が高い方です。
166	She began to study all the harder because she got a good mark.	彼女はよい点を取ったので，ますます一生懸命に勉強し始めた。
167	She spent a month in the hospital, but she is none the better for it.	彼女はその病院で１カ月間過ごしたが，だからといって少しもよくなっていない。
168	Bill lives in a big house, but his room is no bigger than mine.	ビルは大きな家に住んでいるが，彼の部屋は私のものと同様，広くはない。
169	A bat is no more a bird than a rat is.	コウモリが鳥でないのは，ネズミが鳥でないのと同様だ。

170	My students were few in number, no more than four or five altogether.	私の生徒は数が少なく、全部で4,5人しかいなかった。
171	Chimpanzees and human beings were separated from their common ancestors no less than six million years ago.	チンパンジーと人間は，600万年も前に彼らの共通の祖先から分かれた。
172	It now seems a fact rather than just a possibility.	それは今や単なる可能性ではなく，むしろ事実に思える。
173	He knew better than to ask such a stupid question.	彼はそのようなばかげた質問をするほど愚かではなかった。
174	I can't even sing easy children's songs well, much less jazz.	私は簡単な童謡さえうまく歌うことができないし，ましてやジャズなど歌えない。
175	It is no longer a dream to fly to the moon.	月まで行くことは，もはや夢ではない。
176	This car is superior in design to other cars.	この車は，ほかの車よりもデザインが優れている。
177	He prefers rice to bread for breakfast.	彼は朝食にはパンより米の方が好みだ。
178	Of the islands that make up Japan, Honshu is the largest.	日本を構成する島々のうち，本州が最大のものだ。
179	The last question was the least easy one for the students to answer. Only Jennifer marked the correct answer.	最後の質問は，生徒が最も答えにくいものだった。ジェニファーだけが正解を選んだ。
180	It is one of the most properly structured arguments.	それは，最も厳密に組み立てられている論拠の1つだ。
181	The film I saw last night was the most exciting one I've ever seen.	昨夜見た映画は，私が今まで見た中で最も刺激的なものだった。
182	Is it true that Osaka is the third largest city in Japan?	大阪が日本で3番目に大きい都市だというのは本当ですか。
183	That is by far the worst movie I have ever seen.	それは私が今まで見た中で断然最低の映画だ。
184	Professor Jones is stricter than any other teacher in our department.	ジョーンズ教授は，私たちの学部のほかのどの教師よりも厳格だ。
185	Nothing is so precious as time.	時間ほど貴重なものはない。
186	One of the most influential buildings was Red House at Bexleyheath, designed for Morris by his architect and friend Philip Webb.	最も影響力のある建物の1つは，ベクスリーヒースにあるレッドハウスで，それはモリスのために建築家で彼の友人であるフィリップ・ウェッブが設計した。
187	There are about twice as many trees in this garden as in ours.	この庭には私たちの庭のおよそ2倍の樹木があります。
188	Judging from what she has achieved so far, she is more clever than wise.	彼女がこれまでに成し遂げたことから判断すると，彼女は賢明というよりもむしろ利口だ。
189	This bridge is one and a half times as long as that one.	この橋は，あの橋の1.5倍の長さがある。
190	Our teens and twenties can be seen as a time when we want to learn as much about ourselves and the world as possible.	私たちの10代と20代は，自分自身と世界についてできる限り多くのことを学びたくなる時期とみなすことができる。

第8章 ▷ 関係詞

191	The class is for students who wish to apply for the student exchange program.	そのクラスは，交換留学プログラムに応募したい生徒のためのものです。
192	Kyoto is a historic city which received the 2015 World's Best Cities Award from a well-known travel magazine.	京都は，有名な旅行雑誌から2015年度の「世界一の都市賞」を受賞した歴史のある都市だ。
193	She is a girl whom it is difficult to know well.	彼女は，よく理解することが難しい女の子です。

対訳式完成文リスト　**509**

194 The famous amusement park is a place which we have wanted to visit for a long time.
その有名な遊園地は，私たちが長い間訪れてみたかったところです。

195 This must be the novel Mr. Matsuyama referred to in his lecture.
これが，マツヤマ先生が講義の中で言及した小説に違いない。

196 Are you the boy whose bicycle was stolen?
あなたが自転車を盗まれた少年ですか。

197 Take a look at the house whose roof is blue.
屋根が青いあの家を見てください。

198 Red, blue and yellow are the three primary colors from which all other colors can be created.
赤，青，黄色は，ほかのすべての色を作れる三原色です。

199 This is a subject to which I have paid some attention.
これは私がいくらか注意を払ってきた研究対象です。

200 They arrived at the hotel where they had reserved their room.
彼らは，部屋を予約していたホテルに到着した。

201 A: How do you treat your colleagues in cases where they don't work well?
B: We must raise their motivation to work.
Ａ：同僚の働きぶりがよくない場合，あなたはどのように対応しますか。
Ｂ：彼らの働く意欲を高めなければなりません。

202 Summer is the season when students want to travel most.
夏は，学生が最も旅行したいと思う季節だ。

203 Mother Teresa dedicated her life to helping sick people. That is the reason why I respect her.
マザー・テレサは，病気の人たちを助けることに人生を捧げました。それが，私が彼女を尊敬する理由です。

204 This is how he was rescued from the burning house.
このようにして，彼は燃えている家から救助された。

205 The elderly woman, who had known Tom well, said that he was very kind to her.
その年配の女性は，トムのことをよく知っていたのだが，彼が自分にはとても親切だと言った。

206 Chris had heard nothing from his brother, which made him uneasy.
兄から何も連絡がなかったので，クリスは不安になった。

207 He bought a cottage in the countryside, where he spent the last days of his life.
彼は田舎に小さな家を買い，そこで彼の人生の最後の日々を過ごした。

208 What Stephen said in the conference made the chairperson angry.
その会議でスティーブンが言ったことは，議長を怒らせた。

209 He is totally different from what he used to be.
彼は，昔とはまったく違う人物だ。

210 A person should not be judged by what he or she seems to be.
人は，見かけの姿によって判断されるべきではない。

211 Mary came late, and what is more, she forgot to bring the document.
メアリーは遅刻したうえに，資料を持ってくるのを忘れた。

212 She likes boys who she thinks have respect for their parents.
彼女は，親を尊敬していると思える男の子が好きだ。

213 I can't believe you lost the wallet that you said was so expensive.
あなたが，とても高価だと言っていた財布をなくしたなんて信じられない。

214 As is often the case with him, John was late for the meeting.
彼にはよくあることだが，ジョンはその会議に遅刻した。

215 You can invite whoever wants to come to the party.
あなたは，そのパーティーに来たい人は誰でも招待して構いません。

216 Wherever you go, I will follow you.
あなたがどこへ行こうと，私はあなたについて行きます。

217 However hard she tried, she still could not pronounce the word properly.
彼女がどんなに努力しても，その単語をうまく口に出すことができなかった。

218 The man who I thought was the criminal turned out to be a lawyer.
犯人だと思っていた男性は実は弁護士だった。

219 A student whose grades are good may receive a scholarship.
成績がよい学生は奨学金がもらえるかもしれません。

220 Many authors find it hard to write about new environments which they did not know in childhood.

多くの作家は，自分たちが幼いときに知らなかった目新しい状況について書くことを難しいと感じている。

221 I was deceived by the man who I believed was my best friend.

私は自分の親友だと信じていた男にだまされた。

222 Biologists do not think that individuals ever act for the good of the species, but there are many situations in which what appear to be selfish individual behaviors actually benefit a group.

生物学者は，生物の個体が種全体の利益のために行動することはまずないと考えているが，利己的な個人の行動と見えることが実際に集団に利益をもたらすような状況が数多くある。

第 9 章 ▷ 仮 定 法

223 If I were you, I wouldn't go out with such a person.

私があなただったら，そのような人と一緒に出かけたりしないだろうに。

224 If I were the king of this country, I would declare every Monday a national holiday.

私がこの国の王だったら，毎週月曜日を祝日だと宣言するだろう。

225 When I arrived, the exam had already started. I wouldn't have been late if there hadn't been a traffic jam.

私が到着したとき，試験はすでに始まっていた。交通渋滞がなかったら，私は遅刻しなかったのに。

226 A: You were in Tokyo last week! Why didn't you call me?
B: I would have called if I'd known you were there.

A：あなたは先週東京にいたんですか！　なぜ私に電話をしなかったの？
B：あなたがそこにいたと知っていたら，電話をしたのに。

227 If she had not stayed up so late, she would not be so sleepy now.

そんなに遅くまで起きていなかったら，彼女は今ごろそんなに眠くなっていないでしょう。

228 If I were to win a lot of money, the first thing I would do is buy a new car.

もし私が大金を獲得したら，私が最初にすることは，新しい車を買うことです。

229 I don't think he will stop by my office. But if he should come while I'm out, give him more information about that.

彼が私のオフィスに立ち寄るとは思いません。でも，万が一私の外出中に彼が来たら，そのことについてもっと詳しい情報を渡してください。

230 A: The weather is absolutely beautiful today, isn't it?
B: Yes, I wish it was like this more often.

A：今日の天気はとてもすばらしいですね。
B：ええ，もっとこんな日が多いといいのに。

231 I wish I had asked that guy from Tokyo for his e-mail address last night.

昨夜，東京から来たあの男にEメールアドレスを尋ねておけばよかった。

232 A: May I smoke here?
B: I'd rather you didn't.

A：ここでタバコを吸ってもいいですか。
B：できればご遠慮いただきたいです。

233 If only I were allowed to have a dog. The problem is my father hates dogs!

私が犬を飼うことを許してくれたらいいのに。問題は父が犬を大嫌いなことなんです！

234 It is high time something was done to relieve the suffering of the refugees.

難民たちの苦難を和らげるために，当然何かがなされるべき時です。

235 Ann looked as if she hadn't heard anything though she knew all about it.

アンはそのことについてはすべて知っていたのに，まるで何も聞いていなかったかのように見えた。

236 That problem sounds as if it would be difficult to me.

その問題は，私には難しいことのように思える。

237 If it were not for his bad temper, he would be a nice person.

もし短気な性格がなければ，彼はいい人なのに。

238 Without water, nothing on Earth would live.

水がなければ，地球上では何も生きられないでしょう。

239 You worked hard; otherwise you would not have succeeded.

あなたは一生懸命働きました。そうでなければ成功しなかったでしょう。

240 Had I known you were coming, I would have cleaned my room.

あなたが来ることを知っていたら，私は自分の部屋を掃除したでしょうに。

241 Had it not been for the bad weather, the picnic would have gone well.

悪天候でなかったら，ピクニックはうまくいったでしょうに。

242	Should you have any further questions, do not hesitate to ask me.	万が一さらに質問があるのなら，ご遠慮なくお尋ねください。
243	The man at the window must be a spy, since he works slowly and keeps looking around. A real cleaner would not wash the windows twice.	窓際の男はスパイに違いない。なぜなら，彼はゆっくりと作業をし，周りを常に見回しているからだ。本物の清掃係なら，窓を2回も洗ったりしないだろう。
244	You must be too busy. Otherwise, you would not have forgotten about such an important appointment.	あなたは忙しすぎるに違いない。さもなければ，あなたはそんなに大事な約束のことを忘れなかっただろうに。
245	I would never talk about it if I were you.	私があなたなら，私はそのことについて決して語らないだろうに。
246	There was a question on the first aid test that I couldn't answer, "What would you do if you were bitten by a snake?" Do you know the answer?	応急処置のテストで私が答えられなかった質問がありました。「ヘビに噛まれたら，あなたはどうしますか」というものです。あなたは，その答えを知っていますか。
247	An English person would not pronounce the word like that.	イギリス人なら，その単語をそんなふうには発音しないだろう。
248	If the EU were to recycle food waste as pig feed at similar rates to the East Asian states, this would spare 1.8 million hectares of global farmland.	もしEUが東アジア諸国と似たような割合で食品廃棄物をブタのエサとして再生利用すれば，それによって全世界で180万ヘクタールの農地が節約できるだろう。

第10章 ▷ 疑 問 文 と 語 順

249	How soon will the next train for Nara leave?	次の奈良行きの電車は，あとどれくらいで出発しますか。
250	Check the newspaper and you will know what time the movie will start.	新聞をチェックすれば，その映画が何時に始まるかわかるでしょう。
251	What do you think is the biggest challenge in high school education today?	今日の高校教育において何が最大の課題だと思いますか。
252	How come you didn't tell me it was your birthday? You should have told me!	その日があなたの誕生日だってなぜ言ってくれなかったのですか。あなたは私に教えてくれるべきだったのに！
253	It's time for another meeting. What about talking about this matter again tomorrow?	次の会議の時間になりました。この件については，明日もう一度話しませんか。
254	It is getting colder here these days. What is the weather like up there?	ここ最近，この辺では寒くなってきています。そちらの天気はどうですか。
255	"Why is Sharon in such a bad mood?" "How should I know? She never tells me anything."	「シャロンはなぜあんなに機嫌が悪いのですか」「私が知っているはずがないです。彼女は私に決して何も言わないんだから」
256	What is the use of telling you anything? You never listen.	あなたに何を言っても無駄です。あなたは決して人の話を聞かないから。
257	Jacob never plays tennis, does he?	ジェイコブはまったくテニスをしないよね。
258	Well, well, I'm quite impressed! Never have I met so many well-balanced little children.	おや，おや，私はとても感心しました！ 私は今まで，こんなに大勢の健全な幼い子どもたちに一度も出会ったことがありません。
259	I've had George over to my house a dozen times, but not once has he invited me to his house.	私はジョージを何回も家に連れて行ったことがあるけれど，彼が私を自分の家に招いてくれたことは一度もない。
260	Only when you look back do you realize how much change has happened in the last decade.	振り返ったときに初めて，あなたはこの10年間にどれだけの変化が起こったか気づくことになる。
261	Mary thought that the teacher was unfair and so did I.	メアリーはその先生が不公平だと思ったし，私もそう思った。

262	"Hey. My bike's been moved." "So it has. Now you can't park it in front of the station anymore."	「ちょっと。僕の自転車が移動されているよ」「そうです。今ではもう駅の前に自転車を駐輪することはできません」
263	We don't want to go there, and neither do they.	私たちはそこには行きたくないし，それは彼らも同じです。
264	You have no interest in his lecture, and nor do I.	あなたは彼の講義には興味がないし，私も興味がありません。
265	He leads too busy a life to have much time for relaxation.	彼はあまりにも忙しい生活を送っているので，リラックスするための時間をあまり持つことができない。
266	After the meeting this morning, I think we all know what our boss is talking about.	今朝の会議の後なので，私たちはみな，私たちの上司が何について話しているのかをわかっていると思います。
267	A: How long does it take to get to London from here? B: It's only a half-hour ride if you take an express.	A：ここからロンドンに行くにはどれくらい時間がかかりますか。 B：急行に乗れば，わずか30分の乗車です。
268	How come you are not wearing socks?	なぜ靴下をはいていないのですか。
269	Why do you think I told her about my mother?	どうして私が自分の母親について彼女に話をしたと思いますか。
270	Scientists disagree over what percentage of human populations are "right-handed" or "left-handed" because there is no standard way of determining "handedness."	科学者たちは，「利き手」を判断する標準的な方法がないため，人間の何パーセントが「右利き」なのか「左利き」なのかに関して意見が分かれている。

第11章 ▷ 否 定・省 略・強 調

271	The students could not buy any pencils because they were sold out.	売り切れのため，生徒たちはまったく鉛筆を買うことができなかった。
272	Not all the participants are expected to finish the race. It's over 35 km long.	すべての参加者が競技を終えるとは思われていない。距離は35キロ以上あるからだ。
273	A: It was my fault. B: Not at all. I'm the one to blame.	A：それは私の責任でした。 B：ぜんぜん違います。責められるべきなのは私です。
274	A: Did you talk over your summer plans with Sam? B: He is the last person whom I would want to talk to about that. A: Sorry. I forgot you two are no longer on speaking terms.	A：夏の予定についてサムと話したかい。 B：彼は，それについて最も話をしたくない人です。 A：ごめん。君たち2人がもう口も利かない間柄だってことを忘れていたよ。
275	He is anything but shy.	彼はまったく内気などではない。
276	Although they all took what he said seriously, it was nothing but a joke.	彼らはみな，彼が言ったことを真に受けたが，それは冗談でしかなかった。
277	All but Peter were able to get to class on time.	ピーター以外の全員が時間通りに授業に出ることができた。
278	The publishing firm expected his new novel to be a great hit, but it was far from being a success.	その出版社は，彼の新しい小説が大ヒットすると期待していたが，それは成功からはほど遠かった。
279	This new drug is free from side effects.	この新しい薬には副作用がない。
280	We found that many things still remain to be improved.	私たちは，多くのことがまだ改善されていないことがわかった。
281	I have yet to meet a person as dedicated to her job as Maria.	マリアほど仕事に打ち込んでいる人に会ったことがない。
282	I cannot listen to this song without recalling my junior high school days.	私はこの歌を聞くと，必ず中学時代のことを思い出す。
283	When trained, even dangerous white bears can become skillful performers at zoos.	訓練を受けると，危険なシロクマでさえ動物園で巧みな芸ができるようになる。

対訳式完成文リスト　513

284	There are few mistakes, if any, which one can make with these plants. They require only basic maintenance and care.	これらの植物では，たとえあるにしても，失敗することはほとんどありません。どれも基本的な手入れと世話しか必要としません。
285	My mother seldom, if ever, drinks coffee.	母がコーヒーを飲むことは，たとえあるにしても，めったにない。
286	Very little, if anything, is known about the origins of this language.	この言語の起源について知られていることは，たとえあるにせよ，ほとんどない。
287	You should stay here at least a week, if not a month.	あなたは，1 カ月ではないにしても，少なくとも 1 週間はここに滞在するべきです。
288	What if we all get together and buy one big present?	みんなで一緒に大きなプレゼントを 1 つ買ったらどうでしょう。
289	Mom always says it is kindness that plays a very important part in human relationships.	母は，人間関係でとても重要な役割を果たすのは思いやりだといつも言っている。
290	It was not until I had children of my own that I understood how my parents felt.	私は自分が子どもを持って初めて，両親の気持ちを理解した。
291	Who was it that told you such a story?	あなたにそんな話をしたのは誰ですか。
292	It was not until evening that Ted recognized how serious the situation was.	夜になって初めて，テッドは事態の重大さに気がついた。
293	The work was far from satisfactory.	その仕事は，決して満足のいくものではなかった。
294	He never visits the lake without bringing his fishing rod and other equipment.	彼はその湖に行くときは，必ず釣り竿とほかの道具を持って行く。
295	He seldom, if ever, speaks in public.	彼は，たとえあるにしても，めったに人前で話しません。
296	Not every student in Japan must study abroad, but steps should be taken to give a gentle push to make it easier for those who want to.	日本のすべての学生が海外留学をしなければならないというわけではないが，そうしたいと思っている学生にとって海外留学をより容易にするために，軽く後押しする方策を講じなくてはならない。

第12章 ▷ 代 名 詞

297	He wants to buy a sports car if he can afford one.	経済的に余裕があれば，彼はスポーツカーを買いたいと思っている。
298	As I had my bicycle stolen, I bought a new one.	私は自転車を盗まれたので，新しいものを買った。
299	This book is not so exciting as the one I read last year.	この本は，私が昨年読んだ本ほどおもしろくはない。
300	I found these keys. Are they the ones that you lost yesterday?	私はこれらの鍵を見つけました。これらはあなたが昨日なくしたものですか。
301	The taste of rabbit meat is very similar to that of chicken or turkey.	ウサギの肉の味はとり肉かシチメンチョウの肉の味にとても似ている。
302	The legs of a horse are longer than those of a sheep.	ウマの脚はヒツジの脚よりも長い。
303	Jimmy's lecture made a great impression on all those present.	ジミーの講演は，その場にいたすべての人たちに大きな感銘を与えた。
304	Sexual harassment is a serious issue and should be treated as such.	セクシャルハラスメントは深刻な問題であり，そのようなものとして扱われるべきだ。
305	It is anticipated that about 50,000 people will come to their concert.	彼らのコンサートに約 50,000 人が来ると見込まれています。
306	I consider it rude to ignore a formal letter of invitation.	正式な招待状を無視するのは失礼だと思う。
307	Widely known folklore has it that ghosts are most likely to appear between 2 and 3 a.m.	広く知られている民間伝承によれば，幽霊は午前 2 時から 3 時の間に現れることが多いとされている。

308	If you forgot your pencil, you can use one of mine.	鉛筆を忘れたなら，私のを使っていいですよ。
309	Please take these letters of his with you and tell me what you think of them tomorrow.	彼のこれらの手紙を持ち帰って，あなたがそれらについてどう思うか明日教えてください。
310	I asked two people the way to the national library but neither of them knew.	私は2人に国立図書館への道を尋ねたが，どちらも知らなかった。
311	Kenji has two brothers, but he is not on speaking terms with them. In other words, he doesn't talk to either of them.	ケンジには2人の男のきょうだいがいるが，彼らと口を利く間柄ではない。言い換えれば，彼はどちらとも話をしない。
312	There are tall buildings on either side of the street.	通りのどちら側にも高い建物がある。
313	Mr. Johnson did not choose any of the three ties because he found none of them attractive.	ジョンソンさんは，3本のネクタイのどれも魅力的に感じなかったので，どれも選ばなかった。
314	None of the students were able to answer the question.	どの生徒もその質問に答えることができなかった。
315	I keep nine hamsters in my room, and each of them has a name.	私は部屋に9匹のハムスターを飼っていて，それぞれが名前を持っている。
316	My sister and I are afraid of heights, so both of us hate to fly in airplanes.	姉と私は高いところが怖いので，どちらも飛行機に乗るのが嫌いです。
317	Any student who is interested in this exchange program should contact Professor Johnson.	この交換留学プログラムに興味のある学生はだれでも，ジョンソン教授に連絡するべきだ。
318	The store had every kind of strange animal you could imagine.	その店は，想像できる限りのあらゆる種類の奇妙な動物を置いていた。
319	You should take this medicine every six hours.	あなたは6時間ごとにこの薬を服用した方がよい。
320	She makes it a rule to go to see her friend in the hospital every other day.	彼女は，1日おきに入院している友人の見舞いに行くことにしている。
321	According to today's newspaper, two men escaped from the prison; one was arrested, but the other still hasn't been found.	今日の新聞によると，2人の男性が脱獄した。1人は逮捕されたが，もう1人はまだ見つかっていない。
322	Ms. Perkins is not paid well, so she is considering working for another company.	パーキンスさんはあまり給料がよくないので，ほかの会社で働くことを考えている。
323	English is one of the six official languages of the United Nations, the others being French, Russian, Spanish, Chinese, and Arabic.	英語は国連の6つの公用語の1つで，そのほかのものはフランス語，ロシア語，スペイン語，中国語，そしてアラビア語です。
324	Some were for the proposal, others were against it, and the rest didn't express their opinions.	その提案に賛成の人もいれば，反対の人もおり，それ以外の人は意見を表明しなかった。
325	It is one thing to want to climb Mt. Everest, but it is another thing to do it.	エベレストに登りたいと思うことと，実際にそうすることは別のことである。
326	The physician will examine all of you one after another.	お医者さんが，みなさん全員を順々に診察する予定です。
327	If you want to get this bag, you'll have to pay another fifty dollars.	このバッグを手に入れたければ，さらに50ドル払わなければなりません。
328	Most Japanese are afraid of earthquakes.	ほとんどの日本人は地震を怖いと思っている。
329	Almost all people in Japan have a mobile phone.	日本のほとんど全員が携帯電話を持っている。
330	Most of the students are living away from their home.	ほとんどの学生が自宅を離れて暮らしている。
331	Almost all the students in the classroom looked older than me.	その教室のほとんどの学生は，私より年上に見えた。

332
A: Can you join me for lunch after this lecture?
B: I guess so. Where are we eating?
A: In the student cafeteria on the 17th floor. I love the view from there. Find me there at 12:20.

Ａ：この講義の後で,私と一緒にランチに行けるかしら。
Ｂ：行けると思います。どこで食べるつもり？
Ａ：17 階の学生食堂よ。私はそこからの眺めが大好きなの。12 時 20 分にそこにいるわ。

333
A: Is Betty coming to my birthday party tonight?
B: I suppose not. She is busy with her homework.

Ａ：ベティは今夜の僕の誕生日パーティーに来るだろうか。
Ｂ：そうは思わないよ。彼女は宿題で忙しいんだ。

334
Don't blame me! I have nothing to do with that problem.

私を責めないでください！ 私はその問題とは無関係なんです。

335
Cigarette smoking has much to do with lung cancer.

喫煙は肺がんと大いに関係がある。

336
There is a lot of old furniture in my room. You can take whatever you like for nothing.

私の部屋には古い家具がたくさんあります。あなたはどれでも気に入ったものを無料で持っていっていいですよ。

337
There may be something the matter with this computer.

このコンピューターはどこか故障している可能性があります。

338
Kenji cares so little about food that anything will do, so long as it fills his stomach.

ケンジは食べ物にほとんど関心がないので，おなかが満たされさえすれば何でも構わない。

339
Anne had a great vacation. She enjoyed herself very much.

アンはすばらしい休暇を過ごした。彼女はとても楽しんだ。

340
While playing soccer yesterday, Jeff hurt himself and had to be rushed to the hospital.

昨日サッカーをしていたとき，ジェフはけがをして病院に急いで運ばれなければならなかった。

341
A: I'd like another piece of cake, if I may.
B: Sure, help yourself to it.

Ａ：もしよろしければ，ケーキをもう 1 ついただきたいです。
Ｂ：もちろんです。どうぞお取りください。

342
The technician found the DVD itself to be the problem and not the machine that was playing it.

その技術者は，問題があるのは DVD 自体で，それを再生している機器ではないことがわかった。

343
A: Who did you go to the movie with?
B: No one. I went by myself.

Ａ：誰と一緒に映画に行ったのですか。
Ｂ：誰とも。一人で行ったんです。

344
On Saturday mornings it was unusual for anybody to be up before ten, so Helen had the living room to herself.

土曜日の午前中，10 時より前に誰かが起きることは普通なかったので，ヘレンはリビングを独占した。

345
John was beside himself with joy when his wife gave birth to their first child.

ジョンは，妻が自分たちの最初の子どもを出産したとき，喜びのあまり我を忘れた。

346
Almost all of the books were covered with dust.

それらの本のほとんどすべては，ほこりで覆われていた。

347
This project is expected to help those who are in need of money, food, and clothing.

この事業は金と食べ物と着る物を必要としている人々を支援すると期待されている。

348
To prevent damage from heavy snow, the houses in the northern area have steeper roofs than those in the southern area.

大雪による被害を防ぐために，北部地域の家は南部地域の家よりも角度が急な屋根をしている。

349
The population of Kochi is much smaller than that of Tokyo.

高知の人口は東京の人口よりはるかに少ない。

350
His failure seems to have something to do with his character.

彼の失敗は，どうも性格と何か関係がありそうだ。

351
Whereas some people say that Cantonese is a dialect of Chinese, others insist that it is a language in its own right.

広東語は中国語の方言であると言う人がいる一方，それ自体が 1 つの言語だと主張する人もいます。

第13章 ▷ 主 語 と 動 詞 の 一 致

352 Not only Elizabeth, but also her friends are interested in buying a new spring coat in Paris next month.
エリザベスだけでなく彼女の友人たちも、来月パリで新しいスプリングコートを買うことに興味があります。

353 Neither Brian nor I am fond of professional baseball.
ブライアンも私もプロ野球が好きではない。

354 About three fourths of the earth's surface consists of water.
地表のおよそ4分の3が水で構成されている。

355 One of the students has waited all day to attend the lecture.
学生の1人が、その講義に出席するために一日中待っていた。

356 The number of children being born is decreasing.
生まれてくる子どもの数は減少している。

357 A number of people have not yet been fully convinced that oil is disappearing as quickly as some suggest.
多くの人たちは、石油が一部で言われているほど急速に枯渇しつつあるとは確信が持てないでいる。

358 Knowing several languages is helpful if you want to work for an international company in the future.
いくつかの言語を知っていることは、あなたが将来、国際的な会社で働きたいと思っているのであれば役立ってくれる。

359 The police have caught the criminal now.
警察がたった今、犯罪者を捕まえた。

360 Developing good communication with your clients usually brings about a successful business relationship in the end.
顧客との円滑な意思疎通を図ることで、最終的に良好なビジネス上の関係がもたらされることが多い。

361 Few insects live in regions where there are extremely frigid temperatures.
極寒の気温となる地域では、昆虫はほとんど生息していない。

362 There have always been quite a few people who don't believe getting exposed to the sun is bad.
太陽にさらされることには害があると信じない人々が、常にたくさんいる。

363 The number of participants who attended the afternoon lecture was more than we had expected.
午後の講義に出席した参加者の数は、予想以上だった。

364 Understanding the distribution and population size of organisms helps scientists evaluate the health of the environment.
生物の分布と個体数を理解することは、科学者が環境の健全さを評価するのに役立つ。

365 The number of people traveling abroad is increasing rapidly.
海外に旅行に行く人の数が急激に増えています。

366 Being able to get the most out of your teams, as a participant or a team leader, improves the team's spirit as well as its productivity and creativity.
メンバーあるいはチームリーダーとして、自分のチームを最大限に生かすことができると、チームの生産性や創造性と同様にチームの士気も高めることになる。

第14章 ▷ 接 続 詞

367 Members of at least seven families of fishes can generate electricity, including the electric eel, the knifefish, and the electric catfish.
電気ウナギ、ナギナタナマズ、電気ナマズを含め、少なくとも7種族の魚が電気を発することができる。

368 Excuse me, but do you have the time?
すみませんが、今、何時ですか。

369 The new technology is expected to enhance people's well-being and happiness, yet it also has the potential of being used for unethical purposes.
その新しい技術は、人々の安寧と幸福を高めることを期待されているが、非倫理的な目的のために用いられる可能性もある。

370	Take a subway or bus in New York, and you'll find yourself reading interesting advertisements along the way.	ニューヨークで地下鉄やバスに乗ると，道中でふと，おもしろい広告を読むことになる。
371	Both historically and geographically, Kyoto is the heartland of Japan.	歴史的にも地理的にも，京都は日本の中心地だ。
372	What is important is not what has been said, but what has not been said in the meeting.	重要なのは，会議で話されてきたことではなく，話されてこなかったことだ。
373	For dessert, there is either cake or ice cream.	デザートにはケーキかアイスクリームがあります。
374	There are times when Jack feels lonely, as he has neither a brother nor a sister.	兄弟も姉妹もいないので，ジャックは孤独を感じる時がある。
375	I could not believe the fact that California used to belong to Mexico.	私は，カリフォルニアがかつてメキシコに属していたという事実を信じることができなかった。
376	The waiter asked me if I would like some coffee.	そのウェイターは，私にコーヒーを飲みたいかどうか尋ねた。
377	Human beings differ from other animals in that they can make use of fire.	人間は火を使えるという点で，ほかの動物とは異なる。
378	I can see that you are about halfway through that novel. Could I borrow your book when you are finished with it?	あなたは，その小説のほぼ半分を読み終えたようですね。読み終えたら，その本を貸していただけますか。
379	Since the annual clearance was launched, sales of our products have more than doubled.	年1回の在庫一掃セールが始まってから，当社の製品の売上高は倍以上になっている。
380	After the Revolutionary War ended in 1783, Boston merchants began to build huge fortunes through foreign trade.	アメリカ独立戦争が1783年に終わると，ボストンの商人たちは外国貿易を通じて巨大な富を築き始めた。
381	By the time my son enters elementary school, he should be able to say the English alphabet.	私の息子は小学校に入るまでに，英語のアルファベットを言うことができるはずだ。
382	I wanted to relax on my bed, but my mother began cleaning my room. So, I stayed in the living room until she finished.	私は自分のベッドでのんびりしたかったが，母が私の部屋を掃除し始めた。それで，私は母が掃除し終わるまで居間にいた。
383	We won't be getting married until we've saved enough money.	私たちは十分なお金を貯めるまで，結婚することはありません。
384	It won't be long before spring comes.	もうすぐ春が来るでしょう。
385	I'll proceed to the convention center registration desk as soon as I've finished checking into the hotel.	ホテルへのチェックインを終え次第，私はコンベンションセンターの登録受付所に向かう。
386	The moment I saw the cute puppy at the shop, I decided to buy it as my pet.	その店でかわいい子犬を見るとすぐに，私はそれを自分のペットとして購入することにした。
387	She had been on the phone to a friend when she noticed a strange smell start to spread through the house. No sooner had she escaped through the front door than flames started rising through the roof.	彼女が電話で友人と話をしていると，変なにおいが家の中に広がってくるのに気づいた。彼女が正面玄関から逃げ出すやいなや，炎が屋根から立ち上り始めた。
388	Every time I hear that song, it makes me want to dance.	私は，その歌を聞くたびに踊りたくなる。
389	Suppose you won the lottery, what would you do with the money?	宝くじに当選したとしたら，あなたはそのお金で何をしますか。
390	This game is easy, once you learn the basic rules.	いったん基本的なルールを学べば，このゲームは簡単だ。
391	Unless we fix the problem now, we will never be able to succeed.	今，問題を解決しない限り，私たちは決して成功することができないだろう。

392	We enjoyed our stay on the beach, although the weather was cloudy and windy.	天気は曇りで風が強かったけれど，私たちはビーチでのひとときを楽しんだ。
393	They went to the party even though they had a test the next day.	翌日にテストがあるにもかかわらず，彼らはそのパーティーに出かけた。
394	Even if we understand his anger, we cannot accept his behavior.	たとえ私たちが彼の怒りを理解したとしても，彼の振る舞いを容認することはできない。
395	Different as Warren and Graham were, they shared something in common.	ウォーレンとグレアムは異なるものの，彼らには共通点があった。
396	In Japan, the advertisements carry so many foreign words that people who are concerned for the future of the Japanese language often let out cries of alarm.	日本では，広告にとても多くの外国語が含まれているので，日本語の将来を心配する人たちは，しばしば警戒の声を発している。
397	It was such a lovely day that I took a day off from work.	とてもよい天気だったので，私は1日仕事を休んだ。
398	Tatsuya went home early today so that he could prepare dinner for his wife.	タツヤは妻のために夕食の準備ができるように，今日は早めに帰った。
399	We are sending our representative in order that you may discuss the matter with her.	私たちは，あなたがたが彼女とその件について話し合えるように代理人を送ります。
400	You should insure your car in case it is stolen.	あなたは，車が盗まれた場合に備えて保険をかけるべきだ。
401	Now that you are a college student, you ought to know better.	あなたはもう大学生なのだから，もっと分別があってしかるべきだ。
402	As far as I am concerned, this is not a big problem.	私に関する限り，これは大きな問題ではない。
403	I will keep this promise as long as I live.	私が生きている限り，この約束は守ります。
404	Our class was scolded by the teacher for chatting while she was teaching.	私たちのクラスは，先生が教えている最中におしゃべりをしたために叱られた。
405	The smoking rate among women is increasing, whereas that of men is decreasing.	女性の喫煙率は上昇しているが，男性の喫煙率は下降している。
406	The weather was getting better and better, as the day went on.	日がたつにつれて，天気はどんどんよくなっていった。
407	On arriving at the hotel, he called his son. = As soon as he arrived at the hotel, he called his son.	ホテルに到着するとすぐに，彼は息子に電話をかけた。
408	Monkeys learn tricks so easily that they will be able to give great performances in a short time.	サルは芸をいとも簡単に覚えるため，短時間ですごい芸をすることができるようになるだろう。
409	Mr. Parker is very busy today. Don't call him unless it's urgent.	パーカー氏は，今日はとても忙しいのです。緊急でない限り，彼に電話しないでください。
410	It won't be long before we can enjoy space travel.	まもなく私たちは宇宙旅行を楽しむことができるだろう。
411	It's possible that staying busy increases people's ability to learn new things, as they may be exposed to different situations, people, and information on a daily basis.	忙しくしていることが，人の新しいことを学ぶ能力を高めるということがありうる。人は毎日のように，さまざまな状況，人間，情報にさらされる可能性があるからだ。

第15章 ▷ 前 置 詞

412	We left London on the morning of June 7, 2007.	私たちは2007年6月7日の朝にロンドンを出発した。

対訳式完成文リスト **519**

413 A: What time does the library close?
B: It closes at 9 p.m. Monday to Friday and 6 p.m. on Saturdays.

Ａ：図書館は何時に閉館しますか。
Ｂ：月曜日から金曜日は午後９時に，毎週土曜日は午後６時に閉まります。

414 To prepare for the New Year's sale, the employees will work till midnight.

新年の特売に備えて，従業員は真夜中まで働くことになるだろう。

415 Please complete the assignment by next Monday.

来週の月曜日までに課題を完成させてください。

416 We hope to see a couple of shows during our stay in New York City.

私たちはニューヨーク市での滞在中に，２，３の演劇を見たいと思っている。

417 Please wait here for five minutes.

ここで５分間待っていてください。

418 I got sick last month and lost five kilos, but within a week I was right back up to my regular weight.

私は先月病気になって体重が５キロ減ったが，１週間以内にいつも通りの体重に戻った。

419 I'm looking forward to seeing you in three weeks.

３週間後にお会いできるのを楽しみにしています。

420 If you don't know how to get to Mary's party, let's meet at the corner of 4th Street and 5th Avenue.

メアリーのパーティーへの行き方がわからない場合は，４番通りと５番街の角で会いましょう。

421 They went fishing in the river.

彼らは川へ釣りに行った。

422 London is situated on the River Thames.

ロンドンはテムズ川のほとりに位置している。

423 My home town is about 100 kilometers to the north of Tokyo.

私の故郷は，東京の北へ 100 キロメートルほど行ったところにある。

424 The hotel is located between the National History Museum and the Hotel Classic in the historic district.

そのホテルは，歴史的地区にある国立歴史博物館とホテル・クラシックの間に位置している。

425 It was difficult to settle the dispute because disagreement was evident among the workers.

労働者の間で意見の相違が明らかだったので，その論争を解決することは難しかった。

426 Is there a basement below the first floor?

１階の下に地下室はありますか。

427 People under 20 are not allowed to drink alcohol.

20 歳未満の人はアルコール飲料を飲むことを認められていない。

428 Let's talk over a cup of coffee, shall we?

コーヒーを飲みながら話しませんか。

429 My stolen bicycle was destroyed beyond recognition.

盗まれた自転車は，見分けがつかないほど壊されていた。

430 I forgot my pen. Can you lend me something to write with?

私はペンを忘れてしまいました。何か書くものを貸してもらえますか。

431 Could you send this book by airmail to London?

この本を航空便でロンドンに送っていただけますか。

432 You'd better not talk about such a thing on the telephone.

あなたは，そのようなことについては電話で話さない方がいいです。

433 They went to the museum in their car.
= They drove their car to the museum.

彼らは自分たちの車で博物館に行った。
＝ 彼らは自分たちの車を博物館まで運転した。

434 These skills are of no use unless you can apply them in your real life.

これらのスキルは，あなたの実際の生活に応用できない限り役に立たない。

435 The girl regarded the robot with curiosity.

その少女はロボットを興味ありげに見つめた。

436 Unfortunately, Jane missed the train by two minutes.

運が悪いことに，ジェーンは２分の差で電車に乗り遅れた。

437 Are you for or against the plan?

あなたはその計画に賛成ですか，反対ですか。

438 Lawyers can charge their clients by the hour, or they can negotiate a set fee for the entire project.

弁護士は，依頼人に１時間ごとに料金を請求することもあれば，プロジェクト全体の固定料金を交渉することもある。

439 A stranger seized her by the wrist.

見覚えのない人が, 彼女の手首をつかんだ。

440 The girl is very mature for her age.

その少女は, 年の割にはとてもしっかりしている。

441 Be it ever humble, there's no place like home.

どんなにつつましくても, わが家に勝る場所はない。

442 May I have your advice on how to contact them?

彼らへの連絡方法についてアドバイスをいただけますか。

443 Despite her calm appearance during the interview, she was actually really worried.

インタビュー中の落ち着いた様子にもかかわらず, 彼女は実際にはとても不安だった。

444 She looked most charming in her red dress.

彼女は赤いドレスを着ているときが, 一番魅力的に見えた。

445 I like all the subjects except geography.

私は地理以外のすべての科目が好きです。

446 It is not polite to talk with your mouth full.

口にものをほおばったまま話すのは行儀が悪い。

447 What she attained was of great importance.

彼女が達成したことはとても重要だった。

448 Are you for or against his proposal?

あなたは彼の提案に賛成ですか。それとも反対ですか。

449 If Tom should decide to participate in the project despite these difficulties, please give him my best regards.

このような困難があるにもかかわらずトムがプロジェクトに参加すると決めた場合は, 彼によろしくと伝えてください。

450 My brother is rather tall for a Japanese.

私の兄は日本人の割には, かなり背が高い。

451 Mutual exchange between different societies and cultures has increased to the extent that we tend to feel as if we were living in one global village.

異なる社会と文化の間の相互交流は, 私たちがまるで1つの地球村に住んでいるかのように感じてしまうほどに増大している。

第16章 ▷ 動 詞 の 語 法

452 Would you mind opening the window?

窓を開けていただけますか。

453 He enjoys teaching the students about Japanese culture.

彼は学生に日本の文化について教えることを楽しんでいる。

454 I have given up trying to learn to play the flute. It's just too difficult for me.

私はフルートの演奏を習得しようとするのをやめた。私にはあまりにも難しすぎる。

455 Have you finished writing your essay?

あなたは作文を書き終えましたか。

456 The teacher told Mary that she should stop coming late to class.

先生はメアリーに, 授業に遅刻するのをやめるべきだと言った。

457 Have you considered walking to school?

あなたは, 学校まで歩いて行くことを考えたことがありますか。

458 It might be wise of you to avoid studying abroad next year.

来年, 留学するのを避けるのは, 賢明なことかもしれません。

459 Our boss, Mr. Yamaguchi, hopes to retire at the age of 65.

私たちの上司であるヤマグチさんは, 65歳で引退したいと思っている。

460 I don't know why, but the closing ceremony of the Olympic Games always touches me so deeply that it never fails to make me teary-eyed.

なぜだかわからないが, オリンピックの閉会式はいつも私を深く感動させるので, 私は決まって目に涙が浮かんでくる。

461 How much can you afford to spend on your vacation?

あなたは休暇にどれくらいお金を使えますか。

462 The girl pretended to be a student.

その女の子は, 学生であるふりをした。

463 Japan has mostly managed to keep its traditional values in spite of modernization.

日本は, 近代化しながらも, 伝統的な価値観を維持することにほぼ成功している。

464	When you use this old car for the first time in the morning, remember to warm it up for a few minutes before you drive it.	朝方この古い車を初めて使うときは，走り出す前に数分間，暖機運転することを忘れないでください。
465	I remember seeing Michael five years ago when he had a concert in Osaka.	マイケルが大阪でコンサートを開いた5年前に彼を見たことを覚えている。
466	Don't forget to write to Uncle Neil tomorrow.	明日，ニールおじさんに手紙を書くのを忘れないでください。
467	I'll never forget seeing the beautiful sea from the hill on my last trip.	私は，この前の旅行中に丘の上から美しい海を見たことを決して忘れないでしょう。
468	He tried to play the piano, but he couldn't.	彼はピアノを弾こうとしたが，できなかった。
469	A: The picture is too bright, and there are lines all over the screen. B: Try adjusting the control knobs on the bottom.	A：画像は明るすぎて，画面全体に線が出ています。 B：下の方にある調節つまみで調整してみてください。
470	I regret lending him my dictionary. I cannot do my work without that.	私は彼に辞書を貸したことを後悔している。私は，それがないと仕事ができない。
471	I am determined to get a seat even if it means standing in a queue all night.	一晩中列に並ぶことになっても，席を確保しようと心に決めている。
472	My watch loses ten minutes a day, so it needs to be repaired.	私の時計は1日に10分遅れるので，修理する必要がある。
473	The pharmacist was worried about the patient's health and got him to quit smoking.	薬剤師はその患者の健康が心配だったので，彼に喫煙をやめさせた。
474	The manager has decided to have his secretary bring the necessary files to close the deal.	部長は取引をまとめるために，自分の秘書に必要なファイルを持って来させることにした。
475	It was quite embarrassing when I got my umbrella caught between the doors on the train.	私は電車のドアに持っていた傘を挟まれて，とても恥ずかしかった。
476	I went to the dentist yesterday to have my teeth treated.	私は昨日，歯の治療をしてもらうために歯医者に行った。
477	The trainer made the elephant enter the cage by hitting it with a stick.	調教師は，ゾウを棒でたたいて檻の中に入らせた。
478	I think it is better to let him talk as much as he likes. He'll stop talking when he is tired out.	彼には好きなだけ話させた方がいいと思います。彼は疲れ果てたらしゃべるのをやめるでしょう。
479	She sometimes helps her mother cook dinner when she has no homework.	宿題がないとき，彼女はときどき母親が夕食を作るのを手伝う。
480	There is a group of young people with disabilities taking part in a program that aims to help change negative perceptions of disability.	身体障がいに対する否定的な見方を変えるのに役立つことを目的とするプログラムに参加している，障がいを持った若者たちのグループがある。
481	The teacher wanted John to finish his project.	先生はジョンに彼のプロジェクトを終えてもらいたいと思った。
482	The bus was late again! I had expected it to arrive at 6 o'clock.	バスがまた遅れたよ！ 6時に着くと思っていたのに。
483	I want a guitar, but my parents won't allow me to have one.	私はギターが欲しいのに，両親は私がそれを手に入れるのを認めてくれないだろう。
484	My grandmother's financial support will enable me to graduate from college.	私の祖母の経済的な援助のおかげで，私は大学を卒業することができるでしょう。
485	I tried to support him in whatever he was doing and encourage him to go further.	私は彼が何をしようとも彼を支持し，彼にさらに前に進むよう励まそうとした。
486	It is not a good idea to force a left-handed child to use his or her right hand.	左利きの子どもに右手を使うよう強制することは，よい考えではない。
487	I suggested he do a more detailed and structured analysis.	私は彼がもっと詳細で系統的な分析を行うよう提案した。

488	The teacher ordered that every student make a study plan for the summer vacation.	先生は，すべての生徒に夏休みの学習計画を作るように命じた。
489	His face felt smooth after shaving.	彼の顔はひげをそった後にはすべすべに感じた。
490	How do you manage to stay so fit?	あなたはどうやってそんなに健康的でいられるのですか。
491	The soup that they served tasted like fish.	彼らが出したスープは，魚のような味がした。
492	A: Look, I can't get the computer started up. It was working perfectly last night. B: Really? I wonder what went wrong.	A：ねえ，コンピューターが起動できないんです。昨夜はまったく問題なく動いていたのに。 B：本当に？　どこが故障したんだろう。
493	What the newspaper said about the weather for today has certainly come true.	新聞に今日の天気について書かれていたことは，確かにそうなった。
494	The professor discussed the economic problems with some senior students.	教授は４年生の何人かと経済問題について議論した。
495	The committee mentioned the acid-rain issue as an environmental problem.	委員会は，酸性雨の問題を環境問題として言及した。
496	Have you heard the news that another typhoon is approaching Japan?	別の台風が日本に近づいているというニュースを聞きましたか。
497	Ted has two sons who resemble him so much.	テッドには，彼にとてもよく似ている２人の息子がいる。
498	A: You're really going to propose to her tonight? B: Yes, I've made my mind up. I want to get married to her!	A：あなたは本当に今夜彼女にプロポーズするつもりなんですか。 B：はい，僕は決心しました。彼女と結婚したいです！
499	He apologized on his son's behalf for bothering me last night.	彼は，自分の息子に代わって，昨夜私に迷惑をかけたことで謝った。
500	Many people have complained about the bad food at that restaurant.	多くの人たちが，そのレストランのまずい料理について不満を言っている。
501	Mr. and Mrs. Hudson are always arguing with each other about the issue.	ハドソン夫妻は，いつもその問題について言い争いをしている。
502	There would be no harm in listening to her advice. = It wouldn't do you any harm to listen to her advice.	彼女の忠告を聞いても何も害はないだろう。 ＝ 彼女の忠告を聞くことは，何も害になることはないだろう。
503	Could you do me a favor and take out the garbage?	お願いですが，ゴミを出していただけますか。
504	I paid ¥28,000 for this European furniture. = This European furniture cost me ¥28,000.	このヨーロッパの家具に私は 28,000 円払った。 ＝ このヨーロッパの家具の代金は 28,000 円だった。
505	The accident almost cost him his life.	その事故で，彼はほとんど命を失いかけた。
506	It took the virus a few minutes to destroy the data on the computer.	そのウイルスがコンピューター上のデータを破壊するのに数分かかった。
507	Could you please ask the taxi driver how much he will charge me for a taxi tour of Kyoto?	タクシーのドライバーに，京都でのタクシーツアーにどのくらいの料金がかかるのか，尋ねていただけますか。
508	The new software program will save us a lot of time and labor.	その新しいソフトウェアプログラムは，私たちに多くの時間と労力を節約させてくれるでしょう。
509	A: Could you spare me a minute? B: Sorry, I'm busy right now.	A：ちょっと時間を割いていただけますか。 B：すみません，ちょうど今は忙しいんです。
510	Some day you will realize that honesty pays.	いつの日か，あなたは誠実さが報われることに気づくでしょう。
511	The video recording of a sleeping man lasts for several hours.	眠っている人のビデオ録画は，数時間の長さです。

対訳式完成文リスト 523

512	Any dictionary will do as long as it is an English dictionary.	英語の辞書であれば，どの辞書でも大丈夫です。
513	Gasoline prices have risen so rapidly these past few weeks that we should change our driving habits.	ここ数週間でガソリン価格が急上昇したため，私たちは運転の仕方を変えるべきです。
514	My cats have been lying in the sun all day.	私の猫は一日中，日なたで寝そべっている。
515	The president of the company announced yesterday that the salaries of all employees would be raised from next year.	昨日，その会社の社長は，すべての従業員の給料が来年から引き上げられると発表した。
516	Michael said to me that Jane would go alone.	マイケルは，ジェーンが一人で行くだろうと私に言った。
517	The newspaper said it was going to rain.	新聞には雨が降りそうだと書いてあった。
518	When I was told that I had passed the test, I was overjoyed.	私は，そのテストに合格したと言われたとき大喜びした。
519	A: Do you have something on your mind? B: Yes. I'd like to talk to you about a serious problem.	A：あなたは何か気になっていることがあるのですか。 B：はい。ある深刻な問題についてあなたと話したいんです。
520	There's no way you can talk me into going.	あなたは，私に出かけるように説得することはできません。
521	The professor explained to him that Samuel should have a physical examination once a year.	サミュエルは年に1回身体検査を受けるべきだと，教授は彼に説明した。
522	This painting reminds me of a dream I had recently.	この絵は私が最近見た夢を思い起こさせる。
523	How many times do I have to remind you to put away your toys?	あなたのおもちゃを片づけるように何度，注意しなければいけないのですか。
524	The drug maker hesitated to inform users of the possibility of fatal side effects.	その製薬会社は，命にかかわる副作用を起こす可能性について使用者に知らせることをためらった。
525	I am now convinced of his honesty.	私は今，彼の誠実さを確信している。
526	It is quite unfair that, except for aristocrats, people were deprived of their freedom of speech.	貴族以外の人々が言論の自由を奪われていたことは，まったく不公平だ。
527	Lucy was robbed of her expensive rings.	ルーシーは，彼女の高価な指輪を奪われた。
528	She got angry and cleared the apartment of all the furniture and articles belonging to him.	彼女は腹を立て，アパートから彼のものだったすべての家具と品物を外に出した。
529	Now doctors believe they have cured John of the disease.	今では，医者たちはジョンの病気を治したと確信している。
530	We couldn't visit the city last year because of the earthquake. = The earthquake prevented us from visiting the city last year.	震災のせいで，私たちは昨年その町を訪れることができなかった。 ＝ 昨年，震災が，私たちがその町を訪れることを妨げた。
531	Put the pizza at the bottom of the oven to keep the cheese from burning.	チーズが焦げないように，ピザはオーブンの一番下に入れてください。
532	A new law prohibits people from drinking in the park.	新しい法律は，人が公園で飲酒することを禁止している。
533	My parents are trying to discourage me from moving to London, but I'm planning to go anyway.	私の両親は，私がロンドンに引っ越すのをあきらめさせようとしているけれど，私はそれに構わず行くつもりだ。
534	That website will provide you with many beautiful pictures of Japan.	そのウェブサイトは，あなたにたくさんの日本の美しい写真を提供してくれるでしょう。
535	The guidebook furnished us with a lot of useful information on travelling in Japan.	そのガイドブックは，日本を旅行する際に役に立つたくさんの情報を私たちに提供してくれた。

536	Although you may not agree with me, I would like to share my thoughts and ideas with you.	あなたは私とは意見が違うかもしれませんが，私は自分の思っていることやアイデアをあなたに話したいと思います。
537	The actress blamed herself for her poor acting in the movie.	その女優は，その映画での自分のひどい演技のことで自分自身を責めた。
538	My wife accused me of being selfish.	私の妻は私が利己的だと非難した。
539	The Metropolitan Police charged him with murder.	ロンドン警視庁は彼を殺人の罪で起訴した。
540	I can hardly thank you enough for your help.	私はあなたの手助けに感謝してもしきれません。
541	Without your help, I would not have succeeded. I really appreciate your kindness.	あなたの手助けがなかったら，私は成功しなかったでしょう。あなたのご親切にはとても感謝しています。
542	Susan: Ken, can you take me to the airport?	スーザン：ケン，空港に連れていってくれませんか。
543	She came to the lake after she had walked for ten minutes. = Ten minutes' walk brought her to the lake.	彼女は 10 分間歩いた後で湖に着いた。 ＝ 10 分間の徒歩で彼女は湖に着いた。
544	Let me introduce you to my sister.	妹にあなたを紹介させてください。
545	"How do I like you in the Meiji uniform? You look great. It really suits you!"	「明治大学のユニフォームを着た君がどうかって？　君はかっこいいよ。本当によく似合っているね！」
546	A: I like those shoes very much. I wish they fit me. B: It's a pity, but that's the only size we have.	A：私はその靴がとても気に入りました。サイズが合えばいいのに。 B：残念ながら，それが今あるたった 1 つのサイズなんです。
547	Kaori asked to borrow my pencil during class.	カオリは，授業中に私の鉛筆を貸してと頼んだ。
548	I'm afraid the bank cannot lend you any more money, Mr. Di Nero. You already owe us over 3 million yen which you must repay by next month.	残念ですが，当行はこれ以上あなたにお金をお貸しできません，ディネロさん。あなたはすでに当行に 300 万円以上借りていて，それを来月までに返済しなければなりません。
549	How much should I pay you? = How much do I owe you?	あなたにいくら支払えばいいですか。 ＝ 私はあなたにいくらの借りがありますか。
550	May I open the window? = Do you mind if I open the window?	窓を開けてもいいですか。 ＝ 私が窓を開けても構いませんか。
551	I don't want there to be any misunderstanding between us.	私たちの間には，どんな誤解もあってほしくありません。
552	I have come to enjoy school life.	私は学校生活を楽しむようになった。
553	It follows from what George says that his friend is concealing something.	ジョージが言っていることから判断すると，彼の友人は何かを隠しているに違いない。
554	It doesn't matter what day you come but please come in the morning.	あなたがどの日に来ても構いませんが，午前中に来てください。
555	The government is considering helping companies meet the new standards for air pollution.	政府は，企業が大気汚染の新たな基準を満たすのを支援することを検討している。
556	A: I think he will come. B: What makes you think so?	A：彼は来ると思います。 B：あなたはどうしてそう思うのですか。
557	Using mobile phones in a situation where other individuals are trapped and forced to listen is not acceptable. Basically, you should not speak on your mobile phone at all while on a train.	ほかの人たちが閉じ込められて音を聞かざるを得ない状況で携帯電話を使用することは，受け入れられない。基本的に，電車の中では決して携帯電話で話してはいけない。

558 I was wondering if you could lend me that pen for a few minutes while I fill out this form.

私がこのフォームに記入する間，そのペンを少しの間，私に貸していただけませんか。

559 I will have to have the air-conditioner fixed.

エアコンを修理してもらわなければならないだろう。

560 He hasn't told me about it, but I think we are going to leave around eight in the morning.

彼はそのことについて私に話していないが，私たちは朝の8時頃に出発することになっていると思う。

561 (a) John would be the last person to tell a lie.
(b) How long will this fine weather last?

(a) ジョンは決してうそをつくような人ではない。
(b) このよい天気はどのくらい続くだろうか。

562 The scholarship allowed Haruka to go to college in the U.S.

その奨学金のおかげで，春香はアメリカに留学することができた。

563 Quite a few citizens requested that the mayor take appropriate actions immediately to improve the living conditions of the town.

かなりの数の市民が，町の生活環境を改善するために市長にすぐに適切な措置を講ずるように要求した。

564 Many of the local people he met told him, "Peter, you speak such lovely Japanese. Where did you learn it?"

彼が出会った地元の人々の多くは彼に言った。「ピーター，あなたはすばらしい日本語を話しますね。どこで習いましたか」

565 Although the train was delayed, I managed to arrive at school on time.

電車が遅れていたものの，私は何とか時間通りに学校に到着しました。

566 Smartphones rob us of time, but even their mere presence is damaging.

スマートフォンは私たちから時間を奪うが，単に存在しているだけでも害がある。

第17章 ▷ 形 容 詞 の 語 法

567 A little knowledge of a foreign language will help you a great deal.

外国語の知識が少しでもあると，あなたに大いに役立ってくれる。

568 I know you have worked very hard on this project, but I'm afraid there is very little possibility that it will be approved at the executive meeting.

私はあなたがこのプロジェクトにとても熱心に取り組んできたことを知っているけれど，それが重役会議で承認される可能性はほとんどないと思う。

569 My daughter has a few close friends at school.

私の娘は学校に数人の親友がいる。

570 The teacher is going to give Cathy a high grade as she made very few mistakes in her essay.

キャシーは作文でほとんど間違いがなかったので，先生は彼女に高い点を与えるつもりだ。

571 We are not paid that much money.

私たちは，それほど多くのお金をもらっていない。

572 He faded away like so many other Hollywood stars.

彼は，ほかの多くのハリウッドスターと同じようにだんだん忘れられていった。

573 I met my friends last night. First we had Chinese food for dinner and then we sang some songs. It was great fun.

私は昨夜，友だちと会いました。私たちはまず，夕食に中華料理を食べてから，少し歌いました。とても楽しかったです。

574 We'll get some information from the tourist office.

私たちは観光案内所から情報を入手するつもりだ。

575 Ken likes American movies very much, so he has quite a few DVDs at home.

ケンはアメリカの映画が大好きなので，自宅にかなりたくさんのDVDを持っている。

576 A number of people decided to desert the town and to flee to the rural area.

多くの人たちが都会を捨てて，農村地域に避難することにした。

577 It is surprising that no one has objected to the plan.

誰もその計画に反対しなかったのは驚くべきことだ。

578 These shapes are interesting if you look at them from above.

これらの形は上から見るとおもしろい。

579	By the time it ended, our team had battled hard and finally won. The game was indeed exciting.	最後まで我々のチームは激しく戦い，そしてとうとう勝った。その試合は本当に刺激的だった。
580	I'm really excited about being in Singapore.	シンガポールにやって来て，とてもわくわくしています。
581	The book was not nearly as good as I had expected. In fact, it was quite disappointing.	その本は，私の期待とかけ離れておもしろくなかった。実際，それはかなり失望させるものだった。
582	Tom felt deeply disappointed about the matter.	トムは，その件についてとても失望した。
583	My job at the company was very boring.	会社での私の仕事はとても退屈だった。
584	Mr. Garret always took on more than one task at the office to keep himself from being bored.	ギャレットさんは，退屈しないようにと，いつも会社で複数の仕事を引き受けた。
585	I was extremely touched by her sympathetic attitude. = Her sympathetic attitude was extremely moving to me.	私は彼女の思いやりのある態度にとても感動した。 ＝ 彼女の思いやりのある態度は，私にはとても感動的だった。
586	His parents were very pleased at his success.	彼の両親は彼の成功をとても喜んでいた。
587	Many students seem more confused now about how to write a research paper.	多くの学生が研究論文の書き方について以前よりも混乱しているようだ。
588	He was on his way home after a tiring day at work.	彼は仕事のきつい1日の後で帰途についた。
589	Many teenagers think that it is embarrassing to go to a movie with their parents.	多くのティーンエイジャーは，両親と映画を見に行くのが恥ずかしいことだと思っている。
590	They look so much alike that I can't tell them apart.	彼らはとてもよく似ているので，私には見分けがつかない。
591	Mary was still alive but unconscious when the ambulance arrived.	救急車が到着したとき，メアリーはまだ息はあったが意識がなかった。
592	You should be more sensitive to her feelings.	あなたは彼女の気持ちにもっと敏感であるべきです。
593	We always try to be respectful of each other's opinions, no matter how much we disagree.	私たちは，どんなに意見がくい違っていても，お互いの意見を常に尊重するようにしている。
594	Our charity project was successful because John gave generous support to us.	ジョンが私たちに気前よく支援をしてくれたので，私たちの慈善事業は成功した。
595	Because of favorable weather conditions, Shizuoka Prefecture has an advantage in the production of fruits and vegetables.	良好な気象条件のおかげで，静岡県は果物や野菜の生産に有利だ。
596	King Arthur of England was an imaginary person.	イングランドのアーサー王は，想像上の人物だった。
597	The United States exports industrial products to Panama.	米国は，工業製品をパナマに輸出している。
598	Our organization plans to stimulate economic development in this area.	私たちの組織は，この地域での経済発展を刺激することを計画している。
599	My professor has written many books and she is the greatest living expert on Australian art.	私の教授はこれまでに数多くの本を執筆し，オーストラリアの芸術についての現存する最高の専門家です。
600	I wonder if John is capable of doing such a job.	ジョンに果たしてそのような仕事ができるのだろうかと思う。
601	Mr. Brown was able to solve the city's housing problem.	ブラウン氏は，この市の住宅問題を解決することができた。
602	This coin is worth a hundred dollars.	このコインは百ドルの価値がある。

対訳式完成文リスト　**527**

603	I would like to see you tomorrow. What time is convenient for you?	明日あなたにお会いしたいと思います。あなたは何時だと都合がいいですか。
604	There was a large audience at the concert.	コンサートには大勢の聴衆がいた。
605	I've only lived in Tokyo a few weeks and I sometimes feel lonely because I have few friends here.	私は東京に数週間しか住んでいないが，ここには友だちがほとんどいないので寂しさを感じることがある。
606	The twins are so much alike that people find it very difficult to know one from the other.	その双子はとてもよく似ているので，人は1人をもう1人と区別することが非常に難しいと感じている。
607	I think movies are wonderful, so I am interested in studying film direction and acting when I am admitted to college.	私は，映画というものはすばらしいと思うので，大学への入学が許可されたら映画の演出や演技を学ぶことに興味がある。
608	I am completely confused! I would appreciate it if you could explain the plan again.	私はまったく混乱しています！あなたにその計画をもう一度説明していただければありがたいのですが。
609	It is embarrassing for many Japanese people to speak in front of a large audience.	多くの日本人にとって大観衆の前で話すことは恥ずかしく思うものです。
610	With economic growth in Asia and population increases in South America and Africa, the percentage of the world speaking English has dropped from around 9.8% in 1958 to 7.6% in 1992.	アジアの経済成長と南米とアフリカの人口増加により，英語を話す世界の人々の割合は，1958年の約9.8%から1992年の7.6%にまで減少した。

第18章 ▷ 副 詞 の 語 法

611	Robert lost his watch yesterday and hasn't found it yet.	ロバートは昨日腕時計をなくしたが，まだそれを見つけていない。
612	The president of the university has already arrived in New York and will meet with the Minister of Education on Monday morning.	その大学の学長はすでにニューヨークに到着しており，月曜日の朝に文部大臣と会合する予定だ。
613	Would you like some more coffee? There's still some left.	もう少しコーヒーをいかがですか。まだいくらか残っています。
614	His presentation was not so bad; still, it left much to be desired.	彼の発表はそれほど悪くはなかった。それでも，改善の余地がかなりあった。
615	We started working for this firm three years ago.	私たちは，3年前にこの会社で働き始めた。
616	I have never been to Liberty Tower before.	私は今まで一度もリバティー・タワーに行ったことがない。
617	Something went wrong with the computer the day before yesterday and I haven't used it since.	おとといコンピューターに問題が生じて，それ以来使っていない。
618	The traffic was so heavy that the taxi driver could hardly move.	交通渋滞がとてもひどくて，そのタクシードライバーはほとんど動けなかった。
619	Since we live very far apart now, we rarely see each other anymore.	私たちは今，とても遠く離れたところに住んでいるので，もうお互いに会うことはめったにない。
620	Scarcely anyone in the office knew what they were supposed to do when the alarm went off.	警報が鳴ったとき，社内のほとんど誰もが何をすべきなのかわからなかった。
621	Jane is an excellent student. She is hardly ever absent from class.	ジェーンは優秀な学生だ。彼女は授業を欠席することがほとんどない。
622	They were nearly run over by a truck.	彼らは，危うくトラックにひかれそうになった。

623 After studying Business Administration at university, she decided to go overseas to start her own business.

大学で経営学を勉強した後で，彼女は起業するために海外に行くことにした。

624 If you want to get a high score on the test, you should study very hard.

あなたがそのテストで高得点を取りたい場合は，かなり一生懸命に勉強する必要があります。

625 I was fast asleep when you arrived. That's why I didn't hear you knock.

あなたが着いたとき，私はぐっすり眠っていました。だから，私はあなたがノックする音が聞こえなかったのです。

626 The cups and saucers cost $5 and $7 respectively.

カップと受け皿の値段は，それぞれ5ドルと7ドルです。

627 Have you ever been to France in your life?

あなたは，これまでの人生でフランスに行ったことはありますか。

628 Interestingly, every student was able to pass the test.

興味深いことに，すべての生徒がそのテストに合格できた。

629 You shouldn't have bothered sweeping my driveway, Mr. Owen. You're much too kind to me.

オーエンさん，わざわざうちの私有道路を掃除しなくてよかったのに。あなたは私にあまりに親切すぎます。

630 At first I thought he was shy, but then I discovered he was just not interested in other people.

最初，私は彼が内気なのかと思ったが，その後で彼が単にほかの人に関心がないのだということがわかった。

631 You had better keep your mouth shut; otherwise you'll get into trouble.

あなたは黙っていた方がいいでしょう。さもなければ，厄介なことに巻き込まれるでしょう。

632 Bill wanted to buy the house, but his wife thought otherwise.

ビルはその家を買いたかったが，彼の妻の考えは別だった。

633 The bedroom is a bit too small, but otherwise the house is satisfactory.

寝室は少し小さすぎるが，そのほかの点では，その家は申し分がない。

634 They were told to stay home; nevertheless, they went on the picnic.

彼らは家にとどまるように言われた。それにもかかわらず，彼らはピクニックに行った。

635 I lost my job. On top of that, my car was stolen.

私は仕事を失いました。それに加えて，車を盗まれました。

636 He has been working very hard in preparation for this exam in the past six months, so I'm pretty sure that he will pass the exam.

彼は，この6カ月間，この試験の準備にとても一生懸命に取り組んでいるので，私は彼がその試験に合格すると確信しています。

637 Now that the war has ended, soldiers will come home and everything should be all right.

戦争が終わった今，兵士たちは家に帰ることになり，すべては順調にいくはずだ。

638 My dream is to go abroad as an overseas exchange student during my time at university.

私の夢は，大学在学中に海外交換留学生として外国に行くことです。

639 In 1945, when he was born in the U.S.A., the war had ended only a few months before.

1945年，彼がアメリカで生まれたとき，戦争は数カ月前に終わったばかりだった。

640 To my surprise, he went abroad a week ago.

驚いたことに，彼は1週間前に海外に行きました。

641 Interpersonal and interactive communications, particularly face-to-face or word-of-mouth communications, still have the most powerful impact on our behavior.

個人間の双方向のコミュニケーション，特に対面での，あるいは口頭でのコミュニケーションは，依然として我々の行動に最も大きな影響を与えている。

第19章 ▷ 名 詞 の 語 法

642 My father didn't give me much advice.

父は私にあまりアドバイスをくれなかった。

643 We got some information about the flight from the travel agency.

私たちは旅行代理店からその航空便についていくらかの情報を得た。

644	I don't have much furniture — just a desk and chair, a sofa and a coffee table — so it shouldn't take too long to move everything.	私はあまり多くの家具を持っていない。あるのは机と椅子，ソファー，コーヒーテーブルだけなので，すべてを移動するのにそんなに長い時間がかかるはずはない。
645	If you don't have much homework to do, why don't we go to the movies tonight?	やるべき宿題があまりなければ，今夜映画を見に行きませんか。
646	We had a lot of luggage.	私たちには，たくさんの荷物があった。
647	A lot of old machinery was repaired in our laboratory last Monday.	この前の月曜日に，私たちの研究室では多くの古い機械が修理された。
648	There is growing evidence that recovery from this disease can occur partially or completely through natural healing.	この病気からの回復が，部分的に，または完全に自然治癒によって起こりうるという証拠が増えている。
649	It is not easy to make friends with him.	彼と友だちになることは簡単ではない。
650	We changed trains at Yokohama Station to go to Kamakura.	私たちは，鎌倉に行くために横浜駅で電車を乗り換えた。
651	The children took turns carrying the heavy baggage all the way for their grandmother.	子どもたちは，祖母のために最後までずっと重い荷物を交代しながら運んだ。
652	I'm fortunate to be on good terms with my mother-in-law.	私が義母とよい関係でいられるのは幸せなことです。
653	Please give her my best regards if you get a chance to see her.	あなたが彼女に会う機会があったら，ぜひよろしくお伝えください。
654	Credit cards can be useful, but they encourage some people to live beyond their means.	クレジットカードは便利かもしれないが，そのために収入の範囲を超えて生活する人が生まれる。
655	A nephew is the son of one's brother or sister.	甥とは，自分の兄弟または姉妹の息子のことだ。
656	I have an appointment with the dentist this afternoon.	今日の午後，私は歯医者の予約がある。
657	It may not be easy for you to break the habit of smoking, but you must try.	喫煙の習慣を断つのは簡単ではないかもしれないが，あなたは努力しなければなりません。
658	The new stadium is very big. It has a seating capacity of about 80,000.	その新しい競技場はとても大きい。それは約8万人の収容能力がある。
659	A: Excuse me. Could you tell me how to get to the nearest post office? B: Sorry, I'm a stranger here myself, too.	A：すみません。最寄りの郵便局への行き方を教えていただけますか。 B：すみません，私もこのあたりは不案内なんです。
660	It is always the case with children.	それは，子どもの場合には常に当てはまる。
661	This mistake is Makoto's fault because he should have known better.	この間違いはマコトのせいだ。なぜなら，彼はもっと分別があるべきだったからだ。
662	A person who has a good command of English can get a good post at a major company.	英語が上手な人は，大手企業でいい仕事に就くことができる。
663	I have no idea what he wants for his birthday.	彼が誕生日に何を欲しがっているのか，まったくわからない。
664	We received a letter from that company to the effect that they could not accept our offer.	私たちはその会社から，私たちの提案は受け入れられないという趣旨の手紙を受け取った。
665	As Tom is a man of his word, he is the most trustworthy person I have known.	トムは約束を必ず守る人なので，彼は私が知っている中で最も信頼できる人だ。
666	The protesters received a light sentence from the judge for their civil disobedience.	抗議者たちは市民としての不服従のかどで，裁判官から軽い判決を受けた。
667	Everyone is worried that the company will be losing a lot of money, but that subject was not discussed at the meeting.	誰もが，その会社が巨額の損失を出すことを心配しているが，その話題については会議で議論されなかった。

668 A: Would you like some more chicken?
B: No, thanks. I'd like to leave room for dessert.

A：もう少し鶏肉はいかがですか。
B：いいえ，結構です。デザートが入る余地を残しておきたいので。

669 It was announced yesterday that train companies would raise their fares by more than 10%.

昨日，鉄道各社が運賃を 10%以上引き上げることが発表された。

670 As the cost of living is higher in Tokyo than in Nagoya, I decided to live in Nagoya.

東京での生活費は名古屋のものより高いので，私は名古屋に住むことにした。

671 Jane was found guilty of shoplifting. She faced up to two months in jail and a $500 fine.

ジェーンは万引きの罪で有罪となった。彼女は最長 2 カ月の懲役と 500 ドルの罰金に直面することになった。

672 It was a miracle that all the passengers survived the plane crash.

乗客全員がその飛行機事故で生き残ったのは奇跡だった。

673 The supermarket is crowded with customers every Sunday.

毎週日曜日になると，そのスーパーマーケットはお客で混み合う。

674 When she finally succeeded after hours of work, she felt that her labor had been worthwhile.

何時間もの作業の後でようやく成功したとき，彼女は自分の努力はその価値があったのだと感じた。

675 Mary told me about her occupation.

メアリーは自分の職業について私に話した。

676 I hired Naomi five years ago.
= I gave Naomi a job five years ago.

私は 5 年前にナオミを雇った。
＝ 私は 5 年前にナオミに仕事を提供した。

677 These days there has been a rapid increase in the number of commuters who leave their bicycles anywhere they like near railway stations.

最近，鉄道駅の近くのどこでも好きな場所に自分の自転車を置いたままにする通勤者が急激に増えてきた。

678 Their income taxes are less than one fifth of ours due to their oil profits.

彼らの所得税は，石油からの収入のおかげで，私たちの 5 分の 1 足らずだ。

679 This pair of pants is too tight.

このズボンはきつすぎる。

680 Nowadays, a jumbo jet can lift nearly five hundred people and their luggage into the air with its magnificent engine power.

最近では，ジャンボジェット機はエンジンの強力な出力で 500 人近くとその荷物を飛ばすことができる。

681 Unemployment compensation is money to support an unemployed person while he or she is looking for a job.

失業手当とは，職探しをする期間に失業中の人を支援するためのお金です。

682 There is still room for improvement on the diplomatic front.

外交面ではまだ改善の余地がある。

683 We had no idea how to cut down on our expenses because we were so used to living in luxury.

私たちは贅沢な生活にあまりにも慣れていたので，どのようにして出費を減らせばよいのかわからなかった。

684 We can't reach the stadium if we don't change trains at the next station.

次の駅で乗り換えないと，その競技場には行けませんよ。

685 Scientists around the world are looking at evidence of climate change and are also using computers to come up with predictions for our future environment and weather.

世界中の科学者が気候変動の証拠を調べており，同時にコンピューターを使って将来の環境と天気の予測を立てている。

686 I wish I could give you a lot of advice based on my experience of winning political debates. However, I don't have that experience.

私が政治討論で勝利した経験に基づいて，あなたにいろいろとアドバイスを提供できたらいいのにと思う。しかし，私にはそのような経験がない。

687 The customer thanked the department store manager for giving him some valuable advice.

そのお客は貴重なアドバイスをいくつかくれたことに対してデパートの店長にお礼を言いました。

688	There was hardly room for Bradley's mother and his teacher to stand.	ブラッドリーの母親と教師が立てる場所はほとんどなかった。

第20章 ▷ 動 詞 中 心 の イ デ ィ オ ム

689	Jason decided to put off taking his summer vacation because he was too busy at work.	仕事があまりに忙しかったので，ジェイソンは夏休みをとるのを延期することに決めた。
690	The meeting had to be called off when the chairperson phoned in sick.	その会議は，議長が病欠の電話をかけてきたので中止しなければならなかった。
691	I will put on my coat if it gets cold.	寒くなったら，私は上着を着ることにします。
692	Please don't forget to take off your shoes when entering a house in Japan.	日本の家屋に入るときは，靴を脱ぐことを忘れないでください。
693	John was successful at the interview but he turned down the job offer.	ジョンは面接に合格したが，その仕事の誘いを断った。
694	Fifth-year medical students need to hand in their completed application forms by the end of October.	医学部の5年生は，10月末までにすべて記入済みの申し込み用紙を提出する必要がある。
695	Did you look up this word in your dictionary?	あなたは，この単語を辞書で調べましたか。
696	We are suffering from stress much more than we realize.	私たちは自分で気づいているよりはるかにストレスを受けている。
697	The doctor asked Mary to refrain from eating fast food as part of her diet.	医者はメアリーに，食事制限の一環としてファストフードを食べないよう求めた。
698	He is excited about the new promotion and looking forward to taking on more responsibilities.	彼は新たな昇進に胸を躍らせ，さらに多くの責任を引き受けることを心待ちにしている。
699	Please look after your mother. Though she's improved, I still worry about her.	お母さんの様子に気を配ってください。お母さんは回復していますが，まだ心配なのです。
700	When you leave the room, turn off the light.	部屋から出るときは，電気を消しなさい。
701	He has succeeded in explaining the new technology.	彼は新しいテクノロジーを説明するのに成功した。
702	I ran into one of my old friends on my way back home.	私は家への帰り道で旧友の1人にばったり出会った。
703	Have you heard anything from George recently? He has missed a lot of classes.	最近，ジョージから何か連絡があったかい？ 彼はずいぶん授業を休んでいるんだ。
704	She was brought up by her grandparents from the age of five.	彼女は5歳の時から祖父母によって育てられた。
705	David is very handsome, and he is said to take after his uncle.	デビッドはとてもハンサムで，彼のおじさんに似ていると言われている。
706	When you play on a team every member contributes to its success or failure.	チームでプレーするときは，すべてのメンバーが成功するか失敗するかを左右する。
707	She asked the shop clerk whether she could try on the dress displayed in the window.	彼女は店員に，ショーウインドウに飾られているドレスを試着できるかどうか尋ねた。
708	Your grief won't disappear overnight. It takes time to get over the death of someone close to you.	あなたの悲しみは，一晩では消えないでしょう。あなたと親しかった人の死を乗り越えるには時間がかかります。
709	The election brought about a lot of changes in the country.	その選挙は，その国にさまざまな変化をもたらした。
710	It was so hot that he finished the bottle of water and then asked for more.	あまりにも暑かったので，彼はそのボトルの水を飲み終えると，もっと欲しがった。

711	We are looking for my wallet. Have you seen it anywhere?	私たちは，私の財布を探しているんです。あなたは，それをどこかで見かけませんでしたか。
712	The situation is extremely serious and calls for immediate action.	状況は非常に深刻で，すみやかな行動を必要としている。
713	Did the plane take off on time?	その飛行機は時間通りに飛び立ちましたか。
714	Whatever happens, I am committed to carrying out my duty.	何が起こっても，私は自分の任務を遂行すると約束する。
715	The rainy season will set in this week.	雨季は今週には始まるだろう。
716	I was shocked to realize that he did not know TPP stands for Trans-Pacific Partnership.	私は，彼が TPP とは環太平洋戦略的経済連携協定のことだと知らないと知って，とても驚いた。
717	I think getting along with people is as important as being independent.	私は，人とうまく付き合うことが，自立していることと同じくらい大切だと思う。
718	Our neighbor is having a big party. I can't put up with the noise.	私たちの隣人が大規模なパーティーを開いている。あの騒音には，がまんならない。
719	After reading the book, I came up with a possible solution.	その本を読んだ後で，私は実行可能な解決策を思いついた。
720	I panicked when my pen ran out of ink during the exam.	私は，試験の最中にペンのインクがなくなって動転してしまった。
721	I got through with my science report late last night.	私は昨夜遅くに科学のレポートを書き終えた。
722	Modern society should make every effort to do away with racial discrimination.	現代社会は，人種差別をなくすために，あらゆる努力をすべきだ。
723	To hear him talk, you would take him for an American.	彼が話すのを聞けば，あなたは彼がアメリカ人だと思うだろう。
724	The most popular sports event is taking place now in New York.	最も人気のあるスポーツのイベントが今，ニューヨークで行われている。
725	Mark made up his mind to become a professional baseball player at age ten.	マークは，10 歳の時に，プロ野球選手になろうと決心した。
726	Many people are looking for ways to take advantage of low interest rates.	多くの人たちが，低金利をうまく活用する方法を探している。
727	The thieves ran away when they caught sight of the police car.	その泥棒たちは，パトカーが目に入ると逃走した。
728	Mary is such a hardworking student. It's difficult to find fault with her.	メアリーはとても勉強熱心な学生だ。彼女の欠点を見つけるのは難しい。
729	Using the Internet is a great way to get in touch with old friends.	インターネットを利用することは，昔の友人と連絡をとるためのすばらしい方法だ。
730	Some Japanese take decent healthcare for granted.	日本人の中には，きちんとした保健医療を当たり前のものだと思っている人がいる。
731	What seems promising at first sight often turns out to be less effective than expected.	最初は有望だと思っていたものが，期待していたほど有効でないと判明することはよくある。
732	John is a nice person and I've never heard him speak ill of others.	ジョンはいい人で，私は彼が他人の悪口を言うのを聞いたことがない。
733	Anne is telling her husband to get rid of his motorbike. He never rides it any more.	アンは夫にオートバイを処分するように言い続けている。彼はもう，それに乗ることがまったくないのだ。
734	When there is no hope left, will you believe in miracles?	何の希望も残っていないとき，あなたは奇跡というものを信じるだろうか。
735	The company was forced to lay off several hundred employees.	その会社は数百人の従業員を解雇せざるをえなかった。
736	The success of the entire concert depends on Alice.	そのコンサート全体の成功は，アリス次第だ。

対訳式完成文リスト　533

737	When you are in trouble, you can always count on me.	あなたが困ったとき，いつでも私に頼っていいですよ。
738	Eastern Valley University consists of eight departments.	イースタン・バレー大学は，8つの学部からなる。
739	I told my daughter to put away all her toys.	私は娘に，すべてのおもちゃを片づけるように言った。
740	I am not used to hard work. Will you give me some advice on how to deal with this stress?	私は重労働に慣れていません。このストレスにどう対処したらよいのか，何かアドバイスをもらえますか。
741	A: How do you cope with living in such a noisy neighborhood? B: I usually listen to loud music.	A：そんなに騒音がひどい地域に，どうやって暮しているんですか。 B：私はいつも大音量の音楽を聞いています。
742	During the meeting, the boss made an announcement that was so unexpected that it was difficult to take in what he had said.	会議中に，まったく予想外の発表を上司がしたので，彼が言ったことを理解するのは困難だった。
743	I downloaded an application form for the study abroad program and filled it out this morning.	私は海外留学プログラム用の申し込み用紙をダウンロードし，今朝，それに必要事項を書き込んだ。
744	A: Could you pick me up in the car park next to the station tonight? B: No problem. What time will your train arrive?	A：今夜は，駅の横にある駐車場まで，私を迎えに来ていただけますか。 B：問題ないですよ。あなたの列車は何時に到着するのですか。
745	Her mother died of cancer when she was ten years old.	彼女の母親は，彼女が10歳の時にガンで亡くなった。
746	The babysitter decided to send for the doctor, as the child was running a high temperature.	その子が高熱を出していたので，ベビーシッターは医者を呼ぶことにした。
747	I will take over your task when you get tired.	疲れたらあなたの仕事を引き継ぎます。
748	I would like to major in physics in college.	私は大学で物理学を専攻したい。
749	There are only a few hospitals which specialize in treating this type of disease.	この種の病気の治療を専門に行う病院は，ほんのわずかしかない。
750	Someone broke into our office last night and took three large computers.	昨夜，誰かが私たちの会社に押し入り，3台の大型コンピューターを盗んだ。
751	Those who apply for the job are required to have an advanced knowledge of computers.	その仕事に応募する人は，コンピューターの高度な知識があることが必要だ。
752	These math problems are probably too difficult for junior high school students to work out.	これらの数学の問題は，おそらく中学生が解くには難しすぎる。
753	Scientists are trying to figure out how the universe came into being.	科学者たちは，どのようにして宇宙が生まれたのかを解明しようとしている。
754	My birthday falls on Christmas Day.	私の誕生日は，クリスマスの日に当たる。
755	I think he should set about learning Chinese.	私は，彼が中国語の勉強を始めるべきだと思う。
756	We cannot rule out the possibility of an earthquake.	私たちは，地震が起こる可能性を排除できない。
757	He couldn't hold back his anger.	彼は怒りを抑えることができなかった。
758	I took up playing tennis when I was a university student in England.	私は，イングランドで大学生だったときにテニスをやり始めた。
759	She pointed out the problem in the project and suggested a solution.	彼女は，そのプロジェクトの問題点を指摘し，解決策を提案した。

760	Mary absolutely insisted on the need for a change in package design.	メアリーは，パッケージデザインを変更する必要性を断固として主張した。
761	I would like to go over the accounting forms with you.	私は，その勘定書をあなたと一緒に見直したいと思います。
762	I have just been to the airport to see an American friend off.	空港までアメリカ人の友人を見送りに行ってきたところです。
763	Turn down the television! It's so noisy that I can't concentrate on my studies.	テレビの音量を下げなさい！　うるさすぎて勉強に集中できません。
764	Do whatever you like, as it all amounts to the same thing.	何でも好きなようにすればいいさ。何をしても結果は同じなのだから。
765	Due to its messiness, John couldn't make out what was written on the note.	乱雑さのあまり，ジョンはそのメモに何が書かれているのか判読できなかった。
766	We should look over our report before we submit it.	私たちは，レポートを提出する前に，ざっと目を通すべきだ。
767	The investigation committee looking into the cause of the accident says there are thousands of pieces of evidence they have yet to check.	その事故の原因を調べている調査委員会は，まだ確認しなければならない何千もの証拠があると語った。
768	Writing that report was an awful experience. I don't want to go through that experience again!	あのレポートを書くのは，ひどい経験だった。あのような経験は二度としたくない！
769	Parents tend to lay aside some money for their children's future.	親は，自分の子どもの将来のために，いくらかの資金を蓄えていることが多い。
770	When I was looking for my notebook, I came across this old letter.	私がノートを探していたら，偶然この古い手紙を見つけた。
771	No other man cares for fame as much as he does.	彼ほど名声を欲しがる男はいない。
772	A lot of big-name companies are setting up a base in China.	多くの有名企業が中国に拠点を置きつつある。
773	Please don't forget to turn in your report when you come back to the office tomorrow.	明日，あなたが会社に戻ってきたとき，忘れずに報告書を提出してください。
774	I respect him because he always tries to stand by his promise.	私が彼を尊敬するのは，彼が常に約束を守ろうとするからだ。
775	He is supposed to arrive at the airport at 2:30.	彼は2時半に空港に着くことになっている。
776	I've picked out five places in Europe that I want to visit.	私は，ヨーロッパで訪れてみたい5つの場所を選んである。
777	The fire fighters did their best to put out the fire.	消防士たちは，その火事を消し止めるために全力を尽くした。
778	These camping items don't take up much room, so I think we only need one car.	これらのキャンプ用品は，それほどスペースをとらないので，車は1台しか必要ないと思う。
779	Mary has carried on the tradition of her family.	メアリーは，彼女の家の伝統を引き継いでいる。
780	A: Why is it so hot in here? B: The air conditioner has broken down.	A：どうしてここは，こんなに暑いのだろう？ B：エアコンが壊れているんです。
781	My girlfriend never shows up on time.	僕のガールフレンドは決して時間通りに姿を現さない。
782	I'm sure she will turn up soon.	きっと彼女はもうすぐ来るよ。
783	Look out for cars when you cross the street.	通りを横断するときは，車に気をつけなさい。
784	Mike just got back from work, so I have to hang up now. See you tomorrow!	マイクが仕事から戻ってきたところだから，もう電話を切らなくちゃ。じゃあ，また明日！

785	Mary ran down the stairs, then paused in the doorway, not wanting to break in on his telephone conversation.	メアリーは階段を駆け降りると，戸口のところで立ち止まった。彼が電話で話しているところを邪魔したくなかったからだ。
786	After a quick break, the group of hikers set out for the next checkpoint on the map.	短い休憩の後で，そのハイカーのグループは，地図にある次のチェックポイントに向けて出発した。
787	As a math teacher, Laura stands out from all the others in our school.	数学の教師として，ローラはこの学校のほかの教師の誰よりも際立っている。
788	I can't keep up with the pace of this advanced math class.	私は，この数学の上級クラスの進度についていくことができない。
789	The soccer player has promised to make up for her disappointing start to the season.	そのサッカー選手は，今シーズンの期待外れな序盤を埋め合わせると誓った。
790	Since your roommate has a cold, you may come down with one yourself within two or three days.	あなたのルームメイトは風邪を引いているから，あなたも2，3日のうちに風邪にかかるかもしれませんよ。
791	We did our best to succeed, but the project fell short of our goal.	私たちは成功するために全力を尽くしたが，そのプロジェクトは目標に達しなかった。
792	We might as well get on with our study if we want to pass tomorrow's test.	私たちが明日の試験に合格したいと思うならば，勉強を続けた方がよさそうだ。
793	As languages evolve, words take on new meanings.	言語が進化するにつれて，言葉は新しい意味を帯びるようになる。
794	Every student in the class really looks up to the young teacher.	クラスの生徒の誰もが，その若手の教師をとても尊敬している。
795	A good boss never looks down on her employees; she learns how to praise them instead.	よい上司は，決して部下を見下すことはない。その代わり，彼らのほめ方を覚える。
796	These singers try to live up to the expectations of their audience and make each song memorable.	この歌手たちは，聴衆の期待に応え，それぞれの歌を印象に残るものにしようとする。
797	I tried my best to catch up with the runner ahead of me.	私は，自分の前にいるランナーに追いつこうとベストを尽くした。
798	It is important to stand up for what you believe in.	自分の信じていることを守り抜くことが大事だ。
799	Don't give in to despair just because you didn't get into the company that was at the top of your wish-list.	ただ自分の第一志望の会社に入れなかったからといって，絶望に屈してはいけない。
800	Can you tell a caffè latte from a cappuccino?	あなたは，カフェラテとカプチーノの違いがわかりますか。
801	Due to the approaching typhoon, we have no choice but to postpone our day at the beach.	接近している台風のせいで，私たちはビーチで過ごす日を延期するしかない。
802	The article makes a point of explaining the benefits of a balanced diet.	その記事は，バランスのとれた食事の利点を説明することを重視している。
803	Don't be silly. Your answer doesn't make any sense.	ばかなこと言うんじゃない。あなたの答えは，まったく意味をなさない。
804	Most of the customers in the café looked like college students killing time between classes.	そのカフェのほとんどの客は，授業の合間の時間をつぶしている大学生のように見えた。
805	Anna can hold her breath under water for two minutes.	アナは，水中で2分間息を止めていられる。
806	Will you keep an eye on this baggage until I get back?	私が戻ってくるまで，この手荷物を見ていてもらえますか。
807	Investigators should take into account all the varying possibilities and scenarios to help determine the cause of the accident.	調査官たちは，その事故の原因を特定するのに役立てるために，あらゆる可能性と状況を考慮すべきだ。

808	I hope that America bears in mind the global impact of its policies.	私はアメリカに，その政策が世界に及ぼす影響を心に留めておいてほしいと思う。
809	In 2016 the U.S. President paid a visit to Hiroshima for the first time in history.	2016 年に，合衆国大統領は史上初めて広島を訪問した。
810	They kept on running in the rain.	彼らは雨の中を走り続けた。
811	In order to compete in the market, it is important to put a good idea into practice as soon as possible.	市場で競争するためには，よいアイデアをできるだけ早く実行することが大事だ。
812	It is important to consider what gives rise to this idea, rather than what it means.	何がこのような考えを生み出すのかを考えることが，それが意味することを考えるよりも大切だ。
813	The children made fun of little Mary because she didn't know how to swim.	子どもたちが幼いメアリーをからかったのは，彼女が泳ぎ方を知らなかったからだった。
814	The country will not take part in the next Olympic Games.	その国は，次のオリンピックに参加しないだろう。
815	Judy is a nice person if she doesn't lose her temper.	ジュディは，かんしゃくさえ起こさなければ，性格のよい人だ。
816	It must be hard for an actor to learn the script by heart.	役者が台本を暗記するのは難しいことに違いない。
817	It took years for me to come to terms with my mother's death.	私が母の死を受け入れるまで，何年もかかった。
818	A: Please turn down the music. It's getting on my nerves. B: Oh, sorry.	A：音楽の音量を下げてください。それにはイライラさせられるので。 B：ああ，ごめんなさい。
819	I will see to it that there are no mistakes.	間違いが 1 つもないように気をつけることにします。
820	It was brought home to me how important health is.	健康がどんなに大切なものか，私は思い知った。
821	When you get into Nanzan University, I recommend that you make the most of your time.	南山大学に入学したら，自分の時間を最大限に活用することを勧めます。
822	To keep regular hours is good for your health.	規則正しい生活を送ることは，健康によい。
823	The key to making a good pie lies in making a good crust.	おいしいパイを作るコツは，よいパイ皮を作ることにある。
824	Greg's father loves his Toyota truck because he can always rely on it.	グレッグの父親がトヨタ製のトラックをお気に入りなのは，それが常に信頼できるからだ。
825	If you are feeling stressed and need some relaxation time, your friends might suggest that you get away for the weekend.	あなたがストレスを感じていて，リラックスする時間が必要なら，あなたの友だちは週末にどこかに出かけることを勧めるかもしれない。
826	The professor summed up the lecture in just a few minutes.	教授は，その講義をわずか数分間で要約した。

第21章 ▷ 形 容 詞 中 心 の イ ディ オ ム

827	Jane was already financially independent of her parents before she finished university.	ジェーンは大学を卒業する前に，すでに親から経済的に自立していた。
828	My brother Joe is really good at karate. He has won his last five tournaments.	私の兄［弟］のジョーは，とても空手が得意だ。彼は最近の 5 つの大会で優勝している。
829	When designing a machine, engineers may be indifferent to its color.	機械を設計するとき，エンジニアはその色には無関心なのかもしれない。
830	She was smiling, but her eyes were full of anger.	彼女は，ほぼ笑んでいたが，その目は怒りに満ちていた。

831	Julie is proud of never having been late for school.	ジュリーは，学校に遅刻したことが一度もないのが自慢だ。
832	It is likely to rain.	雨が降りそうだ。
833	The research paper isn't due for another twenty days, but it's already as good as finished.	その研究論文の締め切りは20日先だが，すでに完成したも同然だ。
834	Mary is fond of running because it makes her feel refreshed.	メアリーが走るのを好きなのは，それが彼女を爽快な気分にしてくれるからだ。
835	Do you think there is a life free from worry and anxiety?	あなたは，悩みや心配事のない生活があると思いますか。
836	The structure of Japanese sentences is similar to that of Korean sentences.	日本語の文の構造は，韓国語の文の構造と似ている。
837	I'm rather anxious about my driving test next week.	私は，来週の運転免許試験のことをとても心配している。
838	Since he does not earn enough, he is always short of money.	彼は十分な稼ぎがないので，いつもお金に困っている。
839	All personal belongings are subject to a thorough check before entering the facility.	個人の所持品はすべて，この施設に入る前に綿密なチェックを受ける必要があります。
840	There is someone who hopes to become acquainted with you.	あなたと知り合いになりたいという人がいます。
841	We have to find a good solution to the problem we are confronted with.	私たちは，今直面している問題に対する有効な解決策を見つけなければならない。
842	We should remain faithful to our principles.	私たちは，自分たちの信念に対して忠実であり続けるべきです。
843	One of the police officers says he's concerned about my safety.	警察官の1人は，私の安全が心配だと言っている。
844	Bill is known for his incredible sense of humor. He can make anyone laugh!	ビルは，優れたユーモアのセンスで知られている。彼は誰でも笑わせることができるのだ！
845	I'm fed up with so many boring TV commercials every day.	私は毎日，こんなに多くのつまらないテレビコマーシャルを見せられて，うんざりだ。
846	Since having a bad experience as a child, Kim has been reluctant to travel by plane.	子どもの頃に嫌な体験をしていたので，キムはずっと飛行機で旅行したがらないでいる。
847	If you are eager to do or have something, you want to do or have it very much.	あなたが何かをしたり，手に入れたりすることを切望するということは，非常にそうしたがっている，あるいは欲しがっているということです。
848	You are not supposed to park here. This lot is only for our customers.	あなたは，ここに駐車してはいけません。この駐車場は，私たちのお客様専用です。
849	I'm always willing to listen to other people's advice.	私は，いつも素直に他人の忠告を聞きます。
850	I am forever grateful for what you've sacrificed to get it done.	私は，あなたがそれをやり遂げるために犠牲にしたことに対し，一生感謝します。

第22章 ▷ 副詞中心のイディオム

851	I need to leave right away to catch the last train.	最終列車に間に合うために，私はすぐにここを出る必要がある。
852	I see my grandparents every now and then.	私はときどき祖父母に会う。
853	After his retirement, Mike has worked on and off as a freelance proofreader for a publisher.	退職後，マイクはときどき出版社のためにフリーの校正者として働いている。

854	A: What do you think about her term paper? B: By and large it's good.	A：彼女の期末レポートについてどう思う？ B：全体として，よく書けていますよ。
855	I still don't understand the political system in the United Kingdom, let alone the economic structure of the nation.	私はいまだにイギリスの政治制度が理解できず，ましてや経済構造などなおさらだ。
856	So far only two people have signed up for the school trip to London.	今のところ，2人しかロンドンへの修学旅行に申し込んでいない。
857	What with this and that I have no time for friends.	あれやこれやで忙しく，私は友だちと過ごす時間がない。
858	More often than not, this restaurant is closed on Sundays.	たいてい，このレストランは日曜日には閉まっている。
859	It is next to impossible to crack passwords using this system.	このシステムなら，パスワードが盗まれることはほぼありえません。

第23章 ▷ 名 詞 中 心 の イ デ ィ オ ム

860	I suppose she was in a hurry since she didn't stop to talk to anyone.	彼女は急いでいたのではないかと思う。誰かと話をするために立ち止まらなかったので。
861	Once in a while we eat out.	ときどき私たちは外食をする。
862	I hope Tom's broken arm will heal in time for the festival.	トムの骨折した腕が，そのお祭りに間に合うように治ってほしいと思う。
863	Their friendship grew into love by degrees.	彼らの友情は，次第に愛へと育っていった。
864	He was able to meet an online friend in person.	彼は，ネット友だちと直接会うことができた。
865	Can I have your name and phone number just in case?	念のため，あなたのお名前と電話番号を教えてもらえますか。
866	Mr. Smith is clever, hard-working and above all, a good leader.	スミスさんは聡明で，勤勉で，何よりも優秀なリーダーだ。
867	New construction is under way for the East Highway extension.	イースト・ハイウェイの延長のため，新たな建設工事が進行中だ。
868	If you cannot come to the party, please let us know in advance.	もしパーティーに来られなければ，事前に私たちに知らせてください。
869	I got this job by chance.	私はこの仕事をたまたま手に入れた。
870	I was fortunate to have interviewed him at length twice.	私は彼を長時間，2回にわたってインタビューできて，ついていた。
871	I think she did not answer the question on purpose to annoy me.	私は彼女が私を困らせるために，わざとその質問に答えなかったのだと思う。
872	After trying many times, Stan has finally quit smoking for good.	何度も挑戦した後でようやく，スタンはすっかりタバコをやめた。
873	John took someone's umbrella by mistake since it looked similar to his own.	ジョンが誰かの傘を間違って持ってきてしまったのは，それが彼のものと似ていたからだった。
874	Jim was upset when he heard that his friends were speaking ill of him behind his back.	ジムは，彼の友だちが陰で自分の悪口を言っていると聞いて腹を立てた。
875	All the members helped one another to clean the meeting room in no time.	すべてのメンバーが，お互いに協力し合って会議室をすぐに片づけた。
876	As a rule, our children go to bed before 9:00 every night.	普通，うちの子どもたちは毎晩9時前にベッドに入る。
877	This elevator is out of order. Please use the other one instead.	このエレベータは故障しています。代わりに別の方を使ってください。

対訳式完成文リスト **539**

878	The members are determined to complete the project at all costs.	メンバーたちは，何としてでもそのプロジェクトを終わらせようと固く決意している。
879	All at once my car stopped in front of the bus stop.	突然，私の車はバス停の前で止まった。
880	Everything is probably all right. All the same, I had better go and make sure.	おそらく，すべて順調だ。それでも，私が確かめに行った方がいい。
881	Have you seen Masa today by any chance?	もしかして，あなたは今日，マサを見かけましたか。
882	It was impossible for Mika to carry the table on her own, so Taichi helped her.	ミカはそのテーブルを自分だけで運ぶことができなかったので，タイチが彼女を手伝った。
883	When it comes to baseball, he is second to none.	野球のこととなると，彼にかなう者はいない。
884	I saw immediately that she was ill at ease.	私には，彼女が落ち着かない気持ちであることがすぐにわかった。
885	The teacher understood the situation at a glance and quickly solved the problem.	その先生は一目で状況を理解し，素早く問題を解決した。
886	He answered the question on the spot.	彼は，すぐにその質問に答えた。
887	We ran into a little bit of traffic on the way here, but on the whole, the trip was pretty uneventful.	私たちは，ここに来るまでに少しばかり渋滞にはまったが，全体として，この旅はずいぶん平穏無事だった。
888	I will leave this town for the time being.	私は，この町を当分の間，離れるつもりだ。
889	Although the supermarket has lost some customers recently, closing down is out of the question.	そのスーパーマーケットは最近，一部のお客を失ったが，閉店することはありえない。
890	You should be careful when you drive in other countries since the steering wheel and the traffic lanes can be the other way around.	外国で車を運転するときは注意すべきです。車のハンドルや走行車線が逆の場合があるからです。
891	In the long run, things will work out. You shouldn't worry too much about everything happening now.	長い目で見れば，事はうまく運ぶでしょう。あなたは今起きていることの一部始終を気にしすぎるべきではありません。
892	From time to time, careless guests leave their valuables behind when they check out. Our hotel holds onto them for up to six months.	ときどき，チェックアウトするときに，うっかりしたお客様が貴重品を忘れていかれます。当ホテルでは，6カ月までそれを保管いたします。
893	My brother and I were not very close. I have not heard from him for several years but he visited me this morning out of the blue.	兄［弟］と私は，あまり親しくはなかった。私は彼から数年間も連絡をもらっていなかったが，彼は今朝，思いがけなく私を訪ねてきた。
894	A: "How many people will be coming to the party?" B: "I haven't heard back from everyone yet, so it's still up in the air."	A：「パーティーには何人くらいやって来るのですか」 B：「まだ全員から返事をもらっていないので，はっきりしません」
895	Did he say for sure whether he is coming to the party?	彼は，パーティーに来るつもりかどうか，はっきり答えましたか。
896	Winter vacation is around the corner.	冬休みが間近に迫っている。
897	Because of the heavy snowfall, the train arrived at the station behind schedule.	大雪のため，列車は予定よりも遅れて駅に到着した。
898	The politician had to resign of his own accord, as he received a bribe.	その政治家は自ら辞職しなければならなかった。彼が賄賂を受け取ったからだ。
899	She came all the way from Paris to attend the meeting.	彼女は，その会議に参加するために，はるばるパリから来た。
900	His steady research will bear fruit in due time.	彼のたゆまぬ研究はやがて実を結ぶことだろう。

第24章 ▷ 群 前 置 詞

901 According to the weather forecast, it is going to rain tonight.

天気予報によると，今夜は雨が降ることになっている。

902 A: My parents are always treating me like a child.
B: Don't get angry just because of that. That's the way parents are.

A：両親はいつも私を子ども扱いしているんです。
B：単にそれだけの理由で腹を立ててはいけないよ。それが親というものなんだから。

903 I really admire Tim. In addition to being a good student, he is also an outstanding athlete.

私はティムをとても尊敬します。優秀な生徒であることに加え，彼は優れたスポーツマンでもあるんです。

904 Mariko went to school in spite of the pain in her leg.

マリコは脚に痛みがあったにもかかわらず，学校に行った。

905 They gave us some food as well as something to drink.

彼らは，私たちに飲み物だけでなく，食べ物も与えてくれた。

906 In light of what we know about protecting personal privacy, every school should be able to tell you what steps they are taking to protect their children's privacy.

個人のプライバシーを保護することについて私たちが知っていることの観点から，すべての学校は子どもたちのプライバシーを保護するためにどんな段階を踏んでいるのかをあなたに伝えることができなければならない。

907 He moved to the seaside for the sake of his daughter's health.

彼は娘の健康のために海辺へ引っ越した。

908 The train was delayed on account of the severe weather.

その列車は，悪天候のせいで遅延した。

909 Owing to the fact that his argument was the most convincing, he has been chosen as a new member of the discussion group.

彼の主張が最も納得のいくものだったという事実のために，彼は討議グループの新メンバーに選ばれた。

910 Our train was delayed due to heavy snowfall.

私たちの列車は，大雪のせいで遅延した。

911 My old friend bought the land with a view to building her house.

私の旧友は，自分の家を建てる目的でその土地を購入した。

912 For all his riches, he doesn't feel happy.

その財産にもかかわらず，彼は幸福だと感じていない。

913 Mail carriers are expected to deliver the mail every day regardless of the weather.

郵便集配人は，天候にかかわらず郵便を毎日，配達することになっている。

914 Contrary to what most people think, the bicycle was actually invented after the train.

たいていの人の考えに反して，自転車は実は列車の後に発明された。

915 A: Mary has few close friends. As for John, he is always surrounded by friends.
B: I'm sorry for her. What's the difference between the two?

A：メアリーには親しい友人がほとんどいません。ジョンはといえば，彼はいつも友だちに囲まれています。
B：彼女がかわいそうだ。その２人の違いは何なのだろう？

916 Apart from yourself, has anyone else passed the exam?

あなた自身に加えて，ほかに誰かその試験に合格しましたか。

917 If you need to talk to Peter, now might be a good time because he is not doing anything other than reading a book.

あなたがピーターと話をする必要があるのなら，今がいいチャンスかもしれません。彼は今，読書以外に何もしていないから。

918 The social media site insists that it is up to you to decide how much you want others to see.

そのソーシャル・メディア・サイトは，他人にどれくらい閲覧してほしいかを決めるのは，あなた次第だと主張している。

919 I went to the kitchen in search of something to eat.

私は，何か食べるものを探しにキッチンに行った。

920 In return for filling out the survey, we will send you a coupon for 50% off your next purchase of furniture in this shop.

アンケートに記入していただくことの見返りとして，私たちは，お客様が次回この店で家具を購入する際に５割引となるクーポンをお送りします。

921 □□	Your company certainly proved eco-conscious when they introduced an argument in favor of solar energy.	あなたの会社は，太陽エネルギーを支持する主張を表明したときに，環境に対する意識が高いことをはっきりと示しました。
922 □□	He always evaluates his students in terms of their effort.	彼は，いつも自分の生徒を，彼らの払った努力という観点から評価する。
923 □□	I have been in charge of financial affairs in this department since December.	私は12月から，この部署で財務を担当しています。
924 □□	I am writing on behalf of my father who is now in the hospital.	私は，今入院している父に代わってこれを書いています。
925 □□	The dog started barking at the sight of the bear.	そのイヌは，クマの姿を見て吠えだした。
926 □□	The mayor announced that he would support the new architect at the expense of the other famous designer.	市長は，別の有名な設計技師を差しおいて，その新参の建築家を支持すると表明した。
927 □□	We may as well read the textbook instead of listening to his boring lectures.	私たちは，彼の退屈な講義を聞くよりも，教科書を読んだ方がよさそうだ。
928 □□	I'm very thankful to the person who brought my wallet, which I lost last night, to the police station.	昨日落とした財布を警察署に届けてくれた人に，私はとても感謝している。

第25章 ▷ 会 話 表 現 （ 場 面 別 ）

929 □□	A: What do you do? B: I work for a bank.	A：どのようなお仕事をされているのですか。 B：銀行で働いています。
930 □□	A: Is it possible for you to help me prepare for the presentation? B: I wish I could. But I have to write this report.	A：私がプレゼンテーションの準備をするのを手伝ってもらえますか。 B：そうできればよいのですが。でも，私はこの報告書を書かなければならないんです。
931 □□	A: I've read your essay, but it's difficult to understand your main point. B: What do you mean? Should I add more explanations?	A：私はあなたの論文を読みましたが，その要点は理解しにくいです。 B：どういうことですか。私はもっと説明を加えるべきでしょうか。
932 □□	A: Do you know that Bill and Mary are going to get married? B: I heard that before. So it's not surprising to me.	A：ビルとメアリーが結婚するって知ってますか。 B：それなら前に聞きました。ですから，私には驚きではありません。
933 □□	A: It's $36.55 in total. B: Here you are. Do you have change for $100?	A：合計で36ドル55セントです。 B：はい，こちらで。100ドルでお釣りは出せますか。
934 □□	A: May I help you? B: Thank you. I'm looking for a brand-name bag.	A：お伺いいたしましょうか。 B：ありがとう。有名ブランドのバッグを探しているんです。
935 □□	A: May I help you? B: I'm just looking. Thank you.	A：お伺いいたしましょうか。 B：ちょっと見ているだけです。ありがとう。
936 □□	A: How do you like this shirt? B: I think it goes well with your jacket.	A：このシャツはどう？ B：君のジャケットによく合うと思うよ。
937 □□	A: You look great in that jacket. B: Thank you. I bought this yesterday.	A：あなたはそのジャケットがとてもよく似合いますね。 B：ありがとう。昨日これを買ったんです。
938 □□	A: It's $50.10 in total. B: I'm short of cash. Can I use a credit card?	A：合計で50ドル10セントです。 B：現金が足りません。クレジットカードは使えますか。
939 □□	A: It's on me. Please order anything you want. B: Really? Thank you so much.	A：それは私が払います。欲しいものは何でも注文してください。 B：本当に？　どうもありがとう。
940 □□	A: Would you like some more cake? B: Thank you, but I'm full.	A：もう少しケーキをいかがですか。 B：ありがとう，でも満腹なんです。

941	A: I'll pay for this. B: No, let's split the bill.	A：これは私が払います。 B：いいえ，割り勘にしましょう。
942	A: Excuse me. I've been waiting for more than 30 minutes, but my order hasn't come yet. B: I'm sorry. I'll go and check it now.	A：すみません。私は30分以上待っているんですが，注文した料理がまだ来ていません。 B：申し訳ありません。今すぐ確認してきます。
943	A: Why are you against the plan? B: It costs too much. In addition, it is unrealistic.	A：あなたはなぜその計画に反対なのですか。 B：コストがかかりすぎます。それに加えて，非現実的だからです。
944	A: Has the number of elderly people been increasing in Japan? B: Yes. At the same time, the birthrate has been declining.	A：日本では高齢者の数は増えてきていますか。 B：はい。それと同時に，出生率は低下してきています。
945	A: I think the goal is too difficult for us. B: In my view, we can achieve it.	A：私たちにとって，その目標は難しすぎると思います。 B：私の考えだと，私たちはそれを達成できます。
946	A: What can we do to protect the environment? B: There're a lot of things we can do. For example, we can reduce the use of air conditioning.	A：環境を保護するために，私たちに何ができますか。 B：できることはたくさんあります。例えば，エアコンの使用を減らすことができます。
947	A: How often does the bus come? B: It comes every ten minutes or so.	A：バスはどれくらいの頻度でやって来ますか。 B：だいたい10分おきに来ます。
948	A: The flight for New York might be canceled because of the bad weather. B: In that case, I'll go there by train.	A：悪天候のため，ニューヨーク行きの便はキャンセルされるかもしれません。 B：その場合，私は電車でそこに行きます。
949	A: Excuse me. Could you tell me how to get to the station? B: I'm sorry. I'm a stranger here.	A：すみません。駅への行き方を教えていただけますか。 B：申し訳ありません。私はこのあたりは初めてなんです。
950	A: I'm afraid we've gotten lost. B: Let me check the map.	A：僕たちは道に迷ったんじゃないかな。 B：地図を確認してみます。
951	A: It looks like we're stuck in traffic. B: Unless we get out of this traffic jam now, we can't make it for the meeting.	A：私たち，渋滞にはまってしまったようですね。 B：今すぐこの交通渋滞から抜け出さないと，会議に間に合わないね。
952	A: Jim has been absent from school since last week. B: What is wrong with him? I have made phone calls, but I can't contact him.	A：ジムは先週からずっと欠席しています。 B：彼はどうしたのかな。何度か電話をかけたけど，連絡がつかないんです。
953	A: Are you OK? You look pale. B: I'm fine, thanks. Before a presentation, I sometimes have a pain in my stomach.	A：大丈夫ですか。顔色が悪いですよ。 B：問題ないです，ありがとう。プレゼンテーションの前になると，ときどきお腹が痛くなるんです。
954	A: I feel cold, and have a headache. B: That's too bad. Have you taken your temperature? A: No, not yet.	A：寒気がして，頭痛もします。 B：それはいけませんね。体温は測りましたか。 A：いえ，まだです。
955	A: May I speak to Mr. Sato? B: I'm afraid there is no one by that name. You must have the wrong number.	A：佐藤さんとお話ししたいのですが。 B：申し訳ありませんが，そのような名前の人はおりません。あなたはきっと電話をかけ間違えたのでしょう。
956	A: ABC Company. How may I help you? B: This is Tanaka from XYZ Company speaking. May I talk to Mr. Smith?	A：ABC社です。どのようなご用件でしょうか。 B：XYZ社の田中です。スミスさんをお願いできますか。
957	A: I'm afraid he is out of the office right now. May I have him call you back? B: Thank you. That would be great.	A：申し訳ありませんが，彼はただ今オフィスにおりません。彼に折り返し電話をさせましょうか。 B：ありがとう。そうしていただけるとありがたいです。
958	A: Can I speak to Mrs. Kato? B: Just a moment, please. I'll put you through to her.	A：加藤さんはいらっしゃいますか。 B：少々お待ちください。彼女におつなぎします。

対訳式完成文リスト **543**

959 A: When is it convenient for you to attend the meeting?
B: I'm available most days. You can decide.

A：あなたがその会議に出席するのに，いつなら都合がよいですか。
B：ほぼどの日でも時間がとれます。あなたが決めてよいですよ。

960 A: Everyone seems to have gathered for the meeting.
B: OK. Let's get down to business.

A：全員が会議に集まったようです。
B：わかりました。では，本題に入りましょう。

961 A: How long have you been doing your job?
B: I have been involved in this for about three years.

A：今の仕事には，どれくらい携わっているのですか。
B：私はこれに３年ほど関わっています。

962 A: How was your school trip?
B: I spent most of my time shopping and sightseeing.

A：修学旅行はどうでしたか。
B：私は，ほとんどの時間を買い物と観光することで過ごしました。

963 A: How was your weekend?
B: I enjoyed myself a lot. I had a good time talking with my old friends.

A：週末はどうでしたか。
B：とても楽しかったです。昔の友だちと話をして楽しい時間を過ごしました。

964 A: Did you see your cousin for the first time in years?
B: That's right. To my surprise, he was much taller than I was expecting.

A：あなたは，いとこに数年ぶりに会ったのですか。
B：そうなんです。驚いたことに，彼は私が思っていたよりもずっと背が高かったんです。

第26章 ▷ 会 話 表 現 （ 機 能 別 ）

965 A: It's been a long time. What have you been doing?
B: I've been studying abroad.

A：久しぶりですね。どうしていましたか。
B：私は留学していたんです。

966 A: I'd better get going. Please say hello to your family.
B: Sure. I will.

A：もうおいとましなければなりません。ご家族の皆様によろしくお伝えください。
B：もちろん。そうします。

967 A: What do you want to eat for lunch?
B: How about going to the Italian restaurant near the station? It's so popular.

A：ランチには何を食べたいですか。
B：駅の近くにあるイタリアンレストランに行くのはどうですか。そこはとても人気があるんです。

968 A: I think that's a good shirt for you. Anything else?
B: No, that's all.

A：それはお客様にお似合いのシャツだと思います。ほかにはよろしいですか。
B：はい，それだけです。

969 A: Can I get you something to drink?
B: Thank you. I'll have a glass of orange juice.

A：あなたに何か飲み物を持ってきましょうか。
B：ありがとう。オレンジジュースをいただきます。

970 A: I can help you after I finish this job.
B: I appreciate it. Please let me know when you have finished it.

A：この仕事を終えた後だったら，あなたを手伝うことができます。
B：それはありがたいです。それが終わったら知らせてください。

971 A: I think I've finished my task.
B: Thank you for your time. Without your help, I couldn't have finished it on time.

A：私の担当の仕事は終わったと思います。
B：お時間をいただきありがとうございました。あなたの手助けがなかったら，私は時間通りにそれを終えられませんでした。

972 A: Can you tell me a little more about the plan?
B: Thank you for asking. I'll explain it in detail.

A：その計画について，もう少し教えてもらえますか。
B：ご質問いただきありがとうございます。詳しく説明しましょう。

973 A: I would like to meet Mr. Suzuki.
B: Sorry, but he is out now.

A：鈴木さんとお会いしたいのですが。
B：申し訳ありませんが，彼はただいま外出中です。

974 A: Can I eat the last piece of cake?
B: Go ahead. I'm so full.

A：最後に残ったケーキを食べてもいいですか。
B：どうぞ。私はとてもお腹いっぱいです。

975
A: Why don't we go to see a movie next Sunday?
B: Why not? I'm free this weekend.

Ａ：次の日曜日に映画を見に行きませんか。
Ｂ：いいですね。今週末は時間が空いています。

976
A: I'd like you to make a hotel reservation.
B: Sure. I'll do that after lunch.

Ａ：ホテルの予約をしてもらいたいのですが。
Ｂ：わかりました。それはランチの後にいたします。

977
A: Are you for or against the plan?
B: I definitely object to it.

Ａ：あなたはその計画に賛成ですか，それとも反対ですか。
Ｂ：それには絶対反対です。

978
A: Don't you think his speech was wonderful?
B: I'm afraid I wasn't very impressed by it. He could have done a better job, considering his skills.

Ａ：彼のスピーチは，すばらしかったと思いませんか。
Ｂ：残念ながら，あまり感銘を受けませんでした。彼の能力を考えると，もっとうまくできたはずです。

英語さくいん　　**545**

▷ 英語さくいん

　ふつうの数字は問題番号を示しています。そのうち赤の数字は主項目として扱っている問題番号です。先頭にTのついた数字は，その番号のTARGETに掲載されている項目という意味で，（　）内のp.000という数字はそのページです。

A

☐ A and[or / but] B
　　　　103, 128, 186, 367
☐ A as well as B
　　366, 905, T56(p.194), T58(p.204)
☐ a broken leg　　130
☐ A but B　　368
☐ A dedicated to B　　281
☐ A differs[is different] from
　B in that S＋V ...　　377
☐ a few　　569, T96(p.301)
☐ a few of A　　315, 569
☐ a good[great] many＋複数
　名詞　　575
☐ a great[good] deal　T23(p.86)
☐ A is called B　　35
☐ A is different from B.　　325
☐ A is much smaller than B.
　　349
☐ A is named B　　35
☐ A is no less B than C is D.
　　169
☐ A is no more B than C is
　D　　169
☐ A is not B any more than
　C is D.　　169
☐ A is one thing; B is
　another (thing).　　325
☐ A is paid B　　571
☐ A is referred to as B　　35
☐ A is totally different from
　B.　　209
☐ A is worth B[doing]　123, 602
☐ A is＋比較級＋than any
　other＋単数名詞　184, T28(p.96)
☐ A is＋比較級＋than
　anything else.　　T28(p.96)
☐ a little　567, T96(p.301)
☐ a lot　　T23(p.86)
☐ a lot of＋不可算名詞[複数
　名詞]　　646
☐ a majority of A　　37
☐ a man / woman of his /
　her word　　665
☐ a man / woman of letters
　　T113(p.344)
☐ a man / woman of means
　　654
☐ a means of doing　　124
☐ A need to be done.
　　122, 472, T72(p.251)
☐ A need[want] doing.　122, 472

☐ a number of A（複数名詞）
　　357, 576
☐ a pair of　　679
☐ a piece of　642, 687
☐ A to blame　　273
☐ a week ago　　640
☐ A（人）is ... to do　　78
☐ A, B, and C　　367
☐ a[an]＋形容詞＋one　297, 298
☐ A's fault　273, 661
☐ A's order hasn't come yet.
　　942
☐ A＋that 節　　375
☐ abolish A　　722
☐ above　146, 426
☐ above all　　866
☐ abroad　296, 365, 458, 743, 965,
　　638, 640, T105(p.328)
☐ accidentally　869, 871, 873
☐ according to A　321, 901
☐ accuse A of B
　　538, 539, T93(p.287)
☐ add A to B　　T94(p.288)
☐ admire A for B　　T92(p.286)
☐ admission　　T115(p.350)
☐ admit　T70(p.244), T77(p.260)
☐ admit A to B　　483
☐ advice　642, 686, 687, T111(p.338)
☐ advice on A　　442
☐ advise A to do　　T76(p.258)
☐ afford　　T71(p.246)
☐ afford to do　　461
☐ afraid　T52(p.182), T100(p.314)
☐ after　　380
☐ after S＋V ...　　18
☐ against A（反対して）
　　324, 437, 448, 921
☐ ago
　615, 639, 640, T2(p.3), T36(p.130)
☐ aim to do　　480
☐ alike
　590, 606, T99(p.310), T100(p.314)
☐ alive
　591, 599, T99(p.311), T100(p.314)
☐ all at once　879, 893
☐ all but A　275, 277
☐ all except A　275, 276
☐ all of A　315, T57(p.195)
☐ all of a sudden　879, 893
☐ All right.　637, 880, 974
☐ all the same　880, T110(p.334)
☐ all the way　651, 899

☐ all the＋比較級＋because
　S＋V ...[for＋名詞]　　166
☐ all things considered
　　143, T21(p.74)
☐ allow A B　　T83(p.270)
☐ allow A to do
　233, 483, 484, 562, T76(p.258)
☐ almost
　275, 622, 833, 859, T104(p.326)
☐ almost all (of) A　275, 328, 329,
　　330, 331, 346, T51(p.180)
☐ almost all (of) the[one's]＋
　名詞　330, 331, 346, T51(p.180)
☐ alone　343, 882, T100(p.314)
☐ along[on] the way　　370
☐ already　612, T103(p.323)
☐ also　635, T110(p.334)
☐ although　392, 393, 395
☐ always　　56
☐ amazed　　T98(p.306)
☐ amazing　　T97(p.304)
☐ among　　425
☐ amount　155, T102(p.316)
☐ amount to A　　764
☐ amount[come] to the same
　thing　　764
☐ an overseas exchange
　student　　638
☐ and（命令文）　250, 370
☐ angry　　88
☐ annoyed　　T98(p.306)
☐ annoying　　T97(p.304)
☐ another　321, 322, T50(p.176)
☐ another fifty dollars　　327
☐ another＋複数名詞　　327
☐ answer A　　T80(p.266)
☐ any A（単数名詞）　317, 338, 620
☐ any of A　　315
☐ any time / anytime　T63(p.213)
☐ anyone who　　215
☐ anything　82, 338
☐ anything but A
　　275, 278, 293, T45(p.154)
☐ Anything else?　　968
☐ Anything will do.　　338
☐ apart from A　　916
☐ apologize (to A) for B
　　499, T81(p.267)
☐ appear　222, 781, 782, T78(p.262)
☐ apply for[to] A　191, 751
☐ appointment　656, T114(p.345)
☐ appreciate A　　541

☐ approach A	496, T80(p.266)
☐ argue with A (about B)	501, T81(p.267)
☐ arise	T85(p.274)
☐ arms	T113(p.344)
☐ around the corner	896
☐ arouse	T85(p.274)
☐ arrive at A	775
☐ as a (general) rule	854, 858, 876
☐ as a result of A	111
☐ as a result[consequence]	T110(p.334)
☐ as a whole	887
☐ as for A	915
☐ as good as＋形容詞[副詞・動詞]	833, T22(p.82)
☐ as if S would＋動詞の原形	236
☐ as if S＋動詞の過去完了(仮定法過去完了)	235
☐ as if S＋動詞の過去形(仮定法過去)	235, 451
☐ as is evident from A	T31(p.114)
☐ as is often the case with A	214, 660, T31(p.114)
☐ as is usual with A	T31(p.114)
☐ as long as S＋V	403
☐ as many A	T22(p.82)
☐ as many as A	159, 171, T22(p.82), T24(p.88)
☐ as might have been expected	T31(p.114)
☐ as much as A	171, T22(p.82), T24(p.88)
☐ as so often happens	T31(p.114)
☐ as soon as S＋V	18, 120, 385, 386, 407, T20(p.62), T61(p.210)
☐ as such	304
☐ as the day goes on	406
☐ as though	236
☐ as to A	904, 915
☐ as(限定)	T65(p.216)
☐ as(譲歩)	395, T65(p.216)
☐ as(時)	T65(p.216)
☐ as(比例)	406, T65(p.216)
☐ as(様態)	T65(p.216)
☐ as(理由)	395, 411
☐ as[so] far as (S is concerned)	402
☐ as[so] long as S＋V	402, 403, 512
☐ as＋原級＋as ...	151
☐ as＋原級＋as any	T22(p.82)

☐ as＋原級＋as ever lived	T22(p.82)
☐ as＋原級＋as possible	157, 190
☐ as＋原級＋as S can	157, 158
☐ ashamed	108, T100(p.314)
☐ aside from A	916
☐ ask A for B	231
☐ ask A if[whether] ...	376
☐ ask A to do	T76(p.258)
☐ ask A＋wh 節	507
☐ ask for A	710
☐ ask to do	547
☐ asleep	625, T99(p.310), T100(p.314)
☐ assertion	T60(p.207)
☐ assign A to B	T94(p.288)
☐ assignment	T117(p.353)
☐ astonished	T98(p.306)
☐ astonishing	T97(p.304)
☐ at(時刻)	T66(p.226)
☐ at(点・地点)	420, 684, T67(p.228)
☐ at a glance	885
☐ at all costs	878
☐ at any cost	878
☐ at ease	884
☐ at first	630, T108(p.332)
☐ at last	870
☐ at least A	T24(p.88)
☐ at length	870
☐ at most A	T24(p.88)
☐ at night	T66(p.226)
☐ at no time	259, T40(p.143)
☐ at once	72, 851, 886
☐ at the corner (of A and B)	420, T67(p.228)
☐ at the cost of A	926
☐ at the door	T67(p.228)
☐ at the expense of A	926
☐ at the same time	944
☐ at the sight of A	925
☐ attempt	T71(p.246)
☐ attend A	814, T80(p.266)
☐ attribute A to B	T94(p.288)
☐ audience	604, 609, T102(p.316), T116(p.352)
☐ available	959
☐ avoid	458, T70(p.244)
☐ awake	493, T100(p.314)
☐ awake[wake (up)] to find[see] ...	89
☐ aware	T100(p.314)

B

☐ B as well as A	366, T58(p.204)
☐ B rather than A	156, 172
☐ B was spoken to by A.	29

☐ B(,) if not A = if not A(,) B	287
☐ back A up / back up A	716, 774
☐ baggage	T111(p.338)
☐ ban A from doing	T90(p.282)
☐ be able[unable] to do	70, 366, 408, 600, 601, T101(p.315)
☐ be about to do	21
☐ be absent from A	621
☐ be acquainted with A	840
☐ be afraid	332, 333, T52(p.182)
☐ be anxious about A	837, 843
☐ be anxious to do	847
☐ be ashamed of A	108
☐ be aware of A	93
☐ be based on A	686
☐ be being done	32, 38
☐ be beside oneself with A	345
☐ be busy (in) doing	T19(p.60)
☐ be capable[incapable] of doing	600, T101(p.315)
☐ be careful of A	67
☐ be caught in A	34, T6(p.18)
☐ be committed to ...	714
☐ be composed of A	738
☐ be concerned about[for] A	829, 837, 843
☐ be concerned with A	843
☐ be confronted with A	841
☐ be confused about A	587
☐ be convenient for[to] A	603
☐ be convinced of B	525
☐ be convinced that S＋V ...	357
☐ be covered with A	346, T6(p.18)
☐ be crowded with A	673
☐ be dependent on[upon] A	827
☐ be deprived of B	526
☐ be doing	4, 5
☐ be done	27, 31
☐ be due to do	910
☐ be eager to do	847
☐ be excited about A	580
☐ be expected to do	272, 347, 369, 913
☐ be faithful to A	842
☐ be familiar with A	705
☐ be famous for A	844
☐ be fed up with A	845
☐ be filled with A	830
☐ be fond of A	106, 353, 834
☐ be forced to do	557
☐ be free from[of] A	835
☐ be full of A	830

英語さくいん　547

- [ ] be glad to do　88
- [ ] be going to do　21
- [ ] be good at A　828
- [ ] be grateful[obliged] (to A) for B　850
- [ ] be guilty of A　671
- [ ] be halfway through A　378
- [ ] be held　724
- [ ] be hurt　340
- [ ] be in favor of A　37
- [ ] be in high spirits　T113(p.344)
- [ ] be in need of A　347
- [ ] be independent of A　827
- [ ] be indifferent to A　829
- [ ] be inferior to A　T26(p.92)
- [ ] be injured　340
- [ ] be innocent of A　671
- [ ] be interested in A[doing]　33, 352, 607, T6(p.18)
- [ ] be junior to A　T26(p.92)
- [ ] be known as A　35, 844, T7(p.20)
- [ ] be known by A　35, T7(p.20)
- [ ] be known for A　35, 844, T7(p.20)
- [ ] be known to A　35, 844, T7(p.20)
- [ ] be knownの後の前置詞句　35, T7(p.20)
- [ ] be likely to do　832
- [ ] be loyal to A　842
- [ ] be made to do　36
- [ ] be made up of A　738
- [ ] be married to A　498
- [ ] be not done　28
- [ ] be on ... terms (with A)　652, T113(p.344)
- [ ] be on speaking terms (with A)　274, 311
- [ ] be pleased at A　586
- [ ] be poor at A　828
- [ ] be preferable to A　177, T26(p.92)
- [ ] be present at A　621
- [ ] be proud of A　73, 831
- [ ] be reluctant to do　846, 849
- [ ] be respectful of[to / toward] A　593
- [ ] be robbed of B　527
- [ ] be run over by A　622
- [ ] be satisfied with A　T6(p.18)
- [ ] be seen to do　36
- [ ] be senior to A　T26(p.92)
- [ ] be sensitive to A　592
- [ ] be short of A　838
- [ ] be similar to A　301, 836
- [ ] be subject to A　839
- [ ] be superior to A　176, T26(p.92)

- [ ] be supposed to do　620, 848
- [ ] be sure (to do)　37, T4(p.10)
- [ ] be thankful (to A) for B　850, 928
- [ ] be the case with A　660
- [ ] be tired of A　845
- [ ] be to blame for A　661
- [ ] be told＋that節　518
- [ ] be touched by A　585
- [ ] be unlikely to do　832
- [ ] be unwilling to do　846, 849
- [ ] be used[accustomed] to A[doing]　113, 683, T18(p.58)
- [ ] be willing to do　846, 849
- [ ] be worried about A　473, 837
- [ ] be worried that節　667
- [ ] be worthy of A　602
- [ ] be[have] yet to do　280, 281
- [ ] be[have] yet to be done　280
- [ ] be＋to 不定詞　98, 228, T17(p.50)
- [ ] bear A　718
- [ ] bear A in mind　808
- [ ] bear fruit　900
- [ ] because of A　166, 678, 902, 908, 909, 910
- [ ] become　T78(p.262)
- [ ] become acquainted with A　840
- [ ] before(副詞)　615, 616, 639, 932
- [ ] before S＋V ...　18, 384, 410
- [ ] beforehand　868
- [ ] behind A's back　874
- [ ] behind schedule　897
- [ ] being done(動名詞)　110
- [ ] being[having been]の省略　140
- [ ] belief　T60(p.207)
- [ ] believe　332, 333, T3(p.4), T52(p.182)
- [ ] believe in A　734, 798
- [ ] believe there to be A　551
- [ ] belong (to A)　8, 375, T3(p.4)
- [ ] below　426
- [ ] beside oneself (with A)　345, T55(p.186)
- [ ] besides　635, T110(p.334)
- [ ] besides A　903
- [ ] betray[fall short of] one's expectations　796
- [ ] between A and B　424, 451
- [ ] between ourselves　T55(p.186)
- [ ] beyond A　429
- [ ] beyond belief　429
- [ ] beyond description　429
- [ ] beyond one's reach　429
- [ ] beyond recognition　429

- [ ] blame A for B / blame B on A　537, T92(p.286), T93(p.287)
- [ ] blame oneself for B　537
- [ ] bored　584, T98(p.306)
- [ ] boring　583, T97(p.304)
- [ ] borrow A (from B)　547, 558, T95(p.290)
- [ ] both A and B　371, T56(p.194), T58(p.204)
- [ ] both (of A)　310, 315, 316
- [ ] break down　780
- [ ] break in on A　785
- [ ] break into A　750
- [ ] break one's word　665
- [ ] bring A home to B　820
- [ ] bring A to B　543, 969, T94(p.288)
- [ ] bring about A / bring A about　709, 812
- [ ] bring up A / bring A up　704
- [ ] business　T117(p.353)
- [ ] but(逆接)　368
- [ ] but[except] for A　238, T36(p.130)
- [ ] buyer　T116(p.352)
- [ ] by A(期限)　3, 13, 17, 414, 415
- [ ] by A(差を表す)　436
- [ ] by A(通信手段・交通手段)　431, 432, 433
- [ ] by A(動作主)　27, 41, 150, 221
- [ ] by accident　869, 871, 873
- [ ] by and large　854
- [ ] by any chance　881, 948
- [ ] by chance　869, 871
- [ ] by degrees　863
- [ ] by far　183, T23(p.86)
- [ ] by mistake　873
- [ ] by no means (＝ not ... by any means)　273, T44(p.153), 915
- [ ] by oneself　343, 882, T55(p.186)
- [ ] by the A(単位)　438
- [ ] by the time S＋V ...　18, 381, 414, 579
- [ ] by the＋身体の部位　439
- [ ] by以外の前置詞と結びつく慣用表現　33, 34, 35, T6(p.18)

C

- [ ] call A B　35
- [ ] call for A　712
- [ ] call off A / call A off　689, 690
- [ ] can　44, 46, 410, 461, T8(p.24), T9(p.25)
- [ ] can hardly do　540, 618
- [ ] Can I get you A?　969
- [ ] Can I use a credit card?　938
- [ ] can't be too careful of A　67

☐ can't tell if[whether] S+ V ...	19	
☐ can't[cannot / couldn't] have done	63, T11(p.32)	
☐ can't[cannot]	43, 44, T9(p.25)	
☐ can't[cannot] ... too ～	67, 74, T13(p.35)	
☐ cancel A	690	
☐ cannot ... enough ～	T13(p.35)	
☐ cannot but do	68, T13(p.35)	
☐ cannot help but do	68, T13(p.35)	
☐ cannot help doing	68, T13(p.35)	
☐ capacity	658	
☐ care for A	699, 771	
☐ career	T117(p.353)	
☐ careless	78	
☐ carry on A	779, 810	
☐ carry out A / carry A out	714	
☐ case	201, 214, 400, 660, 865, 948	
☐ cash	T115(p.350)	
☐ catch sight of A	727	
☐ catch the criminal	359	
☐ catch up with A	788, 797	
☐ cause A	709, 812	
☐ cause A B	T83(p.270)	
☐ cause A to do	556, T76(p.258)	
☐ certainly	895, 974	
☐ chance	T60(p.207)	
☐ change	T115(p.350)	
☐ change one's shirts		
	T112(p.343)	
☐ change planes	T112(p.343)	
☐ change trains		
	650, 684, T112(p.343)	
☐ charge	T115(p.350)	
☐ charge A B	507, T83(p.270)	
☐ charge A with B		
	539, T93(p.287)	
☐ cheat A	221, 742	
☐ check A	766, 950	
☐ check (名詞)	T115(p.350)	
☐ childish	T99(p.310)	
☐ childlike	T99(p.310)	
☐ choose A	776	
☐ circumstance	201, T44(p.153)	
☐ claim	T60(p.207)	
☐ clean up	739	
☐ clear A of B	528, T89(p.280)	
☐ client	T116(p.352)	
☐ come	781, 782	
☐ come＋形容詞	493	
☐ come across A	702, 770	
☐ come down with A	790	
☐ come home to A	820	
☐ come near (to) doing	T18(p.58)	

☐ come to do	552	
☐ come to terms with A	817	
☐ come true	493, T78(p.262)	
☐ come up with A	719	
☐ come up with predictions for A	685	
☐ come[go] home	637, T105(p.328)	
☐ comfortable	884	
☐ command	662	
☐ commission	T115(p.350)	
☐ compare A with[to] B		
	T91(p.284)	
☐ compel A to do	T76(p.258)	
☐ compensate for A	789	
☐ complain (to A) about[of] B	2, 109, 500, T81(p.267)	
☐ comprehend A	742, 765	
☐ concentrate on A	117, 763	
☐ conclusion	T60(p.207)	
☐ confront B with A	841	
☐ confused	587, 608, T98(p.306)	
☐ confusing	T97(p.304)	
☐ consequently	T110(p.334)	
☐ consider A	807, 808, T70(p.244)	
☐ consider doing	457, 555	
☐ consider it rude to do	306	
☐ considerable	T99(p.311)	
☐ considerate	78, T99(p.311)	
☐ considering A	906, T21(p.74)	
☐ considering (that) S＋V ...		
	T21(p.74)	
☐ consist	T3(p.4)	
☐ consist in A	738, 823	
☐ consist of A	354, 738	
☐ contact A	729	
☐ contain	T3(p.4)	
☐ content	T100(p.314)	
☐ continue A	779	
☐ continue doing	810	
☐ contrary to A	914	
☐ contribute A to B		
	706, T94(p.288)	
☐ contribute to A	706	
☐ convince A of B	525, T88(p.279)	
☐ cope with A	740, 741	
☐ cost	670, T102(p.316), T115(p.350)	
☐ cost A B	504, 505, 506, T83(p.270)	
☐ could (確信度)	T8(p.24)	
☐ could do (過去の能力)	70, 461	
☐ could have done	T11(p.32)	
☐ Could you tell me how to get to A?	949	
☐ count on A	737, 824	
☐ courage to do	80	
☐ criticize A	728	
☐ criticize A for B		

	T92(p.286), T93(p.287)	
☐ crowd	T102(p.316)	
☐ cruel	78	
☐ cure A of B	529, T89(p.280)	
☐ custom	657, T114(p.345)	
☐ customer	673, 687, T116(p.352)	
☐ customs	T113(p.344)	
☐ cut down on A	683	
☐ cut in on A	785	
D		
☐ damage	T111(p.338)	
☐ dare (助動詞)	54	
☐ deal in A	740	
☐ deal with A	83, 740	
☐ deceive A	221, 742	
☐ decide (to do)		
	76, 725, T71(p.246)	
☐ decision to do	80	
☐ declare A B	224	
☐ dedicate A to doing	203	
☐ defend A	798	
☐ deliberately	871	
☐ delighted	88	
☐ demand	66, 487, T12(p.34),	
	T60(p.207), T77(p.260)	
☐ dentist	T114(p.345)	
☐ deny	756, T70(p.244), T83(p.270)	
☐ depend	T3(p.4)	
☐ depend on[upon] A		
	736, 737, 824	
☐ depend on[upon] it that 節		
	T48(p.168)	
☐ depending on A	T21(p.74)	
☐ deprive A of B	526, T89(p.280)	
☐ desirable	T12(p.34)	
☐ despise A	794, 795	
☐ despite	392, 443, 449, 904, 912	
☐ devote A to B[doing]		
	203, T18(p.58)	
☐ die of[from] A	745	
☐ directly S＋V ...	T61(p.210)	
☐ disappointed	582, T98(p.306)	
☐ disappointing	581, T97(p.304)	
☐ discontinue A	722	
☐ discourage[dissuade] A from doing		
	533, T87(p.278), T90(p.282)	
☐ discuss A	253, 494, T80(p.266)	
☐ dismiss	735	
☐ distinguish A from B	800	
☐ do (自動詞)	338, 512, T84(p.273)	
☐ do A a favor	503, T82(p.268)	
☐ do A damage	T82(p.268)	
☐ do A good	T82(p.268)	
☐ do A harm	502, T82(p.268)	
☐ do away with A	722	

英語さくいん　**549**

□ do damage to A　T82(p.268)
□ do good to A　T82(p.268)
□ do harm to A　502, T82(p.268)
□ Do you have the time?　368
□ Do you mind if I do ...?　550
□ don't have the slightest
　[faintest / remotest / least]
　idea + wh節 [of A]　663
□ don't have to do　49, 53, T9(p.25)
□ don't know if[whether] S
　+ V ...　19
□ don't need to do　53, T9(p.25)
□ (in) doingが後ろに続く表現
　T19(p.60)
□ dream　T60(p.207)
□ drive A home to B　820
□ drive A to B　T94(p.288)
□ drive A to do　T76(p.258)
□ due to A
　678, 801, 902, 908, 909, 910
□ during(特定の期間)　416

E

□ each of A　315
□ economic　598, 610, T99(p.310)
□ economical　598, 610, T99(p.310)
□ effect　664
□ either　311, 312
□ either A or B
　373, T56(p.194), T58(p.204)
□ Either will do.　338
□ eliminate A　733
□ embarrassed　T98(p.306)
□ embarrassing
　589, 609, T97(p.304)
□ empty A of B　T89(p.280)
□ enable A to do
　483, 484, 562, T76(p.258)
□ encourage A to do
　485, 654, T76(p.258)
□ endure A　718
□ enjoy　453, T70(p.244)
□ enjoy oneself　339
□ enter A　T80(p.266)
□ enter into A　T81(p.267)
□ envy A B　T83(p.270)
□ equip A with B　T91(p.284)
□ equipment　T111(p.338)
□ escape　825, T70(p.244)
□ escape by a hair's breadth
　436
□ escape from A　321, 825
□ especially　866
□ essential　T12(p.34)
□ establish A　41, 124, 772
□ even　163, T23(p.86)
□ even if S + V　393, 394

□ even though S + V　393
□ even[still] + 比較級 +
　than ...　163
□ eventually　891
□ ever　181, 222, 627
□ every　315, 318, 319, 320, 947
□ every A minutes　947
□ every now and then　852
□ every once in a while　861
□ every other[second] A　320
□ every time[each time] S +
　V ...　388, T63(p.213)
□ every + 基数 + 複数名詞
　319, 947
□ every + 序数 + 単数名詞　319
□ every + 単数名詞　318, 947
□ everybody　318
□ everyone　318
□ everything　82, 318
□ evidence
　648, 685, T60(p.207), T111(p.338)
□ evidence of A　685
□ examine A　766, 767
□ example　T114(p.345)
□ except A　445
□ except for A
　445, 526, 916, T36(p.130)
□ except when S + V ...　391, 409
□ except + (that) + S + V ...　377
□ exchange business cards
　T112(p.343)
□ excited　580, T98(p.306)
□ exciting　579, T97(p.304)
□ exclude A　756
□ excuse　T77(p.260)
□ excuse A for B　T92(p.286)
□ exist　T3(p.4)
□ expect　332, 333, T52(p.182)
□ expect A to do　482, T76(p.258)
□ expect there to be A　551
□ expense　T115(p.350)
□ experience A　768
□ explain　521, T77(p.260)
□ expose A to B
　362, 411, T94(p.288)
□ extinguish A　777

F

□ face up to A　671
□ fact　375, T60(p.207)
□ fail　460, T71(p.246)
□ fall on A　754
□ fall short of A　791
□ far from A
　278, 279, 293, T45(p.154)
□ far(比較級・最上級の強調)
　183, T23(p.86)

□ fare　669, T115(p.350)
□ fast　625
□ fast asleep　625
□ fault　661
□ favorable　595, T99(p.311)
□ favorite　595, T99(p.311)
□ fear　345
□ fee　T115(p.350)
□ feel　489, T3(p.4), T78(p.262)
□ feel A do　T74(p.256)
□ feel disappointed about A
　582
□ feel inclined to do
　119, T20(p.62)
□ feel like doing　119, T20(p.62)
□ feel lonely　605
□ feel + 形容詞　489
□ few(否定語)　271, 284, T96(p.301)
□ few, if any　284, 285
□ few[little] + 名詞　620
□ few + 複数名詞
　570, 605, T96(p.301)
□ figure out A / figure A out
　753, 765
□ fill in A　743
□ fill out A / fill A out　558, 743
□ finally　383, 872
□ find A　38, 770
□ find fault with A　728
□ find it impossible to do　79
□ find O + C　79
□ fine(名詞)　671, T115(p.350)
□ finish A　721
□ finish (doing)　455, T70(p.244)
□ first(ly)　630, T108(p.332)
□ fit A(人)　545, 546
□ flock　T114(p.345)
□ Folklore[Rumor / Gossip]
　has it that節　307
□ foolish　78
□ for a long time　870
□ for A(観点・基準)　440, 450
□ for A(期間)　416, 417
□ for A(賛成で)　324, 437, 448, 921
□ for all A　443, 904, 912
□ for certain　895
□ for example　946, T110(p.334)
□ for fear (that) S may
　[might / will / would /
　should] + 原形　400
□ for free　336
□ for good (and all)　872
□ for instance[example]
　T110(p.334)
□ for nothing　336
□ for now　888

☐ for oneself	T55(p.186)	
☐ for sure	895	
☐ for the first time		
	630, T108(p.332)	
☐ for the purpose of doing	911	
☐ for the sake of A	907	
☐ for the time being	888	
☐ force A to do		
	486, 557, T76(p.258)	
☐ forces	T113(p.344)	
☐ forever	872	
☐ forget doing	467, T72(p.251)	
☐ forget to do	466, T72(p.251)	
☐ forgetful	T99(p.310)	
☐ forgettable	T99(p.310)	
☐ forgive	T77(p.260)	
☐ forgive A for B	T92(p.286)	
☐ frankly speaking	T21(p.74)	
☐ free from A	278, 279, T45(p.154)	
☐ free of charge	336	
☐ frightened	T98(p.306)	
☐ frightening	T97(p.304)	
☐ from now on	856	
☐ from time to time	892	
☐ fulfill A	714	
☐ fun	T111(p.338)	
☐ furnish A with B		
	535, T91(p.284)	
☐ furniture	644, T111(p.338)	
☐ furthermore	635, T110(p.334)	

G

☐ generally	858, 876	
☐ generally speaking	T21(p.74)	
☐ get	969, T78(p.262)	
☐ get A to do	473, 474	
☐ get along with A	717	
☐ get angry	815	
☐ get angry about A	116	
☐ get away (from A)	825	
☐ get home	T105(p.328)	
☐ get in touch with A	729	
☐ get into trouble	631	
☐ get married to A	498	
☐ get near to A	496	
☐ get on A's nerves	818	
☐ get on with A	717, 792	
☐ get over A	708, 817	
☐ get rid of A	733	
☐ get through with A	721	
☐ get to A	775	
☐ get[become] used[accustomed] to A[doing]	114	
☐ get[have] A done		
	475, T73(p.252)	
☐ get[have] sight of A	727	

☐ give A my (best) regards = give my (best) regards to A	449, 653, 966, T113(p.344)	
☐ give birth to A	812	
☐ give in (to A)	799	
☐ give rise to A	812	
☐ give up		
	72, 454, T70(p.244), T103(p.323)	
☐ given (that) S + V ...	T21(p.74)	
☐ given A	T21(p.74)	
☐ glad	88	
☐ go	492, T78(p.262)	
☐ go about A	755	
☐ go abroad	638, 640, T105(p.328)	
☐ Go ahead.	974	
☐ go astray	T79(p.262)	
☐ go bad	T79(p.262)	
☐ go bald	T79(p.262)	
☐ go bankrupt	T79(p.262)	
☐ go blank	T79(p.262)	
☐ go blind	T79(p.262)	
☐ go downstairs	T105(p.328)	
☐ go downtown	T105(p.328)	
☐ go fishing in A	421	
☐ go flat	T79(p.262)	
☐ go into A	761	
☐ go mad	T79(p.262)	
☐ go on doing	810, T72(p.251)	
☐ go on to do	T72(p.251)	
☐ go outdoors	T105(p.328)	
☐ go over A	761	
☐ go overseas	623, T105(p.328)	
☐ go shopping	421	
☐ go skiing	421	
☐ go sour	T79(p.262)	
☐ go swimming	421	
☐ go with A	545	
☐ go through A	768	
☐ go wrong	492, T79(p.262)	
☐ go+形容詞	492, T79(p.262)	
☐ goods	T113(p.344)	
☐ gradually	863	
☐ graduate from A	T81(p.267)	
☐ granting[granted] (that) S +V ...	T21(p.74)	
☐ great	T106(p.329)	
☐ greatly	T106(p.329)	
☐ grief	345	
☐ grow up to be C	89	
☐ guess	332, 333, T52(p.182)	
☐ guest	T116(p.352)	

H

☐ habit	657, T114(p.345)	
☐ had been doing	16, 24	
☐ had been done	30	
☐ had better (not) do	61, 71	

☐ had done	11, 12	
☐ had it not been for A	241	
☐ had not done ... before[when] ～	T62(p.212)	
☐ half as+原級+as A	153, 155	
☐ half of A	T57(p.195)	
☐ half the size of A	155	
☐ hand in A / hand in		
	694, 773	
☐ handle A	740	
☐ hang up	784	
☐ happy	88	
☐ hard	624, 636, T106(p.329)	
☐ hardly	258, 618, 620, 621, 624,	
	636, T104(p.326), T106(p.329)	
☐ hardly (any)+名詞	620, 688	
☐ hardly ... when[before] ～		
	T62(p.212)	
☐ hardly[scarcely] ever	621	
☐ harm	T111(p.338)	
☐ harness A	726	
☐ hate	T3(p.4)	
☐ have	6, T3(p.4)	
☐ have A (all) to oneself	344	
☐ have A call	957	
☐ have A do	474, T74(p.256)	
☐ have A done		
	298, 475, 476, 559, T73(p.252)	
☐ have a glance at A	50	
☐ have a good command of A	662	
☐ have a good[great / big] time doing	963	
☐ have A on A's mind	519	
☐ have a pain in one's stomach	953	
☐ have a stomachache	953	
☐ have an appointment with A	656	
☐ have been doing	15	
☐ have been done	30	
☐ have difficulty[trouble] (in) doing		
	117, 125, 128, T19(p.60)	
☐ have got to do	48, 51	
☐ have it that節	307, T48(p.168)	
☐ have little to do with A	334	
☐ have much to do with A		
	334, 335	
☐ have no choice but to do	801	
☐ have no difficulty[trouble] (in) doing	125, T19(p.60)	
☐ have no idea+wh節 [of A]		
	663, 683	
☐ have nothing to do with A		
	334, T53(p.183)	

英語さくいん　**551**

□ have only to do　50
□ have something to do with
　A　334, T53(p.183), 350
□ have to　47, 48, 51
□ Have you taken your
　temperature?　954
□ have yet to do　281, T46(p.155)
□ have[has] been doing　15
□ have[has] done　9, 15
□ having done　111, 139
□ healthful　T99(p.311)
□ healthy　T99(p.311)
□ hear　T3(p.4)
□ hear A do　T74(p.256)
□ hear from A　703
□ hear of A　703
□ help (to) do　480, T75(p.257)
□ help A (to) do　364, 479, 555,
　T74(p.256), T75(p.257)
□ help A with B　T75(p.257)
□ help oneself to A　341
□ hence　T110(p.334)
□ herd　T114(p.345)
□ Here you are.　933
□ herself　T54(p.184)
□ hesitate (to do)　524, T71(p.246)
□ high　604, T102(p.316), T106(p.329)
□ highly　T106(p.329)
□ himself　T54(p.184)
□ historic　T99(p.310)
□ historical　T99(p.310)
□ hit A on the head　T69(p.236)
□ hold back A / hold A back
　757
□ hold one's breath　805
□ hold one's tongue　805
□ hold the line　784
□ hold[hang] on　784
□ home(副詞)　637
□ homework　645, T111(p.338)
□ hope　230, 332, 333, T52(p.182),
　T60(p.207), T71(p.246), T77(p.260)
□ hope to do　459
□ housework　T111(p.338)
□ how(関係副詞)　204, 207
□ How[What] about A /
　doing?　115, 253, 967, T18(p.58)
□ How come S + V ... ?　252, 268
□ How dare S do ... ?　54
□ How do you like A?　936
□ how far　T37(p.136)
□ how large　T37(p.136)
□ how long(時間の長さ・物
　の長さ)　267, 561, T37(p.136)
□ how much　507, T37(p.136)
□ How much do I owe you?　549

□ how often　947, T37(p.136)
□ how S + V ...　204
□ How should I know?　255
□ how soon　249, T37(p.136)
□ how to do　T14(p.42)
□ how + 形容詞・副詞　T37(p.136)
□ however　T110(p.334)
□ however + 形容詞[副詞] +
　S + V ...　217
□ hurt　88, 340
□ hurt oneself　340

I

□ I appreciate it.　970
□ I have been involved in A.
　961
□ I haven't seen you for[in]
　a long time.　965
□ I heard that before.　932
□ I was wondering
　if[whether] S could do ...　558
□ I wish (that) S + 動詞の過
　去形　230, 233
□ I wish I could (do ...)　686, 930
□ I wish S + 動詞の過去完了
　形　231, 233
□ I would appreciate it if
　you would[could] do ...　608
□ I'd like you to do　976
□ I'll connect you with A.　958
□ I'll put you through to A.　958
□ I'm afraid S + V …　978
□ I'm available most days.　959
□ I'm full.　940
□ I'm just looking.　935
□ I've had enough [plenty /
　lots].　940
□ idea　663, 683, T60(p.207)
□ identify A with B　T91(p.284)
□ if any　284
□ if anything　286
□ if ever　285, 295
□ if I were you　223, 245
□ if it had not been for A
　237, 241
□ if it were not for A　237
□ If only + S + 助動詞の過去
　形 + 動詞の原形 ...!　233
□ If only + S + 動詞の過去完
　了形 ... (!)　233
□ If only + S + 動詞の過去
　形 ... !　233
□ if S should do ...
　229, 242, 449, T34(p.124)
□ If S were to do ..., S' +
　would / could / might /
　should + 動詞の原形 ～ .

　228, 248, T34(p.124)
□ if 節　18, 19, 223, 224,
　225, 226, 246, 376, T4(p.10),
　T32(p.120), T33(p.121)
□ if 節のない仮定法　243, 247
□ if 節の代用
　238, 239, 244, 389, 723, T36(p.130)
□ If + S + 動詞の過去完了形
　(had done) …, S' + would
　/ could / might / should +
　have done ～ .　T33(p.121)
□ If + S + 動詞の過去形…, S' +
　would / could / might /
　should + 動詞の原形 ～ .
　T32(p.120)
□ ill at ease　884
□ imaginable　596, T99(p.310)
□ imaginary　596, T99(p.310)
□ imaginative　T99(p.310)
□ immediately　851, 886
□ immediately S + V ...
　T61(p.210)
□ important
　434, 447, 554, T12(p.34)
□ impression　T60(p.207)
□ in(具体的な交通手段)
　433, T68(p.232)
□ in(空間・内部)　420, T67(p.228)
□ in(経過)　125, 419
□ in(年・季節・月)　T66(p.226)
□ in a hurry　860
□ in A(着衣)　444
□ in A's view　945
□ in addition (to A)
　635, 903, 943, T110(p.334)
□ in advance　868
□ in another two weeks　327
□ (just) in case　865
□ in case of A　865
□ in case S + 現在形[should
　+ 原形]　400, 865
□ in charge of A　923
□ in detail　870
□ in doing　120, T20(p.62)
□ in favor of A　437, 921
□ in haste　860
□ in itself　T55(p.186)
□ in (the) light of A　906, 945
□ in no sense (= not ... in
　any sense)　T44(p.153)
□ in no time　875
□ in no way (= not ... in any
　way)　T44(p.153)
□ in opposition to A　437
□ in order　877
□ in order (not) to do　86

□ in order that S may[can / will] ...	399
□ in order to do	86
□ in other words	311
□ in person	864
□ in place of A	924, 927
□ in preparation for A	636
□ in progress	867
□ in return (for A)	920
□ in search of A	919
□ in spite of A	
392, 443, 449, 463, 904, 912, 913	
□ in spite of oneself	T55(p.186)
□ in terms of A	922
□ In that case,	948
□ in that S+V ...	377
□ in the afternoon	T66(p.226)
□ in the end	891
□ in the evening	T66(p.226)
□ in the long run	891
□ in the morning	T66(p.226)
□ in the north of A	423
□ in the+身体の部位	439
□ in themselves	T55(p.186)
□ in time (for A)	862
□ include	T3(p.4)
□ income	
654, T102(p.316), T115(p.350)	
□ increase[decrease] by ...	
percent	436
□ indicate A	759
□ industrial	597, T99(p.310)
□ industrious	597, T99(p.310)
□ inform (A of B)	
134, 524, T77(p.260), T88(p.279)	
□ information	643, T111(p.338)
□ inhabit A	T80(p.266)
□ injure oneself	340
□ insist	
66, 487, 760, T12(p.34), T77(p.260)	
□ instantly	851, 886
□ instead	T110(p.334)
□ instead of A / doing	927
□ intend	471, T71(p.246)
□ intentionally	871
□ interest(名詞)	
T102(p.316), T115(p.350)	
□ interested	607, T98(p.306)
□ interesting	578, 607, T97(p.304)
□ Interestingly, S+V ...	628
□ interrupt A	785
□ introduce A to B	
165, 544, T94(p.288)	
□ invaluable	T99(p.311)
□ investigate A	767
□ invite A to do	T76(p.258)

□ irritate A	818
□ irritated	T98(p.306)
□ irritating	T97(p.304)
□ It being fine	141
□ It costs A+お金+to do	506
□ It doesn't matter (to A)+	
wh節	554
□ It follows+that節	553
□ It goes without saying	
that S+V ...	99, 121, T20(p.62)
□ It has been estimated that	
S+V ...	159
□ It has been[is]+時間+	
since S+過去形	20, 25, T5(p.12)
□ It is ... (for A) to do	78, 103
□ It is ... of A(人)to do	
78, 101, 458	
□ It is ... that[which / who]	
～(強調構文)	289
□ It is ... that S+V ～ （形式	
主語構文）	66, 411
□ It is about time ...	234
□ It is anticipated that 節	305
□ It is embarrassing (for A)	
to do ...	589, 609
□ It is (high / about)	
time+S+過去形...	234
□ It is impossible (for A) to	
do	118, T20(p.62), T101(p.315)
□ It is no use[good] doing ...	
116, 256	
□ It is not until ... that ～	
290, 292, T47(p.160)	
□ It is one thing to do ..., but	
it is another thing to do	
～ .	325
□ It is possible[impossible]	
for A to do	T101(p.315)
□ It is time+S+動詞の過去	
形(仮定法過去)	234
□ It is worth doing[A] ...	123
□ It is+時間+before S+V ...	
384	
□ It makes no difference (to	
A)+wh節	554
□ It takes (A)+時間+to do	
267, 506	
□ It won't be long before S+	
V ...	384, 410
□ It's been a long time.	965
□ It's my treat.	939
□ It's on me.	939
□ itself	T54(p.184)
□ itとoneの違い	297

J

□ jewelry	T111(p.338)

□ job	676, 681, T117(p.353)
□ join A	814
□ joy	345
□ judging from A	188, T21(p.74)
□ junior(名詞)	T27(p.92)
□ just	T106(p.329)
□ just because S+V	902
□ (just) in case	865
□ just now	T2(p.3)
□ just the same	880
□ just[simply] not	T43(p.152)
□ justly	T106(p.329)

K

□ keep A informed of B	134
□ keep A to oneself	344
□ keep A waiting	133
□ keep A from doing	
531, 584, T90(p.282)	
□ keep A in mind	808
□ keep an eye on A	806
□ keep doing	810
□ keep early hours	822
□ keep good hours	822
□ keep O+C[doing / done]	
133, 134	
□ keep (on) doing	810
□ keep regular hours	822
□ keep up with A	788, 797
□ keep[break] one's word	665
□ keep[stay] in touch with A	
729	
□ kill time	804
□ kind	78
□ kiss A on the cheek	T69(p.236)
□ know	T3(p.4)
□ know better than to do	173

L

□ labor	674, T117(p.353)
□ lack(動詞)	838
□ lack of A	838
□ lane	T114(p.345)
□ large	604, 609, T102(p.316)
□ last(動詞)	511, 561, T84(p.273)
□ last(形容詞)	T2(p.3)
□ late (for A)	862, T106(p.329)
□ lately	T106(p.329)
□ lay	514, T85(p.274)
□ lay aside A / lay A aside	769
□ lay off A / lay A off	735
□ lead A to do	T76(p.258)
□ lead to A	709, 812
□ learn A by heart / learn by	
heart A	816
□ least	179
□ leave A B	T83(p.270)
□ leave A to B	T94(p.288)

leave A to do	T76(p.258)
leave much to be desired	614
leave no room for change	668
leave nothing to be desired	614
leave room for A	668
lend A B = lend B to A	470, 548, 558, T83(p.270), T95(p.290)
less A than B	156, 172
less than A	427, 678, T25(p.91)
less＋原級＋than ...	152, 162
let A do	50, 478, 950, T74(p.256)
let alone A	855
Let me check	950
let out A	396
Let's[We'll] split the bill.	941
Let's get down to business.	960
liable	T100(p.314)
lie	514, T78(p.262), T85(p.274)
lie in A	823
lift A into the air	680
like	552, 771, T3(p.4)
like A to do	T76(p.258)
like A(前置詞)	247, 441
like so many A	T22(p.82)
likely	590, T99(p.310)
likewise	944
listen to A do	T74(p.256)
literal	T99(p.311)
literary	T99(p.311)
literate	T99(p.311)
little	164, 258, 284, 568, T40(p.143), T96(p.301)
little better than A	T25(p.91)
little, if any	284, 285, 286
little, if anything	286
live(形容詞)	599
live beyond one's means	654
live nextdoor to	T105(p.328)
live to be X	89
live to do	89
live up to A	796
live within one's means	654
lively	591, T99(p.311)
living(形容詞)	599
loan A B = loan B to A	T83(p.270), T95(p.290)
Long time no see.	965
look	T3(p.4), T78(p.262)
look A in the eye(s)	T69(p.236)
look after A	699, 771
look at A do	T74(p.256)
look at A(名詞)	937
look down on A	794, 795

look for A	711, 919
look forward to A[doing]	112, 127, 698, T18(p.58)
look great in A	937
look in A	711
look into A	705, 767
look like＋名詞	491, 497
look out (for A)	783
look over A / look A over	766
look up A / look A up in a dictionary	695
look up to A	695, 699, 794, 795
look＋形容詞	937
lose A's temper	815
lose sight of A	727
lots	T23(p.86)
love	771, T3(p.4)
low	604, T102(p.316)
luggage	646, 680, T111(p.338)
lyの有無によって意味の異なる副詞	T106(p.329)

M

machine	647
machinery	647, T111(p.338)
mail	T111(p.338)
major in A	748, 749
make A do	36, 388, 477, 486, 556, T74(p.256)
make a fool of A	813
make a great impression on A	303
make a point of doing	802
make A teary-eyed	460
make A very difficult	105
make friends with A	649, T112(p.343)
make fun of A	813
make it	951
make it a point to do	802
make it a rule to do	320, 802
make it for A	951
make it possible for A to do	484
make one's mind up[make up one's mind] (to do)	498, 725
make oneself heard	135, 146
make oneself understood	135
make out A / make A out	753, 765
make room for A	668
make sense	803
make the best of A	821
make the most of A	821
make up for A	789
make use of A	726
manage A	741

manage (to do)	463, 490, 565, T71(p.246)
manly	T99(p.310)
manners	T113(p.344)
mannish	T99(p.310)
many	572, T96(p.301)
many / much / few / little の用法と意味	T96(p.301)
many of A	315
marry A	498, T80(p.266)
match A(物)	545
matter	554
may	42, 45, 46, T8(p.24), T9(p.25)
may ..., but ～	42
may have done	64
May I have A call you back?	957
May[Can] I help you?	934
may not	47
may not have done	T11(p.32)
may well do	T13(p.35)
May[Can] I talk[speak] to A?	45, 956
may[might] as well do	69, 72, T13(p.35)
may[might] (not) have done	64, T11(p.32)
mean doing	471, T72(p.251)
mean to do	471, T72(p.251)
means	124, 654, T113(p.344)
meet A	5, 555, 762, 840
memorize	816
mention A	495, T80(p.266)
might	T8(p.24)
mind (doing)	452, 550, T70(p.244)
mine	308, T49(p.170)
miss	T70(p.244)
mistake A for B	723
mock A	813
more B than A	156, 172, 188
more often than not	858
more or less	T25(p.91)
more than A	T25(p.91)
moreover	635, T110(p.334)
most	T106(p.329)
most A	328, 329, T51(p.180)
most of A	315, 330, 331, T57(p.195)
most of the[one's]＋名詞	150, 330, T51(p.180)
mostly	T106(p.329)
moved	T98(p.306)
moving	585, T97(p.304)
much less A	174, 855
much too ...	629

- [ ] much（比較級・最上級の強調） 163, 183, 349, T23(p.86)
- [ ] much＋不可算名詞 571, 642, 644, T96(p.301)
- [ ] muchの強調用法 T107(p.330)
- [ ] must 43, 47, 244, 955, T8(p.24), T9(p.25), T15(p.44)
- [ ] must have been C 73
- [ ] must have done 62, 71, 73, T11(p.32)
- [ ] must not 47
- [ ] myself T54(p.184)

N

- [ ] name A B 35
- [ ] namely T110(p.334)
- [ ] near T106(p.329)
- [ ] nearly 622, T106(p.329)
- [ ] necessary 66, T12(p.34)
- [ ] need（助動詞） 53
- [ ] need（動詞） T3(p.4)
- [ ] need doing 122, T72(p.251)
- [ ] need not 53, T9(p.25)
- [ ] need not[needn't] have done T11(p.32)
- [ ] Need S do ... ? 53
- [ ] need to be done 122, 472
- [ ] need to do T72(p.251)
- [ ] needless to say 99, 121, T16(p.48), T20(p.62)
- [ ] neither (of A) 263, 310, 311, 313, 315, T41(p.150)
- [ ] neither A nor B 353, 374, T56(p.194), T58(p.204)
- [ ] neither＋助動詞[be動詞／完了形のhave]＋S 263
- [ ] nephew 655, T114(p.345)
- [ ] never 245, 258, 294, 627, T40(p.143)
- [ ] (the) next time T63(p.213)
- [ ] never before 259
- [ ] never fail to do 460
- [ ] never[cannot] do ... without doing ～ 282, 294
- [ ] nevertheless 634, 880, T110(p.334)
- [ ] news 496, T60(p.207), T111(p.338)
- [ ] next to A 859
- [ ] niece 655, T114(p.345)
- [ ] No (other)＋名詞＋is so[as]＋原級＋as A 184, T28(p.96)
- [ ] No (other)＋名詞＋is＋比較級＋than A 184, T28(p.96)
- [ ] no better than A T25(p.91)
- [ ] no fewer than A T24(p.88)
- [ ] no less than A 171, T24(p.88)
- [ ] no longer 175, 274

- [ ] no matter how 217
- [ ] no matter where 216
- [ ] no matter who 215
- [ ] no more than A 170, T24(p.88)
- [ ] no sooner ... than ～ T62(p.212)
- [ ] No sooner had S done ... than S'＋過去形 ～ 387
- [ ] no[little] better than A T25(p.91)
- [ ] no＋比較級＋than A 168, 169, T24(p.88)
- [ ] no＋名詞 620, T41(p.150)
- [ ] nobody 314
- [ ] none (of A) 310, 313, 314, 315, T41(p.150)
- [ ] none the＋比較級＋for＋名詞 167
- [ ] nonetheless 634, T110(p.334)
- [ ] nor＋助動詞[be動詞／完了形の have]＋S 263, 264
- [ ] not (...) a bit T43(p.152)
- [ ] not (...) at all 273, 557, T43(p.152)
- [ ] not (...) in the least[slightest] T43(p.152)
- [ ] not (...) just[simply] T43(p.152)
- [ ] not ... A or B T58(p.204)
- [ ] not ... all 272, T41(p.150)
- [ ] not ... any (＋名詞) 271, T41(p.150)
- [ ] not ... any longer 175
- [ ] not ... (just) because S＋V ～ 799
- [ ] not ... both 311, T41(p.150)
- [ ] not ... by any means T44(p.153)
- [ ] not ... either 311, T41(p.150)
- [ ] not ... either A or B T58(p.204)
- [ ] not ... every T41(p.150)
- [ ] not ... in any sense T44(p.153)
- [ ] not ... in any way T44(p.153)
- [ ] not ... on any account T44(p.153)
- [ ] not ... under any circumstances T44(p.153)
- [ ] not ... until S＋V ～ 383
- [ ] not a (single)＋単数名詞 T40(p.143)
- [ ] not A but B＝B, (and) not A 372, T56(p.194), T58(p.204)
- [ ] not a few T96(p.301)
- [ ] not a little T96(p.301)
- [ ] Not all (of) the 名詞＋V ... 272
- [ ] not altogether[completely

- [ ] ／ entirely] T42(p.150)
- [ ] not always T42(p.150)
- [ ] not at all 581, 933
- [ ] not doing ...（動名詞） 108, 126
- [ ] not doing ...（分詞） 137, 138
- [ ] Not every＋名詞＋V ... 272, 296
- [ ] not exactly T42(p.150)
- [ ] not have to T9(p.25)
- [ ] not having done 111
- [ ] Not knowing what to say 138
- [ ] not less than A T24(p.88)
- [ ] not more than A T24(p.88)
- [ ] not nearly 581
- [ ] not necessarily T42(p.150)
- [ ] not[never] once 259
- [ ] not only A but (also) B＝B as well as A 124, 352, 905, T40(p.143), T56(p.194), T58(p.204)
- [ ] not so much A as B 156, 172, 188, T22(p.82)
- [ ] not so much as do T22(p.82)
- [ ] not so[as]＋原級＋as ... 152, 162
- [ ] not to do 92
- [ ] not to mention A 96, T16(p.48)
- [ ] not to say A T16(p.48)
- [ ] not to speak of A 96, T16(p.48)
- [ ] not（否定のthat節の代用） 333, T52(p.182)
- [ ] not＋比較級＋than A 168, T24(p.88)
- [ ] nothing 82, 334, 336, T53(p.183)
- [ ] nothing but A 275, 276
- [ ] Nothing is so[as]＋原級＋as A 184, 185, T28(p.96)
- [ ] Nothing is＋比較級＋than A 184, T28(p.96)
- [ ] notice A do 387
- [ ] notwithstanding A 443
- [ ] now (that) S＋V ... 401, 637
- [ ] now（現在完了形での） 359
- [ ] number T102(p.316)

O

- [ ] obey A T80(p.266)
- [ ] object to A[doing] 577, 977, T18(p.58)
- [ ] occasion 201
- [ ] occasionally 852, 853, 861, 892
- [ ] occupation 675, T117(p.353)
- [ ] occupy A 758, 778
- [ ] of help 434
- [ ] of importance 434
- [ ] of (no) use 434
- [ ] of value 434

英語さくいん　**555**

□ of（関連）　T88(p.279)
□ of（分離・はく奪）　T89(p.280)
□ of[on] one's own accord　898
□ of (no)＋抽象名詞　434, 447
□ off and on　853
□ offer　T71(p.246), T83(p.270)
□ often　56
□ on　412, 413, 422, 442, T66(p.226)
□ on A's behalf　499, 924
□ on account of A　902, 908, 909
□ on and off / off and on　853
□ on doing　120, 407, T20(p.62)
□ on no account (= not ... on
　　any account)　T44(p.153)
□ on one's own　882
□ on one's own accord　898
□ on one's way home　588
□ on purpose　871
□ on schedule　897
□ on Sunday afternoon
　　T66(p.226)
□ on the morning of
　　412, T66(p.226)
□ on the spot　886
□ on the (tele)phone
　　432, T68(p.232)
□ on the whole　854, 887
□ on the＋身体の部位　439
□ on top of that　635
□ on（関連）　246, 442
□ on the＋川（の名）　422
□ on（大型の乗り物・またがる
　　乗り物・通信手段）T68(p.232)
□ on（面・近接）　422, T67(p.228)
□ on（曜日・日付・特定
　　の朝[午後／夜]など）
　　412, 413, T66(p.226)
□ on[in] behalf of A　924
□ on[in] every other[second]
　　line　320
□ once in a while　861, 892
□ once S＋V ...　41, 390
□ one　189, 297, 298, 299, 300, 304
□ one — another　325, T50(p.176)
□ one — the other
　　321, T50(p.176)
□ one after another　326
□ one and a half times as＋
　　原級＋as A　153, 189
□ one of the＋最上級＋複数
　　名詞　180, 186
□ one of the＋複数名詞　355
□ one third as＋原級＋as A　153
□ only A　170, 275, 276, T24(p.88)
□ only a few months before
　　639

□ only if S＋V ...　402, 512
□ only to do ...（逆説的な結果）
　　91
□ onlyのついた副詞[句／節]
　　260, T40(p.143)
□ opinion　T60(p.207)
□ oppose A　T80(p.266)
□ optimist　T114(p.345)
□ or　128, 239, 366
□ or (else)　T110(p.334)
□ order that S＋原形　488
□ order（動詞）
　　66, 487, 488, T12(p.34)
□ order（名詞）
　　877, 942, T60(p.207), T114(p.345)
□ other than A　917
□ otherwise　239, 244, 631,
　　632, 633, T36(p.130),
　　T109(p.333), T110(p.334)
□ ought not to do　T10(p.28)
□ ought not to have done
　　T11(p.32)
□ ought to　52, T8(p.24), T10(p.28)
□ ought to have done　T11(p.32)
□ ourselves　T54(p.184)
□ out of order　877
□ out of the blue　893
□ out of the question　889
□ over　426, 428
□ overseas　623
□ owe A B = owe B to A
　　548, 549, T83(p.270), T94(p.288),
　　T95(p.290)
□ owing to A
　　678, 902, 908, 909, 910

P

□ pains　T113(p.344)
□ paper　T111(p.338)
□ participate in A
　　103, 159, 449, 480, 814
□ particularly　866
□ passenger　672, T116(p.352)
□ path　T114(p.345)
□ patient　T116(p.352)
□ pay　510, 571, T84(p.273),
　　T102(p.316), T115(p.350)
□ pay (some) attention to A
　　199
□ pay a visit (to A)　809
□ penalty　T115(p.350)
□ perform A　714
□ permanently　872
□ permit A to do
　　233, 483, 484, T76(p.258)
□ personally　864
□ persuade A of B　T88(p.279)

□ persuade A (not) to do
　　520, T76(p.258), T87(p.278)
□ pessimist　T114(p.345)
□ physician　T114(p.345)
□ pick out A / pick A out　776
□ pick up A / pick A up　744
□ plan[program / project] to
　　do　80
□ play upstairs　T105(p.328)
□ pleased　586, T98(p.306)
□ pleasing　T97(p.304)
□ poetry　T111(p.338)
□ point　201
□ point out A　759
□ (the) police　359
□ polite　78
□ population　T102(p.316)
□ possess　T3(p.4)
□ possibility　T60(p.207)
□ postpone　689, T70(p.244)
□ practice　T70(p.244)
□ praise A for B　T92(p.286)
□ prefer A to B　177
□ prepare for A　128, 414
□ present A (with B)
　　694, 773, T91(p.284)
□ pretend to do　462, T71(p.246)
□ prettily　T106(p.329)
□ pretty　T106(p.329)
□ prevent[stop / hinder] A
　　from doing　348, 530, T90(p.282)
□ price　T102(p.316)
□ pride oneself in A　831
□ proceed to A　385
□ profession　675, T117(p.353)
□ profit　T115(p.350)
□ progress　T111(p.338)
□ prohibit[forbid / ban]
　　T77(p.260)
□ prohibit[forbid / ban] A
　　from doing　532, T90(p.282)
□ promise　T71(p.246)
□ proposal　T60(p.207)
□ propose
　　66, 487, 719, T12(p.34), T77(p.260)
□ proposition　T60(p.207)
□ prove (to be) A　731, T78(p.262)
□ provide A with B
　　126, 534, T91(p.284)
□ provide B for A　534, T91(p.284)
□ provided[providing] (that)
　　S＋V ...　T21(p.74), T64(p.214)
□ punish A for B　T92(p.286)
□ put A into practice　811
□ put aside[by] A / put A
　　aside[by]　739, 769

☐ put away A / put A away 523, 739	☐ report T60*(p.207)*	去完了形 230, 231, T35*(p.125)*
☐ put forward A / put A forward 773	☐ represent A 716	☐ S wish (that) S'+動詞の過去形 230, 232, T35*(p.125)*
☐ put off A / put A off 76, 689, 691, T70*(p.244)*	☐ request 487, 563, 710, T12*(p.34)*, T60*(p.207)*	☐ S wish+S' would[could] do ... T35*(p.125)*, 546
☐ put on A / put A on 691	☐ request that S (should)+原形 563	☐ S would rather (that) S'+動詞の過去完了形 232
☐ put on airs T113*(p.344)*	☐ require 487, 839, T12*(p.34)*	☐ S would rather (that) S'+動詞の過去形 232
☐ put out A / put A out 777	☐ require A to do T76*(p.258)*	☐「S+V+A+for+B」の形をとる動詞 T92*(p.286)*
☐ put up with A 718	☐ resemble A 497, 705, T3*(p.4)*, T80*(p.266)*	☐「S+V+A+from doing」の形をとる動詞 T90*(p.282)*

Q

☐ quit doing = stop doing 473	☐ reservation 656, T114*(p.345)*	☐「S+V+A+of+B」の形をとる動詞 T88*(p.279)*, T89*(p.280)*
☐ quite a few 563, 575, T96*(p.301)*	☐ reserve a room at the hotel 200	☐「S+V+A+to+B」の形をとる動詞 T94*(p.288)*
☐ quite a little T96*(p.301)*	☐ respect A (for B) 794, 795, T92*(p.286)*	☐「S+V+A+with+B」の形をとる動詞 T91*(p.284)*

R

☐ raise 513, 515, 704, T85*(p.274)*	☐ respectable 593, T99*(p.311)*	☐「S+V+C [形容詞]」の形をとる動詞 T78*(p.262)*
☐ rarely 258, 619, 621, T104*(p.326)*	☐ respectably 626	☐「S+V+O+do」の形をとる動詞の受動態 36
☐ rarely, if ever 285, 295	☐ respectful 593, T99*(p.311)*	☐ salary T102*(p.316)*, T115*(p.350)*
☐ rather than A 156, 172, 917	☐ respective 593, T99*(p.311)*	☐ sample T114*(p.345)*
☐ reach A 775, T80*(p.266)*	☐ respectively 626	☐ satisfied T98*(p.306)*
☐ read T84*(p.273)*	☐ result in A 812	☐ satisfy A 555
☐ recall A 282	☐ revolution T114*(p.345)*	☐ satisfying T97*(p.304)*
☐ receive A from B 192	☐ reward A for B T92*(p.286)*	☐ save 508, 769, T83*(p.270)*
☐ receive a light[heavy] sentence 666	☐ rid A of B T89*(p.280)*	☐ say (to A) that 節 516, 517, T86*(p.276)*
☐ recognition T60*(p.207)*	☐ ridicule A 813	☐ say hello to A 653, 966
☐ recommend 487, T12*(p.34)*	☐ right 351, 418, T12*(p.34)*	☐ scarcely 258, 618, 620, 621, T62*(p.212)*, T104*(p.326)*
☐ recover from A 708	☐ right away 72, 851, 886	☐ scarcely ... when[before] ～ T62*(p.212)*
☐ refer to A (as B) 35, 495	☐ right now 509, 851	
☐ refrain from doing 697	☐ ring off 784	☐ scarcely anyone 620
☐ refuse (to do) 55, 693, T71*(p.246)*	☐ rise 513, T85*(p.274)*	☐ scarcely[hardly] any+名詞 620
☐ regard T113*(p.342)*	☐ rob A of B 527, 566, T89*(p.280)*	☐ scenery T111*(p.338)*, T114*(p.345)*
☐ regard A as B 190, 435	☐ room (for A) 668, 682, 688, 778	☐ school T114*(p.345)*
☐ regard A with curiosity 435	☐ rotation T114*(p.345)*	☐ scold A for B T92*(p.286)*
☐ regardless of A 392, 913	☐ roughly speaking T21*(p.74)*	☐ scorn A 794, 795
☐ regret doing 470, T72*(p.251)*	☐ rude 78, 306	☐ search A T80*(p.266)*
☐ regret to do 470, T72*(p.251)*	☐ rule T114*(p.345)*	☐ search for A 919, T81*(p.267)*
☐ regretful T99*(p.311)*	☐ rule out A / rule A out 756	☐ seat T85*(p.274)*
☐ regrettable T99*(p.311)*	☐ rumor 307, T60*(p.207)*	☐ second to none 883
☐ relieve A of B T89*(p.280)*	☐ run across A 702	☐ see 127, T3*(p.4)*
☐ rely on A 737, 824	☐ run into A 702, 770	☐ see (to it) that節 819, T48*(p.168)*
☐ remain 131, T78*(p.262)*	☐ run out of A 720	

S

☐ remain to be done 280, T46*(p.155)*	☐ S have more of A 75	☐ see A do 36, T74*(p.256)*
☐ remain+done 131	☐ S is in the north of A. 423	☐ see A doing[done] 136
☐ remember 282, 808, T72*(p.251)*	☐ S is like A 606	☐ see A off 762
☐ remember doing 464, 465, T72*(p.251)*	☐ S is likely to do ... = It is likely that S will do ... 590	☐ seeing (that) S+V ... T21*(p.74)*
☐ remember me to A 653, 966	☐ S is to the north of A. 423	☐ seem 127, T78*(p.262)*
☐ remember to do 464, T72*(p.251)*	☐ S made A angry 208	☐ Seen from a distance 140
☐ remind A of B 522, 523, T88*(p.279)*	☐ S need not do 53	
☐ remind A that節 523	☐ S remain C. 131	
☐ remind A to do 523, T76*(p.258)*	☐ S scold A for B. 404	
☐ rent T95*(p.290)*, T115*(p.350)*	☐ S (should)+原形 66, 400, 487, 563, T12*(p.34)*	
	☐ S sit doing[done] 132	
	☐ S wish (that) S'+動詞の過	

英語さくいん　**557**

- seize[catch / hold] A by the B　439, T69(p.236)
- seldom　258, 295, 619, 621, T104(p.326)
- seldom[rarely], if ever　285, 295
- -self (selves)　339
- sell　T84(p.273)
- send for A　746
- senior（名詞）　T27(p.92)
- sensible　592, T99(p.310)
- sensitive　592, T99(p.310)
- sentence　666
- separate A from B　171
- serve A with B　T91(p.284)
- set about A　755, 826
- set in　715
- set off　786
- set out　786
- set up A / set A up　772
- shade　T114(p.345)
- shadow　T114(p.345)
- shake A by the arm　T69(p.236)
- shake hands　T112(p.343)
- share A with B　536, T91(p.284)
- sharp　T106(p.329)
- sharply　T106(p.329)
- shocked　T98(p.306)
- shocking　T97(p.304)
- shopper　T116(p.352)
- should　52, 75, T8(p.24), T10(p.28), T32(p.120), T33(p.121), T84(p.273)
- should have done　65, 252, T11(p.32), T33(p.121)
- should have known better　661
- should not do　T10(p.28)
- should not have done　T11(p.32)
- should S do ...　242
- show up　781, 782
- simply not　T43(p.152)
- since　15, 379, 617
- sit　T85(p.274)
- situation　201
- slap A on[in] the face　T69(p.236)
- sleepy　T99(p.310)
- small　349, 604, 609, T102(p.316)
- smell　T3(p.4), T78(p.262)
- so　261, 332, T52(p.182)
- so ... that S+V ～　396, 397, 408
- so as (not) to do　86, 87
- so far　30, 181, 188, 856
- so S can ...　398

- so that S can[will / may] ...　398, 399
- so to speak[say]　T16(p.48)
- so＋S＋助動詞[be動詞／完了形の have]　261, 262
- so＋形容詞＋a[an]＋名詞　265
- so＋形容詞[副詞]＋as to do　90
- so＋助動詞[be動詞／完了形の have]＋S」　261
- sociable　T99(p.311)
- social　T99(p.311)
- solve A　752, 753
- some — others[some]　T50(p.176)
- some — the others　T50(p.176)
- some ... , (and) others ～　324, 351
- some of A　315, T57(p.195)
- someと相関的に用いるothers　324, 351
- some＋不可算名詞　573, 574, 643, 687
- something　82, 337, T53(p.183)
- Something goes wrong with A.　617
- sometimes　56, 852, 853, 861
- sorry　88
- Sorry, (but) A is out now [at the moment].　973
- sound　T78(p.262)
- sound as if S would be C　236
- sound asleep　625
- sound like＋名詞　491
- spare A B　509, T83(p.270)
- speak A　T86(p.276)
- speak ill of A　732, 874
- speak to A　29, 40, 45, 659, 956
- speak well[highly] of A　732
- speaking of A　T21(p.74)
- specialize in A　748, 749
- spectator　T116(p.352)
- spend A (in) doing　962, T19(p.60)
- split　941
- stand A　718
- stand by A　774
- stand for A　716
- stand out　787
- stand up for A　798
- stare A in the face　T69(p.236)
- start　755, 786
- stationery　T111(p.338)
- stay　T78(p.262)
- stay fit　490
- stay in touch with A　729

- stay indoors　T105(p.328)
- stay＋形容詞　490
- still　163, 611, 613, 614, 641, 894, T23(p.86), T103(p.323), T110(p.334)
- stop A (from) doing　T90(p.282)
- stop (doing)　456, 473, T70(p.244), T72(p.251)
- stop to do　456, T72(p.251)
- strange to say　T16(p.48)
- stranger　659
- strictly speaking　T21(p.74)
- strip A of B　T89(p.280)
- study A　767
- subject　667
- submit A　694, 773
- submit to A　799
- succeed in A　701
- successful　594, T99(p.311)
- successive　594, T99(p.311)
- such　304
- such ... that S+V ～　397
- such being the case　T21(p.74)
- suddenly　879, 893
- suffer from A　696
- suggest　487, T12(p.34), T60(p.207), T77(p.260)
- suggestion　T60(p.207)
- suit A（人）　545
- sum　T102(p.316)
- sum up A / sum A up　826
- summarize A　826
- supply A with B　T91(p.284)
- support A　716, 774, 798
- suppose　332, 333, T52(p.182)
- suppose[supposing] (that) S+V ...　389, T21(p.74), T64(p.214)
- supposition　T60(p.207)
- Sure.　974
- surely　895
- surgeon　T114(p.345)
- surprised　88, T98(p.306)
- surprising　577, T97(p.304)
- survive A　672, T80(p.266)
- suspect A of B　T88(p.279)

T

- take A B（to do）　506, T83(p.270)
- take A for B　723
- take A for granted　730
- take A into account　807, 808
- take A into consideration　807
- take A seriously　276
- take A to B　542, T94(p.288)
- take advantage of A　726
- take after A　705
- take an appropriate action

- [ ] take care of A 771
- [ ] take in A / take A in 742
- [ ] take it for granted+that 節 730
- [ ] take it that 節 T48(p.168)
- [ ] take off 713
- [ ] take off A / take A off 691, 692
- [ ] take on A / take A on 698, 793
- [ ] take over A / take A over 747
- [ ] take pains T113(p.344)
- [ ] take part in A 159, 449, 480, 814
- [ ] take place 724
- [ ] take pride in A 831
- [ ] take turns (in / at) doing 651, T112(p.343)
- [ ] take up A 758, 778
- [ ] talk A into doing[B] 520, T86(p.276), T87(p.278)
- [ ] talk A out of doing[B] T86(p.276), T87(p.278)
- [ ] talk about A 245, 253, 266, 494
- [ ] talk to[with] A (about B) 519, T86(p.276)
- [ ] talking[speaking] of A T21(p.74)
- [ ] tap A on the shoulder T69(p.236)
- [ ] task T117(p.353)
- [ ] taste 491, T3(p.4), T78(p.262)
- [ ] taste like+名詞 491
- [ ] tax T115(p.350)
- [ ] tease A 813
- [ ] tell A about B / tell B to A 269, 560, T86(p.276)
- [ ] tell A apart 590
- [ ] tell A B = tell B to A 84, T86(p.276)
- [ ] tell A from B 800
- [ ] tell A+that節[wh節] 518, 564, T86(p.276)
- [ ] tell A to do T76(p.258), T86(p.276)
- [ ] tell if [whether] S+V ... 19
- [ ] terms T113(p.344)
- [ ] thank A (for B) 540, 928, T92(p.286)
- [ ] Thank you for doing 972
- [ ] Thank you for your time. 971
- [ ] thanks to A 928
- [ ] that is (to say) T110(p.334)
- [ ] That is because ... T30(p.106)
- [ ] That is why[the reason

- [ ] why / the reason] ... 8, 203, 625, T30(p.106)
- [ ] that(関係代名詞) 128, 191, 192,193, 194, 195, 205, 213, 246, T29(p.100)
- [ ] that(関係副詞) 204
- [ ] that(接続詞) 375, T59(p.206), T60(p.207), 909
- [ ] that(代名詞) 301, 349
- [ ] that+S (+should) +原形 の形が続く動詞・形容詞 66, T12(p.34)
- [ ] that節の代用表現 332, 333, T52(p.182)
- [ ] the annual clearance 379
- [ ] the cost(s) of living 670
- [ ] the day before yesterday 617
- [ ] the first A to do 81
- [ ] the first time T63(p.213)
- [ ] the instant S+V ... T61(p.210)
- [ ] the last A to do 274, 561
- [ ] the last A+関係代名詞節 274
- [ ] the last time T63(p.213)
- [ ] the least+形容詞 179
- [ ] the minute S+V ... T61(p.210)
- [ ] the moment S+V ... 386, T61(p.210)
- [ ] the news that S+V ... 496
- [ ] (the) next time T63(p.213)
- [ ] the number of A(複数名 詞) 356, 363, 365, 677
- [ ] the one(s) 299, 300
- [ ] the opposite A 312
- [ ] the other way around 890
- [ ] the others 323, T50(p.176)
- [ ] the rest (of A) 324, T57(p.195)
- [ ] the very+最上級+単数名 詞 T23(p.86)
- [ ] the way (that) S+V ... 204
- [ ] the way in which S+V ... 204
- [ ] the+形容詞 359
- [ ] the+最上級+of A(複数名 詞) 178, T28(p.96)
- [ ] the+最上級+名詞+(that) S have ever done 181
- [ ] the+序数詞+最上級 182
- [ ] the+単数名詞(不可算名詞 および可算名詞の単数形) 297, 301, 349
- [ ] (all) the+比較級+because S+V ... [for+名詞] 166
- [ ] the+比較級 ..., the+比較 級 ～ 164
- [ ] the+比較級+of the two 165
- [ ] the+複数名詞 302, 348
- [ ] themselves T54(p.184)

- [ ] then T2(p.3)
- [ ] theory T60(p.207)
- [ ] there are ... temperatures 361
- [ ] There are some cases where S+V 201
- [ ] there being A(分詞構文) 142, 148
- [ ] There has been a rapid increase in A. 677
- [ ] There is growing evidence that S+V ... 648
- [ ] There is little possibility that節 568
- [ ] there is no chance of A[doing] 107
- [ ] There is no doing 118, T20(p.62)
- [ ] There is no room for A. 668
- [ ] There is no use[point / sense] (in) doing ... 116, 256, T19(p.60)
- [ ] There is nothing better than A. T53(p.183)
- [ ] There is nothing like A. T53(p.183)
- [ ] There is nothing so[as]+ 原級+as A 184, T28(p.96)
- [ ] There is nothing+比較級 +than A 184, T28(p.96)
- [ ] There is something+形容 詞+about A. T53(p.183)
- [ ] There is something the matter[wrong] with A. 337, T53(p.183)
- [ ] There is still room for improvement. 682
- [ ] There+be 動詞+A 359, 361, 362
- [ ] there to be A 551
- [ ] therefore T110(p.334)
- [ ] think 332, 333, T52(p.182)
- [ ] think of A 719
- [ ] This is A speaking. 956
- [ ] This is how[the way] S+ V ... 204
- [ ] those(代名詞) 302, 303, 347, 348
- [ ] those chosen 303
- [ ] those concerned[involved] 303
- [ ] those present 303
- [ ] those who ... 296, 347
- [ ] though 392, 393, 395, T110(p.334)
- [ ] thought T60(p.207)
- [ ] three times as+原級+as

A	154
☐ thrilled	T98(p.306)
☐ thrilling	T97(p.304)
☐ till[until] A（継続）	
	381, 382, 414
☐ till now	856
☐ time to do	80
☐ timeを使った接続詞	T63(p.213)
☐ ... times as＋原級＋as A	153
☐ ... times[half / twice] the＋	
名詞＋of A	155
☐ tired	T98(p.306)
☐ tiring	588, T97(p.304)
☐ to A's face	874
☐ to A's surprise	640, 964
☐ to be frank (with you)	
	T16(p.48)
☐ to be sure	T16(p.48)
☐ to begin[start] with	T16(p.48)
☐ to do A justice	T16(p.48)
☐ to doingとなる表現	T18(p.58)
☐ to have done	93
☐ to make matters worse	
	T16(p.48)
☐ to oneself	344, T55(p.186)
☐ to say nothing of A	
	96, 855, T16(p.48)
☐ to say the least (of it)	
	97, T16(p.48)
☐ to tell (you) the truth	
	T16(p.48)
☐ to the effect that節	664
☐ to the north of A	423
☐ to（方向）	423
☐ toil	T117(p.353)
☐ tolerate A	718
☐ too ... (for A) to do	94, 265
☐ too[so / as / how]＋形容詞	
＋a[an]＋名詞	265
☐ total A	764
☐ touch A on the head	
	T69(p.236)
☐ touched	T98(p.306)
☐ touching	T97(p.304)
☐ toの後に動名詞(名詞)が続	
く表現	112, 113, 114, 115, 127
☐ trade	T117(p.353)
☐ traffic	T111(p.338)
☐ transfer A to B	T94(p.288)
☐ try (not) to do	
	92, 454, 468, T72(p.251)
☐ try doing	469, T72(p.251)
☐ try on A / try A on	707
☐ tuition	T115(p.350)
☐ turn	T78(p.262)
☐ turn back	700

☐ turn down A / turn A	
down	693
☐ turn in A / turn A in	
	694, 700, 773
☐ turn off A / turn A off	700
☐ turn on A / turn A on	700
☐ turn out (to be) A	
	218, 731, T78(p.262)
☐ turn out to be C	218
☐ turn round	700
☐ turn to A	737
☐ turn up	781, 782
☐ twice as＋原級＋as A	153, 187
☐ twice the＋名詞＋of A	155
☐ two thirds as＋原級＋as A	
	153

U

☐ ultimately	891
☐ uncomfortable	884
☐ under A	426, 427
☐ under no circumstances	
(= not ... under any	
circumstances)	T44(p.153)
☐ under way	867
☐ undergo A	768
☐ understand A	
	742, 753, 765, T3(p.4)
☐ undertake A	698
☐ unemployment	
compensation	681
☐ unexpectedly	893
☐ unless S＋V ...	391, 409
☐ unlike A	441
☐ until[till] now	856
☐ until[till] S＋V ...	
	18, 39, 381, 382, 383
☐ up in the air	894
☐ (be) up to A	918
☐ up to the present	30, 181
☐ urge A to do	T76(p.258)
☐ use A	547, T95(p.290)
☐ used to do	57, 375
☐ usually	1, 858, 876
☐ utilize A	39, 726

V

☐ 「V＋A＋do」の形をとる動詞	
	T74(p.256)
☐ 「V＋A＋to do」のパターン	
をとる動詞	T76(p.258)
☐ 「V＋A＋to do」の形をとら	
ない動詞	T77(p.260)
☐ valueless	T99(p.311)
☐ very	T23(p.86)
☐ very much	894
☐ view	T114(p.345)
☐ viewer	T116(p.352)

☐ visit A	809
☐ visitor	T116(p.352)
☐ voluntarily	898

W

☐ wage	T102(p.316), T115(p.350)
☐ want (to do)	58, T3(p.4)
☐ want A to do	481, T76(p.258)
☐ want[would like] there to	
be A	551
☐ warn A of B	T88(p.279)
☐ warn A to do	T76(p.258)
☐ was[were] able to do	70
☐ was[were] doing	6
☐ watch A (do)	806, T74(p.256)
☐ watch out (for A)	783
☐ way to do	80
☐ wear	691
☐ weather	T111(p.338)
☐ weather permitting	T21(p.74)
☐ What ... for?	T38(p.138)
☐ what A to do	T14(p.42)
☐ what appear to be A	222
☐ What becomes of A?	
	T38(p.138)
☐ What can I do for you?	934
☐ What do you do (for a	
living)?	929
☐ What do you mean?	931
☐ What do you say to	
A[doing]?	115, 253, T18(p.58)
☐ What do you think	
about[of] A?	T38(p.138)
☐ What happened (to A)?	952
☐ What if ... ?	288
☐ what is better	211
☐ what is called C	210
☐ What is it like to do?	254
☐ what is more	211
☐ what is more important	211
☐ What is S like?	254
☐ What is the use of	
doing ... ?	256
☐ what is worse	211
☐ what is＋比較級	211
☐ What makes A do ... ?	556
☐ what S has	209
☐ what S is	209
☐ what S seem to be	209, 210
☐ what S should[ought to]	
be	209
☐ what S was[used to be]	209
☐ what S will be	209
☐ what they call C	210
☐ What time is it?	368
☐ what to do	149, T14(p.42)
☐ what we[they / you] call C	

	210
☐ what with A and B	857
☐ what you call C	210
☐ What[How] about A[doing]?	
	115, 253, 967, T18(p.58)
☐ What's the matter (with A)?	952
☐ What's wrong (with A)?	952
☐ what(関係代名詞)	
	188, 208, 222, 447, T59(p.206)
☐ whatを用いた慣用表現	
	209, 210, 211
☐ When ... ?(疑問詞)	T2(p.3)
☐ when it comes to A[doing]	
	T18(p.58)
☐ when to do	T14(p.42)
☐ when(関係副詞)	
	190, 200, 202, 207
☐ when(接続詞)	74, 120, 378,
	T2(p.3), T4(p.10), T20(p.62)
☐ when節とif節の見分け	
	T4(p.10)
☐ where to do	T14(p.42)
☐ where(関係副詞)	
	194, 200, 201, 202, 207
☐ whereas S＋V ...	405
☐ wherever	216
☐ whether[if]	250, 376
☐ which (A) to do	T14(p.42)
☐ which[that](関係代名詞)	
	192, 194, 195, 205, 220, T29(p.100)
☐ which(前文全体が先行詞)	
	206, 284
☐ while(時・条件・期間)	
	120, 402, 403, 404, T20(p.62)
☐ while(対比)	405
☐ whoever	215
☐ who(m)[that](関係代名詞)	
	191, 193, 205, T29(p.100)
☐ who[that](関係代名詞)	
	191, 205, 212, 363, T29(p.100)
☐ whose(関係代名詞)	
	196, 197, 205, 219, T29(p.100)
☐ Why don't you do ... ?	
	T38(p.138)
☐ Why not?	975
☐ why(関係副詞)	
	200, 202, 203, 207
☐ why(疑問詞)	252
☐ will	3, T8(p.24)
☐ will be doing	7
☐ will do	
	3, 18, 19, 338, 512, T84(p.273)
☐ will have been doing	17
☐ will have done	13, 14, 23

☐ win by nose	436
☐ wise	78, 592
☐ wish (A B)	
	230, T71(p.246), T83(p.270)
☐ with (all) A	443, 904, 912
☐ with A doing	144, 446
☐ with A done	144, 145, 446
☐ with a view to doing	911
☐ with A(if節の代用)	
	238, T36(p.130)
☐ with A(道具・手段)	430
☐ with care	435
☐ with courage	435
☐ with curiosity	435
☐ with diligence	435
☐ with＋抽象名詞	435
☐ with＋名詞＋形容詞	446
☐ with＋名詞＋前置詞句[副詞]	
	446
☐ within A(以内に)	418
☐ without A	238, 278, 279, 835,
	971, T36(p.130), T45(p.154)
☐ without charge	336
☐ without so much as doing	
	T22(p.82)
☐ won't [will not] do	55
☐ wonder if S＋V ...	600
☐ wonder＋wh節	492
☐ word	665
☐ work(名詞)	
	T111(p.338), T117(p.353)
☐ work(動詞)	T84(p.273)
☐ work out A / work A out	
	752, 753
☐ works(名詞)	T113(p.344)
☐ worry	345
☐ worth	123, 602
☐ worthwhile	674
☐ would	56, 57, T8(p.24)
☐ would like there to be A	551
☐ would like to do	58, 603
☐ would like to have done / would have liked to do	
	T11(p.32)
☐ would rather not do	60
☐ would rather[sooner] do	59
☐ Would you mind doing ...?	
	452
☐ wouldn't[would not] do	55
☐ wouldn't like to do	58
Y	
☐ Yes, of course.	974
☐ yesterday	2, T2(p.3)
☐ yet	611, T103(p.323), T110(p.334)
☐ yet(逆接)	75, 369, 627
☐ yield to A	799

☐ You must have the wrong number.	955
☐ yourself	T54(p.184)
☐ yourselves	T54(p.184)

▷ 日本語さくいん

ふつうの数字は問題番号を示しています。そのうち赤の数字は主項目として扱っている問題番号です。先頭にTのついた数字は，その番号のTargetに掲載されている項目という意味で（　）内の*p.000*という数字はそのページです。

あ
- □ 後に「that＋S（＋should）＋原形」の形が続く動詞・形容詞　T12(*p.34*)

い
- □ 意外な意味を表す自動詞　T84(*p.273*)
- □ 意味が紛らわしい名詞　T114(*p.345*)

お
- □ 「お金」に関する名詞　669, 670, 671, T115(*p.350*)

か
- □ 過去完了（完了・結果）　11
- □ 過去完了進行形（過去における動作の継続）　16, 24
- □ 過去完了の受動態　30
- □ 過去時制　2
- □ 過去時制で用いる副詞表現　T2(*p.3*)
- □ 過去進行形　6
- □ 過去の継続的状態　57
- □ 過去の習慣の動作　56, 57
- □ 過去の強い拒絶を表す　55
- □ 過去分詞から始まる分詞構文　140, 147
- □ 可算名詞　297
- □ 「貸す」・「借りる」を表す動詞　T95(*p.290*)
- □ 仮定法　223
- □ 仮定法過去　223, 224, 245, 246, T32(*p.120*)
- □ 仮定法過去完了　225, 226, T33(*p.121*)
- □ 仮定法過去完了と仮定法過去の併用形　227
- □ 仮定法を用いた慣用表現　237
- □ 可能・不可能を表す形容詞　600, 601, T101(*p.315*)
- □ 関係代名詞　T29(*p.100*)
- □ 関係代名詞asを用いた慣用表現　214, T31(*p.114*)
- □ 関係代名詞what　208, 209, 210, 211, 222, T59(*p.206*)
- □ 関係代名詞の非制限用法　205, 206, 214
- □ 関係副詞how　204
- □ 関係副詞when　202
- □ 関係副詞where　194, 200, 220
- □ 関係副詞where（「場所」以外の先行詞）　201
- □ 関係副詞why　203
- □ 関係副詞の非制限用法　207
- □ 冠詞相当語（a, this, these, no, some, any など）＋名詞＋of＋所有代名詞　309
- □ 感情表現の他動詞の過去分詞から派生した分詞形容詞　580, T98(*p.306*)
- □ 感情表現の他動詞の現在分詞から派生した分詞形容詞　577, T97(*p.304*)
- □ 間接疑問　250, 251, 266, 269, 270, T47(*p.160*)
- □ 慣用的な分詞構文　143, T21(*p.74*)
- □ 慣用的に複数形を用いる表現　649, 650, 651, 684, T112(*p.343*)
- □ 慣用表現「Sが…してから〜になる」　20, 25
- □ 完了形の受動態　30
- □ 完了の動名詞（完了動名詞の否定）　111
- □ 完了不定詞　93
- □ 完了分詞構文　139

き
- □ 疑問詞の基本用法　249, 267
- □ 疑問詞＋do you think＋V …？　251
- □ 疑問詞＋do you think S＋V … ?　269
- □ 疑問詞＋is it that（＋S）＋V … ?　291, T47(*p.160*)
- □ 疑問詞＋to不定詞　84, 149, T14(*p.42*)
- □ 疑問詞の強調構文　291
- □ 疑問文　252, 253, 254, 268, T38(*p.138*)
- □ 「客」を表すさまざまな名詞　T116(*p.352*)
- □ 強意の否定表現　273, T43(*p.152*)
- □ 強制倒置　240, 241, 242, 258, 259, 260, 261, 263, 264, 387, T40(*p.143*), T44(*p.153*), T62(*p.212*)
- □ 強調語　629, T107(*p.330*)
- □ 強調構文　289, 290, 291, 292, T47(*p.160*)

く
- □ 群動詞の受動態　29, 37, 40

け
- □ 形式主語構文　26, 66, 78, 101, 103, 305, 376, 554, T15(*p.44*)
- □ 形式目的語　79, 220, 306, 307, T48(*p.168*)
- □ 形容詞［副訳］＋enough to do　90, 100, 102
- □ 形容詞［副詞・無冠詞名詞］＋as＋S＋V …　395, T65(*p.216*)
- □ 形容詞用法の不定詞（主格関係）　80, 81
- □ 形容詞用法の不定詞（同格関係）　80
- □ 形容詞用法の不定詞（目的格関係）　80, 82
- □ 形容詞用法の不定詞（目的格関係, 前置詞の残留）　80, 83
- □ 原因・理由のas　411, T65(*p.216*)
- □ 原級比較　151, 152
- □ 原級を用いた慣用表現　156, 157, 158, 159, 188, 190, T22(*p.82*)
- □ 現在完了（完了・結果）　9
- □ 現在完了（経験）　10
- □ 現在完了（状態の継続）　15
- □ 現在完了進行形（現在における動作の継続）　15
- □ 現在時制（時・条件を表す副詞節内）　7, 14, 18
- □ 現在時制（現在の習慣）　1, T1(*p.2*)
- □ 現在時制（現在の状態）　T1(*p.2*)
- □ 現在時制（不変の真理）　T1(*p.2*)
- □ 現在進行形　4, 5, 22, 365
- □ 現在分詞から始まる分詞構文　137
- □ 限定のas　T65(*p.216*)

こ
- □ 交通・通信手段を表す前置詞　T68(*p.232*)
- □ 語順　250, 252, 265, 266, 309, T23(*p.86*), T47(*p.160*)

さ
- □ 再帰代名詞　T54(*p.184*)
- □ 再帰代名詞による強調　342
- □ 再帰代名詞の用法　339, 340, 341, 342, 343, 344, 345
- □ 最上級と同じ意味を表す原級・比較級表現　184, 185, T28(*p.96*)
- □ 最上級の強調表現　183, T23(*p.86*), T107(*p.330*)

し

- [ ] 使役動詞　477, 478, 556, 957
- [ ] 時間を表す語句+before　615, 639
- [ ] 「仕事」を表すさまざまな名詞　T117(p.353)
- [ ] …して〜(時間)になる　20, T5(p.12)
- [ ] 自動詞と他動詞で紛らわしい動詞　T85(p.274)
- [ ] 自動詞と間違えやすい他動詞　T80(p.266)
- [ ] 修辞疑問　255, 256
- [ ] 主格関係代名詞which[that]（先行詞が「人以外」）　192
- [ ] 主格関係代名詞who(先行詞が「人」)　191
- [ ] 主格補語として用いられる分詞(過去分詞)　132, 580
- [ ] 主格補語として用いられる分詞(現在分詞)　131
- [ ] 主語と動詞の一致　358, 359, 360, 361, T56(p.194), T57(p.195)
- [ ] 主語となる動名詞(句)　104
- [ ] 主語に仮定の意味　243, 247, T36(p.130)
- [ ] 受動態の基本　27, 41
- [ ] 受動態の基本とby Aの省略　27
- [ ] 受動態の動名詞　110
- [ ] 準否定語　618, 619, 620, 621, T104(p.326)
- [ ] 譲歩　216, 217, 284, 285, 286, 441
- [ ] 譲歩のas　395, T65(p.216)
- [ ] 譲歩の副詞節　215
- [ ] 譲歩を表すdespite　443, 449
- [ ] 譲歩を表す接続詞　392, 393, 394, 395
- [ ] 省略可能なinの後に動名詞が続く表現　116, 117, 125, 128
- [ ] 省略表現　284, 285, 286, 287, 288, 295
- [ ] 叙述用法(補語となる用法)でしか用いない形容詞　590, 591, 599, T100(p.314)
- [ ] 助動詞＋be done　31, 39
- [ ] 助動詞＋have doneの意味　T11(p.32)
- [ ] 助動詞(確信)　43, T8(p.24)
- [ ] 助動詞(可能性)　44
- [ ] 助動詞(義務)　47, 48
- [ ] 助動詞(義務・当然)　52
- [ ] 助動詞(許可)　45, 46
- [ ] 助動詞(推量)　42
- [ ] 助動詞がある場合の受動態　31, 39, 190
- [ ] 助動詞としてのdare　54

- [ ] 助動詞のneed　53
- [ ] 助動詞を含む慣用表現　T13(p.35)
- [ ] 所有格関係代名詞whose（先行詞が「人」）　196, 219
- [ ] 所有格関係代名詞whose（先行詞が「人」以外）　197
- [ ] 所有代名詞の用法　308, 309, T49(p.170)
- [ ] 進行形にしない動詞　8, 15, 354, T3(p.4)
- [ ] 進行形の受動態　32, 38

せ

- [ ] 接続詞asの用法　T65(p.216)
- [ ] 接続詞ifの省略　240, 241, 242
- [ ] 接続詞that　375, T59(p.206)
- [ ] 接続詞(…するとすぐに)　18, 385, 386, 387, T61(p.210), T62(p.212)
- [ ] 接続詞thatの省略　212
- [ ] 接続詞として用いるonce　390
- [ ] 全体否定　271, T41(p.150)
- [ ] 前置詞＋no＋名詞　273
- [ ] 前置詞＋which　200, 201, 202, 205
- [ ] 前置詞＋whom　205
- [ ] 前置詞＋関係代名詞　198, 199, 200, 202, 204, 222
- [ ] 「前置詞＋再帰代名詞」の慣用表現　T55(p.186)
- [ ] 前置詞のlike　254, 441, 606
- [ ] 前置詞の目的語となる動名詞　106, 107, 124
- [ ] 前置詞の目的語となる動名詞／動名詞の否定　126

そ

- [ ] 相関的に用いる不定代名詞　324, 325, 351, T50(p.176)

た

- [ ] 大過去の用法　12
- [ ] 代不定詞　95
- [ ] 他動詞　27, 339
- [ ] 他動詞と間違えやすい自動詞　T81(p.267)
- [ ] 他動詞＋再帰代名詞　339, 340, 341

ち

- [ ] 直説法　223

つ

- [ ] 対になっている衣類・器具を表す名詞　679, T118(p.354)
- [ ] 通信手段を表すby　431
- [ ] 常に複数形を用いる表現　649, 650, 651
- [ ] 強い否定を表す副詞句　T44(p.153)

て

- [ ] 定冠詞　299, 300, 315, 330, 331, 416, 439
- [ ] 程度や数量の差　436
- [ ] 丁寧な依頼　232, 558

と

- [ ] 等位接続詞を用いた相関表現　371, 372, 373, 374, T58(p.204)
- [ ] 同格のthat節をとる名詞　T60(p.207)
- [ ] 同格の名詞節を導くthat　375
- [ ] 等位接続詞and　367
- [ ] 等位接続詞but　367, 368
- [ ] 等位接続詞or　367
- [ ] 等位接続詞yet　369
- [ ] 道具を表すwith　430
- [ ] 動作動詞　15, 16, 17
- [ ] 動詞＋(名詞と間違えやすい)副詞の重要表現　T105(p.328)
- [ ] 動詞＋A＋前置詞＋the＋身体の一部　T69(p.236)
- [ ] 動詞から派生した条件節を導く表現　T64(p.214)
- [ ] 動詞の目的語となる動名詞　105
- [ ] 倒置　240, 241, 242, 258, 259, 260, 261, 263, 264, 387, T44(p.153), T62(p.212)
- [ ] 動名詞句が主語の場合　358, 360, 364, 366
- [ ] 動名詞の意味上の主語　109
- [ ] 動名詞の否定(notの位置)　108
- [ ] 動名詞を用いた慣用表現　118, 119, 120, 121, T20(p.62)
- [ ] 時・条件の副詞節内の時制　18
- [ ] 時のas　T65(p.216)
- [ ] 時の副詞節を導くafter　380
- [ ] 時の副詞節を導くas soon as　385
- [ ] 時の副詞節を導くby the time　381
- [ ] 時の副詞節を導くsince　379
- [ ] 時の副詞節を導くuntil　382
- [ ] 時の副詞節を導くwhen　378
- [ ] 時を表すin / on / at　T66(p.226)
- [ ] 独立不定詞　96, 97, 99, T16(p.48)
- [ ] 独立分詞構文　141, 323

に

- [ ] 二重否定　282, 294
- [ ] 二重目的語をとるdo　502, 503, T82(p.268)
- [ ] 二重目的語をとる注意すべき動詞　504, 505, 506, 507, 508, 509, T83(p.270)
- [ ] 似たつづりで意味が異なる形容詞　590, 591, 592, 593, 594, 595, 596, 597, 598, 599, T99(pp.310-311)

日本語さくいん　**563**

□ 人称代名詞　　　　　T49*(p.170)*

は

□ 倍数表現　　153, 154, 187, 189

ひ

□ 比較級＋and＋比較級
　　　　　　　　　　　T25*(p.91)*
□ 比較級＋than ...　　160, 348
□ 比較級＋than S
　　think[expect / guess]　161, 363
□ 比較級, 最上級の強調表現
　　163, T23*(p.86)*, T107*(p.330)*
□ 比較級を用いた慣用表現
　　　173, 174, 175, T25*(p.91)*
□ 比較表現の基本　　　　　160
□ 非制限用法のas　　　　　214
□ 非制限用法のwhen　　　　207
□ 非制限用法のwhere　　　 207
□ 否定語を用いない否定表現
　274, 275, 278, 279, 280, 281, 293
□ 否定のthat 節の代用　　　333
□ 否定の受動態　　　　　　 28
□ 否定文, let alone ...　　　174
□ 否定文, much less　　　　174
□ 否定文, still less ...　　　174
□ 非難・告発・責任に関する
　　動詞　537, 538, 539, T93*(p.287)*
□ 比例のas　　　406, T65*(p.216)*

ふ

□ 付加疑問　　　257, T39*(p.142)*
□ 不可算名詞　　297, T111*(p.338)*
□ 不可算名詞につけるmuch
　　の意味　　　　　　　　 571
□ 複合関係代名詞whoever　215
□ 複合関係副詞however　　217
□ 複合関係副詞wherever　　216
□ 副詞節か名詞節かの区別
　　　　　　　　　19, T4*(p.10)*
□ 副詞節での「S＋be動詞」の
　　省略　　　　　　　　　 283
□ 副詞用法の不定詞（感情の
　　原因）　　　88, T15*(p.44)*
□ 副詞用法の不定詞（形容詞
　　の限定）　　　　　T15*(p.44)*
□ 副詞用法の不定詞（結果）
　　　　　　　89, T15*(p.44)*
□ 副詞用法の不定詞（条件）
　　　　　　　　　　T15*(p.44)*
□ 副詞用法の不定詞（判断の
　　根拠）　　　　　　T15*(p.44)*
□ 副詞用法の不定詞（目的）
　　　　　85, 86, 87, T15*(p.44)*
□ 複数形で特別な意味を持つ
　　名詞　652, 653, 654, T113*(p.344)*
□ 付帯状況を表す分詞構文　137

□ 付帯状況を表すwith＋名詞
　　＋形容詞［前置詞句／副詞］
　　　　　　　　　　　　 446
□ 付帯状況を表すwith A
　　doing　　　　　　　　 144
□ 付帯状況を表すwith A
　　done　　　　　　　　 145
□ 不定冠詞　　　　　　　 309
□ 不定詞に仮定の意味　T36*(p.130)*
□ 不定詞の否定　　　　　　 92
□ 不定詞を用いた慣用表現　 94
□ 部分否定
　272, 296, T41*(p.150)*, T42*(p.150)*
□ 分詞構文（譲歩）　　　　137
□ 分詞構文（時）　　　　　137
□ 分詞構文（付帯状況）　　137
□ 分詞構文（理由）　　 137, 846
□ 分詞の否定語(notの位置)
　　　　　　　　　 138, 149
□ 分数＋of A　　354, T57*(p.195)*
□ 分数表現　　　　　　　 678
□ 文と文の意味をつなぐ副詞
　　(句)　　634, 635, T110*(p.334)*

み

□ 未来完了（完了・結果）　 13
□ 未来完了（経験）　　　　 14
□ 未来完了（状態の継続）　 23
□ 未来完了進行形（未来にお
　　ける動作の継続）　　　 17
□ 未来時制　　　　　　 3, 19
□ 未来進行形（未来のある時
　　点での動作の進行）　 7, 26
□ 未来を表すbe going to do　21

め

□ 名詞句　　　　　　　　　 84
□ 名詞語句［副詞句］, and ～
　　　　　　　　　　　　 370
□ 名詞修飾の分詞（過去分詞）
　　　　　　　　　 130, 150
□ 名詞修飾の分詞（現在分詞）
　　　　　　　　　　　　 129
□ 名詞節　208, 215, 375, T59*(p.206)*
□ 名詞節のif 節　　　　　　 19
□ 名詞節を導くif[whether]
　　　　　　　376, T4*(p.10)*
□ 名詞節を導くthat
　　　　　　377, T59*(p.206)*
□ 名詞用法の不定詞（補語）　77
□ 名詞用法の不定詞（目的語）76
□ 命令文 ... , and ～　250, 370
□ 命令文 ... , or ～　　　 370

も

□ 目的格関係代名詞which(先
　　行詞が「人以外」)　194, 220
□ 目的格関係代名詞whom
　　[that]（先行詞が「人」）　193

□ 目的格関係代名詞の省略
　　　　　　　　　　26, 195
□ 目的格補語として用いられ
　　る分詞（過去分詞）134, 135, 146
□ 目的格補語として用いられ
　　る分詞（現在分詞）133, 136
□ 目的語が不定詞と動名詞で
　　意味が異なる動詞　T72*(p.251)*
□ 目的語に動名詞をとり, 不定
　　詞はとらない動詞　T70*(p.244)*
□ 目的語に不定詞をとり, 動名
　　詞はとらない動詞　T71*(p.246)*

よ

□ 様態のas　　　　　T65*(p.216)*

ら

□ ラテン比較級　　176, T26*(p.92)*

れ

□ 連鎖関係代名詞節
　　　　212, 213, 218, 221

わ

□ 話者の確信度　42, 43, T8*(p.24)*

- ●編集協力　小宮 徹
- ●英文校閲　Karl Matsumoto
- ●写真提供　Getty Images（カバー・表紙）

営業所のご案内
採用品のお問い合わせは下記営業所へお願いいたします。

札幌営業所	大阪営業所
(03) 5302-7010	(06) 6368-8025
仙台営業所	広島営業所
(022) 358-3671	(082) 567-2345
東京営業所	福岡営業所
(03) 5302-7010	(092) 923-2424
名古屋営業所	
(06) 6368-8025	

Bright Stage［ブライトステージ］英文法・語法問題

2020年7月10日　初　版第1刷発行
2021年4月20日　初　版第5刷発行

編著者	瓜生 豊
発行人	門間 正哉
発行所	株式会社 桐原書店
	〒160-0023 東京都新宿区西新宿 4-15-3
	住友不動産西新宿ビル3号館
	TEL：03-5302-7010（販売）
	www.kirihara.co.jp
装　丁	塙 浩孝（ハナワアンドサンズ）
本文レイアウト・DTP	有限会社マーリンクレイン
印刷・製本	図書印刷株式会社

▶本書の内容を無断で複写・複製することを禁じます。
▶乱丁・落丁本はお取り替えいたします。
ISBN978-4-342-20652-8
Printed in Japan

桐原書店のアプリ

2 > 文の要素

		文の中心的な話題や, 話し手, 動作をしている人や物	
主語 (S)	人	My **grandfather** sometimes took me to the ballpark when he was young. (祖父は若いとき時々私を野球場に連れて行った)	
	物	Today's **paper** says that the government passed a new law. (今日の新聞は政府が新法を可決したと報じている)	
述語 (V)		文の中心となる動詞	
	be動詞	They **are** my classmates. (彼らは私の級友です)	
	一般動詞(動作動詞)	She **reads** an English paper every morning. (彼女は毎朝英字新聞を読む)	
	一般動詞(状態動詞)	I **have** a present for you. (あなたにあげるプレゼントがあります)	
目的語 (O)		動作の対象となる名詞, 代名詞, 名詞句, 名詞節	
	名詞	I want to buy a black **guitar** at that shop. (あの店で黒いギターを買いたい)	
	代名詞	She grabbed **me** by the arm. (彼女は私の腕をつかんだ)	
	名詞句	I didn't know **what to say**. (何と言えばいいのかわからなかった)	
	名詞節	I couldn't believe **what she said**. (彼女の言ったことが信じられなかった)	
補語 (C)		SVやSVOだけでは意味がはっきりしない場合に補われる語(主語や目的語を説明する形容詞, 名詞, 代名詞, 副詞, 句など)	
	SVC (V=be動詞)	She was a famous movie **star** in her youth. (彼女は若いころ有名な映画スターだった)	
	SVC (V≠be動詞)	The leaves of the tree turn **red** in fall. (その木の葉は秋になると赤くなる)	
	SVOC	The management elected John **chairman** of the board. (経営陣はジョンを会長に選出した)	

	主語, 述語動詞, 目的語, 補語などの文の要素を修飾して意味を付け加える語	
修飾語 （M）	形容詞	He always drinks **strong** coffee. (←名詞 coffee を修飾) （彼はいつも濃いコーヒーを飲む）
	形容詞句 （分詞句）	The man **wearing thick glasses** looked at the timetable in the station. (←名詞 man を修飾) （度の強いメガネをかけた男性は駅で時刻表を見た）
	形容詞句（前置詞句）	The man **with thick glasses** looked at the timetable in the station. (←名詞 man を修飾) （度の強いメガネをかけた男性は駅で時刻表を見た） ＊上の例文の前置詞句による言い換え表現
	副詞	He performs his work **energetically**. (←動詞 performs を修飾) （彼は精力的に仕事をこなす）
	副詞句（前置詞句）	He performs his work **with energy**. (←動詞 performs を修飾) （彼は精力的に仕事をこなす） ＊上の例文の副詞句による言い換え表現

3 ＞ 句と節

	2語以上の語で名詞, 形容詞, 副詞などの働きをし, SとVを含まないもの	
句	名詞句	**Making cookies** is interesting. (←動名詞) （クッキーを作るのはおもしろい） I want **to travel around Japan** some day. (←不定詞) （いつか日本中を旅行したい） Do you know **how to use this photocopier**? (←疑問詞＋不定詞) （このコピー機の使い方がわかりますか）

Contents

人類学	2
考古学	4
世界四大文明	5
アメリカの歴史	9
アメリカ独立革命	10
南北戦争	12
ニューディール政策	14
アメリカ先住民の歴史	15
大学生活	18
生態学	20
生物学	21
古生物学	23
植物学	24
動物学	26
細胞	30
環境問題	31
気象学	35
天文学	37
地学	41
人体	44
化学	46
物理学	48
数学	50
芸術	51
情報化社会	53
先端技術	54

本書の使い方

- 本書では，TOEFLに出題されやすい26分野の基本的な知識が身に付けられます。基本的な知識があると問題が解きやすくなります。試験前に必ず読んでおきましょう。
- 各分野の専門用語もTOEFLでは出題されます。しっかり覚えておきましょう。
- 本文中では冠詞を省略してありますので，注意してください。

Anthropology 人類学

人類学 (anthropology) は，人類 (human beings) がどのように進化し (evolve)，そして，民族 (ethnic)，気候，風土の違いにより身体的に (physically) どのような発展過程を経てきたかを調べる自然人類学 (physical anthropology) と，文化的人種的背景 (cultural and racial backgrounds) の違いを研究する文化人類学 (cultural anthropology) に大別されます。

anthropology は，考古学 (archaeology)，言語学 (linguistics) や民族学 (ethnology) と密接な関係を持ちます。archaeology は，過去の文明や生活を示す人工物 (artifacts) を発掘 (動 excavate 名 excavation) し，その当時の文化を研究します。linguistics は，人々がコミュニケーションをとるためにどのように文字を使用していたか，また使用していないのなら，どのように過去の神話 (mythology) や宗教 (religion) を伝承したかを研究します。また，音声学 (phonetics) や言語の成り立ちについても研究します。例えば，言語分類 (linguistic classification) によれば，ギリシャ語，ラテン語，フランス語，ドイツ語はすべて同じインドヨーロッパ語族 (Indo-European language family) に属します。それでは anthropology はどのように発展してきたのでしょうか。

●自然人類学 (Physical Anthropology) の歴史

physical anthropology は，人類が直立 (stand upright) したのはいつか，ということなど，人類がどのような過程を経て進化してきたかを研究します。1900 年代初頭の北京原人 (Peking man) の発見は，人類学史上，非常に貴重な発見でした。人類学者は古代人 (ancient people) の骨格 (skeleton) や頭蓋骨 (brain case) や手足などの大きさを調べます。また，古代人ばかりでなく現代人の身体的特徴 (physical traits) の研究も行います。さまざまな地理的・気候的条件の中で生活する人々の，エネルギー消費 (energy consumption) に対する適応 (adaptation) を研究するのも自然人類学者 (physical anthropologist) の仕事です。

●文化人類学 (Cultural Anthropology) の歴史

西洋の探検家 (Western explorers) や宣教師 (missionaries) は，アフリカやアジアの国々に接するとき，それらを奇妙で未開の (uncivilized) 文化と考えてきました。しかし，1800 年代中頃になって，一部の西洋人 (Westerners) は，そうした文化も固有の (peculiar, unique) 民族グループ (ethnic groups) と風土 (climate) において正統なものではないかと考えるようになりました。ここから西洋文明 (Western civilization) の押しつけではなく，特定文化の背景を研究する cultural anthropology (または ethnology)が誕生しました。

Anthropology 人類学

　人類学者 (anthropologist) は，「未開人」(primitive people：差別的な響きを持ちます) に接し，彼らの生活習慣 (life habits, livelihood) を研究するようになりました。例えば 1960 年代の研究によると，シベリア (Siberia) に住む人々は，馬や羊のための牧草地 (pasture) を求めて遊牧的 (nomadic) 生活をするために定住 (settle) しません。ですから，中央政府 (central government) や民族を代表する儀式 (ceremony) もありませんでした。一方，New Mexico の Tewa Indians は，corn, bean などの耕作 (cultivation) で生活をします。彼らの畑 (fields) は village のそばにあるので，定住しています。また，villageには，ある意味での「役人」がおり，先々の儀式を決定したりします。その土地の肥沃さ (fertility) や気候によって，その文化的背景 (cultural backgrounds) も変化するでしょう。

●スフィンクスとピラミッド
©donyanedomam – Fotolia.com

Archaeology　考古学

　考古学 (archaeology) は，古代の人工遺物 (ancient artifacts) を発掘し (excavate)，文化的背景や文明の程度を研究するものです。科学的な近代考古学に貢献したのは，トマス・ジェファーソン (Thomas Jefferson) と ナポレオン・ボナパルト (Napoleon Bonaparte) です。Thomas Jefferson は，1770 年頃インディアンの墳墓 (burial mound) を発掘し，何が埋葬されていたかだけでなく，その埋葬状況を克明に記録しました。このように詳録 (detailed records) を作成することが考古学者 (archaeologist) にとっては重要なのです。Napoleon Bonaparte はエジプト遠征 (Expedition to Egypt) のとき，有能な科学者を連れて行きました。そして，古代エジプト (ancient Egypt) の artifacts を研究しました。有名なロゼッタストーン (Rosetta Stone) も Napoleon の一行が発見したものです。

　1800 年代には，主に ローマ人 (Roman) に支配されていた頃のイングランド (England) やフランス (France) の遺跡 (ruins) を研究するために，多くの発掘 (excavation, digging) が行われました。アフリカで，最初の人類やピラミッド (pyramid) を研究する一方，アメリカ大陸 (New World) では，アメリカ先住民 (American Indians) を調査しました。メキシコでは古代アステカ文明 (ancient Aztec Civilization) やマヤ文明 (Maya Civilization)，アンデス (Andes) のインカ文明 (Inca Civilization) の調査が行われました。excavation には，archaeologist のほかに動物学者 (zoologist)，地質学者 (geologist) や 植物学者 (botanist) などの助けも必要でした。また，石器時代 (Stone Age) や新石器時代 (Neolithic Age, New Stone Age) の研究も重要です。

　ruins や burial mound の年代測定には，いくつかの方法があります。1 つは，excavate された遺跡の artifacts をほかの遺跡のものと比較することです。例えば，すでに年代が確定した ruins の土器 (pottery) との類似性から年代を測定する方法です。また，放射性元素 (radioactive element) の 放射性炭素 (carbon 14, C-14) やカリウム・アルゴン年代測定 (potassium-argon dating) などから年代を測定することもあります。C-14 は 5,000 年程度前まで，potassium-argon dating では，火山活動 (volcanic activity) から生じた溶岩 (lava) を測定することによって約 10 万年前までのものを測定するそうです。有名な ポンペイ (Pompeii) が lava によって覆われたのは，紀元 79 年 (79 AD) ですが，これは Roman が記録を残していたからわかったのです。

　archaeology はほかの研究分野とも密接な関係を持ち，artifacts とその backgrounds をこれからも解明していくでしょう。

World's Prominent Ancient Civilizations　世界四大文明

　歴史の出題傾向は，米国中心から世界史を含むものへと変化してきました。大河の流域で農耕文明や交易を元に発展した世界四大文明を見てみましょう。

●エジプト文明 (Egyptian Civilization)

　「エジプトは**ナイルの賜物** (gift of the Nile)」との言葉通り，エジプト文明はナイル川流域の肥沃な土地に 5000 BCE 頃から発達しました。ナイル川の**氾濫** (inundation, flooding) を予測するために，**天文学** (astronomy) や**測量** (surveying)，**幾何学** (geometry) が発達しました。**太陽暦** (solar calendar) が用いられ，また，3000 BCE 頃の**第一王朝** (First Dynasty) の**創始者** (founder) の石板や粘土板の**パレット** (palette) には**象形文字** (hieroglyph) が刻まれています。その後，**パピルス** (papyrus: paper はこの語に由来) に記載するために**神官文字** (hieratic) が誕生し，**民衆文字** (demotic) へと発展しました。

　古王国時代 (Old Kingdom Period)，王は太陽神**ラー** (Ra) の子とされ，**ファラオ** (Pharaoh) と呼ばれるようになります。**ギザ** (Giza) の三大ピラミッド (pyramid) や**大スフィンクス** (Great Sphinx) は，**クフ王** (King Khufu) やほかの諸王によりこの時代に建造されました。中王国時代には都を**テーベ** (Thebes)，現在の**ルクソール** (Luxor) に移し，新王国時代になると**王家の谷** (Valley of the Kings) が造営されます。この谷において，未盗掘で発見された**ツタンカーメン** (Tutankhamen) の墓からは，**黄金のマスク** (golden burial mask) をはじめ，数多くの副葬品が出土しました。**カルナック神殿** (Karnak Temple) や，**王座** (throne) に座る巨大な**ラムセス2世** (Ramses II) 像が有名な**アブシンベル神殿** (Abu Simbel Temple) はこの時期のものです。後に**マケドニア** (Macedonia) の**アレキサンダー大王** (Alexander the Great [356-323 BCE]) に征服され，**アレキサンドリア** (Alexandria) で**プトレマイオス朝** (Ptolemaic Dynasty) が続くのですが，**クレオパトラ7世** (Cleopatra) が自殺して 30 BCE に幕を閉じます。

●メソポタミア文明 (Mesopotamian Civilization)

メソポタミアはギリシャ語で「2つの川 (Tigris 川と Euphrates 川) に挟まれた土地」という意味です (Fertile Crescent「肥沃な三日月地帯」ともいわれます)。この2つの川がもたらす肥沃な土壌が農業を盛んにし, アジアと地中海 (Mediterranean) に挟まれた立地条件が交易を発展させました。メソポタミア文明の誕生はほかの文明よりも早く, この地域は文明のゆりかご (Cradle of Civilization) と呼ばれています。5000 BCE 頃には, すでに灌漑 (irrigation) による穀物の生産が増え, 各地との交易が盛んでした。

3500 BCE 頃に世界最古の文明シュメール (Sumer, Shumer) が起こり, ウル (Ur) やウルク (Uruk) の都市国家が建設されました。交易により, イラン高原などからラピスラズリ (lapis lazuli) や金, スズ (tin) が, そして東地中海沿岸からは木材や金, 銅などが集まりました。60 進法 (sexagesimal) や太陰暦 (lunar calendar) が使われ, 粘土板 (clay tablets) にアシの先を尖らせたペン (reed stylus) で書いた楔形文字 (cuneiform script) も発明されました。

バビロニア (Babylonia) 帝国のハンムラビ王 (King Hammurabi) の時代になって繁栄を極め,「目には目を, 歯には歯を (an eye for an eye, a tooth for a tooth)」の復讐法 (law of retaliation) として知られるハンムラビ法典 (Code of Hammurabi) が制定されるなど国内は安定します。しかし, 鉄を最初に製錬したとされるヒッタイト人 (Hittites) により滅ぼされます。その後, アッシリア (Assyria) によってヒッタイトが滅亡したことにより, それまで独占されていた鉄の製錬法が広まりました。

539 BCE にペルシャ帝国のアケメネス朝 (Achaemenid Empire of Persia) がオリエントを支配するようになり, 以後ヘレニズム (Hellenistic Greece, Hellenism) の影響を受け, メソポタミア文明は衰退するのです。

●インダス文明 (Indus Civilization)

インダス文明は, インダス川 (Indus river) 流域を中心に 2500～1800 BCE 頃に発達した古代文明です。インダス川中流のハラッパー (Harappa) から, 下流のモヘンジョ・ダロ (Mohenjo-daro), アラビア海沿岸のカッチ湿原など広範囲にわたっています。メソポタミア文明やエジプト文明の2倍の広さに達するとの指摘もあるほどです。

発見されている多くの都市遺跡は, いずれも整然と区分された碁盤目状の道路 (grid of street) を持ち, 排水溝を備えた計画都市 (planned city) です。Mohenjo-daro は人口4万人ほどで, 整備された道路には焼いた泥レンガ (bricks of baked mud) が敷き詰めてあり, 発達した排水施設 (drainage system) や二階建ての家, 沐浴場

(bath)，床下暖房 (hypocaust) までありました。井戸 (well)，穀物倉庫 (granary) や市場 (marketplace) も発見されています。またほかの都市を見ても，レンガが一定の規格で統一され，長方形の周壁 (wall) で街を囲むなど，都市計画に規格性 (standardization) が見られ，度量衡も統一 (standard system of weights and measures) されていたと考えられます。各都市は，河川を動脈 (artery) として広大な面積を行き来し，ロータル (Lothal) 遺跡には造船所 (dockyard) を持つ，船着場 (wharf) と倉庫 (warehouse) を備えた世界最古の港がありました。また各都市の遺跡からは，当時の豊かな生活を裏付ける，印章 (seal)・宝石 (jewelry)・装身具 (ornament)・土器 (pottery)・土のすき (plow) の模型・金属器 (metal tool) などが出土しています。メソポタミアの文献には，インダス文明を示すと考えられるメルッハ (Meluhha) から，金銀銅のほかに紅玉髄 (carnelian)，黒檀 (ebony)，象牙 (ivory) などがもたらされたと記されています。都市のほか，この文明の特徴としてインダス文字 (Indus script) と印章が挙げられます。現在はまだ解読されていませんが，文字は400 文字ほどと言われています。

文明の衰退は 1800 BCE 頃から始まったとされ，その原因は気候や地形の変化によりインダス川の流れが変わったためではないかと考えられています。

●中国文明 (China Civilization)

中国の文明は，黄河 (Huang He) と長江 (Yangtze River) の２つの大河の流域に発達しました。4000〜3000 BCE 頃には農耕が始まっていたことが各地の遺跡 (various sites) で確認できます。

司馬遷 (Sima Qian) の『史記 (*Records of the Grand Historian*)』では，中国王朝の歴史は夏 (Xia Dynasty)・殷 (Shang または Yin Dynasty)・周 (Zhou Dynasty)・秦 (Qin Dynasty)・漢 (Han Dynasty) と続いています。殷墟 (Ruins of Yin) の発掘現場 (excavation site) から住居跡，青銅器 (bronze ware and tools) 製作工房跡などの遺構が発見され，甲骨文字 (Oracle bone script)・青銅器・玉器 (jade) などの発掘物 (excavation articles) が大量に出土しました。殷から，周後期の春秋・戦国時代 (the Spring and Autumn Period and the Warring States Period) までは青銅器時代 (Bronze Age)，秦以後は鉄器時代 (Iron Age) に入ったと考えられています。金属器が使用される時代に移ると，鉱山の開発や冶金術 (metallurgy) など高度な技術が発達しました。

春秋・戦国時代には，孔子 (Confucius) の教えである儒教 (Confucianism) が発達し，その教えは孟子 (Mencius) などの弟子により広められ，漢の武帝 (Emperor Wu) のときに国教 (state religion) になります。孔子の教えは『論語 (*Analects of*

Confucius)』をはじめとする四書五経 (Four Books and Five Classics) にまとめられました。

秦の始皇帝 (Qin Shi Huang) は初めて中国を統一し，自ら初代皇帝 (First Emperor) になりました。万里の長城 (Great Wall) や 1974 年に発掘された兵馬俑 (Terracotta Army) をはじめとする始皇帝陵 (Mausoleum of the First Qin Emperor) でも有名です。この秦は 206 BCE に滅びました。

●万里の長城
©rabbit75_fot – Fotolia.com

History of the United States　アメリカの歴史

　米国の歴史は日本の歴史に比べると日が浅いものです。しかし，America (USA) の歴史の backgrounds には，European culture が存在することを忘れてはいけません。America の初期の歴史は，TOEFL でよく出題されます。重要な**年表** (chronology) を見てみましょう。

1492	コロンブス (Christopher Columbus) が**新大陸** (New World) を発見
1775	アメリカ独立革命 (American Revolution) が始まる
1776	独立宣言 (Declaration of Independence) を**7月4日** (July 4th) にフィラデルフィア (Philadelphia) で宣言
1783	パリ条約 (Treaty of Paris) により American Revolution が終結
1789	ワシントン (George Washington) が初代大統領に**就任** (inaugurated)
1801	ジェファーソン (Thomas Jefferson) が大統領に就任し**首都** (capital) が**ワシントンDC** (Washington D. C.) に移行
1825	エリー運河 (Erie Canal) ができて**大西洋** (Atlantic Ocean) と**五大湖** (Great Lakes) がつながる
1849	カリフォルニア (California) でゴールドラッシュ (Gold Rush) が始まる
1861	南北戦争 (Civil War) 勃発
1863	奴隷解放宣言 (Emancipation Proclamation)
1865	Civil War 終結と**リンカーン大統領** (Abraham Lincoln) **暗殺** (assassinated)
1870	**投票権** (suffrage, right to vote) が**すべての人種** (people of different races and colors) に**与えられる** (granted)
1903	ライト兄弟 (Wright Brothers) が飛行機を作る
1920	**女性が参政権を得る** (Women won the right to vote)
1933	**世界大恐慌** (Great Depression) の中で **ルーズベルト大統領** (Franklin Roosevelt) が **ニューディール政策** (New Deal) を施行
1959	アラスカ (Alaska) とハワイ (Hawaii) が 49，50 番目の州となる
1963	ケネディ大統領 (John F. Kennedy) 暗殺

　なお，**第一次世界大戦** (WW I) と**第二次世界大戦** (WW II) については，TOEFL では出題されにくいので省きました。

American Revolution アメリカ独立革命

北アメリカ大陸 (North American Continent) にある 13 の植民地 (colonies) は，イギリス政府 (British Government) がフレンチ・インディアン戦争 (French and Indian War) に勝利した後，重税を課せられる (taxed) ことになりました。それは British Government が，戦時費 (war expenses) を移住者 (settlers) にも応分に負担させる (the share of the cost) という考えに基づきました。また，再び戦争に巻き込まれないように布告された 1763 年宣言 (Proclamation of 1763) は，入植者 (colonists) の西部への移住 (settlement) を制限するものでした。この 2 つの政策は colonists に不満を生じさせました。イギリスの議会 (Parliament) に議員 (representatives) を持たない colonists にとって，イギリス政府の政策は一方的で不公平なものと映りました。「代表なくして課税なし (No taxation without representation)」の声が colonies に高まります。

1764 年には，砂糖法 (Sugar Act) により糖蜜 (molasses) に重税が課せられ，1765 年には，軍隊宿営法 (Quartering Act) が Parliament を通過し，必要があるときにはイギリス兵を家庭に宿泊させる義務が課せられました。さらには，印紙法 (Stamp Act) が施行され，現在の印紙税のように多くの書類に印紙の貼り付けが義務付けられました。

この後も様々な taxation が行われましたが，1773 年には茶貿易の独占を目的とした茶法 (Tea Act) が施行され，有名なボストン茶会事件 (Boston Tea Party) が引き起こされました。Indians に扮装した (disguised) ボストン市民 (Bostonians) が大量の紅茶箱を海に投棄した (dumped) のです。これに対して British Government は，すべての損害が弁償されるまでボストン港を閉鎖するボストン港閉鎖法 (Boston Port Bill) を施行しました。

繁栄していた港は寂れて，ボストン市民は疲弊しました。colonists は 1774 年 9 月に Philadelphia で第一回大陸会議 (First Continental Congress) を開催し，Boston を救済することを決め，同時に同盟を組むことにしました。

1775 年 4 月に最初の戦争が起こりました。アメリカ兵は minutemen と呼ばれる臨時召集兵の集まりでした。これに対しイギリスの正規兵は Redcoats と呼ばれました。1775 年 5 月から第二回大陸会議 (Second Continental Congress) が開かれ，有名なジョージ・ワシントン (George Washington) が最高司令官 (Commander in Chief) に任命されました (appointed)。1776 年 7 月 4 日には，トマス・ジェファーソン (Thomas Jefferson) が起草した独立宣言 (Declaration of Independence) が採択されました。Declaration of Independence は，愛国者 (patriots) に United States of America の自由のために戦う力を与えたのです。多くの苦しい戦いの後，1777 年にフランスが United States と連合同盟 (military alliance) を結びました。このフ

10

ランスの加勢のおかげで戦況は逆転し，America が優勢になりました。

1782 年から和平交渉 (peace talks) が Paris で開かれ，英国が米国の独立を承認するパリ条約 (Treaty of Paris) が 1783 年に調印されました。その後，1789 年に米国憲法 (Constitution) が施行され United States of America は独立国 (independent nation) として確立したのです。

●米国初代大統領 George Washington
©ra3rn – Fotolia.com

Civil War 南北戦争

近代的な戦争の始まりは**南北戦争** (Civil War) だと言われています。この頃には，戦艦もかつての**木造のフリゲート艦** (wooden frigate) に替わり，鉄に覆われた**鉄製のフリゲート艦** (ironclad frigate) (clad は clothe の過去分詞) が多くなり，軍備の近代化に合わせて，一度の戦争で多くの兵士の命が失われるようになりました。ところで現在でも「ある地域で civil war が発生した」という news を見かけませんか？　これは，"civil" が「人民の」とか「国内の」という意味を持つためで，civil war は「内戦・内乱」のことを指します。ただし大文字の "Civil War" は，アメリカの歴史では「南北戦争」を指します。

Civil War は，1861 年に**勃発し** (break out)，1865 年に北軍の勝利に終わりました。Civil War の原因は，大きく分けて次の２つの要素から成り立ちます。

第1は，**奴隷制** (slavery) の問題です。1808 年に U. S. Government は，**奴隷貿易** (slave trade) を**禁止** (forbid) しました。しかし，すでに国内に入っている slaves たちには何の効力も持ちませんでした。slavery の**廃止論者** (abolitionists) は，slaves の必要の少ない**工業** (industry) が**農業** (farming) より重要性を増してきた**北部** (Northern States) に多かったようです。**ストウ夫人** (Mrs. Harriet Beecher Stowe) の小説『**アンクル・トムの小屋** (*Uncle Tom's Cabin; Life Among the Lowly*)』は，さらに人々の間に反奴隷制感情をかき立てました。**南部の人々** (Southerners) は，綿花などの**プランテーション** (plantations) で slaves を必要としていたので，North と South の対立は大きくなっていきました。

第2は，**自治権** (autonomy) の問題です。**州の権利** (State's right) がどれだけ**連邦政府** (Federal Government) に規制されるかの問題です。1832 年には，**サウスカロライナ州** (South Carolina) が**連邦関税法** (federal tariff law) を否決しました。そして，**合衆国政府** (Union) からの**脱退** (secession　**動** secede) の声が高まりました。

1860 年に**リンカーン** (Abraham Lincoln) が**大統領** (President) に選出されました。Lincoln は奴隷制廃止論者ではありませんでしたが，slavery には反対でした。そこで Southern States は，この 選挙の結果を受けて，Union から脱退します。そして，Union に対抗して**南部連合国政府** (Confederate States of America) を樹立しました。

1861 年に Civil War が勃発し，Union は海上封鎖などの処置を講じました。**南軍** (South) は有名な**リー将軍** (General Lee) が指揮を執り，**北軍** (North) は**マクレラン将軍** (General McClellan) が **ポトマック軍** (Army of the Potomac) と呼ばれる強力な軍隊の指揮を執りました。長い戦争が続きます。Lincoln は，1863 年1月1日より効力を持つ**奴隷解放宣言** (Emancipation Proclamation) を成立させました。

"... all persons held as slaves within any state or designated part of a state ... forever free. (…あらゆる州と州の一部として指定されている地域に住む人々で，奴隷

Civil War　南北戦争

という身分にあるすべての個人は…永遠に自由である)"

　この後も General Lee の激しい攻撃の前に，Union は苦戦しました。最終的に，1865 年に General Lee が **グラント将軍 (General Grant)** に **降伏しました (surrendered)**。そして，North が勝利した後すぐに，Lincoln は，フォード劇場で暗殺されました。

　この Civil War により多くの兵士が死亡し，南部のプランテーションや農場が**荒廃しました (ruined)**。また，自由となった slaves たちは，教育を受けていない状況で新しい生活を築かなければなりませんでした。一方で，North では**輸送機関 (transportation)** と **製造業 (manufacturing)** が戦争を契機に栄えました。

●米国第16代大統領 Abraham Lincoln
© KarSol – Fotolia.com

New Deal ニューディール政策

1929 年 10 月の**株式市場の大暴落** (stock market crash) は，世界的な**大恐慌** (Great Depression) をもたらしました。多くの金融機関の資産が失われ，**失業率** (rate of unemployment) が高くなる中で，1932 年に**フランクリン・ルーズベルト** (Franklin Roosevelt) が大統領に**就任し** (inaugurated)，新しい政策を始めたのです。**ニューディール政策** (New Deal programs) は Roosevelt が 1933 年から 1938 年に行った一連の政策を指します。**連邦預金保険公社** (FDIC = Federal Deposit Insurance Corporation) の創設から**テネシー峡谷開発公社** (TVA = Tennessee Valley Authority) による**公共事業** (public enterprise) までと，幅広いものでした。

●金融政策と社会保障政策
(Financial [Monetary] Policies and Social Security Policies)

相次ぎ破綻する銀行への信頼回復のため，**グラス・スティーガル法** (Glass-Steagall Act) による銀行への監査と預金保護を目的として，1933 年に FDIC が創設されました。農場主や住宅所有者に対する**ローン** (mortgage) 返済の軽減や保障制度を立法化し，**株式市場** (stock market) に対する米国の**証券取引委員会** (SEC = Securities and Exchange Commission) の権限を強化しました。**連邦緊急救済局** (Federal Emergency Relief Administration) は，2,000 万人以上の**失業者** (unemployed) を救済したのです。

●公共政策 (Public Policies)

農産物価格を維持保障する**農業調整法** (Agricultural Adjustment Act：1936 年に違憲判決)や**全国産業復興法** (NIRA = National Industrial Recovery Act：1935 年に違憲判決) の立法化により，積極的に**財政政策** (fiscal policies) を行いました。中でも**治水** (flood control) と**電力供給** (power supply) を目的とした TVA は，ほかにも失業者救済と**灌漑** (irrigation) を行ったことで有名です。

なお，Roosevelt 夫人の Anna Eleanor Roosevelt は，大統領の死後も，**恵まれない人々** (underprivileged) や**少数民族** (minority)，**女性の権利** (rights of women) に関する活動をしました。後には**国際連合** (United Nations) のアメリカ**代表** (delegate) として，1948 年に採択された**世界人権宣言** (Universal Declaration of Human Rights) 起草委員会の**議長** (chairperson) も務めています。

History of Native Americans　アメリカ先住民の歴史

　氷河期 (Ice Age) であった更新世 (Pleistocene Epoch) のころ，約2～3万年前に，ユーラシア大陸 (Eurasian Continent) とアラスカ (Alaska) の間の海峡 (strait) は海水面の低下によりベーリング陸橋 (Bering Land Bridge) を形成していました。そのため歩いて Siberia から移動 (migrate) ができました。アメリカ先住民 (Native Americans) は私たちと同じモンゴロイド系の特徴 (Mongolian characteristics) を持っていたと言われています。

●北米先住民の初期の生活
(Earliest Life of Native Americans in North America)

　Indians とも呼ばれている Native Americans の初期の生活は，狩猟 (hunting) に依存していたようです。彼らは旧石器時代 (Paleolithic Period, Stone Age) に属する石器 (stone tools) により，マンモス (mammoth) やトナカイ (reindeer) を狩っていました。生活は放浪的 (nomadic) で，定住生活ではなかったようです。Canada のユーコン州 (Yukon) では 22000 BCE の骨角器 (bone tools) が発見されています。中央メキシコ (Central Mexico) のメキシコ盆地 (Valley of Mexico) では 21000 BCE と測定される焚き火の跡が発見されています。アンデス山脈 (Andes Mountains) の洞窟 (cave) では，石器と動物の解体された骨が 18000 BCE のものと測定されました。また，アメリカ独特とされる槍先形尖頭器 (Clovis spear points) が 11000 BCE のものと測定されました。Bering Land Bridge を渡った Native Americans が南下していったと考えられています。

●耕作 (Cultivation)

　3000 BCE の頃には，トウモロコシ (corn, maize) の栽培が始まっていたようです。300 BCE 頃になると，maize, beans やカボチャ (squash)，さらにはタバコ (tobacco) や綿 (cotton) を耕作するホホカム人 (Hohokam people) が，南アリゾナ (Southern Arizona) の肥沃な (fertile) ヒラ川流域 (Gila river valley) に定住 (settle) しました。灌漑 (irrigation) が立派に整えられ，二毛作 (two crops a year) も行われていました。彼らは広場の周りで日干しれんがを貼り合わせた家 (adobe-plastered house) に住んでいました。しかし 1400 AD には，どこかに移動したと考えられています。現在のピマ族 (Pima) やトホノ・オ＝オダム族 (Tohono O'Odham ［＝パパゴ族 (Papago)］) の祖先といわれていますが，定かではないという説もあります。Hohokam という名前自体が「消滅した人々」という意味を持つそうです。文化程度は高く，宗教儀式 (religious ceremony) などに用いられたパレットは，顔料，絵の具 (pigment) を体に塗る際だけではなく，時には水を張って鏡代わりにも使われました。また弱酸 (weak

15

acid) を用いてエッチング (酸により表面を溶かし模様を浮き出させる技法) した貝殻の首飾りなどが**アリゾナ砂漠** (Arizona desert) から見つかっています。これらの貝殻は西海岸の**部族** (tribe) との**交易** (trading) により入手されました。

●アナサジ (Anasazi people) の プエブロ (pueblo) 集落

　Hohokam と trading をしていた Anasazi people (「昔の人」 という意味) は，Hohokam の影響を受け adobe を用いた集落を形成しました。**幾層** (layers) にも重ねられた家々が**連なった** (interconnecting) 集落です。その集落を pueblos と呼びます。1100 AD 頃には，敵の攻撃から身を守るために hill に集落を形成しました。数百の居住空間を持つ**メサ・ヴェルダ崖宮殿** (Mesa Verde cliff palace) が残っています。Kiva と呼ばれる**礼拝堂** (ceremonial room) には**壁画** (murals) が描かれました。ろくろを用いずに**粘土** (clay) を重ねることによってマグやボウルを作ったり，**トルコ石** (turquoise) を使った**工芸品** (crafts) を制作したりしていました。崖の**住居** (dwelling) の上では，irrigation により maize や beans，squash を栽培していました。pueblo 集落は Europeans により**支配** (dominate) された後も存続しました。現在でもいくつかの町が残っているようです。

●カホキア墳丘 (Cahokia Mounds)

　東部森林文化領域 (Eastern Woodland Region) では，**温暖な気候** (warming climate) のもとで Clovis spear points を用いた狩猟採取生活が続き，**繁栄して** (flourish) いました。しかし，1000 BCE 頃からの**気候変化** (climatic change) が**生活様式** (life style) を変え，**ホープウェル** (Hopewell) と呼ばれる人々が trading network を発展させて**墳丘** (mound) を築き始めました。Hopewell culture は AD 400 頃には衰退しましたが，続いて Mississippian culture が発展してきました。平らな**上面** (flat-topped) を持つ**長方形** (rectangle) の mound の上に木造の寺院を築いた，約2万の人口規模を持つ culture だったようです。中でも**イリノイ** (Illinois) の**カホキア** (Cahokia) と**アラバマ** (Alabama) の**マウンドビル** (Moundville) は重要です。Cahokia では 100 以上の mound が都市の周辺や道を囲みます。Monk's Mound は 30m の高さと 110m の長さがあるそうです。人々は**草ぶき屋根** (wattle) の家に住み，mound の周りに家を造りました。生活の基盤はやはり maize, beans と squash の栽培でした。

●南東部の文化 (Southeast Culture)

　チェロキー族 (Cherokee)，**チョクトー族** (Choctaw)，**チカソー族** (Chickasaw)，ク

リーク族 (Creek)，セミノール族 (Seminole) が 文明化五部族 (Five Civilized Tribes) として有名です。メキシコ湾 (Gulf of Mexico) の北からアメリカ中部大西洋岸〜アメリカ中西部 (Middle Atlantic-Midwest) 間の地域を指しているようです。ここでは農耕文明が発達しました。Poverty Point（ルイジアナの国立公園）には広大な広場と寺院や墳墓 (tomb) のため盛り土が築かれました。都市国家的な政治統合体を持っていたそうです。

●大平原文化領域 (Great Plains Culture Area)

初期には野牛 (bison) の狩猟を行うブラックフット族 (Blackfoot) や農耕者 (agriculturist) であった マンダン族 (Mandan) やヒダーツァ族 (Hidatsa) が生活していました。1450 AD 頃には Europe からの入植者に追われたスー族 (Sioux)，シャイアン族 (Cheyenne)，アラパホー族 (Arapaho) が移り住んできました。住居も半円錐形のテント (tepee) が有名です。ほかにもカリフォルニア文化領域 (California Culture Area) などがあります。

17

College Life 大学生活

　米国では，**学期** (term) は２学期制 (semester) と４学期制 (quarter) が中心です。それぞれの term には，**中間試験** (mid-term exam) と**期末試験** (final exam) があります。また course によっては，exam を行わないでペーパーと呼ばれる**小論文** (term paper) が要求されます。course は，**必須科目** (prerequisite course, core course) と**選択科目** (elective course) に分かれます。私の頃の Yale School of Management (SOM) は，必須科目の "Core Course"，選択科目の "Elective Course"，上級科目の "Advanced Proficiency Course"，そして専門科目の "Integrative Management Course" に分かれていました。"Integrative Management Course" を１つ以上受講しないと**卒業** (graduate) できません。また，**成績の評価** (grading) は，通常の大学や大学院で行われている A, B, C 方式ではなく，成績の良い順から "Proficient" "Pass" "Fail" "Incomplete" に分かれており，"Incomplete" は再履修できますが，"Pass" を４つ以上，もしくは "Fail" を１つでも取ると退学になります (留年制度はありません)。

　さて，それぞれの course では，professor のほかに優秀な学生から選ばれた teaching assistant (TA) が学生の質問に答えます。また遅れがちな学生は，**学生課** (office of student affairs：学校によって呼び方が異なります) に依頼すれば，有料で**個人教師** (tutor) につくことができます。日本の大学と違い，読まなければならない文献の量は非常に多く，予習は必要です。毎回**課題** (assignment) がある course もあります。

　また多くの学校では，連絡事項，assignment (主にレポートです)，test result が校内にある各人の mail box に返ってきます。一応毎日 check した方がよいでしょう。party や重要な information は，**掲示板** (bulletin board) などに書かれています。

　専門分野は**論文** (thesis) の提出があります。これは通常の paper よりかなり量が多く大事なものですから，native student に check してもらった方がよいでしょう。

●SOM の図書館事情

　図書館 (library) の開館時間は大学によって異なります。私が通っていたときは，通常は夜中の２時まででした。試験前１週間の授業は休みになり，復習と試験対策の勉強が必要ですが，その間，図書館は 24 時間開館です。

　なお，reference book (journal や OECD の資料など) は，貸出禁止でした。library 内の**閲覧室** (reference room) で読むことは可能です。**(図書館)司書** (librarian) は非常に能力が高く，調べたい事柄についての資料や文献が見つからないときは，様々な suggestion や book list を提供してくれます。本の貸出や返却は circulation desk で受け付けます。夜間ではレンタル・ショップのように return box に返却可能ですが，

貸出期限 (due) を過ぎると罰金 (fine) が科されます。

●SOM での私の大学院生活（2学期制で2年間）

第1学期（1年目）
- 8月　**入学事務局** (admission office) や寮管理の housing office に顔を出す
　　　寮 (dormitory) に移り，生活用品をそろえる
　　　オリエンテーション (orientation) で **研究班** (study group) を結成
- 9月　授業が始まるまでに Co-op（生協）内の特設会場でテキストを購入
　　　各 course では，orientation 時期にあらかじめ syllabus（コース概要と試験の日程，必要なテキスト類が書いてある）を配っていて，最初の授業から assignment があるものもあった
- 11月　**感謝祭** (Thanksgiving Day)（第4木曜日）の前に mid-term exam が終了
- 12月　Christmas 前に final exam が終了
　　　first semester の成績は，おおむねクリスマス前には返ってきて，成績を見てホッとする

第2学期（1年目）
- 1月　7日頃から授業が始まる
- 3月　mid-term exam
- 5月　final exam があり，その後は夏休み
　　　この間に，多くの生徒は summer intern を様々な機関（**赤十字**＝Red Cross）などや企業で行う

第2学期終了（2年目）
- 5月　final exam 中旬で終わる
　　　学位授与式 (commencement) があり，卒業証書を受ける

Ecology　　　　　　　　生態学

　生態学 (ecology) は，生物 (living things) と環境 (surroundings, environment) などを研究する学問です。この中には植物生態学 (plant ecology) や動物生態学 (animal ecology) などがあり，広くは大気汚染 (air pollution, atmospheric pollution) の研究なども含まれます。

　ここでは，食物連鎖 (food chain)，食物汚染 (contamination of food)，そして，air pollution を中心に見てみましょう。

　food chain は，食物ピラミッド (food pyramid) を構成する生物の関係を示します。光合成 (photosynthesis) を行い澱粉 (starch) を作り出すplants などの生産者 (producer) を，第一次消費者 (primary consumer) である草食動物 (herbivore, plant eater) が食します。次に，この herbivore を第二次消費者 (secondary consumer) である肉食動物 (carnivore, meat eater) が食します。最後には，分解生物 (decomposer) である微生物が，これらの動物の死骸や排せつ物を無機質 (minerals) に分解します。こうした循環の中で，私たち生物の food pyramid が成り立っているのです。人間は，plant と animal を食しますから plant and meat eater つまり雑食動物 (omnivore) です。

　contamination of food と air pollution は，年々深刻になってきています。工業汚染 (industrial pollution) や過剰な農薬 (insecticide, pesticide) による農業汚染 (farm pollution) は，酸性雨 (acid rain) を引き起こして森林資源を破壊したり汚染したりします。また，野菜などの残留農薬も深刻な問題です。その森林資源や野菜を食べた animal や酪農製品 (dairy product) を人間が食べるわけですから，将来の生態系 (ecosystem) については，かなりの注意を払わなければなりません。

Biology　　　　　　　　生物学

生物学 (biology) は，生物 (living things) を研究する学問です。動物・植物の分類や進化論，現代では医学の分野に属すると思われる人体の骨格 (human skeleton)，血液循環 (blood circulation)，遺伝子組み換え (gene recombination) を用いるバイオテクノロジー (biotechnology)，さらには生態系 (ecosystem) も広い意味での生物学になるでしょう。それぞれが大事な学問として独立し，かつ関連しています。今後も生物学は，さらに細分化されるものと思います。

●生物学の歴史

古代 Egypt では，ミイラ (mummy) に外科手術 (surgery) が施されていたと聞きます。かなり古くから生物学，特に医学 (medical science)，動物学 (zoology) や植物学 (botany) の研究は進んでいたのでしょう。記録に残っているものは，2,000 年以上前のギリシャの アリストテレス (Aristotle) 以降のもののようです。Aristotle は，主に魚類の生態 (habits of fishes)，タコの繁殖習性 (breeding habits of octopuses)，ハチの行動 (behavior of bees) などの生態の研究に優れていました。ほかにも遺伝 (heredity) や性の研究にも優れた業績を残しました。紀元 2 世紀では，ローマ在住のギリシャ人であるガレン (Galen) が，血液の流れ (flow of blood) や脊髄神経 (spinal cord nerve) がまひ (paralysis 複 paralyses) に与える影響などを研究しました。この後，ルネッサンス (Renaissance) 期まで生物学は大きな進歩を見せませんでした。

Renaissance 期 (1500 年頃) には，ボッティチェリ (Botticelli)，レオナルド・ダ・ヴィンチ (Leonardo da Vinci)，ミケランジェロ (Michelangelo) などの芸術家たちが，正確な動植物や人体の構造を研究しました。Leonardo da Vinci の解剖図 (drawings of the human anatomy) と骨格図 (drawings of the human skeleton) が残っていますが，それはかなり詳細なものです。この頃は，印刷技術が開発されたり，新大陸 (New World) の発見があったりと，科学が非常に発達した時期でもありました。1600 年代には，ハーヴィ (Harvey) が blood circulation について，心室 (ventricle, chamber) の容量からどの程度の血液量がどのような経路で循環するかを研究し，生理学 (physiology) の基礎を築きました。

オランダ (Holland) の ジャンセン (Jansen) 父子は，複式顕微鏡 (compound microscope) を発明し生物学に大きな貢献をしました。これにより，Italy の マルピーギ (Malpighi) は，肺 (lung) の毛細血管 (capillary vessel) での血液循環を研究し，Holland の スワンメルダム (Swammerdam) は，顕微鏡観察 (microscopic observations) を集大成して『自然の聖書 (*Bible of Nature*)』を出版しました。また，England の フック (Hooke) は，植物が細胞壁 (cell walls) に囲まれた単位組織から成り立っていることを示しました。これらの顕微鏡使用 (microscopy) から，組織学

(histology) や細胞学 (cytology) が成立し始めました。

　この時期は同時に探検 (exploration) の時代でもありました。多くの植物・動物を分類 (classification) し，その形態や化石 (fossils) から動植物の進化を研究する人々が現れました。そして，形態学 (morphology)，古生物学 (paleontology) や分類学 (taxonomy) が発展したのです。ここで，私たちになじみの深い進化論 (the theory of evolution) について見てみましょう。

　進化論の先駆者は，France の動物学者 (zoologist) の ジャン＝バティスト・ラマルク (J. B. Lamarck) や Scotland の地質学者 (geologist) のチャールズ・ライエル (Charles Lyell) ですが，何といっても England の生物学者 (biologist) のチャールズ・ダーウィン (Charles R. Darwin) が有名でしょう。彼は，ガラパゴス諸島 (Galapagos Islands) でカメ (tortoises)，トカゲ (lizards) や birds の観察を行い，1859 年に『種の起源 (*The Origin of Species*)』を出版し，ダーウィンの進化論 (Darwin's Theory of Evolution) を確立しました。その骨子は，
①あらゆる生物の子孫 (offspring) は多様性を持つ
②過度の繁殖は生存競争 (struggle for survival) で絶えず削減される
③自然淘汰の過程 (process of natural selection) で，種は環境に適合 (adapt to its external conditions) する，というものです。

　また，この時期には，偉大な科学者が生物学を飛躍的に進歩させました。Darwin と同時期 (contemporary) の科学者で France のルイ・パスツール (Louis Pasteur) は，微生物 (microscopic organisms) の研究を行い，微生物の増殖が発酵 (fermentation) や腐敗 (decay) を生じさせることを発見しました。彼の名前は，狂犬病の予防接種 (pasteurism) や低温殺菌 (pasteurization) にも残っています。また，メンデル (Mendel) の豆科植物 (leguminous plants) の遺伝形質 (heredity) についての研究，メンデルの法則 (Mendel's laws, Mendelian inheritance) も皆さんになじみの深いものでしょう。このような歴史のもとに現在の分化された生物学が存在するのです。次に，古生物学 (paleontology)，植物学 (botany)，動物学 (zoology) と細胞 (cell) について見てみましょう。

Paleontology 古生物学

地質年代とその代表的な生物を見てみましょう。

●古生代 (Paleozoic Era)…５億7000万年前～２億4500万年前

三葉虫 (trilobite) は古生代 (Paleozoic Era) のカンブリア紀 (Cambrian Period) に現れた節足動物 (arthropod) です。大きいものは 60cm にも達したようです。そして，Paleozoic Era 最後のペルム紀 (Permian Period) に絶滅しました。

アンモナイト (ammonite) は４億 3000 万年前の Paleozoic Era シルル紀 (Silurian Period) から 6500 万年前の中生代白亜紀 (Cretaceous Period) まで栄えた，殻のある軟体動物 (mollusk) です。これらの trilobite と ammonite はその数が多いことから示準化石 (index fossil) として，地層の年代測定に使われています。

●ペルム紀の生物大量絶滅 (Permian-Triassic Extinction Event)

Paleozoic Era 最後の Permian Period と中生代最初の三畳紀 (Triassic Period) には，生物の大量絶滅がありました。現在の様々な大陸の元をなすパンゲア (Pangaea) が作られた時期ですが，何らかの地球環境の変化により海洋生物の96％が絶滅し，すべての生物の90％以上が絶滅したと言われています。

●中生代 (Mesozoic Era) …２億4500万年前～6500万年前

恐竜 (dinosaur) は中生代 (Mesozoic Era) に生息した大型の動物です。中でも有名なのはティラノサウルス (Tyrannosaurus) でしょう。T. Rex とも呼ばれます。後ろ足で立つ獣脚竜 (theropod) です。肉食 (carnivore) で，捕食者 (predator) です。タマゴを産み (lay an egg)，恒温動物 (warm-blooded animal, homoiotherm) だったという説が最も有力です。

他にも有名な恐竜として，1 億 5000 万年前に生息したと言われる始祖鳥 (archaeopteryx) があります。羽毛が生えて (feathered) おり，恐竜と現代の鳥の架け橋ではないかと言われています。

しかし，この恐竜たちは 6500 万年前にメキシコのユカタン半島 (Yucatan Peninsula) に衝突した小惑星 (asteroid) か，彗星 (comet) により大規模な気候変動 (climatic change) が起こり死滅したと言われています。

●新生代 (Cenozoic Era)…6500万年前～現在

哺乳類 (mammal) と鳥類 (bird) が発展した時代です。

Botany　植物学

　植物 (plants) にはどのような**分類** (classification) があるのでしょうか。主なものを見てみましょう。

　葉状植物 (thallophyte) の中には，**藻類** (alga 複 algae)，**細菌** (bacteria)，カビやキノコ状の**菌類** (fungus 複 fungi, funguses) があります。**有胚植物** (embryophyte) は**コケ** (moss) などを指します。**被子植物** (angiosperm) には，**双子葉植物** (dicotyledon) や**単子葉植物** (monocotyledon) があります。このような区分けは，TOEFL で出題されても説明があるはずです。ここで，専門的な内容から離れて一般的に考えてみましょう。

　plants はどのように成長しますか。**種** (seed) が**土** (soil) に落ちて**発芽** (germinate, sprout, bud) します。**根** (root) が伸び，soil の中の水や**無機質** (minerals) などの**栄養素** (nutrition) を**吸収** (absorb) します。ある程度まで成長すると，**葉** (leaf 複 leaves) の中の**葉緑素** (chlorophyll) により大気中の**二酸化炭素** (carbon dioxide) を吸収して**光合成** (photosynthesis) を行い，養分である**澱粉** (starch) を作り出します。そして**花が咲き** (bloom, blossom)，**受粉し** (pollinate 名 pollination)，また seed を作り出すのです。

　それでは花の各部の名称は何というでしょう。

花びら　petal　　　　　ガク　sepal (または calyx)
おしべ　stamen　　　　めしべ　pistil

　花は，**花粉** (pollen) がめしべにつくことによって pollinate します。では，ほかの部分は何というのでしょう。花には**茎** (stem) があります。**木** (tree) には**幹** (trunk) があり，**年輪** (annual rings) が刻まれます。

　木はその葉の形により**針葉樹** (coniferous tree, conifer) と**広葉樹** (broadleaf tree) に分けられます。また，leaves が**落葉** (defoliate, fall) するかどうかにより，**落葉樹** (deciduous tree) と**常緑樹** (evergreen tree, evergreen) に分かれます。それでは代表的な草木を見てみましょう。

　まず trees ですが，**ヤナギ** (willow)，**ニレ** (elm tree)，**ヤシ科の木** (palm tree)，**カエデ** (maple)，**ハナミズキ** (dogwood) や**マツ** (pine tree) などが有名です。もちろんほかにも数え切れないほどあります。California 州の**セコイア国立公園** (Sequoia National Park) の**セコイア** (sequoia には redwood と giant sequoia があります) は，世界で一番背の高い木として知られています。

　次に花ですが，**バラ** (rose)，**タンポポ** (dandelion)，**ヒマワリ** (sunflower)，**ラン** (orchid)，**パンジー** (pansy)，**スミレ** (violet)，**ユリ** (lily)，**チューリップ** (tulip) や**ヒナゲシ** (corn poppy) などたくさんの花があります。desert では，**サボテン** (cactus 複 cacti, cactuses) が花を付けます。

Botany 植物学

　これらの花を付ける植物 (flowering plant) に対して，胞子 (spore) で繁殖する花を付けない植物 (non-flowering plant) があります。これらは，シダ (fern)，コケや alga などです。このほかにも，ほかの植物などに寄生する植物 (parasite) のヤドリギ (mistletoe) や，食虫植物 (insectivorous plant) のウツボカズラ (pitcher plant) などがあります。皆さんも，たまには気晴らしに植物園 (botanical garden) に行って，どんな plants があるのかを見てきてください。

　以上，簡単に plants を見てきましたが，TOEFL では，Latin 名が使われる可能性もあります。そのときは「これは plant のことを言っているのだな」程度で読み飛ばしてください。専門用語については，それがどんなものか想像できれば，正解を見いだせるはずです。

Zoology　　　動物学

　動物 (animals) を研究するのが動物学 (zoology) です。動物は一般的な分類によると，背骨 (backbones) の有無により脊椎動物 (vertebrates) と無脊椎動物 (invertebrates) に分かれます。

　最初に vertebrates を見てみましょう。vertebrates は，恒温動物 (warm-blooded animal, homoiotherm) と変温動物 (cold-blooded animal, poikilotherm) に分かれます。それでは，warm-blooded animal にはどんなものがいるのでしょう。

●哺乳類 (mammal)
　胎生 (viviparity) です。ただし，カモノハシ (duckbill) のように卵生 (oviparity) の mammal もいます。

●鳥類 (bird)
　飛ぶことができるような羽を持っています。もっとも，ダチョウ (ostrich) やペンギン (penguin) のように飛ぶことのできなくなった鳥もいます。また，ある bird は渡り (migration) をし，特定の地域で巣 (nest) を作り繁殖 (breeding) します。

　では，cold-blooded animal はどのように分類 (classification) されるでしょうか。

●は虫類 (reptile)
　鱗 (scale) 状の皮膚 (scaly skin) に覆われています。また，カメ (tortoise, turtle) などには甲羅 (carapace) があります。冬には，冬眠 (hibernation 動 hibernate 形 dormant) します。bird や mammal や恐竜 (dinosaur) などは reptile からの分岐 (branch out) とも言われています。

●両生類 (amphibian)
　一部は，子どものときは，エラ (gill) で呼吸 (respiration 動 respire, breathe) し，成長すると肺 (lung) で respire するようになり，変態 (metamorphosis 動 metamorphose) します。例えば frog は，子どものときはオタマジャクシ (tadpole) で，gills で respire し，成長して frog になると地上や水面に出て lungs で respire します。

●魚類 (fish)
　scales に覆われ，種々のヒレ (various types of fins) を持ちます。背ビレ (dorsal fin)，腹ビレ (ventral fin)，尻ビレ (anal fin) や尾ビレ (caudal fin) などです。

次に，invertebrate を見てみましょう。

●節足動物 (arthropod)

非常に細かく分類されるようです。主に**昆虫** (insect)，**クモ** (spider) や**甲殻類** (crustacean) に分かれます。insect は，体が**頭部** (head)，**胸部** (thorax)，そして**腹部** (abdomen) に分かれており，三対の**足** (leg) と一対または二対の**羽** (wing) を持ちます。頭には**触角** (antenna, feeler) があります。insect は成長の段階でmetamorphosis します。**完全変態** (complete metamorphosis) をする**コガネムシ** (scarabaeid beetle) などは，egg → **幼虫** (larva) → **サナギ** (pupa) → **成虫** (adult) に変態します。**バッタ** (grasshopper) は，**不完全変態** (incomplete metamorphosis) をします。ところで，spider ですが，これはほかの**多足類** (myriapod) である**ムカデ** (centipede) などのように足が6本を超えていますし，体や目の構造が違いますので insect ではありません。crustacean は，**エビ** (shrimp)，**ミジンコ** (water flea) や**フジツボ** (barnacle) などです。

●環形動物 (annelid)

ミミズ (earthworm) などがいます。

●軟体動物 (mollusk, mollusc)

貝 (shellfish)，**タコ** (octopus) や**イカ** (cuttlefish) などがいます。

●棘皮動物 (echinoderm)

ウニ (sea urchin) や**ヒトデ** (starfish, asteroid) などがいます。
このほかには**原生動物** (protozoa) や**バクテリア** (bacteria) なども重要でしょう。

以上で分類化された動物を見てみましたが，私が受けた試験では，TOEFL または GMAT で**蚊** (mosquito) の metamorphosis と，bird や**ガラガラヘビ** (rattlesnake) の生態についての問題が出題されました。出題されやすい分野ですので，metamorphosis や vertebrate などの基本的な内容は知っておいた方がよいでしょう。

●変態 (Metamorphosis) について

変態には 完全変態 (complete metamorphosis) と 不完全変態 (incomplete metamorphosis) があります。ここでは，昆虫でその様子を見てみましょう。

	Complete Metamorphosis (チョウ)	Incomplete Metamorphosis (バッタ)
卵 (egg)		
幼虫 (larva；複数形は larvae)		
さなぎ (pupa；複数形は pupae)	＊繭 (cocoon)	＊さなぎにならず脱皮をして (molt, shed skin) 成長する
成虫 (adult)		

TOEFL ではクジラが頻出問題です。基本的な知識を覚えましょう。

●クジラの分類

クジラ目 (Cetacean) は，2つのグループに分けられます。1つはプランクトンなどを食べるヒゲクジラ (baleen whale) やシロナガスクジラ (blue whale) が含まれるヒゲクジラ亜目 (Mysticeti)。もう1つは歯を持ち，魚などを食べるイルカ (dolphin) やシャチ (orca, killer whale) が含まれるハクジラ亜目 (Odontoceti) です。

●クジラの進化

もともと陸生の mammal として水辺で活動していたと言われていますが，約5000 万年前に海へと向かったようです。1979 年にパキスタンでクジラの祖先のパキケトゥス (Pakicetus) が発掘されました。これは，まだ陸生でしたが，1994 年に発掘されたアンブロケトゥス (Ambulocetus) は，amphibian だと言われています。その後の進化の過程でプロトケトゥス (Protocetus) などを経て現在のクジラのようになりました。

●クジラの特徴

mammal で，vertebrate です。一部のイルカはアマゾン川などに生活しています。水中での生活のために体温が奪われないようにしなくてはいけません。そのため，非常に厚い脂肪層 (blubber) を身につけています。また，身体が熱くなったときのために熱を逃がすことも必要です。背ビレ (dorsal fin) や尾ビレ (fluke) で熱を発散させます。また，肺呼吸 (pulmonic respiration) を行うための吸気口が噴水口 (blowhole) と呼ばれます。

●エコーロケーション (echolocation)

エコーロケーションは反響定位と言い，イルカが食べ物を探すときなどに用います。噴気孔のそばにある器官で作られたクリック音は，頭部の脂肪の塊のメロン体 (melon) がレンズのような役割を果たし，前方に放射されます。その放射された音は，物体にぶつかり，反射したものがアンテナの役目を果たしている下あごで感知されます。このようなエコーロケーションをする他の生物としては陸上のコウモリ (bat) などがいます。

29

Cell　細胞

細胞 (cell) は，すべての動植物にあります。ここで，主なものを見てみましょう。

細胞膜　　　　　　cell membrane
ミトコンドリア　　mitochondrion　複 mitochondria
リボゾーム　　　　ribosome
核膜　　　　　　　nuclear membrane
核　　　　　　　　nucleus
染色体　　　　　　chromosome

植物には，ほかに**葉緑体** (chloroplast) と**細胞壁** (cell wall) などがあります。生物の発生は，**受精** (fertilization) から**細胞分裂** (cell division) の初期形態である**卵割** (cleavage, segmentation) を経て，機能的に**細胞の分化** (cell differentiation) が行われ，生物の形態をとるようになります。

●遺伝子工学 (Genetic Engineering)

生物の遺伝物質の DNA (Deoxyribonucleic Acid) は，**タンパク質合成** (protein synthesis) や**複製** (replication) などの情報を伝えるものです。**遺伝子** (gene) は，chromosome に含まれています。その配列は**二重らせん構造** (double helix) で，**アデニン** (adenine)・**シトシン** (cytosine：サイトシーンと発音)・**グアニン** (guanine)・**チミン** (thymine：サイミンと発音) の組み合わせにより DNA 分子 (DNA molecule) が成り立っています。1962 年にノーベル賞を受賞した**クリック** (Francis H. C. Crick)・**ワトソン** (James D. Watson)・**ウィルキンズ** (Maurice H. F. Wilkins) らの先駆者たちが DNA molecule の構造を解明したのです。

バイオテクノロジー (biotechnology) の進歩は著しく，DNA や RNA (Ribonucleic Acid) の**遺伝子組み換え** (gene recombination, recombinant DNA) が，**消化酵素** (digestive enzyme) や**糖尿病** (diabetes) の**患者** (diabetic) が使う**インシュリン** (insulin) などの医薬品の生産に役立つようになってきています。

また，genetic engineering によって高い**産出量** (yield) や病害虫への**抵抗力** (resistance) を持つ corn, tomato, soybean などの**遺伝子組み換え作物** (genetically-modified crops = GM crops) が生み出されています。

2012 年には京都大学の山中伸弥教授が**人工多能性幹細胞** (induced pluripotent stem cells = iPS) の研究により，**ノーベル生理学・医学賞** (Nobel Prize in Physiology or Medicine) を受賞しました。

ほかにも**絶滅した種** (extinct species) の**遺伝子情報** (genetic information) から，例えば**マンモス** (mammoth) や北米に生息していた**マストドン** (mastodon) などを再生しようという試みもあります。

30

Environmental Issues 環境問題

人類 (homo sapiens) は，**生態系** (ecosystem) の構成要素の一部です。homo sapiens という語は Latin で "wise man" という意味ですが，この「賢い」人類は地球に優しかったでしょうか。最初に，"wise man" が引き起こした数々の**環境破壊** (environmental disruption, ecocide) の代表的なものを見ましょう。

●地球温暖化 (Global Warming)

global warming は，一般的には**二酸化炭素** (carbon dioxide 以下 CO_2 と表記) の**排出** (emission 動 emit) が原因とされています。18 世紀後半から始まった**産業革命** (Industrial Revolution) は，**化石燃料** (fossil fuel) の消費を促しました。**石炭** (coal)，**石油** (petroleum, crude oil：原油) や**天然ガス** (natural gas)，近年利用が活発化している**シェールオイル** (shale oil) などです。これらをエネルギー源とした動力が，大気中の oxygen と fossil fuel の carbon を結びつけて CO_2 を**大気** (atmosphere) 中に大量に放出することにより，大気内の CO_2 の**蓄積** (accumulation) が急激に増えているのです。CO_2 は，sun からの radiation (sun lights) を atmosphere 中に閉じ込めるのです。この過程を**温室効果** (greenhouse effect) と言います。

global warming は地球にどのような影響を与えているのでしょう。**氷河** (glacier) が溶け出し，**極地** (Arctic や Antarctic) の**氷冠** (ice cap) の面積が狭くなってきています。それに伴い**海水面** (sea level) が上昇し，**低地** (lowland area) は**水没する** (submerge) 危険があります。現在は，El Niño と関連付けられているようですが，**台風** (typhoon) や**ハリケーン** (hurricane) の強大化や**干ばつ** (drought) など様々な**気候変化** (climatic change) を引き起こします。この**異常気象** (abnormal weather) は以下の様々な environmental issues に関連があると考えられます。

●砂漠化 (Desertification) と土地の荒廃

かつては，緑が豊かだった大地も desertification されてきています。**家畜** (livestock) による**過放牧** (overgrazing) も原因と言われています。Africa 諸国では**内戦** (civil wars) が多発し，**避難民** (refugee) が暖を取るために**若木** (sapling) を切り，**森林地をなくし** (deforest)，砂漠化に拍車をかけています。また，地下の**帯水層** (aquifer) に長い年月をかけて蓄えられた**地下水** (ground water) が，**耕作** (cultivation) のために**灌漑** (irrigation) 利用されて急速に**枯渇** (depletion) したり，不適切な**土壌管理** (soil management) により土地の**塩分濃度** (salinity) が上昇したりするなど，耕地は作物の育たない土地となりつつあります。

31

●森林伐採 (Deforestation)

熱帯の原生林 (primeval forest) は，耕地 (arable land, cultivated land) の増加により毎年多くの面積 (acreage) が失われています。多くの熱帯雨林 (tropical rain forest) も同様です。その結果，酸素を作り出す植物が失われるだけでなく，そこを生息域 (habitat) とする多くの動植物の種 (species) が絶滅 (extinct)，あるいは絶滅危機 (endangered, threatened) にさらされています。

●大気汚染 (Air Pollution)

automobile society に支えられた社会の中では，排気ガス (exhaust) や工場からの煙 (smoke) に有害物質 (harmful substance) が含まれていることがあります。空気清浄機 (air cleaner) 付きのエアコン (air-conditioner) を設置する必要があります。

●酸性雨 (Acid Rain)

硫黄酸化物 (sulfur oxides) などの汚染物質 (contaminant) が大気中に浮遊 (airborne) しています。それが，降雨 (rainfall) とともに落ちてきて多くの forests や彫像 (statue) を破壊，溶解していきます。ある調査結果では，日本での acid rain 要因の約40％は人々の活動に由来するということです。

●オゾン層の破壊 (Destruction of the Ozone Layer)

南極 (Antarctic) には大きな ozone hole が発達しています。ozone layer には，紫外線 (ultraviolet ray) などの sun light を緩和する効果があります。現在使用が許されていないフロンガス (chlorofluorocarbons = CFC) が ozone layer 破壊の原因と言われて久しく，皮膚ガン (skin cancer) や白内障 (cataract) の発生率が上昇しています。酸素を作り出す plankton などにも影響を与え，結果として CO_2 濃度を上昇させる要因にもなっているのです。様々な国際会議で，2040 年までに CFCs の使用を世界的に全廃することになっています。

●ヒートアイランド現象 (Heat-Island Phenomenon)

年々東京の夏は暑くなりますね。東京の population は私が生まれた 1955 年では約 800 万人でしたが，2013 年6月末に約 1,330 万人となりました。これだけの人数がひしめき合っているわけですから heat-island phenomenon の主原因となっている燃料消費 (fuel consumption) が多いのは当たり前かもしれません。ほかにも要因としては 1) air pollution による局地的 greenhouse effect，2) 道路舗装 (pavement) などによって放熱 (radiation) が妨げられること，3) 高層建築 (tall buildings) によって

換気 (ventilation) が妨げられることなどが挙げられます。

●京都議定書
(Kyoto Protocol to the U.N. Framework Convention on Climate Change)

1997 年に京都で採択され，2005 年までに世界 130 国以上が**批准** (ratify) しました。主な内容は 1）**先進国** (industrialized nations) は CO_2 などの greenhouse gas の emission を 1990 年レベルから少なくとも5％削減する，2）削減目標は 2012 年とする，3）**森林再生** (reforestation) を行う，そして，4）**努力義務** (commitment) を 2008 年から行う，という内容です。しかしながら，先進国の中でも米国が ratify していませんし，BRICs (Brazil, Russia, India and China) などの急激な経済発展をしている国々のすべてが参加しているわけではありません。2012 年には，**カタール** (Qatar) で開かれた国連の会議の**国連気候変動枠組み条約** (UN Framework Convention on Climate Change = UNFCCC) で，Kyoto Protocol を 2020 年まで延長することが決議されました。

人類は，fossil fuel や**原子力エネルギー** (nuclear energy) 以外に様々な**代替エネルギー** (alternative energy) を考えてきました。ここでは，主要な代替エネルギーについて見てみましょう。

●太陽エネルギー (Solar Energy Power)

各家庭に取り付け可能な**太陽光パネル** (solar panel) 以外にも，反射ミラーを用いたものがあります。France の**太陽炉** (solar furnace) は摂氏 3,200 度のエネルギーを作り出しています。

●地熱エネルギー (Geothermal Power)

地殻 (crust) 深くに穴を開け，**地熱** (geothermal energy) を利用する発電です。**タービン発電機** (turbine generator) を用い発電を行います。

●風力発電 (Wind Power Generation)

人類は古くから，**風力** (wind power) を用いた**風車** (windmill) を活用してきました。現在では**風力タービン** (wind turbine) を用いて発電を行う**ウインドファーム** (wind farm) が，多数出現しています。

●バイオ燃料 (Biofuel)

光合成 (photosynthesis) を行う生物により，大気中の CO_2 を取り込むプロセスを用いて，輸送用燃料を作り出すものです。fossil fuel を燃やすことに比べて，大気中の CO_2 レベルを一定にすることができます。**トウモロコシ** (corn) や**サトウキビ** (sugarcane) から**炭水化物** (carbohydrate) を取り出し**発酵させて** (ferment)，**植物性エタノール** (bioethanol) を作り出すことはすでに行われています。また，食料部分ではない木や草の**繊維質** (cellulose) を用いる方法もあります。ほかにも**藻類** (alga) を用いた，**藻類バイオ燃料** (algal biofuel) が商業化されるようです。

Meteorology 気象学

　日々の天気の変化を研究する学問は，**総観気象学** (synoptic meteorology) と呼ばれています。ここでは，**気象観測** (meteorological observation) の歴史と**天気予報** (weather forecast) の発展史などを見てみましょう。

●気象学の歴史

　紀元前4世紀にギリシャの**哲学者** (philosopher) である**アリストテレス** (Aristotle) が，気象学という用語を用いたとされています。科学的発展は，1597 年に**温度計** (thermometer) をイタリアの **ガリレオ** (Galileo) が発明し，彼の**弟子** (student) の**トリチェリ** (Torricelli) が**気圧計** (barometer) を 1643 年に発明した頃から進みました。フランスの **パスカル** (Pascal) や**デカルト** (Descartes) が barometer を用い，**高度** (altitude) が上がると**気圧** (atmospheric pressure) が下がることを証明しました。1714 年にドイツの**物理学者** (physicist) である**ファーレンハイト** (Fahrenheit) が水の**沸騰** (boiling) と**凝結** (freezing) を測定し，**温度尺度** (temperature scale) を定めました。1820 年頃にはドイツの**ブランデス** (Brandes) によって**天気図** (weather map) が初めて作られました。

●天気予報 (Weather Forecast)

　18 世紀後半から通信手段の発達により，天気予測が行われるようになりました。現在では，computer を用いる**数値予報** (numerical weather prediction) が行われています。これを可能にしたのは，20 世紀に**航空機** (aircraft) や**ラジオゾンデ** (radiosonde) と呼ばれる機器により**高層観測** (upper air observation) が可能になったためです。1940 年代には，**気流** (air current) の**ジェット気流** (jet stream) が発見されました。1960 年代には NASA が最初の**気象観測衛星** (weather satellite) を打ち上げました。アメリカの**気象庁** (National Weather Service) は，これらの機器や Doppler radar（ドップラー効果を用いて目標速度の測定を行う機器）により**雷雨** (thunderstorm) や**竜巻** (tornado) などを観測しています。それでは次に，大気組成などを見ましょう。

●大気 (Atmosphere, Air)

　大気の**組成** (composition) は，大きく分けると2つの**気体** (gas) になります。約78%が**窒素** (nitrogen：N_2) で，約 21%が**酸素** (oxygen：O_2) です。ほかには微量な**二酸化炭素** (carbon dioxide：CO_2) や**アルゴン** (argon：Ar)，**メタン** (methane：CH_4)，**一酸化二窒素** (nitrous oxide：N_2O)，そして**水蒸気** (water vapor) などが構成要素です。

35

●降雨 (Precipitation)

水の粒 (water droplet) や氷の結晶 (ice crystal) が集まった cloud から，なぜ雨が降る (rain, precipitate) のでしょうか。水は空気より重いのですが，上昇気流 (updraft) により落下しません。比較的大きな water droplet が小さいものと衝突 (collide) して結合 (merge) します。この発達過程を coalescence（合体などの意）と呼びます。ice crystal も表面に水蒸気がついて precipitate する大きさまで発展するのです。氷点以下 (below freezing temperature) の温度で存在する水の粒は "super cooled droplet" と呼ばれます。ice crystal がこの droplet と結合して precipitate します。

●前線 (Front)

気温 (temperature) や湿度 (humidity) が異なる大気団 (air mass) がぶつかり合う境界 (boundary) を前線 (front) と呼んでいます。例えば，寒冷前線 (cold front) では，湿った大気 (humid air) が乾いた冷たい大気によって急上昇し，積雲 (cumulus, cumulous cloud) が thunderstorm を引き起こします。温暖前線 (warm front) では，やはり激しい雨が降りますが，ここでは巻雲 (cirrus) を生じ，寒冷前線ほど激しいものではありません。ほかにも閉塞前線 (occluded front) や停滞前線 (stationary front) などがあります。

●竜巻 (Tornado, Twister)

積乱雲 (cumulonimbus, thundercloud) からの漏斗雲 (funnel cloud) が地上や海上に touch したときに，それは tornado と見なされます。wind speed は時速 120km から 500km（秒速 138m 程度）にも達するのです。

36

Astronomy 天文学

　天文学 (Astronomy) は，宇宙に関する科学です。宇宙空間 (outer space) の太陽系 (solar system)，惑星 (planet)，恒星 (star)，銀河 (galaxy) などを研究の対象とします。物理学，化学，数学などの発展により進歩してきた学問です。それでは，それぞれ代表的な単語を見ていきましょう。

● 太陽系 (Solar System)

太陽系の惑星を英語で何と言うでしょうか。

水星： Mercury	金星： Venus	地球： Earth
火星： Mars	木星： Jupiter	土星： Saturn
天王星： Uranus	海王星： Neptune	(*冥王星： Pluto)

　なお，Pluto は国際天文学連合 (International Astronomical Union) の決定により 2006 年 8 月 24 日から惑星ではなくなりました。準惑星 (dwarf planet) に格下げされたのです。小天体を多く含む エッジワース・カイパーベルト天体 (Edgeworth Kuiper belt object = EKBO)，別名で太陽系外縁天体 (trans-Neptunian object = TNO) の一部と見なされました。1930 年に発見された Pluto は，その公転軌道 (orbital path) がだ円 (ellipse, elliptic orbit) で，質量 (mass) も小さいため，planet から外されたのです。

　solar system は銀河系宇宙の一部です。銀河系宇宙は Galaxy または Milky Way と呼ばれています。このような天文学は，どのように発展してきたのでしょう。

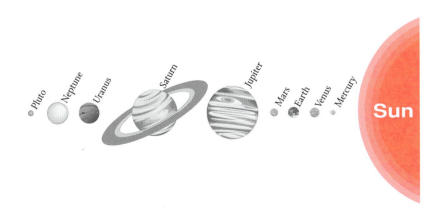

●天文学の歴史

　約 3,000 年前のバビロニア (Babylonia) の記録によると，天体の動きを記録する人々は**占星術師** (astrologer) と呼ばれていました。**占星術** (astrology：astronomy と混同に注意) では，sun や moon の位置を示した**粘土板** (clay record) を使い，**食** (eclipse) の予知をしたそうです。食は**悪い予兆** (bad omen) と考えられていましたので，astrologer は大切に扱われていました。

　2,000 年ほど前のエジプトでは，Stone of Denderah という**星座** (constellations, star patterns) を描いているものが見つかっています。

　紀元前 500 年頃にギリシャの**ピタゴラス** (Pythagoras) は，地球は**球体** (sphere) であり，central fire の周りを太陽や月とともに回転すると考えました。その後の **アリストテレス** (Aristotle) は，地球が**宇宙の中心** (center of the universe) と考えました。これは，後の**プトレマイオス** (Ptolemy) も同様でした。

　1500 年頃，**コペルニクス** (Copernicus) は，地球やほかの planet は太陽の周りに**軌道** (orbit) を描いて移動していると述べました。また地球は，**地軸** (earth's axis) を中心に 24 時間で一回転すると述べました。**ケプラー** (Kepler) はこの考えを発展させ，①planet の orbit は完全な円を描くのではなく，ellipse であること，②太陽の周りの planet の速度は，太陽に近いほど速く，遠いほど遅いこと，③太陽の周りを回る周期は軌道の大きさによること，を法則化しました。

　ガリレオ・ガリレイ (Galileo Galilei) は，**望遠鏡** (telescope) を用い，**地動説** (Copernican system) が正しいことや太陽に**黒点** (sunspot, dark spot) が存在すること，太陽も軸を中心に**回転** (spin) することなどを発見しました。Galileo が亡くなった 1642 年に **アイザック・ニュートン** (Isaac Newton) が生まれ，彼は**万有引力の法則** (universal law of gravitation) と**運動法則** (laws of motion) を作り上げました。これにより巨大な**質量** (mass) を持つ太陽が**引力** (gravitational pull) を持ち，その周りに私たちの住む地球を含めた solar system を構成していることを体系付けたのです。次に，現在の天文学に関する技術進歩を見てみましょう。

●アポロ計画 (Apollo Program)

　1968 年から 1972 年に行われた月探索の計画です。アポロ 11 号は，**静かの海** (Sea of Tranquility) に初めて有人での月面着陸をしました。Apollo mission は，**司令船** (Command Module) と**月面着陸船** (Lunar Module) から成り立っていました。Lunar Module は月面探索や実験装置の設置や標本採集を行い，そのときの映像は世界中に流され，当時中学に入りたての私は，興奮で夜も眠れなかったのを覚えています。Apollo Program 以後，月面着陸は行われなくなりましたが，次に行われたのは，

Astronomy　天文学

それまでのように使い捨ての rocket ではなく，**再利用** (reuse) が可能なより現実的な計画でした。

●スペースシャトル計画 (Space Shuttle Program)

　1981 年に初めて打ち上げられた Space Shuttle は，2003 年の Columbia 号の事故以来中断していましたが，2005 年に野口さんが搭乗した Discovery 号により再開されました。このプログラムは，Apollo Program と同様に NASA (National Aeronautics and Space Administration) により行われていた program ですが，それまでの打ち上げと違い，地球の**軌道上** (orbit) を周回しつつ実験をし，商業衛星の打ち上げまたは修理をしました。また，後述する国際宇宙ステーションの組み立て作業も行ったのです。飛行機の形をした部分を Orbiter Vehicle と呼び，軌道に乗せる推進力は**外部燃料タンク** (External Tank) と**固体ロケットブースター** (Solid Rocket Booster) から得られます。NASA では，この program を**宇宙輸送システム** (Space Transportation System) の一環として位置付けていました。Space Shuttle は 2011 年7月に最後の飛行を行い退役しました。

●これからの宇宙計画

　米国を中心に諸外国が**協同で製作した** (collaborate) **国際宇宙ステーション** (International Space Station = ISS) が，1998 年 11 月にロシアの**カザフスタン** (Kazakhstan) から**発射** (launch) されました。**外宇宙** (outer space) への足がかりとして，また，これからの**宇宙探査** (space exploration) の基地となっています。2004 年1月には，ブッシュ大統領が**火星** (Mars) への ambitious な exploration を含めた新しい space exploration program を公表しました。しかしながら，2010 年にオバマ大統領は，予算削減のため方向転換をしました。ISS への人員の輸送にはロシアの**ソユーズ宇宙船** (Soyuz) が用いられています。

　日本からも**宇宙ステーション補給機** (H-II Transfer Vehicle) の「こうのとり」が物資輸送に活躍しています。2013年には若田光一**宇宙飛行士** (astronaut) が日本人初の ISS **コマンダー** (commander) を務めています。**火星探査** (Mars exploration) 用の**有人宇宙船** (manned spacecraft) の**オリオン宇宙船** (Orion Multi-Purpose Crew Vehicle = MPCV) は，space shuttleに代わり，当面 ISS の緊急脱出用に用いられることになりました。2014 年に打ち上げ予定です。

　次に，宇宙を観察するための望遠鏡について見てみましょう。

39

●望遠鏡 (Telescope)

オランダ (Holland) で発明されたと言われている telescope を最初に天体の観測に用いたのは Galileo です。その後，種々の telescope が発明されましたが，Newton は反射望遠鏡 (reflecting telescope) を発明しました。また，光源 (light source) から放たれる光を分析してその組成 (elements) を調べるために，分光器 (spectroscope) が使用されるようになりました。現在最も偉大な telescope は，1990 年に Space Shuttle Discovery から打ち上げられた地球軌道を回る宇宙望遠鏡のハッブル宇宙望遠鏡 (Hubble Space Telescope = HST) ではないでしょうか。1994 年6月には，HST により科学者は black hole の存在を確証しました。同年7月にはシューメーカー・レヴィ第9彗星 (Shoemaker-Levy 9) という彗星 (comet) の木星 (Jupiter) への衝突 (collision) も HST で観察され，その大気組成 (atmospheric composition, chemical makeup) を調べることができました。2009 年，最後のサービスミッション（補修）により，その寿命は少なくとも 2014 年まで延長されました。

HST の後継機としては，2018 年にジェイムズ・ウェッブ宇宙望遠鏡 (James Webb Space Telescope = JWST) の打ち上げが予定されており，赤外線領域 (infrared range) を観測できます。宇宙の起源 (birth of galaxies) や惑星系 (planetary system) の成り立ちを観測します。そして，私たちの太陽系 (Solar System) と銀河系宇宙 (Milky Way) の関係を調べるのです。また，HST が地球の周りを orbit していたのに対して，JWST は地球から 150 万キロ離れた場所に駐留 (reside) します。

●ほかに重要と思われる単語

流星，隕石：	meteor, meteoroid		
磁場：	magnetic field	小惑星：	asteroid
変光星：	variable star	連星：	binary star
天文学者：	astronomer	宇宙飛行士：	astronaut
(超)新星：	(super) nova	(人工)衛星：	satellite

Earth Science 地学

地学 (earth science) は，地理学 (geography) や地質学 (geology) などを含む広範囲の研究を行う学問です。最初に地球の構造 (structure of the earth) を見てみましょう。

中心は内核 (inner core) と呼ばれ，その周りを外核 (outer core) が取り囲みます。その外側を下部 (lower) と上部 (upper) のマントル (mantle) が包みます。地殻 (earth's crust) の上に陸と海があり，海底 (sea floor) から大陸 (continent) に向かって，大陸棚 (continental shelf) が続きます。海岸 (shore, beach) から先は陸上となります。

earth は，よく半球 (hemisphere) に区別されます。赤道 (equator) より北を Northern hemisphere，南を Southern hemisphere と呼んでいます。地軸 (earth's axis) の南北両端は pole と呼ばれます。北極は North Pole または Arctic で，氷山 (iceberg) が見られます。南極は South Pole または Antarctic です。

地図には，緯度 (latitude) と経度 (longitude) が描かれています。ついでにここで高度 (altitude) という単語も覚えましょう。全部「性質」や「状態・度合い」を表す [-tude] が付いているので覚えやすいでしょう。

陸 (land, earth) と海の境には，湾 (bay, gulf)，岬 (cape)，半島 (peninsula)，海峡 (strait, channel) や運河 (canal) があります。陸上には，平野 (plain)，草原 (prairie)，台地 (plateau)，山 (mountain)，山脈 (mountain range) などがあります。日本は continent ではありません。島 (island) の集まりです。また，このような多くの島の集まりを，諸島または群島 (archipelago) と呼びます。次に，geology に関係する事柄を学習しましょう。

●大陸移動説 (Continental Drift Theory)

かつてほとんどの continent は，「すべての土地」を意味するパンゲア (Pangaea) として1つの塊で存在していたと仮定する理論が continental drift theory です。その根拠となるのが，プレートテクトニクス理論 (plate tectonics theory) です。この理論は，continent や sea floor はいくつかの earth's crust のプレート (plate) に分かれていて，それぞれの大陸が乗っている plate が mantle の流れに沿ってゆっくりと移動し，現在の位置になったとする考えです。大陸は現在も移動中です。

●火山活動 (Volcanic Activities)

plate tectonics theory から，現在では激しい火山活動 (volcanic activities) が生じているのは plate の境界 (boundary) であると考えられています。例えば，太平洋プレート (Pacific Plate) はユーラシア大陸プレート (Eurasian Plate) に潜り込むと考えら

41

れています。日本はこの太平洋プレートが沈み込む**海溝** (oceanic trench) にあるため，激しい volcanic activity や**地震** (earthquake) が起こりやすいのです。また，**大西洋** (Atlantic Ocean) や**太平洋** (Pacific Ocean) などの**海底** (ocean floor) では，mantle の噴き出し口と考えられる 65,000 キロにも及ぶ**中央海嶺** (Mid-Ocean Ridge) が連なり，活発な**海底火山** (submarine volcano) 活動が起こっています。

●**熱水噴出口** (Hydrothermal Vent)

　海底での volcanic activities は，急激な温度変化により流れ出た**溶岩** (lava) が急速に固まり，**煙突** (chimney) 状の hydrothermal vent という，magma により熱せられた mineral を含む海水を噴出する**出口** (vent) を形成します。海底の**間欠泉** (geyser) のようなものでしょう。ここでは，地上での**生態系** (ecosystem) とは異なり，**一次生産者** (primary producer) としての bacteria が，**光合成** (photosynthesis) ではなく**化学合成** (chemosynthesis) により**硫化物** (sulfide) などを酸化してエネルギーを作り，それをもとに有機物を作り出しているのです。例えば，**ハオリムシ［チューブワーム］** (tube worm) は，**共生** (symbiosis) している bacteria が，tube worm が吸収した硫化水素を化学的に養分に変えることにより生存し，**バイオマス［生物資源］** (biomass) の集団を作り上げているのです。

●**地震** (Earthquake)

　地震学 (seismology) では，earthquake の原因を**断層** (fault) 運動と考えています。earthquake はプレート内地震とプレート間地震に分かれます。阪神大震災は**活断層** (alive fault) の**ひずみ** (deformation) が原因で起こったプレート内地震です。**プレート境界** (plate boundary) のところでプレート同士が押し合う巨大な力によって起きるものをプレート間地震と言います。カリフォルニア州を南北 1,000 キロにわたって貫いている**サンアンドレアス断層** (San Andreas Fault) は，**北アメリカプレート** (North America Plate) と**太平洋プレート** (Pacific Plate) の間にあります。プレート間地震はエネルギーが巨大なため大地震や津波の原因になります。

　2004 年 12 月に発生したインドネシアの Sumatra 沖を**震央** (epicenter) とする巨大な**マグニチュード** (magnitude) 9.0 の**海底地震** (undersea earthquake) は，地震そのものの被害もさることながら，その後に発生した**津波** (tsunami) により多くの**死傷者** (casualty toll) をもたらしました。現在,**早期警報システム** (early warning system) の開発と設置が急がれています。

　2011 年 3 月には日本を magnitude 9.0 の**東日本大震災** (Great East Japan Earthquake) が襲いました。Pacific Plate が東北地方で北アメリカプレート下に**沈み**

込む (being subducted) ことで起きたのです。次に述べる津波と相まって甚大な被害をもたらしました。

● **津波** (Tsunami, tidal wave)

　台風によって生じる**高潮** (high tide, flood tide) とは異なり，earthquake, volcanic activity や海底での**地滑り** (landslide) により生じるものを tsunami と言います。このような海底の**地殻変動** (crustal movement) により，その上にある海水は，水面に物体を落下させたときと同じような**同心円状** (concentric) の**波** (wave) を作り出します。tsunami のスピードは時速 800km にも達することがあります。そのエネルギー量は凄まじく，tsunami が**浅瀬** (shallow waters) に近づくと**反射し** (reflex)，あるいは，後から来た波の力を加えながら非常に高い wave をもたらします。**日本海溝** (Japan Trench) でも頻繁に起こっています。私たちの国は残念ながら，多くの津波被害を経験してきています。

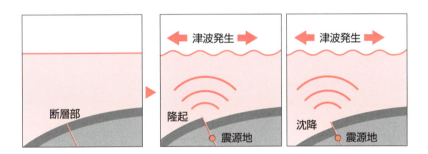

Human Body 人体

人体 (human body) には，各部に名称があります。p. 21で述べたように，**レオナルド・ダ・ヴィンチ** (Leonardo da Vinci) も人体について研究しています。最初に外観から重要な単語を拾っていきましょう。

頭蓋骨	skull	頭	head	ひたい	forehead
顔	face	こめかみ	temples	首	neck
肩	shoulder	胸	breast, chest	へそ	navel
腹	abdomen	ひざ	knee	脚	leg
くるぶし	ankle	つま先	toe	背中	back
胴	trunk	腰	hip, waist	臀部	buttocks
大腿	thigh	かかと	heel	腕	arm
肘	elbow	手首	wrist	手	hand
手のひら	palm				

ここで注意することは，arm と hand，leg と foot は，日本語ではほぼ同じ意味になるということです。また，「ネコの手も借りたい」の「手」は，英語では "hand" ではなく "paw" になることに気をつけてください。

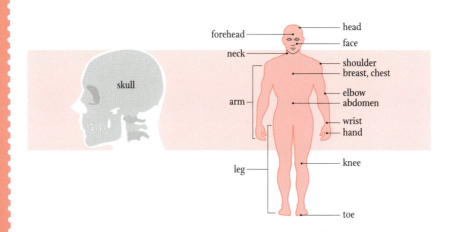

44

Human Body　人体

　ここまでは人体の**外観** (features) について見てきましたが，次は，人体を**解剖** (anatomy) 的な側面から見てみましょう。

　まず**呼吸器系** (respiratory system) は，口や鼻から**吸気** (inhale) して肺 (lungs) に送り，そこから血液中に**酸素** (oxygen) を取り込み，不要な**二酸化炭素** (carbon dioxide) を**排気** (exhale) する仕組みです。TOEFL で重要な単語を拾ってみましょう。

鼻腔	nasal cavity	口腔	oral cavity	喉頭	larynx
咽頭	pharynx	声帯	vocal cords	気管	trachea
心臓	heart	肺動脈	pulmonary artery		
横隔膜	diaphragm	大動脈	aorta		

　次に，**消化器系** (digestive system) を見てみましょう。これは food を**消化** (digest)・吸収する器官です。各器官では，**酵素** (enzyme) などの助けにより food が体に必要な**物質** (substances) に分解されます。

舌	tongue	食道	esophagus
胃	stomach	十二指腸	duodenum
膵臓	pancreas	小腸	small intestine
大腸	large intestine	直腸	rectum
虫垂	vermiform appendix	肝臓	liver
胆のう	gallbladder	膀胱	bladder

　さて最後に，**神経系** (nervous system) について見てみましょう。**中枢神経系** (central nervous system) には，**大脳** (cerebrum)，**小脳** (cerebellum) があり，そして**脊柱** (vertebral column, spinal column) には，**脊髄** (spinal cord) があります。皮膚 (skin) には**刺激** (stimulus 複 stimuli) を感ずる**受容器** (sensory receptor) があり，そこで受けた stimulus を**感覚ニューロン** (sensory neuron) が伝達するのです。

　神経細胞 (nerve cell, neuron) には，**軸索** (axon) や**樹状突起** (dendrite) があり，neuron 同士が**シナプス** (synapse) により**結合** (chain of neurons) します。

45

Chemistry 化学

化学 (chemistry) は，物質 (substance) の組成とその変化を研究する学問です。すべての物質 (object) は，微粒子 (particle) から成り立っています。これを原子 (atom) と呼びます。atom が結合する (combine) と substance になります。そして，1種類の元素 (element) の combination により成り立つものは単体 (simple substance) と呼ばれます。

2種類以上の elements の atoms の combination を化合物 (compound) と呼びます。例えば，硫化鉄 (ferrous sulfide) は鉄の atom と硫黄原子 (sulfur atom) により成り立つのです。

強固に結合した (tightly bound) atoms の group を分子 (molecule) と呼びます。このように atoms の結び付きにより，物質の特性 (properties) は異なってきます。

次に，化学変化 (chemical change) と化学反応 (chemical reaction) を見てみましょう。chemical change は，原子の結合を変化させます。例えば iron をたたいて延ばしても，原子の結合は変化しません。これは chemical change ではなく物理的変化 (physical change) なのです。

chemical change は，物質の properties を変化させ，新しい substance を作り出します。例えば，炭素 (carbon) を燃焼 (combustion) させると，酸素 (oxygen) と結合して二酸化炭素 (carbon dioxide：CO_2) を発生させます。この chemical change を方程式 (equation) の形にしたものを化学反応式 (chemical equation) と呼びます。上記の例では $C + O_2 \rightarrow CO_2$ となります。また水素 (hydrogen) を燃やすと $2H_2 + O_2 \rightarrow 2H_2O$ となります。

このような chemical change を引き起こす媒体を触媒 (catalyst) と呼びます。熱 (heat) だけでなく光 (light) なども catalyst の1つです。light をあてることにより HCl（塩化水素：水溶液は塩酸）の生成は促進されます。ほかに，電流によるものもあります。human body においても，酵素 (enzyme) が catalyst として働き chemical change を行います。

結合可能な手の数：原子価 (valence) は element の種類により異なります。また，molecule の組成を構造式 (structural formula) と呼び，例えば H_2O は，H - O - H のように表されます。chemistry は，私たちの衣服にも応用されています。nylon などの合成繊維 (synthetic fiber) や合成ゴム (synthetic rubber) などは，身の回りにたくさんあります。

ところで atom はさらに小さな particles により成り立っています。atom には，陽子 (proton)，中性子 (neutron)，そして電子 (electron) の3つの types の particles があります。proton と neutron は，原子核 (atomic nucleus) を構成します。electron は，比較すると軽い particle なので，nucleus の周辺に軌道 (orbit) を描いて回りま

46

す。proton は positive に荷電 (electric charge) され, electron は negative に electric charge されます。それぞれの atom は, proton と electron の electric charge が等しくなるように balance されています。ですから, 電気的に neutral なのです。しかし, atom はこの electron を再配列 (rearrange) することがあります。neutral であったものの electric charge が balance を失ったものをイオン (ion) と呼びます。

例えば, NaCl を化学反応で作り出す過程を取り上げてみましょう。ソジウム (ナトリウム) である sodium (Na) の electron が1つ失われたときでも, proton の数は変化しないわけですから "+1" の charge を持つ Na+ となります。一方で塩素である chlorine (Cl) が electron を1つ付加されると electron の数が増えるわけですから "-1" の charge を持つ Cl- となり, 結合すると皆さんご存じの塩の NaCl となります。

最後に, アイソトープ (isotope) の話をします。これは neutron の数の変化したものです。同一元素 (element) に属し neutron の数が異なるものを isotope と呼びます。この中でも放射能を持つものを放射性同位体 (radioactive isotope) と呼び, 医療にも使われるなど大事な研究分野です。

●化学の歴史

古代ギリシャ人の アリストテレス (Aristotle) は, 水, 空気, 火と土の4つの elements が earth を構成し, heaven は5つ目の element と考えていました。400 BCE には, デモクリトス (Democritus) が element を構成するのは atom であるという考えを示しましたが, 当時は Aristotle の考えが中心だったので否定されました。

chemistry の発展に役立ったのは, 錬金術 (alchemy：al は Arabic で the の意味) でした。銅 (copper) はその輝きが gold に似ていたため, 多くの人が銅から gold を作ろうと努力しました。alchemy は, chemistry の発展に貢献し, gold を作ろうとする過程で様々な重要な物質を作り上げました。これらには, 硫酸 (sulfuric acid) や硝酸 (nitric acid) などがあります。

1500 年代後半になると ガリレオ (Galileo) が精密測定 (accurate measurement) の重要性を示しました。彼の assistant のトリチェリ (Torricelli) は, air にも重量があることを示しました。1898 年には, 有名なマリ・キュリー (Marie Curie) がポロニウム (polonium) とラジウム (radium) の放射性元素 (radioactive elements) を発表しました。科学的手法の進展のもとで, 現在の生化学 (biochemistry), 有機化学 (organic chemistry) や物理化学 (physical chemistry) が発展するようになったのです。

Physics　物理学

　物理学 (physics) は，自然の力 (forces of nature) やこれらの forces が物質 (matter) に与える影響を研究するものです。chemistry で述べられているように古代ギリシャでは，物質 (substance) は４つの elements により組成されていると考えられました。後に原子 (atom) や電子 (electron)，陽子 (proton) といったさらに小さな微粒子 (particles) により，elements が組成されていることが分かってきます。分子 (molecule) や atom については chemistry の項を参照してください。ここでは主に，物性 (physical properties) と energy について述べてみましょう。

　まず physical properties ですが，matter は３つの形態をとります。固体 (solid)，液体 (liquid)，そして気体 (gas) です。solid は弾性 (elasticity) を持ちます。鉄 (iron) は固く，ゴム (rubber) はより弾力性のある (elastic) ものです。liquid は，凝集力 (cohesion) と付着力 (adhesion) を持ちます。cohesion が強いと，糖蜜 (molasses) のようにその molecule の動きは緩慢になります。adhesion が強いとほかの substance に付着します。例えば，glass を water に浸すと，water の molecule が glass に adhere します。これは，adhesion が cohesion より強いことにより生じるのです。しかし，もちろん solid よりも，その molecule は freely に移動します。一番 molecule が freely に移動するのは gas です。その特性 (properties) には，圧縮性 (compressibility) があります。その体積 (volume) は，容易に圧縮されます。また，容器 (container) に gas molecules が衝突する力を "gas pressure" と呼びます。さて次に energy について見てみましょう。energy には大きく分けて６つの形態があります。

力学的エネルギー (Mechanical Energy)
熱エネルギー (Heat Energy)
化学エネルギー (Chemical Energy)
磁気エネルギー (Magnetic Energy)
電気エネルギー (Electrical Energy)
放射エネルギー (Radiant Energy)

　それぞれの形態が，深く関係しています。例えば，スコットランド人であるジェームズ・ワット (James Watt) は，coal を燃焼 (combustion) させることにより，carbon と大気中の oxygen を結合させて chemical energy を発生させ，ここから heat energy を利用して蒸気エンジン (steam engine) を作りました。この heat energy は，物体を移動させるように mechanical energy に変換されます。発電所 (power plant) では coal や石油 (petroleum) を燃焼させて，また，水力発電所 (hydroelectric power

Physics 物理学

station) では，water の落下の mechanical energy を利用して，**タービン** (turbine) を回すことにより**磁界** (magnetic field) を活用し electricity を生産するのです。さらには，**福島第一原子力発電所事故** (Fukushima Daiichi Nuclear Disaster) で明らかになったように安全性の問題がありますが，**核分裂** (nuclear fission) を利用し energy を取り出す方法も活用されています。

physics は，最初に述べたように physical properties を研究する分野ですから，現在の生活に不可欠な**半導体** (semiconductor) の研究ももちろん含まれます。**天文学** (astronomy) や**宇宙論** (cosmology) に利用される，ほかの星からの**放射線** (radiation, radial rays) を研究することも含まれるでしょう。また，将来の energy として，**核融合** (nuclear fusion)，**太陽エネルギー** (solar energy)，**潮汐エネルギー** (tidal wave energy) などがあります。

49

Mathematics　数学

　数 (number) には，1，2，3，4，5 ... のように負の数を除いた**自然数** (natural numbers) があり，これに０と負の数を含めると**整数** (integers) になります。さらに**分数** (fraction) を加えると**有理数** (rational numbers) になり，**無理数** (irrational numbers) であるπ (パイ) などを加えたものが**実数** (real numbers) と言われます。ところで，2/3 をどのように英語で言うか知っていますか？　２通りの表現を覚えてください。"two thirds" と "two over three" です。"one third" は 1/3 を示します。それが２つあるのですから "two thirds" となり，複数形となるわけです。ただし 1/4 は，"one quarter" となります。加減乗除などは，どのように言われているでしょう。

加算(足し算)	addition	減算(引き算)	subtraction
乗算(掛け算)	multiplication	除算(割り算)	division
二乗	square	平方根	square root

　ほかにも，**代数** (algebra)，**積分** (integral)，**微分** (differential)，**三角関数** (trigonometric function)，**関数** (function) や**導関数** (derivative) などの重要な数学の用語や，**ピタゴラスの定理** (Pythagorean Theorem) があります。

　次に，**xy 軸** (xy-axes) を用いた**座標** (coordinates) の読み方を見てみましょう。**X 軸** (x-axis) と **Y 軸** (y-axis) の交点が**原点** (origin) となっています。この x-axis と y-axis で分けられたものが**象限** (quadrant) と呼ばれます。それぞれの axis に対応する座標が，**X 座標** (x-coordinate) や **Y 座標** (y-coordinate) と呼ばれます。これは axes が２つの**二次元** (two dimensions) の平面ですが，xyz-axes の場合には**立体** (solid) となり**三次元** (three dimensions) の世界となります。次に，**幾何学** (geometry) の**図形** (figure) について見てみましょう。

多角形	polygon	三角形	triangle	正方形	square
平行四辺形	parallelogram	長方形	rectangle	台形	trapezoid
円	circle	円柱	circular cylinder	球	ball
円錐	circular cone	立方体	cube		

　また直角は right-angle ですから，直角三角形は，"right-angled triangle" になります。アイスクリームの「コーン」は cone からきています。角砂糖は "a cube of sugar" です。

Art 芸術

芸術 (art) は人類が作り上げたあらゆる創作的活動を総称します。絵画 (painting),
彫刻 (sculpture), さらには文学 (literature) を含めることも可能でしょう。それでは,
TOEFL で出題されやすい分野を見てみましょう。

●絵画と彫刻 (Painting and Sculpture)

出題範囲としては, 18 世紀以降から, 前衛芸術的 (avant-garde) な Earth Art
(earthworks, land art) と呼ばれる地上に線を描くものまでが含まれます。アールデコ
(Art Deco) のような装飾の様式 (genre) についてや, 大恐慌 (Great Depression) 期
の政府が artist たちへの補助として, 絵画や壁画 (mural) を描かせた事実についてな
ど, 出題項目は多岐にわたります。ほかにも 19 世紀のロマン主義 (romanticism) 運
動に刺激され, 米国の風景画 (landscape painting) を写実的 (realistic) であるが, し
ばしば理想化して描いたハドソン・リバー派 (Hudson River School) について出題さ
れたことがあるようです。

また, 新進気鋭 (up-and-coming) の artist たちの patron となったガートルード・
ヴァンダービルト・ホイットニー (Gertrude Vanderbilt Whitney) という芸術家の名
前を覚えてください。ホイットニー美術館 (Whitney Museum of American Art) は彼
女が設立したのです。

●音楽と劇 (Music and Play)

jazz は popular music の 1 つの genre です。演奏家 (player, soloist) として有名な
ルイ・アームストロング (Louis Armstrong) (1901-1971) を通じて Chicago や
New York に広まりました。また, classical music では, New York Philharmonic で
初めて米国人として指揮者になったレナード・バーンスタイン (Leonard Bernstein)
(1918-1990) が著名です。Bernstein は musical film の "ウェストサイド・ストーリ
ー (West Side Story)" の作曲 (composition) もしています。そのほか, New York の
Broadway の劇 (play) の歴史, モダンバレー (modern ballet) の歴史, アンプ
(amplifier) を用いた音楽の発展史なども出題されることがあります。さらにはローマ
時代からのplayの発展史や作曲家 (composer) の著作権使用料 (royalty) の問題など
も出題されているようです。

●文学 (Literature)

ピューリッツァー賞 (Pulitzer Prize) やノーベル賞 (Nobel Prize) の受賞者の生涯
と作品についての問題に際しては, その時代背景を知ることが重要です。ノーベル文
学賞 (Nobel Prize in Literature) を 1962 年に受賞したジョン・スタインベック

(John Steinbeck) (1902-1968) の『怒りの葡萄』(The Grapes of Wrath [1939]) の内容を描写し，南部 (South) の移動農民 (migratory farmers) が砂嵐 (sandstorm) と農業の機械化 (mechanization of farming) にさらされていく状況が出題されました。また，米国人で初めて Nobel Prize in Literature を受賞したシンクレア・ルイス (Sinclair Lewis) (1885-1951) の『本町通り』(Main Street [1920]) に関する会話も出題されています。

● 映画 (Movie)

ハリウッド (Hollywood) 映画 (film, motion picture) は，アメリカの文化を築いた産業です。アカデミー賞 (Academy Award, 別称ではオスカー賞 [Oscars]) が，AMPAS (Academy of Motion Picture Arts and Sciences) により授与されます。Hollywood 映画とマカロニ・ウェスタン (Italian Western, Spaghetti Western) を対比した内容や，大画面 (big screen) が劇場 (movie theater) で使われるようになったという内容の問題も出題されているようです。

Information Society 情報化社会

　情報化社会 (information society) では，情報の共有 (information sharing) が重要となっています。そしてわが国でも IT (Information Technology) を活用した e-Japan 構想のもとで，世界最高水準の network 構築の第 1 段階を終了しました。2002 年には**ネット普及率** (Internet diffusion rate) が54.5％となりました。また，ブロードバンド (broad band) の整備も進みました。

　インフラ (infrastructure) の整備により**行政** (administration) 以外の分野での**電子商取引** (E-commerce) なども飛躍的に伸びました。また，**携帯情報端末** (mobile terminal device) の普及により，どこからでも network を活用できる**ユビキタス** (ubiquitous) 社会が実現したのです。皆さんの**携帯電話** (cellular phone, cell phone) や**スマホ** (smartphone) でも email だけでなく CCD カメラを用いた動画を送ることができるようになりました。また TOEFL の試験結果も net で確認できるのです。information society は今後も急速な発展が見込まれると思います。

●電子商取引 (E-commerce)

　会社間の資材の購入や販売などを行うことを Business-to-Business (B2B) と言います。皆さんは，**ネットバンキング** (net-banking) やネット上の商店で買い物をしたことがありますか。そのような場合には Business-to-Consumer (B2C) といいます。このような online trade は，今後も発展していくでしょう。

　また，利用者が気づかないうちに商品の**宣伝** (advertisement) を**口コミ** (buzz marketing) でネット上に展開する**ステルスマーケティング** (stealth marketing, undercover marketing) の**対象** (target consumer) になっていることがあります。

53

Frontier Technology 先端技術

　これからの社会を豊かなものにするため，多くの研究者や技術者が技術開発を目指して努力をしています。ここでは，3つの新技術に焦点を当ててみましょう。

●ナノテクノロジー (Nanotechnology)

　ナノテクノロジー (nanotechnology) とは，物質をナノメートル（1ナノメートル＝10億分の1メートル，nm と書きます）の領域において，自在に制御する技術のことを言います。これからの IT，生命工学 (biotechnology) や医療 (medicine) など様々な分野を支える技術です。

　ナノテクノロジーの手法は2つに分けることができます。

①トップダウン方式 (top-down approach) と呼ばれ，既にある部品をより小さくすることで nm レベルにする方法です。トップダウン方式は主に機械・電子系の分野で研究が行われており，研究対象はシリコン (silicon) など半導体 (semiconductor) 関連が中心です。

②ボトムアップ方式 (bottom-up approach) と呼ばれ，原子 (atom) や分子 (molecule) を組み合わせることで新しい機能を持ったナノ素材 (nanomaterial) を作っていく方法です。②の方法では，ユニークな性質があるフラーレン (fullerene) や導電性 (electrical conductivity) に優れているカーボンナノチューブ (carbon nanotube)，また記憶装置 (memory device) への応用試作が始まっている量子ドット (quantum dot) などの研究がなされています。

●燃料電池 (Fuel Cell)

　燃料電池 (fuel cell) は，水素 (hydrogen) と酸素 (oxygen) による電気化学反応 (electrochemical reaction) によって電力 (electric power) を取り出す装置です。水素と酸素を供給し続けることで，継続的に電力を作り出すことができるため，発電機 (dynamo) に近いものです。fuel cell は水の電気分解 (electrolysis) の逆反応 (reverse-reaction) によって電力を取り出します。電気化学反応 (electrochemical reaction) や電解質 (electrolyte) の種類などによって，fuel cell はいくつかのタイプに分かれます。例えば，プロトン交換膜燃料電池 (PEMFC = Proton Exchange Membrane Fuel Cell) は小型化 (miniaturization) が可能であるため，携帯機器 (portable equipment)，燃料電池自動車 (fuel-cell vehicle) などへの応用が期待されています。

　fuel cell の歴史は古く，1839 年にはイギリスの W. Grove が，hydrogen と oxygen から電気を取り出す fuel cell の原理（グローブ電池）を解明しています。その後，アポロ計画 (Apollo Project) などでも採用され，人類初の月着陸を成功させまし

た。しかし，これらの fuel cell は寿命が短く，**実用化** (practical use) にはつながりませんでした。しかし今日では，様々な素材により効率の高い fuel cell が実用の可能性を持ち始めました。日本の自動車産業では 2015 年頃からの fuel-cell vehicle の市場導入を計画しています。

●磁気浮上式リニアモーターカー
(Maglev = Magnetic Levitation Train)

リニアモーター (linear motor) により，**磁力** (magnetism) の**反発** (repulsion) または**吸引** (attraction) によって浮上し移動する鉄道です。JR の Maglev は既に実用段階まできています。レールと車輪の間の**摩擦** (friction) は速度にかかわらず一定であるため高速度運転が可能で，**エネルギー効率** (energy efficiency) が高いのも特徴です。

どの程度車両が浮上するかについては，ドイツの Transrapid は**常伝導磁石** (eternal conduction magnet) による吸引式で 1 cm 程度の浮上です。一方の JR の Maglev は**超伝導磁石** (super conductive magnet) による反発式で 10cm 程度浮上し，有人で時速 581km を記録しています。現在日本では，東京と大阪を結ぶ中央新幹線が計画されています。

［TOEFL テスト英単語 3800　4 訂版 別冊］   S1n075